מה את מבקשת

אוריה מבורך

מה את מבקשת

← ספר על אהבה וגוף →

מהדורת לינדנבאום

הקשבה ביקורתית למציאות העכשווית
מכון אפרכסת

מגיד

Oriya Mevorach
What Are You Looking For?
A Fresh Perspective on Love and Your Body

אוריה מבורך
מה את מבקשת: ספר על אהבה וגוף

עורך אחראי: ראובן ציגלר
עריכת לשון: אריאל הורוביץ
הגהה: אפרת גרוס
עיצוב פנים וכריכה: אליהו משגב
עימוד: תמר וידר ולאה גולדברג
איורים: רחל קולומבוס

ספרי מגיד, הוצאת קורן
ת"ד 4044 ירושלים 9104001
טל': 02-6330530 פקס: 02-6330534
www.maggidbooks.com

מסת"ב ISBN 978-965-526-302-2

Printed in Israel 2020 נדפס בישראל

לעילוי נשמות הוריי ומוריי

בלדה קאופמן לינדנבאום
בילה שרה בת זאב דב ורבקה

מרסל לינדנבאום
מרדכי בן נתן נטע ודבורה גיטל

In loving memory of my parents

Belda Kaufman Lindenbaum
and
Marcel Lindenbaum

Shari & Nathan Lindenbaum

→ תוכן העניינים ←

השיח היהודי הבריא

התמודדות עם השיח הפוריטני

ועם ארבע הגרסאות של שיח השחרור המיני

שמירת נגיעה: למצוא אהבה או למצוא את האחד?

← הקדמה לקוראת →

קוראת יקרה.

מכירה את הפרסומות הללו ביוטיוב, שעל השנייה הראשונה פותחות ב"אל תדלגי"? אנשים לא מצפים שפרסומת תשנה להם את החיים, אלא מקסימום תגזול מזמנם. אז הם מדלגים.

לאנשים דתיים מסוימים יש עוד משהו שגורם אוטומטית לדלג. המילה "צניעות" והמונח "שמירת נגיעה". אנשים אלו כבר לא מצפים (ולצערי, בצדק) שהדיון בנושאים הללו באמת יראה אותם, באמת יכיר אותם, ייגע בהם, יחדש להם משהו שהם לא שמעו קודם. הם כמובן גם לא מצפים שהנושאים הללו ישנו להם את החיים.

הספר הזה מבקש לעסוק בנושא של צניעות, שמירת נגיעה ומיניות, אבל כפי שתראי, הוא בכלל מדבר על אהבה. הקשר של הנושאים הללו לאהבה הופך אותם לדרמטיים מאוד. כאלו שמחלחלים להמון היבטים בחיים שלנו, וגם לזוגיות ואהבה וחלומות על "לנצח נצחים".

בספר הזה אני רוצה להציג בפנייך גישה אחרת ממה שהתרגלנו אליה, גישה יהודית אורתודוקסית שאני משערת שטרם נחשפת אליה בצורה המגובשת שבה היא מופיעה כאן. ננוע בין מקורות יהודיים שמציגים את הגישה היהודית, לבין "מקורות" הכי לא בית-מדרשיים שיכולים להיות, מתוך המדיה הפופולרית (כלומר, סרטים, פרסומות, ובעיקר כתבות מאתרים מוכרים באינטרנט), שמציגים את הגישות האחרות שסובבות אותנו כיום. בהמשך אסביר גם למה המדיה הפופולרית חשובה לנו כאן יותר מתרבות גבוהה, מספרי הגות ופילוסופיה. יהיו כאן גם כמה סיפורים אישיים. אני מבטיחה לך שכל הדמויות, הציטוטים והסיפורים שמופיעים בספר הזה הם אמיתיים, למעט אלו שציינתי שאינם כאלה.

כתבתי את הספר ממקום אישי מאוד, וכך גם סגנונו של הספר משקף את סגנון ההתנסחות שלי בחיי היום־יום: מצד אחד תהיה כאן שפה שמתאימה ל"מאמר", ומצד שני תהיה כאן שפה של דיבור יום־יומי. עבורי, שני הסגנונות הללו לא סותרים אלא משלימים. השפה ה"דיבורית" מאפשרת לי לבטא את המעורבות הרגשית שלי בנושאים שאנחנו דנות בהן כאן, נושאים יום־יומיים שפוגשים אותנו בחיים עצמם, ולא רק על מדפי ספרי הפילוסופיה ובבתי המדרש. מצד שני, השפה הגבוהה יותר מאפשרת לי לשמור על רמת הדיון. מקווה שתתרגלי במהרה ל"זיגזג" בין שני הסגנונות... בנוסף, חלק מהפרקים זוכים להרחבות שלא נכנסו לספר ומופיעות באתר "אפרכסת".

השתדלתי שהמקורות מכל הסוגים יובאו לפנייך באופן הכי ברור ונגיש שיכול להיות. כל מושג חדש יובהר בצורה המדויקת ביותר. בכל פעם שמופיעה מילה לועזית לא מוכרת, אני מבהירה אותה מיד, כבר באותו משפט. ויש אפילו מילון מושגים בסוף הספר. ועדיין, זה מסע ארוך, עם הרבה תחנות בדרך. אני ממליצה לך לא לדלג על מקורות משום סוג, אלא אם כן את מרגישה שהם לא עושים לך טוב. תהיי קשובה לעצמך. אם משהו קצת כבד לך, אם את מרגישה שאת צריכה פתאום "להחזיק ראש", אני ממליצה שתנסי בכל זאת לקרוא, בידיעה שזה ישתלם בהמשך (מבטיחה). אבל אם משהו לא עושה לך טוב, תדלגי עליו, או תקראי אותו מתוך ריחוק רגשי. זה חשוב, כדי לשמור עלייך.

לבסוף, בקשה קטנה: הספר עוסק במיניות. זה נושא רגיש מאוד מאוד. אם הנושא הזה רגיש במיוחד עבורך, משום שעברת פגיעה כלשהי, אבקש שקודם תקראי את נספח ב' שנמצא בסוף הספר ועוסק בנפגעות תקיפה מינית, ואז תחליטי אם מתאים לך לקרוא את הספר.

תודה לך על ההקשבה והאמון. נצא לדרך? אני מתרגשת!

← הקדמה לקורא →

קורא גברי יקר.

הספר מנוסח "בלשון אישה", משום שהוא פונה לנערות ולנשים. זוהי למעשה שיחה אישית שלי עם הקוראת, אבל אני מזמינה אותך להאזין לה. אני אומנם לא פונה אליך ישירות בספר הזה, אבל מאוד אשמח שתאזין לשיחה מהצד, ותבחן את המקום שלך ביחס לרעיונות שנאמרים כאן.

אתה תראה שלפעמים אנחנו מדברות עליך בגוף שלישי. אנחנו מדברות על "גברים", ואתה עלול לשאול את עצמך: "אני הגבר הזה שהן מדברות עליו?", התשובה היא כן ולא. זה תלוי בתחושה שלך. אם אתה מזדהה עם תיאור הגברים בספר, תוכל ללמוד מהספר הזה על עצמך. אבל אם אתה לא מזדהה עם התיאור הזה, תוכל ללמוד מהספר איך אנחנו, הנשים, חושבות עליכם ותופסות את קיומכם בעולמנו. למרות שאולי הספר לא מייצג את כל הנשים, אלא רק את זו שכותבת אותו. קח גם את זה בחשבון.

אני חושבת שהספר הזה כתוב מתוך אהבה והערכה גדולה למין הגברי. מקווה שתרגיש את זה. בכל אופן, קח בחשבון שהספר לא מדבר אליך, אלא עליך. ולכן, הוא לא תמיד רגיש למה שאתה, כגבר, היית מחפש בו. אולי הוא גם ירגיש לך מעט פולשני. אני ממליצה שתשים לב להערה שלי בפרק 7 על סוג הציטוטים שיופיעו בספר, שהם לא תמיד עדינים וצנועים. אז תהיה קשוב לעצמך בזמן הקריאה. אם אתה חש שהספר לא מתאים לך כגבר, פשוט תפסיק לקרוא בו. זה מובן לי מאוד.

← הקדמה לקוראים שאינם דתיים →

קוראים לא־דתיים יקרים.

הספר מיועד בראש ובראשונה לנשים ולנערות דתיות. הוא לא לוקח בחשבון קוראים שאינם דתיים. לכן, אתם עלולים לחוש במהלך הקריאה שנקלעתם לשיחה שאיננה מתחשבת בכם ובמקום שלכם בעולם.

כפי שתראו, הספר ביקורתי מאוד. הוא מעביר ביקורת גם על חלק מהשיח הדתי הקיים, וגם על השיח המערבי, ומנסה להציע אלטרנטיבה, גישה חלופית. אם אתם לא דתיים באורח החיים שלכם, ייתכן שאתם משתייכים לחלק מהגרסאות של השיח המערבי שעומדות כאן לביקורת. לכן, אתם עלולים לחוש שהביקורת מופנית כלפיכם באופן אישי.

בפרק 8 אני מסבירה ש"זה לא אישי". הביקורת המופיעה כאן בספר מופנית אך ורק כלפי "שיח", כלומר, השקפת עולם מסוימת, ולא על האנשים הפרטיים שמשתייכים אליה. ההפרדה הזו שאני עורכת בין ביקורת על האדם הפרטי לבין ביקורת על השיח שהוא משתייך אליו היא חשובה מאוד, ולדעתי היא מבוססת ביותר מבחינה פילוסופית. למרות זאת, לא פירטתי בספר מדוע ההפרדה הזו נכונה, רק הצבעתי על כך שאני נוקטת בה.

לכן לא אוכל לשכנע אתכם מדוע עליכם להאמין לי שאני באמת ובכנות לא מתיימרת בכלל להעביר ביקורת על אף אדם באופן אישי, וגם לא עליכם. בנקודה הזו אוכל רק לבקש מכם במתנה את האמון שלכם, אך לא לשכנע אתכם שאני ראויה לו...

למרות שהספר מדבר על השקפות עולם ולא מתיימר לדבר על חייהם של הקוראים שלו באופן אישי, אני מאמינה שתוכלו ללמוד מהספר הזה המון. אתם יכולים ללמוד ממנו גם על התרבות המערבית שכולנו משתייכים אליה, וגם על התרבות של "הדתיים" בכל הנוגע למיניות, תרבות שאני משערת שלא תמיד יוצא לכם להכיר מקרוב. כמו שהשיח המערבי איננו רק "של החילונים", כך

גם השיח היהודי הוא לא רק "של הדתיים". השיחים השונים שייכים לכל מי שמזדהה איתם, רוצה בהם ומבקש אותם בחייו.

← הקדמה לקוראת הדתית → שיש לה "אנטי" לנושא

קוראת יקרה.

לא רק שאני מזדהה עם תחושות ה"אנטי" כלפי הנושאים הללו, אלא אני גם מנסה במהלך הספר להסביר בדיוק מדוע לצערי ה"אנטי" הזה מוצדק. אנסה לפרט ולדייק כמה שאפשר מהם הפגמים שקיימים כיום בשיח הדתי, פגמים שבלי כוונה פוגעים (לפעמים אפילו אנושות) בנערות ובנערים, בנשים ובגברים.

לכן, לפני הכול, אני רוצה לציין בפנייך רשימה של משפטים (ברמת הסיסמאות), שאת לא הולכת לשמוע כאן, ולפעמים להפך, את תשמעי ביקורת עליהם.

רשימת רעיונות **שלא** תשמעי כאן:

1. כשאת מתלבשת לא צנוע, את מדגישה את החיצוניות שלך, וזה בא על חשבון הפנימיות שלך. האם זה מה שאת רוצה שכולם יראו כשהם מביטים בך? חיצוניות בלי פנימיות?
2. צניעות היא קודם כול מידה בנפש, שלא קשורה רק ללבוש. "הצנע לכת עם ה' אלוקיך" זה כלל מנחה לחיים, שבא לידי ביטוי גם בלבוש וגם בעוד תחומים שמבקשים מאיתנו להתנהל בעולם בענווה ובצניעות.
3. צניעות זה כדי שלא יחפיצו אותך ולא יתייחסו אלייך כאל אובייקט מיני.
4. צניעות זה כדי שיכבדו אותך.

5. צניעות זה כדי לא להכשיל גברים בהרהורי עבירה.
6. היופי שלך הוא רק לבעלך.
7. התורה רואה במיניות בין איש לאשתו דבר חיובי, הבא לידי ביטוי בהפיכת המיניות למצווה: "פרו ורבו".
8. היהדות רואה ביצר המין דבר חיובי. יצר המין הוא יצר החיים.
9. היהדות רואה ביצר המין דבר שלילי.
10. מיניות היא דבר כל כך קדוש ופנימי, ולכן כשמדובר בחדרי חדרים בין איש לאשתו, המיניות היא גבוהה ונעלה, אבל מחוץ לבית, האישה צריכה להתלבש בבגדים רחבים ובצבעים לא בולטים ולא מושכים את העין.
11. בכל הקשור ללבוש, אנחנו בחברה הציונית-דתית נוקטים בדרך האמצע, בין הגישה המערבית הפרוצה לגישה החרדית הקיצונית.
12. צניעות היא עניין אישי ופנימי. אין צורך בכללי צניעות. צריך לתת לכל אישה להתחבר לצניעות הפנימית שלה ולהחליט בעצמה מה נחשב צנוע עבורה.
13. "כל כבודה בת מלך פנימה": התפקיד של האישה בעולם קשור יותר לתחומים של הפנימיות הביתית הנסתרת מעין כול, ופחות לתחום של הנראות הציבורית.
14. הגוף שלך הוא כמו עגבנייה.
15. הגוף שלך הוא כמו יהלום.
16. צניעות זה לא רק עניין של סרגלי מדידה וסנטימטרים. עובדה, יש נשים שמתלבשות על פי כל כללי ההלכה, ולמרות זאת המראה שלהן ממש לא צנוע.
17. אם חכמינו קבעו שצניעות ושמירת נגיעה זה חשוב, אנחנו צריכים לשמוע בקולם ולהאמין שהם יודעים יותר טוב מה נכון עבורנו (גם אם זה נכון, זו כנראה לא תשובה מספקת לשאלות הנוקבות שיש לך בנושא).

18. שמירת נגיעה עוזרת לקשר הזוגי להיות במדרגה רוחנית וגבוהה יותר, ולא רק פיזי ויצרי (כשמדובר באנשים שאינם נשואים זה אולי נכון, אבל זו לא הטענה שתופיע בספר).
19. שמירת נגיעה עוזרת לך לחשוב על הקשר הזוגי בצורה ניטרלית, ולכן היא מאפשרת לך שיקול דעת ויכולת להיפרד מתי שצריך. אשליית הקרבה שמייצר המגע מטשטשת את הבעיות שיש בקשר שלך עם החבר ומקשה עלייך לקבל החלטה רציונלית לגביו (זה אומנם נכון לדעתי, אבל זו לא הטענה שתופיע בספר).
20. אם את חווה את החוויה המסעירה של מגע מיני בהזדמנויות שונות, את מוסיפה לחייך רובד שקרי של "ריגוש". אחר כך יהיה לך קשה להיגמל מהחיפוש אחר ריגוש, ולהתמיד בקשר זוגי ארוך טווח שבשלב מסוים המיניות שלו כבר פחות מרגשת (זה כנראה נכון עבור חלק מהאנשים, אבל זו לא הטענה שתופיע בספר).

כל אלו ועוד הם משפטים **שלא** תשמעי כאן. חלקם רעיונות ממש גרועים שאין להם שום מקום בעיניי, וחלקם רעיונות שייתכן שיש דרך להשתמש בהם באופן נכון, אבל לדעתי, לרוב הם נמצאים בשימוש שגוי. בכל מקרה, אף אחד מהמשפטים הללו לא מייצג את הגישה שאביא בפנייך בספר. בנוסף, קיימות משמעויות נוספות לבחירה של נשים בלבוש צנוע ובשמירת נגיעה, משמעויות שאני מזדהה איתן, אבל הספר לא עוסק בהן ולכן הן לא יובאו בספר. הרעיונות הללו גם לא הופיעו כאן ברשימה, שבה כתבתי רק סיסמאות שאני מבקשת לשלול או לדייק.

הסיבה שפרסתי את המשפטים האלה בפנייך כבר בהתחלה, היא כדי לאפשר לך הבנה מדויקת יותר של הספר. שמתי לב שאנשים שיש להם "אנטי" כלפי נושא מסוים מתנהגים לפעמים כלפי הנושא הזה כאילו יש להם טראומה ממנו. אדם שיש לו טראומה מכלבים כי בילדותו רדף אחריו כלב ונשך אותו, עלול לפחד מכל כלב שהוא רואה. למה? משום שהוא "משליך" או "מדביק" על כל הכלבים בעולם את דמותו של אותו כלב אלים ופוגעני מהעבר שלו.

זה כאילו שהאדם הטראומטי אומר לכל כלב חדש שהולך ברחוב, "אני כבר מכיר אותך! אתה אולי נראה נחמד, אבל ברגע אחד אתה עלול להתנפל עליי ולנשוך אותי. עזוב אותי, לא רוצה להתקרב אליך". אדם שיש לו טראומה לא תמיד מצליח להבין שהבעיה היא לא בכלבים, אלא רק בכלב אחד ספציפי שהוא פגש בילדותו ונפגע ממנו.

כך גם לגבי הנושאים בספר הזה. אנשים שנפגעו בעבר מאמירות מסוימות בנוגע לצניעות או שמירת נגיעה עלולים בטעות להשליך את הרעיונות הללו על הספר הזה, רעיונות שייתכן שהספר כלל לא מציג, ולפעמים אפילו יוצא נגדם בעצמו. הם עלולים לסגור את הספר ברגע הראשון (או השני, או השלישי) שבו הספר יגיד משהו שיישמע להם כמו אותו דבר שהם כבר שמעו והפריע להם בעבר. בכך הם יפסידו את האפשרות לגלות שאולי בפסקה הבאה, או בפרק הבא, או מאה עמודים אחר כך, השאלה או הקושי שהתעוררו אצלם מקבלים מענה ברור. מענה שאולי יתיישב על ליבם.

לכן, אני פונה אלייך, קוראת יקרה עם "אנטי", ומציעה לך, דווקא לך, להתמיד בקריאת הספר מתחילתו ועד סופו. רק לאחר מכן תוכלי להחליט באופן מבוסס אם הספר הזה אכן ממשיך בקו הפוגעני או האטום שאת מכירה. ייתכן שתגיעי למסקנה שהספר הזה גורם לך לחשוב אחרת על הנושאים הללו, וייתכן שתגיעי למסקנה הפוכה, שהספר הזה בעייתי, מעצבן, וטועה בגדול.

אבל לפחות תדעי שהגעת למסקנה הזו אחרי שקראת אותו עד הסוף, ולא משום שהטראומה (המוצדקת) שלך הכריעה אותך לפני כן. כדי לעזור לך מראש שלא להשליך על הספר "כלבים נושכים" שהספר הזה בעצם בכלל לא חבר שלהם, פרסתי בפנייך את הרשימה הזאת.

אני רוצה גם להכין אותך לעוד תחושה שעלולה להתעורר אצלך במהלך הקריאה. לפעמים תחושת הפגיעה כלפי הנושאים של צניעות ושמירת נגיעה גורמת לאותם אנשים שנפגעו לתקוף את הנושאים הללו. המתקפה מצד הדתיים מצטרפת למתקפה נוספת שהנושאים הללו סופגים מהעולם המערבי. העולם המערבי ברובו מאוד לא אוהב צניעות, ועל שמירת נגיעה אין מה לדבר.

הספר הזה מבקש לשקם את האמון שלנו בנושאים הללו, ולייצר הבנה מעמיקה וחדשה שלהם. לכן, הספר הזה עלול להיתפס אצלך כ"אפולוגטי".

השאלה הנכונה היא לא האם הספר הזה אפולוגטי, אלא האם האפולוגטיקה שלו טובה או גרועה. אפולוגטיקה טובה היא כזו שמתיישבת על ליבך, או לכל הפחות מעוררת מחשבה. אפולוגטיקה גרועה היא לא משכנעת, לא מחדשת, ובמקרה שלנו, ממשיכה להיות פוגענית ואטומה. האם האפולוגטיקה שמופיעה כאן היא טובה או גרועה - זו שאלה שאני רוצה להפנות אלייך, הקוראת. רק את תחליטי אם הספר הזה נוגע בך, מחדש לך, או שמא מעצבן אותך ואולי חלילה מכאיב לך.

אני מזמינה אותך לצעוד איתי ביחד, גם אם בהיסוס, ולהיפתח למחשבה אחרת. מחשבה שאולי לא תהיה חדשה עבורך, אבל אולי דווקא כן, ואולי אפילו תהיה קריטית לחיים שלך...

<<< פתיחה (קצת עצובה)

פרק 1

באה מאהבה

הספר הזה מבוסס על תפיסה רומנטית ובלתי מתפשרת של אהבה. אני רוצה לשים את זה על השולחן: הספר הזה עוסק באהבה. אהבה רומנטית. כלומר, אהבה אמיתית, גדולה מהחיים, לנצח נצחים. כזו שרק גדלה עם השנים, ויוצאת מחוזקת מהמכשולים. כזאת שהולכים בה יד ביד בחיבור עמוק, לא רק בתקופות הוורודות שלנו, אלא גם בתקופות האפורות יותר. אהבה שלמה, חזקה, מתוקה, מחבקת. כל הקלישאות, אבל באמת.

אני מאמינה באהבה רומנטית באופן הכי קיצוני שיש. אפשר לומר שאני ממש "פנאטית" בכל הקשור לאהבה רומנטית, והייתי כזו עוד לפני שפגשתי את בעלי, כך שהקנאות שלי לאהבה הרומנטית לא נוצרה במקרה, רק משום שזכיתי לכך באופן אישי. אגב, אמונה באהבה רומנטית לא חייבת ללכת ביחד עם חיבה לכריות בצורת לב, חוף ים עם שקיעה ושירים קיטשיים. זה אפשרי, אבל לא הכרחי. לדעתי אהבה רומנטית היא הרבה יותר מזה, ועל זה אנחנו הולכות לדבר בספר.

אני מודה שאם את עדיין לא מאמינה אדוקה באהבת אמת, אשמח להדביק אותך בפנאטיות הזו. פנאטיות כלפי תחום מסוים גורמת לנו לא להתפשר עליו, לדבוק בו, להאמין בו עד הסוף, להקריב בשבילו ולכעוס על כל מי שמנסה לחבל בדבקות שלנו בו. פנאטיות היא לא בשביל טיפוסים ציניים. היא דורשת התמסרות, ולא רק עמידה "מפוכחת" מרחוק, שצוחקת על כולם מלמעלה אבל בעצם הכי מפחדת בעולם להיקשר למשהו, להתמסר אליו ולהיפגע.

אז אני לא יודעת אם את מאמינה באהבת אמת, האם את "רומנטיקנית חסרת תקנה", אבל אני מנחשת שהנושא לפחות מטריד אותך ברמה כזו או אחרת. האם את שואלת את עצמך לפעמים איזו אהבה תהיה לך? איך תרגישי בתוכה? כמה זמן היא תימשך? אילו דברים יפים ייוולדו ויצמחו ממנה? אני חושבת שהשאלות

הללו מטרידות כיום את רוב אנשי העולם המערבי, אפילו את הטיפוסים הציניים ביותר.

איך אני יודעת? משום שגם האנשים הכי צינים (כמו שאני הייתי בגיל התיכון) אוהבים בדרך כלל להאזין למוזיקה, והרוב המכריע של השירים ששומעים כיום עוסקים באהבה. משום שגם האנשים הכי ציניים אוהבים בדרך כלל לצפות בסרטים, והרוב המכריע של הסרטים הללו עוסקים, בין אם בעלילה המרכזית ובין אם בעלילת המשנה, בקשרים רומנטיים מסוגים שונים. משום שכיום אין כמעט ספר טוב שהצליח לגעת באנשים רבים שאין בו התייחסות לאהבה או לקשר זוגי, מתוסבך יותר או פחות.

אז אני רוצה שנדבר על אהבה. אבל מכיוון שהספר מיועד בין השאר לנערות בגיל תיכון, לא נתמקד כאן בשאלה "איך לשפר את הזוגיות שיש לך עכשיו". במקום זאת, ניקח את האהבה הזוגית לבסיס שלה, ונחקור אותו. נעשה "זום אאוט" מתוך השאלות המפורטות שבדרך כלל מעסיקות את הספרים העוסקים בזוגיות, ונעשה "זום אין" על המרכיבים הבסיסיים של האהבה. ננסה להגיע אל השורשים שלה, שנמצאים בדרך כלל מתחת לאדמה בלי שאנחנו מרגישות בהם. מדובר במרכיבים סמויים, כאלו שלא תמיד אנחנו בכלל מודעים אליהם ואל ההשפעה הקריטית שיש להם על החיים שלנו.

אז אנחנו נדבר על אהבה, אבל נדבר בעיקר על האופן שבו אנחנו לובשות אותה, חושבות עליה, מצפות לה, חולמות עליה, וממממשות אותה, או לא מממשות אותה, בגוף. הספר הזה עוסק בקשר שבין אהבת אמת למיניות. מתוך כך הוא עוסק בקשר הבסיסי ביותר בין מיניות ללבוש, מה שמכונה "צניעות". בנוסף, הוא עוסק בקשר שבין אהבה לבין שמירת המיניות לברית הנישואין, מה שמכונה "שמירת נגיעה".

אני יודעת שהמילה "צניעות" מעוררת כיום התנגדות בקרב נערות ונשים רבות. לדעתי, אחת הסיבות להתנגדות נובעת מכך שהעיסוק בצניעות נראה לנו או כסוג של סטייה, או כמנותק מהמיניות, מכחיש אותה, או מפוחד מפניה. מכירה את זה שכשבאים לדבר איתנו על צניעות, ישר מציינים שהצניעות היא "קודם כול תכונה בנפש", שלא קשורה רק למיניות או ללבוש? ואז מפליגים

בשבחה של הצניעות כמידה טובה של ענווה, כתכונה של "הצנע לכת עם ה׳ אלוקיך". כך הופכת הצניעות לתכונה מופשטת, ומאבדת את הקשר בינה לבין הגוף המיני.

ובכן, אני חושבת שזו בריחה. בריחה מהתמודדות עם המיניות שלנו. כי כמובן שיש קשר עמוק בין רעיון הצניעות לבין המיניות של הגוף שלנו, ואסור לנו לטשטש את הקשר הזה. אישה שמתלבשת בצניעות נוקטת בכך עמדה ביחס לגוף שלה ולמיניות שלה. אסור לנו להתכחש לכך: צניעות היא נקיטת עמדה ביחס למיניות.

לכן, בספר הנוכחי נדבר על צניעות בהקשר המיני.* נושא המיניות יקבל דגש מרכזי, ונשתדל לעסוק בו בעדינות ובאומץ מבלי לברוח ממנו. גם שמירת נגיעה היא נקיטת עמדה בקשר למיניות. ובעצם, כפי שאנסה להראות בספר הזה, גם לבוש צנוע וגם שמירת נגיעה הם נקיטת עמדה, לא רק בנוגע למיניות אלא גם בנוגע לאהבה ולנישואין.

הדבר הראשון שחשוב להצביע עליו בהקשר של מיניות הוא שהחוויה המינית שלנו, בהווה או בעתיד, תלויה באווירה התרבותית שאנחנו משתייכים אליה. במילים אחרות, השאלה אם מישהי מתחברת אל המיניות שלה וחווה אותה כדבר משמח ובריא, או לחלופין, אם מישהי חלילה לא מתחברת אל המיניות שלה וחווה אותה באופן מנוכר ולא רצוי, היא שאלה שתלויה בין השאר בתרבות שמתוכה היא מגיעה. ובאמת, לא רק החוויה שלי את המיניות של עצמי מושפעת מהתרבות, אלא גם החוויה המינית הזוגית: השאלה האם מיניות היא אירוע מעצים מבחינה זוגית, או דווקא התרחשות מתסכלת, או אולי אפילו שלילית, שעשויה לגרום חלילה להתפוררות האהבה, היא תלוית תרבות.

התרבות היא למעשה אוסף של מסרים שמגיעים אלינו מהחברה הסובבת אותנו. והנה דוגמה לכך.

* אומנם, יש עוד משמעויות חשובות ללבוש צנוע, שאינן קשורות למיניות, אבל אני כן יכולה להזדהות איתן. הלבוש מתפקד בחיינו לא רק באופן של יחס למיניות אלא בעוד דרכים. היות שהספר עוסק במיניות, לא נדון במשמעויות הללו בספר.

פרק 2
איזה מין גבר אתה?

כמו לכל ילידי שנות השמונים בחברה הדתית, גם לי יש סיפור על המדריך מהסמינריון. כשהייתי בכיתה י"ב הייתה לנו שבת סמינריון שהוקדשה לנושאים "שבינו לבינה". פספסתי את השבת הזאת כי הייתי חולה. כשחזרתי ביום ראשון לאולפנה, חברותיי סיפרו לי מה פספסתי. הן סיפרו לי שמדריך הסמינריון הסביר להן כך:

"אין לכן מושג מה עובר בראש של הגברים כשהם רואים אתכן. מספיק שגבר מתבונן על אצבע קטנה של אישה וכבר עוברות לו בראש מחשבות שאתן אפילו לא מתארות לעצמכן! אם מישהי הייתה יודעת מה עובר לנו בראש, היא בחיים לא הייתה רוצה להיות במקום הזה, היא בחיים לא הייתה רוצה שיחשבו עליה מחשבות מלוכלכות כאלה. אנחנו רוצים לכבד אתכן! תעזרו לנו!"

תוך כדי הרצאתו של המדריך, כך הן סיפרו לי, אחת מהתלמידות השילה מעליה את הסוודר. כנראה היה לה חם מדי. המדריך פנה אליה ואמר "הנה, בדיוק על זה אני מדבר, אפילו מה שעשית עכשיו... זו פעולה מאוד בעייתית להוריד את הסוודר מול גברים. יש לכן מושג מה פעולה כזו מעוררת אצלם?"

התגובות של חברותיי התחלקו לשלושה סוגים:

הסוג הראשון היה זעזוע. חלק מחברותיי היו מזועזעות. הן חשו שהתגלה להן עולם אפל וטורפני שהן לא היו מודעות לו. לפתע כל הגברים מסביבם נדמו להן כמו זאבים. "האומנם זה כל מה שהגברים רואים בי?" שאלה אותי חברתי, "האומנם כל דבר קטן ושגרתי שקשור באישה מעורר אצלם מיד אסוציאציות מיניות?".

הסוג השני הגיבו בדיוק להפך, בסוג של התלהבות, אולי אפילו ריגוש. אני זוכרת שחברה אחת הגיבה לזעזוע של האחרות באופן הבא: "ונניח שהוא חושב עליי בצורה מינית, אז מה? מי אמר שמיניות היא דבר כל כך נורא?".

בשיחה פרטית היא כבר הרשתה לעצמה להתבטא באופן נועז יותר. "מי היה מאמין שזה כזה קל", היא אמרה לי. "מכיתה ח' אנחנו מחפשות איך לתפוס את תשומת הלב של הבנים, וכל מי שתגיד לך אחרת, מתחסדת. מי מאיתנו באמת נעלבת כשמישהו שורק לה ברחוב? מי מאיתנו נעלבת כשהיא מגלה שהבנים חושבים שהיא יפה ומושכת? תגידי", היא המשיכה ושאלה אותי בעוקצנות, "יפריע לך אם בעלך יהיה חתיך?", לפני שהספקתי לענות היא כבר הניחה את המילים בפי, ואפילו צדקה: "לא רק שזה לא יפריע לך, זה חלק מהרשימה שלך! מה הבעיה בלחוות משיכה מינית? ומה הבעיה בלרצות שבנים יימשכו אלייך? בואו נודה בזה: אנחנו כמהות לתשומת לב מבנים, ומסתבר שכל מה שצריך זה רק לשנות קצת את אורך החצאית...".

הסוג השלישי היה לא מזועזע ולא נלהב, אלא ענייני. החברות הללו טענו שהמדריך בסמינריון לא חידש להן כלום. הן יודעות שגברים הם מיניים יותר מנשים. הן יודעות שמחשבותיו של הגבר המצוי עשויות להגיע לתכנים מיניים אפילו כשהוא מתבונן באצבע של אישה. לפי דעתן אנחנו צריכות לקבל את העובדה הזו, ולא לנסות להתכחש אליה: "אנחנו צריכות לעמוד ביושר ובבגרות מול המשמעות של הגוף שלנו בעיני הגברים. מי שמזועזעת מהרעיון שהאצבע שלה יכולה להיות מושכת עבור גברים, מגיבה בצורה ילדותית".

אני זוכרת שבזמנו, אני באופן אישי הסכמתי עם שלוש נקודות המבט הללו, אפילו שהן סותרות זו את זו. כיום אני יודעת שבכל אחת מנקודות המבט הללו יש אמת, אבל גם חיסרון וחוסר דיוק מסוכן. אף אחת מהן לא קולעת לתפיסה בריאה של צניעות ומיניות.

במהלך הספר נדון בהשקפות שונות ביחס למיניות. לא רק במחשבות הבסיסיות שעלו כאן בשלוש התגובות של חברותיי, אלא בתפיסות עולם מגובשות, שונות ומגוונות, שמקיפות אותנו. בשלב זה אני רוצה להתחיל את הדיון שלנו דווקא בתגובה מהסוג הראשון: התגובה המזועזעת.

בעקבות המדריך בסמינריון, חברותיי מהסוג הראשון הגיעו לשתי מסקנות: ראשית, הגבר (גם אם הוא צדיק ו"דוס") רואה בכל דבר קטן הקשור לאישה

משמעות מינית. שנית, האסוציאציה המינית שמתעוררת בקרבו היא בהכרח שלילית ומגונה. במילים אחרות, הגברים הם זאבים טורפים.

דברי המדריך בסמינריון אינם "המצאה" שלו. יש השקפת עולם תרבותית מגובשת שסבורה שגברים הם זאבים, ומכאן שהאישה היא כיפה אדומה שצריכה לחשוש מפניהם ולעשות הכול כדי לא "להכשיל" אותם. המדריך לא חשב על השקפת העולם הזו לגמרי לבד. הוא ינק אותה ממקום מסוים, ובדבריו הוא בסך הכול "ציטט" אותה. למעשה זו השקפה די נפוצה, וייתכן שאת יכולה להיזכר בעצמך במסרים כאלו ששמעת או קראת.

להשקפת העולם הזו השפעה הרסנית, ונדון בה בהרחבה בפרקים הבאים. בינתיים נשתמש בה כדי להדגים את הטענה שבה סיימנו את הפרק הקודם. בפרק הקודם אמרנו שהחוויה המינית הפרטית של מישהו או מישהי לא מתעצבת בחלל ריק, אלא תלויה בהקשר התרבותי שלנו ובמסרים שאליהם אנחנו נחשפים.

כעת בואי נחשוב על השקפת העולם שביטא המדריך בסמינריון, ואיך היא יכולה להשפיע על עולמם של גברים ונשים.

פרק 3
אילה

נניח שנערה מסוימת, נקרא לה אילה, מתבוננת במראה. אני לא יודעת אם מה שאילה תחווה כאן דומה לחוויה האישית שלך. אילה דומה במאפייני האישיות שלה לאותן בנות מהסוג הראשון, ואני לא יודעת אם את בכלל מזדהה עם התגובה הזו. הסיבה שאילה חשובה לנו היא כי החוויה שלה היא דוגמה למשהו שיכול לקרות אם שיח הצניעות שגדלת עליו הוא הרסני ולא רואה אותך.

אז אילה מתבוננת במראה, וכעת היא מדמיינת משהו שרבות מאיתנו מדמיינות לפעמים כשאנחנו עומדות מול המראה. היא מדמיינת את המבט של האחר. מבט של מישהו, שמתבונן בה.

מה הוא רואה?

מה היא רוצה שהוא יראה?

עיניה של אילה צלולות ובוהקות. שיערה האדמדם משתקף מדי פעם באישון העין ומעניק לעיניה גוון של אש. אש כתומה, אש ירוקה, אש כחולה... כעת עיניה מאופרות מעט. הן מביטות אליה מן המראה במבט חד ועמוק, מבקשות להטביע את המתבונן בהן. אילה מסרקת את שיערה הארוך. מחזיקה אותו באלומה אחת ומשחררת, והוא נשפך על כתפיה. היא מחליקה את כף ידה לאורך שיערה, והוא רך וחלק. לבסוף היא מחייכת, ושתי גומות החן שלה נוצצות על לחייה.

לפתע היא נלפתת. חשה בתוכה התנפצות עזה. דברי המדריך מהסמינריון צצו ועלו בזיכרונה. היא מישירה מבט אל המראה. עיניה פוגשות מבט חרד ומבוהל. "אני רוצה שיימשכו אליי", היא מתוודה בינה לבין עצמה, גל של בושה שוטף אותה מבפנים. "אני עושה מאמצים להיות מינית". היא מתבוננת בעצמה שוב. "מינית". כאשר היא מבטאת את המילה הזו בתוכה, זה מרגיש כמו יריקה. כאב ההתפכחות מכה בה שוב: "אני רוצה להכשיל גברים"...

אילה סוקרת את גופה במבט מלא אשמה. הגוף הזה, היופי הזה, הוא אסור. היופי הזה הוא חטא. וככל שהיא יפה יותר, כך החטא גדול יותר. תחושת קבס גואה בה. היא פותחת את המגירה, מוציאה את מסיר האיפור וסוגרת את המגירה בטריקה מהדהדת. אילה מוחקת את האיפור מעיניה בתנועות גסות, לא אכפת לה שהיא מכאיבה לעצמה. מתבוננת בעצמה שוב. עיניה אדומות. זה לא מספיק. היא פותחת את ארון הבגדים, משליכה מאחוריה חולצות בלי אבחנה. לבסוף היא מוצאת את מה שביקשה: סווטשרט רחב ועבה. היא רוצה כעת בכל ליבה להיות "צנועה". הרעיון שהיא

נערה מושכת, רעיון שעד לפני רגע העלה על פניה חיוך והצית אצלה חיות, מעורר בה כעת גועל.

הסווטשרט הרחב עוטף אותה בחום. היא מתרפקת עליו, כמו נותנת לעצמה ליפול בתוכו, והוא תופס אותה. נזכרת איך כשהייתה בת 14, חברתה הטובה שאלה אותה בנימה עוקצנית: "מדוע את לובשת חולצה שקטנה עלייך?". החולצה לא הייתה קטנה עליה, אלא שגופה המתפתח דיבר מבעד לבד שכיסה אותו. אילה שנאה את זה. היא רצתה להשטיח, לרבע וליישר את כל מה שנוסף לגופה בשנה הזאת, את כל מה שרך ועגול ומביע. הרגישה שגופה מקבל חיים משל עצמו. חיים שהיא לא רצתה בהם. רצתה כל כך להמשיך להיות ילדה. התפללה שגופה יעצור, יקפא במקום.

אבל גופה לא קפא במקום. ועם הזמן, היא החלה לאהוב את זה. יופייה מילא אותה בשמחה, ונשיותה פתחה בפניה עולם חדש ומיסתורי שלא הכירה. עולם שבו יש ממד נוסף, מסלול בלתי נראה שעובר בינה לבין גופים אחרים, גופים גבריים, גם כאשר הם רחוקים ממנה ולא נוגעים בה כלל. המתח הזה הפעים אותה, סקרן אותה והכאיב לה. הכאיב לה כי היא רוצה להיות טהורה. והמסלול הזה, כך היא יודעת כעת בוודאות, בקצהו יש חטא.

אילה מתבוננת כעת בדמותה במראה. גופה חבוי בתוך סווטשרט רחב, מרובע, ישר ושטוח. עיניה חפות מאיפור, אדומות. היא נראית עצובה. עצובה וצנועה.

כעבור כמה שנים, אילה יוצאת עם מישהו, נקרא לו דניאל. הפעם זה נראה רציני מתמיד.

דניאל הוא התגשמות כל חלומותיה של אילה: בחור מעניין, מצחיק, חכם, רגיש, שומר הלכה ומסור לעבודת ה', וגם... יפה. כן, לא נעים לה להודות, אבל יופיו מדבר אליה. למרות זאת,

היא לא מסוגלת לסבול את העובדה שהיא נמשכת אליו. היא מתאמצת לעקור מתוך ליבה כל רמז לרגשות מסוג זה. כאשר היא מעלה בדעתה שאולי הוא נמשך אליה, היא חשה רגשות מעורבים, בלגן שמסתבך ומסתבך כמו פקעת. מצד אחד, היא חשה שמחה. שמחה פשוטה. את השמחה מהסוג הזה היא חשה עמוק בפנים, בתוך נקודה קטנה ומושתקת מאוד בתוכה. כזו שהיא בקושי מרשה לעצמה להרגיש. מצד שני, היא חשה דחייה. המחשבה שדניאל אולי חושב עליה "ככה", גורמת לה לרצות להיסגר בתוך קונכייה קטנה ואטומה. זה מזעזע אותה. מזעזע... אבל גם משמח. כי הוא גבר והיא אישה. ויש לה רצון להיות אישה. חלפו הימים שהיא הייתה ילדה־נערה, נלחמת בגופה המשתנה לנגד עיניה. היא כבר לא שם. כיום היא מתבוננת בגופה הנשי והוא משמח אותה וממלא אותה תשוקה. תשוקה למה? היא לא יודעת. לא רוצה לדעת. ושוב אשמה. ושוב בושה. וכך, כמו מעגל שמזין את עצמו, ככל שהיא יותר שמחה ומסוקרנת מהנשיות של גופה, כך גדלה בקרבה תחושת האשמה ותודעת החטא.

ומה לגבי דניאל?

פרק 4
דניאל

דניאל אומנם לא נכח בשבת הסמינריון, ולא שמע את אותו מדריך מהולל. אבל כאמור, השקפת העולם הזו איננה "המצאה" של המדריך, אלא נוכחת במקומות נוספים, כאלו שדניאל נחשף אליהם מגיל צעיר יחסית.

גם דניאל לא בהכרח מייצג את הבנים שאת מכירה, ייתכן שהבנים שאת מכירה מתמודדים עם המיניות שלהם באופן מורכב יותר, או אולי חלילה באופן הרסני יותר. אבל דניאל חשוב לנו כדי להבין איך בנים מסוימים עלולים לתפוס את עצמם ואת התשוקה המינית שלהם, כשהם נחשפים לשיח צניעות שלא רואה אותם.

מאז שדניאל נעשה בר מצווה, מדברים איתו על "שמירת הברית", ומספרים לו שאסור לגבר להביט על אישה, אפילו לא על "אצבע קטנה" שלה. מאז דניאל יודע שמבט על אישה עלול להוביל ל"פגם הברית", כלומר - למעשה של הוצאת זרע לבטלה. דניאל הוא בחור ירא שמיים ומשתוקק לחיות חיים של קדושה. לכן הוא לא מסתכל על נשים, בכלל. גם לא בסתר וגם לא בחדרי חדרים מול המחשב או הסמארטפון, כמו שעושים חלק מחבריו. כאשר הוא פגש את אילה, לקחו לו כמה פגישות להעז להישיר מבט, ארוך ונוכח, בעיניה.

דניאל יודע שיש דברים שלא חושבים עליהם. יש גבול לדמיון, גם כשהמציאות מתפקעת מרוב משהו, קוראת לך בשקט שוב ושוב. בפגישתם האחרונה דניאל ביקש מאילה שלא לקרוא לו בשמו. "זה רק מדי", הסביר לה בלי קול, בינו לבין עצמו. "הקול שלך, הוא מחלחל אליי, זה מערער אותי, את מבינה?", הוא ידע שהיא לא מבינה.

בהתחלה דניאל אהב לשמוע את אילה. הוא היה פתוח בפניה כמו ספר, והמילים גלשו ממנו החוצה, אליה, בלי מעצורים. בתוך ליבה, כך דימה לעצמו, יש חדר קטן, מרופד בצמר גפן מתוק. הוא ראה בעיני רוחו איך המילים שלו נוחתות על המצע הרך והלבן, שמורות אצלה בחדר ליבה. בעצם הוא חש שאילה והוא יכולים לדבר גם בלי מילים. לפעמים היה עולה בו צורך עז לומר לה תודה. עיניה אמרו שהיא יודעת. גם בלי שיגיד מילה.

עיניה של אילה היו צלולות ובוהקות. שיער אדמדם השתקף מדי פעם באישון העין והעניק לעיניה גוון של אש. אש כתומה,

אש ירוקה, אש כחולה... כשאילה הייתה מביטה בו הוא היה מרגיש לפעמים שהוא עלול להישרף.

כל כך רצה להישרף באש של אילה. אבל ידע שהעיניים הן הגבול. הגבול של הדמיון. מה שנמצא מעבר לגבול שורף באמת. האם יעז לשחרר אחיזה ולקפוץ, להתמסר אל תוך התהום? "תהום המחשבות האסורות". מה פתאום. דניאל הוא לא אחד שמאבד שליטה.

אבל פתאום החלו עיניה לרדוף את דמיונותיו. בהתחלה היו אלו זיכרונות: קטעי שיחה, מילים, צמר גפן מתוק... אך לאחר זמן מה להבות עיניה של אילה החלו מלחכות אט־אט את בשרו. הוא הרגיש את זה בגוף. אילה היפה. שיער אדום, עיני אש, שפתיים, צוואר... לא! הוא לא ילך לשם! אבל גופו מדבר בשפה אחרת. שפת האש והגלים. בוער, צמא, רעב... רוצה.

לפתע הבין מדוע קוראים לזה "משיכה". כי אתה "נמשך", כמו מוכה ירח, צועד לאן שגופך מוביל אותך, מבלי שיש לך כל בחירה. אילה. "משכני אחריך נרוצה..." "אני לא רוצה, אילה!".

"פגם הברית". "קרי לילה". "הוצאת זרע לבטלה". דניאל נעול בתוך גופו, בתוך אשמתו, בתוך בושתו.

אילה, אילה. חושך בחדר ורק זיכרון עיני האש של אילה מאיר באלומה של אור את גופו של דניאל. הנייד מצלצל, על הצג מופיע שמה. הוא עונה, וקולה הרך, רך מדי... הוא לא מסוגל להמשיך ככה. כבר לא זוכר מדוע חשב שהיא מוצאת חן בעיניו. ממלמל כמה דברים, מסיים את השיחה עוד בטרם התחילה. אילה כבר איננה בת שיח ללא מילים, וחדרי ליבה כבר לא מצופים בצמר גפן מתוק. אילה כעת מהווה עבורו רק דבר אחד, דבר אחד ויחיד: "מין".

הסיפור של אילה ודניאל נגמר. אילה היא כיפה אדומה, דניאל הוא הזאב. שניהם ילדים טובים, ואף אחד מהם לא רצה שהסיפור שלהם יסתיים כמו בסיפור של כיפה אדומה והזאב. הם נפרדו.

***

כעת אני רוצה לשאול אותך שאלה אישית.

באיזה עולם את חיה? מהי תפיסתך לגבי הגברים שמאכלסים את העולם? האם את סבורה שהם "זאבים"? כאלו שכל מבט באצבע קטנה של אישה שולח אותם בהכרח למחוזות אסורים? או שאולי את חיה בעולם שבו הגברים הם לא זאבים כי אם בני אדם, בני אדם שניתן לסמוך עליהם ולתת בהם אמון בסיסי, שהם מסוגלים לראות בך לא רק "אישה־מין", אלא בנוסף לכך, גם "אישה־אדם"?

ובעצם, גם כאשר גבר רואה בך ישות מינית, האם העובדה הזו חייבת להיתפס כשלילית בהכרח? כחטא? האם כשגבר מסוים רואה בך ישות מינית, זה בהכרח אומר שהוא פוגע בכבודך? האם המבט הגברי שרואה בך גם ישות מינית, מבטל בהכרח את כל התכונות האחרות האנושיות שלך שהוא רואה בך?

ואיך אנחנו אמורות להתייחס לעובדה שלפעמים גברים ונערים, גם הטובים והרגישים ביותר, חווים בינם לבין עצמם "חוויות זאביות", שבמהלכן הם מתבוננים באישה במבט מחפיץ שאכן פוגע בכבודה? האם החוויות הזאביות הללו, האם "הרהורי העבירה" הללו, שכל גבר עשוי מדי פעם לחוות, הן הסיבה ללבוש צנוע? האם כל הסיפור של צניעות של נשים, הוא הימנעות מלהכשיל גברים?

בהמשך הספר אראה לך מתוך הגמרא ומתוך ההלכה השקפת עולם יהודית דתית, שמושגי הצניעות שלה **קשורים באופן עמוק למיניות, אבל בכלל לא קשורים לרעיון שלפיו את "מכשילה" גברים.** אנו נתמודד עם השקפת העולם שאילה ודניאל הפנימו, ונציע לה אלטרנטיבה, אפשרות חלופית.

זו תהיה השקפת עולם יהודית בריאה, שסבורה שהאישה, גם אם היא יפה ומושכת, איננה רק "מין". גישה שמצד אחד לא מוחקת את האישה כאישה ומצמצמת אותה למין בלבד, ומצד שני לא מאלצת את האישה למחוק את מיניותה.

גישה שמאפשרת לאישה הרוצה בכך להיות נוכחת מבעד לבגדיה כאישה, ולא רק כיצור נטול מיניות. גישה שלפיה לא כל הגברים הם זאבים, ושבהקשר המיני הם לא נעים כל הזמן בין הדחקה לבין כישלון. גישה שמכירה בכך שלמיניות, גם הנשית וגם הגברית, יש מקום במרחב, אבל מתעקשת על כך שהמיניות תהיה נוכחת באופן מתוקן, צנוע ועמוק.

פרק 5
עדות בגוף ראשון

סיפורו של דניאל יכול היה גם להיגמר אחרת. אביא לפנייך מדבריו של אחיה אדלשטיין, חוזר בשאלה שכתב על כך למגזין "דברים", ודבריו פורסמו גם באתר "וואלה":

אני זוכר את נקודת המפנה. היה זה ערב יום כיפור לפני שלוש־עשרה שנה. וזה היה גם יום הכיפורים האחרון שלי בישיבה התיכונית. חודשיים קודם כבר הרגשתי את יום הדין מחלחל בי, מתפשט מהבור הגדול שנפער מתחת הלב לכל איברי הגוף, מטפס מעלה מעלה עד לכיפה הקטנה שבראשי. בעיניי נדמתה הסרוגה לשלט ניאון ענק ששולח אורותיו מטה מטה, ומאיר וחוזר ומאיר את מקור הרוע, את האיזור שלא ניתן לריסון, את ההתנחלות המשופשפת של יצר הרע.

ככה הרגשתי: מפוצל, מחביא סוד אפל. אי בים של טהורים מתנדנדים עטופים בטליתות. הסתכלתי עליהם ממלמלים דברי תפילה בעיניים עצומות, נקשרים לעומקים. ואני? כלום, וסהדי במרומים איך שכמהתי להרגיש. כמה דמעות הזלתי בסתר, מצפה ליום המיוחל שבו ירד המלאך, יתיר את החבלים שקושרים אותי למזבח, ויסרס אותי ברחמיו.

באותו ערב יום כיפור התאספנו כל התלמידים בבית המדרש, ורק קול דממה דקה נשמע כשעלה ראש הישיבה לדוכן, לשיחת חיזוק. הבקשה האחרונה שלו צרבה בבשרי כמאכלת. הוא ביקש שבלילה, אחרי התפילה, לא נכסה את רגלינו בשינה. 'הקור', כך הסביר, 'עוזר להימנע מקרי לילה'.

הרגשתי היצור הכי קטן בעולם. טיפוס אפל, עלוב, מטונף ורקוב. מהיסוד. ידעתי שאני, שמבלה את רוב זמני בהרהורי זימה ובהטרדה עצמית, לעולם לא אגיע לדרגתם העליונה של חבריי, המרחפים להם בין ענני הקדושה. הבכי מתחת לטלית באותו יום כיפור לא היה של ילד המבקש רחמים מאביו, חיבוק וגאולה. זה היה בכי מר של הספד, של קבלה והשלמה עם ההבנה הכואבת שאני לא הבן האהוב הנעקד - שאני בן השפחה שנשלח למדבר. זמן קצר אחר כך העיפו אותי מהישיבה, "התלמיד", הם אמרו, "משפיע לרעה על שאר התלמידים.

זה היה לפני 13 שנה, ובזיכרוני כאילו אתמול.

***

מטרת הפרקים האחרונים הייתה להדגים לך כיצד התרבות, כלומר, המסרים החברתיים שאופפים אותנו, עשויה להשפיע על החוויה שלנו את עצמנו ואת האחר, ואפילו להתערב לנו בזוגיות:

אילה הפנימה את גישת המדריך מהסמינריון וכעת היא מתלבשת ב"צניעות". המורות באולפנה בוודאי ישמחו. מה שהן לא יודעות זה שאילה, אותה נערה אדומת שיער ופרועת מזג, שמאז שבת הסמינריון הפכה להיות צנועה וחסודה, למעשה נוקטת בלבוש צנוע מתוך הפנמה של השקפת עולם הרסנית. המחיר שהיא משלמת על צניעותה גבוה מדי. היא חווה את גופה כמו גם את רגשותיה המיניים כדבר בזוי ומעורר חרדה. היא לא מסוגלת לצמוח כאישה, כאשר כל קשר רומנטי מאיים על מה שהיא תופסת כתמימות וטוהר מידות.

דניאל היה יכול לקשור קשר זוגי עם אילה, אילולא השתרשה בו נוסחה שאותה הוא הפנים כבר מגיל 13: "אישה = מין". הלכות צניעות שנתפסו אצלו כמצילות את הגבר מ"חטא", מתפתחות אצלו לכדי אובססיה רגשית, והוא כבר לא מסוגל לראות אישה מבלי לחוות אותה אוטומטית כמכשול שיש לברוח מפניו.

השיח החינוכי בישיבה של החוזר בשאלה הציג את המיניות הגברית כחטא מעצם היותה. האזהרות שראש הישיבה מזהיר מפני "קרי לילה", יציאת זרע המתרחשת באופן טבעי אחת לכמה זמן, ואיננה נתונה לשליטתו של הגבר, מייצרות מושגי קדושה הרוויים בפחד מפני הגוף הגברי. המסלול שאותו נדרש בחור הישיבה לעבור כדי להשיג את הקדושה הנכספת כרוך ברגשות אשמה תמידיים על היותו אדם אנושי בעל גוף גברי ורגשות מיניים.

דבריו של המדריך מהסמינריון או של הרב בישיבה הם דוגמה להשקפת עולם מאוד מסוימת, שבפרקים הבאים נכנה אותה בשם "פוריטנית", ונסביר בדיוק מה זה אומר.

הדוגמאות שהבאנו בשלב זה לקוחות מתוך עולמם של אנשים דתיים. אך חברות ותרבויות שאינן דתיות אינן נמצאות בהכרח במקום טוב יותר. בהמשך נראה דוגמאות להשקפות עולם נוספות שמאפיינות את התרבות המערבית, שאיננה דתית, השקפות עולם שמסוגלות גם הן להשפיע באופן מעוות והרסני על עולמם הפנימי של אנשים.

פרק 6

המושג "שיח", או "למה זה משנה מה בר רפאלי אומרת?"

כאנשים דתיים מודרנים, אנחנו למעשה נתונים בתוך שתי תרבויות ששתיהן משפיעות עלינו, לעיתים באופן מלא קונפליקטים ורווי מתח: התרבות המערבית והתרבות היהודית־דתית. אין ספק שהאופן שבו היהדות מעצבת את המיניות

שונה בתכלית מהאופן שבו התרבות המערבית מעצבת אותה. אבל העובדה שאני אישה או נערה דתייה לא אומרת שאני לא מפנימה לתוכי גם רעיונות והנחות יסוד מערביות־חילוניות. בכל הקשור ליחס אל המיניות, הכולל בתוכו גם את היחס לצניעות ולשמירת נגיעה, אנחנו חיים ב"סמטוחה" שיוצרת הרבה תסכולים ובלבולים. אני רוצה שנעשה סדר בבלגן הזה.

בשלב זה אני רוצה להכיר לך מושג שאנחנו הולכות להשתמש בו הרבה: המושג "שיח". עד עכשיו השתמשנו במושגים דומים כמו "השקפת עולם", "גישה" או "תרבות". אבל למעשה, "שיח" הוא המושג המדויק יותר. שיח הוא האופן שבו אנחנו, כחברה, משוחחים על פעולות מסוימות או על נושאים מסוימים. מכירה את זה שכותבים על הלוח מילה ואז מציירים סביבה שמש, וכותבים ליד קרני השמש את האסוציאציות או את המשמעויות שהמילה הזו מעלה? כך עובד שיח. אם נכתוב למשל את המילה "צניעות" על הלוח בכיתה במאה שערים, תתקבל שמש שונה לחלוטין מאשר אם נכתוב את המילה הזו בכיתה של בית ספר לאומניות הבמה. יכולים להיות "שיחים" שונים לגבי אותו נושא.

אבל "שיח" הוא לא רק **רעיונות**, אלא תמיד מורכב גם **ממעשים**. "שיח" הוא אידיאולוגיה שיש בה שילוב של מעשים ורעיונות המצדיקים את המעשים הללו. למשל, שיח הצמחונות אומר למשתייכים אליו מה לעשות: הוא אומר להם שאסור לאכול בשר. אבל הוא גם מסביר מדוע צריך להימנע מבשר: "בשר זה רצח".

אז איך אני יודעת שכולנו חלק מהשיח המערבי?

שימי לב למשהו מעניין. מה שקובע האם אדם מסוים הוא חלק משיח מסוים, למשל שיח הצמחונות, אינו השאלה אם הוא מבצע בפועל את המעשה של הימנעות מבשר. **המעשה** הוא לא מה שקובע האם אנחנו חלק משיח כלשהו. מה שקובע אם אדם מסוים הוא חלק משיח מסוים הוא גם לא השאלה האם אותו אדם **מסכים עם הרעיונות** של השיח הזה. כלומר, זה שאדם מסוים מסכים עם האמירה "בשר זה רצח", זה לא מה שהופך אותו לחלק משיח הצמחונות. מה שהופך אדם לחלק משיח מסוים הוא רק דבר אחד: הבנה. האם אותו אדם **מבין** את השיח, ברמה הכי פשוטה של הבנת הנקרא.

אם נציג את המשפט "בשר זה רצח" בפני אנשים אמריקנים מלפני 300 שנה, סביר להניח שהם בכלל לא יבינו את המשפט הזה. למרות שהיו שם כנראה כמה אנשים שנמנעו מאכילת בשר, לא היה לזה שום קשר לזכויות בעלי חיים. אם היינו משמיעים בפניהם את המשפט "בשר זה רצח", הם היו אומנם מבינים את המילים, אבל זה היה נשמע להם מוזר. הם יודעים מה אומרת המילה "בשר" ומה אומרת המילה "רצח", אבל הטענה "בשר זה רצח" תיראה להם תמוהה, מוזרה ולא מובנת. זה היה נשמע להם מוזר בדיוק כמו לומר "קטיפת פרח היא רצח", או "ישיבה על כיסא היא רצח". העובדה שהם לא מבינים את כוונת המשפט, העובדה שהמשפט נשמע להם מוזר ותמוה, מעידה שהם לא חלק משיח הצמחונות הרווח כיום.

לעומת זאת אני, ואני מניחה שגם את, מבינות את כוונת המשפט "בשר זה רצח". אנחנו לא חוות אותו כמוזר. זה אומר שזה לא משנה אם אנחנו מסכימות עם המשפט הזה או לא, אנחנו מושפעות מהשיח הזה, **אפילו בלי לבחור בכך**.

לכן, אנחנו צריכות לעשות הבחנה בין **להיות מושפע** משיח כלשהו, לבין **להשתייך אליו**. להיות מושפעת משיח זה אומר שאת מבינה אותו, מבינה את הנחות היסוד שלו, כלומר את הרעיונות הכי בסיסיים שלו שהם מובנים לך מאליהם. לעומת זאת, להשתייך לשיח זה כבר אומר להסכים איתו באופן מודע ולבצע את המעשים שהוא ממליץ עליהם. להיות מושפע משיח, זה משהו שלא תלוי בבחירה שלנו. אבל להשתייך לשיח, זה כבר כן תלוי בבחירה שלנו.

למה כל כך משנה לנו ההבחנה הזו בין להיות "מושפע" משיח לבין "להשתייך" אליו?

שימי לב למשפט הבא, שצוטט לאחרונה ככותרת באתר "מאקו", מפיה של הזמרת המפורסמת מריה קארי:

הייתי רק עם חמישה גברים בחיי, אני תמימה ביחס לשאר.

פעמים רבות, אנשים שהם ברמה גבוהה ו"לא מתעסקים בשטויות האלה" של מדורי רכילות וזמרות פופ, חושבים שזה ממש לא מעניין מה מריה קארי אומרת,

ולא מבינים מדוע בכלל חשוב לנתח את זה. אנחנו ננתח הרבה מאוד ציטוטים מתוך המדיה הפופולרית, ולכן חשוב לי להסביר לך מדוע זה קריטי.

ברגע שאנחנו מבינים שהשאלה שאנחנו צריכים לשאול את עצמנו ביחס ל"שטויות האלה" היא לא שאלת ההזדהות ("האם אני מזדהה עם המשפט שלה"); לא שאלת ההסכמה ("האם אני מסכימה עם הדרך שלה"); לא שאלת המשיכה שלנו לתחום ("האם מעניין אותי לקרוא מדורי רכילות"), אלא שאלה אחת בלבד, שאלת **ההבנה**, פתאום הציטוטים הסתמיים הללו הופכים להיות חשובים מאוד.

בואי נשאל את שאלת ההבנה ביחס למשפט של מריה קארי: האם את מבינה את המשפט הזה, או שמא הוא נשמע לך בלתי מובן, כמו למשל המשפט "הרכבתי חמישה חלונות חשמליים בבית שלי, אני תמימה ביחס לשאר"?

אני משערת שאת מבינה את המשפט של מריה קארי, ולעומת זאת, את המשפט שעוסק בחלונות חשמליים את לא מבינה. את אולי מבינה את המילים שלו, אבל הוא מוזר לך כל כך, עד כדי תחושת תמיהה: "שמישהו יסביר לי את זה".

העובדה שאנחנו מבינים את המשפט של מריה קארי, ולא צריכים שאף אחד יסביר לנו את כוונתו, היא לא פחות מטרגדיה. היא מעידה על כך שאנחנו **מושפעים** משיח הרסני, שיח שאם לא נהיה מודעים לו, הוא יהיה מסוגל לפרק לנו את הסיכוי לזוגיות ולאהבה. זאת משום שההבנה שלנו את המשפט הזה מבוססת על כך שאנחנו מבינים את הנחת היסוד שהמשפט הזה מתקיים על גבה, והיא: "מיניות מנוגדת לתמימות".

"הנחות יסוד" הן אותם רעיונות שלא מופיעים במשפט באופן גלוי, רעיונות שלא מוצהרים במשפט, אלא מונחים בבסיסו, כאילו שוכנים מתחת לאדמה שעליה הוא צומח, בלי שאנחנו מודעים לקיומם. הנחות היסוד הן ה"מובן מאליו" שלנו. מריה קארי לא הייתה צריכה לומר באופן גלוי "אני חושבת שמיניות מנוגדת לתמימות, ולכן אני טוענת שלהיות עם חמישה גברים 'בסך הכול', משאיר אותי תמימה". עצם העובדה שהמשפט שלה מובן לנו גם בלי שהיא תפתח אותו במילים "אני חושבת שמיניות מנוגדת לתמימות", מוכיחה שמדובר עבורנו בהנחת יסוד, במובן מאליו, שכולם מבינים.

כעת אני שואלת אותך: האם את חושבת שהמיניות עם בעלך לעתיד או בעלך בהווה מנוגדת לתמימות? האם את חושבת שהיא **אמורה** להיות מנוגדת לתמימות, כלומר מנוגדת לטוהר, לתום, לניקיון מאינטרסים? גם אם התשובה שלך לשאלות הללו היא "לא, מה פתאום, מיניות היא דבר קדוש ונעלה, היא לא צריכה להיתפס כמשהו שפוגע בתמימות", זה לא אומר שבפועל, בגוף וברגש, התחושה שלך היא אכן כזו. הלב, השכל, הגוף והרגש שלנו קולטים את הנחות היסוד של השיחים שאנחנו חלק מהם, ולכן גם אם את חושבת שמיניות היא דבר נהדר, כל עוד את מבינה את המשפט של מריה קארי, את עלולה לחוות אותה בפועל כמשהו מלוכלך שמנוגד לתמימות.

זו הייתה רק דוגמה אחת לכך שמה שקובע את ההשפעה ההרסנית של שיח כלשהו היא ההבנה שלנו אותו.

פרק 7
להפסיק לצוף בתוך גוש מעורפל

הפתרון שאני מציעה הוא משולש:

מודעות

אלטרנטיבה

התנגדות

הדיון שלנו יחולק לארבעה חלקים: השלב הראשון הוא להכיר את השיחים השונים שמקיפים אותנו, ולהעלות למודעות את הנחות היסוד שלהם. אני רוצה שנצליח סוף־סוף לזהות אותן ולראות איך הן נוכחות בתוך הדברים היום־יומיים ביותר. שהרי, "הנחות יסוד" הן בדיוק הדבר הלא מוצהר, שאנחנו לא מודעים אליו, זה שמחלחל אלינו בלי שנשים לב. כדי להתנגד לרעיון שלפיו מיניות מנוגדת לתמימות, כמו גם

לשלל רעיונות אחרים שנפגוש במהלך הספר, צריך קודם כול להיות בכלל מודעת לכך שהרעיון הזה קיים. זה מה שנעשה בחלק הראשון של הספר.

בחלק השני של הספר נציג את מה שאני מכנה "השיח היהודי הבריא", שמציע אלטרנטיבה, אפשרות חלופית, לכל השיחים המקולקלים שמקיפים אותנו. הגישה הזו מבוססת על מקורות חז"ליים, הלכתיים והגותיים. בחלק השני היא תהיה יותר מכוונת לרעיון הצניעות ופחות תעסוק בשמירת נגיעה באופן ישיר. בשמירת נגיעה נעסוק בעיקר בחלק הרביעי.

התלבטתי רבות איך לקרוא לגישה הזו, המופיעה בפרקים השני והרביעי, ולבסוף החלטתי לקרוא לה "השיח היהודי הבריא", באופן שמשקף מראש את הכיוון שהספר הזה צועד בו. הספר מבקש לשרטט מתוך המקורות שלנו שיח מיניות בריא, מצמיח ומעצים, ולטעון שכל שאר האלטרנטיבות, האפשרויות החלופיות שמקיפות אותנו, אינן כאלה. לכן, לדעתי השם הכן והמדויק ביותר עבורו הוא "השיח היהודי הבריא" (אני משערת שהכינוי הזה עלול להפריע לאנשים שקשה להם עם עמדות נחרצות, בבחינת "הבריאות והאמת נמצאות רק אצלי, וכל האחרים טועים". בפרק הבא אתייחס לכך).

החלקים השלישי והרביעי מציגים את הביקורת על השיחים המקולקלים, ביקורת שיוצרת אפשרות של התנגדות מתוך בחירה. בחלק השלישי נעסוק בביקורת על שיח השחרור המיני על ארבע גרסותיו, ובחלק הרביעי נעסוק בביקורת על שיח מערבי נוסף, שנכנה אותו בהמשך "השיח השמרני החילוני". דרך הדיון בשיח השמרני החילוני, נעסוק באופן ישיר יותר בנושא של שמירת נגיעה, אהבה, זוגיות.

מכיוון שהספר מיועד גם לנערות בגיל תיכון, נתמקד בשלב הכי בסיסי של עיצוב האהבה בחיים שלנו, שמתחיל אפילו עוד לפני שהיא הופיעה. נדבר בעיקר על איך את יכולה, כבר בגיל 16, **להשפיע**, ואפילו להשפיע מאוד, על האהבה העתידית שלך. אומנם, הבירור הזה מתאים לא רק ל"לפני", אלא גם למי שכבר יש לה אהבה ונמצאת בזוגיות של חברות או נישואין.

כולנו מושפעות מהשיחים שמקיפים אותנו, אבל אני מעוניינת לתת לכל אחת מהקוראות של הספר את הכלים שיעזרו לה להפסיק לצוף בתוך הגוש

המעורפל הזה של השיחים השונים, ולהתחיל לחתור לכיוון שהיא רוצה; להחליט אם להשתייך לשיח כזה או אחר, או שמא לחיות חיים של אי־השתייכות, או אפילו של התנגדות אליו.

התנגדות אמיתית, התנגדות מתוך בחירה, יכולה להתרחש רק מתוך הבנה מדויקת למה בדיוק אני מתנגדת. זה אומר גם לרכוש מיומנות של זיהוי: להצליח לזהות את הנחות היסוד גם כשהן מופיעות בתוך משפטים הכי פשוטים ובנאליים, או אפילו בתמונות שנראות לנו לא חשובות וכאילו אין להן כל מסר. נדמה לי שלאחר הקריאה בספר, פתאום הרבה דברים שתיתקלי בהם ביום־יום ייראו לך אחרת לגמרי.

אני משערת שכל הציטוטים שיובאו בספר הזה יהיו מובנים לך, וחלקם גם יהיו בנאליים מאוד. ככל שהציטוט הוא בנאלי יותר, כך זה אומר שהוא יותר מובן מאליו עבורנו, ולכן בעל השפעה חזקה יותר עלינו. אם ציטוט מסוים נחווה אצלך כמוזר או חריג, זה אומר שאת לא לגמרי חלק מהשיח שהוא מייצג. אבל אם נדמה לך ששמעת משהו דומה כבר מיליון פעם, זה כבר אומר שאת מושפעת, שאת חלק מזה.

אז למה לשקף את התרבות מתוך המדיה? למה לא ללכת לספרי הגות מערביים?

הבחירה להציג את השיחים השונים בעיקר מתוך המדיה הפופולרית, ולא מתוך ספרות גבוהה יותר למשל, מבוססת על העובדה הידועה שלפיה למדיה הפופולרית יש שני כוחות שהם הרבה יותר חזקים מכל סוג אחר של מקורות מידע: כוח מעצב תודעה וכוח משקף תודעה.

כוח מעצב תודעה: היות שרבים מאיתנו גולשים בסמארטפונים ונמצאים במגע יום־יומי עם המדיה, היא משפיעה עלינו ומעצבת את התודעה שלנו באופן הרבה יותר אינטנסיבי מאשר מחזות של שייקספיר או ספרי פילוסופיה שאנחנו פוגשים בהם פעם בהרבה זמן, אם בכלל. בנוסף, מחזה תיאטרון, ספר פילוסופיה, יצירת אמנות או כל טקסט שמשתייך לתרבות גבוהה בדרך כלל מצהירים באופן גלוי על המסרים שלהם, או לכל הפחות מבקשים שתפענחי אותם בעצמך. לכן את יכולה להתנגד למסרים של תרבות גבוהה בקלות רבה יותר, כי המסרים פחות או יותר גלויים לנגד עינייך.

לעומת זאת, המדיה הפופולרית של תרבות היום־יום לא נתפסת כמשהו שצריך לפענח. לכאורה, אין מאחוריה שום מסר. אבל האמת היא שיש מסר, הוא פשוט סמוי, ואפילו מי שמצטט אותו לא תמיד מודע אליו. קוראים לזה "אידיאולוגיה סמויה". אידיאולוגיה סמויה פועלת עלינו חזק יותר ומחלחלת אלינו הרבה יותר בקלות. כך יוצא שתרבות היום־יום משפיעה ומעצבת את התודעה שלנו הרבה יותר מהתרבות הגבוהה.

כוח משקף תודעה: המדיה הפופולרית מבוססת על רייטינג, ולכן אנחנו יכולים להיות בטוחים שכל כותרת, טקסט, סרטון או תמונה ש"מתקבלים" להופיע באתרים הפופולריים בארץ הם כאלו שמביאים הכי הרבה גולשים. לכן הם בעצם משקפים את המכנה המשותף הרחב ביותר של החברה הישראלית. למען האמת, לדעתי הכוח המשקף הוא אפילו יותר חשוב מהכוח המעצב, ולכן גם אם את באופן אישי לא נפגשת הרבה עם המדיה הפופולרית ביום־יום, את עדיין יכולה ללמוד ממנה המון, ולהבין באמצעותה את המקום התרבותי שבו נמצאת החברה הישראלית שמקיפה אותך.

כמובן שהמפגש עם המדיה הפופולרית הוא מפגש עם חומרים שהם לא תמיד עדינים, לא תמיד מעודנים, ובוודאי שלא תמיד צנועים. הקדשתי מחשבה רבה לשאלה אילו חומרים ייכנסו, למרות שהם לא הכי נקיים, ואילו חומרים לא ייכנסו. יש חומרים חשובים שלא נכנסו משום שלמרות שהם מסייעים להבהיר את הרעיון, הם כבר נתפסו בעיניי כבוטים מדי. השתדלתי להפעיל שיקול דעת ראוי ומדויק ככל האפשר, כך שאם תחושי שאת נתקלת בטקסט בוטה מדי, דעי לך שהכנסתי אותו לכאן משום שאני חושבת שאי אפשר לוותר עליו. ובכל אופן, אם יש טקסט שלא נעים לך לקרוא, תמיד את יכולה לדלג עליו.

אני מאמינה שכיום לא ניתן לתקן את הקלקולים של המיניות מבלי לפגוש אותם, מבלי "לרדת לקליפות", להכיר אותן, לנתח אותן, לבקר אותן, ולאפשר לעצמנו במקרים מסוימים גם לחוש דחייה. אני מבקשת מראש את סליחתך אם תחושי שיש טקסט מסוים שהיה בעייתי מדי עבורך.

כפי שתראי, יש הבדל בין השפה שבה אני משתמשת, שפה שאני משתדלת שתהיה נקייה ככל האפשר, לבין השפה שמופיעה בציטוטים מתוך המדיה.

למרות שחלק מהציטוטים נערכו וצונזרו על ידי, עדיין, מסיבות שונות, היה לי חשוב להשאיר חלק מהשפה של המדיה הפופולרית באופן אותנטי. למשל, המילה "סקס" היא מילה שאני באופן אישי לעולם לא אשתמש בה, לא בספר וגם לא בחיי הפרטיים, כי בשפה העברית, היא נטועה בתוך הקשר תרבותי שאני לא רוצה להשתייך אליו. אבל היא בהחלט עשויה להופיע מדי פעם בטקסטים המצוטטים כאן (זאת בשונה, אגב, ממילת התואר "סקסי", שהיא בעלת משמעות רחבה יותר ופתוחה יותר לפרשנות. במילה הזו אומנם לא אשתמש כאן, אבל אני לא מתנגדת אליה באופן גורף). בכל אופן, בשום שלב לא יופיעו תיאורים מפורטים של מעשים שהצניעות יפה להם, אבל בהחלט ייתכן דיבור "על" מעשים כאלה, מבלי לפרט מה בדיוק מתרחש בהם.

פרק 8
ציניות, כנות ועולם שהשתגע

הספר הזה כתוב ממקום מאוד עמוק של אהבת אדם, חמלה כלפי המצוקות שלו, ואמונה בכוחות שלו. הביקורת שאציג היא אך ורק כלפי "שיח", ולא כלפי אנשים פרטיים. גם כאשר מובאים בספר ציטוטים מדמויות מוכרות, אבקש ממך לזכור שהביקורת היא אך ורק על השיח שהאנשים הללו מבטאים, ולא עליהם באופן אישי. אני לא מתיימרת לדעת מה הוביל אדם מסוים לבחור באורח חיים כזה או אחר, או לצטט שיח כזה או אחר.

לכן בעיניי אין כאן בעיה של התנשאות, משום שהתנשאות היא שלילית רק כאשר היא מופנית כלפי בני אדם ולא כלפי אידיאולוגיות. כשמדובר בבני אדם פרטיים, מוטלת עלינו החובה לדון אותם לכף זכות, אבל לא כך כשמדובר באידיאולוגיות. אנחנו חייבים להפעיל חוש ביקורת כלפי רעיונות, השקפות עולם ואידיאולוגיות, בעיקר אם אנחנו חשים שהם פוגעניים ועלולים חס וחלילה להרוס חיים של אנשים, בתוכם גם את חיינו שלנו.

ייתכן שבמקומות מסוימים בספר אתייחס לפעמים לשיחים השונים באופן ציני, כלומר, אציג אותם באופן מגוחך, מזלזל, אפילו קצת "ארד עליהם". אני חושבת שכשמדובר באנשים פרטיים, התייחסות צינית היא פוגעת, יומרנית ולא נכונה. לעומת זאת, כשמדובר בשיחים ולא באנשים פרטיים, הציניות היא כלי חשוב, ואפילו כֵּן.

כדי להסביר לך למה אני חושבת ככה, אשתמש בדוגמה דמיונית שהמצאתי, שקשורה לתחום אחר לגמרי.

נניח שאת חיה בחברה שבה אנשים רבים מסביבך מאמינים שהאישה נחותה יותר מהגבר. נניח שאת רגילה לשמוע הרבה את המשפט: "נשים ובנות, דעו את מקומכן ואל תנסו להגיע למדרגה של הגברים!" בכל מקום שאת הולכת אליו, גם בנות וגם בנים, גם נשים וגם גברים, מסכימים עם הטענה שלנשים יש פחות יתרונות מגברים, ולכן, כדי שהעולם יהיה טוב יותר, נשים צריכות למלא אחר הרצונות של הגברים ולשרת אותם.

איך את מרגישה כעת? אני מקווה שאת משתגעת מהשיח הזה. את מרגישה שכולם מסביבך התחרפנו. את רואה מסביבך חברות שלך שמסדרות ומנקות את החדרים של האחים שלהן באופן קבוע, כדי לחסוך את הזמן היקר של הגבר, שלא יבזבז את זמנו על דברים נחותים שמתאימים לנשים. והן אפילו שמחות בכך, הן לא מבינות מה הבעיה! את מתמלאת כעס כלפי השיח הזה שגורם לחברות שלך להאמין שהן צריכות להתנהג כמו שפחות. את מרחמת עליהן, את חושבת שהן משתייכות לשיח נורא ואיום, ואת לא יודעת מה לעשות כדי לגרום להן להבין את זה.

אחד הכלים שעומדים לרשותך הוא להציג את השיח הפוגעני הזה באופן מגוחך. להיות צינית כלפיו, וכך אולי לאפשר לחברות שלך לחוות זלזול במה שלדעתך פוגע בהן. לכן, בכל פעם שחברה שלך לא יכולה לבוא אלייך כי היא עסוקה בלנקות את החדר של אח שלה בזמן שהוא משחק באקס־בוקס, את תגידי לה משהו כמו: "טוב שיש בעולם נשים שעוסקות בדברים הלא חשובים, כדי שלאחים שלהן יהיה זמן לעסוק בדברים הנעלים באמת כמו משחק באקס־בוקס, כדורגל או ללכת מכות".

זה משפט ציני והוא גורם לנו לתחושה של זלזול, אבל הוא נאמר אצלך ממקום כל כך כן, כל כך כועס, כל כך מלא אהבה ואכפתיות כלפי חברותייך שלא מבינות שהשיח הזה פוגע בהם. הציניות כאן מבחינתך היא כלי לתיקון. היא ציניות שמגיעה מתוך דאגה לאנשים שנאלצים לסבול את השטות הזאת שהם מאמינים בה, בלי להבין עד כמה הם נפגעים ממנה (וסליחה שבדוגמה הזו הגברים יצאו אלו שלא בסדר).

אני מתחייבת בפנייך שכל מילה בספר הזה נובעת מתוך מאה אחוז כנות. כמו בדוגמה הדמיונית שנתתי, שבה את מרגישה ש"העולם התחרפן", כך בדיוק אני מרגישה לגבי השיחים השונים העוסקים במיניות, שיעמדו כאן לביקורת. כנות באה לידי ביטוי בכך שהאדם מדבר "מהבטן". מעורב רגשית. כך גם הציניות שלי. היא מגיעה מתוך כעס על השקפות עולם פוגעניות, ומתוך דאגה לאנשים ששקועים בתוכן. יש אצלי חלוקה מאוד ברורה בין התחושה הרגשית כלפי השיח הפוגעני, שהיא מלאת כעס ולעיתים גם ציניות, לבין התחושה הרגשית כלפי האדם שמשתייך אל השיח הזה, שהיא מלאת אכפתיות וגם אמפתיה.

לכן גם הרשיתי לעצמי לכנות את השיח שאני "בעדו" בשם "השיח היהודי הבריא", מה שמעיד מראש על כך שאני חושבת שכל השיחים האחרים מקולקלים. אני לא מתנצלת על כך. הספר הזה הוא לא סוג של "מסע אל עבר הלא־נודע", שבו אני בוחנת את כל האפשרויות באופן ניטרלי, ו"אופס", במקרה מגיעה למסקנה שדרך החיים שלי היא הטובה ביותר. לא. את המסע הזה עשיתי לפני שכתבתי את הספר, ובכלל לא הייתי צריכה להתנסות בפועל בשיחים האחרים ולבדוק על בשרי את אורח החיים שהם מציעים כדי להגיע למסקנה שהם פוגעניים. בדיוק כמו שאת לא צריכה להתנסות בפועל בשיח הדמיוני שהמצאתי מקודם, ולנקות את החדרים של אחים שלך מתוך תודעה של נחיתות, כדי להגיע למסקנה שזה שיח שגוי לחלוטין.

לא תמיד צריך לנסות על בשרך ועל גופך דברים מסוימים כדי לדעת מה ההשפעה שלהם עלייך. לפעמים אפשר פשוט להשתמש בשכל הישר וגם בלב הרגיש שיש לכל אחת מאיתנו, להתבונן, לנתח, להעמיק ולשאול את עצמך, מה את מבקשת מהחיים האלה.

<<< היכרות עם השיחים המקולקלים המקיפים אותנו

פרק 9
נטע

לא הייתי מתחילה לחשוב על כל זה אילולא נטע. אני רוצה לספר לך על תלמידה שלי, נטע, שבזכותה הגעתי לעיסוק בנושא של צניעות ומיניות.

לפני כמה שנים לימדתי במדרשה שאליה מגיעות בנות לאחר תיכון לשנה של לימוד תורה. אחת התלמידות שלי, שאכנה אותה כאן בשם הבדוי "נטע", הייתה תלמידה מבריקה במיוחד. היא גם הייתה יחסית דוסית, כלומר, הקפידה על קיום הלכה ותפילה בפרט. דבר אחד היה בולט במיוחד אצל נטע. למרות היותה דוסית, היא התלבשה באופן לא צנוע. ממש לא צנוע. אפילו חושפני. לאחר כמה חודשים הקשר שלי עם נטע התהדק והרגשתי מספיק בנוח לשאול אותה מדוע היא מתלבשת באופן הזה. תשובתה הפתיעה אותי:

> *אני מתנגדת לרעיון של צניעות. אני לא מוכנה להשתייך להשקפת עולם שמיועדת לגרום לי לחשוב שהגוף שלי הוא פשע ושאני צריכה להסתיר אותו, כמו פושע שצריך להסתיר את עקבות הפשע. אני גאה בגוף שלי ולא מוכנה להתבייש בו.*

שתקתי. התשובה שלה טלטלה אותי. האומנם זוהי המטרה של הלכות צניעות? שאלתי את עצמי. באופן אישי, אני חווה את הלכות צניעות באופן מעצים, שלא רק שאיננו פוגע בנשיות שלי, אלא מסייע לי לשכלל אותה, לדייק אותה וליהנות ממנה באופן עמוק. בהתחלה חשבתי שנטע פשוט הבינה לא נכון את שיח הצניעות שהיא גדלה עליו. זו הייתה המסקנה שאיתה התהלכתי במשך כמה שבועות. לאחר כמה שבועות שבמהלכם נחשפתי לכמה דברים שניגע בהם בהמשך, לפתע התמונה התבהרה לי: זה לא שנטע **לא הבינה נכון** את המסרים של שיח הצניעות שעליו גדלה וחונכה, אלא להפך: היא הבינה אותם **יותר מדי טוב.**

כי הסאב־טקסט,* כלומר הרובד הסמוי של שיח הצניעות בחברה הדתית־לאומית, לפעמים אכן נגוע בגישה שנטע הצביעה עליה. למרות שברמה המוצהרת של השיח הדתי, קיימות אצלו אמירות חשובות ונהדרות כמו "מיניות במסגרת הנישואין היא דבר פנימי, חיובי ונעלה", למרות הניסיון לצייר תמונה חיובית של המיניות, מתחת לפני השטח קיימת פוריטניות.

בפרקים הבאים נפרט בדיוק מהי כוונתנו במונח "שיח פוריטני".** בשלב זה רק נציין שהשיח הפוריטני הוא שיח שסבור **שמיניות היא דבר נמוך ובזוי**. כזה שאם נעשה לו "תרגיל שמש" על נושא ה"מיניות", המילים שיעלו, אפילו אם רק באופן לא־מודע, הן: "שלילית", "בזויה", "משפילה", "נמוכה" וכדומה. מקובל לראות את שורש הפוריטניות בדת הנוצרית ואולי גם המוסלמית, דתות שהשפעותיהן חלחלו גם ליהדות. לטענתי, חלק מסוים מהשיח הדתי־לאומי כיום נגוע בפוריטניות, גם כאשר הוא לא מודע לה ולא מצהיר עליה באופן גלוי.

בואי נתבונן בדוגמה מתוך תשובה של רב לשאלה ששאלה נערה באתר אינטרנט, ששייך ככל הנראה לשיח חרדי מסוים.

* סאב־טקס = ביטוי שפירושו "מתחת לטקסט" או "בין השורות". הכוונה למסרים שלא מופיעים באופן מוצהר בטקסט, אבל נוכחים בו באופן סמוי, לא מוצהר, כזה שאפילו הדובר או הכותב לא תמיד מודע לו.

** פוריטני = בעברית: "טהרני". גישה פוריטנית סוברת שמיניות היא דבר שלילי, נמוך ובזוי, תמיד ובכל הקשר.

פרק 10
דוגמה לשיח פוריטני

זוהי תשובתו של הרב לנערה ששאלה אותו שאלה העוסקת בהלכות צניעות. השאלה והתשובה פורסמו באתר שאלות ותשובות בנושאים הלכתיים:

> ייתכן מאוד שמותר ללכת בשיער פזור ואין עם זה בעיה. אבל אם את שואלת אותי, הדבר תלוי בגילך וביופייך: אם השיער ממש מושך גברים ובגללו את עשויה להכשיל את הרבים ובנוסף לכך את בגיל נערות מתקדם, אני הייתי מציע לאסוף אותו. אבל אם את בת 13, 14, 15 והשיער לא ממש גורם לגברים לסובב את הראש כשמביטים בך ברחוב או בכל מקום אחר, אני לא חושב שיש כאן בעיה. לסיכום: מעיקר הדין נראה שמותר, אבל בחורה יראת שמים יודעת מתי היא מכשילה את הרבים ומתי לא.
>
> בנוגע לאיפור: בעיקרון אין איסור להתאפר. אולם הדבר תלוי במספר גורמים, כגון: מי מתאפר, מתי, באיזה גיל וכן צורת וכמות האיפור. לדעתי, נערה צעירה בגיל התיכון אינה צריכה להתאפר ולהכשיל את הרבים שיביטו ביופייה. מה שאין כן לגבי בחורה שהגיעה לגיל המתאים לנישואין שאז מן הראוי שתמצא חן בעיני בעלה. אני הייתי ממליץ ללמוד מהמדריכה הרוחנית הכי טובה של עם ישראל הלא היא אסתר המלכה, שהגי סריס המלך היה מתחנן אליה שתתאפר ותתקשט, שתתבשם ותתייפה, אך היא הייתה צנועה ולא הייתה מוכנה לעשות כן. בהצלחה צדיקה... (מתוך תשובת הרב רביד נגר לשאלה באתר "רבנים").

אינני יודעת מה עושות לך המילים הללו. משהו בתוכי מקווה שהתשובה הזו מקוממת אותך, ושאת לא מזדהה איתה. אבל בהחלט יכול להיות שאת דווקא כן מזדהה עם התשובה הזו, ולא מבינה מה הבעיה בה. אפשרות נוספת היא שאת חשה תחושה מבאסת, קשה, לא נעימה, לנוכח התשובה הזו, אבל כשאת מנסה להבין מדוע את כועסת או פגועה ממנה, את לא מצליחה להבין למה. בלית ברירה את מגיעה למסקנה שהתשובה הזו צודקת, ושהבעיה היא בך: את זו שלא מסוגלת לקבל את הדברים, ולא מסכימה להביט לאמת בפרצוף. אז לא. הבעיה היא לא בך.

בהמשך נסביר מדוע תשובות מסוג זה הן הרסניות עבור **כל** מי שקורא אותן או נתקל בהן אפילו במקרה. אנחנו נראה שהן עלולות לחלחל לתוך תפיסת הצניעות והמיניות שלנו, אפילו אם אנחנו בכלל לא מזדהות, לא עם השאלה ולא עם התשובה.

בואי נוסיף כאן דוגמה לתשובה נוספת. בימי מגפת הקורונה פורסם באתר החדשות הדתי "24/6" שו"ת הלכתי יומי בענייני קורונה מאת הרב שלמה אבינר. שאלה אחת עסקה בדייטים בזמן שאסור לאנשים לצאת מביתם מפאת הנחיות משרד הבריאות:

> **שאלה:** כדאי בימינו להמשיך בשיחות שידוך בטלפון, או לחכות?
>
> **תשובת הרב:** להמשיך. אדרבה, יש מעלה לא להסתכל על הבחורה שנפגשים איתה. כמובן יש לדעת אם מוצאת חן, אבל זה לא מבטל את האיסור. עיין רמב"ם הלכות איסורי ביאה פרק כא.

תשובה מפורטת יותר בנושא התבוננות באישה למטרת "דייט", פורסמה בספרו של הרב שעוסק בזוגיות. הרב נשאל על ידי בחור ישיבה האם מותר לו להתבונן בפניה של חברתו, שעמה הוא נמצא בקשר שעדיין לא הגיע לשלב של אירוסין ונישואין. נציג כאן את השאלה והתשובה בשלמותן, שהופיעו תחת הכותרת "הסתכלות במשודכתו":

> **שאלה:** אני בחור בשנה א' בישיבה גבוהה, כמעט בן שמונה עשרה. הייתה לי חברה והפסקנו את הקשר עד שנהיה מבוגרים יותר ונראה אם שייך לדבר על חתונה. בינתיים הקשר הרגשי קיים. אנו גרים באותו אזור, וכל פעם שאני יודע שהיא בסביבה אני מרגיש צורך נפשי לראות אותה. שאלתי היא האם הסתכלות כזו היא בגדר של "המסתכל באצבע קטנה של אישה ונתכוון ליהנות - כאילו מסתכל במקום התורף" (רמב"ם, הלכות איסורי ביאה כא, ב). אציין שאני לא מתכוון להסתכלות על גופה אלא בעיקר בפניה, לקלוט את המבט בלי קשר ליופייה.

על כך משיב הרב:

> מה לי אצבע מה לי פנים ומה לי עין [כלומר, אין הבדל בין אצבע, פנים או עין, א"מ]. כל האמור ב'שיר השירים' לשבח, הוא מקום יופי, ואסור ליהנות ממנו (ספר חסידים קי), ואפילו עין, כמו שכתוב "עיניך יונים". ונשים צנועות היו רועלות את

הפנים [כלומר, חובשות רעלה, א"מ], ומגלות רק עין אחת, לכן המוציא בשבת צבע כחול שיש בו כדי לכחול עין אחת - חייב (שבת פ, א), שזה כבר נחשב לדבר חשוב.

ואולי היה מקום לחלק, שנהנה מהידידות שבמבט ולא ביופיו של המבט באשר הוא מבט של אישה. אך כיוון שמעוניין דווקא במבט הזה ובפנים האלו, הרי אי אפשר לומר שזו ראייה בעלמא לפי תומו [כלומר, ראייה סתמית, א"מ] שהיא מותרת מצד הדין (שו"ע, או"ח ע"ה, מ"ב ס"ק ז).

אך כיוון שעוד לא החלטתם אם אתם רוצים להתחתן, אם הסתכלות עליה היא לשם בירור אם תרצה להתחתן איתה, אין בזה איסור (רמב"ם, הלכות איסורי ביאה כא, ג),* אך כמובן יש למעט בזה במידת האפשר (מתוך: פרקי אהבה, מאת הרב שלמה אבינר).

אנחנו רואות שהרב סבור שהבחור צריך למעט בהסתכלות בפניה של בת זוגו לפני שהם מחליטים אם להתחתן או לא. מעבר למבט חד־פעמי וטכני, שעניינו "בירור אם ירצה להתחתן איתה" (כלומר, האם היא מספיק מוצאת חן בעיניו מבחינה חיצונית), המבט היחיד שמותר לשיטתו הוא "ראייה בעלמא לפי תומו", כלומר, ראייה שאין בה כוונה ליהנות. אבל לדבריו, ראייה כזו לא יכולה לחול במקרה שהבחור מעוניין לראות אישה מסוימת ולשוחח דווקא איתה. בנוסף, ייתכן שניתן להבין את דברי הרב על הנשים ההולכות עם רעלה ("נשים צנועות היו רועלות את הפנים ומגלות רק עין אחת") כמעשה שאומנם לא נהוג כיום ולא מתאים לימינו, אבל בכל זאת ראוי לשבח. זאת משום שגם העין היא סוג של איבר מיני שיש להצניע.

* אולי שמת לב שהרב מסתמך בשתי תשובותיו על אותו מקור ברמב"ם. בפרק 24 אנו נראה שניתן להבין את דברי הרמב"ם הללו באופן אחר, שממנו לא נובע איסור גורף לגבר להתבונן באישה.

והנה עוד דוגמה מתוך שאלה ותשובה שהופיעו באתר כיפה:

שאלה: יש אצל חסידי גור תקנות מאוד מחמירות בענייני צניעות בין איש לאשתו. הן לא כתובות ולא נלמדות בשיעורים אף ברמז, אלא נמסרות מפה לאוזן. הנה דוגמאות: פרישות גדולה בעניינים שבצניעות בין איש לאשתו, אינם הולכים ואינם עומדים יחד ברחוב אלא במרחק, אינם מדברים יחד ברבים, אינם פונים אחד לשני בשמם ועוד. האם אין זה מוגזם?

תשובה: זו מידת הפרישות המופיעה במסילת ישרים* פרקים יג-טו והיא מידה משובחת והגיונית ועילאית. אבל אינה חובת כל אדם, לכן חכמים לא גזרו ולא תקנו אותה, "כי לא גזרו חכמים גזרה אלא אם כן רוב הציבור יכולים לעמוד בה" [...] כנראה, כך החליטו אדמו"רי גור לדורותיהם, שחסידי גור נקראים להיות אותם היחידים ובכך להביא רוממות וטהרה לאומה כולה [...]

אך נשארת השאלה, וכי כל חסידי גור שייכים למדרגה זו? למעשה יש בימינו הרבה מאוד חסידי גור שאינם מקיימים את כל התקנות האלה, אך בלי ספק, הם יהודים צדיקים. ודאי, גם זה ידוע לאדמו"רי גור, אך שיטתם היא למשוך כמה שאפשר כלפי מעלה - וכל אחד יתרומם כמה שהוא יכול לפי כוחו. ואנחנו הדלים, לפחות נלמד מהם למסור את נפשנו לא לעשות עבירות ולקיים מצוות.

(מתוך תשובת הרב שלמה אבינר לשאלה שנשאלה באתר כיפה תחת הכותרת "מידת הפרישות בתקנות חסידי גור").

* הרב לא "המציא" את הגישה הזאת. הוא מסתמך כאן על המסילת ישרים. ואכן, בספר מסילת ישרים מוצגת הפרישות מהנאות הגוף, ובתוכן גם הפרישות המינית בין איש לאשתו, כמדרגה גבוהה המתאימה ליחידי סגולה. בהקשר המיני, המסילת ישרים מסתמך על עמדת מיעוט שמופיעה בגמרא. זוהי גישה פוריטנית. בהמשך נראה שיש גם קולות יהודיים שהם לא פוריטניים בכלל, ולא חושבים שזו דרגה גבוהה לפרוש מהנאה מינית בזמן הנישואין. אבל אפילו בלי להכיר את הקולות הללו, את יכולה לשאול את עצמך, עד כמה שידוע לך: האם היהדות מעודדת פרישות, נזירות וכדומה? התשובה היא שהגישה שמעודדת פרישות היא קול שולי ביהדות. הקול המרכזי ביהדות מתנגד לפרישות.

השואל נוקט בביטוי "עניינים שבצניעות שבין איש לאשתו". זה ביטוי שדתיים לפעמים משתמשים בו כשהם רוצים להתייחס למיניות בין בני זוג. היות שהשאלה לא מפרטת במפורש מהי אותה "פרישות גדולה בעניינים שבצניעות בין איש

לאשתו", הנה כמה דוגמאות לתקנות הללו. כולן מופיעות בערך "חסידות גור" שבוויקיפדיה (שנחשבת כיום לאנציקלופדיה אמינה ביותר). פניתי גם לנשים מחסידות גור והן אישרו בפניי שהתיאור מדויק:

1. יש למעט ככל הניתן ביחסי האישות ולסיימם תוך זמן קצר.
2. אין לקיימם אלא פעמיים בחודש, אחת מהן בליל הטבילה והשנייה בליל שבת.
3. הימנעות מקיום יחסי אישות מספר חודשים לאחר הלידה.
4. איסור על בני הזוג לגעת זה בזה או ליצור קירבה גופנית שלא לצורך קיום יחסים.

הרב טוען בתשובתו שהפרישות המינית הזו בין איש לאשתו (פרישות שלא מייצגת את עמדת ההלכה בשום אופן) היא מדרגה נעלה: מדרגה ראויה שרק יחידי סגולה זוכים להגיע אליה, וגם אנחנו, דלי העם, יכולים ללמוד ממנה מהו הכיוון הרצוי באמת.

ארבע התשובות הללו, הראשונה לנערה ששאלה אודות השיער והאיפור, השנייה והשלישית לנער ששאל אודות הסתכלות בפני חברתו, והרביעית העוסקת בשאלה האם פרישות מינית בין בני זוג נשואים היא מעלה גבוהה, הן תשובות ששייכות להשקפת עולם "פוריטנית". מיד נסביר מהם העקרונות של השקפה זו, ואחר כך גם נראה שזו גישה לא הכרחית מבחינה הלכתית ומבחינה רוחנית. אנו נסביר מדוע ההשקפה הפוריטנית בעייתית כל כך, ומדוע יש סיבה טובה לכך שהיא מעצבנת ומרתיעה נשים ונערות רבות.

ובכל זאת, זה לא מספיק להישאר רק במקום שמתעצבן. שהרי, כפי שנראה בהמשך, גם זמרת הפופ וחברותיה מתעצבנות על התשובה הזו ומוצאות בה הצדקה להתלבש בלבוש חושפני. אנחנו יכולות לדמיין אותן קוראות את התשובות שכתבו הרבנים הללו, ומזדעקות: "סליחה?! אני לא מוכנה שיכתיבו לי שהיופי שלי איננו לגיטימי, ושהגוף שלי הוא פשע שאני צריכה להתבייש בו!" ומהסיבה הזו, הן רוקדות על הבמה בלבוש מינימלי. זה כנראה גם מה שקרה לתלמידתי נטע. נטע נתקלה ביותר מדי רבנים, רבניות, מורות או מדריכי סמינריון שציטטו באוזניה את השיח המקומם הזה. במקום להזדהות עם דבריהם, כמו אילה ודניאל, היא התנגדה לשיח הזה, מה שהוביל אותה להתנגד לכל רעיון של "צניעות", ולהתלבש

באופן חשוף. ואכן, כאשר נערה גולשת כיום באינטרנט ונתקלת בתשובות מסוג זה, עלולות להיות לכך שתי תוצאות אפשריות: או שהיא מתעצבנת על התשובה הזו, או שהיא מזדהה עם התשובה הזו.

אם היא מזדהה עם התשובה הזו, כמו שקרה לאילה ולדניאל, קורה לה משהו עצוב: היא מפנימה לתוכה השקפת עולם פוריטנית עם הנחות יסוד מאוד בעייתיות, ולטעמי גם מאוד רחוקות מבריאות נפשית. מיד נפרט מהי השקפת העולם הזו, וייתכן שתסכימי איתי שהיא מסוכנת לשלמות הנפשית והרוחנית שלנו.

אם היא מתעצבנת על התשובה הזו, אז היא מתחילה לשאול שאלות. והיא שואלת שאלות טובות מאוד: מה באמת "הקטע" של הלכות צניעות? האם הנורמה הדתית של צניעות היא כמו שהרבנים הללו מתארים אותה? ואם לא, אם הרבנים הללו הם "סתם קיצוניים", אז מה כן אמור לגרום לי להזדהות עם צניעות?

אם אין לה תשובות מנומקות לשאלות הללו, היא עלולה לברוח מרעיון הצניעות היישר אל זרועותיו הפתוחות של שיח השחרור המיני המערבי, שזו הגישה שאותה מייצגת זמרת הפופ, וגם שותפה לה תלמידתי נטע. היא כועסת על הלכות צניעות, שלפי הבנתה, מעוניינות לגרום לה להתבייש בגוף שלה. היא לא מוכנה לקחת חלק בדבר הזה.

לכן, במקום להזדהות, או לחלופין, להתעצבן, אנחנו חייבות שתהיה לנו אלטרנטיבה, ולא רק לפסול את התשובות הללו על בסיס תחושות בטן. אני חושבת שלא מעט אנשים נשארו בשלב תחושת הבטן, ולכן הם פשוט עזבו בעצבים את השיח הפוריטני ו"התגלשו" ישר לתוך ארגז החול של שיח השחרור המיני שממתין לכולנו למטה (בהמשך נראה מדוע זה כל כך קל להפוך מאדם פוריטני לאדם שמתחבר לשיח השחרור המיני).

לכן, במקום רק "עצבים", אנחנו צריכות לרכוש ידע וכלים כדי לנתח **בדיוק** מה הבעיה בתשובות הללו, ולאחר מכן להציע השקפת עולם אלטרנטיבית, או במילים אחרות "שיח" אחר של צניעות. **שיח יהודי בריא**, שמצליח להסביר מדוע הלכות צניעות הן דבר מעצים, ומדוע לבוש חשוף הוא דבר הרסני. בשבילנו. לא רק בשביל "הגברים".

את ואני הולכות להיכנס עכשיו בשעריו של השיח הפוריטני. אני מזהירה אותך, זה לא יהיה לך נעים. את עלולה לקרוא את התיאור של השיח הפוריטני והוא ייראה לך כל כך מזעזע, עד שאת לא תאמיני שהשיח הזה באמת קיים. לכן, חשוב שתדעי שכיום, בקרב החברה הדתית, השיח הפוריטני הוא ברובו **סמוי**. לא מוצהר. גם הדוברים של השיח הפוריטני בדרך כלל לא מודעים לכך שהם פוריטנים. זכרי: כדי להוכיח שהם פוריטנים צריך להקשיב לא רק לטקסט שלהם, אלא בעיקר לסאב־טקסט.

פרק 11
"אני פוריטני?! מה פתאום!"

המאפיין הראשון שיעזור לנו להבדיל בין השיחים השונים עוסק בשאלת היחס הבסיסי למיניות. למעשה, ניתן להפנות שאלה לכל אחד מהשיחים הללו, ולשאול אותו: "האם מיניות זה טוב או רע?".

כדי לחדד את השאלה, בואי ניעזר בדוגמה מתחום אחר. נניח שהייתי שואלת אותך: "האם גניבה זה טוב או רע?", ולעומת זאת: "האם נתינה זה טוב או רע?". אני מניחה שהיית עונה לי כך:

"גניבה זה רע, נתינה זה טוב".

מכאן הייתי מסיקה שאת חושבת שבאופן עקרוני, גניבה היא דבר שלילי, ונתינה היא דבר חיובי. ובכל זאת, ייתכן שאת שמה לב לכך שיש מקרים יוצאים מן הכלל, למשל: כאשר הגניבה היא מגנב, כדי להחזיר את הרכוש הגנוב לבעליו, ייתכן שזה לא כל כך שלילי. בנוסף, כאשר הנתינה היא נתינה של נשק לעבריינים, הנתינה היא לא חיובית. לכן, נשכלל את התשובה שלנו ונגיד כך:

"באופן **עקרוני*** גניבה היא בדרך כלל שלילית, למעט מקרים מסוימים כמו גניבה מגנב". "באופן

* עקרוני = הספר משתמש פעמים רבות בביטוי "תשובה עקרונית", "אמירה עקרונית" או "קביעה עקרונית", כדי לתאר משהו שהוא נכון תמיד ובכל מצב.

עקרוני נתינה היא בדרך כלל חיובית, למעט מקרים מסוימים כמו נתינת נשק לעבריינים". כעת נשוב אל השיח הפוריטני ונשאל אותו: "האם מיניות היא שלילית או חיובית? האם היא כמו גניבה או כמו מעשה נתינה?". על כך עונה השיח הפוריטני תשובה ברורה: **"מיניות היא דבר נמוך ושלילי תמיד ובכל הקשר".**

כאשר נחקור את השיח הפוריטני יותר לעומק נגלה שהוא סבור שבאופן עקרוני מיניות היא דבר שלילי, למעט מקרה מסוים שבו המטרה של המיניות מכשירה את האמצעים. המקרה הזה הוא "פרו ורבו". לשיטת השיח הפוריטני, כל עוד מטרת המיניות היא פריון, אז המיניות היא דבר חיובי. אך כאשר מטרת המיניות איננה בהכרח פריון, אי אפשר להכשיר את המיניות, והיא נחשבת מעשה נמוך שראוי להפחית בו בככל האפשר.

יכול להיות שאת לא מאמינה שמישהו חושב כך. במצב כזה ייתכן שתגידי לעצמך:

לא הגיוני! באמת רבנים מסוימים חושבים שמיניות היא דבר שלילי תמיד?! אולי הם פשוט נוקטים בגישה מחמירה כי הם חושבים שלהחמיר בכל התחומים זה הכי ראוי? אולי יש להם סיבות אחרות לומר שצריך למעט ביחסי אישות בנישואין, לא להתאפר כרווקה, או לא להתבונן בפנים של החברה שלך כשאתה רווק? אולי אותו רב שאומר לרווקה לא להתאפר, דווקא חושב שמיניות בין בני זוג נשואים היא דבר חיובי ואפילו ממליץ לזוגות נשואים להשקיע בתחום הזה? מי אמר שיש קשר בין ההנחיה לרווקות שלא להשקיע ביופיין, לבין המחשבה שמיניות היא שלילית בכל הקשר? אני בטוחה שאם נשאל את הרב הוא לא יסכים שיש קשר בין הדברים.

אלו שאלות טובות, ובהמשך נענה עליהן באופן מפורט. בינתיים, רק אגיד לך את הדבר הבא:

אני מאמינה שכל רב מכוון לשם שמיים. גם הרבנים שפרסמו את התשובות שראינו בפרק הקודם. כל אדם שלמד תורה ולקח על עצמו את התפקיד הקשה והמורכב של פסיקה ושל דיאלוג דתי־רוחני־הלכתי עם אנשים, עושה זאת מתוך כוונות טובות, מתוך רצון אמיתי לחבר אנשים למה שהוא תופס כ"אמת" של התורה.

לכן, אם נשאל את רב כלשהו "האם אתה חושב ש... (ואז נגיד משהו שנשמע ממש לא טוב)", בדרך כלל הוא יענה, בכנות אמיתית: "מה פתאום!". אני מאמינה לו, אני לא חושבת שהוא משקר. אני חושבת שהוא פשוט לא מודע לאידיאולוגיה הסמויה של עצמו. לא תמיד אנשים מודעים להנחות היסוד של האמירות שלהם או של ההתנהלות שלהם (וזו, אגב, עוד אחת מהסיבות לכך שאני חושבת שביקורת על האדם הפרטי היא טעות, ושהביקורת צריכה להיות מופנית אך ורק כלפי השיח).

גם אם אותם רבנים לא אומרים זאת במוצהר, וגם אם הם לא חושבים כך באופן מודע, ההשקפה הפוריטנית נובעת מהאידיאולוגיה שלהם, וגם **מפסיקת ההלכה** שלהם, באופן ברור. יכול להיות שהם יקראו את הרשימה הבאה של עקרונות השיח הפוריטני ולא יסכימו איתה. אבל אז הם יצטרכו לתת לי, וגם לך, תשובה ברורה ומנומקת: איך הפסיקה שלהם, בפועל, ואיך אמירות מסוימות שלהם, מסתדרות עם ההתנגדות שלהם לשיח הפוריטני.

גם הבן המהמם שלי אומר לי לפעמים: "אבל אני ממש מכבד מורים, אני לא מבין למה המורים כועסים עליי ואומרים שאני לא מכבד אותם!", ואז אני אומרת לו: אז איך זה מסתדר עם זה שהיום בשיעור הפרעת כל כך הרבה עד שהמורה נאלצה להוציא אותך מהכיתה? ואיך זה מסתדר עם זה שזה קורה כמעט כל יומיים? אני מאמינה לך שאתה **חושב** שאתה מכבד מורים, אני מאמינה לך שבתוך ליבך אתה **רוצה** לכבד מורים, אבל כרגע ההתנהגות שלך לא מכבדת מורים. רק כשתשנה את ההתנהגות שלך, תוכל להגיד על עצמך: "אני מכבד מורים".

רק כשהתנהלותם בפועל, ההנחיות שהם דוגלים בהן, והגישה ההלכתית שלהם תהיה לא־פוריטנית, אוכל להסכים שאותם רבנים, מורים, רבניות, מורות, אנשי חינוך, מדריכי סמינריון ועוד הם אכן לא פוריטנים בהשקפתם.

פרק 12
עשרת העקרונות של השיח הפוריטני

בפרקים הקודמים ראינו מספר דוגמאות לשיח פוריטני. אלו היו דוגמאות מעטות שבהן השיח הפוריטני די ברור לעין וללב. נציג עכשיו את רשימת העקרונות של השיח הפוריטני ונראה ממה הוא מורכב. בהמשך נראה גם דוגמאות מהחיים, שמראות איך העקרונות הללו מתבטאים בכל מיני משפטים שאנחנו שומעות במהלך חיינו, או בהנחיות הלכתיות שאינן הכרחיות.

אם כן, ראינו שהעיקרון הראשון והבסיסי ביותר של השיח הפוריטני הוא:

1. מיניות היא דבר נמוך תמיד ובכל הקשר.

נוסיף את הנקודה השנייה:

2. במקרים חריגים המיניות היא טובה. זה קורה רק כשרותמים אותה למטרה שאינה קשורה להנאה המינית, כמו למשל קיום מצוות "פרו ורבו".

את כבר יכולה לשער מהן ההשלכות של הגישה הזו על החוויה האישית שלנו: אם המיניות היא כה נמוכה, איך לפי הגישה הפוריטנית אנחנו צריכים להתייחס לתחושות אישיות (סובייקטיביות) של רגשות מיניים, פנטזיות, או תשוקה מינית? האדם החווה מכלול של רגשות מיניים נקרא "סובייקט-מיני".* המילה "סובייקט" פירושה "אדם" או ליתר דיוק "עולם פנימי של אדם", שזה ההפך מ"אובייקט", שפירושו "חפץ". אם כן, נשאלת השאלה: כיצד האדם שהוא סובייקט-מיני אמור להתייחס לעובדה שהוא מיני? התשובה היא שלפי השיח הפוריטני, תחושות סובייקטיביות, כלומר - אישיות ופרטיות, הקשורות במין, הן לא בסדר. הן צריכות לעורר בנו בושה ואשמה.

* סובייקט = אדם עם עולם פנימי.

* אובייקט = חפץ.

* סובייקטיבי = אישי, משהו שנמצא בתוך העולם הפנימי שלי.

* סובייקט-מיני = אדם שחווה רגשות מיניים, תשוקות ופנטזיות.

נסכם את הנקודה השלישית המאפיינת את השיח הפוריטני:

3. תחושה אישית של תשוקה מינית היא שלילית בהכרח, וצריכה להוביל לאשמה ולבושה.

הנקודה הרביעית נוגעת לשאלת היחס לאישה. לפי השיח הפוריטני, מתקיימת למעשה הנוסחה הבאה: "אישה = מין". כלומר, השיח הפוריטני מצמצם את כל הווייתה של האישה למישור אחד, והוא המישור של היותה יצור מיני. זוכרת את השמש שציירנו בפרקים הקודמים על הלוח? כעת נכתוב על הלוח את המילה "אני", ונצייר סביבה שמש. נדמיין מה השמש המתקבלת כאשר אישה כלשהי היא זו שכותבת את האסוציאציות, לגבי ה"אני" של עצמה:

חכמה. טובה בספורט. גרועה בציור. אוהבת לשמוע מוזיקה. אוהבת את בעלי. אוהבת את משפחתי. אוהבת לבשל. לא אוהבת לכעוס. מקנאה לפעמים. שוכחת לפעמים להתפלל. אוהבת לשחק עם הילדים שלי. יש לי גוף של אישה. לפעמים חווה חוויה מינית. לא אוהבת נסיעות ארוכות. וכן הלאה...

שימי לב שכאשר האישה תיארה את עצמה באמצעות האסוציאציות למילה "אני", היא נגעה בכל מיני תחומים ומאפיינים שלה. חלקם חיוביים יותר, חלקם חיוביים פחות. בנוסף, היא ציינה שיש לה גוף של אישה, וגם ציינה שהיא סובייקט מיני. זה היה חלק מהמכלול, ובשום אופן לא המאפיין הבלעדי שלה.

כעת, אם נכתוב את המילה "אני" על הלוח בכיתה של השיח הפוריטני ונצייר סביבה שמש, לשמש הזו תהיה רק קרן אחת, שתעלה רק אסוציאציה אחת: "מין". היות שאני אישה, המשמעות היחידה שיכולה להיות לי, לפי השיח הפוריטני, היא משמעות של גוף מיני. גם אם השיח הפוריטני מכיר במשמעויות נוספות שיש לי כאישה, הוא לא מתחשב בהן, ורואה אותן כשוליות ביחס למשמעות המינית. השיח הפוריטני למעשה מבטל את חשיבותן של כל המשמעויות האחרות שיכולות להיות לאישה, ומעמיד את כל כולה רק על משמעות אחת: היותה בעלת גוף מיני. רק כאשר האישה מוחקת לחלוטין את המשמעות המינית שהיא נושאת עמה, היא יכולה להיות "עוד דברים". ולפעמים גם זה לא יעזור לה...

זו הסיבה שלפי הזרמים הקיצוניים של הגישה הפוריטנית, האישה צריכה להימנע מלהשמיע את קולה במרחב הציבורי. אסור לה לעמוד על במה מול גברים ולנאום, אסור לה להספיד בלוויה, ולעיתים גם אסור לגבר לשמוע את קולה ברדיו כאשר היא מדברת או מתראיינת. לפי גישה זו, גם הגבר, כפי שראינו, צריך להימנע מלהביט בפניה של אישה. זו הסיבה שבעת מגיפת הקורונה, פרסם עיתון חרדי כתבה עם שמותיהם ותמונותיהם של קורבנות המגיפה, כאשר הנשים הנפטרות הופיעו בריבוע שחור ללא תמונתן.

אם המשמעויות הנוספות של האישה כאדם היו נלקחות בחשבון, פניה היו יכולות להופיע בתוך ריבוע בעיתון החולק לה כבוד אחרון לאחר מותה. אם המשמעויות הנוספות שלה כאדם היו נלקחות בחשבון, היא הייתה יכולה להתלבש באופן צנוע ומכובד, ולהספיד את חברתה בעת הלוויה, חס וחלילה. אם אישה יכולה להיתפס גם כאדם ולא רק כישות מינית, מדוע לא תגבר תכונת האנושיות החברית שבה על תכונת המיניות שלה בעת ההלוויה? אם אישה יכולה להיות גם בעלת דעה משלה, מדוע לא תגבר תכונה זו על תכונת המיניות שלה בשאלה, האם לאפשר לה לנאום מול גברים בכנס העוסק ברפואה, או לדבר ברדיו על נושאים שהיא מעוניינת להביע את דעתה בהם? כנראה שלפי הגישה הפוריטנית, כל התכונות הנוספות הללו של האישה כאדם אינן רלוונטיות, משום שתכונת ה"מיניות" בולעת את כולן ומאפילה על כולן.

נסכם כעת את הנקודה הרביעית המאפיינת את השיח הפוריטני:

4. אישה = בעיקר "מין".

נקודה נוספת הנובעת מכך נוגעת ליופי הנשי:

5. יופי נשי הוא בהכרח מיני.

אני מקווה שאת כבר מתחילה לשים לב איך הנחות היסוד שמנינו עד עכשיו באות לידי ביטוי בתשובת הרב לנערה. אם יופי נשי הוא בהכרח מיני, ואם מין הוא דבר נמוך בהכרח, נובע מכאן שעל הנערה לטשטש את יופייה כדי שלא "להכשיל את הרבים שיביטו ביופייה".

וזה מה שמוביל אותנו לנקודה השישית המאפיינת את השיח הפוריטני:

6. היות שמין הוא שלילי, והיות שאישה היא בעיקר גוף מיני, האישה צריכה למחוק לגמרי את קימורי גופה ולטשטש את יופייה במרחב הציבורי.

אפשר לומר שהיחס של השיח הפוריטני כלפי האישה רואה בה סוג של חפץ. היא לא אדם, אלא נתפסת יותר כמו "אובייקט מיני" מהלך. כעת יכול להיות שאת מתקוממת ושואלת: האם האישה היא באמת "מין", או שאולי זה הגבר שאשם בכך, משום שהוא זה שחושב שהיא "בעיקר מין"? במילים אחרות, אולי זה הכול "אצלו בראש"?

ובכן, שימי לב לנקודה חשובה: לפי השיח הפוריטני, העובדה שהאישה היא מין, איננה "רק אצלו בראש": זו עובדה קיימת בשטח, והיא נתפסת כבלתי תלויה במחשבות של הגבר. לפי השיח הפוריטני, הגבר הוא לא זה ש"מחפיץ" את האישה (כלומר, הופך אותה לחפץ בעיני רוחו). המעמד של האישה כ"חפץ" או כ"אובייקט מיני" איננו תלוי במבט הגברי.

כדי להבהיר זאת, חשבי למשל על הדוגמה הבאה: כשאני מתבוננת בעציץ, אני לא "מחפיצה" אותו. נכון? העציץ הוא חפץ מצד עצמו, ולא המבט שלי הוא שהופך אותו לחפץ. לפי גישת השיח הפוריטני, זה אותו דבר לגבי מבטו של הגבר על האישה: המבט הגברי לא הופך אותה לחפץ, אלא בסך הכול **מכיר בעובדה** שהיא חפץ, או "אובייקט מיני". נסכם את הנקודה השביעית המאפיינת את השיח הפוריטני:

7. המבט הגברי על האישה מכיר בעובדה שהאישה היא אובייקט מיני. הוא לא "מחפיץ" אותה. הסטטוס של האישה כאובייקט מיני איננו תלוי במבט הגברי.

הנקודה הזו מובילה אותנו לשאלה כיצד הגבר אמור להסתכל על נשים או לדבר עם נשים, אם האישה, מעצם היותה אישה, היא "אובייקט מיני", ואם מיניות היא דבר בזוי שאמור לעורר בנו רגשות אשמה. התשובה לשאלה זו פשוטה: לפי הגישה הפוריטנית, הגבר לא אמור להסתכל על נשים או לדבר איתן, בכלל. חד-משמעית. לפי גישה זו, כאשר אישה משוחחת עם גבר כלשהו, או נושאת דברים

בפומבי, **גם אם היא לבושה בצניעות**, על הגבר להשפיל את מבטו או להסיטו לצדדים. זוהי "שמירת העיניים" בגרסה הפוריטנית שלה.

נקודה נוספת קשורה לעולמו הפנימי של הגבר. לפי השיח הפוריטני, הגבר תמיד עלול "להיכשל" במחשבות על מין. זו לא רק העובדה שהאישה היא אובייקט מיני מצד עצמה, אלא גם העובדה שלפי השיח הפוריטני, הגבר הוא יצור שקל מאוד להסית את מחשבותיו לתחום המיני. הגבר הוא למעשה כמו "זאב טורף" שעלול בכל רגע, ללא כל כוונה רעה, "להיכשל" בהרהורי עבירה. נסכם את הנקודה השמינית בנוגע לשיח הפוריטני:

8. גבר = זאב טורף.

וכאן עלינו להבחין בין "זאב רע" ל"זאב טוב". לפי הגישה הפוריטנית, הגברים הם תמיד זאבים. אם הם זאבים רעים, הם מרשים לעצמם להתבונן בנשים ולהרהר הרהורי עבירה. לכן השיח הפוריטני מעוניין לחנך את הגברים להיות "זאבים טובים", כלומר, לעשות מאמצים רבים שלא לפגוש במבט ובמחשבה שום תוכן שקשור לנשים, כי עצם המושג "אישה" כבר מעורר את יצרם הזאבי.

ומכאן נובעת הנקודה התשיעית:

9. גם הגבר וגם האישה צריכים לעשות את המקסימום כדי שלא לעורר את יצרו הזאבי של הגבר.

לכן על האישה "להחביא" את עצמה מפני הגבר, והגבר גם הוא צריך להסתתר, כלומר - להימנע מכל שיחה או מבט כלפי אישה שאיננה אשתו. הנקודה העשירית והאחרונה נוגעת ליחס שבין החומר והרוח. לפי גישת השיח הפוריטני, החומר **תמיד** בא על חשבון הרוח.

כעת שימי לב: כל אחת יכולה להסכים ש**לפעמים** החומר בא על חשבון הרוח. כלומר, לפעמים העיסוק בחומרי ובגופני גורע מהמדרגה הרוחנית שאנחנו שואפים אליה. אבל נשאלת השאלה האם זה תמיד כך. לפי גישת השיח הפוריטני, היחס בין החומר והרוח הוא שהאחד תמיד בא על חשבון השני. כרגע אני מציינת את הנקודה הזו מבלי לפרט אודותיה, אך היא תהיה חשובה לנו להמשך.

נסכם אם הנקודה העשירית לפי גישת השיח הפוריטני:

10. החומר תמיד בא על חשבון הרוח.

סיימנו לתאר את הנחות היסוד של השיח הפוריטני. ייתכן ששמת לב לכך שחלק מהנחות היסוד הללו באות לידי ביטוי בדבריו של מדריך הסמינריון שתיארנו בפרק 2. בנוסף, חלק מהנחות היסוד הללו באות לידי ביטוי בתשובתו של הרב לנערה: כאשר האישה נחשבת ל"רק מין" או "בעיקר מין", וכאשר מין הוא בהכרח דבר שלילי, מה שנובע מכך הוא איסור על נערה להתאפר או ללכת בשיער פזור, והכול מטעמי "צניעות" כביכול. גם תשובת הרב לנער השואל על הסתכלות נגועה באותן הנחות יסוד: כשהאישה היא מין וזהו, והמיניות היא שלילית בהכרח, צריך כמובן למעט ככל האפשר להסתכל אפילו בעיניה.

לדעתי (ולא רק לדעתי, אלא לדעת קולות רבים במסורת היהודית), גישה הרואה במין דבר מה שלילי באופן עקרוני היא גישה בעייתית שמסוכנת לשלמות הרוחנית שלנו. גישה זו סבורה שקשר מיני בין איש לאשתו הוא דבר לא ראוי שמומלץ למעט בו ככל האפשר כל עוד המטרה איננה פריון. לכן היא לא מאפשרת למיניות להיות כלי לביטוי וליצירה של המון דברים חשובים מאוד (מלבד ילדים), שבהם נעסוק בהמשך. בנוסף, ייתכן שתסכימי איתי שגישה המצמצמת את הווייתה של האישה למשמעות אחת עיקרית - "מין" - היא גישה שמבטלת את האישה כאדם, ולכן גם היא מסוכנת לנו.

עכשיו את בטח שואלת: האם השיח הפוריטני מייצג את היהדות? תשובתי היא שהשיח הפוריטני לא חייב לייצג את היהדות. ניתן אומנם למצוא מקורות יהודיים והלכתיים שמבטאים שיח פוריטני, אבל אלו לא הקולות היחידים שהיהדות משמיעה לנו. כפי שנראה בהמשך, ליהדות ולהלכה יש גם קולות אחרים בנוגע למיניות, ולפעמים אלו הקולות הבולטים יותר. כאמור, השיח הפוריטני מגיע כנראה מזרמים מסוימים של הנצרות ומזרמים מסוימים של האסלאם. אני חושבת שהמקומות שבהם אנו שומעים קולות יהודיים שמדברים שיח פוריטני הם מקומות שלמעשה ספגו השפעה תרבותית שאיננה יהודית בשורשה.

אינני יודעת מאיזה רקע את מגיעה, ומהו שיח הצניעות ושיח המיניות שאת מכירה, אבל בהמשך ארצה להראות לך שלצערי, השיח הפוריטני נוכח כיום בהרבה התבטאויות שעוסקות בצניעות. לפעמים זה קורה באופן מאוד ברור

וגלוי, כמו בדברי מדריך הסמינריון או בתשובות הרבנים שראינו, ולפעמים זה קורה באופן סמוי יותר, שאותו נדגים בהמשך. לכן, המטרה שהצבתי לנו בספר הזה היא קודם כול לתת לך כלים לזהות את השיח הפוריטני, גם כשהוא מתחבא מאחורי אמירות יפות ונכונות שכולנו יכולות להזדהות איתן, כמו "מיניות היא דבר קדוש ופנימי". אני מאמינה שאם תדעי לזהות אותו, את תוכלי לעמוד מולו באומץ ולהתנגד לו, מתוך הבנה שהוא לא מייצג את היהדות הבריאה שאת רוצה להיות חלק ממנה.

לאחר מכן המטרה שלנו היא להבריא את השיח הדתי מהיסודות הפוריטניים שדבקו בו, ולהצמיח, מתוך המקורות, שיח מיניות יהודי בריא. שיח שיש לו אפשרות להאיר לך את הנושא של צניעות ומיניות מזוויות שלא הכרת, למרות שאולי הרגשת אותן עמוק בתוכך מבלי שהיו לך מילים לכך. שיח יהודי־דתי שלא מחייב אותך להתפצל בין ה"בריאה" לבין ה"דתייה". שיח שבו את יכולה להיות גם וגם.

פרק 13

המעשה נשאר, ההצדקה מתחלפת

עד כה פירטנו את המאפיינים של השיח הפוריטני, וראינו כמה דוגמאות לשיח כזה: דבריו של המדריך בסמינריון, דברי הרב בישיבה של החוזר בשאלה וארבע התשובות של הרבנים שהבאנו. כעת נעבור להיכרות עם שיח אחר העוסק במיניות ובצניעות: שיח השחרור המיני המערבי, או בקיצור: "שיח השחרור המיני".

כפי שנראה בהמשך, לשיח השחרור המיני יש ארבע גרסאות. אציין בשלב זה רק את השמות שלהן:

1. השיח המתירני
2. שיח ההשגבה
3. שיח הטריוויאליזציה*־אדישות

4. שיח הטריוויאליזציה*־הכחשה

* טריוויאליזציה = הפיכת משהו לרגיל, לא משמעותי, לא חשוב ומיוחד.

בנוסף, קיים שיח חמישי, שגם הוא מערבי, אבל אינו שייך לשיח השחרור המיני:

5. השיח השמרני החילוני.

המכנה המשותף בין ארבעת השיחים ששייכים כולם ל"שיח השחרור המיני" הוא שבכולם המעשה הוא אותו מעשה: גם לבוש חשוף, וגם מיניות מזדמנת (מה שמכונה "סטוץ", כלומר, מפגש מיני שלא בהקשר של זוגיות, אהבה ומחויבות).

אז למה צריך לדבר על ארבע גרסאות שונות? משום שההבדל בין השיחים הוא לא במעשה, אלא בהצדקה שלו, בדיבור עליו, במחשבה עליו, בתפיסה אותו. היות שהמעשה הוא אותו מעשה, לפעמים אנשים המשתייכים לשיח השחרור המיני עשויים "לזגזג" בין ארבעת השיחים הללו, ובכל פעם להצדיק את המיניות המזדמנת בטענות אחרות, ואפילו סותרות. נראה דוגמאות לכך בהמשך.

אגב, זה יכול לקרות גם לאנשים שמצדיקים לבוש צנוע ושמירת נגיעה. פעם אחת הם יצדיקו את זה באופן פוריטני, ופעם אחרת הם יצדיקו את זה באופן של השיח הבריא, מבלי לשים לב לסתירות בין השיחים. כאשר המעשה הוא אותו מעשה, יותר קל לאנשים להשתייך לכמה שיחים שונים שמצדיקים את המעשה הזה, בלי לשים לב לכך שהם סותרים את עצמם.

שיח מספר 5, השיח השמרני החילוני, שונה משיח השחרור המיני בכך שהוא סבור שמיניות צריכה להתקיים אך ורק בתוך הקשר זוגי של אהבה ומחויבות (אבל לא בהכרח נישואין). גם אנשים המשתייכים לשיח השחרור המיני יכולים להרגיש ש**לפעמים**, באותן פעמים שבהן המיניות מתרחשת בתוך זוגיות, היא מבטאת אהבה. אבל בשונה מהם, השיח השמרני החילוני לא מסתפק ב"לפעמים", אלא דורש מעצמו **לייחד** את המשמעות של המיניות **אך ורק** להקשר של אהבה ומחויבות. נדון בשיח הזה בהרחבה בהמשך.

עומדת לפנינו משימה רחבת היקף, להכיר את כל השיחים הללו, לזהות אותם, לבקר אותם ולהציע להם אלטרנטיבה.

שנתחיל?

פרק 14

שיח השחרור המיני

שאלה: היית רואה את עצמך משתתפת כשחקנית בסרטי הפורנו שאת מביימת?

תשובה: לא, כי נולדתי נוצרית קתולית, עם כל האשמה והבושה שמלמדים אותך שיש במין. עדיין קשה לי להתמודד עם החשיפה הפיזית. גם אם אני עם בן הזוג שלי, אני לא אלך בעירום ברחוב ואחגוג את הגוף שלי. אני תוצר של הקתוליות שלי. לכן אני גאה באלה שיכולות לדבר על זה, לחשוף את זה, ולא להתבייש במיניות שלהן. ייקח זמן עד שמין יהפוך לנורמטיבי. גם בתנועה לזכויות האזרח בארה"ב לקח שנים עד שהשיגו זכויות שוות לשחורים, ולקח עוד המון שנים להילחם על מקומם בחברה, ועדיין הם לא השיגו את כל המטרות שלהם, אז גם למין ייקח, ואני מאמינה שזה מה שצריך לעשות.

זהו קטע מתוך ריאיון עם קילי הולנה, במאית סרטי פורנו, שפורסם ב"גלובס". הקטע הקצר הזה מזקק בתוכו את כל "שיח השחרור המיני" על רגל אחת. שיח השחרור המיני צמח בשנות השישים של המאה העשרים, וממשיך עד היום. לפני שנפרט את ארבע הגרסאות השונות, נציג את המכנה המשותף לכולן:

א. תגובת נגד לפוריטניות נוצרית: העולם המערבי היה נוצרי לגמרי במשך 1400 שנה. 1400 שנה זה הרבה זמן כדי שהפוריטניות הנוצרית תחלחל עמוק-עמוק אל תוך התפיסה המערבית. הגישה הפוריטנית שמאפיינת את הנצרות המשיכה להתמיד גם כאשר העולם המערבי התנתק מהכנסייה ונעשה חילוני. למעשה, עד המאה התשע-עשרה השיח המיני המקובל בעולם המערבי היה כמעט לחלוטין פוריטני. עם תחילת המאה העשרים החל השיח הפוריטני להתרופף, עד שהגיעו ילדי הפרחים* של שנות השישים ונתנו את ה"פוש" הסופי בדמותו של שיח השחרור המיני.

למרות שמאז שנות השישים ועד היום היחס למיניות השתנה מקצה לקצה, שיח השחרור המיני נשמע פחות או יותר אותו דבר. למרות שמיניות כיום היא זמינה, חופשית ובלתי מתנצלת יותר מאי־פעם, משום מה שיח השחרור המיני עדיין רואה את כולנו כאנשים שמתמודדים עם תפיסה פוריטנית, כביכול המיניות היא שלילית ומעוררת אשמה. לכן הוא מבקש לשחרר אותנו מהתפיסות הללו לעבר חוויה משוחררת של מיניות. אחת הדרכים שלו לעשות זאת היא המלחמה ב"בושה" הטבעית שאנשים חשים כלפי מיניות פומבית.

* "ילדי הפרחים" או "היפים", היה שמה של תנועת צעירים אמריקאים בשנות השישים, שמרדו במוסכמות ובחרו לחיות חיים של שחרור ממחויבות, מוזיקה, סמים, צמחונות, התנגדות לאלימות ומלחמות, ועוד. מיניות חופשית הייתה חלק בלתי נפרד מאורח חייהם.

ב. הסרת כל מגבלה מהמיניות: כשמדובר בבני זוג פנויים, המיניות היא תמיד לגיטימית. הדבר היחיד שקובע אם מיניות היא אסורה או מותרת הוא השאלה אם יש הסכמה הדדית. כל עוד יש הסכמה, אין שום בעיה. בין השאר, לפי גישה זו, אין להגביל את ההתנהגות המינית אך ורק לקשר הנישואין, אלא לפתוח את ההתנסות המינית לכל סוגי הקשרים, מחייבים ובלתי מחייבים. אמנם, כאשר האדם נמצא בקשר זוגי מחייב, פעמים רבות המיניות תהפוך להיות מוגבלת אך ורק לקשר הזוגי, כאשר כל מיניות עם פרטנר אחר תוגדר כבגידה. אם וכאשר הקשר המחייב יסתיים, תשוב המיניות להיות נטולת מגבלות.

ג. תפיסת מגבלות תרבותיות על מיניות, כפוריטניות בהכרח: שיח השחרור המיני מפרש נורמות שקשורות לצניעות אך ורק כאילו הן פוריטניות. במילים אחרות, כאשר שיח השחרור המיני נתקל בלבוש או במנהגים של צניעות, הוא מיד מזדעק כלפיהם: "פוריטנים שכמותכם!", כלומר, הוא "מדביק" או "משליך" עליהם את הרעיונות של השיח הפוריטני. הוא לא מסוגל להבין צניעות באופן אחר. מבחינתו אם גבר או אישה מסוימים מתלבשים בצניעות או שומרים נגיעה, הרי זה משום

> שהם בהכרח נגועים בהשקפת עולם פוריטנית, כלומר - חווים את המיניות כדבר מחריד ולכן מדחיקים אותה.

הנה דוגמה לסעיף ג:

> להלכות צניעות יש היגיון פשוט: אישה, בעצם קיומה, מגרה גברים. לכן דינה (בתו של יעקב אבינו) שהעזה לצאת מהבית, אשמה באונס שלה. מאותה תפיסת עולם נובעת הדרישה ההלכתית שנשים יכסו עצמן, שלא ישירו, וככל שאפשר - ייעלמו מהמרחב הציבורי־גברי. זו לא הלכה, זו החפצה.

זהו קטע מתוך מאמר של פרופ׳ רוחמה וייס שפורסם ב־ynet. אנו רואים כאן את הדרך היחידה שבה מפרש שיח השחרור המיני את הלכות צניעות: אישה = מין, ולכן עליה להיעלם מהמרחב הציבורי. זוהי כמובן גישה פוריטנית. בנוסף, פעמים רבות שיח השחרור המיני קושר בין הלכות צניעות לבין הנטייה השוביניסטית להאשים את הקורבן באונס. כביכול הלכות צניעות משתפות בהכרח פעולה עם גישה שמאשימה את האישה באונס, היות ש״אם היא הייתה מתלבשת בצניעות, כמו שאמרו לה, היא לא הייתה נאנסת״. שוב אנו רואים איך מלבישים על הלכות צניעות גישה פוריטנית או שוביניסטית, כאילו זו הדרך היחידה להבין את רעיון הצניעות.

אתן לך כעת דוגמה נוספת לאופן שבו שיח השחרור המיני מאשים את הצניעות כנובעת מגישה פוריטנית:

סצנה, מתוך הסרט ״The Sure Thing״ משנת 1985:

> בחור ובחורה נוסעים במכונית. במהלך הנסיעה עובר מולם טנדר. כאשר הטנדר עוקף אותם, לפתע מגיח מתוך החלון שלו צעיר פרובוקטיבי, שחושף את אחוריו כלפי חוץ לקול צחקוקם של חבריו. למראה הצעיר החושפני מגיבים הבחור והבחורה בתגובות הפוכות לגמרי: הבחור צוחק וקורא לו קריאות עידוד, ואילו הבחורה מתחלחלת. היא אומרת לו שזה מגעיל בעיניה, וטוענת כלפי הבחור שהוא עצמו, מגעיל, כאשר הוא נהנה מזה ומעודד את זה. הבחור מקניט את הבחורה על כך שהיא מתחלחלת: ״את לא מבינה שזה אדיר, שזה מצחיק, שזה משוחרר?״.

היא ממשיכה לטעון שזה מגעיל אותה. בשלב הזה הבחור אומר לבחורה שהיא בעצם "repressed", כלומר: מודחקת מבחינה מינית. הוא צועק את זה עליה שוב ושוב, חצי בצחוק חצי ברצינות. "מודחקת, מודחקת!". הבחורה כועסת והודפת את הטענה שלו שוב ושוב, ולבסוף כדי להוכיח לו שאיננה מודחקת* מינית, היא מוציאה את גופה מהחלון, מתערטלת מבגדיה, וקוראת קריאות פרובוקטיביות לעבר הנוסעים בכביש. או אז היא חוזרת לתוך המכונית במבט של ניצחון, והבחור מזכה אותה במבט מעריך ומלא התפעלות.

* כאשר אדם הוא "מודחק" מבחינה מינית, או ליתר דיוק "מדחיק" את מיניותו, הכוונה היא שהוא חווה את מיניותו כדבר מה שלילי ומעורר חרדה, משהו שעליו להכחיש, לברוח ממנו ולהימנע ככל האפשר ממפגש איתו.

הסצנה הקצרה הזו מצליחה להבהיר היטב את הנחת היסוד של תנועת השחרור המיני בעולם המערבי: מי שמתחלחל מחשיפה פומבית, הריהו מדחיק את מיניותו (כלומר, פוריטני). מי שמצליח ליהנות ממיניות פומבית ולוקח בה חלק, הריהו נועז, מורד במוסכמות ומשוחרר.

(אגב, אני חייבת לחשוב איתך על זה שנייה: איך אישה חווה את המיניות שלה בתרבות המעודדת אותה לחשוף את גופה או לקחת חלק במיניות פומבית כדי להוכיח שהיא "משוחררת"? האומנם יש כאן שחרור, או שמא היא כפופה למעשה לצו־עליון תרבותי **שמצווה** עליה "להשתחרר" ולחשוף את גופה לעיני כול? נדבר על כך בפרק 72).

נחזור לריאיון עם במאית סרטי הפורנו. כאמור, מי שמשתייך לשיח הפוריטני חווה רגשות אשמה סביב המיניות שלו, ולכן, השתחררות מהשיח הפוריטני כרוכה בהשתחררות מרגשות האשמה. זו הסיבה שהכתבה, המייצגת את שיח השחרור המיני, מדגישה את ההיבט של השחרור מרגשות האשמה. בנוסף, אולי זו הסיבה לכך שכאשר שיח השחרור המיני מזהה נורמות של צניעות, הוא מיד מכתיר אותן כפוריטניות: למשל, הוא יראה את האישה המתלבשת בצניעות ככזו שחשה אשמה ובושה על גופה המיני, ומעוניינת להסתיר אותו כמו שמסתירים

פשע (זוכרת את תלמידתי נטע? בדיוק כך היא פירשה את הלכות צניעות). אם כן, שיח השחרור המיני מבוסס על ניסיונות, לא תמיד מוצלחים, להשתחרר מהשיח הפוריטני. עוד מעט נכיר את הגרסה הראשונה של שיח השחרור המיני, "השיח המתירני", ונראה איך השיח הזה למעשה נשאר פוריטני, בשינוי קל.

אבל לפני כן, אנחנו צריכות להכיר את התופעה התרבותית שמאפשרת לשיח המתירני להתרחש: "אסתטיזציה".

פרק 15

להציל יערות או לקנות יאכטה?

על תופעת האסתטיזציה

"בואו לאכול איתי", "MKR המטבח המנצח", "מהפכה במטבח", "בייק אוף", "טופ שף", "משחקי השף", "מאסטר שף" - כל אלה הם רק חלק מרשימה ארוכה של תוכניות ריאליטי־בישול ששודרו בישראל בשנים האחרונות. תחרויות בישול מעולם לא היו בעלות רייטינג כה גבוה. ואכן, נדמה שהעולם המערבי מגלה עניין הולך וגובר בהנאות הקטנות של החיים, כמו בישול, אפייה ואכילת אוכל טעים ומושקע.

התהליך הזה הוא חלק מתופעה עכשווית של "חיבור לאסתטיקה". ייתכן שאת מכירה את המילה אסתטיקה כמילה נרדפת ל"יופי", אך כאן נשתמש במובנה הרחב יותר, כפי שמשתמשים בה בפילוסופיה: לא רק יופי, אלא הנאה פיזית באופן כללי. "חיבור לאסתטיקה" הוא ביטוי שמתאר התעצמות והתרחבות התופעה של אנשים שמשקיעים בהיבט האסתטי של חייהם, כלומר במה שעושה להם טוב מבחינה פיזית וחומרית.

וכך, כיום מקובל הרבה יותר מפעם להשקיע משאבים רבים במוצרים שכל עניינם הוא אסתטי: אוכל טוב, בגדים יפים, חופשה מפנקת, בית מעוצב... אני יכולה לספר לך שכשאני הייתי נערה, הבתים שלי ושל החברות שלי היו נראים

נחמד, אך לא יותר מכך. כדי לחוות חוויה של מקום מעוצב היינו צריכים לצאת לבית מלון יוקרתי או לצימר. לעומת זאת, כיום רוב הבתים של חברותיי נראים כאילו הם יצאו מקטלוג.

בנוסף, חברים רבים שלי הם בעלי כישרון לבישול ואפייה, והם משקיעים המון זמן ומשאבים כדי לשכלל את יכולותיהם בתחום. כל בישול לשבת הופך להיות זירת מאסטר־שף, וחוויית האכילה אצלם מזכירה ביקור במסעדה מפנקת.

את כבר יודעת שבספר הזה אנחנו עוסקות בביקורת, ולכן יש סיכוי את שואלת את עצמך: האם חיבור לאסתטיקה הוא תופעה שלילית? התשובה שלי היא: תלוי. לחיבור הזה יש היבטים חיוביים ויש לו גם היבטים שליליים. אני חושבת שכשמישהי מחוברת למה שעושה לה טוב וכיף מבחינה פיזית, לא רק שזו לא בעיה, זה אפילו נפלא.

אבל מה קורה כשהעניין ההולך וגובר בהנאה הפרטית שלי בא על חשבון דברים אחרים, למשל על חשבון ערכים מוסריים, או על חשבון חיים עמוקים, בעלי משמעות פנימית ורוחנית? החומר לא חייב לבוא על חשבון הרוח או המוסר. אבל אם לא נשים לב, זה בהחלט עלול לקרות לנו. וכמו שתכף נראה, זה מה שקורה היום לעולם המערבי.

פנייה לתחומים אסתטיים, כלומר, חיפוש אחר הנאה וכיף, כשלעצמם אינם שליליים. הבעיה מתעוררת כאשר האיזון מופר, כלומר, כאשר האסתטיקה באה על חשבון המוסריות או על חשבון העומק הרוחני, ונוגסת בהם. מצב שלילי כזה מכונה **"אסתטיזציה"**. בשונה מהביטוי "חיבור לאסתטיקה", שמתאר מצב חיובי ומאוזן, "אסתטיזציה" היא ביטוי שלילי, שמתאר מצב שבו החיבור לאסתטיקה בא על חשבון האתיקה* (מוסר) והופך אותנו לאנשים פחות מוסריים ופחות עמוקים.

המונח "אתיקה" מתייחס לאותם תחומים בחיינו שבהם אנו מעמידים את טובתו של הזולת במרכז. לעומת זאת המונח "אסתטיקה"** מתייחס לאותם תחומים בחיינו שמתמקדים בהנאה הפיזית־פרטית שלנו, מבלי להעמיד את טובתו של הזולת במרכז. וכך, מקובל לערוך השוואה בין שני סגנונות חיים: חיים אתיים מול חיים אסתטיים. חיים אתיים (מלשון המילה "אתיקה")

* אתיקה = טובתו של הזולת היא במרכז.

** אסתטיקה = ההנאה הפיזית שלנו היא במרכז.

הם חיים ששואפים ל"טוב" במובן המוסרי. לעומת זאת, חיים אסתטיים, מלשון "אסתטיקה", הם חיים ששואפים ל"טוב" במובן של הנאה, כיף ועונג.

כעת שימי לב: גם כשאנחנו חווים שמחה או הנאה כתוצאה מהעובדה שתרמנו לזולת, זה בדרך כלל נחשב לחוויה אתית. כאשר השמחה שלנו נובעת מכך שאנו תורמים לזולת, זו שמחה מוסרית. כל עוד אנו פועלים באופן מוסרי, אין כל סתירה בין מעשה מוסרי לבין העובדה שהוא גורם לנו להרגיש טוב עם עצמנו. להפך: ההגדרה של "אדם מוסרי" היא בין השאר: "אדם ששמח לעשות משהו טוב למען אחרים הזקוקים לכך". גם כאשר אני מבינה שהאושר הפרטי שלי הוא תנאי ליכולת שלי להעניק לאחרים, זו עדיין עמדה מוסרית. לעומת זאת, כשהשמחה נובעת ממעשה שלא מתמקד בזולת אלא בהנאה הפיזית שלי עצמי, זו שמחה אסתטית.

אני חושבת שלאנשים דתיים יש לפעמים סוג של תסביך ביחס לאיזון בין אתיקה לאסתטיקה. הנושא הזה לא לגמרי פתור אצלנו. לשמחתי, החברה הדתית עוברת בשנים האחרונות תהליך חיובי של חיבור לאסתטיקה. בעבר, החברה הציונית־דתית הייתה נתונה במצב שאני מכנה אותו "היפר־אתיקה" או "אתיקה לא מאוזנת", כלומר, מצב שבו כל מה שמנחה אותי הוא אידיאולוגיה של הקרבה למען הכלל, מבלי להתחשב בצרכים הפיזיים ומבלי להיות מחובר להנאות הקטנות והיפות של החיים.

אורח חיים "היפר־אתי" כזה עשוי להיות מרשים ומעורר התפעלות, אבל הוא לא מתאים לכולם. הוא עלול לרמוס הרבה אנשים שזה לא מתאים להם. אורח חיים כזה גם עשוי להיות לא בריא לנפש שלנו, וכמובן גם לגוף שלנו. לשמחתי, כיום החברה הדתית כבר מכירה בחשיבותם של ההנאות הפיזיות, היופי האסתטי ועוד. וזה גם מעוגן בתורה. תורת החסידות מצביעה על היכולת של ההנאה הפיזית לחבר אותנו למקומות רוחניים, וגם אצל חז"ל ניתן למצוא יחס חיובי להנאה פיזית ואפילו לעושר. כיום, יותר מתמיד, אנשים בחברה הדתית מכירים את המקורות הללו ומצטטים אותם.

אבל דווקא משום כך, אנשים בחברה הציונית־דתית עלולים להיות פגיעים יותר לאסתטיזציה. הם עלולים לפרש בטעות תהליכים תרבותיים שליליים של

התגברות האסתטיקה **על חשבון** האתיקה כתהליכים חיוביים, שמתקשרים אצלם לרעיונות חז"ליים או חסידיים על קידוש החומר. הם עלולים להתנגד לביקורת (כמו הביקורת שתופיע מיד) על תהליכים שליליים של אסתטיזציה, משום שיש להם טראומה מהעבר שלהם, כשהחברה הדתית מסביבם דרשה מהם לזנוח את עצמם לטובת הכלל. וכך, כל ביקורת על תהליכי אסתטיזציה עלולה להישמע להם כמו ניסיון לבטל את חשיבות האסתטיקה. כאילו מישהו נוזף בהם שהם מעזים לחשוב על עצמם.

אבל זה ממש לא המצב, לפחות לא במקרה שלי. אני מאוד בעד קידוש החומר, אבל לא כל פרסומת לקרם לחות היא קידוש החומר. אנחנו צריכים להיזהר שלא לדון לכף זכות אידיאולוגיה שהורסת אותנו. האסתטיזציה המערבית לא מכוונת לקידוש החומר ולהעצמה של מדרגתנו המוסרית או הרוחנית. בדיוק להפך.

קחי למשל את הדוגמה הבאה:

> בפרסומת ללוטו רואים בחור צעיר בשם אבנר, יושב בסלון ביתו עם כמה חברים. הוא מתאר להם מה יעשה בכסף אם יזכה בלוטו. רוב הפרסומת מוקדשת לתיאור דרמטי שמציג את אבנר כגיבור שמציל את יערות הגשם מפני כריתה, על ידי כך שהוא קונה את היערות מידי הבעלים הקודמים שלהם. הוא מגיע אל היער ברגע האחרון, יורד מהמסוק ומבשר בהתרגשות לכל כורתי העצים שהם יכולים ללכת הביתה. חבריו של אבנר מתרגשים יחד איתו ואפילו מזילים דמעה, ואז הוא אומר לפתע בעיניים בורקות "או שאני אקנה יאכטה!".
>
> - "יאכטה?!" הם מתפלאים.
>
> - "ענקית!" הוא משיב להם בהתלהבות.
>
> הפרסומת מסתיימת והקריין אומר בעליזות: "להציל יערות? לקנות יאכטה? מה ישנה לך את החיים?".

הפרסומת הזו מערערת במכוון על המחשבה המקובלת לפיה הצלת יערות חשובה יותר מקניית יאכטה. הצלת יערות (מעשה אתי) מוצגת כעומדת באותו מישור

עם קניית יאכטה (מעשה אסתטי). כביכול המסר הוא "כל אחד ומה שעושה לו טוב... יש כאלה שטוב להם לעשות מעשה מוסרי, ויש כאלה שטוב להם ליהנות מהחיים, הכול שווה ערך, הכול סבבה!"

למרות שאני בעד חיבור לגוף ולהנאה שלנו, אני מוכרחה לשאול אותך: מה לדעתך נחשב עמוק או רוחני יותר, חיים **שהדגש** שלהם הוא על הרובד האסתטי של הקיום, או חיים **שהדגש** שלהם הוא על הרובד האתי? איזו שמחה היא שמחה גבוהה יותר, משמעותית יותר, לדעתך: שמחה שנובעת מרכישת יאכטה, או שמחה שנובעת מהצלת יערות, כלומר, מעשייה מוסרית של מה שאת מאמינה שמביא לתיקון העולם? כמובן ששני סוגי השמחה, גם השמחה האסתטית וגם השמחה האתית, חשובים. אסור לנו לוותר על אף אחד מהם. אבל האם את מסכימה איתי שהם **לא** שווי ערך? האם את מסכימה איתי שיש שמחה שהיא במדרגה גבוהה יותר, והיא השמחה האתית?

הרגע שבו החיבור החיובי לאסתטיקה הופך להיות שלילי, כלומר, הופך ל"אסתטיזציה", הוא כאשר החיפוש אחר האסתטי מוצג כשווה ערך לחיפוש אחר האתי, כמו למשל בפרסומת הזו ללוטו. אבל לפעמים האסתטיזציה הולכת אפילו רחוק יותר. ניקח לדוגמה את כותרת הכתבה העוסקת בחינוך ילדים, שפורסמה באתר ynet:

ילד שלי, אל תהיה ילד טוב, תהיה ילד שטוב לו.

הכותרת הזו מלמדת את כל "תורת" האסתטיזציה על רגל אחת: הכותרת סבורה שצריך לעבור משאיפה ל"טוב" במובן המוסרי (ילד טוב, ילד שמתנהג כראוי), לשאיפה ל"טוב" במובן האסתטי (ילד שטוב לו). האסתטיזציה גורמת לנו לבצע מעבר מחיים אתיים לחיים אסתטיים. כלומר, מעבר משיח שבו ה"טוב" הוא הראוי מבחינה מוסרית וה"רע" הוא הבלתי ראוי מבחינה מוסרית, לשיח שבו ה"טוב" וה"רע" מוגדרים על ידי ההנאה: מה שנעים לי הוא "טוב", ומה שלא נעים לי הוא "רע".

אז נכון, כולנו יכולות להסכים לפעמים עם משפט כמו "תפסיקי לחשוב כל הזמן רק על אחרים, תחשבי מדי פעם גם על עצמך". מי שעסוק כל חייו בלהיות

"ילד טוב" ולהתחשב אך ורק ברצונות של הסביבה, עלול לסבול מכך. כשמדובר באדם מסוג זה, כדאי לאזן אותו ולתת לו מקום לחשוב גם על עצמו.

אבל האם אנחנו מסכימות באופן עקרוני עם אמירה כמו "אל תחשבי על אחרים, תחשבי **אך ורק** על עצמך" ככלל מנחה לחיים? האסתטיזציה של העולם המערבי גרמה להפרת האיזון בין האתי לאסתטי, לטובת האסתטי. כך יוצא שמעשים אסתטיים ייחשבו לשווי ערך או אפילו יותר חשובים ממעשים אתיים.

האסתטיזציה באה לידי ביטוי בחיים שלנו בדרכים שונות ומגוונות. בפרקים הבאים נכיר שני סוגים של אסתטיזציה: את האסתטיזציה מהסוג הראשון נכנה "עומק בגרוש", ואת האסתטיזציה מהסוג השני נכנה "נמוך אבל כיף".

פרק 16

"עומק בגרוש"

אסתטיזציה מהסוג הראשון

ישנם סוגים רבים של אסתטיזציה. בהקשר שלנו נציין רק שני סוגים, שונים ואפילו הפוכים, של אסתטיזציה. נציג אותם כעת בנפרד מהקשר שלהם לשיח המיניות. לאחר מכן, בפרקים הבאים, נראה איך הם הופכים להיות שחקנים מרכזיים בשיח השחרור המיני.

האסתטיזציה מהסוג הראשון מעוניינת לגרום לנו לחשוב שלהנאה האסתטית יש ערך עמוק, מוסרי או רוחני, מצד עצמה. המונחים "מוסרי" ו"רוחני" שונים זה מזה. נתחיל באסתטיזציה המתחפשת להתרחשות מוסרית, ולאחר מכן נעבור לאסתטיזציה המתחפשת להתרחשות רוחנית. את שתיהן נכלול תחת הכותרת "עומק בגרוש", בדומה לביטוי "פסיכולוגיה בגרוש". "עומק בגרוש" פירושו להלביש עומק על דברים לא עמוקים, באמצעות מילים גבוהות וריקות מתוכן.

כדי להבין איך חוויה אסתטית מציגה את עצמה כפעולה אתית, מוסרית, בואי נעשה תרגיל קטן: אני מציינת כאן מילים שונות בזו אחר זו, ואת צריכה

למיין כל מילה לפי האסוציאציה הכי מקובלת שלה, למקום המתאים - לתחום האסטטי או לתחום האתי:

"ערכים", "הנאות קטנות", "הקרבה", "שתיית קפה", "נאמנות", "בגידה בבן הזוג".

מה את אומרת?

אני מנחשת שחילקת את המילים באופן הבא: ערכים, הקרבה ונאמנות הם מושגים ששייכים לתחום האתי. לעומת זאת הנאות קטנות, שתיית קפה ובגידה בבן הזוג הם מושגים השייכים לתחום האסתטי. בשונה מהנאות קטנות ומשתיית קפה, "בגידה" כבר פוגעת בזולת, ולכן לא רק שמדובר במעשה אסתטי, אלא במעשה שהוא כבר ממש בלתי מוסרי.

כעת, בואי ניקח את המילים הללו כפי שחילקת אותן על פי השכל הישר, לתחומים אתיים ואסתטיים, ונשאל את שיח האסתטיזציה מהסוג הראשון מה דעתו על כך. כנראה שהוא יחלק אותן אחרת, ויעביר את כולן בלי יוצא מן הכלל לתחום האתי, המוסרי. לפי שיח ה"עומק בגרוש", ניתן להלביש כל פעולה אסתטית במילים אידיאולוגיות גבוהות, ובכך להפוך אותה למעשה ראוי להערכה מבחינה מוסרית.

קחי לדוגמה את רשימת שבעת הכללים (או שמא נקרא לה רשימת שבעת הדיברות?) המופיעה באתר של ללין, תחת הכותרת "הערכים שלנו". ללין היא חברה ישראלית מצליחה מאוד בארץ ובעולם, המתמחה בייצור ושיווק של סבונים וקרמים.

הערכים שלנו:

אל תשאפו לשלמות, תשאפו להיות שלמים

הנאות קטנות יוצרות רגעים גדולים

אושר הוא לא המטרה, הוא האמצעי

הגוף הוא המקדש של הנפש, העשירו אותו

ת ה י ו ע צ מ כ ם - א ת ם י ח ו ד י י ם

הדרך לעידוד עצמי מתחילה בלעודד אחרים

ההנאות הגדולות ביותר הן אלה שאתם בוחרים

זוכרת לאיזה תחום שייכת קודם לכן את המילה "ערכים"? אם תעברי על הרשימה הזו אחת אחת תגלי שתחת הכותרת "ערכים", אין שום דבר אתי! (מלבד אולי הדיבר השישי). משפטים כמו "הנאות קטנות יוצרות רגעים גדולים", או "ההנאות הגדולות ביותר הן אלה שאתם בוחרים", הם משפטים מקסימים, שיכולים לעודד אותנו לפנק את עצמנו וליהנות. כאמור בפרק הקודם, אין לי שום בעיה עקרונית עם הנאה. להפך. הבעיה שלי עם המשפטים הללו היא שהם מוצגים כאן תחת הכותרת "ערכים", מילה שיש לה מטען אתי מובהק. המשפטים הללו מוכיחים ששיח האסתטיזציה מתייחס להנאה כ"ערך" מוסרי מצד עצמו.

אם זה עדיין לא נראה לך מוזר, חשבי על כך: נניח שאני אומרת לך שיש לי מישהו להציע לך, "בחור עם ערכים". האם את אומרת לעצמך באותו רגע "יש! תמיד רציתי מישהו שיודע ליהנות מהחיים"? נראה לי שלא. אין שום בעיה בלחפש בן זוג שיודע ליהנות מהחיים, אבל להכתיר את זה במילה "בחור ערכי", זה כבר מוזר... את מסכימה איתי?

אם נשאל את שיח האסתטיזציה מהסוג הראשון, שאותו אני מכנה "עומק בגרוש", הבחירה בחיים אסתטיים נחשבת בעצמה למעשה ערכי. העולם המערבי עוטף את האסתטיקה באידיאולוגיה מוסרית. למעשה נוצרה כאן אתיקה חדשה, כללי מוסר חדשים, שקובעים: "ראוי מבחינה מוסרית לעשות את מה שגורם לך הנאה".

דוגמה נוספת. שימי לב לפרסומת הבאה:

> איש עמל בעבודת כפיים יוצא מביתו בשעת בוקר מוקדמת עם מגפיים ובגדים של חקלאי. הכתובת בתחתית המסך מציינת: "גל בן יוסף, מנהל רפת". האיש עובד בכל מיני עבודות הקשורות בחווה, כאשר ברקע מוזיקה דרמטית מלווה את דברי הקריין המספר בקול נמוך:
>
> היה שווה.
> לקום בכל בוקר באמצע הלילה.
> בקור.

בחום.
היה שווה את האבק.
את המאמץ.
את ההקרבה.

(האם את כבר מנחשת למה הפרסומת?)

הקריין ממשיך:

היה שווה את כל השעות שניסינו למצוא מה הכי נכון לחלב.
ממה נכין את התערובת.
יום אחרי יום.
עוד זריחה.
עוד שקיעה.

היה שווה.
לרדוף.
לשטוף.
לסחוב.
לחלוב.
לטעום...

כן היה שווה.
לא בכל יום אנחנו יוצרים חלב חדש.
חדש! חלב משק. כשנותנים אוכל טוב יותר לפרות, מקבלים
חלב טוב יותר.

שמת לב באיזה אופן מוצג החיפוש אחר טעם החלב המושלם? החיפוש הזה עטוף בשפה אידיאולוגית: "מאמץ, הקרבה"... מי שצופה בפרסומת בפעם הראשונה עשוי לחשוב שמדובר בפרסומת להקמת התיישבות חדשה בנגב. אז זהו, שלא. הסיפור הכביכול אתי־אידיאולוגי הזה, סיפור של מאמץ והקרבה, נחישות והתמדה, נרתם למטרה אסתטית לחלוטין: הפקת הטעם הטוב של החלב, יצירת מוצר צריכה חדש שישתלב נפלא עם הקפה של הבוקר.

ואם תגידי לי: "אבל החקלאי באמת מקריב את עצמו למען הזולת! הוא עובד קשה כדי שיהיה לנו מה לאכול!" - אני כמובן אסכים איתך. אבל לא רק אני, גם הפרסומת מסכימה איתך. הפרסומת מנצלת בדיוק את ההסכמה הזו של שתינו לגבי חשיבות עבודת הכפיים והמאמץ כדי לרתום את הערכים הללו ל"חלב טעים", ולגרום לנו להרגיש מוסריים כשאנחנו רוכשים מוצר שישדרג לנו את הקפה. אם אנחנו מצמידים את המילה 'הקרבה' לכל תהליך הפקה של מוצר שמשמח אנשים מבחינה פיזית, ביטלנו את העומק של רעיון ההקרבה, והפכנו אותו לריק מתוכן. מהיום, כל מותג יכול להשתמש במילה הזו כדי לקדם כל מוצר. ואכן, כפי שנראה בהמשך, הנוסחה "לעבוד קשה כדי להעניק ללקוחות הנאה פיזית" = "הקרבה", יכולה להגיע למקומות אבסורדיים ביותר.

הנאות קטנות כמו מריחת קרם לחות או שתיית קפה טעים בבוקר אינן פוגעות בזולת. אלו מעשים פשוטים וחסרי משמעות מוסרית. אבל מה לגבי "בגידה בבן הזוג"? בואי נשאל את שיח האסתטיזציה מהסוג הראשון, מה יש לו לומר על בגידה.

הרומן, סיפור צדדי עם חוקים משלו:

> בגידה במערכת יחסים רומנטית מכניסה לקשר הזוגי קנאה, כעס, בלבול ונטישה. אבל היא יכולה גם לסמן את הרצון החופשי, את חוסר היכולת לאזוק רגשות ותשוקות למבנים חברתיים ואת אפשרות החירות והמרד.

זוהי כותרת של כתבה שהופיעה בעיתון "הארץ". הרעיון שלה ברור: "אני בוגד באשתי? אל תסתכלו עליי ככה. אני בעצם מממש ערכים מאוד חשובים כמו 'רצון חופשי' ו'חירות'". רק חברה שמודרכת על ידי אסתטיזציה מסוגלת לקחת את הרעיון של בגידה, שיש לו משמעות מוסרית שלילית מובהקת, ולעטוף אותו מחדש בערכים ובאידיאולוגיה חיובית. כאשר מה שמנחה אותנו הוא רק השאלה

האסתטית - האם אני נהנה - מעשה הבגידה יכול לקבל הצדקה מוסרית. הרעיון הזה מופיע בצורה קיצונית יותר גם בכותרת הבאה, הפעם מאתר ynet:

לא בוגדת, נאמנה לעצמי: כך פירקתי שתי משפחות

למרות הכאב, ייסורי המצפון, הילדים המבולבלים ובני הזוג הפגועים, היא לא מתחרטת שפירקה שתי משפחות, כדי להקים משפחה עם אהובה, אבא לילדה מהגן של בתה.

גם כאן הרעיון הוא ברור: "אני נשואה ומנהלת רומן עם פרטנר נשוי? אל תקראו לי בוגדת. אמרו מעתה: 'נאמנה'. 'נאמנה לעצמי'". נאמנות זה אתי, לא? כולנו הסכמנו על כך כשענינו מקודם על התרגיל. שוב אנחנו רואות איך מעשה הבגידה נעטף בערכים חדשים, שמכשירים אותו מבחינה מוסרית. אם כן, האסתטיזציה מהסוג של "עומק בגרוש" פונה אל התכונות המוסריות שלנו, ומשכנעת אותנו שמעשים אסתטיים הם מוסריים, על ידי כך שהיא עוטפת אותם במילים גבוהות.

כאמור, לאסתטיזציה מסוג "עומק בגרוש" יש עוד גרסה. גרסה זו מעוניינת להציג את ההנאה האסתטית באופן גבוה, אבל זאת לא על ידי עטיפת החוויה האסתטית ברובד **מוסרי**, אלא על ידי עטיפתה ברובד **נשגב ורוחני**. לפי הגרסה הזו, אם אכלתי מרק, והמרק הזה היה טעים באופן מיוחד, אז חוויתי פה חוויה עמוקה ביותר, נשגבת ופואטית, הנמצאת על אותו מדף יחד עם יצירת אמנות, שירה או ספרות גבוהה.

הנציג המוכר ביותר של הגרסה הזו של האסתטיזציה הוא השף הישראלי הנודע אייל שני. מסעדות רבות בארץ ובעולם היו בבעלותו לאורך עשרות שנות הקריירה שלו, והוא כיכב במספר תוכניות בישול, כולל כשופט חביב בתוכנית הריאליטי "מאסטר שף". מפאת התבטאויותיו הייחודיות בנושא אוכל זכה אייל שני לעמוד ציטוטים על שמו באתר "ויקיציטוט". הציטוטים המופיעים שם נאמרו על ידו ברצינות רבה וללא כל ציניות. הנה כמה דוגמאות:

"מעבירים את היד על הדג כתודה אחרונה לים ולו, שבאו", "לקחת ים וחיבקת אותו עם פטריות בעונג שאין לו גבול", "אני אהבתי את זעקת הפטרוזיליה שבקעה ממך", "בחרת בנקודת מפגש מאוד דרמטית בין החמיצות של העגבנייה לבין הרחם המתוק של השמנת", "אני יכול לקחת חציל ולצלול לתוך עולמו. הוא נהפך לכל עולמי, ואני נכנס למערות הקסמים שלו".

אייל שני מתאר מנה של אוכל טעים במילים שכבר לא שייכות לתחום של הנאה גופנית נעימה, חיובית, קלילה ופשוטה, אלא במילים ששייכות לתחום האירועים הנפשיים החריגים, הכבדים, המטלטלים ומעוררי ההשראה: "המנה הזו היא מנה טעימה. היא מצמררת. היא מחוללת". או למשל: "היה את הכבש בתוך הבצק, ולפעמים היה חלל, והכול נטבל בלימון, והחיבור הזה הוא חיבור מרעיש".

אייל שני מדבר על אוכל במונחים דתיים. כשאחת המתמודדות בתוכנית סיפרה לו שבעלה לא אהב את התבלין שהשתמשה בו בתבשיל מסוים, אייל שני הסכים שיש לוותר על התבלין, וניסח זאת כך: "בעלך כל הזמן לא הסכים עם אי הצדק: איך אור כל כך גדול שהוא חווה לא יוצא החוצה. זה טוהר, זה טהור". בהזדמנות אחרת תיאר אייל שני את האידיאולוגיה שהוא משתייך אליה: "יש סוג של אנשים שאומרים, אני רוצה לבטא את החומר עצמו ברמה העמוקה שלו. האנשים הללו משרתים בהיכל הקודש של אלוהים, מצווים ומחויבים לשמור על כל תו ופסיק ונקודה ואות ביצירה הזו שקוראים לה תפוז או תפוח או חיטה. אני גדול הכוהנים בקבוצה הזו".

ובאמת, אם אייל שני מדבר על המנה שלו במונחים רוחניים כל כך, ייתכן שזה לא יפתיע אותך לגלות שהוא מצפה מהמנה לבטא את הפנימיות הכמוסה ביותר של מי שהכין אותה: "המנה הזו היא טעימה, אבל היא לא עברה דרכך. לא נתת בה מה שיש בך, את מה שאני רואה בקוסמות ובחיוך ובעיניים"; או של מי שמתענג עליה: "אני צריך את הקהל המשובח ביותר, הכי רגיש, שיודע לקרוא טוב, יודע להעריך, יודע להתאהב, יודע לבטא את זה ברגש ויודע להיות נאמן. אתה מחפש את האוכל שלי, אני מחפש אותך".

גם בתחום המסעדנות מוצא שני עומק פסיכולוגי: "אני לא עושה מסעדות. המסעדות שלי הן בעצם מרפאות כאב, שבהן אני מרפא. אני רואה את האוכל כמו גלולה פסיכיאטרית, ואני מחפש את אותם בני אדם, את הרגע הראשון שבו מישהו אמר לי, אייל, יש לך משהו להגיד בעולם הזה".

מעניין אותי מה את חושבת על הגרסה הזו של האסתטיזציה, שמלבישה על החוויה הגופנית הפשוטה עומק רוחני נשגב. האם את חושבת שזה יפה ונכון? או אולי נחמד ובלתי מזיק? או אולי בעייתי? מסתבר שהגישה של אייל שני זוכה למעריצים ולשונאים גם יחד. מדוע מעריצים? אולי משום שיש אנשים שמאמינים שטעם טעים של אוכל יכול וצריך להיות שייך לתחום ה"נשגב". מדוע שונאים? אולי משום שיש אנשים שלמרות חיבתם הרבה לבישול ולאוכל טעים, הם לא רוצים לטשטש את ההבדל בין דברים נשגבים ורוחניים באמת, לבין הנאות מסוימות שאין בהן עומק גדול.

אייל שני הוא רק נציג אחד של גישה כללית שהיא פופולרית ביותר כיום בעולם המערבי. תלמידותיי מכנות את הגישה הזו "חירטוטים", ואני מכנה אותה "עומק בגרוש". אומנם, לדעתי האישית, כשמדובר בחוויה של אכילה, הגישה הזו לא בהכרח מזיקה, ובאמת אני חווה את הניסוחים של אייל שני כמשעשעים וחביבים. אבל כשאני מתבוננת בהשלכות של הגישה הזו על התפיסה של ההנאה המינית, אני חושבת שזו גישה גרועה, שגויה ואף הרסנית. בהמשך, כשנדבר על הסוגים השונים של שיח השחרור המיני, נראה שיש גישה הסוברת שכל הנאה מינית, לא משנה עם איזה פרטנר היא התרחשה ובאיזה הקשר היא נחוותה, היא נשגבת ומלאת עומק רוחני מצד עצמה. נקרא לגישה זו "שיח ההשגבה", ונסביר מדוע היא בעייתית.

פרק 17

"זה נמוך אבל כיף, אז למה לא?"

אסתטיזציה מהסוג השני

ראינו ששיח האסתטיזציה מהסוג הראשון, "עומק בגרוש", מלביש באופן אוטומטי ערכים מוסריים ושגב רוחני על כל הנאה אסתטית. לעומת זאת, קיימת גם אסתטיזציה שפועלת באופן הפוך לחלוטין. זו אסתטיזציה שטוענת שההנאה האסתטית, גם כשהיא רדודה ונמוכה, ואפילו כשהיא לא מוסרית, היא עדיין "מותרת" ואף רצויה. שימי לב: האסתטיזציה מהסוג של "עומק בגרוש" פונה לאנשים שמוסר או רוחניות חשובים להם, ומשכנעת אותם שמעשה אסתטי הוא מעשה עמוק. לעומת זאת, האסתטיזציה מהסוג השני, "נמוך אבל כיף", פונה לאנשים שממילא מוסר או רוח לא מעניינים אותם. או שאולי היא פונה לאנשים ערכיים, ומנסה לשכנע אותם שכדאי להם "להשתחרר" מהדרישה למוסריות ולעומק רוחני. לפי גישה זו, המוסריות והרוחניות לא אמורות לעניין אותנו, כי מה שחשוב זו ההנאה הפרטית שלי, וזהו.

אם את טיפוס ערכי, אני מנחשת שהגישה הזו נשמעת לך נוראית במיוחד. אולי אפילו נוראית עד כדי כך, שאת חושבת שלא ייתכן שדבר כזה "יתפוס". אולי את אפילו לא מצליחה להעלות בדעתך דוגמאות לקיומה של הגישה הזו בתרבות המערבית הפופולרית. בשלב זה אדגים לך את קיומה של הגישה הזו בתחומים שאינם קשורים בהכרח למיניות. לאחר מכן, כשנעסוק בשיח השחרור המיני, נראה איך הגישה הזו מקובלת מאוד כיום בכל מה שקשור למיניות.

דוגמה ראשונה: פרסומת למעדן שוקולד בשם "יולו" ("YOLO" ראשי תיבות: "חיים רק פעם אחת")

הפרסומת היא באנגלית עם כתוביות בעברית:

רואים אישה יפהפייה אוכלת מעדן שוקולד בכפית. ברקע הקריינית אומרת:

"לאכול יולו, זה חטא קטן".

הטלפון הנייד מצלצל, על הצג מופיע "אימא". היפהפייה מגלגלת את עיניה בביטול, ולא עונה.

"לאכול יולו בזמן שאת לא עונה לאימא שלך, זה חטא גדול יותר".

כעת רואים אישה מבוגרת לבושה בהידור, בעיצומה של חתונה, מתקשרת למישהו ללא הצלחה. מאחוריה עומד החתן, מוחה בחרדה זיעה ממצחו.

"לאכול יולו, בזמן שאת לא עונה לאימא שלך, אחרי שלא הופעת לחתונה של עצמך, זה אפילו חטא גדול יותר".

המצלמה מתרחקת, ואז רואים שהיפהפייה נמצאת בחדר פרטי בבית מלון מפואר, נשענת על דלת זכוכית כשמאחוריה מפלי מים אקזוטיים. לרגליה של האישה ברבורים לבנים עשויים ממגבות רחצה. ה'ברבורים' נראים כמתנשקים וכך יוצרים צורה של לב. היפהפייה בועטת בעדינות באחד מהם ומפילה אותו.

"לאכול יולו, בזמן שאת לא עונה לאימא שלך, אחרי שלא הופעת לחתונה של עצמך, אבל עדיין ניצלת את כרטיס ירח הדבש לברזיל, לבה, זה חטא עצום".

היפהפייה מחייכת לעצמה וממשיכה לאכול מהמעדן, כשברקע מוזיקה ברזילאית.

"אז תאכלו יולו. זה רק חטא קטן".

אני יכולה להבטיח לך שבמציאות הפרסומת הזו הרבה יותר מצחיקה. אין הרצאה שאני לא מקרינה אותה והקהל לא נשפך מצחוק. גם אותי הפרסומת הזו מצחיקה. אבל היא מצחיקה אותי ברובד מאוד נאיבי של עצמי, רובד יום־יומי, קליל, נטול חשיבה ביקורתית. לעומת זאת, כשאני חושבת לעומק מה הפרסומת הזו מקדמת

מבחינה אידיאולוגית, אני מבינה שהיא שייכת לשיח האסתטיזציה מהסוג השני: "גם אם עשית מעשה לא מוסרי, מעשה שפוגע במישהו, זה מותר לך, זה כדאי לך, כי זה כיף".

יכול להיות שאנשים מסוימים יחשבו שהפרסומת הזו לא מזיקה, כי אין אף אחד שלוקח אותה ברצינות ומזדהה עם המסר הלא־מוסרי שלה. ייתכן שבמקרה הזה הם צודקים, למרות שלדעתי חלק מהנשים שצופות בפרסומת הזו מפרשות את המעשה של האישה הזו כ"עוצמה נשית", ולכן רואות בה סוג של מודל לחיקוי, אמיתי ורציני. בכל אופן, גם אם הפרסומת ליולו לא רצינית, מעניין מה תגידי על הדוגמה הבאה, שהיא רצינית ביותר ולא מיועדת להצחיק כלל וכלל:

דוגמה שנייה: הפושע החתיך בעולם

האם שמעת על "הפושע החתיך בעולם"? אספר לך מה אנחנו יודעות עליו. כל מה שאני כותבת לך כאן נדלה מתוך שיטוט באתרים הישראליים הפופולריים. לא עשיתי עבודת מחקר על דמותו. הכול הופיע במדיה.

ג'רמי מיקס נולד בשנת 1983. בעברו השתייך לכנופייה. מגיל 18 עד גיל 33 הספיק להיכנס כמה פעמים לכלא. הוא ישב במצטבר תשע שנים בכלא, לאחר שהורשע בשוד אלים, בתקיפה ובהחזקת נשק. בגיל 26 התחתן ונולד לו בן, שהיתוסף לשני ילדיה הקודמים של אשתו, אותם גידלו יחד. אשתו תמכה בו בכל תקופות המאסר ועודדה את ילדיהם לבקרו בכלא. בגיל 31 נכנס שוב לכלא ונשפט לשנתיים. משום מה, תמונה שלו מהמעצר דלפה לפייסבוק. התמונה הפכה לוויראלית, ובעקבותיה החלו להגיע אליו הצעות רבות לדגמן. בתום שנתיים, לאחר ששוחרר מהכלא (לא לפני שהגולשים גייסו כסף רב כדי לשחרר אותו, מה שלא הצליח להם), החל לעבוד כדוגמן ונעשה עשיר ומפורסם. לאחר שהחל להתפרסם בעולם צולם כשהוא בוגד באשתו ובמשפחתו עם מיליארדרית שהזמינה אותו לחופשה על היאכטה שלה (כנראה שהיא הייתה מאלו שמעדיפים לקנות יאכטה ולא להציל יערות...). בעודו נשוי, הכניס להיריון את המיליארדרית. בשלב הזה החל להתחמק מתשלום מזונות עבור אשתו ובנו. כעבור תשעה חודשים נולד לו בן מבת זוגו החדשה. "מזל טוב!" איחלו לו הכותרות בארץ. עד לכתיבת שורות

אלו, "הפושע החתיך בעולם" ממשיך להתחמק מתשלום מזונות למי שהיא עדיין אשתו ואם בנו.

בזמן שבת זוגו המיליארדרית הייתה בהיריון ממנו, כולם בארץ כבר הכירו את דמותו ואת מעלליו. באותה נקודת זמן, ג׳רמי מיקס קיבל הצעה לדגמן יחד עם דוגמנית העל הישראלית בר רפאלי, למותג המשקפיים שבבעלותה. אם נשאל איך ייתכן שאדם כל כך מושחת נבחר כדי למכור לנו מוצר שאנו אמורים להזדהות איתו, ייתכן שהתשובה שלנו תהיה: "למרות שהוא מושחת, העולם סולח לו, כי הוא חתיך". התשובה הזו לא נכונה. שימי לב לדבריו של סמנכ"ל השיווק של מותג המשקפיים של בר רפאלי. דבריו צוטטו במגזין האינטרנט "כלכליסט":

> מדי עונה אנו בוחרים את הפנים המעניינות בעולם האופנה, בכדי לתת מענה לקהל הלקוחות המחפש חידושים וריגושים בעולם המרתק של היום. גם בעונה זו, החלטנו לצוות לצד בר כוכב בינלאומי מסעיר ובחרנו לחורף הקרוב את ג׳רמי מיקס, אישיות מעניינת ומרתקת אשר יוביל את קמפיין החורף, לצידה של בר רפאלי.

ג׳רמי מיקס לא נבחר "למרות" שהוא מושחת, אלא "בגלל" שהוא מושחת. סמנכ"ל השיווק מודע היטב להשפעה שיש ל"אישיותו" של ג׳רמי מיקס, על הפופולריות שלו בארץ ובעולם. אם עד עכשיו חשבנו שהאסתטיזציה מהסוג השני מעודדת אותנו להזדהות עם דברים נמוכים "למרות" שזה לא מוסרי, כעת אנו מבינות שבימינו, חוסר המוסריות עשוי לפעמים רק להגביר את ההזדהות שלנו עם הדבר. במילים אחרות, אם ג׳רמי מיקס היה סתם דוגמן חתיך, הוא לא היה נבחר לקמפיין עם בר רפאלי. המותג של בר רפאלי לא מחפש רק יופי, אלא גם "אופי"... העובדה שהוא אדם מושחת, העובדה שהנאותיו הפרטיות גוברות על כל ערך מוסרי, היא שהרוויחה עבורו את הערצת הקהל, ובעקבותיה גם את הקמפיין הזה.

ואכן, בכתבת וידאו שליוותה את הצילומים לקמפיין, נראים ג׳רמי מיקס ובת זוגו ההיריונית בשדה התעופה לאחר שנחתו בארץ. נציגי התקשורת עטים עליהם, מקבלים את פניהם בלבביות, שואלים לשלומם ומבררים על תוכניותיהם המשותפות לחופשה בארץ, והכול נראה רגיל ומפרגן, כאילו מדובר בזוג רומנטי

חביב שמפיץ ביחד אור ואהבה בעולם. ג'רמי מיקס ידוע בכינויו "הפושע החתיך בעולם". חשוב שנבין שבעידן האסתטיזציה מהסוג השני, הדגש בכינוי הזה הוא קודם כול על ה"פושע", ורק לאחר מכן על ה"חתיך".

פרק 18
גרסה ראשונה: השיח המתירני

"סקס בלי אהבה זו חוויה ריקנית, אבל כחוויה ריקנית היא אחת המשובחות".

זהו ציטוט ידוע המיוחס לאחד הבמאים המוכרים בעולם, וודי אלן. שימי לב שוודי אלן מדבר על המיניות נטולת האהבה כחוויה "ריקנית". המילה "ריקנית" איננה ניטרלית, כזו שמבטאת משהו לא חשוב יותר מדי, אלא מילה שלילית, שמבטאת משהו נמוך ואולי אפילו בזוי. אף אחד לא יגיד ש"אכילת פרוזן־יוגורט היא חוויה ריקנית", נכון? אם מישהו יגיד דבר כזה, נחשוד בו שהוא סגפן שמתנגד להנאות הגוף וחושב שההנאה הפיזית היא נמוכה מעצם היותה. אבל כולנו יכולים להבין את המשפט "מיניות בלי אהבה היא חוויה ריקנית", מבלי שנייחס לאדם שאומר אותה אידיאולוגיה סגפנית. הדבר האחרון שאפשר לומר על וודי אלן, הוא שמדובר באדם סגפן מבחינה מינית. והוא אכן מעיד על כך שמדובר על אחת החוויות ה"משובחות". כלומר, וודי אלן מכיר בכך שמיניות ללא אהבה היא דבר נמוך, אבל זה לא מונע ממנו לומר שהיא משובחת, ולעודד אותה באופן מרומז. זו בדיוק הנחת היסוד של השיח המתירני.

כפי שאמרנו, לשיח השחרור המיני יש ארבע גרסאות. אחת הגרסאות הללו דומה מאוד בהנחות היסוד שלה לשיח הפוריטני. זהו שיח שאני מכנה אותו "השיח המתירני". אומנם, המונח הזה לא מדויק מאחר שהוא מתעלם מכך שהשיח המתירני לא רק "מתיר" את המיניות והופך אותה למותרת, אלא מחייב את המיניות והופך אותה לחובה, אך בכל זאת נשתמש בו. בדרך כלל משתמשים

במונח "מתירנות" כשרוצים לאפיין באופן כללי את הפריצות של תרבות המערב. למרות זאת, אני מעוניינת להשתמש במונח "שיח מתירני", אבל באופן מדויק יותר: לא להחיל אותו על כל שיח השחרור המיני, אלא רק על גרסה אחת שלו.

ההבדל בין ארבע הגרסאות נעוץ בתשובה שכל אחת מהן עונה על השאלה: "מיניות זה טוב או רע?".

כזכור לך, בפרק 12 הפנינו את השאלה הזו לשיח הפוריטני. התשובה שקיבלנו היא ש"מיניות היא דבר נמוך תמיד ובכל הקשר". מתוך הנחת היסוד הזו נבעה המסקנה: "ולכן כדאי למעט בה ככל האפשר, או לרתום אותה למטרה חיצונית להנאה המינית, כמו פרו ורבו".

השיח המתירני ממשיך עם אותה הנחת יסוד, אבל המסקנה שלו שונה. היות שהעולם המערבי עובר אסתטיזציה, אין לו בעיה עם הרובד השלילי של המיניות, מאחר שמבחינה אסתטית המיניות היא כיפית ומהנה. במילים אחרות, הנחת היסוד של השיח המתירני, היא ש:

"מין זה דבר שלילי, אבל כיף",

ומוסיפה: "ולכן זה מותר".

השיח המתירני מדגיש את העובדה שמה שבעבר היה "אסור" - אסור ליהנות ממין היות שהוא שלילי - נעשה כעת "מותר": מותר ליהנות ממין **למרות** שהוא שלילי. כאמור, המעבר הזה מאסור למותר הוא בדיוק תהליך האסתטיזציה, שבמקום להתמקד ברובד האתי, הערכי, של הפעולה המינית, הוא מתמקד רק ברובד האסתטי שלה: "זה כיף, אז מה הבעיה?".

ייתכן שהדוגמה הבאה יכולה לעזור לנו לחדד את העניין: תלמידתי סיפרה לי שכשהיא הייתה בצבא, פעם אחת עברה לידם אישה בלבוש חשוף. היא שמעה את המפקד שלה אומר לחברו (וסליחה על הוולגריות):

> וואי וואי, תראה את זאתי, מה הייתי עושה איתה... לבת שלי בחיים לא הייתי מרשה להתלבש ככה.

רוב הסיכויים שהמשפט הזה אינו חדש לך. המפקד של תלמידתי לא המציא אותו, לצערנו זה משפט שגברים מסוימים יכולים כיום להוציא מפיהם. הנקודה המעניינת

במשפט הזה היא שמצד אחד, הגבר מצהיר על רצונו "לעשות איתה" דברים, ואיננו מתבייש בכך. ומצד שני, הוא מצהיר שאילו הבת שלו הייתה מתלבשת כך, הוא היה רואה בכך השפלה עבורה, מאחר שגופה החשוף הוא משהו נמוך.

זוהי בדיוק הדינמיקה של השיח המתירני. מצד אחד, מיניות זה כיף, ומה הבעיה? לכן "מה הייתי עושה איתה...". מצד שני, מיניות היא דבר נמוך, ולכן "לבת שלי בחיים לא הייתי מרשה להתלבש ככה".

אנחנו יכולות בשלב זה לדמיין לעצמנו סוג מסוים של פמיניסטיות שמזדעקות: "מדוע לבת שלך לא היית מרשה להתלבש ככה? מדוע אתה סובר שגוף חשוף של אישה זה דבר שלילי? להפך, מיניות זו עוצמה נשית! שתחגוג את המיניות שלה! (כמובן, כל עוד היא כבר לא קטינה מבחינת החוק)". זו כבר דוגמה לגרסה השנייה של שיח השחרור המיני, שאותה אני מכנה "שיח ההשגבה", ועליה נדבר בפרק הבא.

***

כפי שאמרנו, השיח המתירני חולק מכנה משותף עם השיח הפוריטני. שניהם סבורים ש"מיניות היא דבר נמוך", אך בעוד שהזאב הטוב של השיח הפוריטני מבקש להישמר מפניה, הזאב הרע של השיח המתירני מבקש ליהנות ממנה. כפי שאת אולי זוכרת, בפרק 12 פירטנו עשר הנחות יסוד המרכיבות את השיח הפוריטני. מתוך עשר הנחות היסוד הללו, חמש מתאימות גם לשיח המתירני. אאסוף כאן אותן עבורך, כדי שתוכלי לראות כמה השיח הפוריטני והשיח המתירני בעצם דומים. בסוגריים אני מוסיפה את מה שהשיח המתירני מוסיף ומשנה לעומת השיח הפוריטני.

הנחות היסוד של השיח המתירני:

1. מיניות היא דבר נמוך תמיד ובכל הקשר (אבל זה כיף, אז מה הבעיה?)
2. אישה = מין (והיא נהנית מכך)
3. יופי נשי = בהכרח מיני (וכולם נהנים מכך)

4. גבר = זאב טורף (והוא נהנה מכך)
5. המבט הגברי רואה באישה בעיקר אובייקט מיני (וזה אחלה! האישה שואפת שהגבר יראה בה אובייקט מיני)

מעניין אותי לדעת אם את רואה את השיח הזה כאשר את מתבוננת סביבך. כאשר את עוברת על הרשימה הזו, האם את מצליחה לשייך אותה למישהו או מישהי שאת מכירה? ואם לא, האם היא מתאימה לדעתך לדמויות מפורסמות שאנו לומדים עליהן מהמדיה, כמו למשל דוגמניות או זמרות כאלה ואחרות? נדמה לי שלפעמים אנחנו מפספסים את הימצאותו של השיח הזה סביבנו. לכן הייתי שמחה לדעת אם הרשימה הזו מתלבשת לך בקלות על המציאות, או שמא עד לרגע זה לא שמת לב לכך שיש שיח של שחרור מיני שעדיין רואה במיניות משהו שלילי, נמוך.

תרבות הפופ כמו גם עולם "חיי הזוהר" של דוגמניות, דוגמנים, זמרים וזמרות, מהווים לפעמים דוגמה לשיח הזה. קליפים של זמרות או זמרים מסוימים לא מציגים את המיניות באופן יפה או פואטי, אלא באופן נמוך וכמעט זנותי. הם עושים זאת לכתחילה, מתוך תפיסת עולם שהשתתפות במיניות כמוה כהשתתפות בחגיגה של תאוות בשרים נמוכה אבל מהנה, ולכן לגיטימית, מותרת.

אולי זה מוזר לך לחשוב שיש אנשים "משוחררים מינית" שחושבים שמיניות היא דבר שלילי ונמוך. ובאמת, נדמה לי שגם להם עצמם זה מוזר. הם בעצמם לא תמיד ישימו לב לכך שהם חווים את המיניות כדבר שלילי. ואכן, קשה למצוא התבטאויות מילוליות מפורשות של השיח המתירני, שבהן נאמר באופן מוצהר שהמיניות היא נמוכה. בדרך כלל השיח המתירני לא מצהיר באופן מילולי שהוא סובר שהמיניות נמוכה, אלא משדר את המיניות באופן נמוך, בדרכים לא מילוליות. אנחנו קולטים את התשדורת הזו באופן לא מודע, ולכן לא תמיד שמים לב לכך. אבל אם נסתכל לרגע על התחושה שעולה מתוך קליפים מסוימים, או מסצנות של סרטים מסוימים, נוכל לשים לב שהמיניות מוצגת שם באופן נמוך ומשפיל, שלא עומד בסתירה לעטיפת ההנאה, ה'פאן' ואווירת המסיבה שבה המיניות הזו מוגשת לנו.

למרות הקושי למצוא עדות מילולית לשיח המתירני, נביא כאן כמה דוגמאות לכך:

הדוגמה הכי נפוצה היא מה שמכונה כיום "סלאט שיימינג". את המילה שיימינג את מן הסתם מכירה. הכוונה לביוש פומבי. כשמישהו חוטף קללות ונאצות מול כולם, ברשת, אנחנו אומרים שעשו לו שיימינג. המילה "סלאט" היא מילת סלנג באנגלית שפירושה "זונה". "סלאט שיימינג" היא תופעה עצובה ומקוממת אבל גם מעניינת, לפיה, משום מה, כשאישה מצטלמת באופן חשוף או מחליפה פרטנרים מיניים בזה אחר זה, היא זוכה לשיימינג. השיימינג לא רק מורכב מ"הערות של מבוגרים", בסגנון "איפה הכבוד שלך, תתביישי לך", אלא גם מקללות של ממש. פעמים רבות הטוקבקים או העוקבים ברשתות החברתיות, גם גברים וגם נשים, יכנו אותה "זונה", וידביקו לה שלל כינויים מבישים נוספים. הדבר המוזר והמעניין כאן הוא שפעמים רבות, אותם גולשים שמכנים אותה "זונה" ומזלזלים במיניות שלה, יפיצו את הסרטון החושפני שלה בוואטסאפ, וייהנו לצחוק עליו עם חבריהם.

תופעת ה"סלאט שיימינג" מאפשרת לנו להכיר ארבע הנחות יסוד של השיח המתירני: האחת, המיניות הנשית היא דבר משפיל ונמוך. השנייה, אפשר לזלזל ולהשפיל את מי שכביכול "בוחרת להשפיל את עצמה". השלישית, אין בעיה להפיק הנאה מהמיניות המשפילה של האישה. הרביעית, הפצת סרטון מיני בוואטסאפ לא מביישת את מי שמפיץ, אלא רק את האישה שבסרטון. הגבר שמפיק הנאה מהמיניות המשפילה של האישה, לא נחשב לכזה שמשפיל את עצמו.

ארבע הנחות היסוד הללו הן בדיוק תמונת הראי של השיח הפוריטני: מיניות = דבר נמוך. וגם: גברים = זאבים טורפים. החידוש על פני השיח הפוריטני הוא שכעת "מותר" להם לטרוף. היות שמדובר בשיח מתירני השייך לתופעת האסתטיזציה, הזאבים הטורפים לא צריכים לשמור על עצמם מפני מפגש עם המיניות המגונה. להפך, הם יכולים (ואף נדרשים) להפיק ממנה הנאה.

דוגמה נוספת. בעיתון "גלובס" פורסמה כתבה המוקדשת לזמרת בשם רונית רסטה. תחת הכותרת "רעה רעה רעה" מובאים דבריה של הזמרת, המצהירה

על רצונה להיות זמרת פרובוקטיבית, ועל הקשיים שהיא נתקלת בהם בישראל ה"שמרנית והפוריטנית", לדבריה. הכתבה פותחת בציטוט מילות השיר של הזמרת, שמפאת גסותן לא נצטט אותן כאן. רק נציין שהזמרת משתמשת במילים נמוכות בכוונה תחילה, על מנת לתאר מיניות, וזאת כחלק מאווירה כיפית כביכול, של מסיבה. הנה קטע מתוך המשך הכתבה:

> "הרבה אנשים קוראים לי ילדה רעה, ונוטים להיכנס לשוק", אומרת רסטה. "אני מבינה למה, אבל הם מגזימים. כש'קיץ' [השיר הפרובוקטיבי הראשון שלה, א"מ] יצא, זה היה הכי גרוע; בגלגלצ לא רצו לשדר את זה במשך היום כי הורים התקשרו ואמרו שזה גס מדי. הם קצת חיים בסרט ההורים האלה, כי הילדים שלהם צופים בסרטים הרבה יותר גרועים ועושים דברים הרבה יותר גרועים. בכלל, אני לא חושבת שזה טוב למנוע מאנשים לשמוע את מה שהם רוצים".

נשים לב לאופן המעניין שבו הפך שם התואר "רעה" ממילת גנאי לכינוי שנתפס כמחמאה עבור אישה המשדרת מיניות. אילו השיח המתירני היה סבור שמיניות היא דבר חיובי גם בהיבט המוסרי שלו, לא היה כל היגיון לכנות את הזמרת "רעה". אילו לא הייתה קיימת בעולם המערבי תפיסה **חילונית** מסוימת, שלפיה המיניות היא שלילית, הכינוי הזה היה נתפס אצלנו כבלתי מובן, כמו תיאור של אישה המכינה אוכל משובח כ"רעה".

העובדה שהביטוי הזה מוכר לנו ואף מובן לנו (שהרי, כאשר הוא מופיע בהקשר המיני איננו מגיבים כלפיו בתמיהה כאילו מדובר באישה המכינה אוכל טעים), מוכיחה שכולנו מבינים את הנחת היסוד של השיח המתירני. זו הנחת יסוד פוריטנית ביסודה, שלפיה המיניות היא שלילית, ולכן להיות מינית זה להיות "רעה". אבל כאמור, בעידן האסתטיזציה להיות רע יכול להיות דבר מגניב למדי, ומכאן שהמילה "רעה" הופכת למחמאה. זה מזכיר לי פרסומת ששודרה בטלוויזיה כאשר הייתי נערה:

> "כל אישה צריכה חזייה אחת טובה" (ואז רואים חזייה פשוטה בצבע לבן, בעיצוב רגיל ויעיל) "וחזייה אחת רעה" (ואז רואים חזייה שחורה מבד מבריק, שנלווית למבט מיני ופתייני בעיני הדוגמנית).

גם בפרסומת הזו, המילה "רעה" מוצמדת לפיתוי מיני, למרות שהפיתוי המיני עצמו מוצג בפרסומת כדבר שכולנו חושקים בו, ואף "ראוי" שנחשוק בו. בעצם, הרוע או הלכלוך שמוצמד למיניות על ידי השיח המתירני מעצים את הפיתוי המיני, ובכך מאפשר לשיח המתירני להמשיך ולעודד אנשים למיניות נטולת גבולות.

נחזור אל הציטוט של הזמרת רונית רסטה. נשים לב להתנסחות שלה כאשר היא מבקרת את ההורים שאוסרים על ילדיהם לשמוע את שיריה: "הילדים שלהם צופים בסרטים הרבה יותר גרועים, ועושים דברים הרבה יותר גרועים". שמת לב מה קורה כאן? לשיטת השיח המתירני, הצפייה בסרטים מיניים והמעשים המיניים עצמם הם "גרועים". במילים אחרות, מיניות היא נמוכה! ומהו הפתרון לקונפליקט? האם נמנע מהילדים לשמוע שירים שבבסיסם הם גרועים? כמובן שלא. הזמרת מאמצת בפשטות את הפתרון של שיח האסתטיזציה: "אני לא חושבת שזה טוב למנוע מאנשים את מה שהם רוצים". במילים אחרות, אם ה"גרוע" הוא "מה שאני רוצה", אין סיבה להימנע ממנו.

הדגמנו כאן את השיח המתירני הסובר שמיניות היא נמוכה. אבל ייתכן שאת יכולה להעלות בדמיונך סרט שראית או ספר שקראת, שהמיניות המוצגת בו איננה נמוכה או רדודה, אלא יפה, נאורה ורוחנית, וזאת למרות שהיא מנותקת מנישואין, זוגיות, אהבה או מחויבות כלשהי. מיניות מהסוג הזה איננה שייכת לשיח המתירני, אלא ל"שיח ההשגבה", שבו נעסוק בפרק הבא.

פרק 19
גרסה שנייה: שיח ההשגבה

מי שיתהלך בסנטרל פארק בניו יורק בחודש הקרוב, עשוי להיתקל ביוזמה חדשה ומיוחדת: הצגה מלאה על פי מחזה שייקספיר, בהשתתפות נשים בלבד ובעירום מלא. מדובר במחזה האחרון שכתב שייקספיר בחייו, "הסערה", ועל פי הבמאים אליס מוטולה ופיטר סטריט, העירום נותן גוון נוסף למחזה ומאפשר להדגיש את חירות היצירה.

זהו קטע מכתבה שהופיעה באתר "וואלה". הכתבה לוותה בתמונה מתוך המחזה: שתי נשים ניצבות זו מול זו באמצע מדשאה ירוקה, ממחיזות סצנה מתוך מחזה של שייקספיר, כפי שניכר מהבעות פניהן הרציניות ומתנועות ידיהן הדרמטיות, כאשר הן עירומות לחלוטין.

אנו רואים כאן את השוני מהשיח המתירני. בשונה מהשיח המתירני, כאן מדובר על הפקה אמנותית של תרבות גבוהה. לא הופעת פופ רדודה עם רקדניות מפזזות, לא קבוצת מעודדות הלועסות מסטיק, אלא מחזה של שייקספיר. את הסוג הזה של שיח השחרור המיני נכנה "שיח ההשגבה", מלשון הפיכת משהו ל"נשגב".

שיח ההשגבה סבור שהמיניות, ובנוסף גם עירום מסוים שהוא, לטענתו, "לא חייב להיות מיני", הם נשגבים, תמיד ובכל הקשר. כשאני אומרת "הקשר", אני לא מתייחסת **לתפאורה או לאווירה** של המיניות, האם מדובר בהצגה אמנותית או במסיבת בריכה. כשאני אומרת "הקשר" אני מתייחסת לשאלה **מי הם הפרטנרים של המיניות הזו**, מי הם הצופים בעירום, וכדומה. לפי גישה זו, אין צורך בסלקטיביות, כלומר בבררנות, בשאלה למי לחשוף את הגוף. אין צורך בקשר זוגי מיוחד ובוודאי שלא בברית נישואין, על מנת שהמיניות תקבל ערך "נשגב". לעיתים שיח ההשגבה עוטף את המיניות או את העירום החשופים לעיני כול, בערכים נאורים. "חירות היצירה" היא סיסמה ידועה המשמשת את שיח ההשגבה כדי להצדיק עירום כחלק מיצירת אמנות.

כתבה אחרת, למשל, שפורסמה גם היא באתר "וואלה", השתמשה בסיסמה הזו כדי להצדיק את מטלת הסיום של קורס שהתקיים באוניברסיטה בארצות הברית. מדובר בקורס שאיננו חובה, המיועד לסטודנטים המתעניינים באמנות. מטלת הסיום הייתה לשחזר באמצעות צילום ציורים קלאסיים מפורסמים המציגים עירום של גבר או אישה, כאשר הסטודנטים עצמם מחליפים את הדמויות המקוריות בציור ומצולמים בעירום מלא. לאחר מכן הסטודנטים הציגו את עבודותיהם בפני המרצה וקבוצת חבריהם לקורס. כמובן שאתר "וואלה" לא פסח על ההזדמנות להפגין "מקצועיות עיתונאית", והכתבה לוותה גם היא בתמונות של "יצירות אמנות נבחרות" מתוך הצילומים שצילמו הסטודנטים.

דוגמה נוספת, הקשורה גם היא לאמנות, הופיעה באתר "מוטק'ה". הכתבה סיקרה את עבודותיה של צלמת העוסקת בצילום של זוגות מבוגרים בעירום לצורך תערוכה פומבית. תמונותיה עלו לרשת והפכו לוויראליות:

> "אהבה", קוראת האמנית ג'ייד בייל לצילום הזה. המצולמים, דין (67) וברברה (64), נמצאים יחד כמעט עשור. הם נפגשו בעבודה. ברברה רצתה לבטל את הצילומים, "אבל הייתי חייבת לעשות את זה", היא אומרת. "למען עצמי, ולמען הקושי שלי לקבל את הגוף המבוגר שלי, ולעזור לאחרים להרגיש טוב עם עצמם, באמצעות האמת שלי, הפגיעות שלי". "חשוב לנו שיראו אותנו, שיחגגו אותנו, בדיוק כמו שאנחנו, ואני שמח להיות חלק מזה", מוסיף דין.
>
> "אני מסרבת לקבל את מערכת האמונות המערבית, בעיקרה, לגבי מה יפה, במיוחד בכל הנוגע לכלי הקדוש שנקרא הגוף שלנו", היא אומרת. "למה אנחנו צריכים להאמין שמשהו אחד יפה יותר מהאחר? למה אנחנו לא יכולים לקבל מיליון-מיליארד הגדרות של יופי?".
>
> בייל מחפשת זוגות נוספים שיצטלמו. היא רוצה גופות מגוונים, במצבים שונים של בריאות ושלמות. "הצטרפו לתנועה", היא קוראת. "ביחד נכתוב מחדש את האופן שבו התרבות שלנו תופסת את המבוגרים. בוא נזכור ביחד כמה יפים ומהממים המקדשים האלה, שאנחנו מכנים 'גוף' יכולים להיות כשהם

> מתמלאים בתבונה, בכאב ובקסם של חיים ארוכים שנחיו ונחוו".

שימי לב למילים שבהן מתואר הגוף החשוף: יפה, מהמם, מקדש, כלי קדוש, תבונה, קסם... זהו שיח שמהלל את המיניות ואת העירום ומשגיב אותם, מבלי שהדבר יהיה תלוי בשאלת ההקשר שבו נחשף הגוף. כשמדובר בשיח ההשגבה, פעמים רבות אנו רואים התייחסות למושג היופי. שמת לב כמה פעמים חזרה המילה "יופי" או "יפה" בקטע הקצר הזה? שיח ההשגבה מייחס לגוף החשוף יופי, ומבחינתו, **כל דבר יפה ראוי לחשיפה פומבית**. אומנם המסר לפיו "יופי" איננו בהכרח קשור לגוף צעיר ובריא, יכול להיות מסר חיובי ומעצים. אבל האם ה"יפה" חייב בהכרח להיות חשוף לעיני כולם? שיח ההשגבה לא מכיר באפשרות שלפיה משהו נתפס כדבר מה יפה, ולמרות זאת אנו לא מעוניינים לחשוף אותו. הרעיון של יופי מסוג מסוים שלא אמור להיות חשוף לעיני כול הוא חידוש של השיח היהודי הבריא, שעליו נדבר בפרקים הבאים.

בנוסף לשימוש במושג "יופי" כדי להצדיק חשיפה פומבית של הגוף, המאפיין ספציפית את שיח ההשגבה, אנו רואות כאן גם מאפיין של שיח השחרור המיני באופן כללי (לא רק של שיח ההשגבה): שאיפה לקבלה עצמית של הגוף כפי שהוא, למרות פגמיו, באמצעות חשיפה פומבית. הנה עוד דוגמה לכך: בכתבה "האמת העירומה" שפורסמה באתר "ידיעות אחרונות", מספר הכתב על החוויה שלו בפאב נודיסטים בעיר מודיעין, שכל האנשים המבקרים בו עירומים כביום היוולדם. הכתב מתאר איך הוא מעולם לא השלים עם גופו שאיננו מושלם, והוא מקווה שחוויית העירום בפאב תעניק לו את ההשלמה העצמית הנכספת:

> ואני יכול לספר לכם למה בעוד כמה דקות אני עומד לנסות להוריד את כל הבגדים שלי ולהתיישב ליד אנשים זרים ועירומים בפאב: כי אני רוצה שזה ייפסק. כי אני רוצה חיים נורמליים. כי אם 74 אנשים שיראו אותי בעירום מלא לא יעשו את העבודה, אז אני כבר לא יודע מה כן.

לפי שיח השחרור המיני, יש רק שתי אפשרויות לסיבות שבגללן מישהו או מישהי מעוניינים להצניע את גופם: האחת, תפיסת עולם פוריטנית הסוברת שהגוף המיני הוא בזוי; השנייה, דימוי גוף נמוך של איש או אישה שאינם מקבלים את הגוף שלהם כמות שהוא למרות פגמיו. שיח השחרור המיני נלחם בשתי האפשרויות הללו באמצעות עידוד חשיפה של הגוף, ופשוט לא מסוגל להעלות בדעתו שאפשר להצניע את הגוף ואת המיניות מסיבות בריאות.

אני מקווה שתסכימי איתי שקבלה ואהבה עצמית של הגוף שלנו היא ערך חשוב. יחד עם זאת, עלינו לשאול מדוע העולם המערבי כורך את הקבלה העצמית הזאת עם חשיפה של הגוף לקהל הרחב. האם אני מקבלת את עצמי רק מול מבטו של האחר?

בעיניי, הדבר דווקא מבטא בדיוק את ההפך מקבלה עצמית. במקום להשתחרר מהתלות שלי במה אחרים יגידו, יש כאן תלות במבטו של האחר כמי ש"מאשר" אותי. הדבר מזכיר לי סצנה שמופיעה בסרטים רבים: הגיבור או הגיבורה מעוניינים לבקש סליחה ממישהו שהם אוהבים. אך במקום לעשות זאת אחד על אחד, הם עולים על במה ומתוודים על פגמיהם מול קהל שלם, שבתוכו יושב גם אותו מישהו שבפניו הם מתנצלים. תמיד הטרידה אותי השאלה מדוע יש צורך בכל כך הרבה קהל כשמדובר במונולוג כל כך אינטימי. התשובה נעוצה כנראה בנורמות של שיח השחרור המיני: רק אם אנשים שאתה לא מכיר הציצו לאינטימיות שלך ומחאו לך כפיים, אז יש לך "אישור".

נחזור לשיח ההשגבה: שיח ההשגבה רואה בגוף העירום משהו "נשגב", כמו יצירת אמנות יפה התלויה במוזיאון. כאשר מישהי מוכנה לחשוף את גופה אפילו שהוא איננו מושלם, שיח ההשגבה מרוויח שתי ציפורים במכה אחת: גם קבלה עצמית (לכאורה), וגם הזדמנות להלל את יופיו ונשגבותו של הגוף העירום. אך למעשה, שיח ההשגבה מאפשר לנו להצדיק גם מיניות שלא בהכרח קשורה לתרבות גבוהה:

> אני הייתי בת 15. את כבר אישה בגיל הזה. אני מסתכלת עליה ורואה אישה קטנה. מה רע בלהוציא כזו עוצמה פנימית החוצה בגיל 15?

זהו ציטוט מתוך ריאיון עם אימא של עדי ביטי, כוכבת נוער ישראלית, לאחר שבתה חטפה ביקורת על האופן הפרובוקטיבי שבו היא מצטלמת בגיל 15. המיניות, לדברי האימא, היא לא פחות מאשר "עוצמה פנימית", והדבר לא עומד בסתירה לקליפים פרובוקטיביים שבתה מככבת בהם לעיני כול. והנה דוגמה עוד יותר קיצונית:

> פנטהאוז זה דבר שבהחלט הקרבתי הכול למענו. פנטהאוז זה משהו שמשלב בתוכו יופי, ארוטיקה,* תשוקה.

זוכרת שראינו איך האסתטיזציה מהסוג של "עומק בגרוש" גורמת למושג נעלה ונשגב כמו "הקרבה" להיות מובן והגיוני, גם כשמדובר בהקרבה עצמית למען מוצר חלב טעים יותר? כאן אנו רואים את המונח הזה בהקשר של... פורנו. הציטוט הנ"ל לקוח מתוך דבריה של שחקנית פורנו ישראלית, בריאיון לערוץ 10. הישראלית התפרסמה בעולם בעקבות סרטוני הפורנו שכיכבה בהם, ובזכות תפקידה כנערת השנה של "פנטהאוז", מותג הפורנו המפורסם ביותר בעולם. מלבד רעיון ההקרבה העצמית, השחקנית משתמשת במילים גבוהות שכולנו לכאורה יכולות להזדהות איתן: "יופי, ארוטיקה, תשוקה". היא משתמשת בהן לא רק כדי לתאר מיניות, אלא כדי לתאר את העובדה שהיא, יצאנית פורנו, נצפית על ידי מיליוני אנשים, מקיימת יחסי מין בתשלום, עם גברים ונשים, מול מצלמות שמתמקדות באיברי גופם המסוימים ביותר. והיא לא היחידה. יצאנית פורנו אחרת צוטטה באתר ynet כאשר היא מסבירה את בחירתה במקצוע הזה: "אני חושבת שבסוג עבודה כזה אני יכולה לספק אחרים, וזה נותן לי הרגשה טובה". מסתבר שפורנו הוא בעצם אקט אנושי מרגש של נתינה הדדית בין היצאנית לצופים, שבסיומו שני הצדדים מוחים דמעה בהתרגשות.

ואכן, עסקי הפורנו מצליחים בימינו לגייס צופים באמצעות סיסמאות שונות, שרק תופעת האסתטיזציה מסוגלת להסביר איך זה שהן לא נתפסות כהזויות בקרב הגולשים:

* ארוטיקה = מילה נרדפת למיניות. בעברית היא נחשבת למילה עדינה יותר מהמילה "מיניות", ולכן בדרך כלל מציינת מיניות מעודנת. לעומת זאת באנגלית לפעמים היא נחשבת לבוטה יותר.

"בעקבות הקורונה, אתר פורנו מציע גישה בחינם לאנשים שנמצאים בהסגר בלב ים", מכריזה הכותרת באתר מאקו. מדובר על ספינה שלא הותר לה לעגון בחוף משום שעל סיפונה שהו חולי קורונה, מה שהותיר את כל הנוסעים בהסגר ימי על הספינה לכמה שבועות. בכתבה מצוטטת הסיבה הרשמית שמסר אתר הפורנו הנדיב: "הנוסעים לא רק מתמודדים עם הפחד מלהידבק, שזה נורא, אלא גם עם שעמום. במאמץ להסיח את דעתם של הנוסעים מנגיף הקורונה, ולסייע להם עם השעמום, אנו מציעים להם..." וכו'. וואו, "במאמץ... לסייע..." פורנו מעולם לא נשמע מוסרי יותר! אבל לא רק "הנגשה" של פורנו בחינם לכל דורש נתפסת כיום כמעשה מוסרי ומתחשב, אלא מסתבר שגם דרישת תשלום עבור סרטי פורנו היא מעשה מוסרי לא פחות.

"עכשיו, יותר מתמיד, חשוב לשלם על הפורנו שלכם", פנתה חברת סרטי פורנו ללקוחות שלה, וצוטטה בכתבה שפורסמה באתר מאקו. הימים הם ימי מגפת הקורונה, צילומי הסרטים הופסקו, ואתרי פורנו רבים נפתחו בחינם מתוך "התחשבות אלטרואיסטית" באנשים הנמצאים בבידוד. לכן חברת הפורנו מסבירה שדווקא עכשיו יש חשיבות עליונה לשלם על צריכת הפורנו, כדי "לתמוך בתעשייה". האם רק לי הניסוחים האידיאליסטיים הללו מזכירים ערב התרמה למטרה נעלה? אולי אתרי הפורנו צריכים לשקול להנפיק למי שמשלם להם קבלה של תרומה המוכרת לצורכי מס לפי סעיף 46...

שיח ההשגבה הוא חלק מתופעת ה"עומק בגרוש". הוא משתמש במילים יפות ופיוטיות, מילים שנשמעות לנו טוב, כדי לתאר דברים שאמורים להיות נשגבים באופן עקרוני עבור כל הצופים או המשתתפים, ולא באמת ברור לנו מה מעניק להם את הערך הנשגב והנעלה שמוצמד להם.

כעת שימי לב: אם נשאל את עצמנו מה בדיוק "נשגב" בעירום הפומבי או בחוויה המינית המזדמנת, נגלה ששיח ההשגבה מתמקד כל כולו בעוצמת החוויה האסתטית. כמו שאמרנו בפרקים קודמים, המושג "חוויה אסתטית" מתייחס לחוויה שמעמידה את ההנאה הפרטית שלי במרכז. היא יכולה להיות יותר קרובה לרדידות (כמו למשל האזנה למוזיקה ברמה נמוכה, בילוי במסיבת

בריכה, אכילת המבורגר), והיא יכולה להיות יותר גבוהה (כמו למשל האזנה למוזיקה ברמה גבוהה, התפעלות מבניין אדריכלי מרשים, התבוננות בתמונות של פיקאסו).

בהקשר המיני, שיח ההשגבה משגיב את החוויה האסתטית. יש גרסה של שיח ההשגבה שמבחינה בין אסתטיקה נמוכה לגבוהה, ומשגיבה רק את החוויה האסתטית הגבוהה. בהקשר המיני, היא תתפוס את ההתרחשות המינית בין זרים במועדון כמשהו נמוך, אבל התרחשות מינית בין זרים במסגרת פסטיבל רוחני של חופש ואהבה, תיתפס אצלה כהתרחשות גבוהה. לעומת זאת יש גרסה של שיח ההשגבה שמשגיבה כל חוויה אסתטית באשר היא, לא משנה אם היא רדודה או גבוהה. מה שחשוב שתשימי לב אליו בשלב זה הוא העובדה שמדובר כאן אך ורק בחוויה אסתטית. בשתי הגרסאות שלו, גם זו שמבחינה בין אסתטיקה גבוהה לנמוכה, וגם זו שלא מבחינה ביניהן, שיח ההשגבה לא מטעין את המיניות בערכים שהם מעבר ל"אסתטי".

יש רק שני שיחים, שלא שייכים לשיח השחרור המיני, שמטעינים את המיניות בערכים שהם מעבר רק להנאה, ליופי או לריגוש הפיזי: האחד, **השיח היהודי הבריא**, והשני, להבדיל, **השיח השמרני החילוני**. שני השיחים הללו רואים במיניות התרחשות שיש לה שני רבדים: האחד, רובד פיזי מהנה, שחשוב להשקיע בו. זהו רובד אסתטי. השני, רובד רוחני, נפשי או דתי, שמבטא את עוצמת הרגש הזוגי שנבנה על גבי יסודות של קשר מחייב (ובמקרה של השיח היהודי, רק קשר של נישואין). הרובד הזה של המיניות, לשיטת שני השיחים הללו, חשוב אפילו יותר מהרובד האסתטי. על שני השיחים הללו ועל ההבדל ביניהם נדבר בפרקים הבאים. בינתיים, בואי נכיר את הגרסה הבאה של שיח השחרור המיני. בניגוד לשיח ההשגבה שמוצא במיניות ערך נעלה, תמיד ובכל הקשר, בפרק הבא נכיר את השיח שלא עושה עניין גדול ממיניות: "שיח האדישות".

פרק 20

גרסה שלישית:
שיח האדישות

גיא לא קנאי בכלל. הוא ראה אותי מתנשקת בסדרה "חשופים" ואמר שלא עשיתי את זה מספיק טוב (ynet).

זוהי תשובתה של הדוגמנית והשחקנית יעל בר־זוהר לשאלה מהי תגובתו של בעלה כלפי האופי המיני של התפקידים שהיא משחקת. תגובתו של בעלה משקפת את הגרסה השלישית של שיח השחרור המיני: **שיח הטריוויאליזציה־אדישות** (או בקיצור, שיח האדישות). "טריוויאליזציה", מלשון "טריוויאלי", כלומר - משהו רגיל, חסר משמעות, שלא צריך לעשות ממנו עניין. בעלה של יעל בר־זוהר מסוגל לפרגן לאשתו על משחק שכולל סצנה מינית עם אדם אחר, משום שהנשיקה היא אומנם מינית, אבל לשיטתם, מיניות איננה משהו שצריך להתרגש ממנו ולעשות ממנו ביג דיל.

אומנם, ייתכן ששחקנים מסוימים יטענו שנשיקה במסגרת "מילוי תפקידם" כשחקנים היא **בכלל לא מינית** עבורם. במקרה כזה, הם לא שייכים לשיח האדישות, אלא לשיח ההכחשה. שיח ההכחשה אומר: "אם **אני** מרגיש שזה לא מיני, אז זה לא מיני". ההבדל בין שיח ההכחשה לשיח האדישות הוא שבשיח **ההכחשה** הטענה היא **"זה לא מיני"**, ואילו בשיח **האדישות** הטענה היא: **"זה מיני, אבל למה לעשות מזה עניין?"**. אך לפני שנגיע לשיח ההכחשה, נבחן עוד כמה דוגמאות לשיח האדישות.

לפנייך קטע מתוך ריאיון עם אווה הוסון, במאית של סרט צרפתי שרובו עירום. הסרט עוסק במפגשים מיניים בין נערים ונערות ומציג את המיניות הזו לראווה, ללא צנזורה.

שאלה: סקס זה אוברייטד?*

* הביטוי "אוברייטד" (overrated) פירושו, משהו שמייחסים לו חשיבות רבה מדי.

תשובה: בהחלט, וזה מגוחך ועצוב. מדהים שסקס עדיין יוצר כל כך הרבה בעיות, ונושא עמו מטען פוליטי כזה, שיכול לטלטל מדינה שלמה. חכה ותראה מה יקרה לפני השידור הטלוויזיוני הראשון של הסרט. יש פה ארגון קתולי מטורף שכבר עשה את המוות לסרטים אחרים, והוא לבטח גם ינסה לצנזר אותנו. הם הרי משוגעים לגמרי, וחבל. אני מציעה לכולם לעשות ניסוי - תלכו ערומים כמה ימים ותבינו שזה לא ביג דיל.

אנו רואות כאן כיצד אלו המעוניינים להכתיב נורמות של צניעות נחשבים ל"משוגעים", בעוד שבמאית הסרט מייעצת לכולנו להצטרף לחגיגת העירום שמוצגת בסרט ולגלות ש"זה לא ביג דיל".

והנה עוד דוגמה:

אתמול הסתובבה לינה דנהאם ברחובות מנהטן ובזמן שדיברה עם מעריצה ואפילו הסכימה להצטלם, קרה 'רגע מרילין מונרו'* קלאסי, שהשאיר את דנהאם, ובכן, די מאוורת. וכן, ברור שהיה שם צלם פפראצי באותו רגע. אז דנהאם, מלכה שהיא, לא רק שלא הובכה מהסיטואציה, אלא גם המשיכה בחייה כרגיל, ללא שום הסמקה שמעידה על בושה. הלוואי עלינו.

* מרילין מונרו היא שחקנית קולנוע אמריקאית ידועה משנות החמישים. תמונתה בחצאית מתנופפת וחשופה הפכה להיות סמל למיניות משוחררת.

זהו ציטוט מתוך כתבה מאתר "פנאי פלוס", המתאר רגע מתועד שבו אזור מוצנע מגופה של השחקנית לינה דנהאם נחשף בטעות. כידוע, המדיה אוהבת מאוד לתעד רגעים שבהם איברים מוצנעים של ידועניות נחשפים לעיני כול. באופן טיפוסי, תגובתה של השחקנית מוצגת כאן כמעוררת הערכה: היא לא הסמיקה, לא התביישה ולא הובכה. "איזו מלכה!". ואכן, אחת ממטרותיו של שיח השחרור המיני (באופן כללי, לא רק שיח הטריוויאליזציה) היא להילחם בבושה הטבעית שאדם חווה ביחס לגופו החשוף לעיני כול. הנה עוד דוגמה, הפעם מאתר "מאקו":

> פביאני זמבראנו, דוגמנית מוונצואלה שהשתתפה במספר תחרויות יופי, הפכה לאושיית רשת לאחר שהמצלמות תפסו אותה ברגע מביך במיוחד בשידור חי.
>
> הפדיחה שהפכה את הדוגמנית היפה למפורסמת עוד יותר, קרתה במהלך שידור טקס מלכת היופי "מיס כדור הארץ". פביאני עלתה לבמה בחלק של תצוגת בגדי הים, וכאשר הסתובבה לקהל, אחת מהרצועות שכיסתה את פלג גופה העליון זזה לפתע, מה שחשף לחלוטין את גופה.
>
> פביאני הבינה מהר מאוד מה קורה כאן, אבל כמו מלכה אמיתית שלא נלחצת מכלום, היא נתנה להצגה להימשך, הלכה על המסלול בראש מורם ולא עצרה לרגע.
>
> התקרית הפתיעה את כל הצופים, אבל התגובה הרגועה שלה זכתה לאהדה ענקית ברשת. בעקבות המקרה היא הפכה לאושיית רשת וזכתה לעוד אלפי עוקבים בטוויטר ובאינסטגרם.

שוב אנחנו רואים אישה שזוכה לתשבחות על כך שהיא לא הגיבה בבושה או מבוכה כתוצאה מחשיפת גופה, גם כשמדובר בחלקי גוף שהיא עצמה בחרה מלכתחילה להצניע. גם באתר "וואלה" הופיע האייטם הזה, והפעם גם שיבחו את פביאני על "מקצועיותה".

כל הדוגמאות שראינו כאן חולקות מכנה משותף. כולן עונות על השאלה "מיניות זה טוב או רע" בתשובה: "מיניות זה לא ביג דיל". לפי גישה זו, מיניות איננה דבר "רע" או "טוב". היא פשוט נורמלית וטבעית, ואין צורך להעמיס עליה מטען או ערך. במילים אחרות: עלינו לפתח אדישות כלפי המיניות.

בעולם המערבי, שיח הטריוויאליזציה־אדישות בא לידי ביטוי בהתלבטות של בני נוער רבים בשאלה מתי לקיים יחסי מין:

> אני בת 16 ויש לי חבר 3 וחצי חודשים בן 17. שנינו בתולים. הוא מסוג הבנים שמחכים לאהבה אמיתית כדי לעשות את זה ולא עשה את זה עד עכשיו כי לא הייתה אחת כזאת (אני הקשר הראשון שלו שנמשך יותר משבועיים). חמוד, ביישן, רומנטיקן. חלום אמתי, הא?

> אני כל חיי הייתי במערכות יחסים רציניות. כך חשבתי. הקשר האחרון שלי נמשך 9 חודשים, והיה מושלם, עד שהאקס שלי הודיע לי שהגיע הזמן לשכב וכמעט אנס אותי [...] וברחתי משם לתמיד. החבר הנוכחי יודע מכל הסיפור הזה עוד לפני שהיינו ביחד (היינו החברים הכי טובים שנתיים), ויודע את כל מה שעברתי.
>
> למרות שאני יודעת שהוא הכי מכבד בעולם, כל "הלחץ" של זה שאני צריכה לשכב איתו מופעל עליי דווקא מחברות וידידים טובים, שגם אלה וגם אלה משכנעים אותי בלי סוף שזה לגיטימי שזה יקרה כבר, ואם לא עכשיו אז בקרוב. הרושם הזה שמופעל עלי שזה לא "ביג דיל" וזה לגיטימי בגיל הזה ובריא לקשר, מכניס אותי לחרדות. מרגישה בעלת חשיבה לא נורמלית.
>
> ומה החשיבה שלי? שזה לא סתם לשכב, במיוחד בפעם הראשונה. זה פסגה של יחסים בין שניים, לא משהו חולף ולגיטימי שראוי לעשות.
>
> כן נכון, יש דעות לכאן או לכאן, אבל הרוב נוהגים לשכנע אותי שהחשיבה שלי מוטעית לגמרי. [...] אני לא מוכנה לשנות את דעתי בשביל אנשים שמקיפים אותי, אבל מה [...] רק אני נותנת לזה חשיבות כלשהי?

זהו קטע משאלה שכותרתה "לוחצים עליי לשכב איתו... עזרה!" שפורסמה בפורום הישראלי "פורגירלס".

הכותבת מחכה לזוגיות משמעותית (אך לאו דווקא נישואין) על מנת לממש את המיניות, שאותה היא תופסת כ"פסגה של יחסים בין שניים". למעשה, הכותבת משתייכת לשיח שאותו נכנה בהמשך "השיח השמרני החילוני", משום שהיא מעוניינת לממש את המיניות רק בהקשר של אהבה ומחויבות.

לעומת הנערה שמעוניינת להמתין עם מימוש המיניות עד לקשר של אהבה ומחויבות, חבריה נמצאים במקום אחר. מה שמאפשר לחבריה של הכותבת ללחוץ עליה לקיים יחסי מין, היא גישת הטריוויאליזציה־אדישות.

מה שמוזר בשיח האדישות הוא הסתירה הפנימית שלו: מצד אחד, יחסי מין הם לא ביג דיל, ולכן הם לגיטימיים גם בגיל 16. מצד שני, חבריה לוחצים עליה לקיים יחסי מין, כלומר, כנראה שזה כן ביג דיל. אם זה באמת היה לא ביג דיל, מה אכפת לחבריה אם היא מקיימת יחסי מין או לא? הלחץ החברתי דווקא מוכיח שיש כאן ביג דיל רציני... זוהי סתירה פנימית המאפיינת את שיח הטריוויאליזציה־אדישות, ונעסוק בה בהרחבה בחלק השלישי של הספר, בפרק שעוסק בהתמודדות עם השיח הזה.

פרק 21
גרסה רביעית:
שיח ההכחשה

> אם נזוז מעט צפונה מישראל לכיוון הולנד ועוד יותר לדנמרק, נגלה ששם עירום אינו נושא שיש בו עניין רב מדי, ההפך, החיבור בין עירום למיניות לא מחובר שם כמקשה אחת. מבחינת עמים אלה, עירום הוא דבר טבעי ומשחרר ובכל הזדמנות שאדם רוצה לדאוג לאיכות חייו (בחוף הים, בתי מרחץ וספא משותפים לנשים וגברים) הוא פושט את בגדיו בטבעיות ומתנהל בנוחות בעירום. לא מדובר באקסהיביציוניזם,* אלא במערך אמונות שאינו מחובר בפחדים דמונים כלפי עירום. [...] אין שום קשר בין מיניות לבין עירום. מאז ומתמיד אני רואה בעירום חגיגה של קבלה עצמית.

* אֶקְסְהִיבִּיצְיוֹנִיסט הוא אדם החושף את איבריו האינטימיים בפומבי ומפיק מכך הנאה.

זהו קטע מתוך אתר "וואלה", ממאמרה של הדוגמנית נטלי עטיה, שבימי הזוהר שלה נודעה בעיקר בתמונות העירום שלה. המונח "טבעי" הוא שם תואר מאוד אהוב על שיח הטריוויאליזציה, ואספר לך שהוא נמצא כמעט בכל מקום שבו

מעודדים חשיפה של הגוף. אנו רואים כאן שהדרך של נטלי עטיה להכשיר עירום היא על ידי נישולו מהמשמעות המינית שלו: "אין שום קשר בין מיניות לבין עירום".

הקטע הזה מייצג את הסוג השני של שיח הטריוויאליזציה, ואנו נכנה אותו "טריוויאליזציה־הכחשה". מדוע הכחשה? כי השיח הזה למעשה עסוק בלהכחיש את המשמעות המינית של האיברים האינטימיים.

ההבדל בין שני סוגי שיח הטריוויאליזציה* מצוי בתשובתם לשאלה הידועה שלנו: "מיניות זה טוב או רע?".

שיח **הטריוויאליזציה־אדישות** יענה על כך: "מיניות זה לא ביג דיל".

שיח **הטריוויאליזציה־הכחשה** יענה על כך: "זה לא מיני, ולכן זה לא ביג דיל" (ומכאן שאם זה היה מיני, זה אכן היה ביג דיל).

* 2 סוגים של טריוויאליזציה:
שיח האדישות = מיניות זה לא ביג דיל.
שיח ההכחשה = זה לא מיני, ולכן זה לא ביג דיל.

בואי נראה עוד כמה דוגמאות לכך. זוכרת את הפאב מהפרק הקודם, שנערכה בו מסיבה בעירום? הנה תגובתה של אישה שנכחה במסיבה הזו, והתראיינה למקומון "מודיעין ניוז". במהלך הריאיון היא הקפידה לציין שעירום לא חייב להיות מיני, והוסיפה:

> אני מרגישה שזה הכי טבעי בעולם, מבחינתי, להגיע לפאב, להתפשט, להזמין בירה ומשהו לאכול, לשבת, לשחק כמה משחקי קופסה עם חברים ולא לחשוב בכלל על הבטן שמגלה את הצמיגים או על הירכיים המשתפלים. הגעתי אל החברה העירומה אחרי שלמדתי לקבל ולאהוב את עצמי בדיוק כמו שאני, וכל מה שקורה לי מאז רק מבסס ומקבע את האהבה הזאת יותר. זה לא שהגוף שלי סבבה וזהו, הוא נפלא, טבעי וזה הזמן לחגוג אותו!

שוב אנחנו רואים את הרעיון של "לקבל את הגוף מול כולם", אבל כאן, במקום הסיסמאות על נשגבותו של העירום, מופיעה הסיסמה: "העירום הוא טבעי". זוהי לא השגבה של העירום, אלא טריוויאליזציה שלו, באמצעות ניתוקו מהמשמעות המינית שלו.

והנה דוגמה נוספת, והפעם מככבות בה שלוש דמויות: אימא, אבא ובת, שהיא זמרת צעירה ומפורסמת. כל אחת מהדמויות הללו מבטאת שיח אחר מתוך ארבע הגרסאות של שיח השחרור המיני. כאשר את קוראת את הדוגמה הזו, שפורסמה באתר ynet, נסי לחשוב מהו השיח שמופיע אצל כל אחת מהן.

> עדי ביטי, תלמידת תיכון בת 15, עלתה לאחרונה לכותרות סביב קליפ שגרר ביקורת מהזמר עידן עמדי, שהאשים אותה בפרובוקטיביות ושימוש במיניות בגילה הצעיר.
>
> "אני הייתי בת 15", אומרת אימא ליאת, "את כבר אישה בגיל הזה. אני מסתכלת עליה ורואה אישה קטנה. מה רע בלהוציא כזו עוצמה פנימית החוצה בגיל 15?".
>
> "אף פעם לא היה לי חבר", אומרת ביטי, "לא הייתי בקשר רומנטי. לא התנשקתי אף פעם".
>
> "אני אומר לה שאם יהיה לה חבר, אני אשים לה דלת מחרוזים", מגחך אבא ביטי.
>
> "הרבה ילדים היום הולכים למסיבות ומתנשקים עם אחרים, זה לא מעניין אותי", מרגיעה אותו עדי.

האם הצלחת? בואי נראה. את האימא אנחנו כבר מכירות מהפרק שעסק בשיח ההשגבה: בתה עדי היא "אישה קטנה", והמיניות שלה היא "עוצמה פנימית". לעומת זאת, עדי נוקטת בשיח הטריוויאליזציה־הכחשה: "אני לא מינית. מיניות בכלל לא מעניינת אותי". מעניין מה חשבת על גישתו של האבא. האבא מציין שכאשר יהיה לבתו חבר, הוא ירצה לשים על פתח חדרה דלת מחרוזים במקום דלת רגילה. בכך הוא מתכוון שהוא יוכל לפקח על הנעשה בחדר, ולא להפקיר את בתו למעשים מיניים. לשיטתו, מיניות יכולה להיות פוגענית, ולכן צריך למנוע ממנה להתרחש.

מה שמעניין כאן הוא שגישת האבא יכולה להתפרש בשני אופנים שבדרך כלל נתפסים אצלנו כהפוכים לגמרי: או שהוא אוחז בגישה המתירנית: "מיניות זה רע, אבל כיף" (ולכן צריך למנוע אותה כשמדובר בבת שלי), או שהוא אוחז

בגישה הפוריטנית: "מיניות זה רע" (ולכן צריך למנוע אותה, נקודה). אם כך, או שהאבא הוא דתי או חרדי מסוג פוריטני, או שהוא מתירני. מוזר, אבל זה בדיוק העניין: תגובתו מאפשרת לנו לעמוד על הנחת היסוד המשותפת לשיח המתירני והפוריטני: "מיניות זה רע".

כעת אני רוצה להציג בפנייך עוד מאפיין שהוא ייחודי לשיח ההכחשה. פעמים רבות השיח הזה מפרש את הצניעות כאמצעי שמטרתו למנוע מהגברים להטריד מינית נשים. כך עובד הטיעון שלו: להטעין את הגוף במשמעות מינית זה לא בסדר. מי שמטעין את הגוף במשמעות מינית, בעצם מעודד גברים להטריד נשים שלבושות באופן חשוף. למה? כי בכך הוא מטיל את האשמה על האישה, שהרי "היא זו שהתלבשה באופן חשוף ומפתה". לפי שיח ההכחשה, הדרישה ללבוש צנוע היא למעשה שיתוף פעולה עם האשמת הקורבן בהטרדה מינית. הנה דוגמה לכך:

> האם המורה שלי באמת לא יוכל לשלוט בעצמו? [...] האם זהו האויב הגדול של בני הדעת? הירך? או שמא המכנס הוא רק מכנס והרגל היא רק רגל והאישה היא רק אישה [...] במחאה נלחמנו להיות יותר. יותר מרק גוף, יותר מיצור בעל מיניות, יותר מכלי פיתוי שלומד להחביא את עצמו. נלחמנו על להיות יותר מהשמנת שנדרשת לברוח מהחתול. [...] מה מאיים כל כך בהיותה של האישה אישה? או נערה? או ילדה? מה מאיים כל כך, עד שאנחנו מרגישים צורך להתגונן מפניה ("כשאת הולכת ככה ברחוב, אל תתפלאי שאחר כך...", או "שימי על עצמך משהו, כי בת ישראל מתלבשת צנוע").

זוהי כתבה מאת ליה אלבשן, ממובילות "מחאת המכנסונים", שפורסמה ב־ynet. מחאת המכנסונים היא מחאה שהתפשטה (תרתי משמע) בקרב כמה תיכונים ברחבי הארץ, ודרשה להשוות את קוד הלבוש של הנערים לקוד הלבוש של הנערות בבית הספר. מובילות המחאה טענו שאם לנערים מותר ללכת במכנסיים קצרים, צריך לאפשר זאת גם לבנות, בהתאם לערך השוויון. הן הקפידו להדגיש **שהירך**

הנשית איננה מינית. המחאה הצליחה, ובסיומה הותר לבנות להגיע ללימודים במכנסונים קצרצרים.

בדבריה של אלבשן אנחנו רואים את המאפיין של שיח השחרור המיני: בכל פעם ששיח השחרור המיני נתקל בנורמות של צניעות, הוא מפרש אותן באופן פוריטני. במקרה שלפנינו, ליה אלבשן חושבת שהדרישה לצניעות נשענת על ההנחה הפוריטנית ש"כל הגברים זאבים". הדרך היחידה של מארגנות המחאה לפרש את קוד הלבוש הזה היא להאשים אותו בפוריטניות: "מדוע אתם דורשים ממני לכסות את ירכיי? זה בטח בגלל שאתם סבורים שכל הגברים הם זאבים. אבל אני לא מסכימה איתכם! מה, המורה שלי לא יכול לשלוט בעצמו?". מארגנות המחאה לא מסוגלות להעלות בדעתן סיבה אחרת לכיסוי הירכיים. הסיבה היחידה שהן מכירות היא ש"המורה לא יכול לשלוט בעצמו", כלומר, הגברים הם זאבים.

וכאן אני רוצה לשאול אותנו, הדתיים: האם לדעתנו הסיבה היחידה לכסות את האיברים שהתרבות שלנו מייחסת להם משמעות מינית, היא מפאת החשש מיצרם הזאבי של גברים? אם כן, אם אנחנו לא מצליחים לחשוב על סיבות נוספות, אז צר לי לבשר זאת, אבל כנראה שאנחנו נגועים בהנחת יסוד פוריטנית...

בחלק השני של הספר, שנגיע אליו מיד, אציג בפנייך את מה שאני מכנה "הגישה היהודית הבריאה", שערכי הצניעות שלה אינם מבוססים כלל וכלל על ההנחה שצניעות נועדה למנוע מנשים "להכשיל גברים". זהו שיח שאומנם מכיר בכך שגברים יכולים לחוות חוויות "זאביות" לפעמים, אבל הוא לא מצמצם את כל מכלול הווייתם רק לרגעים הזאביים האלה. לפי השיח היהודי הבריא, הסיבה המרכזית להצנעת הגוף המיני היא אחרת לגמרי מאשר חשש מפני הרהורי עבירה של גברים.

פרק 22
לסיכום

הגענו לסיומו של חלק א'. בואי נסכם אותו.

בתחילת הספר טענו שהחוויה האישית של כל אחת מאיתנו ביחס למיניות מושפעת מהתרבות, כלומר, מהשיחים השונים שפגשנו בהם במהלך חיינו וחלחלו אלינו. פגשנו כמה דמויות: אילה ודניאל, שהפנימו את השיח הפוריטני, ונטע שהפנימה את השיח הפוריטני שפגע בה מאוד, וכדי להחלים ממנו, היא פנתה לשיח השחרור המיני ומצאה בו מקלט.

לאחר מכן הגדרנו והדגמנו את שני השיחים: מצד אחד השיח הפוריטני, ומצד שני שיח השחרור המיני, על ארבע גרסותיו. ראינו שההבדל בין השיחים השונים מבוסס על השאלה: "מיניות זה טוב או רע?".

השיח הפוריטני עונה על השאלה כך: "מיניות זה רע, תמיד ובכל הקשר". הנחת יסוד זו מובילה אותו לשלל מסקנות. בין השאר המסקנה היא שלגברים אסור להביט על נשים בכלל, ושנשים צריכות ללכת בלבוש שק כדי לשבור את צורתן הנשית.

לשיח השחרור המיני ארבע גרסאות: השיח המתירני, שיח ההשגבה, שיח הטריוויאליזציה־אדישות, ושיח הטריוויאליזציה־הכחשה. נסכם אותן:

השיח המתירני עונה על השאלה כך: "מיניות זה רע, אבל זה כיף". בעקבות תופעת האסתטיזציה, מסקנתו יכולה להיות שונה מאוד מהמסקנות של השיח הפוריטני. בשונה מהשיח הפוריטני שמעוניין להתרחק מהנמוך והמלוכלך, השיח המתירני סבור שמיניות זה כיף, "ולכן זה מותר" (ולפעמים אפילו "חובה").

שיח ההשגבה עונה על השאלה כך: "מיניות זה טוב, גבוה, נשגב, תמיד בכל הקשר". שיח ההשגבה מדגיש את יופיו של הגוף העירום ונשגבותה של המיניות, ולכן כל מפגש מיני שמתרחש בהסכמת שני הצדדים, גם אם הצדדים לא מכירים זה את זו או לא מחויבים זה לזו, הוא אירוע אצילי ורוחני.

שיח האדישות עונה על השאלה כך: "מיניות זה לא ביג דיל". מכאן שלא צריך לעשות עניין כאשר איברים אינטימיים נחשפים מול המצלמות, וכמובן שזה לגיטימי לקיים יחסי מין עם מספר רב של פרטנרים מתחלפים, מבלי לייחס לכך משמעות עמוקה מדי ומבלי לחכות ל"אחד" או ל"אחת".

שיח ההכחשה עונה על השאלה כך: "הגוף החשוף הוא לא מיני, ולכן זה לא ביג דיל". מכאן שהגוף העירום במסיבת נודיסטים איננו מיני, ולכן לגיטימי, ומכאן שאין להגביל את קוד הלבוש של נערות, היות שהירך הנשית איננה מינית.

מעבר להבדלים הללו, ארבע הגרסאות הללו חולקות גם מאפיינים משותפים שמהווים את הנחות היסוד של שיח השחרור המיני באופן כללי:

1. תגובת נגד לפוריטניות הנוצרית.
2. חופש מיני מוחלט, כלומר - הסרת כל מגבלה מהתחום המיני (לפחות כל עוד האדם לא נמצא בזוגיות מונוגמית, וכמובן כל עוד הכול בהסכמה).
3. המקור היחיד שיכול להיות לנורמות של צניעות הוא השקפת עולם פוריטנית. לא ניתן להעלות על הדעת שצניעות יכולה להיות בריאה.
4. שחרור מהבושה: מלחמה בתחושת הבושה הטבעית הנלווית לחשיפת הגוף בפומבי.

למדנו כאן הרבה חומר, ואני מקווה שבשלב זה את מרגישה שעשיתי לך קצת סדר ב"סמטוחה" שמהווה את השיחים השונים הנוגעים לצניעות ומיניות.* זה הזמן לעבור לחלק השני של הספר, ובו נציג את השיח היהודי הבריא. לאחר מכן, בחלק השלישי של הספר, נתמודד אחד לאחד עם השיחים המעוותים שהצגנו בחלק הראשון של הספר: השיח הפוריטני, ושיח השחרור המיני על ארבע גרסאותיו. לבסוף, בחלק הרביעי, נציג את השיח השמרני החילוני, ונראה מדוע גם הוא בעייתי מאוד. שם גם נדבר בפירוט על שמירת נגיעה.

* רוצה לראות אם את שולטת בהבדלים בין השיחים השונים? היכנסי לאתר אפרכסת לעמוד ההרחבה על הפרק הזה, שם תמצאי "בחן את עצמך" שמבוסס על דוגמאות נוספות מהמדיה.

מוכנה? קחי נשימה עמוקה ו... ממשיכים!

<<< השיח היהודי הבריא

פרק 23

נשים יפות בעולמם של חז"ל

האם היהדות היא פוריטנית?

קשה לענות על השאלה הזו, כי היא מניחה שיש "יהדות" אחת. למעשה, היהדות מורכבת מכל כך הרבה סוגים של מקורות תורניים שנכתבו בתקופות שונות, כך שלא ניתן למצוא קול יחיד ואחיד בשאלה זו. כפי שאמרנו בחלק הקודם, ישנם מקורות יהודיים שמבטאים גישה פוריטנית, ולעומתם ישנם מקורות יהודיים שמבטאים גישה הפוכה.

בפרקים הבאים אני מעוניינת להתמודד עם הגישה הפוריטנית. ננסה להוכיח שלמרות שיש גישה פוריטנית ביהדות, ניתן למצוא בתוך היהדות גישה שאיננה פוריטנית: גישה יהודית בריאה, שמתפתחת כבר בתקופת חז"ל.

לפני הכול, הערה קטנה על ההבדל בין פירוש טוב לפירוש לא טוב: כמעט כל מקור של חז"ל ניתן לפרש בכמה דרכים. ייתכן שחלק מהמקורות שיופיעו כאן יכולים להתפרש גם בדרכים אחרות, שונות משלי. השאלה שאנחנו צריכות לשאול את עצמנו כדי לקבוע אם פירוש מסוים הוא ראוי או לא ראוי היא האם הפירוש הזה נשמע לנו הגיוני ומתקבל על הדעת, או שמא הוא מרגיש ממש מאולץ. **העובדה שאפשר לפרש אחרת לא בהכרח הופכת את הפירוש שלי למאולץ.** "פירוש מאולץ" יעורר בך תחושה שדחקתי את הטקסט למקום שהוא ממש לא נמצא בו. שעשיתי שמיניות באוויר כדי ליישב את הטקסט עם השקפת העולם שלי. למען האמת, כבר נתקלתי בניסיונות לפרש את הטקסטים שיופיעו כאן באופן פוריטני, ודווקא הניסיונות הללו נראו לי מאולצים יותר מאשר ההסבר הפשוט שאציג כאן, שמתיישב עם התפיסה היהודית הבריאה.

מתחילים? קדימה.

בשלב הראשון נתמודד עם כמה הנחות יסוד של השיח הפוריטני:

1. מין = דבר נמוך תמיד, למעט כאשר המטרה היא פרו ורבו.
2. אישה = מין (ותו לא).
3. יופי נשי = בהכרח מיני.
4. גבר = זאב טורף.

***

> מעשה ברבן שמעון בן גמליאל שהיה על גבי מעלה בהר הבית וראה עובדת כוכבים אחת נאה ביותר. אמר: "מה רבו מעשיך ה'".

סיפור זה מופיע בגמרא בתלמוד הבבלי במסכת עבודה זרה (כ ע"א). אנחנו רואות כאן דוגמה לכך שיופי נשי לא חייב בהכרח להיתפס כדבר מסוכן שצריך להסתיר אותו או להסתתר מפניו. רבן שמעון בן גמליאל נתקל באישה נאה ביותר, ובאופן מידי, תגובתו הפנימית, שאותה הוא גם מבטא בשפתיו, היא לקשר בין יופייה לבין הקב"ה שברא יופי שכזה. יופייה של האישה לא שולח את רבן שמעון בן גמליאל למחוזות יצריים או אפלים, אלא ההפך הגמור: הוא מחבר אותו ישירות לקב"ה.

מיד לאחר מכן מופיע בגמרא הסיפור הבא:*

> ואף רבי עקיבא ראה את אשת טורנוסרופוס הרשע: ירק, שחק, ובכה. ירק - שהייתה באה מטיפה סרוחה. שחק - שעתידה להתגייר ונישאת לו. בכה - שיופי כזה עתיד להתבלות בעפר.

נתח את שלוש התגובות השונות של רבי עקיבא. התגובה הראשונה: יריקה. מדוע הוא יורק? "שהייתה (אשת טורנוסרופוס) באה מטיפה סרוחה". הביטוי "טיפה סרוחה" מתכוון לחומר הזרע שממנו נוצר הגוף. ייתכן שהביטוי הזה מזכיר לך את המשנה "דע מאין באת, ולאן אתה הולך, ובפני מי אתה עתיד לתן דין וחשבון. מאין באת? מטיפה סרוחה..." (אבות, ג, א). כלומר, רבי עקיבא מבטא גישה שמודעת לכך שהחומר הוא בסך הכול חומר, הגוף הוא בסך הכול גוף, ואין להחשיב אותו

* המקורות מובאים כאן בעברית, למרות שחלקם מופיעים במקור בארמית.

יתר על המידה. אם רבי עקיבא היה עוצר כאן, ייתכן שהיינו יכולות לייחס לו גישה פוריטנית. שהרי, כזכור לך, הגישה הפוריטנית סבורה שהחומר הוא שלילי בהכרח כי הוא תמיד בא על חשבון הרוח. אבל רבי עקיבא לא עוצר כאן. יש לו תגובה נוספת: שחוק. מדוע הוא צוחק? "שעתידה להתגייר ונישאת לו".

איך את מבינה את התגובה הזאת? בעיניי, מדובר בצחוק של שמחה. אבל אם זו אכן שמחה, כיצד ייתכן שרבי עקיבא שמח בכך שהאישה היפה הזו עומדת להיות אשתו? שהרי בדיוק לפני רגע הוא ירק על הארץ וביטא בכך זלזול בחשיבות של יופייה החומרי. אז מה קורה כאן בעצם? האם היופי הוא בזוי או אולי דווקא רצוי ומשמח?

לדעתי המתח הזה הוא לב העניין, והוא נובע מהעמדה המורכבת שמציג רבי עקיבא. מצד אחד, היופי הנשי הוא תכונה משמחת ונחשקת, והיא מעוררת אצל רבי עקיבא צחוק של שמחה, שמחתו הבריאה של איש בכך שבת זוגו יפה בעיניו (זוכרת את חברתי מפרק 2 ששאלה אותי "יפריע לך אם בעלך יהיה חתיך?", אז לרבי עקיבא זה לא מפריע. זה אפילו משמח אותו). מצד שני, רבי עקיבא יודע לקחת הכול בפרופורציות: יופי נשי הוא לא הדבר החשוב ביותר; להפך, גם הוא, כמו כל גוף אנושי, מגיע מטיפה סרוחה שאיננה מושכת במיוחד.

התגובה השלישית מוסיפה מורכבות ועומק לעמדתו של רבי עקיבא: בכי. מדוע הוא בוכה? הוא בוכה מפני "שיופי כזה עתיד להתבלות בעפר". ייתכן שסיום שכזה מזכיר לך את המשך המשנה ההיא ממסכת אבות "ולאן אתה הולך? למקום עפר רימה ותולעה" (אבות, ג, א). רבי עקיבא בוכה ומבטא בכך הכרה בסופיותו של היופי. יופי הוא דבר חולף. אך במקום שזה יעורר ברבי עקיבא רק זלזול של יריקה על הארץ, כעת זה מעורר בו צער. הצער של רבי עקיבא הוא צער על משהו טוב שעתיד לחלוף מן העולם. זוהי גישה שלפיה היופי הוא טוב ונחשק, אבל העובדה שהוא חולף וזמני צריכה לעמוד לנגד עינינו כתזכורת לכך שגם הדבר היפה ביותר איננו הדבר החשוב ביותר, היות שסופו להתבלות ולהתכלות.

רבי עקיבא למעשה מתבונן על היופי הנשי במבט אמביוולנטי, כלומר, מעורב גם מתחושות חיוביות וגם מתחושות שליליות. הוא רואה ביופי הנשי משהו שיש לו היבט שלילי לצד היבט חיובי. בכך רבי עקיבא עושה כאן משהו שמאוד חשוב

לנו, ושמתחבר למטרה שהצבנו לעצמנו בספר הזה: הוא מבדל את עצמו מגישות קיימות ובורא לעצמו דרך שלישית, אלטרנטיבית:

כאשר רבי עקיבא **יורק**, הוא מבדל את עצמו מגישת האסתטיזציה, שרואה ביופי ובהנאה החושית את הערך הגבוה מכול. כאשר רבי עקיבא **צוחק**, הוא מבדל את עצמו מהגישה ההפוכה, הגישה הפוריטנית, שסוברת שיופי נשי הוא דבר בזוי שיש להסתיר ולהסתתר מפניו. ולבסוף, כאשר רבי עקיבא בוכה הוא מבטא בכך את הדרך השלישית המורכבת משילוב של תכונתו הטובה של היופי עם תכונתו הרעה: היופי הוא טוב ורצוי, אבל חולף. עצוב לנו שהוא חולף, אבל אנחנו לא מתפתים לייחס לו תכונות של נצח ולהכתיר אותו כדבר החשוב ביותר.

מיד לאחר הסיפור על רבי עקיבא מופיעה בגמרא האמירה הבאה:

> ורב, מודה ומסכים לכך. כמו שאמר מר: "הרואה בריות טובות אומר ברוך שככה ברא בעולמו".

רב הוא דמות חשובה מתקופת התלמוד. הוא מתוודע לסיפורים שהובאו כאן אודות רבן שמעון בן גמליאל ורבי עקיבא, ומציין שהוא מסכים עם גישתם. הוא גם מצטט מקור שתומך בגישה הזו: "הרואה בריות טובות אומר ברוך שככה ברא בעולמו". אנו רואים שרב תומך ברעיון שהיופי הנשי איננו בהכרח שלילי, ואיננו מסלול בלעדי שמוביל את הגבר למחוזות שליליים. להפך: יש אפילו ברכה שניתן לברך על יופי שכזה, ובכך לקשר את היופי ישירות למקורו, בורא עולם.

ועכשיו אולי את תוהה לעצמך: האם באמת מותר לגבר ליהנות מיופייה של אישה? ומה לגבי החשש, שכולנו בוודאי מכירות, מפני "הרהור עבירה"? למען האמת, זו בדיוק השאלה שהגמרא שואלת מיד לאחר שהיא מביאה את גישתו של רב שזה עתה ראינו.

הגמרא עונה לשאלה זו בשלוש מילים, ובעייני התשובה שלה היא לא פחות ממדהימה. על כך בפרק הבא.

פרק 24

יש מבט ויש מבט

לאחר סיפוריהם של רבן שמעון בן גמליאל ורבי עקיבא, ולאחר דבריו של רב, שואלת הגמרא:

> והאם מותר לגבר להסתכל בנשים?!

וכדי לחדד את השאלה ולהוכיח שיש כאן בעיה, הגמרא מצטטת מקור:

> ונשמרת מכל דבר רע שלא יסתכל אדם באשה נאה ואפילו פנויה,
> באשת איש ואפילו מכוערת, ולא בבגדי צבע של אישה [...].

כלומר, הגמרא לא מסתפקת בשאלה איך ייתכן שרבן שמעון בן גמליאל ורבי עקיבא הסתכלו בנשים; היא גם מצטטת מקור שמוכיח לכאורה שהדבר אסור לחלוטין! יכול להיות שבשלב זה את חשה שיש כאן "נוק אאוט" רציני לרבן שמעון בן גמליאל ולרבי עקיבא, שהסתכלו בנשים יפות ולא טרחו להתנצל על כך. על קושיה זו עונה הגמרא בשלוש מילים:

> - קרן זווית הואי [=היה זה בקרן זווית].

כלומר, המפגש בין חכמינו ז"ל לבין אותן נשים יפות התרחש בקרן זווית, במפגש בין שני רחובות מצטלבים. מה בדיוק מתבהר לנו מתוך דברי הגמרא הללו? כיצד העובדה שהמפגש התרחש בקרן זווית מצליחה לענות על הקושיה הקשה של הגמרא?

בואי נחשוב על כך. כאשר הגמרא מספרת לנו שהמפגש היה בקרן זווית, אנו מבינות שבטוח לא הייתה כאן החפצה מכוונת של האישה, היות שמדובר במפגש מהיר ופתאומי שקרה במקרה. מבטו של הגבר על האישה במפגש פתאומי שכזה,

אינו דומה למבטו של גבר על אישה המגיעה מולו מקצה הרחוב והוא נועץ בה את מבטיו ובוחן אותה מלמטה למעלה.

עכשיו תראי. אפשר להתייחס לגמרא הזו כאילו היא אומרת לגבר "אסור להתבונן אף פעם באישה! אם זה קורה לך, זה חייב להיות במקרה, כמו במפגש בלתי מכוון בקרן זווית". אבל אני לא חושבת שזה פירוש מסתבר, ובטח שלא היחיד. אני חושבת שהפירוש היותר מסתבר הוא כזה:

הגמרא בעצם אומרת לנו: "אני לא יודעת מה עובר בראש של גבר כלשהו כשהוא מברך על יופייה של אישה. אני לא יודעת אם יש שם מבט מחפיץ או לא, כי אני לא יכולה להיכנס לראש שלו. אבל אני כן יודעת פרט חיצוני מסוים לגבי הסיפור הספציפי הזה. במקרה שלנו, אני יודעת שהמפגש היה בקרן זווית. ברגע שאני יודעת שזה היה בקרן זווית, אז אני כן יכולה להיות בטוחה. מפגש בקרן זווית הוא מרחב שלא מאפשר החפצה, ולכן אין לי שום ספק: לא היה כאן מבט מחפיץ של רבן שמעון בן גמליאל או רבי עקיבא".

איך אני יודעת שזה הפירוש המסתבר יותר? כי עובדה שבמהלך התפתחות ההלכה, כשההלכה מבקשת להוכיח **שמותר** לגבר לשוחח עם נשים כאשר אין חשש שהוא ייקח את זה למקום של החפצה והרהורי עבירה, היא מביאה את הגמרא הזו כהוכחה.

מה שבעצם קורה כאן הוא שהגמרא, בתשובתה הקצרה והקולעת, מבחינה בין שני סוגי מבטים גבריים. מבט אחד הוא המבט האסור. זהו המבט המשתהה על יופייה של האישה ומפיק ממנו הנאה מינית.* לעומת זאת, ישנו גם מבט מותר ולגיטימי. מבט סתמי ואקראי, או לחלופין מבט ענייני וקשוב, שלא מתכוון להפיק הנאה מינית מיופייה של האישה. מבט כזה יכול לזהות ביופי הנשי ערך נעלה ואפילו לקרב את המתבונן אל בורא עולם.

בתשובתה הקצרה הגמרא עונה לכל מי שחושב שאסור לגבר להסתכל על נשים בכלל (כמו למשל מי שאוחז בגישה פוריטנית). היא מתייחסת למקור

* בגמרא במסכת ברכות כ"ד ע"א, אומרים חז"ל כך: "כל המסתכל באצבע קטנה של אשה, כאילו מסתכל במקום התורף". שימי לב אילו שתי מילות הבהרה מוסיף הרמב"ם כשהוא פוסק זאת להלכה: "המסתכל באצבע קטנה של אשה ונתכוון ליהנות - כמי שנסתכל במקום התורף". אילו הרמב"ם היה חושב שכל מבט אסור, התוספת הזו היתה מיותרת. רק מבט שיש בו כוונה מינית, אסור.

העוסק באיסור של הגבר להתבונן באישה או בבגדיה, ומבהירה כי המקור הזה מדבר רק על הסוג הראשון של המבטים. רק אם מדובר במבט המתכוון ליהנות הנאה מינית, הרי שמבט זה הוא אסור.

חיזוק לתפיסה זו מופיע בגרסת התלמוד הירושלמי. הסיפור על רבן שמעון בן גמליאל מופיע גם בתלמוד הירושלמי (עבודה זרה פ"א, ה"ו) ושם הסיפור מיוחס לרבן גמליאל עצמו ולא לבנו:

> מעשה ברבן גמליאל שהיה מטייל בהר הבית וראה אישה אחת גויה ובירך עליה.
>
> - וכי דרכו של רבן גמליאל להביט בנשים?
>
> - אלא דרך עקמומית הייתה [=דרך מפותלת] שהביט בה שלא בטובתו ובירך עליה.

אנו רואות שגם כאן הגמרא שואלת איך ייתכן שרבן גמליאל הביט בנשים, ותשובתה היא: "שהביט בה שלא בטובתו". כלומר, הוא הביט בה שלא במתכוון להפיק "לטובתו" הנאה מינית מיופייה. זהו מבט מותר ולגיטימי.

אפשר בשלב זה להתעמת עם עיקרון מספר 7 של הגישה הפוריטנית. בואי ניזכר בו:

> 7. המבט הגברי על האישה מכיר בעובדה שהאישה היא אובייקט מיני. הוא לא "מחפיץ" אותה. הסטטוס של האישה כאובייקט מיני לא תלוי במבט הגברי.

* אל תתבלבלי: השאלה האם איבר גוף מסוים נושא עליו משמעות מינית או לא, היא תלוית תרבות, ולא תמיד תלויה במבט של המתבונן. אבל השאלה האם האישה, כמכלול, נתפסת אובייקט מיני, תלויה במבט של הגבר המתבונן.

אני חושבת שאפשר להשתמש בסיפורים שהבאנו כדי להראות גישה אחרת, גישה שסבורה שהאישה מצד עצמה איננה "אובייקט מיני", גישה שסבורה שמה שהופך את האישה לאובייקט מיני הוא מבט מסוים* של גברים מסוימים, בוודאי לא כל הגברים. זוהי גישה יהודית בריאה שמתעקשת לטעון שהגבר איננו זאב טורף, אלא יש לו אפשרות להתבונן באישה גם במבט מכבד, שאיננו "זאבי".

כאמור, הרעיונות הללו תורגמו גם להלכה בשו"תים (שאלות ותשובות של פוסקים). לאורך התפתחות ההלכה, אנו מוצאים שו"תים שמבטאים את הגישה הבריאה שמופיעה כאן בגמרא במסכת עבודה זרה. כאשר הפוסקים נשאלים כיצד גבר אמור להתייחס למציאות של נשים בסביבתו, חלקם מצטטים את הסיפורים שהבאנו כאן מהגמרא, ומשתמשים בהם כהוכחה לכך שיש אפשרות להסתכל על נשים מבלי שהדבר יוביל להרהורי עבירה. הם טוענים שהגבר יכול להביט בנשים וגם לשוחח איתן, כל עוד הוא מכיר את עצמו ויודע שמבטו לא יוביל אותו למחוזות אסורים.

מתוך שלל הטקסטים ההלכתיים הללו שמבטאים גישה יהודית בריאה, אביא בפנייך כאן רק דוגמה אחת. זהו קטע מתוך חידושי הריטב"א על מסכת קידושין (פב ע"א). ריטב"א - ראשי תיבות רבנו יום טוב אברהם - היה מגדולי רבני ספרד במאה ה־14. כך הוא כותב:

> וכן הלכתא [=וכך ההלכה]: הכול כפי מה שאדם מכיר בעצמו: אם ראוי לו לעשות הרחקה ליצרו עושה, ואפילו להסתכל בבגדי צבעונין של אישה אסור, כדאיתא [=כמו שמופיע] במסכת עבודה זרה (כ ע"ב). ואם מכיר בעצמו שיצרו נכנע וכפוף לו ואין מעלה טינא כלל [=אינו נעשה מסונוור מרוב חשק] מותר לו להסתכל ולדבר עם הערווה [=עם אישה האסורה עליו באיסורי עריות] ולשאול בשלום אשת איש.

הריטב"א מציין במפורש שהשאלה כיצד על הגבר להתנהל בסביבה שיש בה נשים תלויה ב"מה שאדם מכיר בעצמו". אם אדם מסוים זקוק להרחקה וגדר ליצרו, עליו נאמרו דברי המקור שהובא במסכת עבודה זרה, שאוסר לגבר להסתכל אפילו בבגדים של אישה. אבל אם האיש מכיר בעצמו שהוא לא נופל בקלות למקומות בעייתיים, הוא יכול להסתכל על נשים ולשוחח איתן.

בהמשך דבריו מביא הריטב"א מקורות נוספים שתומכים בגישתו. בחרתי שלא ללמוד איתך בהרחבה את המקורות הללו, אבל אציין כאן כמה מהם כדי שתוכלי "לטעום" מהם. חשוב לי שתדעי שמלבד המקורות שלמדנו, ישנם

מקורות נוספים שמוכיחים שכבר חז"ל הכירו בכך שגברים יכולים להתבונן בנשים במבט בריא ומכבד.

הנה שניים מתוך המקורות הנוספים שמביא הריטב"א:

> א. ר' יוחנן, שהיה ידוע כאדם יפה תואר, היה יושב מול פתח המקווה שממנו נשים חוזרות לאחר שטבלו, על מנת שיביטו בזיו פניו ויזכו לבנים יפי תואר (בבא מציעא פד ע"א).

הריטב"א מציין שר' יוחנן התבונן בנשים הללו מבלי לחשוש ליצרו (כמובן שבימינו המעשה הזה היה נחשב בלתי מתחשב בנשים עצמן, משום שנשים כיום יחושו אי נעימות אם גברים יראו אותן ביציאתן ממתחם המקווה. ועדיין, יש כאן עדות למבט גברי לא מחפיץ, כבר בתקופת חז"ל).

> ב. רב אחא היה מרכיב כלה על כתפיו ורוקד לשם מצוות שימוח כלה, וזאת מבלי לחשוש ליצרו (כתובות יז ע"א).

כאמור, ישנם מקורות נוספים התומכים בגישה זו, את חלקם הריטב"א מביא בדבריו וחלקם מובאים על ידי פוסקים אחרים. בסיום דבריו מזהיר הריטב"א: "אין ראוי להקל בזה אלא לחסיד גדול שמכיר ביצרו". הריטב"א מזהיר את הגברים מפני שיקול דעת מוטעה בעניין זה, כי הוא יודע שיש דבר כזה סיטואציה "זאבית", גם אם מדובר באנשים שהם בדרך כלל בכלל לא זאבים. הוא לא מתכחש לעובדה הזאת, ולא מנסה לתאר את המיניות הגברית באופן לא מציאותי.

בהמשך נראה איך הגישה היהודית הבריאה כלפי הלכות צניעות מתרחקת עוד יותר מהעיסוק ב"הרהורי העבירה" של הגברים, ומציעה סיבה אחרת לחלוטין מדוע אסור לגבר להתבונן בגוף הנשי החשוף.

פרק 25
שלוש שאלות

זכיתי ללמד את הנושא הזה לפני סוגים שונים של קהלים, ואני לומדת המון מהתגובות של המשתתפים בשיעורים. כך יצא לי לשים לב לשלוש שאלות שמטרידות במיוחד את התלמידות שלי. ייתכן שהן עולות גם אצלך:

שאלה ראשונה:

א. לפעמים נדמה לנו שחז"ל והפוסקים לא מכירים בכך שלאישה יש תשוקה מינית. הם מציירים תמונה לא סימטרית, שלפיה הגבר הוא זה שמשתוקק אל האישה (הוא הסובייקט־המיני), והאישה היא זו שמשתוקקים אליה (היא האובייקט). אבל מה לגבי עולמה הפנימי של האישה? ומה לגבי העובדה שגם הגבר הוא לפעמים האובייקט, המושא של תשוקתה? האם לאישה אין "יצר"?

זו שאלה טובה מאוד, ולפעמים היא מתחברת אצלנו לשאלה נוספת.

שאלה שנייה:

ב. מדוע הלכות צניעות מבוססות על חוסר סימטריה בין הגבר לאישה? מדוע גוף האישה נתפס כמיני הרבה יותר מאשר גופו של הגבר, כך שמי שצריכה להתהדר בלבוש צנוע היא האישה ולא הגבר?

שתי השאלות הללו לפעמים מצמיחות בעקבותיהן שאלה שלישית:

ג. איך אנו יכולות להסתמך על דברי הגמרא, שמי שכתבו אותה היו רק גברים? איך אנחנו יכולות לבטוח בטקסט שמדבר על ענייני צניעות ומיניות, כאשר אנו יודעות שאף אישה לא הייתה נוכחת בבית המדרש שבו כתבו את הטקסט הזה, ולא תרמה לדיון את נקודת המבט הנשית? האם יש לנו, כנשים, מה ללמוד ולקבל מדיון שהוא רק "גברי"?

בזכות תלמידותיי הייתי צריכה לחשוב טוב־טוב על השאלות הללו. בשלב זה אני מותירה אותן מהדהדות בחלל החדר.

אם את רוצה לקרוא את מחשבותיי בנוגע לשאלות הללו, אני ממליצה לך קודם כול לסיים לקרוא את הספר. לאחר מכן, את מוזמנת להיכנס לאתר אפרכסת* לעמוד ההרחבה על הפרק הזה. בתשובתי לשתי השאלות הראשונות אני מציינת חמישה הבדלים בין מיניות גברית למיניות נשית, ומראה איך הבדלים הללו נלקחים בחשבון על ידי ההלכה. אני מאוד ממליצה לך לקרוא את ההרחבה הזו. היה לי מאוד מעניין לכתוב אותה, ואני חושבת שהיא מאירת עיניים לכל מי שקורא אותה. בנוסף, אני מציעה שם גם תשובה לשאלה השלישית.

* באתר אפרכסת תוכלי למצוא הרחבות גם לפרקים נוספים ודיונים בעקבות נושאים שעולים מהספר, אפילו אם אין להן הפניות בגוף הספר עצמו.

פרק 26

עד כמה מותר ליהנות?

אני רוצה להציג עוד דוגמה לשיח פוריטני, הפעם מתוך דבריו של טוקבקיסט. אפשר לברר אם השיח שלפנינו הוא פוריטני או לא, באמצעות השאלה מהו היחס של היהדות להנאה מיחסי אישות, כאשר הם מתקיימים בין בני זוג נשואים.

הנה שאלה שנשאלה באתר "כיפה":

שלום רב.

ראשית אני רוצה לציין שהאתר שלכם מצוין ומאוד אינפורמטיבי, בייחוד לאדם כמוני, בראשית דרכו מחילוניות למשהו קצת יותר דתי - זה נותן שירות מצוין. ולשאלתי. יש בי תחושות ורצונות להעמיק את יהדותי ואף "לחזור בתשובה" אך לא בצורה קיצונית. הגעתי למקומות האלה מתוך אכזבה עמוקה מכמה אופנים בהם רואה החילוניות את הדרכים בהם נדרש להתנהג בעניינים חברתיים בכלל, ובענייני "בינו לבינה" בפרט. החברה החילונית סובלת מחוסר צניעות משווע, ואני אפילו מתכוון

> למשהו אוניברסלי ולא במובנים דתיים. על המשקל השני אציין שחייתי חיים ענפים כאדם חילוני ויש מספר דברים שאין לי מושג כיצד הדת מתייחסת אליהם. אחד מהדברים המשמעותיים הוא יחס הדת ליחסי מין, ואני מתכוון ליחסי מין בנישואים. כאדם חילוני חייתי עם נשים כולל המשמעות המינית שבעניין. אין לי בעיה עם שמירת נידה, זה רק יכול לתרום "לאש" שבזוגיות. יש לי רצון לדעת מה היחס לאקטים כאלה או אחרים הנעשים בין גבר ואישה נשואים. כמה אפשר ומותר ללכת רחוק מבחינה דתית. אנא תשובתכם כי זה נושא מהותי בעיניי ולהמשך דרכי.

על שאלה זו ענה הרב אפי קיציס את התשובה הבאה:

> לשואל שלום רב. יחסי אישות בין איש לאשתו הנשואה לו, הם לא רק מותרים על פי ההלכה אלא אף נחשבים מצווה. הרי אנו יודעים כבר מזמן שתינוקות לא באים על ידי החסידה ולא מרוח הקודש.

אם תשובת הרב הייתה מסתיימת כאן, היינו יכולות לומר שזהו שיח פוריטני. כן כן, למרות שהתשובה מהללת את יחסי האישות, אם ההצדקה היחידה שלה לכך היא "פריון", אנו יכולות להסיק מכך שזהו שיח פוריטני. מדוע? מפני שכולנו יודעות שיכולה להתרחש הנאה מינית גם בלי להגיע לפריון, ולהפך: אישה יכולה להרות גם מבלי שהדבר יהיה כרוך בהנאה מינית.

אם תשובת הרב הייתה עוצרת כאן, היא גם הייתה עומדת בסתירה למציאות ההלכתית: קיימות גישות הלכתיות המתירות לבני הזוג להשתמש באמצעי מניעה מסוימים, על מנת לתכנן את המשפחה ואת עיתוי לידת הילדים. במילים אחרות, ההלכה מתירה לבני זוג רבים לקיים יחסים ללא מטרת פריון. האם קיום יחסים בשילוב אמצעי מניעה איננו מצווה? או לחלופין, האם קיום יחסים בשעה שהאישה כבר בהיריון, הוא לא בעל ערך מצד עצמו, גם ללא מטרת הפריון?

זו הסיבה שאני לא אוהבת כל מיני גישות שקיימות כיום, שמנסות לצבוע את המיניות היהודית בצבעים יפים, אבל הדרך היחידה שלהן לעשות זאת היא לדבר על "יצר החיים", שבזכותו באים לעולם חיים חדשים. כמובן שיצר החיים הוא חשוב, וכמובן שפריון הוא מטרה חשובה, אבל כאמור, אנחנו יודעים שאין קשר

בין פריון להנאה מינית. כאשר מישהו אומר לך: "היהדות רואה ביצר המין את יצר החיים שממנו נוצרים חיים חדשים, **ולכן** הגישה של היהדות כלפי המיניות היא חיובית", אני מציעה לך לחשוד בגישה הזו. זו גישה שלמעשה מחביאה השקפת עולם פוריטנית. שואל השאלה, וגם אנחנו, מנסים לברר מהי גישת היהדות כלפי הנאה מינית, גם כאשר היא מנותקת מפריון.

לשמחתנו, תשובת הרב לא הסתיימה כאן. כך הוא ממשיך:

> אבל לא רק מהבחינה הזאת. החיים הזוגיים בין איש לאשתו בנויים בין השאר על הקשר הפיזי ביניהם, שהם חלק מהשמחה והאושר והאהבה בין בני הזוג. ולכן קשר טבעי זה הוא חלק מהמצווה של נישואין, של בניית משפחה, ושל האהבה ביניהם. כמובן בזמן הנכון ועם האדם הנכון, ועל פי כללי ההלכה.

המשך תשובתו מוכיח שגישתו איננה פוריטנית, אלא שייכת לשיח היהודי הבריא. אומנם הרב לא מפרט בתשובתו מהם כללי ההלכה שלאורם יש לעצב את יחסי האישות, אבל הוא מדגיש עיקרון חשוב: "החיים הזוגיים בין איש לאשתו בנויים בין השאר על הקשר הפיזי ביניהם".

בשלב זה מצטרף לדיון טוקבקיסט, שכותב כך:

> לשואל היקר (גלעד): הנאה מיחסי מין אצל הדתיים עונה יותר להגדרת הנאה מהחיבור הרוחני ביניהם ולא להנאה במובן שאתה מתכוון.

תשובתו של הטוקבקיסט חשובה לנו מאוד כדי להדגים באמצעותה סוג נוסף של שיח פוריטני. כזכור לך, אחד מהמאפיינים של השיח הפוריטני הוא הטענה שהקשר המיני הוא ראוי רק כאשר הוא משמש למטרה שלא קשורה להנאה המינית ולא תלויה בה. מטרה זו יכולה להיות "פרו ורבו", וכעת נוספת לנו עוד מטרה: "חיבור רוחני".

אני מוכרחה לשאול את הטוקבקיסט הזה: אין ספק שיחסי אישות בין איש לאשתו אמורים להוביל לחיבור רוחני ונפשי, וזוהי המטרה שלהם. אבל האם לדעתך הנאה מינית, פיזית, איננה מביאה לחיבור רוחני? האם כאשר בני זוג

נשואים האוהבים ומכבדים זה את זה, משכללים את ההנאה הפיזית המשותפת להם, במעשה שכולו אהבה ונתינה, אין בכך משום חיבור רוחני?

תשובתו של הטוקבקיסט לשאלה שלי לא צריכה להפתיע אותנו. תשובתו תהיה כמובן שלילית. הוא סבור שעל מנת להגיע לחיבור רוחני, יש דווקא להתרחק מהנאה פיזית ולא לשכלל אותה, אפילו כאשר מדובר בבני זוג נשואים. מדוע הוא חושב כך?

ובכן, ייתכן שאת זוכרת את העיקרון העשירי של השיח הפוריטני, שאותו הצגנו בפרק 12: לפי השיח הפוריטני, "החומר תמיד בא על חשבון הרוח". לפי גישה זו, כל הדגשה של ההנאה הפיזית תגרע מהחיבור הרוחני! מבחינתם של האוחזים בגישה זו, יחסי האישות נמצאים על אותו מישור של שחנ"ש (שיחת נפש) עמוק אל תוך הלילה. מבחינתם, ייתכן שאולי אפילו עדיף להמיר את יחסי האישות הפיזיים בשחנ"ש, שכולו דיבור רוחני... בשביל מה לעסוק בעניינים "בזויים ושפלים" לכאורה כמו הנאה גופנית?

הדיון ממשיך. הרב אפי קיציס שם לב לתגובתו של הטוקבקיסט, והוסיף תגובה משלו:

> לא מדויק. יש ערך גם לחיבור הגופני, לשמחה ולהנאה הפיזיים ואכמ"ל (=ואין כאן מקום להאריך).

אנחנו רואות שהרב זיהה שהטוקבקיסט למעשה חולק עליו וסובר שאין ערך להנאה הפיזית, ולכן הרב מדגיש שוב שיש ערך לממד גופני והפיזי. כלומר, הרב סבור שגם כאשר מטרת יחסי האישות היא חיבור רוחני, האמצעי להגיע אליה הוא ההנאה הפיזית.

בזמנו, כשנתקלתי בשאלה ובתשובה הזו, עמדת הטוקבקיסט סקרנה אותי מאוד. שאלתי את עצמי: איך הטוקבקיסט הגיע למסקנה שביהדות אין ערך לחיבור הפיזי? שהרי ידוע לנו שאחת מהחובות המוטלות על הבעל היא מצוות עונה, שעניינה יחסי אישות, כלומר - חיבור פיזי. בנוסף, הרמב"ם, השולחן ערוך ופוסקים אחרים, מדגישים את יחסי האישות ככלי לשמחה ולאהבה בין בני הזוג. האם הטוקבקיסט לא מכיר את המקורות הללו?

עניתי לעצמי שבוודאי שהוא מכיר. הוא מכיר את המקורות הללו, אבל הוא מפרש אותם באופן פוריטני. כאשר הוא לומד על השמחה הטמונה ביחסי האישות, הוא מתרגם זאת לשמחה רוחנית, ולפי תפיסת עולמו, **הרוחניות מנוגדת להנאה פיזית.** כך יוצא שהטוקבקיסט מייצג עבורנו שיח פוריטני ש"לא מתרגש" מהרעיונות היפים של חז"ל אודות השמחה שבמצוות עונה. הוא ממשיך לאחוז בעמדתו למרות שחז"ל משבחים את הערך של יחסי האישות.

דברי הטוקבקיסט הזה העלו אצלי שאלה: האם קיימים אצל חז"ל מקורות שהם אנטי־פוריטניים מובהקים? מקורות שמדברים בשבח ההנאה המינית הפיזית, כך שלא ניתן לפרש אותם באופן פוריטני כאילו הם מדברים על חיבור רוחני בלבד?

לצורך כך עשיתי מחקר קטן וחיפשתי מהו הקול הדומיננטי בחז"ל, כשמדובר ביחסי אישות בין איש לאשתו: האם זהו הקול שמתנגד להנאה הפיזית, או דווקא תומך בה?

הנה התוצאות לפנייך:

נגד הנאה פיזית ביחסי אישות:

1. ר' יוחנן בן דהבאי (נדרים כ ע"ב)
2. שאלו את אימא שלום אשתו של ר' אליעזר (שם)

בעד הנאה פיזית ביחסי אישות:

1. ר' יוחנן על שיטת חכמים (שם)
2. מעשה באישה שבאה לפני רבי (שם)
3. מעשה באישה שבאה לפני רבא (שם)
4. עצת רב חסדא לבנותיו (שבת קמ ע"ב)
5. רב ואשתו, ושאלת רב כהנא (ברכות סב ע"א)

ברשימת המקורות שהם "בעד", לא הבאתי את כל המקורות שמדברים בשבח ההנאה המינית בין איש לאשתו. יש לא מעט כאלו. בחרתי בכוונה רק מקורות שלא ניתן בשום אופן לפרש אותם באופן פוריטני. אלו מקורות שמדברים באופן מובהק על הנאה פיזית גופנית. לא כללתי כאן מקורות שמדברים רק על "שמחה" ביחסי

אישות, מאחר שכפי שראינו, מקורות כאלו עדיין יכולים לשמש את הטוקבקיסט כדי להצדיק גישה פוריטנית.

לא הבאתי את המקורות כאן במלואם, אבל את מוזמנת לפתוח אותם ולגלות עד כמה הקול הדומיננטי בחז״ל הוא אנטי־פוריטני. נכון, יש גם שני מקורות שמייצגים גישה פוריטנית, אבל הם בעמדת מיעוט. כעת, לאחר שראינו שהקול הדומיננטי אצל חז״ל הוא בעד הנאה פיזית מיחסי אישות, בפרקים הבאים נראה מה עוד יש להם להגיד לנו על נושא המיניות, הפעם בנוגע לצניעות.

פרק 27
חיפוש

בפרק הקודם ראינו שחז״ל ברובם לא היו בעד פוריטניות, והוכחנו זאת מתשובותיהם לשאלת ההנאה מיחסי אישות. בפרקים הבאים נבחן את עמדתם בנוגע ללבוש ולשאלת הצניעות. אביא לפנייך סוגיה שלמה המופיעה בתלמוד הבבלי במסכת יומא, סוגיה שטלטלה אותי והפתיעה אותי מאוד. ייתכן שהיא תפתיע גם אותך. אבל לפני שניכנס לעובי הקורה, אני רוצה לספר לך איך הגעתי אל לימוד הסוגיה הזו ומה עבר עליי תוך כדי שלמדתי אותה.

הכול התחיל כשלימדתי גמרא במדרשה לבנות. זה היה בחודש אלול, כשלמדנו את מסכת יומא שעוסקת ביום הכיפורים. כך יצא שלמדתי ביני לבין עצמי חלקים מתוך מסכת יומא, תוך כדי שאני מחפשת סוגיה שתתפוס את תשומת ליבי ותיראה לי מתאימה במיוחד לתלמידות.

בשלב כלשהו היה נדמה לי שהגעתי לסוגיה כזו. הסוגיה שאליה הגעתי עסקה בארון העדות, הוא ארון הברית ששכן בתוך קודש הקודשים. התקדמתי בסוגיה עוד ועוד ושמחתי לגלות שהיא מלאה במדרשים שיש להם עומק מיוחד. שמחתי על ההזדמנות ללמד את המדרשים היפים האלו, והמשכתי להתקדם בסוגיה. לפתע, הגמרא ״אמרה״ משהו שממש הפריע לי. זה הרגיש

לי שוביניסטי ומזלזל בנשים. ברוב תסכולי סגרתי את הגמרא: "חבל, רציתי להביא את הסוגיה הזו לתלמידותיי, אבל אני לא יכולה להביא להן טקסט מעצבן כל כך...".

בשלב הזה אני ממש זוכרת איך התחלתי להתהלך בחדר. הגמרא הסגורה הייתה מונחת על השולחן ואני ממש כעסתי עליה. ליתר דיוק, כעסתי על חז"ל. למה הם נגד נשים? למה גם כשאני כבר מוצאת סוגיה יפה, אני לא יכולה ליהנות ממנה לעומק, רק בגלל שאני אישה?

לפתע שמעתי בתוכי קול. הקול הזה אמר כך:

"אוריה, שימי לב. אם היה מדובר בטקסט שאין לך בו אמון מיוחד, כמו למשל כתבה באינטרנט או ספר שהשאלת מהספרייה, אז זה היה באמת נכון לסגור את הספר או ללחוץ על כפתור ה־X במסך. כשמדובר בספר או בכתבה באינטרנט, אנחנו עלולים לא פעם להיתקל בטקסטים שלא מכבדים אותנו כקוראות, ולכן אפשר פשוט להתעלם מהם ולהמשיך הלאה. אבל לא כך כשמדובר בגמרא. הגמרא היא טקסט שיש לך בו אמון גדול. את אוהבת את הטקסט הזה ונאמנה לו באופן אישי כל כך... לכן, אם הוא מכעיס אותך, את צריכה להתמודד איתו ולא לסגור אותו ולהשליך אותו אל מאחורייך". הקול הפנימי שלי למעשה הפציר בי לפתוח שוב את הסוגיה ולראות לאן היא הולכת. מזל שהקשבתי לקול הזה, כי פתחתי את הגמרא, המשכתי ללמוד ונדהמתי ממה שגיליתי.

אני מזמינה אותך עכשיו להצטרף אליי לתהליך של לימוד הסוגיה המפעימה הזו, תהליך שבסיומו תהיה לנו תמונה ברורה של השיח הדתי הבריא הנוגע לרעיון הצניעות והמיניות. במהלך הלימוד שלנו את מוזמנת לנחש היכן היה הקטע שבו "התעצבנתי", ולחשוב מהי תגובתך הפנימית אליו.

פרק 28
ארון העדות: ניטל או נגנז?

> 1. משניטל ארון, אבן הייתה שם מימות נביאים ראשונים ושתייה הייתה נקראת [...].

המשנה במסכת יומא (נג ע"ב) מספרת לנו על אבן השתייה שמילאה את מקומו של ארון העדות בתקופת בית המקדש השני, לאחר "שניטל ארון". בכך היא מתכוונת לטרגדיה שעברה על ארון העדות בבית המקדש הראשון: לאחר חורבן הבית הראשון, ארון העדות "ניטל", כלומר נלקח לבבל.

נעבור כעת לגמרא שעוסקת במשנה זו, ונראה שגורלו של ארון העדות לא היה כל כך מובן מאליו. הגמרא שנעסוק בה מבוססת אך ורק על שתי המילים הראשונות של המשנה, "משניטל ארון", ומתעכבת על השאלה מה עלה בגורלו של ארון העדות לאחר חורבן בית המקדש הראשון: האם הוא "ניטל", כלומר נלקח לבבל, או שמא "נגנז", כלומר נטמן באדמה בשטח בית המקדש כאשר מקומו המדויק לא נודע.

> 2. "משנגנז" לא קתני [=לא שנינו], אלא "משניטל". תנן כמאן דאמר [=משנתנו כמי שאמר] ארון גלה לבבל. [...] רבי יהודה (בן לקיש) אומר: ארון במקומו נגנז, שנאמר "ויראו ראשי הבדים מן הקדש על פני הדביר ולא יראו החוצה ויהיו שם עד היום הזה" (מלכים א ח).

תחילה מציינת הגמרא שהמשנה שלנו נוקטת עמדה בוויכוח. משתי המילים הראשונות של המשנה, "משניטל ארון", ניתן ללמוד שהמשנה הולכת בשיטתם של האומרים שהארון "ניטל" ולא "נגנז". לאחר מכן מביאה הגמרא מדבריהם של חכמים שמוצאים בפסוקים שונים הוכחה לשאלה האם הארון ניטל או נגנז. אחד מחכמים אלו הוא ר' יהודה בן לקיש, שסובר שארון במקומו נגנז. הפסוק שהוא מביא יהיה חשוב לנו להמשך: "ויראו ראשי הבדים מן הקדש על פני הדביר ולא

יראו החוצה, ויהיו שם עד היום הזה". הפסוק הזה מזכיר את ארון העדות בכך שהוא מציין את ה"בדים", מוטות הנשיאה שלו. היות שהפסוק מדבר על בית המקדש (דביר), ואומר "ויהיו שם עד עצם היום הזה", מסיק ר' יהודה בן לקיש שהארון עדיין קבור בשטח בית המקדש. כלומר, "נגנז".

ייתכן שבשלב זה את לא מבינה למה החלטתי ללמוד איתך סוגיה שעוסקת בשאלה האם ארון העדות נגנז או ניטל. מה לזה ולמיניות? מה לזה ולצניעות? אבקש ממך להתאזר בסבלנות. התשובה תעלה מעצמה בהמשך הסוגיה.

פרק 29

ארון העדות: מעשה בכוהן אחד

נמשיך בסוגיה העוסקת בארון העדות. נדלג מעט על המשך הוויכוח האם הארון ניטל או נגנז, ונגיע ישירות למסקנה שהגמרא מגיעה אליה. הגמרא מגיעה למסקנה שהארון נגנז, וממשיכה:

> 3. אמר רב נחמן, תנא: וחכמים אומרים ארון בלשכת דיר העצים היה גנוז.

רב נחמן מחדש לנו שלדעת חכמים הארון לא היה קבור מתחת לקודש הקודשים, אלא במקום אחר שנמצא גם הוא בתחומי בית המקדש: בלשכת דיר העצים. הגמרא ממשיכה ומחזקת את הטענה הזו בסיפור הבא:

> 4. אמר רב נחמן בר יצחק, אף אנן נמי תנינא [=אף אנחנו שנינו, למדנו]:
>
> מעשה בכהן אחד שהיה מתעסק, וראה רצפה משונה מחברותיה, ובא והודיע את חבירו, ולא הספיק לגמור את הדבר עד שיצתה נשמתו, וידעו ביחוד ששם ארון גנוז.

- מאי הוה עביד? [=מה היה עושה?]
אמר רבי חלבו: מתעסק בקרדומו היה.

רב נחמן בר יצחק מבקש לחזק את הדעה שסוברת שהארון נגנז בשטח בית המקדש, בלשכת דיר העצים. הוא מספר לנו על כוהן אחד שהיה "מתעסק", כלומר מחזיק משהו, במקרה שלנו "קרדום", גרזן לחטיבת עצים, וחופר איתו בקרקע מבלי לשים לב. לפתע הוא ראה מרצפת אחת שמונחת באופן עקום ושונה מהמרצפות האחרות. הכוהן ביקש לספר זאת לחברו, אך לא הספיק לסיים את דבריו, ומיד מת.

בעקבות המראה הזה נודע ששם גנוז ארון העדות. מדוע? משום שארון העדות היה קבור באדמה, והמרצפת שזזה למעשה חשפה אותו. כידוע, אסור לראות את ארון העדות או לגעת בו. מי שרואה את הארון או נוגע בו, מת. במקרה שלפנינו, הכוהן כנראה חשף אותו בטעות בעזרת קרדומו. כעת מביאה הגמרא גרסה נוספת לסיפור הזה:

5. תנא דבי רבי ישמעאל: שני כהנים בעלי מומין היו מתליעין בעצים, ונשמטה קרדומו של אחד מהם ונפלה שם, ויצתה אש ואכלתו.

הגרסה הזו שונה מהגרסה הקודמת בכמה נקודות. הנקודה החשובה לענייננו היא שבעוד שבגרסה הקודמת הכוהן עשה משהו עם קרדומו, אולי בחוסר זהירות וחוסר תשומת לב, בגרסה שלפנינו הכוהן לא עשה דבר. קרדומו נשמטה ממנו ונפלה להיכן שהארון גנוז, ובכך חשפה אותו. תוצאת האירוע היא דומה: "יצתה אש ואכלתו". הכוהן מת.*

* כאן ישנה מחלוקת בין הפרשנים האם האש אכלה את הקרדום או אכלה את הכוהן. מבחינתנו זה לא ממש משנה, אם כי אני מעדיפה את הפירוש שמתיישב עם הגרסה הקודמת, שלפיו הכוהן הוא זה שנשרף.

ייתכן שהביטוי "יצתה אש ואכלתו" מצלצל לך מוכר. הביטוי הזה מהדהד את הפסוק "ותצא אש מלפני ה' ותאכל אותם" (ויקרא י, ב). זהו הפסוק שנאמר על נדב ואביהו, שני בני אהרון שהקריבו אש זרה מלפני ה' ושילמו על כך בחייהם,

למרות שכוונתם הייתה לשם שמיים. לפי המדרש (ויקרא רבה כ, י) נדב ואביהו לא רק הקריבו אש זרה, אלא גם "זנו עיניהם מן השכינה". כלומר, הסתכלו על מקום השכינה, שזהו ככל הנראה ארון העדות. הסיפור על נדב ואביהו מופיע בספר ויקרא בפרשת שמיני, והגמרא שלפנינו מהדהדת את הפרשה הזו בשתי דרכים: האחת, הביטוי "יצתה אש ואכלתו". השנייה, העלילה, שדומה לעלילת ההפטרה של פרשת שמיני.

ההפטרה של פרשת שמיני עוסקת באדם ששמו עוזה, שנגע בארון העדות, מתוך כוונות טובות אומנם, ומת כתוצאה מכך. חשוב לי שתשימי לב לאופן שבו הגמרא מרמזת לנו על הרעיון שמופיע בפרשת שמיני ובהפטרה שלה. הרעיון הוא שקירבה בלתי מבוקרת אל הקודש, גם ללא כוונה רעה העומדת מאחוריה, עלולה להסתיים באסון. התגובה של ארון העדות לחשיפתו איננה "עונש משמיים", אלא אנחנו צריכות להבין אותה כתוצאה טבעית שנובעת מנוסחה רוחנית: **קירבה בלתי מבוקרת אל הקודש יוצרת "פיצוץ"**.

פרק 30
ארון העדות: "נראין ואין נראין"

נמשיך בסוגיה. בשלב זה הגמרא מעוניינת לברר קושי שמתעורר כתוצאה מפסוק אחד שהוזכר קודם על ידי ר' יהודה בן לקיש, "ויראו ראשי הבדים ולא יראו החוצה":

6. רב יהודה רמי [=מציג קושיה]:
כתיב (מלכים א ח) "ויראו ראשי הבדים"
וכתיב (מלכים א ח) "ולא יראו החוצה"
- הא כיצד?
- נראין ואין נראין.

רב יהודה מציג סתירה בין שני חלקי הפסוק: בהתחלה כתוב: "ויראו ראשי הבדים". כזכור, הבדים הם מוטות הנשיאה של הארון. בהמשך כתוב: "ולא יראו החוצה". איך זה ייתכן? תשובת הגמרא: "נראין ואין נראין". האם התשובה הזו עוזרת לך לפתור את הקושי? אני משערת שלא... גם הגמרא חשה ככל הנראה שיש כאן צורך בהבהרה, ולכן היא מביאה מיד גרסה נוספת שמסבירה יותר טוב כיצד עלינו לפתור את הקושי שהציג רב יהודה:

7. תניא נמי הכי [=הקושיה נלמדת גם כך]:
"ויראו ראשי הבדים" יכול לא יהו זזין ממקומן?
- תלמוד לומר "ויארכו הבדים".
יכול יהו מקרעין בפרוכת ויוצאין?
- תלמוד לומר "ולא יראו החוצה".

הגמרא שואלת כאן שתי שאלות:

שאלה ראשונה: לאור הפסוק שאומר "ויראו ראשי הבדים", האם ייתכן שארון העדות היה מוחבא לחלוטין מאחורי הפרוכת? כלומר, האם ייתכן שארון העדות היה נראה כך?

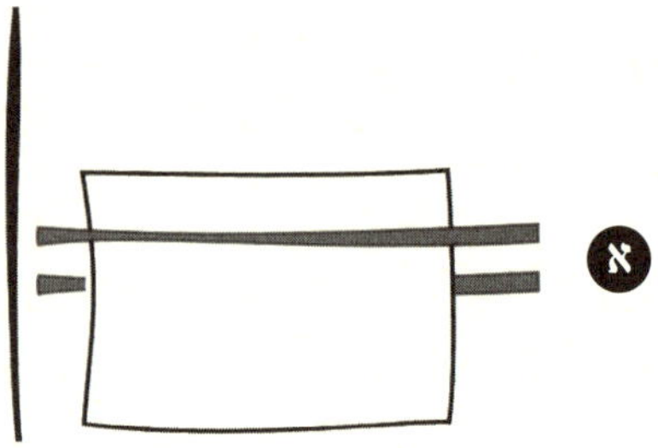

תשובת הגמרא: לא ייתכן. שהרי ראשי הבדים היו ארוכים יותר מהפרוכת: "ויארכו הבדים". וזה מה שמוביל אותנו **לשאלה השנייה:** האם ייתכן שבדי הנשיאה קרעו את הפרוכת ועברו דרכה? כלומר, האם ייתכן שארון העדות היה נראה כך?

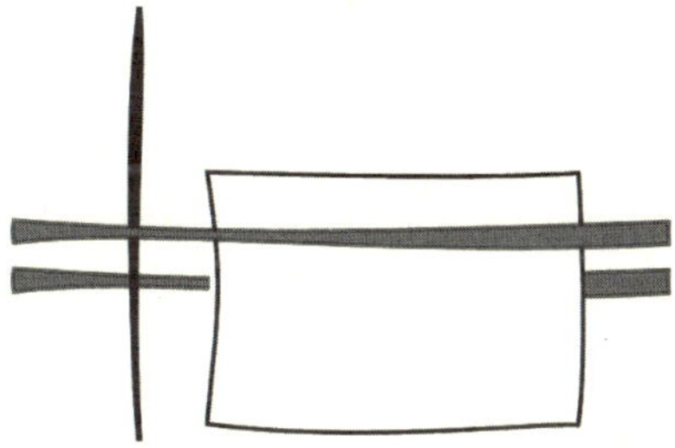

תשובת הגמרא: לא ייתכן. וזה לא משום שבד הפרוכת הוא יקר וחבל לקרוע אותו, אלא משום שלא ייתכן שחלק מהארון נגלה לעיני כול: "ולא יראו החוצה". כזכור לך, אסור לאף אחד לראות את ארון העדות. אם כך, ממשיכה הגמרא ושואלת: "הא כיצד?" כיצד אם כן היו מוצבים בדי הארון והפרוכת?

הנה תשובת הגמרא:

8. הא כיצד ?

- דוחקין ובולטין ויוצאין בפרוכת, ונראין כשני דדי אשה,
שנאמר (שיר השירים א) "צרור המר דודי לי בין שדי ילין".

כלומר, ארון העדות היה נראה כך:

כאן סגרתי את הגמרא בכעס (האם ניחשת?). הנה מה שעבר לי בראש: למה חז"ל

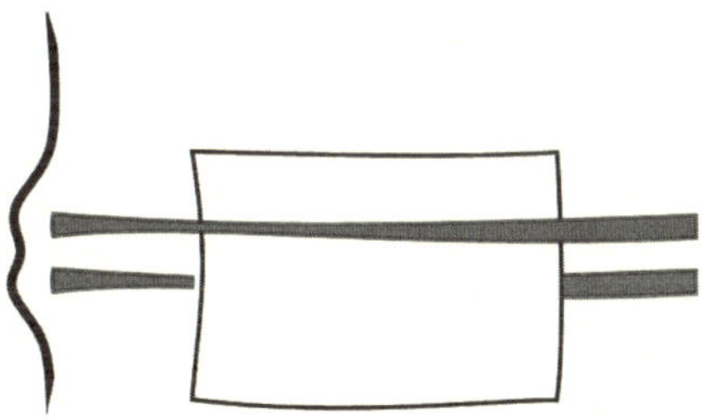

חייבים להשתמש בדימוי כזה? דווקא דדי אישה! אין להם דוגמאות טובות יותר? ובכלל, אין להם בושה? להשוות את ארון העדות לשדיים?! חשתי שחז"ל נוקטים כאן בשוביניזם ובהחפצת האישה. דמיינתי בדיוק איך התנא ערך את ההשוואה

בין ארון העדות לגוף הנשי. הוא בטח דיבר על האישה כמו שמדברים על חפץ מגונה. משום מה, התחושה האישית שלי ביחס לדבריו, הרגישה כמו התחושה שאני מרגישה כלפי הטיפוסים המפוקפקים הללו שיושבים על הספסל ומעירים הערות על מבנה גופן של נשים שעוברות ברחוב. חשתי שיש כאן זלזול וזילות.

אני משערת שבשלב זה מתרוצצות בקרבך כל מיני תגובות פנימיות לכעס שלי כלפי חז"ל. חבל שאין לי דרך לנחש מהי תגובתך, כי מאוד מעניין אותי לדעת האם את מסכימה עם הכעס שלי או שמא חולקת עליו. אם את חולקת עליו, כיצד את מצדיקה את דבריהם של חז"ל בהשוואת ארון העדות לשדיים?

כפי שסיפרתי לך בפרק 27, הכעס שלי על חז"ל התחלף בתדהמה ובתובנה, לאחר שפתחתי שוב את הגמרא והמשכתי ללמוד את הסוגיה. מסתבר שהתגובה של חז"ל לאמירה של אותו תנא בכלל לא הייתה קרובה למה שדמיינתי.

אנו נמשיך ללמוד יחד את הסוגיה, אבל לפני כן אנחנו צריכות ללמוד יחד כמה קטעים מתוך הגותו של הרב שג"ר ז"ל. הרב שג"ר הוא הוגה מודרני שנפטר בשנת 2007. במאמר אחד שלו הוא ניסח באופן עמוק את הגישה היהודית הבריאה לנושא הצניעות. לאחר שנלמד את הגישה של הרב שג"ר, נוכל לאתר את הגישה היהודית הבריאה שהוא מציע, כבר בגמרא, בסוגיה שלנו. אם כן, אנו עוצרות לזמן מה את הלימוד בסוגיית ארון העדות, ונשוב אליה מאוחר יותר.

פרק 31
הזמרת שלומדת קבלה

לפני שנתחיל ללמוד את תורת הרב שג"ה, נתבונן לרגע בדברי משנה המופיעה במסכת חגיגה:

> אין דורשין בעריות בשלשה ולא במעשה בראשית בשנים ולא במרכבה ביחיד אלא אם כן היה חכם ומבין מדעתו (חגיגה ב, א).

המשנה למעשה פורסת בפנינו את המגבלות הנוגעות ללימוד תחומים מסוימים: "עריות", כלומר התחום המיני בהיבטים הפיזיים והמפורטים שלו, לא יכול להילמד ביותר משני אנשים.* שניים זה המקסימום. "מעשה בראשית", תחום השייך לתורת הסוד, לא יכול להילמד ביותר מאדם אחד. כלומר, את מעשה בראשית אסור ללמוד עם מישהו נוסף. "מעשה מרכבה", גם זה תחום השייך לתורת הסוד ונחשב סבוך ונסתר עוד יותר, לא יכול להילמד אפילו באדם אחד, אלא אם כן מדובר באדם חכם ומבין מדעתו.

* הפרשנים דנים בשאלה אם המספרים המופיעים במשנה כוללים את המלמד או לא. אבל העיקרון ברור: יש מגבלה על מספר הלומדים.

המשנה מחדשת כאן חידוש גדול. החידוש הראשון הוא **שישנם** תחומים מסוימים שבהם **כמות** הלומדים משפיעה על **התוכן** הנלמד. במילים אחרות: אי אפשר ללמוד תורת הסוד בשני אנשים. כאשר שני אנשים לומדים טקסט ששייך לתורת הסוד, הם למעשה לא נוגעים בסוד כלל וכלל.

כעת ייתכן שאת שואלת: "אבל הכלל הזה לא מסתדר עם המציאות! שהרי ידוע שאנשים כיום הולכים לשמוע שיעורים העוסקים בתורת הנסתר, ויש אפילו זמרת מפורסמת שידועה בחיבתה לשיעורי קבלה". תשובת המשנה על השאלה שלך תהיה: "ייתכן שאנשים הולכים לשיעורי קבלה, אבל מה שהם מקבלים בשיעור הזה הוא **'ידע'**, ולא **'סוד'**. האנשים הללו למעשה לא לומדים סוד, אלא ממירים את הסוד ל'ידע'. הם קולטים את החומר בצורה של ידע ולא בצורה של סוד, משום שסוד לא יכול להיקלט על ידי קהל, אלא רק על ידי אדם אחד או שניים, בינם לבין עצמם".

גם אם בשלב זה את לא בדיוק מבינה את ההבדל בין "ידע" ל"סוד", מספיק שתדעי שיש ניגוד ביניהם. כאשר הסוד נחשף בפני יותר מאדם אחד, הוא כבר לא סוד, ומה שנשאר ממנו הוא רק **ידע**, אוסף של **עובדות**. גם אם ההבדל בין סוד לבין ידע לא ברור לך עד הסוף בשלב זה, הדברים יתבהרו בהמשך.

הרעיון הזה הוא חידוש עצום. אומנם, מאז ומתמיד האנושות הכירה בכך שקיימת איכות של חוויה, שבה התוכן שנקלט לא יכול להצטמצם אך ורק לסך העובדות שמרכיבות אותו. החידוש ההיסטורי של המשנה הוא במגבלה הכמותית על מספר הלומדים. המשנה מחדשת לנו שיש סוג מסוים של חוויה כזאת, נקרא

לה ״סוד״, שמושגת אך ורק כאשר אין קהל. ברגע שהיא מוחצנת, היא מתפוגגת. לפי מיטב ידיעתי, החידוש הזה קיים אך ורק בשדה היהודי הדתי, ולא קיים בתחומי ידע אחרים כמו מדע או פילוסופיה. בשום מקום בעולם המערבי לא קיימת נוסחה שלפיה מספר הלומדים משפיע על התוכן שנקלט.

החידוש השני הוא שהתחום המיני, המכונה ״עריות״, מתנהג כמו תורת הסוד. שהרי גם בתחום המיני המשנה מספרת לנו שמספר הלומדים משפיע על תוכן הלימוד. במקרה של לימודי עריות מדובר במקסימום שני אנשים. אנחנו לומדות מכאן שהתחום המיני יכול להילמד מתוך דיאלוג, אבל דיאלוג בין שניים, ולא יותר.

נעבור כעת ללימוד קטעים מתוך מאמרו של הרב שג״ר ״צניעות ובושה״. נראה שהרב שג״ר מפתח את הרעיון שמופיע כאן במשנה, לפיו תורת הסוד והתחום המיני חולקים מכנה משותף, ולמעשה עשויים מאותו חומר. בנוסף, יש לו חידוש מאוד מעניין בנוגע לבושה. מכאן השם ״צניעות ובושה״.

פרק 32
בושה שלילית

הרב שג״ר כתב מאמר מאוד חשוב ששמו ״צניעות ובושה״, המופיע בספרו **נהלך ברג״ש**. לדעתי מדובר במאמר מהפכני, ואנו נלמד מתוכו ביחד מספר קטעים. למרות שמאמרו לא מתייחס לסוגיית ארון העדות, העקרונות שמופיעים במאמר יסייעו לנו להמשיך בסוגיית ארון העדות שבה עצרנו.

הרב שג״ר פותח בתיאור המצב של החברה הדתית, שנוקטת בבושה בכל הנוגע ליחס לגוף ולמיניות:

> עינינו הרואות שבמחוזותינו לא שכיח לדבר על הגוף. מתביישים. פעמים רבות נעשית הצניעות למסווה ולניכור, למסכה אטומה ונוקשה היוצרת חייץ בין אדם לזולתו, ואפילו בין אדם לבין עצמו, לחוסר יכולת של האדם להגיע לכלל אינטימיות עם

> גופו. הבושה עלולה להידרדר ולהפוך לתופעה ילדותית, לא בוגרת ואינפנטילית, שאיננה מסוגלת לקבל את עצמה מתוך הרחבה, וכשהיא נתקלת בעצמה היא מסתבכת וחפֵצה להתנדף ולהפוך לאין.

הרב שג"ר מתאר כאן מצב של בושה שנכנה אותה **בושה שלילית**. זהו מצב שבו הלכות צניעות נובעות ממקום פוריטני: מתוך חוסר יכולת לקבל את הגוף ואת המיניות, היות שהגוף המיני נתפס כמשהו שלילי שצריך להסוות אותו ולכסות אותו. אבל האם הבושה חייבת להיות אך ורק שלילית ופוריטנית? גם הרב שג"ר שואל את השאלה הזו, כאשר הוא עורך השוואה בין התורה לבין "תרבות יוון":

> נהוג לדבר על ההבדל בין התורה ובין תרבות יוון בהקשר של היחס לגוף. התורה מטיפה לצניעות, להסתרה של הגוף ולמופנמות; לא כן היווני, המקבל את גופו ללא רתיעה ובלי צורך להסתוות, באומנות, בספורט ובתחומים אחרים. האומנם בורח היהודי מגופו?

כיום אנחנו יכולות לחשוב על "תרבות יוון" כמילה נרדפת ל"תרבות המערב", או באופן מדויק יותר, כמילה נרדפת ל"שיח השחרור המיני". כפי שראינו בפרקים הקודמים, שיח השחרור המיני קורא לאדם לקבל את גופו, כאשר קבלה עצמית זו מבוססת על היכולת לחשוף את גופו לעיני כול. תרבות זו רואה בהלכות צניעות בריחה של האדם מגופו. על כך שואל הרב שג"ר: "האומנם בורח היהודי מגופו?".

בהמשך מציין הרב שג"ר שבניגוד לתרבות יוון, היהדות דווקא משבחת את הבושה ומוצאת בה ערך רב.* כפי שאת זוכרת מהפרקים הקודמים, הדבר עומד בניגוד לשיח השחרור המיני, המצווה עלינו "להפסיק להתבייש", להשליך את הבושה ולהשתחרר ממנה.

* הנה ציטוט מתוך עמ' 263 במאמר "צניעות ובושה": "בשבחה של הבושה יש מאמרים רבים. אחת מתכונותיהם של ישראל שהם ביישנים (יבמות עט ע"א) וכן "'בעבור תהיה יראתו על פניכם' (שמות כ) - זו בושה; 'לבלתי תחטאו' (שם) - מלמד שהבושה מביאה לידי יראת חטא; מיכן אמרו: סימן יפה באדם שהוא ביישן. אחרים אומרים: כל אדם המתבייש לא במהרה הוא חוטא, ומי שאין לו בושת פנים - בידוע שלא עמדו אבותיו על הר סיני" (נדרים כ ע"א). בתיקוני הזוהר נדרשה המילה "בראשית" = ירא בֹּשת. הבושה היא ראשית הכל. בקבלה הבושה נחשבת "יראה עילאה" (ספר הזוהר, במדבר, רעיא מהימנא, פנחס רנז, א)".

מכאן אנו מתעוררים לשאול את עצמנו: אולי פספסנו משהו? אולי בבושה יש ערך כלשהו שלא עמדנו על טיבו? ואכן, הרב שג״ר מצביע על כך שיש שני סוגי בושה, את האחת נכנה ״בושה שלילית״, ואת השנייה ״בושה חיובית״.

הבושה השלילית היא בושה שנסובה על משהו שלילי שיש בנו: תכונה לא טובה, מראה לא נאה וכדומה. אם מישהו מגלה על עצמו שיש לו נטייה לגנוב או לשקר, הוא מתבייש בכך (ולפעמים זה טוב שהוא מתבייש בכך, כי כך הוא ילמד להשתנות). בושה במשהו שלילי שיש בי היא בושה שלילית. אם אדם חושב שהגוף שלו נראה לא מספיק יפה, הוא מתבייש בגופו. זוהי בושה שלילית. כאשר העולם המערבי מצווה עלינו להשתחרר מהבושה, הוא למעשה מכיר אך ורק בבושה השלילית, ולא מעלה בדעתו את האפשרות שייתכן גם סוג אחר של בושה, שדווקא לא כל כך בריא ״להשתחרר״ ממנה.

בניגוד לתכונות שליליות כמו נטייה לגנוב ולשקר, שבעקבותיהן ברור שרצוי שנרגיש בושה שלילית, כשמדובר ביחס של האדם לגופו, העולם המערבי סבור שאין מקום לשום רגש של בושה. לכן, כאשר מישהי מתביישת בגופה החשוף, העולם המערבי מתריס בפניה: ״אהה! זה בטח בגלל שאת לא מקבלת את הגוף שלך! זה בטח בגלל שאת חושבת שגופך לא מספיק יפה, או בגלל שאת חושבת שמיניות היא דבר שלילי! קדימה, השתחררי מהבושה, קבלי את עצמך באהבה!״ (ואז ראוי שתחשפי את גופך ״בלי בושה״. זוכרת את הנשים מפרק 20 שהמדיה שיבחה אותן על כך שהגיבו בחוסר בושה על חשיפת גופן בטעות?).

לעומת זאת, הרב שג״ר מציין שישנה **בושה חיובית**, כלומר, בושה שמתעוררת לא כתוצאה ממשהו שלילי שיש בי, אלא כתוצאה ממשהו אחר שיש בי, שעשוי להיות דווקא חיובי. הכוונה כאן היא לסוג מסוים של תחושת בושה, שלא מתעוררת כתוצאה מכך שאני חושבת שיש בי משהו רע או לא מספיק יפה, אלא מסיבות אחרות. יכול להיות שזה נשמע לך קצת מוזר. האם את מסוגלת לשער בדמיונך בושה שכזו?

בפרק הבא נבהיר את כוונת המושג ״בושה חיובית״.

פרק 33
בושה חיובית

כדי להבהיר מהי "בושה חיובית" מצטט הרב שג"ר מדבריו של ההוגה היהודי ויקטור פרנקל. פרנקל מצביע בדבריו על המכנה המשותף בין דתיות לבין מיניות (את המיניות הוא מכנה "אהבה"). המכנה המשותף הוא ששתיהן מבוססות על חוויה ייחודית של בושה, שאותה אנחנו מכנים "בושה חיובית". אביא כאן את הציטוט מתוך דברי ויקטור פרנקל, ובסוגריים מרובעים אכניס דברי הבהרה שלי:

> כאן נתקלים אנו בעובדה שעוד ניווכח בחשיבותה הרבה, שלעיתים מתביישים אנשים בדתיות שלהם ומנסים להסתירה. [אין הכוונה כאן לאדם שמתבייש בזהות הדתית שלו ולכן מוריד את הכיפה, אלא לתופעה שמאפיינת חוויות דתיות: למשל, רובנו לא מעוניינים שמישהו יצפה בנו בזמן שאנו מתפללים תפילה מלאת כוונה ורגש. אני מתביישת מעצם המחשבה שהחוויה הדתית שלי תהיה נצפית על ידי אחרים]. פעמים רבות מבלבלים בושה כזו עם עכבה נוירוטית [כלומר, מבלבלים אותה עם מה שאנחנו מכנים "בושה שלילית"]. מכל מקום, בושה היא מצב טבעי לחלוטין [...] ידוע לנו שיש לבושה תפקיד הגנתי מובהק באהבה. תפקידה למנוע משהו מלהפוך מושא גרידא - מושא להצצה. כך שאפשר לומר שאי צפייה באהבה משרתת את מטרתה. האהבה חומקת מפומביות, מאחר שהאדם חושש שמה שקדוש לו יחולל בידי הפומביות [...].
>
> [בעקבות חשיפתה הפומבית, האהבה] עלולה להתמוסס לכלל עובדתיות גרידא. ההוויה נהפכת להוויה נצפית; אם בעיני האדם עצמו ואם בעיני אחרים. פעולת האהבה שרויה בסכנה של "הסתמת" העצמיות [כלומר, המקום שבו אני הכי "עצמי", המקום האישי והמיוחד הזה, הופך ל"סתמי", טריוויאלי].

> דבר דומה עלול לקרות לדתיות. האיכות האינטימית האופיינית כל כך לאהבה, אופיינית לא פחות לדת. הדת אינטימית בשני מובנים: בפנימיותה, ובהגנה שהיא מגינה על עצמה בבושה. [...] כמו האהבה, היא מוגנת על ידי הבושה. דתיות אמתית מסתתרת מן הציבור למען אמיתותה שלה (ויקטור פרנקל, **האל הלא מודע: פסיכותרפיה ודת**, ירושלים תשמ"ה, עמ' 46-47).

זהו קטע עמוק מאוד, וניקח ממנו שתי נקודות. ראשית, הדת והאהבה (ובתוכה גם המיניות) חולקות מכנה משותף: שתיהן מגיבות לחשיפה פומבית באופן של בושה, שאותה נכנה "בושה חיובית". שנית, תפקיד הבושה החיובית הוא להגן עליהן, למנוע מהן "להתמוסס" ולהפוך להיות אך ורק ל"עובדתיות" (שזה דומה לאופן שבו ה"סוד" מתמוסס והופך ל"ידע"). ייתכן שהרעיון הזה עדיין נשמע קצת מעורפל ולא ברור. בואי נבחן כמה דוגמאות שיעזרו לנו להבין את כוונת הביטוי "בושה חיובית", ואיך היא באה לידי ביטוי בתחום הדתי.

דמייני שאת נמצאת בבית כנסת בזמן תפילת שבת. לפתע באמצע התפילה אחת המתפללות נעמדת, עוצמת את עיניה ומתחילה למחוא כפיים ולצעוק: "אבא, אבא! ריבונו של עולם, אני אוהבת אותך!". כל המתפללות מסביבה מסתכלות עליה... ואת? מה את מרגישה? אני מנחשת שאת נבוכה. הרגש הזה, המבוכה המסוימת הזו שאת חשה בסיטואציה הזו, איננה בושה שלילית. זה לא שאת חושבת שיש משהו שלילי באהבה של האישה הזו לריבונו של עולם. ייתכן שאת אפילו חושבת שזה דבר טוב. ובכל זאת, את חשה בושה. את הבושה הזו אנחנו מכנים "בושה חיובית". "בושה חיובית" היא **הרגש המתעורר בקרבנו כאשר מה שאמור להיות בפנים, לפתע נחשף כלפי חוץ, באופן פומבי.**

כעת נסי להעלות בדמיונך אפשרות שהאישה הזו לא עושה זאת בבית כנסת, אלא בינה לבין עצמה, ביער מבודד, כאשר היא בהתבודדות. האם גם אז זה מביך אותך? אני מניחה שהרבה פחות. כעת דמייני לעצמך שהאישה הזו בכלל לא עושה זאת בקול רם, אלא צועקת את המילים בתוך תוכה, בינה לבין עצמה, מבלי שאיש יכול לשמוע אותן. ומה עכשיו? את עדיין חשה מבוכה? אני משערת שעוד פחות, ואולי בכלל לא. הסיבה שהרגשת בושה־מבוכה במקרה הראשון של

האישה בבית הכנסת איננה תוכן הדברים שהאישה הזאת אמרה, אלא **הפומביות:** העובדה שהיה לזה קהל, במקום שהרגשת שלא צריך להיות לזה קהל.

דוגמה נוספת. דמייני שאת מחכה בתחנת אוטובוס, ושיחד איתך עומדים עוד כעשרה אנשים. אתם לא מכירים אחד את השני. לפתע, אחת הנשים בתחנה מתחילה לספר לכולכם את סיפור חייה, הכולל דברים אישיים מאוד. הסיפור שלה לא חייב להיות שלילי כדי שתחושי בושה. יכול להיות שהיא מספרת דברים חיוביים מאוד, למשל, איך היא גילתה שהיא אוהבת פרפרים. לא משנה כמה מקסים יהיה התוכן של הסיפור שלה על עצמה, את כנראה עדיין חשה בושה. הבושה־מבוכה שאת חשה במקרה כזה איננה כתוצאה מכך שהתוכן של הסיפור שלה הוא שלילי, אלא כתוצאה מן הפומביות, מן העובדה שהאישה הזו בחרה לספר את סיפורה בפני קהל של אנשים זרים.

דוגמה נוספת קרתה לי באופן אישי. זה קרה באחת השבתות שבהן הייתי מדריכה בבני עקיבא. בדיוק הייתה אז באופנה חצאית מעטפת. זו חצאית שעשויה מבד מרובע ארוך שמלפפים אותו סביב הגוף וקושרים במותניים. השמועה מספרת שחצאיות כאלה לפעמים לא מחזיקות מעמד ונוטות ליפול באלגנטיות ולהותיר את הלובשת נטולת חצאית. אני למדתי את זה על בשרי... באותה שבת לבשתי חצאית מעטפת. מכיוון שאיחרתי, עשיתי את הדרך אל הסניף בריצה. לפתע תוך כדי ריצה אני מרגישה רוח קרירה על הרגליים. אני מתבוננת כלפי מטה ומגלה שלרגליי מכנסיים קצרצרים בלבד. הסתכלתי בבהלה לאחור וגיליתי את החצאית שרועה לה באין מפריע על המדרכה, כחמישים מטר מאחוריי. כמובן שמיד התנפלתי עליה והתחלתי מתלפפת, בודקת ימינה ושמאלה מי בדיוק ראה את הפדיחה. לשמחתי, אף אחד לא היה ברחוב באותו רגע (אם לא הייתי מגיעה באיחור אלא צועדת אל הסניף בזמן, רוב חניכי הסניף היו צועדים יחד איתי ברחוב וזוכים לחזות בפלא... הרגשתי בת־מזל שהגעתי באיחור...).

כשגיליתי שהחצאית לא עליי, חשתי מיד בושה גדולה. כאשר אני מנתחת איתך עכשיו את הבושה הזו, אני יודעת בוודאות שזו לא בושה שלילית. כלומר, זה לא שחשבתי שהגוף שלי לא נראה מספיק יפה, וזה לא שחשבתי שהמיניות היא דבר שלילי ולכן צריך להסתיר את הגוף. הבושה שלי נבעה מהעובדה שמה

שהיה צריך להישאר פנימי, ביני לבין עצמי, לפתע נחשף כלפי חוץ. זוהי ההגדרה של בושה חיובית.

ואולי הבושה שלי נבעה מכך שנפילת חצאית היא "פריחה"? ניסיתי לברר את הנקודה הזו. דמיינתי מה היה קורה אם הייתי יוצאת מהבית בלי לשים לב, עם מכנסיים קצרים בלבד. מסתבר שעדיין הייתי חשה בושה, למרות שאף אחד לא יודע שלא תכננתי לצאת כך מהבית. הידעת שאחד החלומות הנפוצים ביותר בקרב המין האנושי הוא סיוט מלא בתחושת בושה, שבו אנחנו צועדים עירומים ברחוב? הבושה הזו בגוף החשוף שלנו נמצאת כנראה בבסיס האנושיות. האם היא בהכרח שלילית?

אם כן, החידוש הראשון של הרב שג"ר בנוגע לצניעות הוא שביהדות, **הצניעות היא תוצאה של בושה חיובית ולא של בושה שלילית.** כלומר, זה לא שהצניעות באה כדי לסייע לנו "להסתיר את עקבות הפשע" (כמו שחשבה תלמידתי נטע מפרק 9) אלא היא באה לאפשר לנו לחיות בעולם שבו יש הבחנה בין פנים לחוץ. עולם שבו יש דברים שאנחנו מעוניינים להשאיר בפנים, ולא לחשוף אותם.

כעת ייתכן שאת שואלת: אבל מדוע שלא נחשוף אותם? כשמדובר בגוף, מדוע צריך בכלל את ההבחנה בין פנים וחוץ? על שאלה זו נענה בפרקים הבאים.

פרק 34
האם אפשר לתפוס את האין־סוף?

הרב שג"ר ממשיך ומביא את דבריו של המהר"ל על הפסוק "ואת צנועים חכמה" (משלי, יא, ב):

> החוכמה בעצמה היא צנועה ונסתרת ואין החוכמה בנגלה.
> ולפיכך, כמו שהיא החוכמה בעצמה כך ינהג עם החוכמה, שילמד

> בצניעות, דהיינו בסתר (המהר"ל מפראג, נתיב הצניעות, נתיבות עולם ב, א).

המהר"ל אומר כאן משהו מעניין: החוכמה "מתנהגת" בצניעות, כלומר היא נסתרת. מדובר כאן על חוכמה מסוג מסוים: חוכמת הסוד. כשמדובר בחוכמת הסוד, אין דבר כזה חוכמת־סוד־נגלית. חוכמת־סוד־נגלית זו סתירה פנימית. לכן, האדם הלומד אותה צריך להתנהג גם הוא באותו אופן וללמוד אותה בצניעות. בהמשך נראה למה הכוונה שאין דבר כזה חוכמה נגלית. בינתיים נשים לב שדבריו אלו של המהר"ל מזכירים לנו את הרעיון שלמדנו מהמשנה במסכת חגיגה, על כך שלימוד תורה מן הסוג של תורת הסוד (המכונה כאן "חוכמה") צריך להיעשות בצניעות ולא בפומבי.

הרעיון הזה מופיע בעוד מקומות. למשל, בגמרא במסכת מועד קטן מופיע קשר ברור בין לימוד תורה למיניות, והקשר הוא ששניהם לא יכולים להיות חשופים לעיני כול בשוק. תראי איך רבי (רבי יהודה הנשיא) מנסח את זה:

> פעם אחד גזר רבי שלא ישנו [=ילמדו תורה] לתלמידים בשוק. מאי דרש [=איזה פסוק דרש כמקור לגזירה זו?] "חמוקי ירכיך כמו חלאים מעשה ידי אמן" (שיר השירים) מה ירך בסתר, אף דברי תורה בסתר (מועד קטן טז ע"א).

נשוב לדברי הרב שג"ר. לאחר שהביא את דברי המהר"ל על לימוד חוכמת הסוד בסתר, הרב שג"ר ממשיך עם הרעיון אודות הקשר שבין דתיות למיניות:

> יש קשר עמוק בין הדתיות ובין האהבה: ההחצנה מפוגגת את שני העולמות האלו. צילום האהבה הוא פורנוגרפיה. כשאיבד את התום, נתקל אדם הראשון בעירום, ומתוך כך בבושה. צניעות עלי התאנה היא הצעיף שמתפקידו לשמור על המסתורין שבאהבה [...] מה שנכון לסוד של החוכמה, נכון פי כמה למיסתורין של הגוף, שבנקל מועד הוא להפוך לחֵפֶץ ולדָבָר. יש אפוא הקבלה בין אינטימיות דתית לאינטימיות שבין איש לאשתו (הרב שג"ר, צניעות ובושה, מתוך נהלך ברג"ש, עמ' 264).

הרב שג״ר אומר: ״מה שנכון לסוד של החוכמה, נכון פי כמה למיסתורין של הגוף״. כלומר, הגוף המכוסה נמצא על אותו מישור של חוכמת הסוד שהיא ״מכוסה״ ולא מגולה. נמשיך:

> במקומות רבים בחז״ל אנו מוצאים השוואה בין אהבת התורה לאהבת אישה. חכמים למדו תורה מתוך תשוקה (שם).

כאשר קראתי לראשונה את דברי הרב שג״ר על כך שחכמים למדו תורה מתוך תשוקה, לא יכולתי שלא לחשוב על סוגיית ארון העדות. נחזור אל הסוגיה הזו בהמשך, ובינתיים את מוזמנת לחשוב על כך: אם חז״ל למדו תורה מתוך תשוקה, ואם יש מכנה משותף בסיסי כל כך בין דתיות לבין מיניות, אולי ייתכן שה״גלישה״ של חז״ל למחוזות המיניים דווקא כאשר הם עוסקים בנושא הקדוש ביותר, ארון העדות, איננה מקרית? נענה על השאלה הזו בהמשך. בינתיים עלינו לברר שאלה יסודית יותר: מהי בעצם ״תשוקה״ בהקשר של לימוד תורה? אני משערת שאת יודעת מהי ״תשוקה״ בהקשר המיני, אבל המושג ״תשוקה״ בהקשר של לימוד תורה מעורפל יותר. אם נבין מהי תשוקה בהקשר של לימוד תורה, נבין גם מהי תשוקה מינית בעולמם של חז״ל, משום שכפי שנראה, חז״ל מוצאים מכנה משותף גדול בין תשוקה דתית לתשוקה מינית.

הרב שג״ר מנסה להבהיר את מושג התשוקה, המשותף גם ללימוד תורה וגם למיניות. כך הוא ממשיך:

> תשוקה היא גילוי האין־סוף, גילוי האלוקי שבתורה. בחסידות חב״ד מלמדים שהעונג שבתורה הוא גילוי סודות התורה, ועונג זה הוא ריגוש של אהבה, פשוטו כמשמעו.

הרב שג״ר מצביע כאן על מושג חשוב מאוד לדיון שלנו: המושג אין־סוף. זהו מושג פילוסופי. ברשותך, אני נכנסת איתך עכשיו לכמה הסברים של רעיונות מופשטים שלא תמיד קל להבין אותם. אני מזמינה אותך לצעוד איתי בהם ביחד, יד ביד, בעדינות...

ובכן, מה שאנחנו יודעות על מושג האין־סוף הוא שאת האין־סוף אי אפשר לתפוס. מדוע אי אפשר לתפוס את האין־סוף? משום שברגע שתפסת את האין־סוף, הוא נעשה בדיוק ההפך מאין־סוף: הוא נעשה סופי, משהו עם התחלה וסוף, שניתן להגדיר ולתחום. לכן האין־סוף הוא בהגדרתו משהו בלתי נתפס. למושג אין־סוף יש גם משמעות בהקשר הדתי. בהקשר הדתי, האין־סוף משויך לאלוקות. האלוקים הוא אין־סופי, ולכן האדם, בהיותו יצור סופי ומוגבל, לא מסוגל לתפוס אותו.

אנסה לתרגם את המושג הפילוסופי הזה לחוויה פסיכולוגית, אישית: האם יצא לך פעם לשמוע מוזיקה, וממש להתפעל ממנה (את יכולה גם להשתמש כאן בדוגמה אחרת מתחום שיותר נוגע לך, אולי ציור, או קריאת שיר או ספר, או אולי חוויה של התפעמות מנוף מדהים וחד־פעמי בטיול שהיית בו)? אני מניחה שכן. וכאן אני מחלקת בין שני סוגים של התפעלויות: יש התפעלות מהסוג של "איזה יפה זה". זו התרשמות אסתטית, שעוסקת בשאלה האם המוזיקה נעימה ועד כמה היא נעימה.

אבל יש גם התפעלות מסוג אחר. זה רגע כזה שבו את ממש נפעמת. עוברת בך צמרמורת. את מרגישה כאן חוויה אישית מאוד, שלוקחת אותך למקומות שהם הרבה מעבר לחוויה של "יופי". לפעמים זה יכול להרגיש אפילו מעט כואב בלב. כשאנחנו בוכים משמיעת מוזיקה שאין בה בהכרח מילים עצובות, זה לא משום שהמוזיקה יפה. יופי לא אמור לגרום לנו לבכות. מה שגורם לנו לבכות הוא משהו שהצליח למתוח את גבולות ההכלה שלנו. הכלי שלנו, יכולת התפיסה שלנו, כאילו מקבל יותר ממה שהוא יכול לתפוס ולהכיל. וזו בדיוק הנקודה, שברגע הזה אנחנו עומדים מול משהו שהוא בלתי נתפס. לפעמים אנשים יגידו בזמן החוויה הזאת: "אני פשוט לא מצליח לתפוס את זה!".

ברגע הזה את בעצם מתפעמת לא ממה שיש ביצירה הזו, אלא ממה שאין בה. כלומר, את נפעמת ממשהו שהיצירה מהדהדת בתוכך, משהו שהוא הרבה מעבר ליצירה עצמה, משהו שאין לו יכולת להצטמצם למילים. חוויה כזו היא חוויה של מפגש עם האין־סוף. זו לא חוויה של גילוי האין־סוף, כי האין־סוף

מעצם מהותו לא יכול להתגלות. אבל זו חוויה של מפגש עם הרושם של האין־סוף הבלתי נתפס. במונחים של מה שלמדנו הרגע, זו בעצם חוויה דתית. נסכם ונאמר: החוויה האסתטית מתמקדת ביפה, והמקסימום שלה הוא הנשגב (זוכרת את שיח ההשגבה?). לעומת זאת, החוויה הדתית מתמקדת בסוד, והמקסימום שלה הוא המפגש עם האין־סוף.

״אין־סוף״ היא בעצם מילה נרדפת ל״סוד״. גם הסוד מתנהג בצורה מעניינת: חשבי למשל על סוד כלשהו, וכעת דמייני שמישהו מגלה את הסוד הזה לכולם. האם הסוד הזה נשאר סוד, לאחר שגילו אותו? כמובן שלא. הסוד הוא בהגדרתו משהו בלתי גלוי, משהו שלא יכול להיות מגולה (זוכרת את דברי המהר״ל על החוכמה המתנהגת בצניעות, שלא יכולה להיות מגולה? זה אותו רעיון). ברגע שגילינו את הסוד, הוא כבר לא סוד. בדיוק כפי שהאין־סוף, ברגע שתפסנו אותו, הוא כבר לא אין־סוף. אם כן, האויב של האין־סוף ושל הסוד הוא התפיסה, והחשיפה. תפיסת האין־סוף מעלימה אותו; חשיפת הסוד מפוגגת אותו.

הרב שג״ר מעלה כאן נקודה נוספת: התשוקה היא כלפי ״אין־סוף״. התשוקה, בין אם מדובר בתשוקה דתית ובין אם מדובר בתשוקה מינית, בעצם מכוונת לתפיסת האין־סוף. התשוקה רוצה לגלות את הסוד! יכול להיות שאת מרגישה שזה לא ייתכן, שזה פרדוקס: האם ניתן בכלל לממש תשוקה שכזו? האם ניתן לתפוס את האין־סוף? הרי בדיוק הרגע אמרנו שאין־סוף, כמו גם הסוד, לא יכול להיות נתפס או חשוף! על כך כותב הרב שג״ר:

> הבעיה בנוגע לסוד היא שבעצם חשיפתו ותפיסתו, הוא אובד, והיא נכונה גם בנוגע לגוף, שגילויו וחשיפתו מפוגגים את חיוניותו ואת טעמו. [...] זהו מקור האכזבה המתלווה למימוש הנמוך של היצריות.

הרב שג״ר מדבר על תופעה ידועה הקשורה למיניות: כאשר התשוקה המינית מתממשת באופן נמוך, ללא עומק של קשר בין בני זוג, התחושה שעולה לאחר מימוש התשוקה היא תחושת אכזבה וריקנות.

אני משערת שאת מכירה את הרעיון הזה שחוזר על עצמו לא מעט במדיה או בספרות: גבר כלשהו נותן את עינו באישה שהוא לא מכיר, ואחרי שהוא ״משיג״

אותה (והם מקיימים יחסים), הוא חש ריקנות. אותה אישה שעד לפני רגע הציפה אצלו כל כך הרבה תשוקה, לפתע חדלה לעניין אותו, והוא לא משתוקק אליה בכלל. וכנ"ל להפך, כאשר האישה "משיגה" את הגבר, היא מרגישה ריקנות.

הרב שג"ר מסביר את התופעה הזו על ידי מושג ה"סוד": הגוף המכוסה, הבלתי מושג, אפוף "סוד" ומיסתורין. הסוד המיסתורי הזה מעורר באדם תשוקה. לפעמים אנשים מתבלבלים וחושבים שהתשוקה שהם חשים כלפי סוד אמורה לגרום להם לגלות אותו. אבל תשוקה אף פעם לא יכולה לגלות את הסוד. ברגע שהגוף נחשף, הסוד מתפוגג ואיתו מתפוגגת התשוקה. במקרים של מיניות נמוכה, נלווית לכך גם תחושת אכזבה וריקנות.

פרק 35
שני הרכיבים של ה"סוד"

יכול להיות שעכשיו את שואלת אותי: "אם זה נכון מה שאת כותבת כאן, אם זה נכון שברגע שהגוף נחשף, הסוד מתפוגג ואיתו מתפוגגת התשוקה, אז מה זה אומר על שמירת המיניות לנישואין? הרי ברגע שהסוד ייחשף, התשוקה תתפוגג!"

זו שאלה מעולה. כדי לענות עליה צריך להבחין בין שני היבטים של מושג ה"סוד":

א. ההיבט הראשון של ה"סוד" הוא שהוא לא יכול להיות חשוף לעיני כול, משום שחשיפה פומבית שלו למעשה מפוגגת אותו. לכן, המפגש עם הסוד מעורר "תשוקה", וחשיפה של הסוד מפוגגת את התשוקה.

אומנם, לא דומה חשיפה פומבית לעיני כולם לחשיפה פרטית בפני אדם אחד. חשיפה פומבית מפוגגת את הסוד. אבל כש"דורשים עריות בשניים" (כמאמר המשנה שראינו בפרק 31), הסוד של המיניות דווקא מתקיים, משום שיש שם דיאלוג סודי, מיסתורי וצנוע, בין שני אנשים בלבד.

ב. ההיבט השני של הסוד הוא שחשיפתו של הסוד שמורה רק להקשר מיוחד. כשמדובר במיניות, חשיפתו שמורה רק לאדם שעמו כרתי ברית. ההיבט הזה הוא שהופך את הסוד לחוויה שהיא לא רק של "**תשוקה**", אלא גם של "**משמעות**".

הסוד המיני באמת יכול להתפוגג גם בקרב בני זוג נשואים, מה שיכול להוביל לתחושה של שחיקת התשוקה המינית. אבל כפי שנראה בחלק ד', בני זוג שהטעינו את הסוד המיני ברובד של ה"משמעות" ולא רק של התשוקה, חווים מבחינה מינית ורגשית משהו עוצמתי וייחודי מאוד, שלא מתפוגג כל כך בקלות.

פרק 36

איך זה מרגיש להיות מחוברת למיניות שלך?

אני רוצה שתחשבי על זה לרגע בהקשר של חיבור למיניות. אני חושבת שאישה או נערה שמחוברת למיניות שלה יכולה להבין איך תשוקה מינית קשורה לסוד, ואיך הנאה מינית מבוססת על קיומו של סוד. אבל לפני שנסביר את זה, אציין למה אני מתכוונת כשאני אומרת "אישה (או נערה) שמחוברת למיניות שלה".

אישה שמחוברת למיניות שלה היא אישה שאוהבת את העובדה שהיא "סובייקט מיני", כלומר, חווה מדי פעם תשוקה מינית, פנטזיות, והתרגשות כתוצאה ממחשבה על סיטואציות מיניות. אפילו שהיא לא תמיד מעוניינת שהתחושות הללו יופיעו, כי לפעמים היא חשה שזה "לא קשור", היא שמחה על כך שמתעוררות בה תחושות כאלה. זה כיף לה.

אישה שמחוברת למיניות שלה יכולה לדמיין את עצמה לוקחת חלק בהתרחשות מינית, וליהנות מהדמיון הזה. אישה שמחוברת למיניות שלה היא אישה שאוהבת את העובדה שלאיברים מסוימים בגופה יש משמעות מינית.

היא מתרגשת מהמחשבה שאהוב ליבה (בהווה או בעתיד) חש משיכה כלפיה, משיכה שבאה לידי ביטוי בכך שהוא משתוקק לראות אותה חשופה, ולגעת בה באינטימיות הדדית.

אישה שמחוברת למיניות שלה מכירה גם את התשוקה האישית שלה ביחס לגוף הגברי. היא יודעת למה היא נמשכת מבחינה פיזית אצל גברים, ולא רק אילו תכונות אופי מושכות אותה. כשהיא חושבת על עצמה נוגעת בגוף הגברי שאליו היא משתוקקת, המחשבה הזו מעוררת בה שמחה והתרגשות. משיכה מסוג זה מבוססת על תכונות חיצוניות של הגבר, שכלפיו היא חשה משיכה אפילו מבלי להכיר אותו. נכנה את המשיכה הזו "משיכה פיזית מהסוג הראשון".

בנוסף למשיכה מן הסוג הזה, האישה המחוברת למיניות שלה יכולה גם לחוש משיכה פיזית מסוג נוסף: משיכה מינית שמתעוררת רק לאחר היכרות עם האישיות של הגבר. משיכה מסוג זה אופיינית בדרך כלל כשמדובר באדם שבהתחלה תכונותיו החיצוניות לא נראות לנו מושכות באופן מיוחד, אבל לאחר היכרות עם אישיותו, המראה החיצוני שלו כאילו "סופח" אל תוכו את האישיות המיוחדת שלו. במקרה כזה, לפתע אנחנו עשויות לגלות שאנחנו נמשכות אליו, **פיזית** (ולא רק שכלית או רגשית), גם אם בהתחלה לא חשבנו שחיצוניותו יכולה לעורר בנו משיכה. למשיכה מסוג זה נקרא "משיכה פיזית מהסוג השני".

המשיכה מהסוג השני היא קריטית בעולם שבו רובנו לא נראים כמו דוגמנים ודוגמניות, או לכל הפחות נראים יפים בצעירותנו, אבל מגיעים מתישהו לגיל שבו הנראות החיצונית שלנו לא בולטת ביופייה במיוחד. בהמשך, כשנעסוק בביקורת על שיח השחרור המיני, נראה איך שיח השחרור המיני מדכא בלי כוונה את המיניות מהסוג השני.

גם גברים וגם נשים יכולים לחוות את שני סוגי החוויות הללו, ומבחינה הלכתית ממש לא מומלץ להתחתן לפני ששני בני הזוג חווים משיכה כלשהי (מהסוג הראשון, או השני, או שניהם). עבור נשים ונערות, לפעמים החוויה האישית של תשוקה מינית או משיכה פחות נגישה מאשר אצל גברים. נדמה לי שרוב הנערים והגברים לא צריכים ש"ילמדו" אותם לחוות תשוקה מינית, משום שהחוויה הזו פועמת בקרבם בקלות רבה יותר. הם אומנם צריכים לעבור תהליכים

רבים אחרים, כמו למשל איך לחבק באהבה את התשוקה המינית שלהם, ולא לכעוס על עצמם כשהיא מתעוררת, איך לנתב אותה למקומות טובים ולמנוע ממנה להתממש באופן הרסני.

לעומת זאת, אצל נערות ונשים, לפעמים התשוקה המינית היא יותר חידתית, חמקמקה ולא ברורה. יש נערות ונשים שמאוד מחוברות למיניות שלהן מגיל צעיר, ולעומת זאת יש כאלו שלא. לכן אני חושבת שכבר מגיל ההתבגרות, חשוב שכל נערה תתחיל להכיר בתוכה את התחושה הזו של תשוקה מינית, ותציב לעצמה מטרה עדינה, סבלנית ורגישה: "להיות מחוברת למיניות שלי".

ומה לגבי החשש מפני הרהורי עבירה? ובכן, לפי הגישה ההלכתית היותר מבוססת,* "הרהורי עבירה" אצל נשים (ובעיקר כשמדובר ברווקות) הם רק מחשבות מסוג מאוד מסוים ונדיר: "תכנון כיצד לחטוא בפועל עם מישהו שאסור עליי". לכן, רוב הפנטזיות הנשיות אינן אסורות, משום שרוב הפנטזיות כלל לא כוללות "תוכנית פעולה".

לפי גישה זו, כאשר מישהי מפנטזת על מישהו, אין כאן כל איסור הלכתי. מתי יהיה כאן איסור שנחשב להרהור עבירה? יהיה כאן איסור כזה רק אם היא מתכננת כיצד לגרום להתרחשות המינית הזו להתממש במציאות. לפי גישה הלכתית זו, לנשים אין כל איסור על תחושה פיזית ורגשית של עוררות מינית. ואכן, התכנון לחטוא לא חייב להיות מלווה בחוויה גופנית של התרגשות. תכנון כיצד לבצע חטא יכול להיות מחושב וטכני, ללא כל עוררות מינית, ועדיין הוא אסור, גם על גברים וגם על נשים. לעומת זאת, הדמיון שכרוך בהתרגשות מינית לא אסור על נשים.

אומנם, כשמדובר ב"תסריט שלם" שמופיע לנו בדמיון, ששני הגיבורים בו הם את ומישהו **מסוים** שאת מכירה ועשויה לפגוש בחיי היום־יום, יש שמגדירים זאת כהרהור עבירה. זאת משום שקשה לשרטט גבול ברור היכן מסתיים הדמיון

* לעיון במאמר הלכתי שמפרט את הגישה הזו, היכנסי לאתר אפרכסת לעמוד ההרחבה על הפרק הזה. בנוסף, אם את מעוניינת לשמוע את ההשערה שלי, מדוע חז"ל לא היו מעוניינים להגביל את החוויה המינית האישית של האישה, את מוזמנת לעיין במאמר נוסף שנמצא בעמוד ההרחבה על הפרק הזה. המאמר מציין חמישה הבדלים בין מיניות גברית למיניות נשית וביטויים בהלכה.

שברור לך שאין לו כוונה להתממש, והיכן מתחיל הדמיון שאת כבר חושבת איך לממש אותו בפועל. אך בכל אופן לנשים, ובעיקר לרווקות, יש חופש דמיון רחב ביותר מבחינה הלכתית בכל הנוגע למיניות. זאת כל עוד התכנים המיניים נותרים בדמיון בלבד, ואינם נלווים לצפייה בתכנים לא־צנועים, וכל עוד אין סכנה שהם יובילו למימושם בפועל.

(על גברים מוטלות מגבלות הלכתיות רבות יותר על הדמיון, משום שיש חשש מפני הוצאת זרע לבטלה. היות שהספר לא עוסק במיניות הגברית, לא נתייחס כאן לשאלה הסבוכה כיצד נתאר את הגבר הדתי המחובר למיניות שלו, ונישאר רק עם תיאור של האישה הדתית המחוברת למיניות שלה. רק אציין שאני חושבת שיש לא מעט רווקים דתיים שמחוברים למיניות שלהם, והחיבור הזה לא מוביל לאיסורים הלכתיים וגם לא נובע מפריצת האיסורים הללו).

ומה לגבי תסכול מיני? ובכן, אין ספק שחיבור למיניות עלול להגביר את התחושה של התסכול המיני בקרב נערים, נערות, רווקים ורווקות. הם חווים את המיניות שלהם כמשהו בלתי נפרד מהם, והצורך להמתין עם המימוש המיני עד לנישואין קשה להם יותר מאשר לאנשים שממילא לא חווים את המיניות של עצמם באופן נוכח, ולא מחוברים אליה. למרות זאת, אני חושבת שתסכול מיני בשנים שלפני הנישואין, מעבר להיותו חוויה לא נעימה ומורטת עצבים, יכול לפעמים להפוך להיות חוויה טובה מבחינה מינית, ואפילו מעצימה. בהמשך נסביר את הקביעה הזו, כשנעסוק באופן יותר מפורט בשמירת נגיעה.

חיבור למיניות הוא תנאי חשוב למיניות בריאה, ולדעתי רצוי שהחיבור האישי למיניות יתרחש עוד לפני שהאישה נישאת לבחיר ליבה. גם אישה רווקה וגם נערה בתיכון יכולות להיות מחוברות למיניות שלהן. זוכרת את אילה ודניאל, הדמויות שאיתן פתחנו את הספר? אני חושבת שאם אילה הייתה מחוברת למיניות שלה, ואם דניאל היה מחובר למיניות שלו, בידיעה שהדבר לא סותר את הזהות הדתית שלהם, ושאפשר להיות מחוברים למיניות מבלי לעבור על איסורים הלכתיים, הקשר שלהם היה מחזיק מעמד וממריא למחוזות הכי גבוהים שיש.

כשאנחנו שומרים נגיעה, אנחנו לא אמורים על הדרך גם "לשמור־אינטימיות". אינטימיות **רגשית** יכולה להתרחש גם כאשר אין מגע. כשמדובר בקשר רומנטי

עמוק ורציני, שמטרתו מכוונת למקום רציני עוד יותר, אני חושבת שאפשר, ואולי גם רצוי, לדבר על המשיכה שיש בינינו.* אפשר לומר: "אני רוצה לגעת בך, קשה לי שאי אפשר". אפשר להגיד: "הייתי נותן לך חיבוק עכשיו". אפשר גם להגיד: "תדע לך שאני נמשכת אליך", ואפילו להוסיף אחר כך את המילה "מאוד". דווקא זוגות דתיים יודעים לפעמים באופן טבעי איך להתייחס לנושא המשיכה ששוררת ביניהם באופן עדין, מבלי לפרוץ את הגבולות. כמובן, החוויה הזו עשויה להיות גם מתסכלת. תסכול הוא חלק בסיסי משמירת נגיעה. לדעתי, אין שום דרך להימלט מהתסכול שנלווה לחיבור בין שני הרכיבים: "חיבור למיניות" ו"שמירת נגיעה". אבל יחד עם התסכול, זו יכולה גם להיות חוויה נעימה ומרגשת מאין כמוה, "לשוחח משיכה" מבלי לממש אותה.

* אומנם, יש מקרים שבהם הדיבור ההדדי על המשיכה עלול להפריע:
א. אם אתם מרגישים שאתם יותר מדי עוסקים בנושא הזה, מה שמגביר את התסכול ביניכם, כדאי דווקא להתאמץ למצוא איזון ולהפחית את הדיבור על הנושא.
ב. בכל מקרה, לפני הנישואין הדיבור על התשוקה ההדדית צריך להיות מרומז ולא לרדת לפרטים אינטימיים מדי, כדי להימנע ממצב של איבוד שליטה והיסחפות למגע.

יחד עם זאת, פעמים רבות החיבור למיניות הוא עניין שלוקח זמן. כשמדובר בנערות בתיכון, הרבה פעמים אנחנו עדיין לא ממש מחוברות לגוף שלנו במובן המיני. זה בדיוק גיל מעבר מילדה לאישה. אני זוכרת את עצמי בכיתה י', מסתייגת מהמחשבה שאני "אישה". לא לגמרי אהבתי אז את הרעיון שהגוף שלי הוא (גם) מיני ושאני יכולה להיות סובייקט מיני, כלומר לחוות תשוקה מינית. לדעתי זה טבעי והגיוני שהבושה בגיל הזה תהיה קצת שלילית, פשוט כי בגילאים הללו אנחנו לפעמים עדיין לא רואות במיניות של עצמנו משהו חיובי ורצוי. נערות שמרגישות שהן עדיין לא מחוברות למיניות שלהן יכולות להיות רגועות. אני מאמינה שעם הזמן, הבושה השלילית תתחלף מעצמה לבושה חיובית. כלומר, המחשבה שמיניות היא שלילית ולכן אני מתביישת בה תתחלף במחשבה שהמיניות שלי היא חלק אהוב ומשמח מתוך מי שאני, אבל אני רוצה שהיא תהיה "סוד", ולכן אני עלולה לחוות בושה אם אנשים שאינם אני (או בעלי) ייחשפו אליה.

עכשיו אני חושבת שכבר יותר ברור מדוע "הסוד" הוא חיוני לתשוקה מינית ולהנאה מינית. התשוקה המינית שלנו מבוססת בין השאר על רצון ש"הוא ייגע

בי". אצל רוב הנשים שאני מכירה, כאשר "הוא" נוגע בהן באיבר גוף שנחשב לסתמי מבחינה מינית, כמו האצבע, זה פחות מרגש ומסעיר מאשר המגע באותם אזורים נשיים וארוטיים שהם בעלי משמעות מינית. כשמדובר באישה שנוהגת להתלבש בצניעות, אלו אזורים שמלבד המשמעות המינית שלהם, נלווית להם גם חוויה של "סוד", משום שאף אחד לא רואה אותם או נוגע בהם למעט "האחד" שבו בחרה בברית הנישואין.

ההיגיון פשוט: ה"סוד" מעצים את חוויית ההתרגשות מהחשיפה של הגוף ומהמגע בו. אישה שמחוברת למיניות שלה עשויה לחוות עוצמה גדולה יותר של התרגשות כאשר המיניות שלה היא "סוד", מאשר אישה שהמיניות שלה חשופה לעיני כול ביום־יום. גם הגבר ש"שומר על העיניים" ולא מתבונן בגופים נשיים חשופים ביום־יום, אלא מעוניין להתרגש אך ורק מהגוף של אשתו אהובתו, סביר שיחווה עוצמת תשוקה גדולה יותר ברגעים שבהם הסוד הנשי של אשתו ייחשף. זאת לעומת גבר שהגוף הנשי כבר איננו סוד עבורו, משום שהתבונן כבר בגופים חשופים רבים. כפי שנראה בהמשך, הסוד המיני לא רק מעצים את ההתרגשות מהחשיפה או מהמגע, אלא מעצים גם דברים נוספים שחשובים למיניות, לזוגיות ולאהבה שלנו.

פרק 37
רמז

נחזור למשמעות של הסוד, ונראה איך המשמעות הזו מתפצלת לגישות שונות בנוגע ללבוש. לאחר שהבנו מהו סוד, ומהו הקשר שלו לאין־סוף, הרב שג"ר מציג בפנינו אפשרות נוספת להתמודדות עם האין־סוף. את האפשרות הזו הוא מכנה "רמז":

> ניסוח מפורש מוביל לבנאליות. זאת בחינת "כבוד אלוקים הסתר דבר" - הסוד.

> אבל למשורר דרך אחרת, דרך **הרמז**. הוא רומז אל הדבר שעליו אין לדבר. כל משורר יודע שאסור לתאר את הדבר עצמו, יש לרמוז עליו באמצעות המטאפורה, המטונימיה ובאמצעים ספרותיים אחרים. הרמז הוא הצבעה שתפקידה להפנות את הדמיון לסוד. (הרב שג"ר, צניעות ובושה, מתוך נהלך ברג"ש, עמ' 267)

חשבי על כך. את הולכת בשעת ערב ברחובות העיר ולפתע שמה לב לשקיעה נפלאה שמעוררת בך רגשות אישיים מאוד. את מרגישה צורך עז לכתוב בינך לבין עצמך את הרשמים ולתאר את החוויה. מהי לדעתך הדרך המדויקת יותר להעביר את חווייתך למילים, כך שאנשים אחרים יוכלו לחוות חוויה דומה לזו שאת חווית: האם כתיבה שהיא "ניסוח מפורש", או כתיבה שיש בה רמז?

"כתיבה מפורשת" יכולה להישמע כך:

> *אני הולכת ברחוב ומסתכלת על השמים. וואו! יש שקיעה מהממת! השמיים ממש ורודים, ותוך כדי גם רואים את הירח. איזה יפה זה! וואו, אני מתרגשת, בא לי לבכות!*

זו דוגמה לטקסט שהדברים מנוסחים בו באופן מפורש ובנאלי מדי. הטקסט הזה אולי מתאים לנוסח של סטטוס או סטורי או וואטסאפ, אבל האם הוא מרגש? האם הוא עמוק? האם הוא מסוגל לגרום לך צמרמורת? לגעת בתוכך פנימה? ייתכן שאת חשה שהטקסט הזה בעייתי: אין בו עומק, ולכן הוא לא מתאים כדי להעביר את החוויה העמוקה שהוא מנסה להעביר. הטקסט הזה בעצם מעביר רק ידע, אבל לא חוויה. אם את מקבלת כזו הודעה בקבוצת הוואטסאפ של החברות, אז את אומרת לעצמך: "אוקיי, איזדרכת חברתי הטובה ראתה הרגע שקיעה ממש יפה, וזה מרגש אותה". זה הידע שקיבלת כאן. אבל האם גם את עכשיו חווה התרגשות בליבך? לא נראה לי. לעומת זאת, אפשר לחשוב על טקסט אחר, שמתאר את היופי של השקיעה ברחוב. הפעם ניעזר בנתן אלתרמן, בקטעים מתוך שירו "ערב עירוני":

שקיעה ורודה בין הגגות
אספלט כחול מלמטה
עיני נשים נוגות, נוגות
אומרות לערב "למה באת"?
הפנסים פרחי העיר
מלבלבים באור ניחוח
אביב חשמל עצוב בהיר
משיכרונו אסור לברוח
נפנוף שלום ילדה פתיה
את חיוכה נשא האוטו
מה שהיה ולא היה
נדמה כמו ישוב להיות עוד
שקיעה ורודה על סף הרחוב
ורחוב כמנהרה של תכלת
מי שיגיע עד הסוף
ירצה לבכות מרוב תוחלת

השיר הזה של נתן אלתרמן מצליח לגעת, משום שהוא נוקט בגישה של רמז. הוא לא מתאר את מה שהוא רואה באופן טכני, והוא גם לא צועק בהתרגשות: "וואו איזה יופי!", אלא בוחר להשתמש בשפה באופן עדין, מרומז, מטאפורי. כך נוצרת אצל הקורא חוויה של מפגש עם האין־סוף שהיה גלום באותה חוויה חד־פעמית, באותו ערב עירוני שהמשורר ניסה לתאר.

לפי הרב שג"ר, כשם שהמילים של המשורר מגוננות על החוויה כך שהיא לא תהפוך להיות טכנית ובנאלית, אוסף של עובדות, כך הצניעות מגוננת על הגוף המיני ומאפשרת את קיום המיניות באופן בריא, הנוגע בנו בעומק הווייתנו:

> לאמיתו של דבר, הצניעות, שהיא הסתרה, היא בו זמנית גם רמז; [...] "מגלה טפח ומכסה טפח". הצניעות איננה מסכה אטומה, אלא הסתרה עדינה שיש בה רמיזה. [...] תפקיד הצניעות איננו

> להלביש את האישה בלבוש שק ולשבור את צורתה הנשית.
> תפקידה אומנם לאפק את הנשיות, אבל בכך להעצים אותה
> ולשדרה. (שם, 270)

לפי הרב שג"ר, הרמז "מגלה טפח ומכסה טפח". כלומר, הלבוש הצנוע לא אמור להיות רק כיסוי, אלא כיסוי וגילוי גם יחד. לפי הרב שג"ר, הצניעות הבריאה לא מוחקת את קימורי הגוף מצד אחד, אך גם לא חושפת את הגוף מצד שני. בכך הצניעות מגנה על הגוף המיני משתי האפשרויות הלא־בריאות שאורבות לו: מצד אחד היא איננה "מסכה אטומה", כלומר, היא לא מאפשרת ללבוש למחוק את המיניות ולהחביא אותה. מצד שני, הצניעות הזו גם איננה מאפשרת לגוף המיני לעבור "טריוויאליזציה", כלומר, להיחשף לחלוטין ובכך להפוך להיות רגיל ובנאלי, נטול עומק.

בשלב הזה, הרב שג"ר מגיע למסקנה מהפכנית בנוגע לתפקיד הצניעות:

> לא רק שהצניעות אינה באה להחניק את התשוקה, אלא תפקידה
> לכונן אותה דווקא. (שם, 268)

דבריו אלו של הרב שג"ר עומדים בניגוד מוחלט לגישות פוריטניות הסוברות שתפקיד הצניעות הוא להחניק את התשוקה המינית. לפי הרב שג"ר, הצניעות מתפקדת כמה שמכונן תשוקה, ולא כמה שמחניק אותה. מסתבר שלפי הגישה היהודית הבריאה, תשוקה איננה זהה בהכרח ל"הרהורי עבירה". כאשר הלבוש הצנוע מכונן תשוקה, אין פירוש הדבר ש"כשאישה לבושה בצניעות היא מושכת ומפתה יותר". כפי שנראה בהמשך, לבוש צנוע מהסוג **הבריא**, המכונה **"רמז"**, שומר עליה מפני האפשרות של התפוגגות, שחיקה ודעיכה. בנוסף, הוא גם מעניק למעשה המיני המתרחש בהקשר ההלכתי הנכון משמעות עודפת, שיכולה לגרום להעצמה של החוויה המינית וגם להעצמה של הזוגיות. מסתבר שלבוש צנוע בגרסת ה"רמז", זה חתיכת דבר רומנטי!

נסכם את דברי הרב שג"ר ונאמר שעומדות לפנינו שלוש אפשרויות בנוגע ללבוש: האחת, לבוש שהוא רק כיסוי, שמוחק את המיניות. השנייה, לבוש שהוא רק גילוי, שהופך את הגוף המיני לבנאלי וחסר עומק. השלישית: לבוש שהוא

"רמז", שמצליח להעצים ולשדר נשיות, על ידי כך שהוא שומר את הסוד של הגוף המיני, מבלי למחוק אותו או לפוגג את טעמו.

כעת נוכל לחזור לסוגיית הגמרא העוסקת בארון העדות. באופן מפתיע, שלוש האפשרויות הללו מופיעות בסוגיה. איזו אפשרות לדעתך תעדיף הגמרא: כיסוי מוחלט, גילוי מוחלט, או רמז?

פרק 38

נראין ואין נראין = רמז

כאשר את מנסה לנחש מה תהיה הגישה העדיפה על הגמרא מבין שלוש הגישות שראינו בפרק הקודם, אני מרשה לעצמי לנחש שאת פוסלת מיד את גישת הגילוי המוחלט, שהיא למעשה פריצות. את כנראה אומרת לעצמך שלא ייתכן שהגמרא תאפשר לבוש חושפני, ואת כמובן צודקת. אך מה לגבי שתי הגישות האחרות? ובכן, מדהים לגלות שהגמרא שוללת לא רק את גישת הגילוי המוחלט, אלא גם את גישת הכיסוי המוחלט.

נחזור מעט אחורה כדי להיזכר בדברי הגמרא, וניעזר לשם כך בתרשימים:

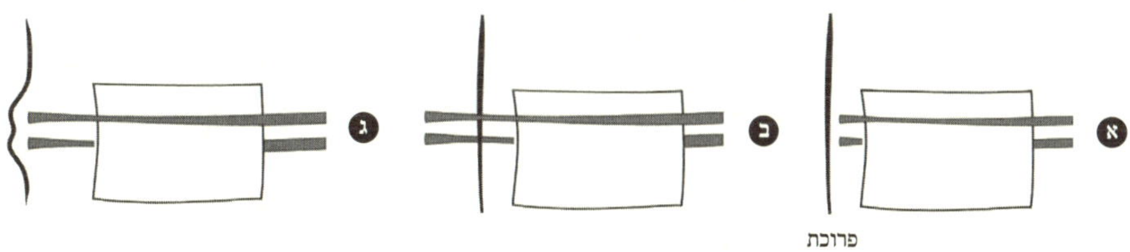

את שלושת התרשימים הללו פגשנו כבר בפרק 30. אנחנו יודעות שהגמרא משווה בין ארון העדות לבין גוף האישה, ובין הפרוכת לבין לבוש האישה. לכן

אנחנו יכולות לראות את הדיון של הגמרא בארון ובפרוכת כדיון אידיאולוגי המציג שאלה עקרונית הנוגעת לצניעות: מהי הגישה הנכונה ללבוש האישה? מהו היחס הראוי בין הגוף הנשי לבין הבגד הנשי?

תרשים א׳ מתאר את הכיסוי המוחלט. ארון העדות שמוטות הנשיאה שלו מוחבאים מאחורי פרוכת הוא למעשה אישה שקווי המתאר והקימורים של גופה כלל לא באים לידי ביטוי, והם מחוקים לחלוטין על ידי הלבוש. זהו הלבוש שהרב שג״ר יוצא נגדו, וטוען כלפיו שמטרתו ״לשבור את צורתה הנשית״.

תרשים ב׳ מתאר את הגילוי המוחלט. בהמשך להשוואה שהגמרא עורכת בין ארון העדות לבין גוף אישה, המקרה של תרשים ב׳ מתאר מצב של פריצות: גוף האישה נחשף מבעד לבגד. זהו הלבוש שהרב שג״ר טוען כלפיו שהוא כמו ״ניסוח מפורש המוביל לבנאליות״.

כאמור, אני מבינה מדוע הגמרא שוללת את האפשרות השנייה. זו הרי אפשרות של פריצות, ולא ייתכן שהגמרא תתמוך בה. אך מה לגבי האפשרות הראשונה? מדוע כל כך חשוב לגמרא להביא בפנינו את האפשרות הזו ולשלול אותה? ובכן, כנראה שלחז״ל חשוב להדגיש שהצניעות הראויה לגוף הנשי איננה מחיקה של צורתה הנשית. כנראה שבתקופת חז״ל, אמותינו הקדושות לא היו לבושות ב״לבוש חבית״, אלא הלבוש הצנוע שלהן היה נראה אחרת. כיצד?

התשובה נמצאת באפשרות השלישית: ״נראין ואין נראין״. זהו ה״רמז״! תרשים ג׳ מציג את היחס האידיאלי, לפי הגמרא, בין הלבוש הנשי לגוף הנשי. זהו יחס של גילוי (נראין) וכיסוי (אין נראין) גם יחד. כלומר, הגמרא מביאה את שתי האפשרויות הקודמות כדי לשלול אותן, ולהגיע לבסוף לאפשרות השלישית, שהיא, ורק היא, האפשרות הראויה בעיניה.

אך הדברים מרחיקים לכת אף יותר. על כך בפרק הבא.

פרק 39

ניטל או נגנז: מהי הטרגדיה שעברה על המיניות?

נחזור אל הדיון הראשון שהעסיק את הגמרא: האם הארון ניטל או נגנז. בשלב זה אנחנו יכולות להבין את מה שעומד בעומק הדיון הזה: גילוי וכיסוי של הגוף המיני. לא קשה לראות ששתי האפשרויות, "ניטל" או "נגנז", מקבילות למעשה לשתי האפשרויות של הלבוש, שאותן הגמרא שוללת: "ניטל", כלומר נלקח לבבל והוצג לראווה בשוק, זו האופציה של החשיפה המוחלטת. לעומת זאת "נגנז", כלומר נטמן באדמה במקום שלא ניתן להכיר את מיקומו, זו האופציה של הכיסוי המוחלט, המוחק את הארון, כלומר את המיניות, מעל פני השטח ומדחיק אותו אל מתחת לפני האדמה.

עכשיו, כשאנו מבינות שהדיון בארון העדות הוא למעשה דיון במיניות, אפשר להבין לעומק את המדרשים העוסקים בכוהן שנשרף כתוצאה מחשיפת הארון. הארון הקבור במעמקי האדמה מגלם מציאות שבה המיניות מודחקת. אנו יודעים שמה שמודחק עלול בסופו של דבר להתפרץ. לאור זאת אנחנו לא צריכות להיות מופתעות מהאש המתפרצת שם ושורפת את הכוהן. האש היוצאת ממעמקי האדמה היא אש המיניות המודחקת, שמתפרצת משולחת רסן ומכלה את כל מי שנקרה בדרכה.

ייתכן שניתן לקרוא את המדרשים הללו כאזהרה או לכל הפחות כשיקוף של תמונת מצב עגומה, לפיה בחברה שבה המיניות מודחקת, כל מפגש אקראי עמה עלול להיות מפגש טראומטי והרסני. במילים אחרות: כשמדחיקים את המיניות היא לא נעלמת, אלא הופכת להיות כוח שלילי ומסוכן שעלול להתפרץ בצורה חסרת שליטה ואולי אפילו מעוותת.

אם כן, ראינו מה קורה כשהמיניות היא בבחינת "נגנז". אבל מה קורה כשהמיניות היא בבחינת "ניטל"? הגמרא עונה על השאלה הזאת בהמשך הסוגיה. אך לפני כן, היא מתארת את הגישה היהודית הבריאה כלפי מיניות. נמשיך כעת בסוגיית הגמרא לפי סדר ההשתלשלות שלה.

פרק 40

כשהמיניות נחשפת

בואי נעשה קצת סדר במה שהיה לנו: התחלנו ללמוד את סוגיית הגמרא העוסקת בארון העדות. הגענו עד לשלב שבו הגמרא הסבירה לנו מה היה היחס בין ארון העדות לבין הפרוכת:

> - דוחקין ובולטין ויוצאין בפרוכת, ונראין כשני דדי אשה, שנאמר (שיר השירים א) "צרור המר דודי לי בין שדי ילין".

בשלב הזה עצרנו באמצע הסוגיה ועברנו ללמוד קטעים מתוך מאמרו של הרב שג"ר "צניעות ובושה". למדנו על בושה חיובית ובושה שלילית, על המכנה המשותף שבין סוד לבין אין־סוף (שניהם לא יכולים להתגלות ולהישאר מה שהם), ועל רעיון הרמז, לפיו תפקיד הצניעות איננו להעלים את המיניות אלא להפך, לכונן אותה באופן עמוק ועדין. לאחר מכן הראינו איך הרעיון של הרמז מתאים לדיון בגמרא אודות המראה של ארון העדות והפרוכת. ראינו גם ששתי האופציות "ניטל" או "נגנז" מקבילות לשני שיחים מעוותים העוסקים במיניות: "נגנז" הוא שיח פוריטני המעוניין לגנוז ולהדחיק את המיניות, ו"ניטל" הוא שיח השחרור המיני המעוניין להסיר מהמיניות כל מגבלה, ולתת לה "להסתובב חופשי" בשוק.

כעת נמשיך בסוגיית הגמרא מאותו מקום שבו עצרנו. מיד לאחר שארון העדות מושווה לגוף האישה, הגמרא מספרת לנו כך:

9. אמר רב קטינא: בשעה שהיו ישראל עולין לרגל מגללין להם את הפרוכת, ומראין להם את הכרובים שהיו מעורים זה בזה, ואומרים להן: ראו חיבתכם לפני המקום כחיבת זכר ונקבה.

רב קטינא אומר דבר שהוא לא פחות ממהפכני: למרות שהפרוכת כיסתה את הארון כך שלא היה ניתן לראות את הארון חשוף, אלא רק להיפגש ברמז של צורתו, בכל זאת אפשר לחזות בארון העדות ב"מערומיו" שלוש פעמים בשנה, הלוא הם שלושת הרגלים.

בדבריו אלו רב קטינא מכניס לתמונה אלמנט נוסף שעוסק במיניות: הכרובים. הכרובים הם דמויות מוזהבות שמזכירות זכר ונקבה, והם עומדים מעל ארון העדות, זה מול זו. לפי המסורת, הכרובים יכולים להימצא בכמה מערכות יחסים המתבטאות אצלם בתנוחות שונות. בתקופות של שפע וקירבה בין עם ישראל לאלוקיו, הכרובים היו משנים את עמידתם זה מול זו, והופכים להיות "מעורים זה בזה". תנוחה זו, שנחשבת לנעלה מכולן, מייצגת את המעשה המיני (חשוב לציין שהמסורת הדתית מציירת את הכרובים באופן שאינו מזכיר צורת גוף של גבר ואישה. ייצוג המעשה המיני לא היה נראה מוחשי, להבדיל מהמיניות המוחשית שמוצגת בפסלי עירום שאנו מכירים מתרבויות אחרות).

רב קטינא מגלה לנו שבשלושת הרגלים היו מגללים את הפרוכת, כלומר, חושפים את הארון לעיני כל העולים לרגל, שהיו יכולים לחזות בכרובים המייצגים יחסי אישות. ועל כך היו אומרים "ראו חיבתכם לפני המקום כחיבת זכר ונקבה". המילה "חיבה" אצל חז"ל משמשת לפעמים כמילה נרדפת לתשוקה מינית.*

* חשבי למשל על הביטוי "**חביבה** על בעלה כבשעת כניסתה לחופה" (נידה לא ע"ב), המהווה הסבר להלכות נידה המיועדות לשחזר בכל חודש את התשוקה המינית בין איש לאשתו, כמו זו ששררה ביניהם בימי הכלולות שלהם.

מדוע אני אומרת שדברי רב קטינא הם מהפכניים? ובכן, שימי לב: רב קטינא למעשה מחדש חידוש עצום בנוגע לשאלה העקרונית שאנו מפנים כלפי כל אחד מהשיחים: "האם מיניות זה טוב או רע?", להזכירך, יש לנו כמה תשובות לשאלה זו, כל תשובה מגיעה משיח אחר: השיח הפוריטני עונה על שאלה זו:

"מיניות זה רע ונמוך (אבל יש יוצאים מן הכלל כמו פרו ורבו)". לעומתו, שיח השחרור המיני המערבי מתחלק לארבעה סוגים, ובהתאמה, לארבע תשובות על שאלה זו:

1. השיח המתירני: "מיניות זה דבר רע ונמוך תמיד (אבל כיף! לכן, למה לא?)".
2. שיח ההשגבה: "מיניות זה דבר טוב תמיד ובכל הקשר (כל עוד יש הסכמה הדדית)".
3. שיח האדישות: "מיניות זה לא ביג דיל".
4. שיח ההכחשה: "זה לא מיני, ולכן זה לא ביג דיל".

כעת מופיעה לנגד עינינו תשובה מסוג אחר לשאלה זו. השיח היהודי הבריא, הבא לידי ביטוי בדבריו של רב קטינא, הוא השיח היחיד שסבור שהתשובה לשאלה הזו היא "**תלוי בהקשר**". כלומר, כדי לענות על שאלה זו צריך להתחשב בשאלה מהו ההקשר שבו מתרחשת המיניות.

כזכור, השימוש שלנו בביטוי "הקשר" לא נוגע לתפאורה של הסיטואציה, למשל לשאלה האם המיניות מתרחשת במסיבת בריכה או על בימת אופרה איטלקית. בביטוי "הקשר" הכוונה היא לשני מאפיינים בלבד: **מיהו הפרטנר ששותף למיניות הזו** (אפילו רק כצופה בלבד), **ומהו הסטטוס הזוגי שלנו** (כלומר, האם יש בינינו, אהבה, מחויבות או ברית נישואין, או שמא אין בינינו כל קשר מסוג זה).

אף אחת מארבע הגרסאות של "שיח השחרור המיני" לא מתחשבת בשאלת ההקשר, כלומר, זהותו של הפרטנר והסטטוס הזוגי, כאשר היא קובעת את הערך של המעשה המיני. כולן קובעות את הערך של המיניות באופן עקרוני, במנותק מההקשר.

השיח היהודי הבריא הוא השיח היחיד שלא מוכן לענות על השאלה הזו באופן עקרוני, אלא מבקש לקבוע קביעה ערכית רק בהתחשב בנסיבות הספציפיות של ההקשר. לכן, השיח היהודי הבריא עונה על השאלה כך: "מיניות היא מושג

שבאופן עקרוני אין לו ערך חיובי או שלילי. כדי לקבוע אם המיניות היא טובה או רעה, יש להתחשב בהקשר הספציפי שבו היא מתרחשת".

אומנם, השיח היהודי הבריא חולק כאן מכנה משותף עם השיח השמרני החילוני שאינו חלק משיח השחרור המיני, משום שגם הוא דורש הקשר של מחויבות ואהבה (אך לא בהכרח נישואין) על מנת שהמיניות תהיה גבוהה. בחלק הרביעי של הספר נעמוד על ההבדלים הקריטיים בין השיח היהודי הבריא לבין השיח השמרני החילוני.

נחזור לסוגיה: רב קטינא מלמד אותנו שלמרות שארון העדות היה מוצנע באופן מרומז מאחורי הפרוכת במשך רוב ימות השנה, עדיין יש הקשרים מסוימים שבהם הוא נחשף לחלוטין. אלו הם שלושת הרגלים. את העניין הזה הגמרא מבקשת לברר לעומק. כפי שנראה מיד, בשלב הבא הגמרא שואלת מהו ההקשר הראוי שבו המיניות יכולה להיחשף, ולעומת זאת מתי עליה להישאר מוצנעת.

פרק 41
אירוסין, נישואין, גירושין

רב חסדא מתקשה עם קביעת הגמרא אותה ראינו בפרק הקודם, לפיה ארון העדות היה נחשף שלוש פעמים בשנה:

> 10. מתיב [=מקשה] רב חסדא: "ולא יבאו לראות כבלע את הקדש ומתו" (במדבר, ד, כ).

רב חסדא מצטט את הפסוק מספר במדבר המזהיר שמי שיראה את ארון העדות – ימות, ולא מבין איך ייתכן שהארון נחשף בפני עם ישראל, ולא גרם למותם. על כך עונה לו רב נחמן:

11. אמר רב נחמן: משל לכלה,
כל זמן שהיא בבית אביה - צנועה מבעלה,
כיון שבאתה לבית חמיה [=התחתנה] - אינה צנועה מבעלה.

מי שטרם הבין שהסוגיה הזו כולה, העוסקת בארון העדות, למעשה מדברת על צניעות, רואה כאן סוף־סוף את המונח "צניעות" באופן ברור. ר' נחמן ממשיל את ארון העדות לכלה. בזמן שהכלה בבית אביה, כלומר בתקופת האירוסין, היא "צנועה מבעלה" ולא יכולה להיחשף בפניו. הפסוק שציטט רב חסדא: "ולא יבואו לראות כבלע את הקודש ומתו" מציין את תקופת המשכן. תקופת המשכן במדבר נמשלה לתקופת האירוסין שבה אין כל אפשרות לחשיפה של הארון/הכלה. לעומת זאת, כאשר הכלה מגיעה לבית חמיה, כלומר נישאת ועוברת לגור יחד עם בעלה, היא כבר יכולה להיחשף בפני בעלה: "אינה צנועה מבעלה". בהקשר של הארון, תקופת הנישואין בין הקב"ה לעם ישראל היא התקופה של בית המקדש הראשון, כאשר הארון עבר לדור במשכנו הקבוע בבית המקדש שבירושלים.

ייתכן שהקטע הזה נראה לך פשוט, משום שהוא נושא עמו אמת הלכתית מאוד פשוטה: בזמן האירוסין אין חשיפה גופנית, לעומת מצב של נישואין שבו החשיפה מותרת. למרות ההיגיון הפשוט של הקטע הזה, עלינו להבין אותו על רקע השיחים האחרים שהוא מתמודד איתם, שיח ה"ניטל" ושיח ה"נגנז", ומתוך כך לעמוד על המשמעות החדשנית שלו:

בעוד ששיח ה"נגנז", הפוריטני, סבור ש"מיניות היא דבר נמוך בכל הקשר (למעט פרו ורבו)", ובעוד ששיח ה"ניטל", שיח השחרור המיני, סבור שמיניות היא נמוכה אבל מהנה ולכן לגיטימית (מתירני), או שמיניות היא גבוהה תמיד ובכל הקשר (השגבה), או שמיניות היא לא ביג דיל (טריוויאליזציה), בא השיח היהודי הבריא וטוען שמה שקובע את הערך של המיניות הוא ההקשר: האם בני הזוג נשואים או שמא לא נשואים. לכן, לא ניתן לקבוע קביעה עקרונית בנוגע לערך המיניות מבלי לקחת בחשבון את ההקשר שבו היא מתרחשת, כלומר את שאלת הנישואין.

בהמשך נראה שלגישה זו יש השלכות חשובות מאוד כאשר היא מתמודדת עם טענה פוריטנית מסוימת, הסוברת שאין מקום כלל לגישת ה"רמז", ושלמעשה האישה צריכה ללכת במרחב הציבורי בלבוש חבית, בבחינת "נגנז".

בינתיים נתקדם בסוגיה, וניתן לה להמשיך להפתיע אותנו...

לאחר דברי רב חסדא שממשיל את ארון העדות לכלה בתקופת האירוסין והנישואין, מתערב בדיון רב חנה בר רב קטינא:

> 12. מתיב [=מקשה] רב חנא בר רב קטינא: "מעשה בכהן אחד שהיה מתעסק" וכו'!

רב חנה בר רב קטינא מעלה בפני רב חסדא קושיה. הוא מזכיר לנו את הסיפור שהובא קודם לכן בגמרא, אודות הכהן שהתעסק בקרדומו, פגע בטעות בארון העדות הגנוז, ונשרף. לדעתו הסיפור הזה מוכיח שגם בתקופת בית המקדש לא ניתן לחזות בארון העדות, שהרי העובדה היא שמי שהארון נחשף בפניו, מת!

על כך עונה רב חסדא תשובה שבעיניי היא לא פחות ממדהימה:

> 13. אמר ליה [=אמר לו]: נתגרשה אמרת. נתגרשה - חזרו לחיבתה הראשונה.

רב חסדא עונה שהמקרה של הכוהן שנשרף התרחש בתקופת בית שני, אחרי חורבן הבית הראשון. זו למעשה תקופה של גירושין שנכפו על בני הזוג, עם ישראל והקב"ה. במצב של גירושין כפויים שכאלו, "חזרו לחיבתה הראשונה". כלומר, בתקופת הגירושין שוררת שוב חובת הצניעות, והכלה (הארון) איננה יכולה להיחשף בפני בעלה (עם ישראל).

אבל תראי משהו מעניין: רב חסדא לא אומר לנו "חזרו לצניעות הראשונה", אלא "חזרו לחיבתה הראשונה". כלומר, רב חסדא מכניס לתמונה את רעיון התשוקה המינית, הבא לידי ביטוי במילה "חיבה". פירוש רש"י על הסוגיה עשוי לסייע לנו להבין במה דברי רב חסדא מהפכניים כל כך:

רש״י בפירושו על דברי רב חסדא מסביר במה שונות זו מזו שלוש התקופות: אירוסין, נישואין, גירושין.

רש״י מצביע על כך שבתקופת האירוסין יש חובת צניעות, ובהתאמה לכך שוררת תשוקה מינית בין בני הזוג. לאחר מכן, בתקופת הנישואין, כבר אין חובת צניעות בין איש לאשתו, ובהתאמה לכך הן ״גסין זה בזה״. ״גסין זה בזה״ הוא ביטוי שמשמעותו היא ירידה ברמת התשוקה, הפיכת החוויה המינית למשהו שגרתי ולכן פחות מרגש ומיוחד. לבסוף, בתקופת הגירושין, חוזרת חובת הצניעות ובהתאם לכך ״חזרו לחיבתם הראשונה״, כלומר, בעקבות הצניעות חוזרת התשוקה לאותה רמה שהייתה לפני הנישואין.

ניתן לשרטט זאת כך:

אירוסין = יש צניעות ולכן יש תשוקה.

נישואין = אין צניעות ולכן יורדת התשוקה.

גירושין (כפויים) = יש צניעות ולכן חוזרת התשוקה.

הסיבה שאני חושבת שדברי רב חסדא הללו הם מדהימים ומהפכניים היא שהם מצהירים באופן מאוד ברור על העובדה הבאה, שהיא נחלתו של השיח היהודי הבריא בלבד: צניעות איננה מוחקת או מעלימה את התשוקה המינית, אלא מכוננת אותה! דווקא בתקופה שבה שוררת צניעות, יש הכי הרבה תשוקה. להזכירך, זוהי מסקנתו של הרב שג״ר במאמרו ״צניעות ובושה״ שלמדנו קודם לכן.

לאחר שהגמרא סיימה להציג את הגישה היהודית, אנחנו מגיעות כעת לקטע המסיים את הסוגיה, ובו הגמרא מתמודדת עם שיח ה״ניטל״, המקביל כיום לשיח השחרור המיני.

פרק 42

הארון ניטל והוצא לשוק

> 14. אמר ריש לקיש: בשעה שנכנסו נכרים להיכל ראו כרובים המעורין זה בזה, הוציאון לשוק ואמרו: ישראל הללו, שברכתן ברכה וקללתן קללה, יעסקו בדברים הללו? מיד הזילום, שנאמר (איכה א) "כל מכבדיה הזילוה כי ראו ערותה".

המדרש הזה שחותם את הסוגיה מאפשר לנו להתעמת עם גישת הארון "ניטל". שהרי לפי מדרש זה, הארון הוצא מתוך תחום בית המקדש ונלקח אל השוק. ריש לקיש מתאר לנו את תגובת הנוכרים, כאשר הם רואים את הכרובים המדמים מעשה מיני: הם מוציאים את ארון העדות והכרובים לשוק, וטוענים כלפי בני ישראל: "כיצד אתם, שיודעים להבחין בין טוב לרע ('ברכתן ברכה וקללתן קללה') עוסקים בדבר הבזוי הזה?!". מיד הם מוזילים את הארון ומזלזלים בו, מה שבא לידי ביטוי בפסוק ממגילת איכה: "כל מכבדיה הזילוה כי ראו ערוותה". אנחנו רואות שהפסוק שמצוטט כאן ממגילת איכה משווה גם הוא בין ארון העדות לבין גוף האישה, כך שחשיפת ארון העדות על ידי הנוכרים דומה לחשיפה של מיניות באופן זול ומבזה.

האם הקטע הזה מזכיר לך קטע אחר שלמדנו קודם בסוגיה? לדעתי, הקטע הזה על הנוכרים מזכיר את הקטע הבא:

> אמר רב קטינא: בשעה שהיו ישראל עולין לרגל מגללין להם את הפרוכת, ומראין להם את הכרובים שהיו מעורים זה בזה, ואומרים להן: ראו חבתכם לפני המקום כחבת זכר ונקבה.

שני הקטעים הללו מתארים מצב שבו ארון העדות נחשף, ועמו נחשפים הכרובים המעורים זה בזה, כלומר מצויים במצב שמדמה יחסי אישות. מתוך כך נוצרת השוואה בין שתי גישות: הגישה היהודית הבריאה הבאה לידי ביטוי בסיפור

שמספר רב קטינא על שלושת הרגלים, לעומת גישת ה"ניטל", הבאה לידי ביטוי בדבריהם של הנוכרים המופיעים במדרש של ריש לקיש.

עם ישראל מתבונן בכרובים ובמעשה המיני שהם מייצגים, כאשר המעשה המיני עצמו נמצא מתאים לתאר את מערכת היחסים בינו לבין הקב"ה. כפי שראינו, המיניות מופיעה כאן על אותו מישור של התשוקה הדתית. לא רק שאין סתירה בין הנשגב והקדוש לבין מיניות, אלא ששוררת ביניהם דיפוזיה: שני המרחבים מתמזגים זה בזה ומעשירים זה את זה.

מנגד עומדים הנוכרים וצופים באותו מחזה בדיוק. כדי להבין לעומק את גישת הנוכרים, ניתן לדמות את הסיטואציה של המדרש לסיפור הבא:

תארי לעצמך אדם שהולך ברחוב בשעת לילה מאוחרת. לפתע הוא רואה בית שהחלונות בו חשוכים. הוא מתקרב לאחד החלונות, פותח אותו ומסיט את הווילון. החלון שייך לחדר שינה של בעלי הבית, והוא רואה אותם בשעת יחסי אישות. תגובתו היא כזו: "אתם? דווקא אתם, היהודים המתיימרים להיות צדיקים, עוסקים בדברים כאלו? איזה סוטים אתם!".

כעת חשבי על תגובתך לאותו אדם. אני מקווה שאת לא מסכימה איתו. אני מקווה שאת מתקוממת על דבריו, ומשיבה לו משהו כמו: "מה קרה לך?! מדובר באנשים נשואים שמקיימים יחסי אישות בחדרי חדרים, בקדושה ובמסגרת ההלכה. לא מדובר כאן על מעשה מיני באמצע המדרחוב, או לחלופין בסרט פורנוגרפי חס וחלילה!".

התגובה הזו מבוססת על הנחת היסוד של השיח היהודי הבריא: כדי לקבוע אם מיניות היא טובה או רעה, צריך להתחשב בהקשר. וכאן ההקשר הוא חיובי ונעלה, היות שמדובר בבני זוג נשואים, בחדרם האינטימי.

עכשיו בואי נחשוב על תגובתו של אותו אדם. האם הוא משתכנע מדברייך? כנראה שלא. הנוכרים המופיעים במדרש של ריש לקיש אינם טיפשים. יש להם אידיאולוגיה סדורה. הם סבורים שמיניות היא דבר נמוך תמיד ובכל הקשר, ולכן לשיטתם זה לא משנה שבני הזוג הללו נשואים ובחדרי חדרים. גם לאחר ההסבר שלך, הנוכרים ימשיכו להחזיק בעמדה שלפיה המעשה המיני הוא נמוך, אפילו

כשמדובר באנשים נשואים. לשיטתם, מיניות היא **תמיד** לא יותר מפורנוגרפיה זולה, משום שאלמנט של תועבה הוא חלק מכל מעשה מיני באשר הוא.

להזכירך, ישנם שני שיחים שלרוב אנו תופסים אותם כמנוגדים, הסוברים שמיניות היא דבר נמוך תמיד ובכל הקשר. האחד הוא השיח הפוריטני, והשני הוא השיח המתירני. לאיזה מהשיחים הללו משתייכים הנוכרים במדרש?

כמובן, לשיח המתירני. הנוכרים במדרש מתנהלים באופן מתירני: אין להם באופן אישי כל בעיה עם המעשה המיני החשוף לעיני כל העוברים בשוק. הדבר היחיד שמטריד אותם הוא היומרה ה"צדיקית" של עם ישראל. הם כאילו אומרים: "לנו זה לא מפריע, לנו אין בעיה ליהנות מהמיניות הזולה, אבל אתם? מכם ציפינו ליותר...".

תגובתם של הנוכרים כלפי הכרובים מזכירה לי למשל את תגובתו של הציבור בעולם המערבי, כשנודע לו כי איש מכובד וידוע נתפס בשעת בילוי עם יצאנית: "הוציאון לשוק" - הם מפרסמים את תמונותיהם החושפניות בכל מדיה אפשרית, ו"מיד הזילום": חורצים אצבע לעומתו ומלגלגים עליו: "אדם מכובד ומהוגן שכמותך, שלכאורה אמור לדעת להבחין בין טוב לרע, יעסוק בדברים הללו?".

איזה יחס למיניות עולה מתגובה זו של הנוכרים? כמובן שיש כאן מוסר כפול. מתחשק לי לשאול אותם: אם הדבר כל כך מגונה בעיניכם, מדוע אתם מתעסקים בו באובססיביות ומפרסמים אותו קבל עם ועדה? יש כאן מצד אחד צדקנות שמתנערת מהמיניות ומטילה אותה על האחר כ"אשמה" הרובצת עליו, ומצד שני, דווקא הגינוי של המעשה המיני הוא תירוץ לעצם העיסוק בו: ההתעסקות המועצמת במעשים הזולים חושפת את ההתעניינות המציצנית הרדודה שלא רק המכובד חוטא בה, אלא הציבור אף הוא מתכבד בה ברצון רב.

כאשר הגמרא שמה בפיהם של הנוכרים את הגישה המתירנית, היא למעשה מבקשת לתת לה במה על מנת לדחות אותה באופן מוצהר וברור. הגמרא מעוניינת להתעמת עם הגישה המתירנית ולהציג כנגדה את הגישה היהודית הבריאה שעולה מתוך הסוגיה. בזמנו, כשלמדתי לראשונה את הסוגיה הזו, כמה דקות לאחר שסגרתי את הגמרא בכעס והחלטתי לפתוח אותה שוב, שמתי לב שהסוגיה כמעט

ניחשה את ההתנגדות שלי, והכינה לה מענה. ההתנגדות שלי בעצם נבעה מהפנמה של גישה פוריטנית, או אולי כתוצאה מהשפעה של שיח מתירני שחלחל אליי.

לאחר שלמדתי את הסוגיה בשלמותה, שאלתי את עצמי במבוכה מסוימת: מדוע שאחשוב שהשוואת ארון העדות לגוף האישה היא החפצה? מדוע שאחשוב שזה "לא שייך", שזה נמוך, שזה זול? מדוע שאייחס לחז"ל את אותו יחס מזלזל כלפי גוף האישה, כאילו היה מדובר בשני נערים מסכנים שיושבים על הגדר בשכונה ושורקים לנשים בזלזול? האם לא יכולתי לחשוב על כך באופן אחר? הנחות היסוד שגרמו לי לסגור את הגמרא בכעס הן הנחות יסוד פוריטניות, והן היו **אצלי** בראש, לא בגמרא.

באותם רגעים חשתי רגש של התפעלות, של הוקרת תודה כלפי הגמרא, על כך שהיא מכילה את המקום הפגוע הזה אצלי שנובע ככל הנראה מ"סמטוחה" של שיח פוריטני ושיח מתירני גם יחד. לא רק שהיא מכירה בשיחים הללו, היא מציגה אותם בסוגיה כשיחים שגויים, ומציעה להם אלטרנטיבה.

נחזור לסוגיה, יש לה עוד כמה דברים חשובים ללמד אותנו. בשלב זה ייתכן ששמת לב לדבר מה מוזר או מעניין. כשמספרים לנו שארון העדות "ניטל", כלומר נלקח לבבל, מסתבר לנו שהוא לא המית את הצופים בו או את הנוגעים בו. לעומת זאת, כאשר הארון "נגנז", הוא המית את הכוהן שחשף אותו בטעות. איך תסבירי את העובדה הזו? על כך בפרק הבא.

פרק 43

"ניטל": מדוע ארון העדות לא ממית את הצופים בו?

אם כן, אנחנו רואות שארון העדות ש"ניטל", על אף שהוא נחשף בפומבי, לא השפיע על הסובבים אותו כלל וכלל. למען האמת, העובדה הזו מבטאת רעיון

עמוק מאוד. ניתן למצוא כיוון לחשיבה על כך בתוך קטע נוסף מתוך המאמר שלמדנו קודם לכן, "צניעות ובושה", מאת הרב שג"ר.

כך כותב הרב שג"ר:

> הגוף [...] נוצר כגוף רק בכך שהוא מכוסה. גוף הפרא החייתי איננו גוף. האנושיות מכוננת את הגוף, וזו מושגת באמצעות העידון, ההצנעה והבושה. (שם, עמ' 268)

הרב שג"ר עומד כאן על עובדה חשובה: המטען המיני שנושא עמו הגוף האנושי הוא למעשה הבניה תרבותית, כלומר, נובע מהנורמות התרבותיות ועשוי להשתנות בין תרבות לתרבות. דוגמה לכך ניתן למצוא אצל נשים משבט אפריקאי נידח המתהלכות חשופות חזה. בתרבות של השבט האפריקאי הזה, החזה לא נושא עמו מטען מיני. גם אם יש לו משמעות ארוטית מסוימת, זוהי משמעות זניחה ובוודאי שהיא לא דומה למשמעות המינית הברורה שהוא נושא עמו בתרבות המערבית, או להבדיל, בתרבות של חז"ל.

כעת אנו יכולות להבין לעומק את העיקרון שמופיע אצל הרב שג"ר וגם בסוגיית הגמרא שלמדנו, לפיו הצניעות מכוננת תשוקה מינית. נורמות הצניעות התרבותיות הן אלו שקובעות אילו איברים בגוף נחשבים מיניים, על ידי כך שהן דורשות להצניע אותם. תרבות שבה אין דרישה להצניע את החזה, למשל, מייצרת מציאות שבה החזה איננו מיני, וממילא לא נלווה אליו המטען המיסתורי של הסוד, שגורם לתשוקה. כך נוצרת טריוויאליזציה: הגוף נעשה נטול משמעות מינית, סתמי וחסר עומק (בחלק הרביעי של הספר נראה מדוע העובדה, שלגוף ולמיניות יש "עומק" ו"משמעות", היא קריטית בכל הקשור ליכולת שלנו לזכות באהבת אמת לכל החיים).

זוהי הסיבה שארון העדות לא ממית את הנוכרים המביטים בו לאחר שהוא נלקח לבבל והסתובב חשוף בשווקים וברחובות. ברגע שהארון הפך להיות חלק מתרבות נוכרית שבה אין משמעות ל"סוד" האלוקי הטמון בו, התפוגג המטען המיסתורי והמדהים שנלווה אליו. הארון הפך להיות טריוויאלי, בנאלי, וממילא

לא היה בו עוד כוח להמית את הנוכרים המביטים בו, שאין להם כל יכולת לחוות תשוקה דתית.

הארון ה"עירום" שאין בכוחו להמית את המביטים בו מדגים לנו מה קורה למיניות בחברה שבה שוררת פריצות: שיח השחרור המיני הביא לכך שהגוף הולך ומאבד בהדרגה את המשמעות המינית המסעירה שלו. המין נעשה סתמי. כך אנחנו גם יכולות להבין מדוע דווקא בתרבות של פריצות, סף הגירוי המיני גבוה כל כך. במילים אחרות, מדוע כיום האדם המערבי מתקשה לחוות חוויה מינית באופן פשוט, ונזקק לגירויים מעוותים וחריגים (כמו אלו הנמצאים בפורנוגרפיה) כדי לחוות זאת. הסיבה לכך פשוטה, וראינו אותה גם בסוגיה שלמדנו: כדי לחוות תשוקה מינית יש צורך בצניעות. הצניעות מכוננת תשוקה. ברגע שהצניעות נפרצת, התשוקה נשחקת. בתרבות שבה הגוף המיני נחשף ללא כל מגבלה, הגוף מאבד את היכולת שלו לעורר תשוקה.

פרק 44

הרהורי עבירה? מה הקשר?!

פעמים רבות שמעתי הסברים להלכות צניעות שנשמעים כך: "האישה צריכה להתלבש בצניעות כדי לא להכשיל גברים בהרהורי עבירה". גם הלכות שמירת העיניים, המטילות על הגבר מגבלות על נדידת המבט, ואוסרות עליו להתבונן באיברי גוף חשופים של נשים, מתורצות לפעמים בנימוק של הימנעות מהרהורי עבירה. כמובן שההלכה חוששת מהרהורי עבירה, אבל זו ממש לא הסיבה היחידה להלכות צניעות ושמירת העיניים. למען האמת, יש סיבה שונה לחלוטין, ולצערי, משום מה נדמה לי שפחות מדברים עליה. זאת למרות שכל זוג נשוי שומר הלכה, וגם לא מעט רווקים ורווקות דתיים, מכירים את הסיבה הזו מתוך החוויה האישית שלהם, גם אם הם לא לגמרי מודעים לה ויכולים לנסח אותה במילים. זה הזמן

לפגוש בסיבה הזו ולתת לה מילים, מילים שכבר מזמן נמצאות בגמרא ומחכות שנעמוד על מלוא המשמעות שלהן.

האם את זוכרת את המשנה שראינו קודם לכן, העוסקת באיסור ללמוד את חוכמת הסוד כמו גם את תורת המיניות ("עריות") בפני קהל? זוהי המשנה במלואה:

> אין דורשין בעריות בשלשה.
> ולא במעשה בראשית בשנים.
> ולא במרכבה ביחיד, אלא אם כן היה חכם ומבין מדעתו.
> כל המסתכל בארבעה דברים, ראוי לו כאילו לא בא לעולם:
> מה למעלה, מה למטה, מה לפנים, ומה לאחור.
> וכל שלא חס על כבוד קונו, ראוי לו שלא בא לעולם.
> (משנה, חגיגה, ב, א).

מיד אחרי האיסור על לימוד נושאים מסוימים בפני קהל, מטילה המשנה שני איסורים נוספים: איסור הסתכלות בארבעה דברים, והחובה לחוס על כבוד הקב"ה. אני מתארת לעצמי שהמשנה לא ברורה לך: מה בדיוק אסור לעשות? גם לי דברי המשנה לא ברורים, ולשמחתנו בדיוק לשם כך נוצרה הגמרא, כדי לבאר את המשנה ולהעמיק בה. לפני שנראה מה יש לגמרא להגיד על המשנה, שימי לב לשתי מילים שמופיעות במשנה, שייתכן שכבר יכולות להתקשר אצלך לנושא הצניעות והמיניות, באופן אסוציאטיבי.

המילה הראשונה היא "מסתכל". איסור הסתכלות יכול להזכיר לנו את מצוות שמירת העיניים: האיסור להסתכל בגוף החשוף. המילה השנייה היא "כבוד". "כבוד" היא מילה טעונה עבור נשים רבות, משום שבהקשר של צניעות משתמשים בה לפעמים באופן שדווקא לא תמיד מכבד אותנו כנשים. כשאישה המצטלמת באופן חשוף מקבלת הערות כמו "את לא מכבדת את עצמך, איפה הכבוד שלך, את מבזה את עצמך", נדמה לנו שבהקשר המיני, "חוסר כבוד" פירושו השפלה. כשנערה מתלבשת בלבוש לא צנוע, ואימא שלה או המורה שלה אומרות לה: "תכבדי את עצמך", לפעמים היא עלולה לפרש זאת כאילו הגוף המיני החשוף

הוא סוג של השפלה שממעיטה בכבוד שלה כאדם. כאילו אם היא רוצה שיכבדו אותה, ולא יזלזלו בה, היא צריכה להחביא את העובדה שיש לה גוף מיני.

כך גם הביטוי "כל כבודה בת מלך פנימה", שבשיחים דתיים מסוימים (אך ממש לא כולם) מהווה הצדקה להלכות צניעות פוריטניות, שדורשות מהאישה גם להתכסות בלבוש שק, וגם, "על הדרך", לשתוק ולא לשאת דברים בפומבי, ואולי אפילו למעט ביציאה מהבית. אני באופן אישי מכירה נשים ונערות רבות שמקבלות פריחה מהפסוק "כל כבודה בת מלך פנימה".

כאמור, לשיחים הפוריטניים יש על מה לסמוך. הפסוק "כל כבודה בת מלך פנימה" מובא בגמרא במסכת יבמות (עז ע"א) כחלק מדעה מסוימת שמציינת נשים שממעטות לצאת מהבית. גם הרמב"ם (הלכות אישות יג, יד), ציין את הפסוק הזה כחלק מהמלצתו לנשים למעט לצאת מביתן.

ובאמת, קיים שימוש במונח "כבוד" בהקשר המיני שהוא חלק משיח פוריטני, או להבדיל, מתירני. כזכור, שני השיחים הללו חולקים מכנה משותף הרואה במיניות דבר נמוך ושפל באופן עקרוני. כשאישה מצטלמת באופן פרובוקטיבי לקליפ באווירה מתירנית, כלומר באווירה זולה ונמוכה, היא הופכת את המיניות שלה למשהו שפל, שמנוגד לכבוד. במצב כזה, אכן יש אמת מסוימת בטענות שמושמעות כלפיה בנוסח "איפה הכבוד שלך?", אבל זה לא משום שמיניות היא שפלה באופן עקרוני, אלא רק משום שאותה אישה בחרה לעצב את המיניות שלה ולהשתמש בה באופן מסוים שהוא שפל ונמוך, ולכן מנוגד לכבוד.

כשהשיח הפוריטני סובר שעצם הנוכחות הנשית היא מינית, ומיניות היא דבר נמוך, זה לא מפתיע שהביטוי "כל כבודה בת מלך פנימה" ישמש אותו כדי להציע לאישה לשמור על כבודה על ידי התחבאות. לכן, כל אישה שנפגעת כיום מהביטוי "חוסר כבוד" בהקשר של חשיפת הגוף למעשה שומעת בתוכו גם את השיח המתירני וגם את השיח הפוריטני. אבל המונח "כבוד" בהקשר של מיניות לא חייב להיתפס כמנוגד להשפלה. השיח היהודי הבריא עושה בו שימוש אחר לגמרי.

בואי נראה איך הגמרא מסבירה זאת:

> כל שלא חס על **כבוד** קונו ראוי לו שלא בא לעולם:
> מאי היא? [=מה הכוונה?]
> ר' אבא אמר זה המסתכל בקשת [...] דכתיב (יחזקאל, א, כח) "כמראה הקשת אשר יהיה בענן ביום הגשם כן מראה הנגה סביב הוא מראה דמות **כבוד** ה'".

ר' אבא כורך את האיסור שלא לחוס על כבוד הקב"ה עם איסור הסתכלות שהופיע גם הוא במשנה, ומסביר, על פי הפסוק המיסטי מספר יחזקאל, שמראה הקשת בענן הוא מראה דמות **כבוד** ה'. האופן שבו אנחנו מאפשרים לשכינה להישאר "מכובדת" הוא בכך שאנו לא מתבוננים עליה. משפילים את המבט.

הגמרא ממשיכה:

> דרש ר' יהודה ברבי נחמני מתורגמניה [=המתורגמן של] ריש לקיש:
> כל המסתכל בג' דברים עיניו כהות [=ראייתו נפגעת]:
> בקשת, ובנשיא, ובכהנים.
> בקשת, דכתיב "כמראה הקשת אשר יהיה בענן ביום הגשם הוא מראה דמות כבוד ה'".
> בנשיא דכתיב (במדבר כז, כ) "ונתת מהודך עליו".
> המסתכל בכהנים בזמן שבהמ"ק קיים, שהיו עומדין על דוכנן ומברכין את ישראל בשם המפורש.
> [ומפרש רש"י, שם: "שהשכינה שורה על קשרי אצבעותיהם" (של הכהנים)].

אם כן, בעקבות דבריו של ר' אבא שציין את האיסור להתבונן בקשת, הגמרא מונה שלושה דברים שאסור להסתכל עליהם. המכנה המשותף של שלושתם הוא שמדובר בדברים **גשמיים** שהשכינה שורה עליהם או מתבטאת באמצעותם. מלבד קשת, גם הנשיא מבטא את כבוד השכינה, או במילה הנרדפת לכבוד, "הוד": "ונתת מהודך עליו". גם על הכוהנים אסור להסתכל, משום שכשהכוהנים היו מברכים את העם בשם השם המפורש (שניתן היה לבטאו רק בזמן שבית המקדש היה קיים), הייתה שכינה שורה עליהם, והמתבונן בהם היה למעשה מתבונן בשכינה.

נחזור לרגע לסוגיית ארון העדות שלמדנו קודם לכן. כזכור לך, הסוגיה מתארת את איסור ההסתכלות בארון העדות, וקושרת את האיסור הזה לרעיונות הצניעות בהקשר המיני. כמו שראינו, הגמרא גם מרמזת לנו על הסיפור של נדב ואביהו, שעל פי המדרש, חטאם היה בכך ש"זנו עיניהם מן השכינה".

תראי מה אומר על זה המדרש:

> משה לא זן עיניו מן השכינה [...] שנאמר (שמות ג, ו) "ויסתר משה פניו" [...] נדב ואביהוא זנו עיניהם מן השכינה (ויקרא רבה, כ, י).

אם המדרש הזה נראה לך כאילו הוא מדבר על שמירת העיניים, אני חושבת שזה לא "כאילו", זה ממש כך! במעמד הסנה הבוער, ההתגלות האלוקית הראשונה למשה, משה מסיט את מבטו מלראות את השכינה: "ויסתר משה פניו". לעומת זאת, נדב ואביהו מביטים בה ישירות. ובאמת, מעניין לגלות שהביטוי "זן עיניו" מופיע לא רק בהקשר **הדתי** של שמירת העיניים, אלא גם בהקשר **המיני** של שמירת העיניים:

> כל הרואה דבר ערווה **ואינו זן את עיניו** ממנו, זוכה ומקבל פני השכינה (דרך ארץ רבה, א, יג).

הכלל הזה, שהפך מאוחר יותר למקור שההלכה מצטטת בהקשר של מצוות שמירת העיניים מפני מיניות חשופה, מהדהד באופן ברור את המדרש שעוסק בהתבוננות בשכינה. המילה "זנו" מבוססת על הרעיון של "מזון". להיות ניזון מהשכינה פירושו להשתמש בשכינה באופן אגואיסטי, לצורך הנאת עצמי בלבד. בנוסף, היא גם מהדהדת את המונח "זנות". מסתבר שיש אפשרות "לזנות" גם בהקשר הדתי. ההתבוננות בשכינה היא סוג של פריצות.

אבל מה זה אומר? מהי "פריצות" בהקשר של מראות אלוקים?

בואי נחשוב על כך. האם כאשר אסור לנו להסתכל בשכינה, זה משום שהשכינה היא דבר שפל ונמוך, חס ושלום? האם הדרך של הקב"ה לשמור על כבודו, היא להסתיר את הנוכחות ה"שפלה" שלו? כמובן שלא. אין שום קשר

בין איסור ההסתכלות שמבוסס על רצון שלא לפגוע בכבוד השכינה, לבין השיח הפוריטני והשיח המתירני, שמבוססים על מושג של כבוד האדם שמתרחש רק כאשר הוא מחביא את מיניותו שנתפסת בעיניהם כשפלה.

ההבדל בין ה"כבוד" של השיח היהודי הבריא לבין ה"כבוד" של השיח הפוריטני והמתירני הוא כמו ההבדל בין המונחים "בושה חיובית" ו"בושה שלילית". בדומה למונח "בושה חיובית", שמתרחשת כתוצאה מחשיפה בלתי מבוקרת של משהו שאמור להישאר סודי ואין־סופי, גם המונח "כבוד" משמש את השיח היהודי הבריא כדי לציין "אין־סוף בלתי נתפס". לפי השיח היהודי הבריא, משהו שיש לו "כבוד" הוא משהו שלא ניתן לתפוס אותו. השכינה לא אמורה להיות נתפסת בעין, ולכן ההסתכלות בשכינה פוגעת בכבודה, כלומר, פוגעת בממד האין־סופי והבלתי נתפס שבה. על פי השיח היהודי הבריא, **חוסר כבוד הוא מצב שבו יש ניסיון להחצין או לתפוס את האין־סוף**.

פתאום, כששמים לב למשמעות הזו של המילה "כבוד", היא מתגלה לנו בעוד מקומות. למשל, תראי משהו מעניין: "גלה **כבוד** מישראל, כי נלקח ארון הא־להים" (שמואל א ד, כב), זוהי תגובתה של אשתו של פנחס, בנו של עלי הכהן, לאחר ששמעה שארון העדות נלקח על ידי הפלישתים. בעקבות הבשורה הנוראה היא מחליטה לקרוא לבנה שזה עתה נולד **"אי־כבוד"**, "לאמור, גלה כבוד מישראל" (שם, כא). ארון העדות הוא האובייקט, הגוף, שנושא עליו את ה"כבוד" האין־סופי שחשיפתו מפוגגת אותו. ותראי עוד משהו:

האם את מכירה את הביטוי "לא יראני אדם וחי"? הפסוק הזה, שנאמר על ידי הקב"ה, מבטא נוסחה רוחנית שעבור האדם היהודי המאמין היא בסיסית ביותר: האין־סוף האלוקי לא יכול להיות נתפס בעין. יש כאן מגבלה על המבט, איסור הסתכלות, שמירת העיניים, איך שלא תקראי לזה... האם את זוכרת למי הקב"ה אומר את המשפט הזה, ולמה? ובכן, הוא אומר אותו למשה. משה רבינו מבקש מהקב"ה: "הראני נא **כבודך**". והקב"ה עונה לו: אי אפשר. "לא יראני אדם וחי". אי אפשר להתבונן באין־סוף האלוקי ולהישאר בחיים. שוב המילה כבוד מתארת את הדבר הזה שאנחנו לא אמורים להתבונן בו.

הכוהנים שבמדרש ארון העדות הפרו את הכלל הזה, ומתו. כך גם נדב ואביהו. לאחר הטרגדיה של נדב ואביהו, הקב"ה מסביר למשה ואהרון את הכלל: "כי בענן אראה על הכפורת" (ויקרא טז, ב). כלומר, הדרך להיכנס לקודש הקודשים ולהישאר בחיים היא על ידי שימוש בקטורת, שתיצור ענן סביב ארון העדות. יש כאן איסור על מבט ישיר בארון העדות, ביחד עם ציווי על ארון העדות להיות מוצנע. הפרוכת, כמו גם העשן של הקטורת, מתפקדים בתור הלבוש הצנוע שבתוכו מתגלה ארון העדות באופן של "נראין ואין נראין", באופן של רמז.

וכעת נשאלת השאלה המתבקשת: מה הקשר להרהורי עבירה?

תשובה: אין קשר!

כשאדם מסתכל על קשת בענן, אין כאן שום חשש מפני הרהורי עבירה. אילו הרהורי עבירה עלולים להיגרם בעקבות הסתכלות בשכינה? איסור ההסתכלות בארון העדות, שעל פי השיח היהודי הבריא מקביל לאיסור ההסתכלות במיניות חשופה, לא קשור בכלל לחשש מפני הרהורי עבירה. האם הסיבה לכך שארון העדות צריך להיות מלובש בעשן המערפל את מבטו של הכוהן הגדול, היא משום שהכוהן עלול להיקלע להרהורי עבירה? לא. האם הסיבה לכך שעם ישראל לא יכלו לראות את ארון העדות, למעט שלושת הרגלים, נובעת מחשש מפני הרהורי עבירה כלשהם? לא.

הסיבה לכך שאסור לנו לחזות בארון העדות, היא משום שהוא צריך להישאר קדוש, כלומר, מובדל, מיוחד להקשר המתאים. את חוויית הקדושה הזו אנו משיגים על ידי כיסוי הארון בפרוכת, ועל ידי הגבלת ההסתכלות בו. כך, ההתבוננות בארון (מיניות) תהיה מיוחדת ומוגבלת רק להקשר הייחודי של שלושת הרגלים (נישואין).

אישה המבינה את חשיבות ההקשר, מאפשרת למיניות שלה להיות שייכת למרחב של אין־סוף ושל סוד, סוד שיתגלה רק לאיש שעמו היא כרתה ברית. כך גם גבר השומר על גופו הארוטי באופן צנוע. גבר או אישה השומרים על העיניים מאפשרים לגוף הנשי המיני ולגוף הגברי המיני להישאר עבורם משהו סודי ומיוחד. סוד שאותו הגבר רוצה לחלוק אך ורק עם אשת בריתו, והאישה רוצה לחלוק רק עם איש בריתה. חוסר כבוד, בהקשר הזה, הוא הניסיון לגלות

את האין־סוף או להתבונן באין־סוף שמתגלם בגוף המיני בהקשר שאיננו ראוי לכך, שאיננו הקשר של ברית.

לפי השיח היהודי הבריא, אישה הלבושה בלבוש "מכבד" היא אישה המבטאת בלבושה את ההבנה של חשיבות ההקשר, בשאלה לעיני מי ומתי לחשוף את הגוף. אנשים רבים המשתייכים לשיח הבריא מעריכים את ההבנה הזו, ולכן הם משתמשים באופן אינטואיטיבי במילה "לבוש מכבד". התכונה הזו, של רגישות להקשר המתאים, רגישות ל"פנים" ו"חוץ" בכל הנוגע למיניות של הגוף, היא תכונה מוערכת אצל אנשים, תכונה שמוסיפה כבוד לאדם שניחן בה.

כשאנו משתמשים במונח "כבוד" בהקשר של לבוש צנוע, עלינו לבדל את עצמנו מהשיח המתירני או הפוריטני שרואים את הכבוד כמנוגד למיניות משפילה. לפי השיח הבריא, המילה "כבוד" מבטאת, בדיוק כמו בגמרא במסכת חגיגה, את הבנת החשיבות של ההקשר המתאים לחשיפה או לצפייה במשהו ייחודי שאמור להיות סוד.

כשמשה רבינו הסיט את מבטו מהשכינה, הוא עשה זאת לא מתוך תודעה של בושה שלילית, של "אוי ואבוי שכינה זה דבר גרוע", אלא מתוך בושה חיובית, של כבוד למה שאמור להישאר מכוסה, ייחודי, אין־סופי ובלתי נתפס. וכך, במובן מסוים, ניתן להבין את חטאם של נדב ואביהו כ"חטא ההשגבה". הם סברו שאם השכינה היא דבר כל כך קדוש, גבוה ונשגב, אז המבט בה הוא לגיטימי: "למה שיהיה אסור להתבונן בדבר גבוה?", אם הייתה להם בושה חיובית, התשובה לכך הייתה ברורה.

שוב אנו רואות כאן שהערך היהודי של צניעות, מבוסס על הקשר הבסיסי שהיהדות מקשרת בין **דתיות** לבין **מיניות**. כבר אמרנו שהדרך להבין את השיח היהודי הבריא היא להציב את המיניות והדתיות באותו מישור. ובאמת, חז"ל עושים זאת שוב ושוב, באופן אינטואיטיבי. הלוואי שנמשיך את דרכם של חז"ל, ושהמובן מאליו של כולנו כיום יהיה שהיחס לגוף המיני הוא כמו היחס לשכינה.

ואם הדיבור על השכינה קצת מרגיש לך מנותק (שהרי לא כולנו מתמלאות התלהבות מעצם המחשבה על השכינה), אל תדאגי. לא צריך להיות אנשים

רליגיוזיים, כלומר, מלאים רגש דתי ורוחניות פועמת, כדי להפנים את המשוואה הזו בין דתיות למיניות. זו משוואה שבראש ובראשונה מבוססת על היגיון בריא. נדבר בהמשך על ההיגיון הזה בחלק הרביעי של הספר, העוסק בשמירת נגיעה.

פרק 45
על רומנטיקה ומעודדות על המגרש

לפי השיח היהודי הבריא, אי אפשר לענות באופן עקרוני על השאלה: "מיניות זה טוב או רע?", משום שהמיניות עצמה לא טובה ולא רעה. היא פשוט עובדה. המיניות מקבלת את הערך והמשמעות שלה רק כאשר היא באה לידי ביטוי בפועל. רק כאשר מתרחשת בפועל סיטואציה שהיא "מינית", אנחנו יכולים להצביע על "הקשר", ומכאן להסיק מהו הערך שלה: גבוה או נמוך.

הגישה היהודית הבריאה סבורה שכאשר ההתרחשות המינית מתבטאת בין איש לאשתו בתוך מסגרת ההלכה, אזי ההקשר הוא של קדושה, ואז ההתרחשות המינית שייכת לטוב, לגבוה ולנעלה. אך כאשר הסיטואציה מתרחשת מחוץ להקשר הנ"ל, זוהי פריצות וחילול (גם כאשר מדובר ביחסים מתוך אהבה).

בפרק הקודם דיברנו על כך שהבסיס לצניעות הוא שמירת המיניות רק למסגרת של נישואין, ולא רק חשש מהרהורי עבירה. בכך למעשה הפרדנו בין כיסוי הגוף והשפלת המבט לבין הרהורי עבירה. אמרנו שצריך להשפיל את המבט אפילו אם אין כאן הרהורי עבירה. יכול להיות שעכשיו את שואלת את עצמך: "רגע, רגע, האם יכולה להיות התרחשות מינית, המנותקת ממסגרת של נישואין, שאין בה הרהורי עבירה?".

התשובה היא: כן.

המונח "התרחשות מינית" לא מתייחס רק למגע. הוא גם לא מתייחס רק לתחושה פיזית ורגשית של עוררות מינית. התרחשות מינית יכולה להיות ראייה בלבד, אפילו בלי מגע ואפילו בלי תחושה של עוררות מינית (אם עדיין לא הבנת

בדיוק מהי עוררות מינית, חכי לפרק הבא. שם נסביר מהו "גירוי", שהוא מילה נרדפת ל"עוררות מינית").

לדוגמה, התבוננות מכוונת בגוף מעורטל וחשוף המופיע בפרסומת או ברחוב היא התרחשות מינית. זוהי התרחשות מינית שלמרות שאיננה כוללת מגע, היא מתרחשת בפועל, משום שהגוף המיני נחשף לעיני המתבונן שלא בהקשר של ברית נישואין.

איך אנחנו יודעות שהתבוננות של גבר באישה מעורטלת נחשבת להתרחשות מינית? פשוט מאוד. נשאל את הנשים.

נשים בריאות בנפשן וברוחן אינן שמחות לדעת שבן הזוג שלהן מתבונן על דוגמניות או על נשים חצי לבושות. היחשפות למראהו של גוף חשוף נחשבת כיום, גם בחברה הדתית, וגם בחברה המערבית, לסוג של התרחשות מינית.

למרות זאת, נשים בחברה המערבית עשויות לפעמים להשתיק את מורת הרוח שמתעוררת בקרבן כאשר בן הזוג בוהה בדוגמנית חשופה. מורת הרוח הזו נתפסת כקנאה, כרכושנות, ולכן האישה המערבית הליברלית לפעמים נדרשת ללמוד "לשחרר" את בן זוגה ו"לתת לו ליהנות מהחיים", כל עוד אין כאן מעשה בגידה מובהק (מגע מיני עם אישה אחרת).

לפי הגישה היהודית הבריאה, התבוננות בגוף חשוף היא התרחשות מינית. לא צריך לחוש עוררות מינית כדי להגדיר זאת כהתרחשות מינית שצריכה להיות בגדר "סוד" השמור לבעליו. הערך של ההתרחשות המינית הזו הוא נמוך ומקולקל, משום שהוא פוגם בקדושה ובסוד של המיניות שאמורה להתרחש אך ורק בין בני זוג הקשורים זה לזו בברית נישואין.

בהקשר הזה אני נזכרת בסיפור שסיפרה לי חברתי: לפני שהיא ובעלה בכלל הכירו, בעלה ואחיו ישבו לצפות במשחק כדורסל. בשלב מסוים המשחק עצר והמעודדות עלו על המגרש, מפזזות לצלילי מוזיקה קצבית, בלבוש "זול ונמוך אבל מהנה", "מעצים", או "לא ביג דיל" (בחרי את השיח המתאים והקיפי בעיגול...).

בעלה של חברתי הסיט מיד את מבטו הצידה, תוך שהוא ממלמל: "גועל נפש". אחיו שאל אותו, לגמרי בתום לב: "למה אתה לא מסתכל? זה לא מגעיל, זו לא החפצה, הן מסכימות שתסתכל עליהן ותיהנה!". חברתי סיפרה לי שבעלה

התאמץ להסביר לאחיו מדוע הוא לא חושב שמיניות היא "גועל נפש" באופן עקרוני, אלא רק כשהיא מתרחשת במנותק מברית נישואין. הוא התקשה להסביר לו מדוע אין כל קשר בין בחירתה החופשית של המעודדת או הדוגמנית להתפשט בפומבי לבין רצונו הכן "לשמור על העיניים": "אני לא מעוניין לראות שום גוף חשוף אחר בעולם, מלבד הגוף של אשתי (שאותה אני אפילו עדיין לא מכיר...)".

המראה של הגוף המיני נחשב ל"התרחשות מינית", אפילו אם אין בהתרחשות הזו תחושה אישית של עוררות מינית עבור המתבונן. למה הדבר דומה? כאשר אדם מסתכל בקשת או לחלופין מסתכל בכוהנים המברכים בזמן שבית המקדש היה קיים, הוא לא חייב להרגיש התרגשות דתית - "וואו! אני רואה את השכינה" - כדי לעבור על איסור הסתכלות בשכינה. גם הכוהן שנשרף כתוצאה מחשיפה של ארון העדות, ככל הנראה לא חווה התרגשות דתית. השכינה מתגלמת במרחבים פיזיים קדושים, שמצריכים להסיט מהם את המבט, בין אם אני מתרגשת עכשיו מהקשת הזו ובין אם לא. כך גם לגבי צפייה בגוף חשוף.

ובאמת, ההלכה מכירה בכך שיש מבט שאין בו הנאה מינית, ועדיין הוא אסור, כי הוא מתבונן בדבר שצריך להיות שמור רק לברית. לפי השיח היהודי הבריא, האיסור ההלכתי בהסתכלות על המקומות המכוסים (כלומר, מקומות בגוף שהם בעלי משמעות מינית) חל גם כשאין כאן הנאה מינית. לעומת זאת, האיסור על הסתכלות במקומות המגולים (כלומר, מקומות שאין בהם משמעות מינית) הוא רק במקרה שמדובר במבט שמתכוון ליהנות הנאה מינית.

גבר האמון על השיח היהודי הבריא יכול מבחינה הלכתית להתבונן במבט ענייני (ללא הנאה מינית) בנשים צנועות, לשמוע אותן ולשוחח איתן. הבעיה תיווצר כשמדובר בנשים לא צנועות, שם הוא מסיט את מבטו, וגם אז, זה לא בהכרח מתוך חשש ל"עוררות מינית".

כשגבר דתי מסיט את מבטו מעיתונים לא צנועים, מפרסומות, מנשים מעורטלות ברחוב וכן הלאה, הוא לא בהכרח עושה זאת כי הוא מנסה להימנע ממצב של עוררות או הנאה מינית. אם הוא שייך לשיח היהודי הבריא, הוא בראש ובראשונה עושה זאת מתוך תודעה של ברית: אני לא רוצה לראות גוף נשי חשוף שאיננו הגוף של אשתי. נקודה.

מסתבר שהאהבה הרומנטית מתחילה הרבה לפני שיש נישואין, ואפילו הרבה לפני שיש זוגיות כלשהי. מי משני הגברים מחובר יותר למיניות, הרווק שמתבונן במעודדות החשופות, או הרווק שמעוניין לשמור את המיניות הנשית כ"סוד" שלו ושל אשתו העתידית בלבד? מי משני הגברים הוא רומנטי יותר, מי מהם מבין יותר באהבה ומאמין בה, הרווק המתבונן במעודדות, או הרווק המסיט את מבטו?

פרק 46

בין תשוקה לגירוי יצרים

בשלב הזה יכול להיות שמתעוררות אצלך שתי שאלות.

שאלה ראשונה: אם לבוש צנוע דווקא מגביר תשוקה, למה שאני ארצה שגברים ברחוב ישתוקקו אליי, למה שארצה להיות אובייקט מיני עבורם? אולי עדיף להציג במרחב נראות חיצונית שמעלימה לחלוטין את הנשיות, נראות שאין בה שום "רמז", כדי שלא לעורר את תשוקתו של אף אחד?

השאלה השנייה: גם בעולם המערבי יש מושגי צניעות. עובדה, רוב האנשים לא הולכים ברחוב בעירום. אולי גם הלבוש המערבי הוא צנוע, ונחשב ל"רמז"?

נתחיל דווקא בשאלה השנייה. נכון שגם בעולם המערבי יש מושג של צניעות. רוב נשות העולם המערבי ירגישו תחושת חילול אם גופן ייחשף לחלוטין לעיני כול מבלי שבחרו בכך. התחושה הזו לא מאפיינת רק נשים דתיות. אבל יש הבדל קריטי בין לבוש שהשיח המערבי מחשיב כצנוע, לבין לבוש ה"רמז", כלומר לבוש שהשיח היהודי הבריא מחשיב כצנוע.

בגדים מסוימים עשויים להיחשב על ידי השיח המערבי לצנועים, למרות שהשיח היהודי הבריא יגדיר אותם כלא־צנועים. לבוש שמכסה **רק חלק** מהמרחבים המיניים שבגופנו נחשב על פי גישת ה"רמז" ללא־צנוע. זה יכול להיות למשל לבוש שמכסה רק חלק מהחזה, אבל את חלקו העליון חושף באמצעות מחשוף. או למשל, לבוש שמכסה רק את החלק העליון של הירך. נשים מערביות אולי

מרגישות שלבוש "צנוע-חלקית" הוא צנוע, הרי הוא לא חושף את "הכול". אבל על פי גישת ה"רמז", לבוש כזה הוא ממש לא צנוע, אלא להפך. נסביר את זה גם מבחינת החוויה של האישה וגם מבחינת החוויה של הגבר.

מבחינת האישה, החוויה היא כזו: "את החלק **הזה** של האיבר הארוטי שלי אני שומרת אך ורק לפרטנר שבו אבחר, אבל את החלק **הזה** של האיבר הארוטי אין לי בעיה לחשוף לעיני כול". כלומר, החוויה שלה היא של מיניות חשופה,* גם אם מדובר במיניות חלקית. האישה יכולה לנוע בין כל הגרסאות של השיחים המערביים, בין אם מדובר במתירני, השגבה, אדישות או הכחשה, ולהרגיש אחרת לחלוטין במסגרת ההזדהות שלה עם כל אחד מהשיחים הללו. אבל עדיין המשותף לכולם הוא שהאישה לא מרגישה יותר "סוד" כלפי חלק מהירך שלה, כלפי חלק מהחזה שלה, או כלפי חלק מכל איבר ארוטי אחר שאותו היא חושפת. היות שמדובר מבחינתה בחוויה של מיניות חשופה, ייתכן שעצם החוויה של "סוד" לא קיימת עבורה. יש לה אולי חוויה של "חלקי גוף פרטיים שלי", אבל אין שם סוד. בהקשר המיני, "סוד" לא יכול ללכת ביחד עם מיניות חשופה בפני קהל.

* אומנם, ייתכנו גם ניסיונות להכחיש את המיניות שנלווית לחשיפה החלקית של איבר ארוטי. אנחנו נתמודד עם הניסיונות הללו בחלק ג' בפרקים שעוסקים בשיח ההכחשה.

נעבור לחוויה של הגבר. מבחינת הגבר המתבונן על לבוש "חשוף-חלקית", החוויה של הסוד לא קיימת כלל וכלל. ייתכן שהוא חש דברים אחרים אל מול הגוף המיני החשוף בחלקו. זו יכולה להיות חוויה מתירנית, משגיבה, מכחישה או אדישה. אבל "סוד" אין שם. גברים מסוימים יכולים לחוש שגוף נשי מיני מפתה אותם יותר ומפעיל את דמיונם יותר, כאשר הוא חשוף רק בחלקו. אבל חוויה של פיתוי או חוויה של רצון לדעת "איך היא נראית מתחת לבגד", שהופכת לפנטזיות כאלה ואחרות, איננה חוויה של סוד. גם אם שיח ההשגבה יכנה חוויה כזו במילים יפות כמו "תשוקה", אנחנו נכנה אותה "גירוי יצרים", או בפשטות, "גירוי". לפי השיח היהודי הבריא, כשלא מדובר במסגרת של ברית, החוויה של גירוי היא לא חוויה רצויה, ואין שום קשר בינה לבין התשוקה שלבוש ה"רמז" מאפשר.

גם הרב שג"ר היה מודע לתופעה הזאת, וכתב על כך במאמרו "צניעות ובושה":

> כל אופנה, פרוצה ככל שתהיה, גם זו הרואה את עיקר תפקידה בגירוי יצרים, חייבת לשמור, גם אם במידה מגוחכת וסרת טעם, על מידה מזערית של צניעות, בלעדיה היא תכשיל את עצמה ("צניעות ובושה", עמ' 268).

במילים אחרות, אם תרבות מסוימת מציבה לעצמה משימה כמו "גירוי יצרים", ולכן הופכת את כולם לנודיסטים, היא תיכשל במשימתה לגרות את היצרים. חייבים "מידה מזערית של צניעות", כדי שהחוויה המינית לא תאבד. דווקא בגד חשוף חלקית יוצר גירוי.

אז מה ההבדל בין "מידה מזערית של צניעות", שזה בעצם לבוש מערבי שמכסה רק חלק מהמרחבים המיניים, לבין לבוש של "רמז"?

ההבדל עצום. חשיפה של איבר ארוטי (בין אם חשיפה מלאה ובין אם חלקית) מייצרת, או עלולה לייצר, **גירוי**, ואילו לבוש של "רמז" (שבו שום איבר ארוטי לא חשוף) מייצר, או עשוי לאפשר, **תשוקה**.

מה ההבדל בין גירוי לתשוקה?

כזכור לך, השיח הפוריטני מפרש את הלכות "שמירת העיניים" כך שאסור לגבר להביט על אישה בשום אופן. לעומת זאת, על פי השיח היהודי הבריא, הגבר יכול להביט על אישה כל עוד הוא שומר על העיניים. שמירת העיניים מוגדרת כהימנעות ממבט ב"מקומות המכוסים". כלומר, הימנעות מהתבוננות באיברים ארוטיים. מבחינה הלכתית, מבט באיברים הללו הוא אסור לא רק כשהם גלויים אלא גם כשהם מוצנעים. לכן, לפי השיח היהודי הבריא, כשגבר מביט באישה הלבושה בצניעות, הוא כמובן לא אמור להתמקד באיברי גופה המכוסים. המבט הגברי מתמקד בפניה, כאשר המכלול של הגוף שלה נוכח ברקע.

אפשר לחשוב על זה כמו על תמונה שאנחנו מצלמים עם פוקוס. לפעמים כשאנחנו מצלמים תמונה אנחנו בוחרים לעשות פוקוס על הציפור, ולהשאיר את הרקע של העצים מטושטש. העצים נוכחים בתמונה, הם מעניקים הקשר מיוחד לציפור שנמצאת במוקד המצלמה, אבל הם לא הסיפור המרכזי, ולכן הצלם דואג שלא נוכל לראות אותם באופן ממוקד.

היבט נוסף של שמירת העיניים עשוי אולי להפתיע אותך: מבחינה הלכתית, הגבר אמור להימנע מלהביט בבעלי חיים כאשר הם מזדווגים. לכאורה, אם כל הסיפור זה לא לראות גוף נשי ללא הקשר של ברית, מה הקשר לשני חתולים חמודים? התשובה לכך היא שבנוסף לשמירת המבט במיניות הנשית רק להקשר של ברית, הגבר אמור להימנע מתחושה של גירוי מיני. גירוי מיני שלא במסגרת של ברית נחשב לחוויה גברית לא רצויה. השיח היהודי הבריא מסכים שעבור גברים **גירוי** מיני ללא ברית הוא חוויה לא רצויה, אבל לשיטתו, **תשוקה** זה כבר סיפור אחר.

תחשבי לרגע על ההבדל בין שתי תחושות: האחת, תחושה שמתעוררת בעקבות צפייה בבעלי חיים מזדווגים; השנייה, תחושה של משיכה עדינה, מתח ומעט התרגשות שאת חשה כשאת משוחחת עם מישהו. מדובר במישהו מסוים שמוצא חן בעיניך, לא בהכרח מתוך היכרות עם אישיותו, אלא אפילו רק מבחינה חיצונית.

מה ההבדל בין שתי התחושות הללו?

אולי עכשיו את שואלת: "מה ההבדל?! השאלה היא מה הקשר!". ואת צודקת, אכן מדובר בשתי תחושות שאינן קשורות אחת לשנייה. הראשונה היא גירוי והשנייה היא תשוקה. אומנם רמה מזערית ועדינה של תשוקה, אבל תשוקה. אפשר לקרוא לזה "תשוקה על אש נמוכה".

אם הצפייה בבעלי חיים מזדווגים מעוררת אותנו מבחינה מינית, אז התחושה היא תחושה של גירוי פיזי. אין פה רגש, אין פה עולם פנימי שמתעורר, אלא משהו מאוד טכני, כמו כפתור שנלחץ ומפעיל תחושה פיזית נטו. זו תחושה פיזית שמחפשת פורקן, ואחריו היא חולפת בן־רגע. כמו שגירוד מפריע לנו ואז אנחנו מגרדים והגירוד נעלם, כך מתנהג הגירוי.

יש אנשים שמרגישים סוג של דחייה מתחושה כזו, שכל כולה גירוי פיזי חולף שאין בו שום אינטימיות או עולם פנימי. אני אישית לא חושבת שצריך להרגיש דחייה מתחושת הגירוי, אבל אני בוודאי לא חושבת שעוררות מינית בעקבות צפייה בחיות מזדווגות היא גבוהה באיזשהו אופן. לעומת זאת, התחושה השנייה בעקבות מבט בבחור שמוצא חן בעיניך, תחושה שיש בה לפעמים משיכה עדינה,

לא אמורה להרגיש לנו דוחה כלל וכלל. היא תחושה שיכולה לקשר אותנו למקומות גבוהים בתוכנו. זו תשוקה.

אתאר לך איך תשוקה מהסוג הזה מרגישה כשהיא מופיעה בצורה עוצמתית יותר בחיים שלנו. כל מי שהייתה אי־פעם מאוהבת יכולה לספר לך שהחוויה הזו כוללת פעימות של אנרגיות חיים שזורמות בגוף ובנשמה שלנו בקצב הרבה יותר אינטנסיבי, מאשר חוויה שגרתית של יום־יום שבו את לא מאוהבת באף אחד. פתאום את מרגישה יצירתיות, מעוף, רצון לפרוש כנפיים. פתאום לא רק הבחור הזה מעניין אותך, אלא המציאות כולה. החיים נראים לך מעניינים יותר, מסקרנים יותר, מחביאים בתוכם כל מיני סודות שבא לך לגלות. בא לך לטרוף את העולם. והכול בגלל שאת חשה בתוכך תשוקה.

אז נכון, לא כל מבט בבחור שקצת יפה בעינייך, ולא כל מבט של גבר באישה שלבושה בגישת ה"רמז", דומים לתחושות של חוויית ההתאהבות. התשוקה במפגש הבסיסי עם נשיות צנועה או עם גבריות צנועה היא מינימלית, כמו אש קטנה, ולפעמים גם לא מתקיימת כלל. אבל חוויית תשוקה של "רמז" עשויה מאותם חומרים של החוויה העוצמתית הזאת. תנמיכי את העוצמה של מה שתיארתי מקודם על חוויית ההתאהבות, ותקבלי את התשוקה שלבוש הרמז מאפשר לה להתרחש.

חשוב להדגיש שלבוש הרמז לא **כופה** על הסיטואציה את התשוקה. הוא **מאפשר** אותה. הוא מותיר מרחבים של סוד, ומאפשר לאנשים לחוות או לא לחוות חוויה של מפגש עם סוד, סוד שקשור למיניות, לנשיות, לגבריות.

לבוש הרמז המכונן תשוקה משאיר אותנו במתח: מתח מיני, בריא, עדין, לא מפוחד וגם לא מוכחש. כשהאדם שמולך "משאיר אותך במתח" (בדיוק כמו ספר טוב או סרט טוב), הוא יכול לסקרן, הוא יכול לחבר אותך למחוזות של סקרנות ותשוקה בתוכך, בלי להיקלע לגירוי יצרים. אומנם, כשמדובר באנשים שאחד מהם לפחות נשוי, חשוב להיזהר שהמתח המיני לא יהפוך לפלירטוט. המתח המיני הכרחי כדי לשמור על הגבולות הבסיסיים שגברים ונשים צריכים לשמור עליהם. המתח המיני עוזר לנו לא להתבלבל ולהפוך את השיחה בין

האיש הנשוי לאישה הפנויה לחברית מדי. אבל כשמדובר בשני אנשים פנויים, המתח המיני יכול גם להוביל לפלירטוט. למה לא? אם מדובר בלבוש של רמז ולא בלבוש "חשוף-חלקית", יש אפילו יותר סיכויים שזה פלירטוט שלא מבוסס על הירכיים של אף אחד. כלומר, לא מבוסס על גירוי, אלא על תשוקה. נשמע לי אחלה פלירטוט.

אם כן, בתשוקה יש איכויות של 'אין-סוף', ולעומת זאת בגירוי יש תכונות סופיות וחולפות. למרות זאת, לפי השיח היהודי הבריא הגירוי הגברי איננו פסול מצד עצמו. הוא פסול רק כאשר הוא מתרחש שלא בהקשר הנכון. כשהקשר בין בני הזוג הוא קשר של ברית, גירוי ותשוקה הן חוויות משלימות. החוויה של הגירוי מתמזגת עם האיכויות של התשוקה, והופכת ביחד לעונג זוגי ייחודי. התלבטתי אם להביא בפנייך את המקור הבא, שאולי ירגיש לך מעט בוטה. לבסוף החלטתי להביאו, כי הוא מראה עד כמה חז"ל מוצאים משמעות בחוויה של הגירוי כשהיא מתרחשת בהקשר הזוגי של ברית.

בספר משלי מופיעה העצה הבאה:

> יהי מקורך ברוך, ושמח מאשת נעוריך, אילת אהבים ויעלת חן,
> דדיה ירוֻך בכל עת, באהבתה תשגה תמיד (משלי ה, יח-יט).

כלומר, האיש שמח באשתו, שנמשלה לאיילה (נקבת האייל). בגמרא במסכת עירובין מופיע מדרש על הפסוק הזה:

> אמר רבי שמואל בר נחמני: מאי דכתיב 'אילת אהבים ויעלת חן וגו'' למה נמשלו דברי תורה לאילת? לומר לך: מה אילה רחמה צר, וחביבה על בועלה כל שעה ושעה כשעה ראשונה - אף דברי תורה חביבין על לומדיהן כל שעה ושעה כשעה ראשונה (עירובין נד ע"ב).

המדרש מתייחס לתכונה הפיזיולוגית של האיילה, שידועה בכך שאיבר הרבייה שלה צר במיוחד. לפי המדרש, האיש מתברך בכך שאשת נעוריו היא כמו איילה. כאשר איבר המין הנשי (המכונה במדרש "רחם") הוא צר, הדבר מגביר את תחושת

העונג של הגבר בשעת יחסי האישות, וכך התשוקה־גירוי פועמת ביניהם בכל פעם מחדש, כמו בפעם הראשונה.

כיום מדרש כזה עלול להיחוות על ידי הקוראים והקוראות שלו כפירוט מביך, בבחינת "טו מאץ' אינפורמיישן". מה לחז"ל ולתיאור המנגנון הפיזיולוגי של הגירוי המיני? נו, מה לעשות. חז"ל כנראה היו הרבה יותר פתוחים מאיתנו. לא רק שהם לא הובכו מהרעיון של גירוי מיני בעת יחסי אישות, אלא הם גם חשבו שהוא ההתרחשות הנעלה ביותר שמתאימה כדי לתאר את חוויית התשוקה והעונג שבלימוד התורה. ואם זה לא מספיק, אז את הרעיון הזה הם אמרו בבית המדרש, ודאגו גם להכניס אותו לגמרא (שיח פוריטני, אתה שומע? אשמח בהזדמנות שתסביר לי איך זה מסתדר עם תפיסת העולם שלך...).

ועכשיו אפשר כבר לענות על השאלה הראשונה שבה פתחנו את הפרק הזה. חוויית התשוקה איננה גירוי יצרים. אישה שמתלבשת בגישת ה"רמז" לא הופכת להיות "אובייקט מיני". הגבר שמביט באישה הזו תוך שהוא שומר על המבט ולא מתבונן במקומות המכוסים לא אמור לחוות מולו אובייקט מיני, אלא סובייקט (כמובן, גברים מסוימים שלא מוטרדים מאיסור הרהורי עבירה יכולים להפוך כל אישה, אפילו זו הלבושה בלבוש פוריטני, לאובייקט מיני, בכוח המחשבה והדמיון שלהם. זה משהו שנמצא באחריותם הבלעדית ולא נתון לשליטתה של האישה).

לפעמים, אבל לא תמיד, גבר הפוגש לבוש של "רמז" גם יחווה משהו שדומה למפגש עם סוד. משהו עדין ומרומז, שהשיח היהודי הבריא מכנה "תשוקה": חוויה של מתח או סקרנות שאין לה שום קשר לגירוי פיזי. לפעמים זו תהיה חוויה לא מודעת בכלל. כמו שלא תמיד אנחנו מודעים לעצים שברקע של הציפור, אבל חשים את נוכחותם באיזשהו רובד לא מודגש בתודעה שלנו.

לעומת זאת, חברה שבה כל אישה נדרשת להתלבש באופן פוריטני, מכריזה על עצם העובדה שהיא אישה ובעלת גוף נשי כבעיה שצריך להתנצל עליה. דרישה חברתית ללבוש מסוג זה לא מאפשרת חוויה של תשוקה, אלא מייצרת הדחקה של המיניות כשלילית ומחרידה. בעקבות הסוגיה של ארון העדות,

אנחנו יודעים שמה שמודחק אל מתחת לאדמה (או אל מתחת למעמקי הבגד והנפש שלנו), עלול להתפרץ ולשרוף... גישת ה"רמז" כאילו אומרת לגישה הפוריטנית: אם את רוצה להיזהר ממיניות שורפת, אל תנסי לכבות אותה. תשאירי אותה על אש קטנה.

לחוויה הזו של נער או גבר המסתובב לו בחברה שבה נשים הן יפות וצנועות בגישת ה"רמז" יש חשיבות מכרעת על ההבנה שלו את המיניות. החוויה הזו מקשרת אצלו את הרעיון של המיניות הנשית ל"סוד" שיכול לחבר אותו למחוזות גבוהים באישיות שלו, ולא מקשרת אצלו את הרעיון של מיניות לדבר מזעזע ומחריד. כך גם אצל האישה שמתבוננת במראה, ורואה "אישה" ולא "אישה המתחבאת בתוך חבית". ברגעים האלו היא מבינה שהמיניות שלה לא חייבת להיות "גירוי יצרים". המיניות שלה קשורה למרחבים של סוד, תשוקה, ולא למרחבים מזעזעים ומחרידים. זוהי מיניות בריאה.

פרק 47
סיכום

הגענו לסיום של חלק ב׳. בואי נסכם את המהלך שהיה לנו.

בחלק ב׳ הצגנו בפירוט את השיח היהודי הבריא, כפי שהוא עולה מתוך מספר מקורות:

בהתחלה למדנו גמרא מתוך מסכת עבודה זרה, המביאה מספר סיפורים על חכמים שנתקלו ביופי נשי ולא הגיבו אליו בצורה פוריטנית. הגמרא הזו מפריכה כמה הנחות יסוד של השיח הפוריטני: ראשית, אישה איננה רק מין, ויופי נשי איננו בהכרח מיני. שנית, כאשר האישה כן נתפסת כישות שהיא גם מינית (כמו במקרה של ר׳ עקיבא ואשת טורנוסרופוס), המיניות הזו לא נתפסת כשלילית, והיא גם לא מובילה אוטומטית לחרדה מפני הרהורי עבירה. שלישית, המעמד של אישה כאובייקט מיני איננו "עובדה בשטח", אלא תלוי במבט הגברי. מכאן

הגמרא (וגם טקסטים מאוחרים יותר) מבדילה בין שני סוגי מבטים גבריים: מבט מכבד, המאפשר לגבר להביט בנשים ולשוחח איתן, לעומת מבט מחפיץ, מבט ה"מתכוון ליהנות" הנאה מינית, שזהו המבט האסור.

בשלב הבא עברנו לברר את גישת חז"ל להנאה מינית במסגרת הנישואין. שאלנו האם הם בעד שכלול ההנאה המינית או נגד. מצאנו שניתן למצוא בגמרא גם קולות בעד וגם קולות נגד, כאשר קבוצת ה"בעד" גדולה יותר.

לאחר מכן עברנו ללימוד הסוגיה המרכזית שממנה אנו מפיקות את הגישה היהודית הבריאה אצל חז"ל. זוהי הסוגיה ממסכת יומא העוסקת בארון העדות. הגמרא פותחת בשאלה מהי הטרגדיה שעברה על ארון העדות: האם ארון העדות ניטל או נגנז? הגמרא מגיעה למסקנה שהארון נגנז ומספרת סיפור בעל שתי גרסאות, התומך במסקנה זו. סיפור זה עוסק בכוהן שחושף בטעות את מקום הארון מתחת לאדמה, ומת כתוצאה מכך. לאחר הבאת הסיפור, הגמרא עוברת לברר מה היה היחס בין ארון העדות לבין הפרוכת. כיצד הפרוכת הסתירה את הארון?

הגמרא מציעה שלוש אפשרויות: האפשרות הראשונה היא שהארון היה מוסתר לחלוטין מאחורי הפרוכת. הגמרא פוסלת את האפשרות הזו. האפשרות השנייה היא שבדי הארון היו ארוכים, ולכן הם קרעו את הפרוכת ויצאו החוצה כך שניתן היה לראותם. גם את האפשרות הזו הגמרא פוסלת. לבסוף הגמרא מעלה אפשרות שלישית: בדי הנשיאה של הארון היו "נראין ואין נראין". זוהי האפשרות שהגמרא מקבלת. הביטוי "נראין ואין נראין" איננו מובן, ועל כן הגמרא מביאה תשובה נוספת שעניינה להסביר את הביטוי: "דוחקין ובולטין ויוצאין בפרוכת ונראין כשני דדי אישה". זו הפעם הראשונה בסוגיה שבה הגמרא עוסקת במיניות באופן מוצהר.

בשלב זה עצרנו באמצע את הלימוד בסוגיה ועברנו ללמוד קטעים מתוך מאמרו של הרב שג"ר "צניעות ובושה". מתוך המאמר לקחנו איתנו כמה עקרונות חשובים, ולאחר מכן חזרנו אל הסוגיה, הממשיכה לעסוק במיניות באופן גלוי, לצד המשך בירור ארון העדות. הראינו כיצד כל העקרונות שמציג הרב שג"ר עולים גם מתוך הסוגיה במסכת יומא העוסקת בארון העדות. כך נוצרה לנו תמונה מלאה של הגישה היהודית הבריאה בנוגע לצניעות ומיניות.

לבסוף נעזרנו במשנה ובגמרא ממסכת חגיגה, העוסקות באיסור ההסתכלות ובקשר שלו למושג ה"כבוד". ראינו שהשיח היהודי הבריא לא מבוסס על חשש מפני הרהורי עבירה, אלא על הרצון של המשתייכים אליו לייחד את המיניות להקשר המתאים של ברית הנישואין. מושג ה"כבוד" בשיח היהודי הבריא לא מבקש להציל את האישה מ"השפלה" כלשהי הכרוכה במיניות חשופה, אלא להציל את הגבר ואת האישה מפני איבוד הסוד.*

* אם את מעוניינת בסיכום העקרונות של הגישה היהודית הבריאה, את מוזמנת להיכנס לאתר אפרכסת לעמוד ההרחבה על הפרק הזה.

סוגיית ארון העדות בגמרא, נלמדה ונוצרה מתוך חוויה דתית מסוימת. אפשר ממש להרגיש את החשמל באוויר בית המדרש. סוד, קדושה, מיסתורין וסכנה אופפים את הדיון. ואכן, כאשר חכמי הגמרא ישבו בבית המדרש והחלו לעסוק בארון העדות, הם נכנסו לחוויה פנימית־רוחנית, שאותה אנו מכנים "תשוקה דתית". כאמור, "חכמים למדו תורה מתוך תשוקה" (הרב שג"ר, "צניעות ובושה" עמ' 264).

אם נשאל כיום אנשים: "אתם יודעים מהי תשוקה דתית?", חלקם לא ממש ידעו במה מדובר. החוויה של תשוקה דתית לא מוכרת כיום לכולם. לאנשים אלו אני אומרת שהמונח "תשוקה" בוודאי מוכר להם מהתחום המיני, ושעל מנת להבין מהי "תשוקה דתית" יש להחיל את התשוקה המינית על התחום הדתי. כלומר, אנחנו מכירות מהי תשוקה מינית, אבל מושג התשוקה הדתית עדיין מעורפל עבורנו. על מנת להבין מהי תשוקה דתית, ננסה לדמיין איך זה מרגיש כשאלמנטים דתיים מעוררים אצלנו סוד, מיסתורין ומתח, כמו תשוקה מינית.

למעשה, המהלך בגמרא פועל בדיוק בכיוון ההפוך. חז"ל יודעים בדיוק מהי תשוקה דתית, הם חווים אותה יום־יום בעת לימוד התורה. כאשר הם עוסקים בנושא טעון מתח דתי כמו ארון העדות, התשוקה הדתית מתעצמת אף יותר. התחום המעורפל יותר, שאותו חז"ל מנסים לברר, הוא דווקא תחום המיניות. הם מכירים כמובן מהי תשוקה מינית, הם חווים תשוקה כזו. מה שהם מנסים לברר זה איך צריך להבין אותה, איך צריך לעבוד איתה. הם שואלים את עצמם: מהי העמדה היהודית הראויה בנוגע למיניות? האם זה טוב, רע,

תלוי הקשר? איך נכון לנהוג בענייני צניעות ויחסי אישות, ומה היחס בינם לבין נישואין? חז"ל מכירים נורמות לא יהודיות של מיניות פרוצה, ושואלים: מהי המיניות המתוקנת?

את כל השאלות הללו מבררים חז"ל באופן הבא: הם לוקחים את כל מה שהם יודעים על התשוקה הדתית, ומחילים את העקרונות הללו על התשוקה המינית. הנוסחה שלהם היא כזו: "אם נחיל את המאפיינים של התשוקה הדתית היהודית, על התחום של התשוקה המינית, תצא לנו הגדרה של מיניות מתוקנת". מכאן נוצרה לנו סוגיה מופלאה, גאונית ומלאת עומק, שארון העדות משמש בה כלי ואמצעי לבירור תחום המיניות והצניעות.

המעניין הוא שסוגיית ארון העדות לא בחרה להציג אך ורק את השיח היהודי הבריא, אלא נקטה בגישה שבה אנו נוקטות בספר זה: להציג גם את הגישות האחרות הפגומות (ניטל או נגנז), ולבדל את עצמה מהן. למעשה, הבחירה בכל אחת מהאפשרויות הפגומות גוררת אחריה מחירים כבדים, שאותם נפרט מיד, בחלק השלישי של הספר.

<<< התמודדות עם השיח הפוריטני ועם ארבע הגרסאות של שיח השחרור המיני

הקדמה

סוגיית ארון העדות הצביעה על שתי סכנות שאורבות למיניות: הדחקה, הבאה לידי ביטוי ברעיון של "נגנז", ובאפשרות של הפרוכת, המסתירה לחלוטין את הארון. בדורנו, סכנה זו באה לידי ביטוי בשיח דתי פוריטני. הסכנה השנייה היא התפוגגות הסוד של המיניות, הבאה לידי ביטוי ברעיון של "ניטל", וגם באפשרות של הפרוכת שבדי הארון קורעים אותה ונחשפים דרכה. בדורנו, סכנה זו באה לידי ביטוי בשיח השחרור המיני על ארבע גרסאותיו.

בחלק הנוכחי נתמודד עם השיחים הפגומים הללו ועם השלכותיהם ההרסניות. ננתח את הכשלים של כל שיח, ונדגים מהם המחירים שמשלם אדם הבוחר לחיות לפיהם.

פרק 48
סיפורו של רווק דתי

השלכותיו ההרסניות של השיח הפוריטני באות לידי ביטוי בסיפורו של דניאל, שבו נפגשנו בתחילת הספר. דניאל הוא למעשה הכוהן הגדול שנשרף כתוצאה מהתפרצות המיניות שהודחקה אל מתחת לפני האדמה. אבל יש גם דרך נוספת להיכוות מהשיח הפוריטני, וזאת על ידי ניסיון להתרפא ממנו בדרך הלא נכונה, וכתוצאה מכך "לעבור צד" אל עבר שיח השחרור המיני. ראינו זאת בפרק 9 באמצעות סיפורה של תלמידתי נטע, העוסק בצניעות. כעת נדגים זאת באמצעות הסיפור של מתן (שם בדוי), העוסק לא רק בלבוש, אלא בהתנסות מינית. הטקסט של מתן הופיע במדור "ערות: נשים מדברות מיניות" במגזין "זמנים מודרניים" המצורף לידיעות אחרונות. הכותרת: "לראשונה במדור: גבר מדבר. תמר מארחת את מתן, רווק דתי בן 34".

גדלתי במשפחה דתית שחלק ממנה היה חרד"לי (חרדי לאומי) והאחר מסורתי מתון. למדתי בבית ספר ממלכתי דתי ואז בישיבה תיכונית וכמובן בני עקיבא ומשם לישיבות הסדר. מסלול מקובל לבן מהמגזר שלי. המיניות הייתה תמיד ברקע, אבל התחלתי להרגיש אותה ביתר שאת בגיל ההתבגרות. שם הדברים קיבלו פנים (ותורה), כלומר ***אתה רוצה להעז ולא יכול בגלל חינוך וחוקים וחוסר פתיחות לסקרנות מינית ורגשית.***

בגיל הזה לא היו לי התנסויות. זה לא היה מקובל. היו לי ידידות והקשרים איתן צמחו על רקע החיבור האידיאולוגי של התנועה. גם אם היה חיבור רגשי, גבולות הגזרה היו ברורים ואף אחד לא חשב לקרוא עליהם תיגר. אם היה מגע, הוא לא היה אינטימי. לחיצת יד, חיבוק חטוף. זאת הייתה הנורמה. ***המסר מהסביבה היה שיותר אמיץ וטהור לתחזק מערכת יחסים נטולת תשוקה מינית.*** *שזה המקום לשאוף אליו מבחינה דתית. הניתוק הרגשי והפיזי בין גברים לנשים בחברה המסורתית הפך מדד לדבקות דתית.*

המשמעות של להיות מדריך בבני עקיבא הייתה ללבוש חולצה פסיכולוגית מאוד מסוימת, גם אם היא לא מתאימה למידות שלך וגם אם אתה לא מוצא את עצמך בתוכה. יותר מזה, כמדריך, אתה מחזיק בדף מסרים. ואז ***לא רק שאתה משלם מחיר על ההדחקה, עכשיו אתה צריך לדברר אותה ולסנגר עליה.*** *אז עוד לא הבנתי שאני* ***חי בפיצול.*** *שאני כמו* ***שחקן.***

מחנה הקיץ של בני עקיבא המחיש את האבסורד. נפגשתי שם עם בנות גילי מכל הארץ, אבל הייתי מדריך, והמשמעות הייתה להיות ***מודחק ומוכחש רומנטית ומינית.*** *אז אתה לא מתקרב למקום של ליזום קשרים. ידעתי שאני נראה לא רע ושאני יכול לממש עוד חלקים שיש בי, אבל הם לא חלק מהשיח. אתה לבוש חליפה של זהירות. של* ***מעומעמות רגשית*** *[...]. אחרי בני עקיבא הלכתי לכמה ישיבות הסדר כי ככה היה נהוג. שם התחלתי לבחון*

איך אני יכול לתרגם אחרת, ***מסרים שכרוכים בהכחשה שכלית ממשית של החלקים הארוטיים.***

הייתי בן 22 כשהייתה לי חברה ראשונה, ***ואני זוכר שנפגשנו*** *במלון באזור ירושלים ועלינו לקומה העליונה והתנשקנו במסדרון נשיקה סוערת, מה שעד לאותו רגע חי לי רק בתוך הראש. עוד קודם היו לי פנטזיות על בנות שהכרתי. היו כמיהות מיניות וחלומות אבל ידעתי שהמקום הזה הוא לא בר ביצוע,* ***אלא אם אני מתכוון*** *להתחתן.* ***זה חלק מ"עסקת שטן": מתמחרים חופש מיני בהסכם משפטי.*** *אחרי חודשיים שלושה של יחסים הגיע שלב שבו הייתי אמור להתכוונן לאירוסין,* ***אבל לא הייתי בשל לזה ונפרדנו*** *[...].*

התחנה הבאה היא סצנת הפנויים פנויות בציבור הדתי. אני כבר בן 28 ועד אז כל המגעים שהיו לי הם ברמה של נשיקה. בשבת אחת של פנויים פנויות, הכרתי מישהי שהייתה מבוגרת ממני בכמה שנים ונוצר קשר טוב וישבנו על המיטה אצלי בחדר ומשם התגלגלנו ליחסי מין חלקיים [...]. ***הרגשתי משוחרר וחופשי ופורח כי נתתי לעוד ממד שבי ביטוי. הרגשתי גבר. הרגשתי יותר אני והיה לי טוב ונעים*** *[...].*

יש משהו מאוד פונקציונלי באיך שנשים וגברים דתיים לומדים להסתכל אלה על אלה. זה לא שקודם יש משהו יצרי ורגשי ומתוכו נבנה ממד שכלי־רוחני. כאן היוצרות התהפכו. ***אתה צריך להיות מכוון לשורה התחתונה שהיא מיסוד, וברקע פועל מערך שלם של יחסי ציבור מצד משפחות וגורמים רבניים שמטיפים ללכת לשם. בשלב מסוים הבנתי שזה עוצר אותי ושאני רוצה להתנסות,*** *ולפני כשלוש שנים (ואני בן 31) פגשתי מישהי והיו לנו יחסי מין מלאים והתרגשתי מאוד. לאט לאט הרגשתי יותר בטוח בתוך האקט.* ***הרגשתי שאיזה סד עף ממני.***

הדמות האידיאלית של הגבר הדתי היא של נחמד, מנומס, מאופק ורהוט. ***אבל האמת היא שאנחנו נאחזים באינטלקט***

היאחזות ששותה מתוך שלולית של תסכול מיני. כי אין מקום למגע מיני ורגשי. [...] [בחברה הדתית] דמות האישה האידיאלית היא של אישה בוסרית, שכלתנית, לא־מינית ונחמדה מדי. קצת רובוטית. וזה עצוב. ועל כל אלה מפצה איזו עטיפה נוצצת של אישה עם קריירה בהיי־טק. ובכלל רווקות מאוחרת במגזר הדתי נחשבת בעיה מטורפת.

אבל גם אצל זוגות נשואים יש בעיה: הבחורה אומרת שהכל נהדר אבל [בעצם] אין שום מיניות, והבעל לא יודע מה הוא אמור לעשות, והכל עטוף במטפחת וכיסויי ראש של המותגים הנכונים. אבל מה שקורה מתחת למטפחת הוא שאין שיח מיני ישיר. הדתיות נישלה את האנושיות בחלק הזה. של הגוף. של התשוקה.

אחרי אותה התנסות הייתי פתוח יותר לסטוצים וחשוף יותר להצעות. [...] בשלב מסוים נחשפתי ללייף של מסיבות גרושים וגרושות, בעיקר חרדים לשעבר. יצאתי לשם כמה פעמים, וראיתי איזו דרך הם עברו ביחס לחברה שבה גדלו, וראיתי כמה סקס מרומז וארוטיות היו שם. לאחרונה אני לא מוצא לזה זמן אבל משהו בזמינות ובעומק שאליו זה יכול להגיע קוסם וקורץ, מרפא ומשחרר.

וכן, אני עדיין רווק. אני מניח שזה לא מקרי. זאת התנהלות מורכבת בחברות סותרות. למצוא איך להביא את המקסימום בתוך המינימום, בעולם שבו הצביעות, ההתחסדות, הצדקנות, הטהרנות, ההשתקה, ההכחשה וההדחקה המינית הפכו, פרדוקסלית, למדד לדבקות דתית.

מעניין אותי מה את חושבת על הטקסט הזה. האם האופן שבו מתן מנתח את החברה הדתית חדש עבורך? האם את מסכימה איתו? האם את מתעצבנת? האם את נעלבת? אם את עדיין נערה, ייתכן שאת שומעת את התיאור של מתן אודות

זוגות נשואים, שאין להם ידע וחיבור למיניות של עצמם, ומתחלחלת. אולי את חוששת להגיע למקום כזה. את מתבוננת סביבך, מריצה בראש את הזוגות הנשואים שאת מכירה, ושואלת את עצמך: האם מתן צודק? האם הזוגות הללו מדחיקים את המיניות שלהם? האם זה מה שהלכות צניעות ושמירת נגיעה מעוללות לנו אחרי הנישואין? מיניות מנוכרת וקרירה?

יכול להיות שאת מרגישה שאת מכירה את הרעיונות הללו, שהם לא חדשים לך, כאילו כבר שמעת אותם בעבר. אם כך, זה כנראה משום שמתן בעצם מצטט רשימה של טענות ש"שיח השחרור המיני" טוען אותן עשרות שנים, מבלי להתעדכן יותר מדי. אני מאמינה למתן בכנות שכך הוא מרגיש, ואני גם מאמינה לכאב שלו. הכאב שלו כן, אבל הוא הוביל אותו לדעתי להפנמה של שיח הרסני ושגוי. מתן הפנים את שיח השחרור המיני, לא רק באורח החיים שבו בחר, שבו המיניות נטולת מגבלות, אלא גם בנרטיב שהוא מאמץ, כלומר בסיפור שהוא מספר על עצמו ובאופן שהוא מפרש את הנורמות בחברה הדתית. אנחנו יכולות לראות שהאידיאולוגיה שעוטפת את החוויה של מתן את מיניותו, מאז תקופת בני עקיבא ועד היום, עונה בדיוק על הנוסחה של שיח השחרור המיני, והמשפטים שהדגשתי בטקסט יעידו על כך.

כדי שזה יהיה לך מסודר וברור, אני מונה כאן לפנייך את המאפיינים של שיח השחרור המיני כפי שהם באים לידי ביטוי בחלקים המודגשים בטקסט:

א. הימנעות מהתנסות מינית = הדחקה והכחשה של המיניות ושל הסקרנות המינית.

ב. הדרישה של החברה הדתית לאיפוק מיני בטרם נישואין, היא למעשה הדחקה. זוהי דרישה פוריטנית.

ג. הריפוי מההדחקה הפוריטנית כרוך בשחרור המיניות מכל המגבלות שהדת מטילה עליה, באמצעות התנסות חוזרת ונשנית במיניות מזדמנת עם פרטנריות שונות, בדרגה כזו או אחרת של קירבה ומחויבות.

ד. התסכול המיני שחווים לפעמים בחורים דתיים ובחורות דתיות, שנמנעים מהתנסויות מיניות בטרם נישאו, הוא בהכרח שלילי.

ה. הימנעות ממיניות לפני הנישואין גורמת לאדם הדתי לחיות בפיצול ולהתנהל כשחקן.
ו. היעדר מימוש של תשוקה מינית בקרב דתיים שאינם נשואים, פירושה ניכור רגשי.
ז. החברה הדתית עוטפת את הזוגיות של זוגות נשואים בעטיפה חיובית ונוצצת, אך מתחת לפני השטח, גם אצל זוגות נשואים המקיימים ביניהם יחסים, "אין שום מיניות. הבעל לא יודע מה הוא אמור לעשות [...] אין שיח מיני ישיר".
ח. האישה האידיאלית בחברה הדתית היא אישה א־מינית (כלומר, אישה שלא חווה תשוקה מינית, שאיננה "סובייקט מיני").
ט. ממסד הנישואין הוא מוסד מגביל ואף מנוכר, הדומה ל"הסכם משפטי".
י. השאיפה של אנשים דתיים להתחתן נובעת בעיקר ממניעים חיצוניים: לחץ חברתי מצד המשפחה והחברים, ומכבש אידיאולוגי המופעל על ידי הרבנים והמחנכים.

הטקסט של מתן מעלה שורה של טענות כבדות משקל, אך כאמור, מתן לא המציא אותן. הטקסט של מתן הוא למעשה ציטוט של שיח השחרור המיני, שבמקרה הזה הופנם ואומץ על ידי בחור דתי ספציפי ששמו (הבדוי) הוא מתן. כפי שראינו בחלק ב' של הספר, ועוד נראה בהמשך, השיח היהודי הבריא מציע צורת הסתכלות ודרך חיים שאינן פוריטניות, ומפריכות את הטענות הללו אחת לאחת.

אבל קודם כול עלינו לשאול: איך הגיע מתן למסקנות הללו אודות היחס למיניות בחברה הדתית? מהיכן הפנים את שיח השחרור המיני? היכן הוא פגש אותו?

יכולות להיות לכך שתי אפשרויות: האחת, מתן פגש בשיח השחרור המיני המערבי כפי שהוא בא לידי ביטוי במדיה ובתרבות, ומשם מחלחל גם לשיחות הפרטיות המתנהלות בין אנשים. כאמור, שיח השחרור המיני מכתיר את נורמות הצניעות והאיפוק המיני של חברות שמרניות כ'פוריטניות'. בתיווכו של שיח

השחרור המיני, מתן החל להתבונן באיסור שמירת נגיעה, בהלכות צניעות ובדגש הרב שהחברה הדתית מדגישה את מוסד הנישואין, ופירש את כל אלו כנובעים מהדחקה והכחשה של המיניות, כניסיון לייצר יצורים אנושיים א־מיניים.

האפשרות השנייה היא שמתן הפנים את שיח השחרור המיני דווקא מתוך היכרותו האישית עם השיח הדתי. שהרי השיח על מיניות וצניעות בחברה הדתית לא תמיד בא לידי ביטוי באופן בריא. לצערנו, יש גם שיח דתי פוריטני. כאמור, השיח הפוריטני הדתי יכול להופיע בדבריהם של רב או מחנך, מדריך בסמינריון, אבא או אימא, עלוני שבת, מדיה מגזרית וספרים של רבנים כאלו ואחרים.

כאשר מתן הפנים לתוכו את השיח הפוריטני הדתי, הוא הרגיש (ובצדק) שהשיח הזה לא בריא עבורו. הוא הרגיש (ובצדק) שהשיח הזה מוחק אותו כסובייקט מיני. הוא הרגיש (ובצדק) שכל הקונספט הזה של צניעות, מוסד הנישואין ושמירת הנגיעה שקדמה לו, למעשה עשוי לתפקד כמנגנון למחיקת הארוטיקה, הסקרנות והתשוקה המינית של הפרט, הנתפסות כמלוכלכות ונמוכות. הוא הרגיש (ובצדק) שהשיח הדתי שעליו גדל רואה במיניות מכשול שמפריע לנו להתקדם מבחינה רוחנית ולקשור קשר זוגי רגשי ועמוק עם בני הזוג שלנו.

במצב כזה שבו אדם דתי כמו מתן (ומתן הוא רק דוגמה אחת מני רבות) מפנים לתוכו את השיח הפוריטני הדתי, אני אישית יכולה להבין מדוע הוא מעוניין להשתחרר מהשיח הזה. אני אפילו חושבת שזה נובע אצלו ממקום בריא. בשלב מסוים נפשו של מתן זועקת, ומתן מקשיב לה. הוא מבין שהוא לא מוכן יותר לשתף פעולה עם שיח פוריטני, ובוחר להשקיף על המיניות באופן אחר, שאותו הוא תופס כבריא יותר.

אך בנקודה הזו, בצומת הדרכים הזה שבו מתן בוחר לעזוב את השיח הפוריטני ולבחור בדרך אחרת, מתן נפגע, ולמעשה מאבד את הכיוון הבריא שהנפש שלו חיפשה. היות שמתן לא הכיר שיח־מיניות דתי אחר, היות שהוא לא הכיר את שיח המיניות היהודי הבריא, הוא נאלץ לפנות אל השיח היחיד שהוא מכיר: שיח השחרור המיני.

כמה קל, עבור בחור דתי שמאס במסרים הדתיים הפוריטניים שעליהם גדל, להזדהות עם שיח מערבי שסוף־סוף מעז לומר את מה שהוא תמיד הרגיש:

"הלכות הצניעות הן פוריטניות", "שמירת נגיעה זה פוריטני". שיח השחרור המיני מעניק למתן המון: הוא מעניק לו פה, הוא משמיע את קולו, הוא מכיר בכאבו. הוא מנסח עבורו ביקורת מנומקת כלפי הפוריטניות שעליה גדל, ומונה את הנזקים שלה. שיח השחרור המיני העניק לו, לראשונה בחייו, לגיטימציה להכיר במיניות שלו.

כעת ייתכן שמתעוררות אצלך כמה שאלות: ראשית, מדוע מתן הגיע למסקנה שהשיח הדתי־לאומי הוא פוריטני? שהרי כיום כמעט לא קיים שיח דתי, בוודאי לא דתי־לאומי, שמצהיר שהמיניות היא דבר שלילי ונמוך מעצם היותה. השיח בחברה הדתית־לאומית מדבר על מיניות ככלי גבוה, נעלה, ואפילו קדוש, שנועד למימוש הזוגיות בברית הנישואין. השיח בחברה הדתית בדרך כלל אפילו מכיר בחשיבות של ההנאה המינית במסגרת הנישואין. נוסיף לכך את העובדה שהשיח הדתי תמיד מקפיד לבדל את עצמו מההשקפה הנוצרית, הרואה במיניות חטא, ונשאל: האם כל המאפיינים הללו לא מספיקים כדי להוכיח שהמיניות היהודית איננה פוריטנית?

התשובה היא – לא. זה לא מספיק. בפרקים הבאים נראה מדוע זה לא מספיק, ומה צריך להשתנות בשיח הדתי על מנת שהוא לא ייתפס על ידי אנשים דתיים כפוריטני.

שנית, ייתכן שאת שואלת את עצמך מה בעצם כל כך נורא בבחירה של מתן לחיות חיים משוחררים מבחינה מינית. נכון, מתן מעיד על עצמו שהוא עדיין רווק וייתכן שזה קשור לאורח חייו, אבל האם איננו מכירים סביבנו מציאות של אנשים שחיי הרווקות שלהם היו "משוחררים" מבחינה מינית, בדיוק כמו מתן, והם התחתנו לבסוף והקימו משפחה נחמדה? כמעט כל משפחה מערבית מבוססת כיום על היסטוריה של "שחרור מיני" שחווה כל אחד מבני הזוג, בטרם נישאו. האומנם שחרור מיני דן את האדם לחיים של בדידות, נטולי אהבת אמת ונטולי משפחה? נדון בשאלה זו בהמשך, בפרקים העוסקים בהתמודדות עם שיח השחרור המיני, ובפרט בפרק העוסק בהתמודדות בשיח ההשגבה, שאליו משתייך הטקסט של מתן.

אבל נעשה זאת בהדרגה. לפני הדיון בשיחים המערביים, עלינו לטפל בשיח הדתי. בפרקים הבאים נבחן את השיח הדתי יותר לעומק: נראה מהם המאפיינים הפוריטניים שעלולים להיות חבויים בשיח הדתי, גם כאשר הוא מצהיר הצהרות חיוביות אודות המיניות, ונציע כיצד לתקן ולהבריא אותו, על פי העקרונות של שיח המיניות היהודי הבריא.

פרק 49

פוריטניות סמויה: מאחורי מה היא מתחבאת?

בפרקים שלפנינו ננתח את השיח הדתי ונחשוף בתוכו את מה שאני מכנה "פוריטניות סמויה". אלו מסרים פוריטניים שאינם מוצהרים, אלא חבויים בשיח הדתי באופן בלתי מודע ובלתי מוצהר. לא רק אנחנו, הקוראים או השומעים, איננו מודעים לפוריטניות הסמויה, אלא בדרך כלל גם מי שמדבר ומפיץ את השיח הזה - רבנים, רבניות, אנשי חינוך והורים - אינם מודעים לה.

ייתכן שתופתעי, אבל כמו שציינו בתחילת הספר, הפוריטניות הסמויה מסוכנת הרבה יותר מפוריטניות גלויה. 'פוריטניות גלויה' פירושה טקסט או דיבור שמצהירים למשל על המיניות כנמוכה, ועל ההנאה המינית כבלתי רצויה, אפילו כשמדובר בזוג נשוי. אמירות ברורות כאלה מאפשרות לנו להתמודד עם הטענות הפוריטניות ולבדל את עצמנו מהן. הן מאפשרות לנו להתנגד ולומר: "זו לא היהדות שלי! אני לא מסכימה להצגת המיניות באופן הזה!". לעומת זאת, פוריטניות סמויה מחלחלת אלינו מבלי שנשים לב, משום שהיא עטופה במסרים כביכול בריאים וחיוביים שאנו מזדהים איתם. כך יוצא שמתן הרווק הדתי, כמו גם תלמידתי נטע, ואנשים דתיים רבים נוספים, עלולים להפנים גישה דתית פוריטנית גם מבלי שאיש התכוון לכך.

פרק 50
"יצר המין לא נועד רק ל"פרו ורבו"

מכירה את זה שאומרים לנו: "אנחנו לא כמו הנוצרים, אצלנו יחסי אישות הם לא חטא"? פעמים רבות שמעתי את המשפט הזה כחלק משיח דתי שמנסה להציג את היהדות כלא־פוריטנית. ובכן, נראה מה תחשבי על הקטע הבא:

> לאיש הייתה יכולה להיות הווה־אמינא [=מחשבה מוטעית, שאולי הדבר הנכון הוא] להיות פרוש מן הנישואין, כמו הנוצרים והאיסיים, בחושבו שזה מנוגד לקדושה. על כן באה התורה ומחדשת שאדרבא, הקדושה מופיעה דווקא בנישואין וביצירת הדורות הבאים. אין פריה ורביה כורח מציאות או הנאה אגואיסטית, אלא קדושה של מצווה, כנוסח המדוייק של חז"ל "אשר קידשנו במצוותיו" (הרב שלמה אבינר, **פרקי אהבה בין איש לאשתו**, עמ' 55).

הקטע הקצר הזה מדגים איך אפשר מצד אחד לנופף בדגל "אנחנו לא כמו הנוצרים, אצלנו יחסי אישות הם קדושה", ומצד שני להמשיך לאחוז בגישה פוריטנית. כאשר מצדיקים את קיום יחסי האישות כחלק ממצוות פרו ורבו, ניתן להסיק מכך שיחסי המין המתקיימים במסגרת ברית הנישואין מקבלים את מעמדם החשוב והקדוש אך ורק כאשר הם נרתמים למטרה של הבאת ילדים לעולם.

"יחסי מין לגיטימיים = רק למטרת פרייה ורביה", זוהי משוואה פוריטנית, ולמען האמת, היא לא כל כך רחוקה מהנצרות...

אין ספק, הבאת ילדים לעולם היא מטרה נעלה וחשובה, אבל אין שום הכרח לקשור בין קדושת המעשה המיני לבין מצוות פרו ורבו. לפי הגישה היהודית הבריאה, הערך של המעשה המיני הנעשה במסגרת ברית הנישואין הוא גבוה, נעלה ואפילו קדוש, בלי שום קשר לשאלה האם מטרת המעשה היא היריון. לפי הגישה היהודית הבריאה, גם כאשר מטרת המעשה המיני היא חיבור רוחני

ונפשי באמצעות הנאה גופנית, הערך של המעשה המיני הוא גבוה. זהו מעשה של קדושה.

בואי נראה כמה הוכחות לכך:

א. מצוות עונה היא אחת מן ההתחייבויות של הבעל כלפי אשתו בעת נישואיהם. מצווה זו מכירה בכך שהאישה היא "סובייקט מיני" (כלומר, בעלת תשוקה מינית), ולכן ההלכה מחייבת את הבעל שלא להימנע מקיום יחסי אישות עם אשתו. מבחינה הלכתית, מצוות עונה חלה גם כאשר אין שום סיכוי שיחסי האישות יובילו להיריון, למשל כשהאישה כבר בהיריון, או כשהיא אחרי גיל הפריון, או בזמן שהם משתמשים באמצעי מניעה.

ב. על פי היהדות, "הוצאת זרע לבטלה" לא מוגדרת על ידי השאלה האם המעשה המיני מיועד למטרת היריון. מבחינה הלכתית, "הוצאת זרע לבטלה" מוגדרת רק על ידי השאלה היכן נפלט הזרע: אם הזרע נפלט בתוך הנרתיק של האישה, אין כאן הוצאת זרע לבטלה, וזאת גם כאשר בני הזוג משתמשים באמצעי מניעה המותרים על פי ההלכה, ומונעים באופן מכוון את האפשרות של היריון (השאלה האם מותר למנוע היריון נתונה כיום במחלוקת הלכתית: יש דעות הסוברות שאין כל איסור למנוע היריון, ולעומת זאת יש דעות הסוברות שזה אסור, או מותר רק מסיבות מסוימות. בכל אופן, גם הדעות שאוסרות, לא אוסרות זאת בגלל הוצאת זרע לבטלה אלא מסיבות אחרות).

ג. בפרק 26 ראינו שישנם בגמרא קולות המעודדים את בני הזוג להשקיע בהיבט הפיזי של יחסי האישות, ולהגביר את ההנאה ביניהם. היות שאנו יודעים שניתן להביא ילדים לעולם גם מבלי לחוות הנאה מינית (לפחות עבור האישה), אנו יכולים ללמוד מכך שחז"ל לא ראו ערך אך ורק ביחסי אישות המובילים להיריון.

ד. טקסטים יהודיים רבים, בהם מגילת שיר השירים וסוגיית ארון העדות שאותה למדנו, מציירים את המיניות באופן גבוה וקדוש, גם כשברור שאין בה שום פוטנציאל היריון או הבאת ילדים לעולם.

> עצם השימוש במיניות כדי לבטא את עוצמת הקשר בין הקב"ה לעם ישראל, או את עוצמת הדבקות שלנו בתורה, אמור להעלות תהיות במקרה שבו אמורה להיות תוצאה ממשית של היריון כדי שהמעשה המיני ייחשב לנעלה.

אם כן, פוריטניות סמויה יכולה להתחבא מאחורי אמירות המשבחות ומהללות לכאורה את המיניות בין בני הזוג, אך למעשה מהללות אך ורק את מצוות פרו ורבו. סוג נוסף של פוריטניות סמויה עלול להופיע ביחד עם הביטוי "יצר החיים". פעמים רבות שמעתי או קראתי על חשיבותו של יצר המין ביהדות, משום שיצר המין הוא "יצר החיים".

במקרה הזה אנחנו צריכות לשאול: למה הכוונה בביטוי "יצר החיים"?

אם הביטוי "יצר החיים" מתייחס אך ורק לפוטנציאל ההיריון, פוטנציאל הבאת החיים לעולם, אני חוששת שיש כאן פוריטניות סמויה, וממליצה לחשוד בטקסטים מן הסוג הזה. אז נכון, הפוטנציאל של המעשה המיני להביא חיים לעולם הוא מופלא וחשוב ביותר. אבל כאשר אנחנו לא מוצאים שום סיבה אחרת להצדיק את המעשה המיני במסגרת ברית הנישואין, אנחנו שוב שוללים מהיהדות את התכונה הייחודית שלה: ראיית המעשה המיני בין בני הזוג כנעלה וקדוש, מעצם הברית ששוררת ביניהם.

פרק 51

הלכות "גניזת" האישה

כידוע, ישנו לבוש נשי שהוא לא צנוע ולא מתאים לגדרי ההלכה. לעומת זאת, ישנו לבוש נשי שכן נחשב צנוע על פי ההלכה. אנחנו יודעות שיש "צנוע" ויש "לא צנוע", אבל התחום הזה של "לבוש צנוע לפי ההלכה" הוא רחב ביותר. אין רק גישה הלכתית אחת. מבחינה הלכתית, יש מנעד די רחב בכל הנוגע

להלכות צניעות. כיצד עלינו להבין את הפער בין הלכות צניעות שנתפסות כמקילות, לעומת הלכות צניעות שנתפסות כמחמירות? על שאלה זו נענה בהמשך. ראשית, בואי נתבונן בשתי רשימות שונות שעוסקות בהלכות צניעות לאישה, ונשווה ביניהן.

	רשימת ראשונה - הלכות צניעות לרווקה:	**רשימה שנייה - הלכות צניעות לרווקה:**
תסרוקת	תסרוקת צנועה [שיער אסוף] ולא מושכת עין.	אין כל מגבלה
איפור או לק	בלי איפור - אלא אם כן זה לתקן פגם אסתטי. בלי לק על ציפורניים.	אין כל מגבלה
תכשיטים	נזמים שונים אסורים. עגילים באוזניים מותרים בתנאי שלא מושכים עין. וכן שרשראות וצמידים בידיים. כמובן עדיף שלא.	אין כל מגבלה
צווארון	צווארון סגור. מקדימה, מעל עצמות הבריח, ויש מקילים עד תחתית העצמות. מאחורה עד החוליה הראשונה.	הצווארון יכול להגיע עד עצמות הבריח, ולפי חלק מהשיטות עד טפח מתחת לעצמות הבריח, ובלבד שלא ייחשף העור של קימורי החזה, ויש להיזהר בכך. יש להיזהר שלא לחשוף את הגב.

חולצה: גזרה וצבעים	חולצה רחבה ולא דבוקה לגוף באף מקום. בצבע שקט ודוגמה שלא מושכים עין, וכן לא שקופה כלל.	החולצה לא חייבת להיות רחבה, אבל יש להיזהר שלא תהיה צמודה מדי (כמו בגד גוף למשל). אין כל מגבלה על צבעים. יש לוודא שהחולצה לא תהיה שקופה כלל.
שרוול	שרוול: עד כף היד. המקילות: עד למטה מן המרפק.	שרוול: לפחות עד המרפק. המקילות: עד טפח מעל המרפק. בכל מקרה עליה להיזהר שלא ללבוש שרוולים שחושפים את בית השחי כאשר היא מבצעת תנועות בידיה.
חגורה	חגורה שאינה מהודקת לגוף.	אין כל מגבלה
חצאית: גזרה וצבעים	חצאית - לא דבוקה לגוף באף מקום גם בעת הליכה, אלא רחבה. בצורה ובצבע לא מושכים עין.	אין כל מגבלה
אורך החצאית וגרביים	לכתחילה חצאית עד הרצפה. מקילות: 10 ס"מ תחת הברך וגרביים אטומים. מקילות יותר: 10 ס"מ תחת הברך בלי גרביים.	החצאית צריכה לכסות את הברך, גם בעת ישיבה. מקילות: חצאית עד הברך. בכל מקרה אין חובה בגרביים.

נעליים	מחמירות: נעליים סגורות וגרביים עד החצאית. מקילות: נעליים פתוחות.	אין כל מגבלה
דיבור בפני גברים (למשל בעת הספד בהלוויה)	אסור לאישה לשאת דברי הספד בפני גברים בהלוויה, בין השאר מפאת בעיית צניעות.	אין כל מגבלה

שתי הרשימות הללו לקוחות מתוך הלכות צניעות שהופיעו באינטרנט ונוסחו עבור נשים ונערות. הרשימה השנייה מייצגת את השיח היהודי הבריא. אני עומדת להעביר ביקורת על הרשימה הראשונה בכל הנוגע לתפיסת ה"צניעות" שעומדת מאחוריה. לכן חשוב קודם כול להפריד בין הלבוש עצמו, לבין המניע, הסיבה, ללבוש אותו. אני לא מעבירה ביקורת על הלבוש עצמו, אלא רק על מניע מסוים שסובר שכך יש לבטא את רעיון הצניעות.

לדוגמה: נניח שאישה הולכת ברחוב בלבוש הדומה לרשימה הראשונה, לבוש שבפרקים הקודמים כיניתי אותו "לבוש חבית", לבוש שמאחוריו מוחבא גופה לחלוטין. נניח שהסיבה שהיא מתלבשת כך היא שיש לה רגישות קיצונית בעור, ולכן מבחינה רפואית היא חייבת להתלבש כך. אין לי שום בעיה עם מניע כזה, משום שהיא לא עושה זאת מטעמי "צניעות", אלא מטעמים רפואיים.

טעמים רפואיים הם די נדירים בכל הנוגע ללבוש כזה, אבל בואי נחשוב על טעמים יותר מקובלים, שגורמים לאישה להעדיף לבוש כזה על פני הלבוש שמופיע ברשימה השנייה, ואינם קשורים לצניעות. אני יכולה לחשוב על חמישה מניעים כאלו, שלי באופן אישי אין ביקורת עליהם:

א. אישה שמעוניינת להתלבש באופן כזה, כדי להצביע על השתייכותה לזרם מסוים במגזר הדתי. היא רואה בלבוש שלה הצהרה חברתית: "אני שייכת לזרם המסוים הזה, ולא לזרמים אחרים".

ב. נערה שמתלבשת כך מתוך כיבוד הורים. למרות שהיא באופן אישי הייתה מעדיפה סגנון אחר, היא לא מעוניינת לצער אותם, ומקבלת על עצמה לבוש כזה כל עוד היא גרה בביתם.

ג. אישה שמתלבשת באופן כזה, משום שהיא מעוניינת לכבד את המסורת של אִמה וסבתותיה שהתלבשו בסגנון זה במשך מאות שנים. היא רואה עוצמה גדולה בשמירת המסורת גם בכל הנוגע ללבוש, ומזדהה עם לבוש שמעמיד אותה בשורה אחת עם אִמותינו וסבתותינו היקרות.

ד. אישה שיש לה תחושה של בוז כלפי כל מה שקשור ל"יופי חיצוני". לא משום שהיא תופסת את היופי כלא צנוע, אלא כי היא תופסת אותו כ"שקר החן והבל היופי". בעיניה, היופי החיצוני הוא פשוט לא דבר חשוב, ולפעמים השקעה מוגזמת בו נתפסת אצלה כשטחיות. היא רואה מסביבה נשים המתלבשות בפאר והדר, מתאפרות, מתייפייפות, ומשקיעות משאבים רבים ב"להיראות הכי יפה שיש", והיא לא מתחברת לזה. היא משוחררת מהצורך להיות "יפה", ולכן אין לה בעיה ללכת ברחוב בבגדים רחבים וחד־גוניים, ללא טיפת איפור.

ה. אישה שמעוניינת לתת ביטוי לרעיון של יראת שמיים, על ידי כך שהיא נוקטת בעמדה ההלכתית המחמירה בנוגע לתחומים רבים בחייה, וגם בנוגע ללבוש.

כל חמש הסיבות הללו הן לגיטימיות בעיניי. למרות שאני חושבת שיופי נשי הוא דבר נפלא, ושלבוש צבעוני ומלא תכשיטים הוא דבר שמח ומקסים, אין לי כל ביקורת על אישה שבוחרת להתלבש ב"לבוש חבית" מסיבות של חוסר חיבור ליופי חיצוני, או מסיבות אחרות שלא קשורות לצניעות. אני חושבת שלהטיף לנשים "להיות יפות", זה לפעמים לא פחות גרוע מלהטיף לנשים לטשטש את יופיין.

אני חושבת שהעמדה ההלכתית ה"מחמירה" בנוגע ללבוש עלולה להישען על אידיאולוגיית צניעות פוריטנית, אידיאולוגיה שאני מתנגדת אליה. ולמרות זאת, אני עדיין מכירה בעוצמה שנלווית ללבוש הנשי הנוקט בגישה המחמירה. אני סבורה שיש משהו חזק ועוצמתי באישה שנותנת נוכחות ליראת שמיים באמצעות הלבוש שלה. כשאני רואה למשל אישה הלובשת גרביים, למרות שאני אישית חושבת שמבחינה הלכתית לא נכון להורות על חובת גרביים, אני מתחברת למסירות הנפש ההלכתית שבאה לידי ביטוי בגרביים הללו. בעיניי, יש בזה משהו מרענן ואפילו נדיר, בעולם שבו קריטריון הנוחות שולט בנו ונוגס לנו במחויבות ההלכתית. אני חושבת שלבוש כזה הוא בעייתי בכל הנוגע למסר הקשור למיניות, ולכן אני לא דוגלת בו, אבל אני בהחלט יכולה להעריך היבטים אחרים שלו.

אם כן, הבעיה שלי היא אך ורק עם שיח מסוים, שמצדיק "לבוש חבית" באמצעות טיעונים של צניעות. כאמור, ניתן להכתיר את הרשימה הראשונה כ"מחמירה" ואת השנייה כ"מקילה". אבל למען האמת, כאשר הרשימות הללו מופיעות כדרישה הלכתית, ההבדל ביניהן איננו בגישה ההלכתית אלא באידיאולוגיה. במילים אחרות, ההבדל בין הרשימות הללו הוא לא "גישה מחמירה הלכתית" מול "גישה מקילה הלכתית", אלא תפיסה אידיאולוגית הקשורה לצניעות, למיניות ולנשיות. במקרה כזה, הרשימה ה"מחמירה" לא רואה את עצמה כחומרה, אלא כשורת הדין לכתחילה, משום שהיא דוגלת באידיאולוגיית ה"נגנז" הפוריטנית, **גם אם היא לא מצהירה על כך בגלוי.** ואילו הרשימה ה"מקילה" לא רואה את עצמה כקולא, אלא כשורת הדין לכתחילה, משום שהיא דוגלת באידיאולוגיית ה"רמז", הבריאה.

הבה נבחן זאת. ההלכות המופיעות ברשימה הראשונה משיגות ארבע מטרות:

ראשית, טשטוש יופייה של האישה, כמו גם איסור על אישה לשכלל את יופייה באמצעות תכשיטים, שיער פזור, לק או איפור.

שנית, מחיקת מבנה הגוף הנשי כליל: כשהחגורה לא יכולה להיות מהודקת לגוף, אין מדובר פה רק על הימנעות מבגד צמוד ודבוק מדי כמו בגד גוף (שזו הלכה הכרחית כאשר המטרה היא צניעות של "רמז"), אלא מדובר כאן על

התנגדות לכל מצב שבו קימורי האישה הטבעיים נוכחים במרחב, גם כאשר הם מכוסים.

שלישית, זהירות שלא "למשוך את העין", ומכאן שלא כל תסרוקת היא לגיטימית. מסיבה זו קיימת מגבלה על סוג התכשיטים, וכן מגבלה על צבע הבגד.

רביעית, האצלת משמעות מינית על מרבית איברי הגוף הנשי, גם אלו שלא צריכים להיות טעונים במשמעות מינית: הצוואר מסגור עד הסוף, השרוול מגיע עד כף היד, החצאית מגיעה עד הרצפה והגרביים לא מאפשרים לשום חלק של הקרסול להיות גלוי. מכל זאת עולה שהאישה הצנועה האידיאלית לפי השיטה ההלכתית הזו צריכה לכסות את כל איברי גופה למעט שניים: הפנים, וכפות הידיים.

ניתוח פשוט של ארבע המטרות הללו מעלה בדיוק את הנחות היסוד הפוריטניות שאותן פירטנו בפרק 12:

ראשית, יופי נשי הוא בהכרח מיני. לכן האישה צריכה להימנע מאיפור וכדומה. שנית, המיניות היא שלילית מצד עצמה, ולא רק כאשר היא מתרחשת בהקשר מסוים. זו מסקנה הנובעת משיטת "לבוש החבית", ונרחיב אודותיה בפרק הבא. שלישית, כל איבר מאיברי גופה של האישה הוא מיני, וצריך להיתפס כמיני. זאת משום שאישה = מין. רביעית, כל מבט גברי על האישה הוא שלילי, לכן האישה צריכה להיזהר שלא למשוך את העין.

אם המעמד של האישה כ"אובייקט מיני" היה תלוי בסוג המבט הגברי המופנה כלפיה, לא הייתה כל בעיה לאפשר לאישה לבלוט במרחב. זאת משום שהנחת היסוד הייתה שגברים יכולים להביט באישה ההולכת ברחוב או פוגשת אותם בעבודה, מבלי לראות בה אובייקט מיני ששולח אותם ישר להרהורי עבירה. כאשר הדרישה היא שאישה לא תבלוט, ולא תמשוך את העין מעצם היותה אישה, אנו מבינים ש"האישה = מין", וש"מין = בהכרח שלילי". זאת גם כאשר לא קרתה התרחשות מינית בפועל בתוך הקשר מנותק מברית נישואין, מה שמעניק למיניות משמעות שלילית. נרחיב על עניין זה בפרק הבא.

כמה פעמים שמעתי טענות המגוננות על שיטה זו, שבאה לידי ביטוי ברשימת ההלכות הראשונה. טענות אלו משתמשות במילים שנשמעות לנו בריאות ויפות, כדי להצדיק מדוע האישה צריכה לנהוג לפי הרשימה הראשונה. כך זה נשמע:

"הגישה הזו לא פוריטנית! היא לא סוברת שמיניות היא דבר שלילי באופן עקרוני, או שכל הגברים הם זאבים. להפך, היות שהמיניות היא דבר כה פנימי, קדוש ונעלה, יש לשמור אותה אך ורק לקודש הקודשים, לחדרי החדרים של בני הזוג הנשואים, ולא לאפשר לה להיות נוכחת בכלל במרחב הציבורי".

לפי טענות אלו, אין סתירה בין קדושת המיניות וערכה החיובי בנישואין, לבין הדרישה מהאישה במרחב הציבורי, להשתדל כמה שפחות לבלוט (גם כאשר רוב גופה מכוסה), לטשטש את יופייה, ולכסות את עצמה מכף רגל ועד ראש בלבוש שאינו מותיר נוכחות אפילו לקימורי גופה הקיימים. בשני הפרקים הבאים נבהיר מדוע הטענות הללו שגויות, וייתכן שהן נפלו בפח ה"פוריטניות הסמויה". מי שמעוניינת לדלג על התשובה שלנו לטענות הללו, יכולה לקפוץ ישר לפרק 54.

פרק 52

גניזת הגוף הנשי לא הולכת ביחד עם מיניות יהודית בריאה

מיד נסביר מדוע הלכות הצניעות ברשימה הראשונה, שאני מכנה אותן "נגנז", אינן מסתדרות עם גישת המיניות היהודית הבריאה. מדוע לא תיתכן גישה בריאה שדוגלת ב"גניזת" גוף האישה? מדוע יש סתירה בסיסית בין הצגת המיניות כנעלה במסגרת הנישואין, ובין הלכות צניעות כמו אלו המופיעות ברשימה הראשונה?

הטענה שלי כלפי גישת ה"נגנז" היא שהיא מיוסדת על פער וסתירה בין העמדה האידיאולוגית המוצהרת שלה ("מיניות בין בני זוג נשואים היא דבר קדוש ונעלה") לבין העמדה האידיאולוגית הננקטת בפועל ("המיניות היא פשע, ויש למחוק אותה לאלתר").

למרות שהדוגלים ברשימה הראשונה חושבים שהמיניות היא "פנימית", למעשה ניתן להוכיח שעבורם המיניות איננה דבר "פנימי" אלא דבר "מוכחש".

לא כל מה שמצהיר על עצמו כ"פנימי" אכן נמצא בפנים. יש "פנימי" שהודחק משום שאין יכולת להכיר בו, מאחר שהוא מייצג דבר מה מחריד.

גישת ה"נגנז" המופיעה כיום אצל חלקים בחברה הדתית-לאומית לעולם לא "תודה", לא בפני עצמה וגם לא בפני אחרים, בהנחת היסוד החרדתית הנמצאת בבסיס תפיסתה את המיניות. אבל זה לא שהאוחזים בשיטה הזו משקרים או מוליכים שולל. לא מדובר כאן על הונאה מודעת, אלא יותר על הונאה לא מודעת, הונאה עצמית. הגישה הזו תצהיר על המיניות כקודש קודשים, ותנקוט למשל בטיעון הבא:

"המיניות, כאשר היא מתקיימת בין איש ואשתו, היא קודש קודשים, והזר הקרב מות יומת. אי לכך, אפילו מראה של 'אצבע קטנה של אישה' צריך להיות שמור אך ורק לבעלה, וכל מפגש בין ה'אצבע הקטנה' הזו לבין מבטו של גבר זר, הוא מפגש של פריצות". משום כך, מושג הצניעות מתפרש לפי הגישה הפוריטנית כהחבאה מוחלטת ולא כ"רמז".

אם ננתח את גישת ה"נגנז", נוכל להוכיח שהיא בהכרח רואה את המיניות כדבר שלילי **באופן עקרוני**. כפי שנראה, ההתייחסות הבריאה כלפי המיניות מוכרחה לגרור בעקבותיה את הבנת הצניעות כ"רמז" בדווקא, ואילו גישה של הסתרה מוחלטת בהכרח מעידה על תפיסת המיניות כשלילית באופן עקרוני. נסביר את הקביעה הזו:

זוכרת שבחלק ב' של הספר שאלנו אם "גניבה" זה רע או טוב? אחר כך שאלנו את אותה שאלה על המושג "נתינה", ולבסוף שאלנו את זה על "מיניות". אמרנו שהגישה היהודית הבריאה לא יכולה לקבוע אם מיניות היא דבר טוב או רע באופן עקרוני. על פי הגישה הבריאה, הערך של המיניות הוא תמיד תלוי הקשר ונסיבות: האם מדובר במיניות המתרחשת בין בני זוג נשואים (שאז היא גבוהה, נעלה, קדושה), או שמא במיניות המתרחשת במנותק מברית הנישואין (שאז היא שלילית).

כלומר, רק נסיבות **ההתרחשות המינית**, הסיטואציה הספציפית וההקשר המסוים שבו התרחשה המיניות בפועל יכולים לקבוע את ערכה של המיניות. זאת בשונה מכל הגישות האחרות שראינו, שמסוגלות לענות על השאלה "האם

מיניות זה טוב או רע" תשובה עקרונית, במנותק מההקשר ומשאלת הנישואין: הגישה **הפוריטנית** סבורה שמיניות היא שלילית תמיד ובאופן עקרוני, למעט פרו ורבו (זאת למרות שהיא לפעמים טוענת שבנישואין המיניות היא חיובית. מיד נסביר איך מזהים גישה פוריטנית אפילו כשהיא טוענת לכאורה שמיניות היא חיובית בזמן הנישואין). הגישה **המתירנית** סוברת שמיניות היא נמוכה אבל מהנה ולכן רצויה, גישת **ההשגבה** סוברת שמיניות טובה ונשגבת תמיד, וגישות **הטריוויאליזציה (אדישות או הכחשה)** סוברות שמיניות היא "לא ביג דיל" ושאין לייחס לה משמעות עמוקה יותר מזו של אוכל טעים.

לכן, כדי להבין את החידוש של הגישה היהודית הבריאה על פני כל הגישות האחרות שראינו, נוסיף כאן שני מושגים חשובים: "מיניות כעובדה" לעומת "התרחשות מינית". על כך בפרק הבא.

פרק 53
הסיפור על שמשון והשמש: בין "מיניות כעובדה" ל"התרחשות מינית"

האם את מכירה את האבחנה בין "בכוח" לבין "בפועל"? המונח "בכוח" מתייחס לקיומו של רעיון מסוים, או לקיומו של פוטנציאל בלתי ממומש. המונח "בפועל" מתייחס למימוש של הפוטנציאל או הרעיון הזה בפועל. למשל תחשבי על ביצה. כן, ביצה! ביצה היא משהו שאנשים אוכלים, אבל ביצה היא בעצם גם הפוטנציאל של התרנגולת להביא צאצא לעולם. הביצה שאנחנו אוכלים היא ביצת תרנגולת שלא עברה הפריה על ידי תרנגול, ולכן היא מבטאת רק את הפוטנציאל של ההולדה, את הפוטנציאל של האפרוח, אבל לא את המימוש שלו.

עוד דוגמה: תחשבי למשל על השמש. נניח שאני פונה אל מישהו ברחוב ושואלת אותו, "תגיד, שמש זה טוב או רע?". אני מניחה שבאותו רגע האיש שפניתי אליו לא ייבהל. הוא לא ישלוף תשובה אוטומטית: "השתגעת?! שמש?!

מה השאלה פה בכלל?! בוודאי ששמש זה רע! אם זה היה תלוי בי, הייתי מזמן מסתיר את השמש, מעלים אותה, הלוואי שלא תהיה שמש בעולם!".

במקום תשובה מוזרה כזאת, אני משערת שהוא יחשוב על כך ואז יגיד: "תשמעי, זה תלוי". "תלוי במה?" אני אשאל אותו. "תלוי בהקשר, תלוי בשאלה מה קורה בפועל עם השמש הזו", הוא יענה. ואז יסביר: "אם השמש הזו מובילה לצמיחת פרחים ועצים, אז יש כאן התרחשות חיובית. אבל אם היא מובילה לשריפה ביער, אז זו התרחשות שלילית. אם היא מזינה את העור שלנו בוויטמין די, אז זו התרחשות טובה. אבל אם לא נזהרנו מפניה, וכעת היא מקרינה עלינו קרינה מסוכנת שגורמת לסרטן, אז זו התרחשות רעה".

האם את מסכימה עם תשובתו של האיש הזה? אני מניחה שכן. התשובה שלו מראה שהוא מבין שהשמש עצמה היא לא טובה או רעה, היא פשוט עובדה קיימת. העובדה עצמה איננה חיובית או שלילית, אבל יש בה **פוטנציאל** לטוב ופוטנציאל לרע. הסיבה שאנשים לא חושבים שצריך להסתיר את השמש תמיד ובאופן עקרוני היא שהם מבינים שהשמש עצמה לא שלילית ולא חיובית. יש בה רק פוטנציאל לא ממומש, של טוב ורע. מה שעשוי להיות שלילי זה רק המימוש שלה, ההתרחשות בפועל שלה, ולכן **מה שצריך להעלים זה את ההתרחשות השלילית ולא את השמש עצמה.**

בעולמנו יש דברים שאנחנו יכולים לקבוע לגביהם תשובה ערכית עקרונית. יש דברים שהם שליליים באופן עקרוני - גניבה, רצח וכדומה. יש דברים שהם חיוביים באופן עקרוני - נתינה, חסד וכדומה. אבל יש דברים שאין להם ערך חיובי או שלילי באופן עקרוני. השמש היא דוגמה לדבר כזה, ולפי השיח היהודי הבריא, כך גם המיניות.

כשאנחנו שואלות את השאלה שמלווה אותנו בספר הזה, "מיניות זה טוב או רע", התשובה הנכונה היחידה לשאלה הזו היא "תלוי בהקשר". זו תשובה שנשענת על ההבחנה בין "מיניות בכוח" (כעובדה מופשטת, כרעיון, כפוטנציאל) לבין "מיניות בפועל" (התרחשות מינית של מישהו או מישהי מסוימים בהקשר מסוים). במקום המונחים "בכוח" ו"בפועל", אני רוצה להשתמש במונחים "מיניות כעובדה" לעומת "התרחשות מינית". המיניות כעובדה היא לא שלילית ולא

חיובית. היא פשוט עובדה קיימת בעולם. היא כמו שלט שאומר: "יש מיניות בעולם". האם השלט הזה הוא רע? כמובן שלא. האם הוא מצביע על עובדה שהיא רעה? כמובן שלא. לעומת זאת, התרחשות מינית מוסיפה לשלט הזה תמונה לא צנועה. כאן זו כבר מיניות שמתרחשת בפועל, כי עצם המבט על גוף מיני הוא התרחשות שאמורה להישמר למסגרת נישואין.

כשאישה מתלבשת לפי השיח היהודי הבריא, כלומר, לפי גישת ה"רמז", היא בעצם מונעת את האפשרות של "התרחשות מינית", כלומר של חשיפת איברי הגוף הארוטיים בפני מבט של אדם שאיננו בעלה. אבל **היא לא מוחקת את עצם המיניות כעובדה.** היא נותנת מקום לקימורי הגוף שלה, מבלי להבליטם אבל גם מבלי למוחקם, היא נותנת מקום ליופייה, והיא נותנת מקום לאיברי הגוף שאין להם משמעות ארוטית. הנוקטים בגישת ה"נגנז" רוצים שהיא תמחק את גם את זה. הם רוצים שהיא תמחק כל "רמז" לכך שיש מיניות בעולם.

למה הדבר דומה? תארי לעצמך אדם, נקרא לו לצורך הדוגמה "שמשון", שמשום מה חושב ששמש היא דבר נוראי. לא משנה מה קורה איתה בפועל, לא משנה אם מדובר בצמחים שגדלים או בשריפה ביער, בוויטמין די או בסרטן העור, האדם הזה מזועזע מעצם הרעיון שיש בעולם שמש. הוא מנסה להסתיר את השמש בכל כוחו. בביתו הפרטי הוא סוגר את כל החלונות והתריסים, בעיקר בשעות היום. לפעמים הוא מרשה לעצמו לפתוח אותם בלילה, אבל אז שם לעצמו שעון מעורר לחמש בבוקר, כדי לסגור בזמן את כל התריסים, לפני שתגיע הזריחה האיומה.

כששמשון הולך ברחוב הוא לא יכול כמובן להסתיר את השמש, זה מעבר ליכולתו. אז הוא עוצם את עיניו חזק־חזק. העיקר לא לראות אותה. שמשון הוא גם אידיאליסט. הוא דואג לתיקון עולם, ולפי איך שהוא תופס זאת, עולם טוב יותר הוא עולם בלי שמש. הוא מטיף לאנשים לעצום עיניים ברחוב, ובביתם הפרטי להתקין וילונות הצללה בכל החלונות. בנוסף, הוא גם מצטייד בטיפקס. בכל פעם שהוא פוגש את המילה שמש, נניח בספר, או בשלט, הוא מיד מוחק אותה. לשיטתו, עצם הרעיון של שמש הוא מחריד ומקולקל. הרעיון הזה צריך להיעלם מן העולם.

יום אחד שמשון שם לב שאנשים חושבים שהוא מוזר. הם חושבים שהגישה שלו לא מתקבלת על הדעת. כשהוא מזהיר אותם מפני הרעיון המחריד של שמש, אנשים פשוט מדברים איתו בהיגיון, ואומרים לו, תשמע, שמשון, שמש זה לא שלילי. הכול תלוי מה קורה בפועל עם השמש. שמש יכולה להיות שלילית, אבל לשמש יש גם התרחשויות טובות מאוד - היא יכולה למשל להצמיח צמחים. אין סיבה להילחם בשמש עצמה, תילחם רק בהתרחשויות השליליות שלה.

שמשון חושב על כך, ומבין שהוא חייב לשנות את היחס שלו כלפי השמש. מאותו רגע, הוא מצהיר מעל כל במה אפשרית: ״שמש היא דבר חיובי, ואפילו נשגב ונעלה, אבל אך ורק כשמדובר בהצמחת צמחים. לכן, בכל הקשר אחר יש למחוק אותה״. הוא ממשיך לעצום את עיניו ברחוב, לסגור את התריסים בביתו, ולהצטייד בטיפקס. הוא ממשיך למחוק את המילה ״שמש״ בכל השלטים והספרים שהוא רואה, אבל מקפיד לציין בהערת שוליים: ״אם מדובר בהצמחת צמחים, שמש היא דבר נפלא, גבוה, נעלה״.

עכשיו אני שואלת אותך: האם כששמשון גילה שלשמש יש גם התרחשויות חיוביות, הוא הפסיק לפחד מהשמש באופן עקרוני? האם זה גרם לו לעשות סוף־סוף את ההבחנה הבריאה וההגיונית בין ״שמש כעובדה״ לבין ״התרחשות ספציפית של שמש, בפועל״?, לא. שמשון ממשיך להתייחס אל השמש באופן גורף, כשלילית, אפילו שהוא מבין שיש לה גם משמעות חיובית בהקשר מסוים.

אי אפשר להגיד ששמש היא דבר טוב בהקשר מסוים, אבל להגיב בזעזוע ובחרדה כלפי עצם העובדה שיש דבר כזה, שמש. באותו אופן, אי אפשר להגיד שמיניות היא דבר טוב בהקשר מסוים (הקשר של נישואין), ועדיין לרצות למחוק את עצם העובדה שיש מיניות.

כשמישהו אומר לי שנשים צריכות לשמור את המיניות רק לברית הנישואין, ולכן הן אמורות למחוק אותה לחלוטין במרחב הציבורי וללבוש לבוש חבית, אני שואלת אותו אם במקרה קוראים לו שמשון. האמירה שלו מעידה עליו שמבחינתו מיניות היא שלילית באופן עקרוני, ולכן הוא לא מבחין בין המיניות כעובדה לבין התרחשות מינית. השיח היהודי הבריא יודע שהמיניות היא עובדה שאותה אסור לנו למחוק, כפי שמזהירה אותנו הסוגיה של ארון העדות. השיח היהודי הבריא

מבחין בין **המיניות כעובדה**, שיש לה מקום בעולם, לבין **ההתרחשות המינית בפועל**, שהיא הדבר שצריך להגביל ולשמור רק לברית הנישואין.

זוכרת את הביצה מתחילת הפרק? בגמרא במסכת יומא (סט ע"ב) מופיע מדרש מופלא. המדרש מספר שאנשי כנסת הגדולה ניסו לבטל את יצר עבודה זרה. הם ביקשו מהקב"ה שימסור להם את יצר עבודה זרה, ואכן הצליחו לכלוא את היצר הזה בתוך מקום שלעולם לא יוכל לצאת ממנו. יצר עבודה זרה התבטל. לאחר שראו את גודל הצלחתם בביטול יצר עבודה זרה, רצו גם לבטל את יצר העבירה, כלומר - יצר עריות, יצר המין, שמביא לידי עבירה. הם קיבלו את יצר העריות לידיהם והחביאו אותו במשך שלושה ימים. במהלך הימים הללו לא נולדה ביצה, כלומר, תרנגולות לא הטילו ביצים. הבינו חכמי הכנסת הגדולה שהם לא מעוניינים לשלם את המחיר הכבד של העלמת יצר המין, ולכן במקום לחסל אותו לחלוטין, הסתפקו בלפגוע בראייתו. פגיעה זו הועילה רק לביטול המשיכה המינית בין בני המשפחה.

המדרש היפהפה הזה לפעמים נרתם לשיח פוריטני סמוי. באמצעותו אומרים הפוריטנים הסמויים: "תראו איזה יופי, ביהדות הבינו שיצר המין הוא חיוני וחשוב, שהרי בלי יצר המין לא תתקיים פריה ורביה". כמובן שיצר המין חשוב למען המטרה הנעלה של פרו ורבו. אבל לפי השיח היהודי הבריא, זוהי לא מטרתו היחידה.

שימי לב: כשהמדרש מתאר מה קרה לעולם לאחר שיצר המין חדל מפעילותו במשך שלושה ימים, הוא לא מתאר רק ביטול פרייה ורבייה. אם המדרש היה רוצה לתאר מצב שבו לא התרחשה **בפועל** פרייה ורבייה, חז"ל היו בהחלט מוצאים ביצי תרנגולת. תרנגולת מטילה ביצים בלי קשר לשאלה אם התרחש זיווג עם תרנגול. במקרה כזה, אם כבר המדרש היה בוחר להתמקד בביצה, הוא היה אומר שמה שהם לא מצאו ביצים מופרות, כלומר ביצים שיש בהן דם, או אולי במקום לדבר על ביצה, חז"ל היו אומרים בפשטות, שלא מצאו אפרוח. אם המסר של המדרש הוא "מיניות חשובה בשביל פריה ורביה", מה יותר הגיוני מאשר לתאר עולם בלא צאצאים? לא יותר פשוט? למה דווקא ביצה, שהקשר בינה לבין התרחשות מינית הוא לא הכרחי?

לכן אני חושבת שזה לא מדויק להבין מהמדרש כאילו חז"ל מסרבים לוותר על התוצאה החיובית של המיניות, שהיא צאצאים. לא. חז"ל מסרבים לוותר על משהו אחר. כשיצר המין התבטל, הוא למעשה נטל יחד איתו לא רק את המימוש (תרנגול ותרנגולת לא הזדווגו וכתוצאה מכך לא נולדה שום ביצה מופרית שעתידה להפוך לאפרוח), אלא הוא נטל יחד איתו את הפוטנציאל, את הביצה, עוד בטרם הגיע תרנגול והפרה אותה. כשחז"ל לא מוכנים להעלים את הביצה מהעולם, הם בעצם אומרים לנו שהם לא רק חוששים מהפסקת הפריון, אלא שהם לא מוכנים לוותר על המיניות כפוטנציאל, ככלי לא ממומש.

שמשון לא מבחין בין מימוש הדבר לבין עצם קיומו של הפוטנציאל הבלתי ממומש שלו. לכן שמשון היה רוצה שנחיה בעולם בלי שמש, או לחלופין עולם בלי ביצים. כמו שזה מוזר לך לוותר על חביתה בגלל שביצה היא חלק ממערכת הרבייה, ו"מיניות זה דבר מסוכן שעלול להוביל לידי עבירה", כך זה צריך להיות מוזר לך לוותר על איפור, על תכשיטים או על חגורה, בגלל ש"המיניות היא חיובית רק בין איש לאשתו". אם חז"ל היו מזדהים עם שמשון, הם היו אמורים לוותר על הביצה. הם היו אמורים לשמוח שיש להם סוף־סוף הזדמנות למחוק את המיניות לחלוטין, כולל את הפוטנציאל הלא ממומש שלה. אבל מסתבר שאפילו למען המטרה הנעלה של מניעת התרחשות מינית שלילית, חז"ל לא מוכנים למחוק את הביצה.

המיניות כעובדה איננה שלילית ואיננה חיובית, היא פשוט עובדה. פני אישה נאה ומאופרת עשויים לפעמים להזכיר לנו שיש דבר כזה מיניות. זו הצבעה על עובדה, ולא התרחשות מינית. עצם הנוכחות של נוי נשי במרחב לא מהווה התרחשות מינית, כמו שעצם הנוכחות של ביצה במרחב לא מהווה התרחשות מינית. מי שמוחק את המיניות כעובדה בלבד, או כפוטנציאל בלבד, מעיד על עצמו בזאת שהוא פוריטני, לא משנה כמה יפה הוא מדבר על המיניות בין איש לאשתו.

ויש לזה גם יתרון חברתי. הילדים של שמשון מתחנכים באופן שגוי, כי הם לומדים לפחד מעצם הרעיון של שמש. זה חבל, אבל זה לא ממש נורא. לשמחתם הם לא צריכים יום אחד להתחתן עם השמש, לראות בה את בחירת ליבם ואהובת

נפשם, ולהודות עליה לבורא עולם בתור הדבר הטוב ביותר שקרה להם. הם גם לא צריכים לעבוד לצד שמשות בעבודה ולשמוע את השמש בהרצאה או ברדיו. אבל כשמדובר באישה, זה סיפור אחר.

כאשר הנער יגדל בתוך חברה של שיח יהודי בריא, הוא יזכה להכיר במאפיינים נוספים של דמות האישה, מבלי לצמצם אותה אך ורק למשמעות המינית של נשיותה. כך יהיה לו קל יותר להפריד בין "המיניות כעובדה" לבין "התרחשות מינית". הוא יצליח לראות יופי נשי צנוע, מתוך עניניות. וכאשר מדובר באיש ואישה שאינם נשואים, אולי הוא גם ירשה לעצמו להביט בה מתוך סקרנות שיש בה גבולות. סקרנות שלא מחפיצה את האישה שעומדת מולו, לא מבטלת את האישיות שלה, אלא מכבדת את יופייה, את פרטיותה, את סוד הנשיות שלה.

פרק 54

לא "מקילה", לא "דרך האמצע"

עכשיו אנחנו יכולות לענות על השאלה שהעלינו קודם: איך צריך להבין את ההבדל בין הלכות צניעות הנתפסות כ"מקילות", לעומת הלכות צניעות הנתפסות כ"מחמירות"?

נחזור אל שתי הרשימות בטבלה שהופיעה בפרק 51. נדמה לנו שההלכות מהרשימה הראשונה הן "מחמירות", ולעומתן ההלכות מהרשימה השנייה הן "מקילות". אבל זו טעות לחשוב כך. מדוע? מפני שכאשר אנחנו ממקמים את הלכות צניעות על ציר אחד שנמתח בין קולא לחומרא, אנחנו למעשה יוצרים בתוך הלכות צניעות כיוון רצוי ובלתי רצוי: ברוב המקרים, היהודי ירא השמיים מעדיף להחמיר, כאשר השימוש בגישות מקילות נתפס כבדיעבד, כמשהו שעושים אותו בלית ברירה. לפי השקפת העולם המקובלת על לא מעט אנשים דתיים, הכיוון הרצוי הוא בדרך כלל "להתקדם" ממצב של קולא, למצב שבו אנחנו מקיימים את ההלכה באופן כמה שיותר מדקדק ומחמיר.

חשבי למשל על הלכות נטילת ידיים: נניח שמישהי נוטלת ידיים שלא באמצעות נטלה אלא על ידי העברת היד ישירות בזרם המים הזורמים מהברז. היא משתמשת בגישה המקילה ביותר, המתאימה רק למצבים של חוסר ברירה. רובנו נסכים שלכתחילה עדיף שהיא תשתמש בנטלה במקום ישירות בזרם המים. נכון? ויותר מכך, אם נשמע שמישהי אחרת דווקא מקפידה יותר: היא לא תשתמש בכלי חד־פעמי כנטלה, והיא תמיד תבדוק שהנטלה לא סדוקה. במקרה זה רובנו נחשוב שכל הכבוד לה: היא לא עושה לעצמה הנחות ואפילו מחמירה. איזו רצינית היא, סחתין עליה!

כשאנחנו תופסות את הלכות הצניעות מהסוג הראשון כ"מחמירות" לעומת ההלכות מהסוג השני, ה"מקילות", אנו למעשה, מבלי לשים לב, שותפות להנחת היסוד הזו, לפיה הקולא היא בדיעבד, והחומרא היא הכיוון שאליו יש לשאוף. אבל כשמדובר בהלכות צניעות, ההבדל בין ההלכות מהסוג הראשון להלכות מהסוג השני לא קשור לקולא ולחומרא, אלא הוא מבטא את ההבדל בין גישה יהודית בריאה, המקפידה לאפשר לבוש של "רמז", לבין גישה יהודית פוריטנית, הרואה בלבוש של "רמז" סוג של פריצות.

נשים לב לעובדה מעניינת ועצובה: חלק מהתלמידות שפגשתי, גם אלו שאינן משתייכות לשיח הצניעות הפוריטני, אלא לבושות באופן של צניעות בריאה, חשות שהלכות צניעות פוגעות בהן. האם זה משום שהן אינן יודעות שגישת הצניעות שלהן היא לגיטימית? להפך. הסיבה שהן נפגעות מהלכות צניעות, גם כאשר הן מאמינות שהלכות "מקילות" הן לגיטימיות, היא בדיוק משום שהן תופסות את ההבדל בין שתי הגישות לצניעות, כהבדל בין "קולא" ל"חומרא". הן חושבות שהלבוש הצנוע שלהן הוא בעצם סוג של פשרה דתית, של בחירה בדרך הקלה והמקילה. כשהן נתקלות בטקסטים של גישת ה"נגנז", הן מאמינות שזהו הכיוון שמצופה מהן לשאוף אליו, כי כל המחמיר מחברו צדיק מחברו.

התפיסה האינטואיטיבית הזו גורמת להן לחשוב ששתי הגישות נמצאות על אותו ציר, כאשר הגישה המקילה היא סוג של פשרה, ולכן התחזקות באמונה ובשמירת הלכה, צריכה לכאורה להוביל אל הגישה המחמירה והראויה יותר. זוהי בדיוק השקפת העולם של גישת ה"נגנז": היא מתבוננת בנשים שהשרוול

שלהן לא מגיע עד כף היד, ומסמנת אותן ככאלו שנוהגות כך בדיעבד, מתוך סוג של פשרה. כאשר נערה מתבוננת על עצמה באופן הזה, היא למעשה מפנימה לתוכה את הגישה הפוריטנית.

יכול להיות שהטעות הזו נובעת מטעות נוספת, והיא הפיתוי לתפוס את הלכות הצניעות הבריאות כ"דרך האמצע". פעמים רבות שמעתי את המשפט: "אנחנו בחברה הדתית־לאומית אוחזים בדרך האמצע הבריאה, ומתלבשים בצניעות מאוזנת: מצד אחד לא מגזימים כמו החרדים הקיצוניים, ומצד שני לא נוהגים בפריצות, כמו בחברה החילונית".

משל למה הדבר דומה? שערי בנפשך מורה שמסבירה לתלמידותיה על החשיבות של "לא תגנוב" באופן הבא: "אנחנו בחברה הדתית־לאומית נמצאים בדרך האמצע בין שתי דרכים קיצוניות, ומתייחסים להלכות גניבה בדרך מאוזנת: מצד אחד, לא גונבים כסף או תכשיטים, כמו בחברות שאין בהן מוסר, ומצד שני, לא צריך להגזים: מותר לפעמים לקחת מסטיק מהמכולת השכונתית שלנו מבלי לשלם. זה בסך הכול מסטיק, לא צריך להיות קיצוניים ולקרוא לזה 'גניבה'".

כל בר־דעת ישמע את ההסבר הזה ויחוש שהמילים "דרך האמצע" או "דרך מאוזנת" למעשה מסתירות כאן תפיסת עולם פשרנית, שמתחמקת מהאמת, והאמת היא שה"קיצוניים" הם למעשה אנשים שדורשים מעצמם את הדבר הנכון. האם זהו המסר שמתאים לתיאור גישת הצניעות הבריאה?

כאשר אנחנו מתייחסים ללבוש הדתי־לאומי כ"דרך האמצע", אנחנו למעשה מעמידים את הלבוש הפוריטני, את הלבוש הצנוע הבריא ואת הלבוש המערבי החשוף, על אותו ציר, שבו יש שני קצוות שהם הגזמה, ודרך אמצע שהיא לכאורה מאוזנת. אבל למעשה, מי שנמצאות על אותו ציר אלו רק שתי גישות: הגישה הפוריטנית, והגישה המערבית של שיח השחרור המיני (על ארבע גרסותיו). שתי הגישות הללו רואות בגוף הנשי "אובייקט", נטול "סוד": כשמדובר בשיח הפוריטני, זהו אובייקט שלילי שיש להחביאו, וכשמדובר בשיח המערבי, מדובר באובייקט נמוך, נשגב, או "לא ביג דיל", ללא כל אפשרות להעניק לו מעמד של "סוד".

אנחנו צריכות להבין את הגישה היהודית הבריאה כגישה נבדלת, שונה לחלוטין, שאיננה מוכנה להתמקם ב"ציר האובייקט" יחד עם שתי הגישות

האחרות. הגישה היהודית הבריאה לא שייכת לציר הזה, משום שהיא לא תופסת את הגוף המיני כאובייקט, אלא כ"סוד". זוהי גישה שלישית, אלטרנטיבית, שאין לה כל מכנה משותף עם שתי הגישות האחרות.

הגישה היהודית הבריאה איננה דרך האמצע של הצניעות, בדיוק כפי שגבר הנשוי לאישה אחת איננו דרך האמצע בין הרווק לבין הגבר הנשוי לשתי נשים... אז מה אם זה נראה לנו מבחוץ כמו דרגות שונות המתקדמות באופן ליניארי. אסור לנו להתבלבל ממראית העין הזו: שיח הצניעות הבריא איננו דרך האמצע בין שני השיחים האחרים, אלא דרך נפרדת לחלוטין.

למען האמת, אחד מהמשלים המוכרים ביותר להסברת הרעיון שעומד מאחורי צניעות האישה, הלוא הוא "משל היהלום", דווקא תורם להבנה שגויה של הצניעות כשייכת למישור של "אובייקט" ולא של "סוד". על כך בהמשך.

פרק 55
להסתיר ולשקר, לכסות ולשמר

ראינו שפעולת ה"התכסות בלבוש" יכולה להיתפס בשני אופנים הפוכים לחלוטין זה מזה. אשתמש כאן במילה **"הצנעה"** כדי לתאר את פעולת ההתכסות בשפה היהודית הבריאה, ולעומתה אשתמש במילה **"הסתרה"** כדי לתאר את פעולת ההתכסות בשפה הפוריטנית או בשפה המערבית (שכזכור, תופסת כל דרישה לצניעות כנובעת מפוריטניות).

לפי הגישה היהודית הבריאה, כשאני **מצניע** משהו אני מבין שיש ערך לשאלה כמה אנשים נחשפים אל הדבר, מי נחשף אליו ובאיזה הקשר. המשמעות שהדבר המוצנע נושא עמו לא יכולה להשתמר כאשר הוא חשוף. כלומר, השאלה אם הוא חשוף או מוצנע משנה לחלוטין את המשמעות שלו.

לעומת זאת, לפי הגישה הפוריטנית או המערבית, הסתרה או חשיפה לא נוגעת לעצם הדבר שאנו מעוניינים להסתיר. היא לא משנה את משמעותו. ניזכר

בתגובה של הנוכרים למעשה הכרובים: "ישראל הללו, שברכתן ברכה וקללתן קללה, יעסקו בדברים הללו?!". כלומר, לפי השיח הפוריטני או המתירני, ההקשר והמסגרת לא משנים את המעשה המיני, הנמוך מעצם מהותו. גם לפי שיח ההשגבה, הסתרה או חשיפה לא משנה את משמעות הגוף המיני - הוא תמיד "נשגב", בכל הקשר שבו הוא נחשף. כך גם לפי שיח האדישות: הגוף המיני הוא תמיד "לא ביג דיל", מבלי להתחשב בשאלה האם הוא חשוף או מכוסה, ומי הם המתבוננים בו.

בואי נדגים את זה: תפוח מונח על השולחן. עכשיו אני מכסה אותו בפיסת בד. האם משמעות המושג "תפוח" משתנה? לא. העובדה שהוא מוסתר על ידי בד מתווספת עליו "מבחוץ", ועכשיו הוא פשוט "תפוח מוסתר". עכשיו אני מסירה ממנו את הבד והוא "תפוח חשוף", או פשוט "תפוח", שהרי אין הבדל בין תפוח חשוף לסתם תפוח. המושג "תפוח" אדיש לשאלה האם הוא חשוף או מכוסה, ולשאלת ההקשר שבו הוא נחשף או התכסה. כמאמר הפתגם מתוכנית הילדים הידועה (לילדי שנות השמונים): "תפוח נשאר תפוח!".

לעומת זאת, נחשוב על מושג אחר. במקום "תפוח" יהיה זה כעת המושג "סוד". כשאני חושפת סוד לעיני כול, משמעותו הבסיסית משתנה! שהרי בשונה מ"תפוח חשוף", המילים "סוד חשוף" הן סתירה: סוד לא יכול להיות חשוף משום שאז הוא כבר לא סוד, אלא מקסימום "ידע", שניתן לדעת אותו או שלא לדעת אותו. משמעות המושג "סוד" היא בין השאר, **שהוא איננו גלוי**. אם יהיה גלוי, זה יהיה משהו שהוא בדיוק ההפך מסוד.

מה זה "ההפך מסוד"? אם נשתמש במושגים מעולם התורה, ההפך מסוד הוא אולי "פשט" חסר עומק. משהו שניתן לתפיסה מוחלטת. אובייקט סופי ולא מהות אין־סופית שמשהו ממנה תמיד חומק מאחיזת הצופה בה מן הצד. אפשר בהחלט לומר שבמובן הזה, תפוח הוא ההפך מסוד, וכך גם קלמנטינה, אגרטל, ופרח אדום (כמובן, כל עוד לא היתוספה משמעות אישית עמוקה לחפצים אלו). שימי לב: סוד הוא במהותו נסתר מעיני כול, לא משום **שאסור** לגלות אותו, אלא משום **שלא ניתן** לגלות אותו.

לעומת זאת, לפי הגישה הפוריטנית או המערבית - כשאני מסתירה משהו (בשונה מ"מצניעה"), הסיבה היחידה שיכולה להצדיק זאת היא כאשר אני רוצה

להציג מצג שווא כאילו הדבר בעצם לא קיים. לכן, מנקודת המבט המערבית (שאין לה את היכולת להבין את המושג "סוד", ועל כן המילון שלה מכיל אך ורק תפוחים ואת מקבילותיהן הלשוניות), **הסתרה פירושה תמיד שקר.**

ועכשיו נשאלת השאלה המתבקשת: גוף מיני - האם הוא בבחינת "תפוח" או בבחינת "סוד"? בשלב הזה מתפצלות דרכיהן של ה"לא־מוכנות־להסתיר־את־עצמן" האוחזות בתפיסה המערבית, ושל ה"צנועות" האוחזות בגישה היהודית הבריאה:

מאחר שאצל ה"לא־מוכנות־להסתיר־את־עצמן", כל הסתרה נתפסת כניסיון להעלים את הבלתי לגיטימי ולשקר אודותיו כאילו איננו קיים, כך כיסוי הגוף נתפס אצלן כמחיקת הנשיות, השתקתה כדבר מה מגונה, והתחזות שקרית ליצור לא מיני, משולל כל סממן נשי.

לעומת זאת, אצל ה"צנועות" בגישה הבריאה, פעולת ההצנעה מכוונת לשמר את הסוד על איכויותיו המסתוריות והגבוהות, בד בבד עם רמיזה אודותיו. זהו מעין "סימון" עקיף של עובדת קיומו מבלי לחשוף אותו לחלוטין ובכך לפוגג אותו. על מנת שתתקיים מיניות טעונת סוד, ולא תתפוגג בחלל ה"סתם", יש להצניע אותה ולרמוז אודותיה. ולהפך: על מנת שיתקיים מושג של צניעות, חייב להיות נוכח בתוכו סוד הנשיות המכונן אותו.

שימי לב עד כמה רב המרחק בין הסתרת הגוף אצל אלו, לעומת הצנעתו אצל אלו: עבור נשים מערביות ש"לא־מוכנות־להסתיר־את־עצמן", כיסוי הגוף פירושו הכרזה **"אינני אישה"**, בעוד שעבור חברותיהן שנמצאות בצד היהודי הבריא של המתרס, יש כאן הצהרה ברורה: **"אני אישה"**. בעוד שאצל נשים מערביות מסוימות, הדרך היחידה להכריז על נשיותן היא לקרוע מעל עצמן כיסויים רבים ככל האפשר ולצעוק בקול גדול "אני אישה", עבור חברותיהן הצנועות, חשיפה פומבית שכזו מהווה לא פחות מאשר **גזר דין מוות על נשיותן.**

בהמשך, כאשר נעסוק בשיח ההשגבה, נשאל: איזו תפיסה משרתת טוב יותר את הטענה שמיניות היא נשגבת, גבוהה ונעלה: תפיסת הנשיות כאובייקט מיני (בבחינת "תפוח"), או שמא תפיסת הנשיות כסוד של אין־סוף בלתי ניתן לצמצום?

אך קודם לכן, כמה הערות על "הרהורי עבירה" ו"חשש מהחפצה".

פרק 56

הדגשת "הרהורי עבירה" מקרבת אותנו לפוריטניות

אני חושבת שבשלב הזה אנחנו יכולות להסביר מדוע הדגשת ה"חשש מפני הרהורי עבירה" או "זהירות שלא להכשיל גברים" עלולה ליפול לפוריטניות. אכן, טקסטים הלכתיים רבים עוסקים בחשש מפני הרהורי עבירה, ובכל זאת, אין צורך לצמצם את כל הלכות צניעות לנקודה הזאת. הרהורי עבירה עשויים לפעמים להיות **תוצאה** של חוסר צניעות או של אי שמירה על העיניים, אבל זה לא אומר שנכון להציג את הרהורי העבירה **כסיבה** להלכות צניעות או להלכות שמירת העיניים.

למה הדבר דומה? כשאנשים לא ישנים מספיק שעות בלילה, לפעמים זה גורם **לתוצאה** מסוכנת של חוסר ריכוז בזמן הנהיגה. אבל זה לא אומר **שהסיבה** לכך שרוב האנשים מעוניינים לישון מספיק שעות בלילה היא חשש לחוסר ריכוז בנהיגה. מעט אנשים יצביעו על חוסר ריכוז בנהיגה כסיבה המרכזית לכך שהם רוצים לישון כמו שצריך. אני, למשל, רוצה לישון מספיק בלילה, פשוט כדי לא להיות עייפה ועצבנית. אה, נכון, זה גם יכול לעזור בנהיגה.

יחד עם זאת, אם נפתח ספרים העוסקים בזהירות בדרכים, סביר להניח שנושא השינה ידובר שם בעיקר בהקשר של נהיגה בטוחה. אני מניחה שתסכימי איתי שלא נכון להסיק מכך שאנשי העולם ישנים רק בגלל שהם חוששים מאיבוד ריכוז בכביש. מה את רוצה? פתחת ספר שעוסק בנהיגה בטוחה, אז ברור שהשינה תדובר בו רק בהקשר של נהיגה בטוחה! כך לגבי טקסטים הלכתיים העוסקים בהרהורי עבירה, ומזכירים את חשיבות הצניעות ושמירת העיניים בהקשר הזה. אין צורך להסיק מהם שהסיבה להלכות צניעות ושמירת העיניים היא בעיקר חשש מפני הרהורי עבירה. מקווה שהבנת את ההשוואה שערכתי כאן. ואם לא, הנה עובדה מהחיים:

כשאני פוגשת נשים שלבושות בצניעות ומחוברות לנושא, אני לפעמים מרשה לעצמי לשאול אותן: "אז תגידי, למה את מתלבשת בצניעות?". כמעט אף אחת מהן לא עונה לי שזה משום שהיא משתדלת שלא להכשיל גברים בהרהורי עבירה. כאשר אני מעלה בפניהן את הרעיון הן מגיבות בהרמת גבה, כאילו שאלתי אותן אם הן מהרהרות לפעמים באפשרות שיש דבר כזה פילים מעופפים.

רוב הנשים שאני מכירה שמתלבשות בצניעות לא רק משום שהן מחויבות להלכה, אלא מתוך חיבור פנימי למצווה הזו, מסבירות זאת במונחים של רצון לשמור את המיניות של גופן אך ורק להקשר של ברית. לפי מיטב הבנתי, גם גברים דתיים הנוהגים בשמירת העיניים בדרך כלל לא עושים זאת רק משום שהם חוששים מ"הרהור", אלא בעיקר משום שהם מעוניינים לשמור את ההיחשפות למראה הגוף המיני רק לאשת בריתם. זוהי גישת הסוד, ואין לה הרבה במשותף עם החשש מפני הרהורי עבירה, שמבוסס על תפיסת הגוף כאובייקט מיני מסוכן. החשש מפני הרהורי עבירה הוא חשש אמיתי, ואין צורך להתנצל עליו. אבל בשיח היהודי הבריא, הוא בהחלט לא הסיבה המרכזית לצניעות ולשמירת העיניים.

פרק 57
לא רק החפצה

בפרק הקודם הסברנו שהחשש מהרהורי העבירה לא חייב להיתפס כסיבה המרכזית להלכות צניעות. כך גם לגבי החשש מהחפצה. כאשר שיח הצניעות מדגיש אך ורק את החשש מההחפצה של האישה, ותולה בכך את רעיון הצניעות ושמירת הנגיעה, הוא עלול להתפרש באופן פוריטני. כלומר, הוא עלול לשמש בלי כוונה כמו צינור שדרכו מחלחלים אלינו רעיונות פוריטניים.

מדוע?

נחשוב לרגע על נער ונערה המשוחחים זה עם זו. הנערה לבושה בבגד החושף את ירכיה. כאשר הנער נתקל בירכיים החשופות של בת שיחו, יכולים להתרחש כמה דברים בעייתיים, שרק אחד מהם הוא "החפצה".

נתחיל מהאפשרות של "החפצה": כאשר מתרחשת החפצה, הנער חווה את הירכיים הנשיות כאיבר ארוטי שמעורר בו גירוי או אפילו רק תשוקה מינית, אבל כזו שמשתלטת על כל ההיבטים האחרים של הדמות שמולו. וכך, המאפיין המיני של הנערה הופך להיות נוכח ביותר, נוכח מדי. מאותו רגע יהיה קשה יותר לנער לפגוש את עולמה הפנימי של הנערה, את אישיותה, את מה שהופך אותה לסובייקט (אדם) ולא רק לאובייקט (חפץ, גוף נטול נשמה).

במילים אחרות: במקרים של "החפצה", הגוף המיני הופך להיות מנותק מהעולם הפנימי של האדם: הנער והנערה כבר לא מתקשרים זה עם זו. במקום זאת, הנער נמצא כל הזמן בדיאלוג עם המיניות של הנערה, ועם המיניות שלו עצמו. הוא כאילו כלוא בתוך בועה: בבועה הזו נמצאים הוא וגוף מיני של אישה. האישיות של האישה שנושאת את הגוף המיני הזה נותרת מחוץ לבועה, וכמעט לא נגישה לו.

כאן מתפצלות הדרכים של הזאב הרע והזאב הטוב: הזאב הרע יזרום עם הסיטואציה של ההחפצה ולא יחוש עמה כל בעיה. להפך, הוא ייהנה מכך שהוא נמצא מול גוף נשי חשוף, ועל הדרך, הוא גם יזלזל בנערה הנושאת את הגוף הזה. כזכור, לפי הזאב הרע, המיניות היא משפילה ומהנה. לכן, מצד אחד הנער ירגיש "סבבה" עם המיניות שמשתלטת על הסיטואציה, ולא תהיה לו כל בעיה להיות נעול בתודעתו עם הגוף הזה בתוך בועה, שניהם לבד באין מפריע. לצד זאת, הוא יחוש בוז כלפי הנערה: היא לא ראויה להערכה על כך שהיא מוכנה להשפיל את עצמה.

לעומת זאת, הזאב הטוב יחווה ברגעים אלו אשמה, משום שחוויית ההחפצה של הנערה מתרחשת אצלו בלי כוונה ובניגוד לרצונו. גם כאשר הוא מנסה לפרוץ את הבועה ולפגוש את האישיות שנמצאת מאחוריה, הוא לא ממש מצליח, משום שהירכיים החשופות "מסיחות את דעתו", במובן העמוק של הביטוי: הן מסיטות את הדעת שלו ממקום אחד למקום אחר, ממקום של רצון

למפגש בין שני אנשים, למקום של מפגש בין איש לבין גוף. זוכרת את דניאל ואילה מתחילת הספר? דניאל חווה החפצה. אילה היפה, החכמה, בעלת הקול הרך, הפכה להיות עבורו אך ורק "מין", ומשום שדניאל הוא "זאב טוב", הוא חש אשמה וניתק איתה את הקשר.

עד כה הצגנו את האפשרות של החפצה, וראינו מדוע לבוש לא צנוע עשוי להוביל למצב כזה. אני משערת שרוב הנשים והנערות לא מעוניינות לעבור החפצה. אני מאמינה שרובנו לא רוצות להיות אילה בסיפור של אילה ודניאל. גם בנות ש'מתות לקצת תשומת לב מבנים', בדרך כלל מתייחסות לאפשרות של החפצה בתור האפשרות הגרועה ביותר של קבלת תשומת הלב הזו. אם הן בוחרות בה, זה יהיה בדרך כלל בלית ברירה. אז החפצה היא דבר גרוע, אבל היא לא האפשרות היחידה. נראה כעת את האפשרויות האחרות.

מה אם הסיפור של אילה היה מתרחש אחרת: דניאל ואילה לא היו מושפעים מהשיח הפוריטני או המתירני, אלא מושפעים הרבה יותר משיחים אחרים. אם הם מושפעים מהשיח השמרני החילוני, דניאל היה חווה את המיניות של אילה, חברתו מזה ארבעה חודשים, בתור דבר נשגב, אצילי ויפהפה. אם הם מושפעים משיח ההשגבה, הוא יחווה כך לא רק את המיניות של חברתו, אלא את המיניות של כל אישה באשר היא, כולל שחקניות המופיעות בעירום, וכן הלאה.

אילה, בתור מי שמשתייכת לשיח ההשגבה או לחלופין לשיח השמרני החילוני, הייתה שמחה לחשוב שהגוף המיני שלה מפעיל את הרבדים המיניים אצל דניאל. היא לא הייתה נרתעת מהמשיכה שלה כלפיו, וגם לא הייתה נרתעת מהמחשבה שהוא נמשך אליה.

בשלב מסוים אילה התחילה לחשוב שכל הסיפור הזה של צניעות לא באמת מבין את היופי והעומק של המתח המיני, של המשיכה ושל ההנאה מעצם היופי של הגוף. בהדרגה המלתחה של אילה התחלפה בבגדים קצרים יותר, הנותנים נוכחות למיניות שלה, ודניאל היה מאושר מהפתיחות הנאורה ששוררת ביניהם, בכל הקשור למיניות.

כאשר חברותיה של אילה ישאלו אותה, לאור השינוי במלתחת הבגדים המתקצרת: "תגידי, לא אכפת לך שהוא מחפיץ אותך?". אילה תזדעזע ותשיב להן שדניאל לא מחפיץ אותה. הוא לא רואה אותה רק כגוף, אלא אוהב את המכלול שלה: גם כאישה וגם כגוף. לתדהמתן, היא תסביר להן שמיניות איננה סותרת את הרבדים הגבוהים של האדם, ושאין שום דבר נורא בלתת לה נוכחות. להפך, המיניות מעצימה את הקשר האוהב שיש ביניהם.

לאחר מכן, כשאילה תספר לדניאל על שאלתן של חברותיה ועל התשובה שענתה להן, דניאל יתפעם. הוא ירגיש שהוא זכה בחברת נפש, שגם מחוברת למיניות שלה ולא מתנצלת עליה, וגם מבינה את חשיבות המיניות עבורו. אילה תשים לב שדניאל נותר חסר מילים. דמעה קטנטנה מבצבצת בזווית עינו. היא תשאל אותו אם הכול בסדר. "הרבה יותר מבסדר", הוא יענה לה. הם יתנשקו.

כעת בואי נשאל בכנות: האם אילה טועה כשהיא אומרת ש"מיניות איננה סותרת את הרבדים הגבוהים שבאדם"? כל בני זוג נשואים, המשתייכים לשיח היהודי הבריא, יכולים להסכים עם התחושה הזו: הפנימיות שלהם לא עומדת בסתירה למיניות שלהם.

אם נגיד שאילה טועה, זה יאלץ אותנו להסכים עם השיח הפוריטני, שחושב שכל מפגש עם מיניות הוא בהכרח "החפצה". אבל השיח הפוריטני טועה. בעולם המערבי, לא כל מפגש עם גוף מיני חשוף בהכרח מוביל להחפצה. העולם המערבי לא מורכב אך ורק מזאבים. בגרסה החדשה של אילה ודניאל, דניאל הוא לא זאב טוב ולא זאב רע. הוא לא נופל להחפצה כשהוא מתבונן בירכיה החשופות של אילה. הוא מכיר בכך שמדובר באיבר ארוטי, הוא חווה משיכה מינית, והוא חש שהמשיכה הזו, כמו גם המימוש שלה, מעלים את הקשר שלהם לדרגת "נשגב".

אם אנחנו סבורים שדניאל ואילה נוהגים באופן שגוי והרסני (וזו אכן הטענה שלי), אנחנו לא יכולים לומר שהטעות שלהם היא החפצה. ייתכן שעבור דניאל, המיניות של אילה באמת לא עומדת בסתירה לפנימיות שלה.

אז מהי הטעות של דניאל ואילה בגרסת השיח השמרני החילוני, או לחלופין שיח ההשגבה? לפני שנענה על כך, נבחן עוד אפשרויות שעומדות בפניהם:

יש אפשרויות נוספות שעומדות בפני דניאל ואילה, לפיהן חשיפת הגוף לא מובילה להחפצה. אם דניאל ואילה משתייכים לשיח האדישות, אז המיניות לא נתפסת בעיניהם כנשגבת, אלא היא "לא ביג דיל". במקרה כזה אילה ודניאל לא אוהבים את השימוש במילה "החפצה" כדי לתאר את התחושות של דניאל כלפי אילה. "החפצה זה נשמע שלילי, כמו הרהורי עבירה", הם יגידו. "אבל במקום לראות בהרהורים הללו 'עבירה', משהו מפלצתי ופוגעני, אפשר פשוט להבין שהם חלק טבעי מהחיים של כל יצור חי. לא צריך לעשות מזה עניין".

בינתיים ראינו איך כל אחד מהשיחים המערביים מעניק לאילה ודניאל אפשרויות שונות לחוות את העוררות המינית שלהם בעקבות מפגש עם גוף חשוף. אבל אם אילה ודניאל משתייכים לשיח ההכחשה, אז בכלל אין שם עוררות מינית. המיניות מוכחשת לגמרי.

דניאל באמת לא מבין מה אמור להיות מיני בירכיים של אילה, במה הן שונות מכפות הרגליים שלה, למשל. הוא לא מבין למה עושים מהאיבר הזה עניין, למה צריך לכסות אותו. כשהוא מספר לאילה על כך שהוא לא מבין מה בדיוק "מיני" בחצאית מיני שהיא לובשת, אילה לא מתבאסת מכך, אלא חווה את זה כמחמאה. היא באמת לא תכננה "להיות מינית". היא לובשת את החצאית הזו כי זו חצאית יפה, או שהיא חצאית נוחה, או כי יש לה רגליים יפות והיא לא רואה סיבה להסתיר אותן. היא ממש לא מנסה לעורר מינית אף אחד. והנה, דניאל מאשר את תחושותיה, ומספר לה בכנות שאין שום דבר מיני במיוחד בירכיים שלה.

דניאל ואילה מוכנים להישבע שאין שום החפצה במפגש שלהם, ואני אישית מאמינה להם. כמו שרופאים מצליחים להעלים בתודעתם את המיניות של גוף

המטופלת, כך גם דניאל, איכשהו, מצליח. זה אפשרי, מסתבר. אומנם נדיר כשמדובר באדם שהוא לא רופא מיומן, אך אפשרי.

אם אילה ודניאל משתייכים לשיח המתירני או הפוריטני, אז הבעיה בחוסר הצניעות שלהם היא "החפצה". אבל מהי הבעיה בחוסר הצניעות שלהם, אם הם משתייכים לשיחים המערביים האחרים - השיח השמרני החילוני, שיח ההשגבה, שיח האדישות או שיח ההכחשה?

"החפצה" היא לא בהכרח הסיפור שעומד מאחורי צניעות או שמירת נגיעה. אני באופן אישי גם חושבת שהחפצה היא לא הדבר הכי גרוע שדניאל ואילה עשויים לעולל לעצמם. החפצה היא אומנם דבר גרוע, אבל לדעת השיח היהודי הבריא, לא פחות גרוע מהחפצה הוא מצב של מחיקת המיניות (כמו בשיח ההכחשה), טריוויאליזציה שלה (כמו בשיח האדישות) או ניתוק הקשר בין מיניות לבין ברית הנישואין (כמו בכל השיחים המערביים).

בין אם המיניות הזו גבוהה, נמוכה, או לא ביג דיל, כאשר היא מנותקת מברית הנישואין, יש כאן טרגדיה. על כך נדבר בפרקים האחרונים של הספר, שעוסקים בהבדל בין השיח היהודי הבריא לבין השיח השמרני החילוני.

לכן, כשאנחנו מציגים את הצניעות כמבוססת בעיקר על חשש מהחפצה, אנחנו שוגים פעמיים. קודם כול, אנחנו לוקחים בחשבון רק שני שיחים: השיח הפוריטני והשיח המתירני, ולא לוקחים בחשבון את שאר השיחים שבהם ההחפצה היא חוויה משנית וכמעט לא קיימת. שנית, כשאנחנו מדגישים יותר מדי את ההחפצה, אנחנו שוב מציירים במוחם של בנים ובנות, נשים וגברים, את הגברים כזאבים (טובים או רעים). הדברים של המדריך בסמינריון לא היו פוגעניים רק כלפי הבנות שישבו שם, אלא פוגעניים גם כלפי בנים שנחשפים לתיאור של עצמם כמחפיצים בהכרח. אני משערת שכל גבר עשוי לחוות מדי פעם חוויות של החפצה, ואם הוא דתי הוא בדרך כלל יחווה את עצמו ברגעים הללו כ"זאב טוב", שזה קורה לו מבלי שהוא מעוניין בכך. אבל אם הדימוי העצמי שלו יתקבע כ"זאב טוב", הוא בהדרגה יאבד את היכולת לתת אמון בכוחות שלו כאדם.

אנחנו לא רוצים להגיע לשם. גם לגבר מגיע להיות סובייקט (אדם עם עולם פנימי עשיר), ולא רק סובייקט מיני (אדם שחווה חוויות מיניות). במובן מסוים, כשאנחנו מצמצמים את הגבר רק ל"סובייקט מיני", זה גם סוג של החפצה, משום שאנחנו מנתקים אותו ממכלול האישיות שלו ומתעלמים מכל ההיבטים האחרים של העולם הפנימי שלו. אני לא יודעת מה גרוע יותר: שמצמצמים אותך אך ורק לאובייקט מיני, או אך ורק לסובייקט מיני.

פרק 58
משל היהלום הוא משל גרוע

אם "משל התפוח" שראינו בפרק הקודם נראה לך 'תלוש' מתוך שיח הצניעות, ניתן בקלות לאתר את עקבותיו בתוך משל אחר, שלמיטב ידיעתי נשים רבות מקרב הציונות הדתית גדלו עליו: "משל היהלום". אצטט כאן שתי גרסאות שלו.

> ישנו משל היהלום והעגבנייה. עגבניות זה דבר זול. מוכרים אותן בשוק וכל אחד שעובר יכול לגעת בהן ולבדוק אותן. לעומת זאת יהלומים הם דבר יקר מאוד, ולכן שומרים אותם בכספות, ורק מי שבאמת רוצה לקנות וגם מוכיח שיש לו את הכסף לכך, יכול לראות את היהלום, ורק אחרי שהוא קונה אותו הוא יכול לגעת בו. וכל אחת צריכה להחליט מה היא מעדיפה להיות יהלום או עגבנייה בשוק (מתוך תשובה לשאלה בנושא צניעות, המופיעה באתר "חברים מקשיבים: הכתובת שלך לשאלות באמונה").

או לחלופין:

> בספרים מופיע עיקרון, שלא תמיד מתקבל על לב בנינו ובנותינו, ובכל זאת טוב שההורים יהיו מודעים לו: ככל שדבר יקר יותר הוא עטוף יותר. בלשון חז"ל - "המרגלית, היכן היא נמכרת?" ובדוגמאות מחיינו - עגילים בשלושים שקל ימכרו בדוכן ברחוב.

> אבל תכשיט זהב לעולם יוחזק במקום שמור, וכשהוא יימכה, הוא יוכנס לצמר גפן שיושם בקופסה, שתכוסה בנייר ותיקשר בסרט.
> (מתוך אתר "לב־אבות: ייעוץ להורי מתבגרים").

חיפוש באינטרנט מניב גרסאות כאלה ואחרות של משל היהלום, אך כולן משתמשות בסופו של דבר בנוסחה: גוף האישה = יהלום. כמה מחמיא, לא? איך ניתן לחשוד במשל הזה שהוא נגוע בתפיסה שלפיה מיניות היא פשע? אבל אם ננתח את ההיגיון של המשל הזה, נראה שמבלי להתכוון, הוא מושתת על הנחת יסוד כזו בדיוק: היהלום הוא מקבילה לשונית של אותו תפוח שהזכרנו קודם. נכסה אותו והוא יהיה "יהלום מכוסה". נוריד את הכיסוי, ושום דבר לא יגרע מן היהלומיות שלו: הוא יישאר יהלום, אבל בלתי מכוסה.

נתמהמה לרגע עם פירוש הנמשל (גוף האישה) ונתעכב על המשל; זכור לי משפט של אחת התלמידות, שבתגובה ל"משל היהלום" זעקה בקול רם לחברותיה לכיתה: "אני לא יודעת מה איתכן, אבל אם יום אחד יהיה לי יהלום, כולכן תדעו מזה...".

חברותיה צחקו, וגם אני. ובאמת, מי מאיתנו מכסה יהלומים?! בואי נשאל את עצמנו: מה כל כך רע ביהלום בלתי מכוסה? ואכן, הדבר המוזר ביותר לדעתי שעולה מן המשל הזה הוא העובדה הבסיסית שהוא פשוט לא מתאר נכון את מציאותם של היהלומים בתרבות שלנו. אם מגיע לידיי תכשיט יהלום שקיבלתי מתנה, האם מתעורר בי איזשהו צורך להצניעו בכספת סגורה, כדי שאיש לא יראה אותו מלבדי ומלבד הקרובים לי ביותר? למיטב ידיעתי, נשים מכל המגזרים מסתובבות עם טבעת היהלום שלהן כאשר היהלום מתנוסס לעין כול, ואין בכך כל בושה או בעיה. גם אם בכל זאת אסתיר את היהלום בכספת כדי למנוע ממנו להיגנב או ללכת לאיבוד, האם עליי לסרב לבקשותיהם של חבריי לראות אותו נוצץ ומסנוור ביופיו, או לגעת בו בעודו בתוך הכספת? אין כל קשר בין ראייה של יהלום או נגיעה ביהלום, לבין חוסר צניעות.

משל היהלום מבטא לדעתי באופן חד וברור את הקשר הרעיוני השגוי, הרוחש כיום בקרקעית הבלתי מודעת של שיח המיניות הדתי: הקשר שבין "יופי חיצוני" לבין "חוסר צניעות". לא מעט מתלמידותיי מעידות על עצמן

כי הן הפנימו את המסר: "לבוש צנוע נועד לטשטש את יופייך, ובכך למנוע ממך להכשיל את הרבים". זוהי בדיוק הגישה הפוריטנית. כאשר משווים את גוף האישה ליהלום (שהוא כאמור איננו על המישור של ה"סוד", אלא סוג של אובייקט־תפוח, אבל הפעם נוצץ ויפהפה), ובאותה נשימה מתארים איזושהי נורמה שמצביעה על הצורך לכסות אותו (נורמה שכאמור איננה הולמת את המציאות), בכך בדיוק מייצרים את רעיון ה"הסתרה" של עקבות הפשע, לפיה ה"יפה" אמור להיות "מוסתר".

בהמשך נציע משל אחר, אלטרנטיבי למשל היהלום, המבוסס על ההבדל בין "סוד" לבין "אובייקט". זה יהיה משל שיוכל לעזור לנו להסביר את רעיון הצניעות בלבוש, תוך שימוש בחוויה מתחום אחר. אבל בינתיים, נתמודד עם עוד תוצאה בעייתית של משל היהלום: הבלבול בין צניעות בלבוש לבין צניעות כתכונת אישיות, "ענווה" שהיא "ההפך מגאווה".

פרק 59

עופי על עצמך!
צניעות איננה ההפך מגאווה

כשאני שואלת את תלמידותיי מה בדיוק בא לבטא משל היהלום, שהרי יהלום יפה איננו אמור להיות מכוסה, לעיתים הן עונות לי שזה בדיוק העניין של צניעות. שצניעות היא ההפך מגאווה, ואישה ה'משוויצה' ביהלום שלה לעיני כול היא אישה גאוותנית. כך הן מבינות את הדרישה שלא לחשוף את הגוף: הגוף שלך יפה, אבל עשי טובה ואל תתגאי בכך. אל "תשוויצי" בו. למען האמת, אני זוכרת את הרעיון הזה עוד מימיי כנערה מתבגרת. מי שהעזה ללבוש חצאית קצרה הוכתרה על ידי חברותיה כ"גאוותנית", משום שהיא "משוויצה" ברגליים היפות שלה. האומנם זוהי משמעותה של הצניעות? שוב אנו רואות כאן תפיסה של הגוף המיני כ"אובייקט יפה", ולא כ"סוד". שוב פספסנו את העניין.

המיסתורין והעומק שלהם, מעצם זה שהם הפכו לנחלת הכלל. כאמור, גם אם נקרא את תורת הסוד מילה במילה מתוך ספר הזוהר, בפני קהל של מאה איש, לא יהיה זה לימוד סוד, אלא לכל היותר העברת ידע. כאשר הסוד מתפוגג והופך לידע, זה אחד הדברים העצובים ביותר שיש.

כעת, לאחר שכולם קראו את המילים של השיר שלך, ה"סוד" שהיה טמון בהן התפוגג. הן הפכו למשהו "יפה", אולי אפילו "נשגב", אבל הן כבר לא סוד. המילה הנכונה לתאר את מה שעבר על השיר שלך היא "חפצון", או "החפצה": כאשר משהו פנימי, אין־סופי, כמו עולם פנימי של אדם, הופך להיות משהו שניתן לצפות בו, כמו חפץ שניתן להתבונן בו ולחוות עליו דעה אובייקטיבית.

כעת שימי לב: נניח שאת מתחילה לקרוא את התגובות שהשיר שלך קיבל בפייסבוק, ומגלה שקיבלת המון לייקים ותגובות חיוביות. כולם מתפעלים ומשבחים אותך על כישרונך. כעת עומדות לפנייך שלוש אפשרויות:

אפשרות ראשונה. את ממשיכה לחוש תחושה של חילול. תחושת הבושה (החיובית) לא נעלמת, למרות המחמאות שקיבלת. זה היה השיר שלך, ואת רצית שהוא יישאר שלך. חלמת לחלוק אותו בעתיד רק עם אדם מיוחד, אבל כעת הוא של כולם. אנשים שאפילו לא מכירים אותך חושבים שהם מבינים את מה שהרגשת שם כשהיית לבד על הסלע במדבר. ובכלל, יש אנשים שכתבו לך רק מילה אחת: "מקסים". "זה מה שזה?" את שואלת את עצמך, "מקסים?" מקסים זה משהו שאומרים על כלבלב חמוד, לא על שיר שבכית כשכתבת אותו. זה כואב לך.

אפשרות שנייה. את ממשיכה לחוש תחושה של חילול ובושה, אבל המחמאות שקיבלת עוזרות לך להתגבר על התחושות הקשות. למרות הכיף שבמחמאות, את עדיין דואגת לפרטיותך. את מבטיחה לעצמך לכתוב שיר נוסף, והפעם הוא יישאר רק שלך.

אפשרות שלישית. את מפסיקה לחוש בושה. הבושה מתחלפת כליל בתחושת שמחה על המחמאות שקיבלת. בינך לבין עצמך את כבר לא ממש מבינה מדוע לא רצית לפרסם את השיר. כעת, בזכות התגובות החיוביות שקיבלת, את חושבת לפרסם בפייסבוק את כל השירים הבאים שלך, ובתנאי שתחשבי שהם מספיק יפים.

אם ננתח את שלוש האפשרויות הללו, נראה שבשתי האפשרויות הראשונות, המשמעות של השיר לא השתנתה עבורך. את עדיין חווה את השיר כ"סוד", וכאשר הוא הופץ ברבים את מבינה שהוא כבר לעולם לא יהיה יותר סוד. הסוד התפוגג והפך לידע, למילים, למשהו יפה שאפשר לתלות על הקיר ולהתפעל ממנו. אבל את לא מוכנה לוותר על הרעיון של "סוד" בחייך, ולכן את מקווה לכתוב בעתיד שיר נוסף בתקווה שהפעם הוא יישאר "סוד" ולא ייחשף ברבים, אלא רק למישהו אחד, קרוב ויקר לליבך, שאת תבחרי בו והוא יבחר בך.

לעומת זאת, באפשרות השלישית, ה"סוד" התפוגג לחלוטין, לא רק מהשיר המסוים שכתבת, אלא גם מתוך חייך... את כבר לא מכירה באפשרות שיש דברים שהם כל כך אישיים ומיוחדים לנו, כך שהם צריכים להיות מוצנעים, למרות שהם יפים. את כבר לא מכירה באפשרות ששיר מסוים, בלי קשר ליופיו, יהיה גם "סוד", כלומר, פנימי, אישי שלך, ובעתיד יהיה שייך רק לך ולאיש שעמו תרצי לחלוק את הנקודה הפנימית ביותר שלך.

משל הפייסבוק מדבר על המיניות כ"סוד", ובכך הוא שונה ממשל היהלום שמדבר על המיניות כ"אובייקט יפה". אומנם, גם משל הפייסבוק לא מושלם. משל הפייסבוק לא מספיק מדויק משום שהוא לא מתאר מציאות של "רמז", אלא מדגים רק שתי אפשרויות: חשיפה פומבית מוחלטת לעומת הסתרה מוחלטת מכולם, תוך שמירתו אך ורק ל"אחד". בשונה מטקסט אישי שכתבת לעצמך, כשמדובר במיניות, יש חשיבות גם לאפשרות של רמז (במובן שדיברנו עליו, לא במובן של "רמיזות מיניות"), בכדי לא להיקלע לאידיאולוגיה שרואה במיניות דבר שלילי באופן עקרוני שאותו יש למחוק. בינתיים לא הצלחתי לשכלל את משל השיר בפייסבוק כך שידגים בתוכו את האפשרות של "רמז", אבל אני מאמינה שלאחר כל מה שעברנו עד עכשיו במהלך הספר, את מבינה שבהקשר של הנמשל, כלומר תחום המיניות והלבוש, יכול להתקיים גם "רמז".

הבדל נוסף בין שיר אישי שכתבת לעצמך לבין תחום המיניות הוא השאלה מי קובע את הערך של הדבר שאת מחליטה להצניע. כשמדובר בשיר שכתבת לעצמך, את זו שמעניקה לו את המשמעות האישית והפרטית שאת מעוניינת

לשמור רק לעצמך ולאדם קרוב. אבל כשמדובר במיניות, האדם הפרטי הוא לא זה שקובע את המשמעות המינית של איברי גופו, אלא התרבות היא זו שקובעת זאת. המשמעות כבר שם. כל שנותר לאדם הפרטי הוא לקבל את זה או להכחיש את זה, כפי שנראה בהמשך, כשנעסוק בשיח הטריוויאליזציה־הכחשה.

כנראה שהמשל הטוב ביותר הוא המשל שחז"ל הציעו: ארון העדות. בארון העדות יש את המאפיינים של דתיות וקדושה שאין במשלים האחרים, כדוגמת משל היהלום או השיר האישי שאני כותבת לעצמי. לכן המשל של ארון העדות יכול להביע את כל המאפיינים ששייכים לנושא של צניעות, גם בהקשר הדתי וגם בהקשר המיני: חשיבות השמירה על הסוד, וחשיפתו רק בהקשר המתאים, חשיבות הבושה החיובית שנלווית לחשיפה לא נכונה של הסוד, החשש מפני מחיקת הסוד לחלוטין, והפתרון לחשש הזה, באמצעות "רמז".

פרק 61

אין דבר כזה לבוש צנוע שהוא לא צנוע

אולי יצא לך פעם לשמוע את המשפט הבא: "צניעות היא לא רק עניין של סרגלי מדידה וסנטימטרים. עובדה, יש נשים שמתלבשות מאוד בצניעות, על פי כל כללי ההלכה, ולמרות זאת המראה שלהן ממש לא צנוע".

אני באופן אישי שמעתי את המשפט הזה המון פעמים, דווקא מנשים. תוך כדי הניסיון להבין מהי בעצם צניעות ראויה, כמעט תמיד בשלב כלשהו מישהי נותנת את הדוגמה של האישה החרדית היפהפייה עם הפאה הארוכה, שאומנם לבושה לפי גדרי הצניעות מבחינה "טכנית", אבל המראה שלה משדר משהו לא צנוע.

אני מתנגדת לטענה הזו. לפי השיח היהודי הבריא, לא ייתכן מצב שבו אישה תתלבש לפי כל גדרי הצניעות, ועדיין המראה שלה יהיה לא צנוע. תחשבי על זה

לרגע: אישה יפה ומאופרת עם פאה ארוכה, הולכת ברחוב בלבוש יפה, אופנתי וצנוע, לא צמוד מדי, ולא מאפשר חשיפה של שום חלק גוף שמוגדר על ידי ההלכה כארוטי.

מה בדיוק לא צנוע בזה?

אין שום סיבה לחשוב שהאישה הזו בלתי צנועה, אלא אם כן אנחנו חושבים שיופי נשי הוא משהו לא צנוע. יופי נשי = לא צנוע - זו משוואה פוריטנית. שוב אנחנו מפחדים מיופי נשי. שוב אנחנו מבקשים צניעות, ועל הדרך מבקשים להמעיט ביופי הנשי.

הטענה הזו על היופי הנשי כ"לא צנוע" לפעמים הולכת ביחד עם אמירה נוספת שבנות דתיות רבות שומעות בהקשר של צניעות: "כשאת מדגישה את החיצוניות שלך, את לא נותנת לאנשים גישה אל הפנימיות שלך".

האמירה הזו לא יכולה להיות נכונה באופן עקרוני. השיח היהודי הבריא לא חושב שיש סתירה עקרונית בין יופי חיצוני לבין רוחניות, אופי או פנימיות. תחשבי למשל על חברה שלך שאת אוהבת. האם המראה החיצוני שלה סותר את הפנימיות שלה? אם היו לה עיניים פחות יפות, האופי שלה היה בא יותר לידי ביטוי? אולי להפך? אולי היופי החיצוני יכול לפעמים להדגיש או לבטא יופי פנימי ולא לטשטש אותו? גם בית המקדש היה יפהפה מבחינה חיצונית, והדבר לא עמד בסתירה להיותו מקום לעבודת ה' אלא להפך.

אז נכון, כשאנחנו מתאהבות בחתיך של השכונה בגלל העיניים הכחולות שלו, זה לא בגלל היופי הפנימי שלו. אבל זו טעות שנובעת בגלל השטחיות שלנו, לא בגלל שהיופי החיצוני הוא בעייתי באופן עקרוני. עבור אנשים שטחיים, העיניים הכחולות של האדם שמולם הן מחסום בדרך אל הנפש או האישיות שלו. כל אדם שניחן ביופי חיצוני צריך לקחת בחשבון אנשים שטחיים שילכו אחריו רק בגלל היופי שלו, ולא יתעניינו בפנימיות שלו. אבל היופי החיצוני הוא לא המחסום בפני הנפש. השטחיות של אנשים מסוימים היא המחסום.

ובאמת, יופי חיצוני לא אמור לדעתי להימצא ברשימת הדברים החשובים ביותר שצריך להשקיע בהם בחיים. אם מישהו משקיע 23 שעות ביממה בטיפוח היופי החיצוני שלו, ומשאיר רק שעה אחת לפיתוח דברים נוספים, אפשר לומר

שהעיסוק שלו ביופי בא על חשבון פיתוח האופי. אבל אין שום קשר בין זה לבין האמירה: "אל תתאפרי, כי אז לא יראו את הפנימיות שלך". אל תתבלבלי: כשהשיח היהודי הבריא מדבר על שמירת הסוד, הכוונה היא לא ל"סוד" של **האופי** שלך, אלא לסוד שנלווה **למיניות**. ייתכן שגם הסוד האין־סופי של האופי שלנו זקוק לשמירה, אבל זה לא קשור ללבוש צנוע ולשמירה על המבט.

אומנם, אני חושבת שהרצון למשוך תשומת לב אך ורק בהתבסס על אלמנטים חיצוניים שיש לנו, הוא רצון שטחי. לפעמים אנחנו משתמשים במילה "צניעות" כדי לבטא את הסלידה שלנו מהשטחיות הזו, שמתמקדת בטפל במקום בעיקר. אנחנו רואים מישהו נוסע במכונית יוקרה מנקרת עיניים, עם מוזיקה בפול ווליום וחלונות פתוחים, ואומרים עליו "קצת צניעות לא תזיק". אבל אל תתני לשימוש הזה במילה "צניעות" לבלבל אותך. זו לא בעיה של "צניעות" במובן שאליו השיח הבריא מתכוון. אני אישית מעדיפה להפריד בין המונח "צניעות", שקשור למיניות, לבין המונח "שטחיות". המונח "שטחיות" לא בהכרח קשור למיניות אלא קשור לשאלה עד כמה אנחנו מעוניינים ביחס חיצוני מהסביבה שלנו, ועד כמה אנחנו מתייחסים אל הסביבה שלנו על בסיס תכונות שאין בהן עומק.

אומנם, אני מסכימה שאישה יכולה להתלבש בצניעות, **ולהתנהג** באופן בלתי צנוע. אבל זה תלוי בהתנהגות, ולא באיך שהיא מתאפרת או מתלבשת. לפי השיח היהודי הבריא, הנראות החיצונית של אישה לא יכולה להיות "לא צנועה", אם היא לבושה בצניעות. אז אישה מסוימת יכולה להיות צנועה ושטחית, אבל לא כל השקעה במראה חיצוני חייבת להיות שטחית. גם אם אותה אישה צנועה ומטופחת היא אכן שטחית באופי שלה, זה לא משהו שניתן להסיק אך ורק על בסיס המראה החיצוני שלה. השאלה היא מה היחס האישי שלה ליופי, והאם הוא שטחי או לא, וזו שאלה שלא ניתן לענות עליה מבלי להכיר לעומק את אותה אישה.

השיח היהודי הבריא מתמקד בחשיבות של שמירת הגוף המיני לברית הנישואין. האישה היפהפייה והצנועה, עם פאה מהממת ככל שתהיה, שומרת את מרחבי הגוף המיניים לברית הנישואין. זוהי צניעות. נקודה.

פרק 62
סיכום: אם את רוצה, תהיי יפה ותשמחי!

ראינו שהפוריטניות יכולה להתחבא גם מאחורי אמירות שלכאורה לא נראה שיש איתן בעיה. באופן כזה, היא נעשית פוריטניות סמויה ולא מודעת, וכך היא מחלחלת אל ליבם של נשים וגברים באופן שלא מאפשר להם להפעיל חוש ביקורת ולהתנגד. אני רוצה שנלמד לזהות את הפוריטניות הסמויה. ברגע שנראה אחת כזאת נדע שגם אם היא "נשמעת טוב", היא עלולה להיות מסוכנת לנו. לכן הקדשנו את הפרקים האחרונים לזיהוי ולניתוח הפוריטניות הסמויה. אני מסכמת לך כאן את כל האמירות שדיברנו עליהן, שעלולות להחביא בתוכן "סאב־טקסט" פוריטני.

א. **"אצלנו ביהדות המיניות בין איש לאשתו היא מצווה: מצוות פרו ורבו"**. כשהשיח היהודי הבריא מתאר את המיניות כמצווה, הוא לא מדבר על רק מצוות פרו ורבו, אלא גם על מצוות עונה, שלא תלויה בשאלה אם האישה יכולה להרות. כך גם לגבי המשפט **"יצר המין הוא יצר החיים"**. אם "יצר החיים" פירושו אך ורק הבאת חיים לעולם, זה עלול ליפול לפוריטניות. הבאת ילדים היא ערך נעלה, אבל היא לא חייבת להיות ההצדקה או הסיבה לחיבור המיני בין איש לאשתו.

ב. **"הלכות גניזת האישה"**. כשאישה מסוימת מתלבשת בלבוש חבית ולפי קודים הלכתיים "מוחקי נשיות", זה לא בהכרח נובע מפוריטניות. אבל כשדרישה כזו מוצגת מצד נציגי ונציגות ההלכה, זה בהכרח נשען על אידיאולוגיה פוריטנית.

ג. **"מיניות היא דבר כל כך קדוש ופנימי. לכן כשמדובר בחדרי חדרים בין איש לאשתו, המיניות היא גבוהה ונעלה, אבל מחוץ לבית, האישה צריכה להתלבש בלבוש חבית"**. לבוש חבית לא רק מונע "התרחשות מינית", כלומר חשיפה של גוף מיני שלא במסגרת ברית

הנישואין. על הדרך, לבוש חבית מוחק את עצם העובדה שיש דבר כזה מיניות. מי שמעוניין למחוק את עצם העובדה שיש מיניות בעולם מעיד על עצמו שהוא רואה את המיניות כשלילית באופן עקרוני, בלי קשר לשאלת ההקשר של התרחשות מינית כזו או אחרת. זוהי פוריטניות.

ד. **"אנחנו דרך האמצע"**. המחשבה על הלכות הצניעות של הדתיים־הלאומיים כ"דרך האמצע בין פוריטניות לבין חילוניות" מוכיחה שאנחנו חושבים שיש מכנה משותף בין כל השיחים. כאילו יש מכנה משותף בין הצניעות הבריאה לבין השיח הפוריטני ולבין שיח השחרור המיני. השיח היהודי הבריא לא מוצא שום מכנה משותף בינו לבין שתי הגישות הללו. הוא לא דרך אמצע, אלא דרך אחרת לחלוטין. ובכלל, דרך האמצע עלולה להישמע כמו פשרה. נערה שתופסת את הלבוש הצנוע שלה כפשרה, כאילו המודל הרצוי הוא לבוש חבית, הפנימה גישה פוריטנית.

ה. **"משל היהלום"**. משל היהלום נופל בשתי מלכודות פוריטניות. האחת, הוא לא מצליח לבטא את תחושת הבושה החיובית. אף אישה שפויה לא באמת מתביישת בשום יהלום. השנייה, הוא לא מצליח לבטא את ה"סוד", ובמקום זאת יוצר משוואה: "יופי (יהלום) צריך להיות מוסתר". במקום משל היהלום, אני ממליצה לעבור ל"משל הפייסבוק", או פשוט לדבר על ארון העדות.

ו. **"צניעות זה כדי לא להכשיל גברים בהרהורי עבירה"**. אין שום קשר בין הרצון לשמור על ארון העדות מוצנע, לבין החשש מהרהורי עבירה. הרהורי עבירה הם **תוצאה** בעייתית שיכולה להיגרם מלבוש לא צנוע, אבל הם לא **הסיבה**, בוודאי שלא הסיבה היחידה, ללבוש הצנוע.

ז. **"צניעות זה כדי שלא יחפיצו אותך"**. החפצה היא רק אחד מהדברים הבעייתיים שיכולים לנבוע מלבוש חשוף או מאי־שמירה על המבט. התמקדות רק בהחפצה שוב מציירת את הגברים כ"זאבים" (טובים או רעים) בהכרח. זה גם לא נכון, וזה גם לא בריא לנו.

ח. **"צניעות היא חלק ממכלול שלם של עבודת המידות, שעניינה להטמיע בנו ענווה ולהרחיק אותנו מגאווה".** לא. צניעות בלבוש היא לא ההפך מגאווה. צניעות בלבוש קשורה לחשיבות השמירה על המיניות רק למסגרת של ברית. רוצה לעבוד על מידת הענווה? זו מידה חשובה מאוד, אבל היא לא קשורה לגוף שלך. אה, ואת יכולה גם להיות ענווה וגם לבלוט במרחב, להביע את דעתך ולהשמיע את קולך. זה לא סותר. מה שסותר ענווה, כלומר מה שהופך אותך לגאוותנית, הוא המחשבה שאת יותר שווה מכולם, ושכדי להיות שווה את צריכה שאחרים יהיו פחות שווים. אם את אוהבת את הגוף שלך, אין בזה שום גאווה. להפך.

ט. **"לפעמים אישה יכולה להתלבש בצניעות ועדיין להיראות לא צנועה".** לא נכון. אולי המשפט הזה מתכוון לומר: "לפעמים אישה יכולה להתלבש בצניעות ועדיין להיראות יפה". מה הבעיה בלהיות יפה וצנועה?

י. **"כשאת מדגישה את החיצוניות שלך, את מסתירה את הפנימיות שלך".** לא בהכרח. לפעמים יופי חיצוני דווקא עוזר להדגיש פנימיות ולבטא אותה. מה שהופך את החיצוניות למחסום בפני הנפש, אלו שני גורמים שלא שוללים "יופי" באופן עקרוני: ראשית, האם את מטפחת אצלך תכונות אחרות חוץ מיופי. שנית, האם אנשים שטחיים מסוימים אוהבים אותך רק בגלל היופי. קחי את שתי הנקודות הללו בחשבון, תהיי יפה ותשמחי...

עכשיו, כשסידרנו את רשימת המסרים הפוריטניים הסמויים, אני בטוחה שיהיה לך יותר קל לזהות אותם ולהתנגד אליהם. והנה אנחנו מגיעות לחלק שבו אנחנו עוסקות בביקורת על שיח השחרור המיני. בואי ניזכר מה היה לנו:

בחלק הראשון של הספר תיארנו את השיחים המקולקלים. מצד אחד ישנו השיח הפוריטני הדתי, ולעומתו ישנם ארבעת השיחים השייכים לשיח השחרור המיני: השיח המתירני, שיח ההשגבה, שיח האדישות ושיח ההכחשה. בחלק השני

של הספר תיארנו את השיח היהודי הבריא וביססנו אותו על מקורות יהודיים - הלכה, מדרשים והגות. בשלב זה אני מקווה שאת מצליחה לשים את האצבע על ההבדל בין השיח היהודי הבריא לבין האפשרויות המקולקלות שאורבות לפתחו.

לאחר מכן הגענו לחלק השלישי של הספר. פתחנו בביקורת על השיח הפוריטני והראינו היכן הוא מתחבא. כעת אנו עוברות לדון בשיחים המערביים השונים. עד עכשיו עסקנו בעיקר בחידוד הבדלים בין השיחים, ולא ממש העברנו ביקורת על השיחים השייכים לשיח השחרור המיני, רק תיארנו אותם והסתפקנו בביקורת כללית.

בשלב הבא נבקר את השיחים המערביים לעומק. בנוסף לארבע הגרסאות של שיח השחרור המיני, נוסיף גם את השיח השמרני החילוני, הסובר שיש לשמור את המיניות לזוגיות שיש בה אהבה ומחויבות, אך לא בהכרח נישואין. כלומר, בסך הכול יש לנו חמישה שיחים להתמודד איתם: ארבעת שיחי השחרור המיני, שבהם נדון בחלק הזה של הספר, וגם השיח השמרני החילוני, שבו נדון בחלק הרביעי של הספר. אנו נראה מדוע הם "לא עובדים", וגם נראה מה הנזק שנגרם למי שמשתייך אליהם.

ביחס לכל אחד מחמשת השיחים הללו, נחלק את הביקורת שלנו לשני רבדים: מצוי ורצוי.

ביקורת על המצוי: האומנם המציאות היא כפי שהשיח המסוים הזה מתאר אותה?

ביקורת על הרצוי: גם אם המציאות היא לא כפי שהשיח המסוים הזה מתאר אותה, האם אנו **רוצים** שהיא תהפוך להיות כזו? האם נרצה להיות שותפות ל"עולם האידיאלי" של כל אחד מהשיחים? בשלב הזה גם נחשוב מהו הנזק שנגרם למי שמשתייך לשיח המסוים הזה, או במילים אחרות, מדוע זה פשוט לא כדאי להיות חלק מהשיח הזה.

למען האמת, הביקורות שנציג כאן, לפחות ברובן, מתאימות לא רק למי שאוחז בהשקפת עולם דתית. כל אדם שיש לו היגיון בריא, רגישות כלשהי לנפש האדם וגם מינימום של כנות בינו לבין עצמו, יוכל לדעתי להסכים עם רוב הביקורות הללו, גם אם הוא לא דתי.

פרק 63

מפלגת המכנסונים, הסתכלו שוב בתמונה שלכם

ביקורת על שיח הטריוויאליזציה־הכחשה

בתמונה שהופיעה בעיתון* רואים 12 נערים ונערות בגיל תיכון, מחובקים בשורה אחת, כולם במכנסיים קצרים, עם חיוך של ניצחון. התמונה הזו הוכתרה בכתבה כ"תמונת הניצחון של מחאת המכנסונים". את זוכרת את מחאת המכנסונים? דיברנו עליה בפרק 21. המחאה פרצה בתיכון שבו הבנות לא הורשו להגיע במכנסיים קצרים, ופצחו במחאה על כך ש'אסור לנו משהו שלבנים מותר'. המחאה "התפשטה" בתיכונים רבים בארץ, ובאופן די מוזר, היא גם הצליחה. המכנסונים הותרו לבסוף לבנות, ובא שלום על ישראל.

* לצפייה בתמונה היכנסי לאתר אפרכסת לעמוד ההרחבה על הפרק הזה.

ניזכר מה הייתה הטענה של המוחות:

> האם המורה שלי באמת לא יוכל לשלוט בעצמו? [...] האם זהו האויב הגדול של בני הדעת? הירדך? או שמא המכנס הוא רק מכנס והרגל היא רק רגל והאישה היא רק אישה [...] במחאה נלחמנו להיות יותר. יותר מרק גוף, יותר מיצור בעל מיניות, יותר מכלי פיתוי שלומד להחביא את עצמו. נלחמנו על להיות יותר מהשמנת שנדרשת לברוח מהחתול. [...] מה מאיים כל כך בהיותה של האישה אישה? או נערה? או ילדה? מה מאיים כל כך, עד שאנחנו מרגישים צורך להתגונן מפניה ("כשאת הולכת ככה ברחוב, אל תתפלאי שאחר כך...", או "שימי על עצמך משהו, כי בת ישראל מתלבשת צנוע").

שימי לב לדבריהן. הן דורשות שהמוסד החינוכי יאפשר להן להתלבש במכנסיים קצרים. ומהי הסיבה לכך? הן לא טוענות: "תאפשרו לנו להתלבש באופן מיני, כי

המיניות היא 'לא ביג דיל'", (כמו שיח האדישות) והן גם לא טוענות: "תאפשרו לנו להתלבש באופן מיני, כי המיניות היא משהו עוצמתי ויפהפה (כמו שיח ההשגבה)". הן טוענות שלגוף הנשי החשוף אין משמעות מינית. ושכל מי שחושב שיש לו משמעות מינית, הוא סוג של סוטה, ו"זו בעיה שלו".

במילים אחרות, הן בעצם אומרות שני דברים: קודם כול, המשמעות המינית של הגוף היא לא באמת. זה רק במוח ה"סוטה" של מי שמתבונן בי. ושנית, המשמעות המינית של הגוף היא שלילית. אם מישהו חושב שהירך שלי היא מינית, זה אוטומטית הופך אותו לזאב טורף, דוחה, ש"לא יכול לשלוט בעצמו".

נתחיל עם הטענה הראשונה ונשאל: כשמדובר באיברי גוף הנחשבים למיניים, האם המשמעות המינית שלהם נקבעת על ידי המתבונן? האם "זה רק בראש של הגברים"?

פעם שוחחתי עם פרופסור למשפטים, שהוא גם אחד האנשים החכמים שפגשתי. שוחחנו על ענייני צניעות. הפרופסור, אדם לא דתי, הדוגל בחופש הביטוי, חושב שנורמות הצניעות מגבילות את האישה. שאלתי אותו האם לדעתו גם האיסור הקיים בחוק, האוסר על נשים ללכת ברחוב בחזה חשוף, מגביל את האישה. "כמובן שכן", הוא ענה. "זו הגבלת חופש הביטוי של האישה. לא ייתכן שלגברים יהיה מותר בחוק משהו שלנשים אסור". "אז האם אתה חושב שצריך לבטל את החוק הזה?" שאלתי אותו, "האם אתה חושב שראוי שהחוק יתיר לנשים ללכת במקומות ציבוריים בחזה חשוף?". בשלב הזה הוא שתק. הוא חשב במשך דקות ארוכות ולבסוף ענה שהוא מודה שאם נשים ילכו כך ברחוב, זה מאוד יביך אותו, ויהיה לו ממש לא נעים. הוא משער שגברים רבים יחושו נפגעים מכך. שיחתנו הסתיימה בכך שהפרופסור הודה בכנות שאין לו תשובה.

גם אני מאמינה שנשים וגברים הם בעלי זכויות שוות. אבל אני גם מספיק ישרה כדי להבחין בכך שהגוף הנשי והגוף הגברי אינם אותו דבר. החזה הנשי והחזה הגברי אינם אותו איבר. אפשר להתבאס מזה, ואפשר דווקא לשמוח מזה (אני, אגב, שייכת לאלו ששמחים מכך). אבל העובדה היא עובדה: חזה נשי הוא איבר מין, וחזה של גבר, הרבה פחות. אני משערת שבאופן מוזר, התומכים והתומכות ב"מחאת המכנסונים" יסכימו איתי לגבי החזה. למעט כמה תמהונים שפצחו

לאחרונה ב"מחאת הפטמות" (מחאה שדרשה מהרשתות החברתיות להפסיק לצנזר תמונות של נשים חשופות פטמות), רוב אנשי העולם המערבי מבינים שחזה נשי וגם פטמות נשיות הם איברי מין, הרבה יותר מאשר מקביליהם הגבריים.

אז מי קובע מה בגוף שלנו הוא מיני ומה לא מיני?

צר לי לאכזב את כל מי שמאמין באינדיבידואליזם נאיבי, כלומר, במחשבה שהכול נתון לחופש הבחירה האישי של האדם הפרטי. לא האישה היא זו שבוחרת האם איברי גופה המיניים הם בעלי משמעות מינית. לא הגבר הצועד מול האישה ברחוב הוא הקובע האם איבריה המיניים הם בעלי משמעות מינית. אנחנו לא בוחרים את המשמעות של המילים שאנחנו משתמשים בהן, ואנחנו גם לא בוחרים מה היא המשמעות של איברי הגוף שלנו. מי שקובע את המשמעות של המילים, כמו גם המשמעות של איברי הגוף, זו רק גברת אחת:

התרבות. נעים מאוד.

התרבות היא זו שקובעת איזה איבר נחשב מיני, ואיזה איבר לא נחשב מיני.

ייתכן שחברי שיח ההכחשה מעוניינים להיאבק במשמעות המינית של הגוף. הם חושבים שהם יכולים לשנות בעצמם את העובדה התרבותית, לפיה לאיבר מסוים יש משמעות מינית. הדבר דומה לאישה שמחליטה שנמאס לה שהמילה "אבוקדו" מציינת "פרי ירוק עם גלעין", ובמקום זאת היא רוצה שהמילה הזו תבטא "פרי צהוב וחמוץ", ולכן היא מחליטה להשתמש במילה "אבוקדו" בכל פעם שהיא מתכוונת ללימון. היא מזמינה מהמלצרית תה עם אבוקדו ובכל פעם מחדש לא מבינה למה הטעם של התה קצת מוזר ויש לו צבע ירקרק.

כשאני מתבוננת בפרי צהוב וחמוץ, אני רואה מולי לימון. גם אם אתאמץ מאוד מאוד לא לראות לימון, ובמקום זאת לראות אבוקדו, זה לא יצליח לי. כך גם כשאני רואה חזה נשי.

כשאישה אומרת: "אני בכלל לא חושבת שהחזה שלי מיני, ולכן אני חושפת אותו", זה בדיוק כמו להגיד: "כשאני מבקשת מהמלצרית 'אבוקדו' אני רוצה שהיא תבין את זה כמו "לימון", אני לא מבינה למה היא תמיד נותנת לי אבוקדו".

גם אם לבסוף המלצרית תגיע למסקנה שיש כאן לקוחה מוזרה, ותתחיל סוף־סוף להכין לה תה עם לימון למרות שהיא ביקשה אבוקדו, עדיין המלצרית הזו

לא תוכל להתבונן על אבוקדו ולראות לנגד עיניה לימון. אפילו אם כל השכונה שלה תידבק פתאום במחאת האבוקדו, וכולם מסביבה יתחילו לקרוא ללימון "אבוקדו", זה לא ישנה את מה שהיא רואה לנגד עיניה כאשר היא מתבוננת בלימון. אני מקווה שלמלצרית יש אחות קטנה ואמיצה שתעז יום אחד לצעוק "מה הקטע הזה עם האבוקדו? הם לא רואים שזה לימון?!", או במילים אחרות "המלך הוא עירום (ועירום זה מיני)".

השאלה האם שדיים הם איבר מין היא תלוית תרבות. גבר משבט אפריקני נידח שנתקל ברחוב בשכנותיו חשופות החזה לא רואה בכך משהו מיני, וזה לא בגללו, וזה לא קשור אליו בכלל באופן אישי. זה פשוט בגלל התרבות של אותו שבט נידח, שמעולם לא הטילה מגבלות על חשיפת החזה הנשי, ובכך הפכה אותו ל"לא מיני". תייר מערבי שנוחת הישר לתוך מסיבה של השבט האפריקני הנידח יתקשה לראות את החזה הנשי החשוף, כ"לא מיני". המשמעות המינית של השדיים בתרבות המערבית מלווה את הגבר המערבי משעת העלייה למטוס ועד הנחיתה בארץ הרחוקה ביותר.

כך גם לגבי איברים ארוטיים אחרים כמו הירכיים הנשיים. אישה מסוימת יכולה לנסות לשכנע את עצמה ואת כולם מסביבה שאין שום משמעות מינית לירכיים שלה. אבל צר לי לאכזב אותה, ואת כל חבריה שמוחאים לה כפיים. חברים יקרים, גם אם אתם באופן אישי לא חווים את ירכיה כמיניות, לא אתם קובעים את המשמעות המינית של איברי הגוף. התרבות לא שואלת אתכם.

חברי מפלגת המכנסונים בוודאי יכעסו על ההשוואה. הם יגידו שהחזה הנשי אמור להיות מכוסה, "כי זה באמת מיני", אבל אין סיבה שהירכיים הנשיים יהיו מכוסות. הירכיים הנשיות אינן מיניות, ומי שטוען שכן, "זו בעיה שלו". הם בעצם שואלים: "מי אמר שיש משמעות מינית לירכיים?".

לפני שנענה יחד על השאלה הזו, אני מציעה לחברי מפלגת המכנסונים להתבונן היטב בתמונת הניצחון שלהם. יש בה משהו מאוד מוזר... באורח פלאי כמעט, וממש "לא שוויוני", כל שש הבנות בתמונה לובשות מכנסונים הרבה יותר קצרים מאשר מכנסיהם של כל ששת הבנים בתמונה. אין אפילו אחד או אחת ששוברים את חוסר הסימטריה הזה. מסתבר שאחרי הכול, מפלגת המכנסונים

לא הצליחה לייצר "שוויון" או סימטריה. אם הירכיים הנשיות והגבריות אכן "שוות" מבחינת המשמעות המינית שלהן, מדוע יש הבדל גדול כל כך בין אופנת המכנסונים לגברים לעומת המכנסונים לנשים? כנראה שיש סיבה מדוע האופנה של מכנסוני הבנות חושפת הרבה יותר מהירכיים, מאשר האופנה של מכנסי הבנים. בדיוק מהסיבה הזו, הסיכוי של שחקנית בטקס האוסקר להיעקץ על ידי יתוש, גדול בשמונים אחוז מהסיכוי של השחקן שמצטלם לידה. האופנה הזו, שיודעת טוב מאוד מה בתרבות שלנו נחשב מיני, "סקסי" ו"נשי", ומה נחשב גברי, יושבת עכשיו וצוחקת.

פרק 64

"מיני" זה לא מיני?

שיח ההכחשה: ביקורת על ה"מצוי"

אז בואי נענה על השאלה "מי אמר שירכיים זה מיני". מעבר לשלטי חוצות ופרסומות שבהם הירך הנשית היא בעלת משמעות ארוטית ברורה, הנה כמה הוכחות נוספות:

קסניה טרנטול חושפת רגל סקסית במיוחד:

> הדוגמנית ההורסת הוכיחה לכולן שעם כל הכבוד לאאוטפיטים ההורסים שלהן, רגל אחת, חטובה במיוחד, עושה את כל העבודה וגונבת את כל הפוקוס באירוע עמוס מפורסמות (וואלה).

יש לי שאלה לחברי מפלגת המכנסונים: האם הטקסט הזה מובן לכם? האם אתם מבינים אותו, או שמא הוא נשמע לכם כמו הטקסט הבא: "קסניה טרנטול חושפת אצבע סקסית במיוחד. הדוגמנית ההורסת הוכיחה לכולן שעם כל הכבוד לאאוטפיטים ההורסים שלהן, אצבע אחת, חטובה במיוחד, עושה את כל העבודה"?

אם נחליף את המילה "רגל" במילה "אצבע", יתקבל משפט מוזר ובלתי מובן. לא כך כשמדובר ב"רגל". העובדה שכולנו, כולל חברי מפלגת המכנסונים, מבינים את המשפט הזה כאשר הוא עוסק ב"רגל", מוכיחה שהמשמעות של הרגל היא מינית, אפילו לשיטתם. זה ההבדל בין אצבע לבין ירך: מי שמוצא משמעות מינית באצבע, זה כנראה "רק בראש שלו". אבל מי שטוען שאין משמעות מינית לירך, כנראה שרוי בהכחשה (שיח ההכחשה, כבר אמרנו?) והנה דוגמה נוספת:

> הסקיפרית הכי שווה בים: קייט מידלטון חושפת רגליים בתחרות שיט.

זוהי כותרת של כתבה בוואלה, המציגה את מידלטון במכנסוני ספורט. החליפי את המילה "רגליים" במילה "אצבעות", ולא תביני מה בדיוק "שווה" פה. ועוד דוגמה:

> ממתי טייסת לובשת מיני? קמפיין חדש נגד תחפושות מיניות לילדות תפס תאוצה (ynet, מדור משפחה).

גם המשפט הזה מובן לנו. הוא מובן לנו משום שכולנו מבינים שחצאית מיני היא "מינית". והנה עוד אחת:

> חשוב שרק יקשיבו למה שאני אומרת [...] צריך לדעת לקרוא את הסיטואציה. אני לא אגיע, למשל, עם מיני למגרש. זה נראה לי לא לעניין (ראיון עם מירי נבו, שדרנית ספורט, ynet).

אם "מיני" זה לא בהכרח מיני, מדוע אנחנו מבינים את המשפט של מירי נבו? ועוד דוגמה, מתוך כתבה שנעשתה על אחד התיכונים הידועים בארץ:

> "היו לנו מורות שבחיים לא היו עוברות במערכת חינוך, הן היו מופע", נזכרת רוני ומספרת על מורה כריזמטית, בעלת הופעה פרובוקטיבית: "היו אצלנו בדיחות על אורך המיני שלה והמחשופים" (מאקו).

כל מי שמבין את המשפט הזה מבין ש"אורך המיני" ו"מחשופים" הולכים ביחד. שניהם מצטרפים במשפט הזה להגדרה של "הופעה פרובוקטיבית".

ולסיום:

> בשלט חוצות שמפרסם שירות תיקוני רכב בבאר שבע, מופיע הכיתוב "תתרכז... רק בכביש". ליד הכיתוב מופיעה תמונה של צעירה תופסת טרמפים: הצעירה מצולמת מאחור, רק גוף, מהכתפיים ומטה, והיא לבושה במכנסונים.

גם אם אנחנו חושבים שזו פרסומת דוחה, לצערנו אנחנו מבינים את המסר שלה. זה לא כמו שלט שאומר "תתרכז... רק בכביש" ולידו תמונה של מטעי גזר. הפרסומת עם הצעירה שתופסת טרמפים מובנת לנו רק מסיבה אחת. כולנו יודעים "לקרוא" את המסר של התמונה בשילוב הכיתוב: מכנסונים זה מיני, ולכן עלולים להוציא מריכוז את הנהג הגברי.

אני חושבת שאחת הדרכים להתמודד עם שיח מגוחך ופוגעני היא לצחוק עליו בגיחוך. אני מזמינה אותך לצחוק איתי קצת, בביקורתיות, על שיח ההכחשה, שחושב שהמשמעות המינית של הגוף החשוף תלויה בכוונות של האדם הפרטי. בואי תראי עוד דוגמה. כשהקראתי לתלמידותיי את הטקסט הבא, כולן צחקו, למעט תלמידה אחת:

> **נועה קירל: "מעצבן אותי שאנשים מתייחסים למיניות שלי, אני בת 17".**
>
> "מעצבן אותי שאנשים מתייחסים למיניות שלי. אני לא חושבת שיש מה לדבר על מיניות עם ילדה בת 17. אני חושבת שזה כריזמה, אטיטיוד וסגנון ריקוד - ולא יותר. אם הייתי הולכת עם מחשופים או מצטלמת בבגדי ים, עוד הייתי מבינה. אבל אני לא. אמרתי לא לקמפיין בגדי הים של 'פלפל' כי אני לא רוצה להיות במקום הזה. זה לא הסטייל שלי. נורא קשה לי לשמוע את זה. מה כבר עשיתי מיני? תראו לי!".

זהו טקסט מתוך כתבה שפורסמה ב־ynet. כשהקראתי את הטקסט הזה לתלמידותיי, הוא התקבל בצחוק משוחרר, ורק תלמידה אחת, שאין לה סמארטפון וגם לא טלוויזיה בבית, שאלה: "מי זו נועה קירל?". ובאמת, אם את לא מכירה את דמותה הציבורית של הזמרת נועה קירל, כוכבת הנוער הגדולה ביותר בארץ, השיח

המצוטט כאן בשמה עשוי להישמע לך הגיוני. אבל אם את מכירה אותה, ובפרט, אם את מכירה את הקליפ שאיתו פרצה אל התודעה הציבורית, "קילר", את כנראה מצטרפת לתחושת הגיחוך. כמו כל הביקורות בספר שלנו, הגיחוך שלנו הוא לא על נועה עצמה, אלא על השיח שהמדיה מצטטת בשמה. נועה קירל יכולה להיות בחורה מקסימה וחכמה בחייה הפרטיים, ואין לנו שום ביקורת על נועה עצמה כאדם פרטי. הביקורת שלנו היא על השיח שלה, שבשילוב עם ההופעה החיצונית שבה היא בוחרת, ראוי לביקורת וגם להגחכה. כל מי שראה פעם קליפ של נועה קירל חייב לשאול: איך אפשר להכחיש מיניות כל כך חד־משמעית? האם כל דבר שאנחנו עושים ואחר כך אומרים עליו "זה לא מיני", הופך אוטומטית ללא מיני?

אני מנסה לחשוב מה גורם למישהי כמו נועה קירל להכחיש את המיניות שלה, את תנועות הריקוד הבוטות שלה, ואת חשיפתם והצגתם לראווה של איברי גופה הנשיים מאוד. לדעתי יכולות להיות לכך שתי סיבות. האחת, ילדותיות. מבחינת הנפש שלה, נועה קירל מרגישה עדיין ילדה. ואכן, בהמשך הריאיון היא אומרת במפורש: "אני ילדה, ורוצה להיראות ילדה". ובאמת, אני זוכרת את עצמי בגיל התיכון ומזדהה עם התחושה. רבות מאיתנו עוברות תהליך פנימי של מעבר מהשלב שבו אנחנו "ילדה", לשלב שבו אנחנו "נערה" ואחר כך "אישה". לפעמים, בשלב המעבר מילדה לנערה, אנחנו עדיין רוצות להישאר ילדות, ויש לכך גם השלכות על החיבור שלנו לגוף שלנו. לפעמים בגיל התיכון אנחנו לא רוצות להכיר במשמעות המינית של הגוף שלנו, כי זה מעביר אותנו לתחום של ה"נערה". אנחנו מרגישות לפעמים שהמיניות מתרחשת לנו בגוף בלי לשאול אותנו, מבלי שיש לנו בחירה אם אנחנו רוצות כבר להיות נערות, או שאולי בא לנו להישאר עוד קצת ילדות. הרבה פעמים הרצון למרוד במיניות של הגוף שלנו, שהופיעה פתאום ו"לא שאלה אותנו קודם", בא לידי ביטוי בלבוש לא צנוע. הלבוש החשוף מבוסס במקרה הזה על חוסר מודעות למשמעות המינית של איברי גופי, או חוסר מוכנות להודות בה.

הקליפ "קילר" יצא כאשר נועה קירל הייתה בת 14. ליבי יוצא אל ילדה בת 14 שמתלבשת ורוקדת בקליפ שלה כמו נערה־אישה מינית ביותר, ושאיש לא חשב להפגיש אותה עם המשמעות המינית של הגוף שלה. ליבי יוצא אל ילדה

בת 14 שבאמת רוצה להרגיש כמו ילדה, וחושבת שההרגשה הפנימית שלה היא זו שקובעת, לא משנה מה היא תלבש ואיך היא תופיע על המסך. אם מישהו היה מגלה לנועה קירל שלא הרגשתה הפנימית היא זו שקובעת האם איברי גופה הם מיניים או לא, אלא התרבות, ייתכן שהיא הייתה באמת זוכה לבחור בעצמה, איך, מתי, ולמי, לחשוף את המיניות שלה.

הסיבה השנייה שאני יכולה להעלות בדעתי להכחשת המיניות של הגוף היא דימוי גוף שמושפע מהשיח המתירני. כזכור לך, השיח המתירני רואה במיניות דבר נמוך ומשפיל, אבל כיף, אז "למה לא". תרבות ההיפ־הופ שנועה קירל לוקחת בה חלק מציגה מיניות באופן רדוד ומלוכלך, במכוון. כאשר המיניות של הגוף שלי נתפסת כמלוכלכת ומשפילה, אחת הדרכים להיפטר מהשליליות הזו היא פשוט מאוד - הכחשה של המיניות. בבחינת "אני לא מינית אז אני לא מלוכלכת". כמה עצוב שהמיניות נתפסת כלכלוך, וכמה עצוב להפסיד את החיבור למיניות, עד כדי כך שצריך להכחיש אותה.

פרק 65

מי בכלל רוצה גוף ללא משמעות מינית?

שיח ההכחשה: ביקורת על הרצוי

בפרק הקודם ראינו שהמשמעות של איברי הגוף, כלומר השאלה האם איבר מסוים הוא מיני או לא, נקבעת על ידי התרבות, ולא על ידי אנשים פרטיים. לכן, כשמדובר באיברים שהתרבות מתייחסת אליהם באופן מיני, לא נוכל להכחיש את המשמעות המינית שלהם. אפשר להתבאס מזה, ואפשר לשמוח בזה, אבל זו עובדה.

בנקודה הזו ייתכן שאת שואלת את עצמך: "ואם היה ניתן ללחוץ על כפתור שיהפוך את התרבות שלנו לכזו שלא רואה בשום איבר משמעות מינית. האם

הייתי רוצה ללחוץ על הכפתור הזה ולהפוך את הגוף של כולנו לנטול משמעות מינית?".

צריך להבין שברגע שביטלנו את המשמעות המינית של הגוף, ביטלנו את המשיכה המינית: אם שום איבר בגופי איננו מושך, אם כל איבר הוא כמו אצבע, איך תהיה משיכה מינית? כפי שאנו לא חשים משיכה מינית לאצבע, כך לא נימשך לשום גוף באשר הוא.

אני חושבת שיש רק שני סוגים של אנשים שירצו ללחוץ על כפתור כזה, שמבטל את המשיכה המינית. הסוג הראשון אלו אנשים שלא מחוברים למיניות שלהם. ייתכן שהם ספגו את ההשפעות של השיח הפוריטני או השיח המתירני, ולכן הם רואים במיניות משהו שלילי, ומעדיפים לחיות בלעדיה.

דוגמה לכך ניתן למצוא אצל המרואיינים בכתבת הווידאו של זיו רייף, שפורסמה בכאן חדשות. הכתבה עוסקת בקבוצה המתרגלת יוגה בעירום מלא. המראיין פונה לאחת המדריכות בקבוצה, ושואל:

> **שאלה:** תסבירי לי איך אפשר לעשות יוגה, גברים ונשים יחד, ללא... מה אין מתח מיני? אני לא מבין איך זה אפשרי.
>
> **תשובה:** כשבאים ומתרגלים ורואים את התרגול, מבינים שלמה שיהיה פה מתח מיני? אנחנו עושים פה כל אחד עבודה עם עצמו, ועם מודעות, ועם לקבל את העירום כמשהו טבעי מאוד, ולא בתור הדבר שהחברה הלבישה עליו, רק מין, רק פורנו, רק פרסומות לבושם.

שמת לב מה קורה כאן? כשהמשמעות התרבותית של מיניות היא אך ורק "פורנו" ו"פרסומות לבושם" (הידועות בהחפצת נשים), זה לא מפתיע שהפתרון הוא בריחה מהמיניות של הגוף לעבר שיח ההכחשה. ואכן, שני המייסדים של הקבוצה מספקים תשובה מפורשת לשאלה איך נראית זוגיות אידיאלית של גבר ואישה החיים בשיח ההכחשה. כך מספר מדריך היוגה, איש הייטק לשעבר שהתפכח מהמרדף אחר חומרנות, על הזוגיות עם בת זוגו, חרדית לשעבר, שייסדה עמו את הקבוצה:

> זה יכול לבלבל העניין הזה של הזוגיות, כי אנשים רגילים שהאהבה בין שני אנשים היא בדרך כלל ארצית יחסית ואז

> הזוגיות היא ארצית יחסית, זאת אומרת, מקיימים יחסים, גרים ביחד, עושים ילדים, לא עושים ילדים... אז זה לא היה קיים בינינו ואף פעם לא היה, זאת אומרת, אנחנו לא שוכבים, לא ישנים ביחד, לא גרים ביחד. אז זו זוגיות שקיימת בממד שהוא... אפשר לקרוא לו, ממד של הלב, או ממד יותר רוחני.

כששיח פוריטני לשעבר ושיח מתירני לשעבר חוברים יחדיו, הם עלולים לברוח יחד אל עבר שקיעה ורודה, רומנטית ונטולת כל מיניות, כדי לא לפגוע כביכול בממד הרוחני של הקשר.

הסוג השני של אלו שהיו מעוניינים ללחוץ על כפתור ביטול המיניות כולל אנשים שמשתייכים לזרם פמיניסטי מסוים, שרואה במיניות הנשית נקודת תורפה שגורמת לאישה להיות חשופה יותר לניצול ופגיעה. לשיטת אותם פמיניסטים, אם גוף האישה לא יהיה מיני, הרבה מה"צרות" שלנו שנובעות משימוש שלילי במיניות האישה, ייעלמו. למעשה, גם גישה זו נגועה בפוריטניות.

הנה דוגמה לכך מתוך כתבה שהופיעה באתר ynet. הכתבה מספרת לנו שכמה מדינות בארצות הברית ביטלו את החוק האוסר על נשים לחשוף את החזה שלהן בפומבי. תחת הכותרת "ניצחון לתנועת הטופלס בארה"ב" מופיעה הפסקה הבאה:

> בפברואר האחרון קבע בית המשפט הפדרלי לערעורים כי חוק זה מפר את השוויון שמובטח לכל אזרחי ארה"ב בחוקה, בכך שהוא מתבסס "על סטריאוטיפים שליליים שמתארים את החזה הנשי כאובייקט מיני, אבל לא את החזה הגברי".

אני מודה שנעלבתי מהפסקה הזו. "סטריאוטיפים שליליים"?! המיניות שלי היא שלילית?! האם נשים צריכות להיעלב מכך שבן הזוג שלהן חווה כלפיהן תשוקה מינית, שמבוססת בין השאר על ההבדל בין החזה הנשי לחזה הגברי? האם הגבר צריך לחוש אשמה על כך שהחזה הגברי והחזה הנשי לא מעוררים אצלו את אותה תחושה, תגובה, חוויה? ליברלים יקרים, לגמרי איבדתי אתכם בנקודה הזו.

מעבר לטענה המקוממת והפוריטנית במיוחד הזו, כביכול המטען המיני של החזה הנשי הוא שלילי, אני גם מתקשה להבין את הרעיון של "שוויון" שמנסה להידחף לכאן. אני מאוד בעד שוויון בין כל בני האדם, וכמובן גם בין גברים

לנשים. אבל האם האיסור על חשיפת החזה הנשי בפומבי, בעוד שלגברים "מותר", מייצר חוסר שוויון, או שאולי הוא לוקח בחשבון את העובדה הפשוטה: גוף נשי וגוף גברי אינם אותו דבר?

אחת הטוקבקיסטיות ענתה על שאלה זו באופן ציני, שנון ומדויק: "מעולה! אני בעד שוויון! ואם כבר שוויון אז עד הסוף! שיתירו סופסוף לגברים לחשוף את השדיים שלהם!".

המילה "חזה" שמיוחסת גם לגוף הגברי וגם לגוף הנשי מייצרת אשליה לשונית כאילו אם אנחנו משתמשים באותה מילה, סימן שמדובר באותו איבר. אבל כשמשתמשים במילה "שדיים", לפתע התמונה מתבהרת: לגברים יש חזה, ולנשים יש איבר אחר לגמרי, איבר ייחודי להן, שלגברים אין. כך גם לגבי הירכיים, הרגליים, הישבן, ועוד איברים גבריים ונשיים שבטעות יש להם את אותו שם.

אני מדמיינת מישהו, אדם פשוט עם שכל בריא, מצביע במהלך הרצאה של אותם ליברלים־תומכי־חשיפת־חזה־נשי־בפומבי ותוהה בקול: "אבל הגוף הגברי והגוף הנשי אינם שווים..." ומיד חוטף מכל עבר קיתונות של בוז: "שוביניסט שכמוך! גברים ונשים אינם שווים?! איך אתה מעז?!".

אתמול בעלי אמר לי: "וואו, אני הרבה יותר גבוה ממך". "שוביניסט שכמוך!" צעקתי עליו, "אתה רומז שגברים יותר גבוהים מנשים? שגברים הם 'מעלינו'?! שאנחנו, הנשים, נחותות מכם?!" אני כמובן אמרתי את זה בצחוק, אבל פתאום חשבתי על כך שכיום יש שיח שעשוי לומר זאת לגמרי ברצינות. כמו שהמונחים "גבוה" ו"נמוך" לא תמיד מצביעים על נחיתות אלא לפעמים פשוט מציינים עובדה פיזיולוגית, כך גם המונחים "שווה" ו"לא שווה" המתייחסים להבדל בין הגוף הגברי לגוף הנשי.

שיח ההכחשה משתמש במילה "שוויון" באופן מוזר, כמעט לא אינטליגנטי. גברים ונשים הם **שווים** מבחינת הערך שלהם כבני אדם, אבל הגופים שלהם **לא שווים**, לא זהים, ואפילו לא דומים. בהתאמה, גם המטען המיני של הגופים הגבריים והנשים הוא שונה. אני מכירה לא מעט נשים שחושבות שגבר עם זיפים הוא גבר מושך. אבל אני לא מכירה הרבה גברים שחושבים שאישה עם זיפים

היא אישה מושכת. ברגע ש"משחררים" את החזה הנשי בטענה שהוא כמו חזה של גבר, צריך להכתיר את כל הגברים והנשים הללו כשוביניסטים: המשיכה המינית שלהם היא "לא שוויונית"! בושה וחרפה!

הטריוויאליזציה של הגוף הנשי, הניסיון להפוך אותו ללא מיני, מדכאת את המיניות הנשית ולכן מדכאת נשים. לנסות לפתור את בעיית הפגיעה המינית על ידי הכחשת המיניות הנשית, זה בדיוק כמו לנסות לפתור את הבעיה הזו על ידי הלבשת האישה בלבוש חבית. אנשים שמחוברים למיניות שלהם לא אמורים להסכים לשלם מחיר כה כבד.

חשבי על כך, האם לא איבדנו פה משהו? כל אישה שמחוברת למיניות שלה תספר לך שצריך "סוד" כדי לחוות חוויה מינית מרגשת, אינטימית, נעימה ומקרבת. המגע של בן הזוג באותם איברים ארוטיים וסודיים מרגיש לנו שונה לחלוטין ממגעו של בן הזוג באיברי הגוף הרגילים כמו אצבע. כשאישה חווה את איברי גופה הארוטיים כמו "אצבע" לא מינית, שאין שום דבר מיוחד בלחשוף אותה או לגעת בה, היא, במילים פשוטות, "נהנית פחות". וכך גם הגבר. גבר שעבורו מרבית איברי הגוף הנשי הם "לא מיניים", לא יחווה משיכה מינית מרגשת ועוצמתית במפגש המיני שלו עם אהובתו.

אני לא חושבת ששיח ההכחשה הצליח להעלים את המשמעות המינית של הגוף בתרבות. אם הוא יעבוד קשה, אולי הוא יצליח בכך עוד 500 שנה. אבל בינתיים, הוא כבר מצליח, בקרב אותם אנשים שמשתייכים אליו, להפחית העוצמה של החוויה המינית. ייתכן ששיח ההכחשה הוא האשם בכך שכל כך הרבה זוגות היום בעולם המערבי זקוקים לאמצעים חיצוניים מיוחדים, בנוסף למפגש בין הגופים שלהם עצמם, כדי להתרגש מבחינה מינית. הייתי רוצה לשאול את חברי מפלגת המכנסונים האם הם מודעים לכך שהמחאה שלהם תורמת להפחתת הריגוש והחוויה המינית שלהם, ואם כן, איך זה שהם מסכימים לשלם את המחיר הזה. אולי הם בעצם לא ממש מחוברים למיניות שלהם?

בהמשך נפרט יותר על חשיבות ה"סוד" המיני, גם עבור החוויה המינית שלנו, וגם עבור האהבה, הרומנטיקה והזוגיות שלנו. בינתיים רק נציין עובדה מעניינת. חברי מפלגת המכנסונים, הקשיבו טוב: כשגבר כלשהו, בין אם

מדובר במורה או חבר לספסל הלימודים, לא מעוניין לראות ירכיים חשופות של נערה או אישה, זה בדרך כלל לא משום שהוא מפחד מהמיניות שלה או של עצמו. זה לא משום שהוא פוריטני, ולא משום שהוא חושש מאיזשהו יצר אפל וטורפני שגורם לו להפוך לזאב כאשר הוא נתקל ברגל נשית. אם הוא גבר לא דתי, הוא כנראה פשוט לא מעוניין לפגוש איברים עם משמעות מינית, כי המשמעות הזו נחווית אצלו כפולשנית ולא שייכת לסיטואציה יום־יומית. אם הוא גבר דתי, פעמים רבות מתווספת לכך סיבה נוספת: הוא מעוניין לשמור על המיניות הנשית כ"סוד" עבורו, כמשהו מיוחד שהוא שומר אך ורק לו ולאשתו. הוא באמת ובתמים לא רוצה לצפות במיניות נשית שאיננה שייכת לאשתו שעמה הוא כרת ברית.

השיח הפוריטני אומר לך: "אל תכשילי גברים". בכך הוא מתייחס רק לרובד של החטא הגברי שנלווה להרהורי עבירה. לעומת זאת, השיח היהודי הבריא בראש ובראשונה דואג לך, לזוגיות שלך ולמיניות שלך. לאחר מכן, הוא דואג גם לגברים ולוקח בחשבון את ההשלכות של הגוף הנשי החשוף עליהם. בשונה מהשיח הפוריטני, השיח היהודי הבריא לא חושב שכל איבר ארוטי חשוף מוביל בהכרח להרהורי עבירה. השיח היהודי הבריא יודע שגבר עשוי להיתקל באיבר נשי עם משמעות מינית מבלי לחוות שום "הנאה" כתוצאה מכך, אלא לחוות משהו אחר: תחושת חילול. מבחינת הגבר המשתייך לשיח היהודי הבריא, כל איבר ארוטי חשוף שהוא נתקל בו בטעות, פוגע ב"סוד", פוגע בערך של המיניות ושל הייחודיות שלה עבורו. לכן, השיח היהודי הבריא לא מדבר על צניעות כהימנעות מ"הכשלת הגברים", אלא אם כבר, מדבר על לראות אותם.

למה אני מתכוונת כשאני אומרת "לראות אותם"? כשמישהו רואה אותנו, זה אומר שהוא לוקח אותנו בחשבון. למשל, תחשבי שאת מקבלת הודעה בוואטסאפ שמזמינה אותך ואת כל חברייך שמשתתפים איתך בחוג פסנתר לתחרות. התחרות מתקיימת בשבת, וההודעה מנוסחת כך: "כולנו מגיעים! ביחד ננצח!". את יודעת שמארגני התחרות לא התכוונו להדיר אותך בכוונה. אבל בגלל שאת דתייה, ובגלל שהתחרות מתקיימת בשבת, את מרגישה שהמודעה לא רואה אותך.

אומנם הדגש בדיון שלנו הוא על חשיבות הלכות צניעות עבורך, אבל אפשר ונכון גם לדבר על התחשבות בתפיסה המינית של הגבר שמולך, בחלומות שלו, ברצון שלו להרגיש שייך למרחב שלוקח אותו בחשבון, כגבר.

מרחב שמכבד את הערך של חשיפת הגוף המיני רק בהקשר של ברית הוא מרחב שלוקח בחשבון גם נשים וגם גברים. הגבר ש"שומר על העיניים", ולא מביט באיברים נשיים ארוטיים, מכוסים או חשופים, בעצם שומר על האהבה, שומר על הזוגיות, ושומר על הברית עם אשתו העתידית או הנוכחית. כנראה שיש סיבה לכך שגברים דתיים נתפסים כרומנטיים וכמכבדים נשים באופן מיוחד. האמונה הרומנטית באהבת אמת המתמידה לנצח נמצאת במצב של גסיסה מתמשכת בחברה המערבית, אבל בחברה הדתית היא מעולם לא הייתה חיה יותר.

כמו האישה שמתלבשת בצניעות כי היא מחוברת למיניות שלה ומאמינה באהבת אמת, כך גם הגבר הדתי השומר על המבט. מדובר כאן על גבר דתי, עדין ורגיש, שמחובר באופן בריא למיניות שלו, ובדיוק משום כך הוא מייחל שאשתו תהיה האישה היחידה שהוא יזכה להיחשף לסודות גופה. תתפלאי, אבל מסתבר שיש לא מעט גברים דתיים כאלה, ואפילו נערים דתיים כאלה. הם מעוניינים לשמור על העיניים (גם אם הם לא תמיד מצליחים בכך) לא מתוך בריחה מהמיניות, אלא דווקא מתוך תפיסה עמוקה של החשיבות שלה בחייהם. הם לא "זאבים טובים" ולא "זאבים רעים". הם פשוט גברים שאוהבים את האישה שלהם, האחת והיחידה, ומוכנים לעשות המון בשבילה ובשביל הזוגיות שלהם, לפעמים אפילו עוד לפני שהכירו אותה.

כעת ייתכן שאת שואלת: איפה עובר הגבול בין איברים ארוטיים לאיברים לא ארוטיים? שהרי, ייתכן שהירך הנשית אומנם בעלת משמעות מינית, אבל מה לגבי הזרוע, למשל? ובאמת, אם נתבונן כיום בפרסומות ובטקסטים מתוך התרבות המערבית המקיפה אותנו, ככל הנראה לא נמצא ארוטיזציה* של הזרוע הנשית. בעצם, נראה שהיחידים שחושבים שהזרוע או המרפק הם בעלי משמעות מינית הם אנשים דתיים מסוימים. אז אם התרבות היא זו שקובעת את המשמעות המינית של הגוף, מדוע שלא נתאים את הלכות צניעות לנורמות התרבותיות, ונתיר למשל חשיפה של הזרוע?

* ארוטיזציה = כשמטעינים משהו במשמעות ארוטית.

זו שאלה טובה. ולמען האמת, יש לה תשובה פשוטה. ההלכה מכירה בכך שהתרבות היא זו שקובעת את המשמעות המינית של הגוף. ואכן, רוב הפוסקים מסכימים שהלכות צניעות מסוימות הן תלויות תרבות. לפי שיטה הלכתית זו, אם את מתגוררת במאה שערים, עלייך להתאים את עצמך לנורמות התרבותיות ולכסות את המרפק, אך במקומות אחרים, שבהם הקודים התרבותיים פחות קיצוניים, ניתן לחשוף אותו. אבל זה לא הכול. לצד איברים שההלכה מתייחסת אליהם בהתאם לנורמות התרבותיות, ישנם כמה איברים בגוף הנשי שההלכה "לא מוותרת עליהם", ולא מוכנה לאפשר להם לעבור טריוויאליזציה, תחת שום נסיבות תרבותיות: הירכיים, הישבן, החזה, הבטן, הגב, הכתפיים, הזרוע שמעל המרפק - כולם איברים שאין לגביהם מחלוקת הלכתית. לשיטת כל הדעות, איברים אלו צריכים להישאר מכוסים, בלי שום קשר לתרבות ולזמנים המשתנים. בכך ההלכה דואגת להצמיד לאיברי הגוף שלנו משמעות מינית, לנצח, ולא משנה אפילו אם בעוד 500 שנה מפלגת המכנסונים תשלוט על העולם כולו. ההלכה בעצם דואגת לשמר עבורנו כמה מרחבים גופניים של "סוד", שמאפשרים לנו לבטא באמצעותם את הייחודיות של המיניות, האהבה והברית.

לבסוף, בואי נראה מה עוד עלול לקרות למי שמשתייכת לשיח ההכחשה. זוכרת את הנודיסטים שדיברנו עליהם? רבים מהם בוחרים באורח חיים של עירום פומבי, מתוך השתייכות לשיח הטריוויאליזציה־הכחשה. לעיתים זה נובע מתוך מניעים נאורים, של רצון לנקות את התרבות מנורמות של פגיעה מינית. אבל מסתבר שהמחשבה שהגוף הנשי איננו מיני היא זו שדווקא חושפת את הנשים לפגיעה והטרדה:

שיגעון הניקיון בעירום כובש את בריטניה

> כלי התקשורת בבריטניה מדווחים על מגמה חדשה של נשים שמנקות בתים של אחרים בעירום, תמורת תשלום. לאחרונה, אחת המנקות הללו התראיינה לגבי העבודה שלה ונתנה הצצה אל אחת התופעות הכי הזויות שמתחוללות כיום.
>
> "הפעם הראשונה שלי בעבודה הייתה חוויה מאוד משחררת בשבילי", מספרת אנה. "אני חושבת שהחלק שהכי חששתי ממנו

> בהתחלה זה המחשבה שאני לא מכירה את הלקוח. כלומר, אתה לא בטוח מי עומד לפתוח את הדלת או האם סביבת העבודה תהיה בטוחה". לטענתה, רוב הלקוחות שלה היו גברים רווקים בגילאים שונים - לא מפתיע במיוחד.
>
> "למרות שזאת הייתה הפעם הראשונה שלה מולי, היא הסירה את הבגדים בשמחה וללא היסוס", כתב אנדי, אחד הלקוחות המרוצים שפרסם ביקורת חיובית באתר: "עשה רושם שהיא הרגישה בנוח עם העירום שלה ועם העירום שלי".
>
> "זאת הייתה זכות ליהנות מהיופי שלה במשך שעה, כמו גם לקבל שירותי ניקיון מצוינים. זה היה בהחלט ערב בלתי נשכח, תודה לך לסטלה", המשיך אנדי וכתב בגועל "עכשיו אני אשקיע מאמץ אדיר ללכלך את הבית שלי, כדי שאני אוכל להזמין את שירותייך שוב" - ועם הסנטימנט הדוחה הזה, אנחנו נפסיק להיום (מאקו).

אם את קוראת את הטקסט הזה וחשה שיש כאן ניצול מיני (שמשום מה הוא חוקי), את לא רחוקה מהאמת. נשים שחושבות שהמשמעות המינית של גופן תלויה רק בהן חשופות לניצול על ידי גברים מסוימים ש"זורמים עם הרעיון" ונהנים לצפות בגופן החשוף. כשנדבר בהמשך על שיח ההשגבה, נראה דוגמה נוספת לניצול מיני שיכול להתרחש אך ורק בזכות המחשבה המוטעית ש"אני היא זו שקובעת את המשמעות המינית של הגוף שלי".

פרק 66

כשהמיניות נתפסת כלכלוך מותר

ביקורת על השיח המתירני

אתרים פופולריים שונים מציעים מדי פעם לגולשיהם לענות על סקרים קצרים הבנויים כמו "בחן את עצמך". הסקר שהופיע לפניי הפעם בחן "האם יש לך ראש

מלוכלך". הוא הורכב מעשר שאלות. בכל שאלה מוצגת תמונה ומתחתיה כמה אפשרויות של תשובה לשאלה "מה אתם רואה בתמונה". למשל, כשהופיעה שם תמונה של ירק כלשהו, אחת האפשרויות הייתה שהירק הזה מזכיר איבר כזה או אחר. סימנתי בכוונה את כל התשובות הקשורות למיניות, ולאחר השאלה אחרונה קיבלתי את תוצאות הסקר:

> תחת הכותרת: "90 אחוז מוח מלוכלך, 10 אחוז תמים", הופיעה תמונה: בתמונה רואים דוגמנית המצולמת מהכתפיים ומעלה, על פניה הבעה חושנית, על ראשה קשת שמדמה קרניים אדומות של שטן, ובידיה קלשון אדום. מתחת לתמונה מופיע הכיתוב: "אם יש משהו שנראה טיפה גס בתמונה, אתה תראה את זה מיד! גם אם התמונה היא תמימה לחלוטין, הדבר הראשון שקופץ למוח שלך הוא מלוכלך. זה אומר שאתה אדם פתוח מאוד ואין הרבה נושאים שיכולים לגרום לך לאי נוחות". בנוסף, הופיעה כתובית באנגלית "מוח מלוכלך זה הכי כיף".

שאלתי את עצמי: מדוע אסוציאציות מיניות הן דבר "מלוכלך" בהכרח? ומדוע המיניות מנוגדת לתמימות? מדוע אישה מינית וחושנית מופיעה בדמות שטן? ואחרי כל זה, אם מיניות היא דבר נמוך, מלוכלך, מנוגד לתמימות ואפילו שטני, מדוע אני זוכה לתשבחות על כך שאני אדם "פתוח" שלא חש מבוכה או בושה בחשיפה לתכנים מיניים, ומקבלת אישור לכך ש"מוח מלוכלך זה הכי כיף"?

התשובה היא כמובן "השיח המתירני". בשיח המתירני אין כל סתירה בין השפל והלכלוך שמיוחס למיניות לבין מחיאת הכפיים למי ש"מעז" ליהנות ממנה. כזכור לך, השיח המתירני רואה במיניות דבר משפיל, רדוד ונמוך, אבל כיף, ולכן "מותר". מה שמאפשר לחברה המערבית להגיע למסקנה ש"מותר" לעשות דברים נמוכים ושליליים הוא תופעת האסתטיזציה. זוכרת את האסתטיזציה? דיברנו עליה בפרקים 16, 17. האסתטיזציה גורמת לכך שאנשים כבר לא מחפשים חיים של "טוב" במובן המוסרי, אלא חיים של "טוב" במובן האסתטי, כלומר של ההנאה האישית של הפרט.

כפי שראינו, לפעמים האסתטיזציה כל כך קיצונית, שהיא מעמידה את טובת ה"אני" במרכז על חשבון האחר, על חשבון המוסר. בשלב הזה, האסתטיזציה מתפצלת לשני סוגים: סוג אחד, שקראנו לו "נמוך אבל כיף", פונה לאנשים שאין להם בעיה עם חיים רדודים ואולי אפילו בלתי מוסריים. הסוג השני, שקראנו לו "עומק בגרוש", פונה לאנשים שחשוב להם להרגיש עמוקים ומוסריים, אפילו שבפועל הם עוסקים בדברים נטולי עומק. הדוגמאות שהבאנו לאסתטיזציה מהסוג הראשון היו הפרסומת למעדן YOLO והליהוק של "הפושע החתיך בעולם" לקמפיין עם בר רפאלי. הסוג הראשון הוא גם זה שאחראי על היווצרות השיח המתירני, שבו נעסוק כעת, בעוד שהסוג השני הוא זה שאחראי על היווצרות שיח ההשגבה, שבו נעסוק בהמשך.

ייתכן שבשלב מסוים תהית לעצמך: מהיכן הגיע השיח המתירני למסקנה שמיניות היא דבר נמוך ומשפיל? ובכן, אני מצליחה לחשוב על שתי תשובות אפשריות לשאלה זו. תשובה ראשונה היא כמובן הנצרות. העולם המערבי החילוני התפתח מתוך הנצרות, שסוברת שמיניות היא "חטא" נמוך, תמיד ובכל הקשר שאיננו למטרות פריון. כאשר העולם המערבי מרד בכנסייה ונעשה חילוני, הוא מרד רק באיסור הנוצרי ליהנות ממיניות בהקשרים שונים, אבל לא הצליח להשתחרר מהנחת היסוד הנוצרית שמיניות היא דבר שלילי. אבל מלבד הנצרות יש גם תשובה נוספת.

התשובה השנייה היא ההקשר הנמוך. זה מאוד פשוט: השיח המתירני חווה את המיניות כנמוכה, משום שהוא מבצע אותה בתוך הקשרים נמוכים. כאשר איש או אישה נחשפים לפורנו, או אפילו לסתם קליפים שגרתיים של זמרות וזמרים מסוג מסוים, רוב הסיכויים שהם יגיעו למסקנה שמיניות היא דבר נמוך ומשפיל, אפילו אם הוא מהנה. כאשר איש או אישה חווים את המיניות מתוך מפגשים אקראיים וחד־פעמיים בפאב אפלולי אפוף ניכור, אלכוהול וסיגריות, מפגשים שמסתיימים לפעמים בקלישאות הידועות "אני לא זוכרת את שמו אבל למי אכפת" (חיוך), או "היינו יחד בלילה, ובבוקר הוא לא התקשר אליי" (בכי), רוב הסיכויים שהם יחוו את המיניות כמשהו רדוד ושפל, אפילו אם הוא מהנה, ואפילו אם "בא להם" לחזור שוב על החוויה.

אני מתה לשאול את האנשים הללו, שמשתייכים לשיח המתירני ורואים במיניות דבר משפיל: לא בא לכם שזה יהיה אחרת? ומה תעשו כשתמצאו אהבה? איך אפשר לבטא באופן מיני אהבה כלפי אדם, כשהמיניות איתו נחווית אצלנו כמשפילה? יש לכם מושג אילו שריטות החוויה המינית שלכם שורטת בנפש שלכם?

למען האמת, אני חושבת שאנשים שמשתייכים לשיח המתירני הם אנשים שזקוקים לחיבוק. אני רוצה לחבק אותם ואת כל הפצעים שהותירה בהם החוויה המינית המלוכלכת שהם בחרו בה שוב ושוב, ולהבטיח להם שיש גם מיניות אחרת.

הביקורת שלי על השיח המתירני איננה על הנחת היסוד שמיניות היא דבר נמוך, אלא על הנחת היסוד שמיניות היא דבר נמוך **תמיד ובכל הקשר**. כן, גם אני חושבת שמיניות שמתרחשת בהקשר זול ורדוד היא נמוכה. אבל אני לא חושבת שהיא חייבת תמיד להיות נמוכה. השאלה היא מה קורה למי שמשתייך לשיח המתירני, לא כשהוא חוזר מהפאב, לא כשהוא צופה בפורנו או בקליפים נמוכים, אלא כאשר הוא מחפש אהבה.

בפרק הבא נראה את ההשלכות של השיח המתירני על חייהם של אנשים המשתייכים אליו.

פרק 67

מיניות נמוכה: השלכות הגישה המתירנית על חייהם של אנשים

מיניות כפשרה

לאחרונה ספרתי במשך שלושה ימים לפחות עשר פרסומות שונות שהמוטו שלהן הוא "אל תתפשרו". החל מפרסומת למכונית שדואגת שחוויית הנהיגה שלי תהיה בלתי מתפשרת, דרך פרסומת לדלתות, שרכישתן מעידה עלינו "סימן שלא התפשרתם", וכלה בפרסומת לקוסמטיקה שמפצירה בי שלא להתפשר על

מצב עור הפנים שלי. ובאמת, נראה שאחד הדברים המאיימים ביותר על האדם המערבי הוא הרעיון של "פשרה". האדם המערבי לא מוותר עד שהוא משיג את הטוב ביותר עבורו, בכל תחום.

אה, חוץ מבתחום האהבה. באהבה, כך מסתבר, האדם המערבי דווקא מוכן להתפשר: "בואי לגלות מי יהיה החבר שלך לחורף הקרוב", מפצירה בנו פרסומת לאפליקציית היכרויות פופולרית. לא "בואי לגלות מי יהיה אהבת חייך", ובטח שלא נגזים עם "מי יהיה בעלך". קשר זוגי שנמשך חורף אחד אמור כנראה, משום מה, להספיק לאישה המערבית. אף פעם לא נתקלתי בפרסומת בעלת גישה כל כך ריאלית, שבמקום להבטיח לי שיניים לבנות כמו של הדוגמנית, אומרת לי את האמת בפרצוף: "לא יהיו פה שיניים מושלמות, אל תצפי ליותר מדי, כולה משחת שיניים". על משחת שיניים אנחנו לא מתפשרים, אבל על אהבה כן.

מסתבר שאחד האשמים בהתנפצות האמונה באהבה רומנטית, ובאימוץ גישה "ריאלית", "מפוכחת", שלא מצפה ליותר מדי מהזוגיות, הוא השיח המתירני:

> מיניות בלי אהבה זו חוויה ריקנית, אבל כחוויה ריקנית היא אחת המשובחות, כפי שאמר וודי אלן. אני ריאלית ואינני דורשת עסקת חבילה של מיניות מטורפת עם אהבה. ברור לי שזהו מצרך נדיר שאפילו זוגות נשואים לא תמיד מקבלים אותו. אני כן כמהה למיניות עוצמתית (גפן גיל, ynet).

זהו ציטוט מתוך כתבה מאת גפן גיל, שרבים מהטקסטים שלה מתארים איך היא הייתה פעם חסודה ושמרנית, אך לאחר הצבא הפכה לבחורה "משוחררת" מינית. נשים לב שהיא משתמשת בציטוט מוודי אלן כדי להודות באמת. היא כאילו אומרת: "מיניות בלי אהבה היא חוויה ריקנית, אבל כל עוד אין לי אהבה, אני מוכנה להסתפק בחוויה הריקנית הזו". גפן גיל משתוקקת מתישהו לאהבת אמת, וכנראה שגם יום אחד לנישואין, אבל בינתיים, עד שזה יגיע, היא מוכנה להתפשר, ולחוות חוויה ריקנית אך "עוצמתית". כלומר, היא מצמצמת את המשמעות של המיניות רק לחוויה האסתטית (כיף או לא כיף), ומודה בכך שכשזה רק אסתטי, בלא כל ערך מוסף של אהבה, זה ריקני.

מה שגפן גיל לא יודעת, הוא שהחוויה הריקנית הזו עשויה להשפיע על היכולת שלה לחוות בהמשך חייה מיניות "עוצמתית" בתוך הקשר של אהבה. כפי שנראה בהמשך, כשמטעינים את המיניות במשמעות שלילית, המשמעות השלילית של המיניות לא נעלמת מעצמה, אפילו כשמדובר בקשר זוגי חיובי.

מיתוס "קדושה" מול "קדשה"

כשהייתי נערה בתיכון צפיתי באדיקות בדרמה קומית שעסקה בחייה של עורכת דין צעירה, יפה, מבריקה ומעט מתוסבכת. אחד הפרקים נצרב בזיכרוני.

עורכת הדין נכנסת למשרד עם מבט המום על פניה. כאשר שואלים אותה מה קרה, היא מסכימה לבסוף לספר לאחד מחבריה על מה שקרה לה באותו בוקר. מסתבר שבדרך לעבודה היא עצרה במתקן לשטיפת מכוניות, שם פגשה בשותף מכוניות חתיך במיוחד, והם קיימו יחסים. זו הייתה, לדבריה, החוויה המינית הטובה ביותר שחוותה אי־פעם. דפיקה בדלת קוטעת את השיחה. מסתבר שיש למשרד לקוחה חדשה: אישה עשירה המבקשת להתגרש מבעלה, ומבקשת ממשרד עורכי הדין לייצג אותה בבית המשפט.

האישה העשירה מספרת שמאז ומתמיד הקשר המיני שלה עם בעלה היה פושר, סתמי ובלתי מרגש, אבל הדבר לא מאוד הפריע לה, משום שהאהבה הגדולה שלהם הספיקה לה. לאחרונה היא גילתה שבעלה בגד בה מספר פעמים עם נשים שונות, וכעת היא מבינה שכל חייהם היו שקר אחד גדול. הוא כנראה רצה להינשא לה בשביל הכסף, וכעת היא לא מוכנה שהוא יקבל אגורה כתוצאה מהגירושין. עורכת הדין מסכימה לייצג באופן אישי את האישה העשירה והן מתחילות לעבוד יחד על התיק.

כעבור כמה שבועות מתחיל הדיון בבית המשפט. האישה העשירה עולה על דוכן העדים ומספרת את סיפורה. לאחר מכן

השופט קורא לבעל להיכנס ולמסור את גרסתו. כשהבעל עולה אל הדוכן, עורכת הדין מגלה לתדהמתה שמדובר בשותף המכוניות.

עורכת הדין יוצאת נסערת מהאולם, ושואלת את עצמה איך ייתכן שגבר כזה, שיודע דבר או שניים על חוויה מינית מסעירה, מקיים מיניות אפרורית עם אשתו, ולאחר מכן עוד בוגד בה. היא מבינה שהיא הייתה אחת הנשים שעמה הוא בגד באשתו. זה מבחיל אותה. היא מתעשתת וחוזרת אל האולם.

הבעל יושב על דוכן העדים, ומספר את סיפורו. לדבריו, אשתו היא האהבה הגדולה ביותר שהייתה לו אי־פעם. הוא מעולם לא הפסיק לאהוב אותה, והוא עדיין אוהב אותה. אפילו אם הם יתגרשו, הוא ימשיך לאהוב אותה. הוא לא נמצא איתה בשביל הכסף, ומוכן ברגע זה לוותר על כל דרישה כספית.

דבריו מתקבלים בהפתעה. השופט משתיק את פרץ הלחשושים באולם, ופונה אל הבעל: "אני לא מבין". אומר השופט. "איך ייתכן שאדם שאוהב את אשתו עד כדי כך, לא משקיע בכלל במיניות שלו איתה, ופונה אל יחסים מזדמנים עם נשים אחרות?".

הבעל שותק, עיניו מושפלות. לבסוף הוא מרים את מבטו ומשיב בקול חנוק: "זה בדיוק העניין, אתה מבין? מרוב שאני אוהב אותה, אני לא מסוגל לעשות לה דבר כזה. אני לא מסוגל לשכב עם אישה שאני אוהב, מכבד ומעריך. למען האמת, אף פעם לא הבנתי איך גברים יכולים לעשות זאת לנשים שהם אוהבים".

הקטע הזה מדגים בדיוק את ההשלכות של השיח המתירני, שמייצר אצל האנשים המשתייכים אליו את המיתוס הידוע בכינויו "קדושה" מול "קדשה". התואר "קדושה" מתייחס לאישה שהגבר אוהב ומכבד, אישה שפעמים רבות היא גם אם ילדיו, והתואר "קדשה", שזו מילה נרדפת לזונה, מתייחס לאישה שהגבר לא מכבד, אך נמשך אליה מינית ורואה בה מושא לתשוקתו. אדם שחי בפיצול בין "קדושה" ל"קדשה" לא מסוגל לחוש אהבה ומשיכה כלפי אותה אישה. הוא יצליח

לכבד ולאהוב רק נשים שאין לו יכולת לחוות איתן מיניות מסעירה, ובהתאמה, הוא לא יהיה מסוגל לכבד ולאהוב נשים שעמן הוא חווה מיניות.

אין שום סיבה שאנשים יחוו את בני זוגם באופן מפוצל שכזה. הסיבה היחידה לפיצול היא חווית המיניות כדבר משפיל ונמוך. ובאמת, שוטף המכוניות חש שיחסי מין הם משהו שלילי ומשפיל שהוא לא מוכן "לעולל" לאישה שהוא אוהב, אבל הוא בהחלט מסוגל "לעולל" לנשים מזדמנות שאין לו כבוד ורגשות כלפיהן. השתייכות לשיח הפוריטני או לשיח המתירני, ששניהם חולקים מכנה משותף הרואה במיניות משהו מלוכלך, עלולה לייצר את מיתוס הקדושה והקדשה:* כשאנחנו מטעינים את המיניות במשמעות שלילית, אנחנו בעצם יוצרים נתק עקרוני ובסיסי בין אהבה וכבוד ובין מיניות, נתק שלא מתאחה אפילו כשמדובר בהקשר זוגי גבוה וחיובי. אז אם אתם רוצים לנתק בין אהבה למיניות אחת ולתמיד, הצטרפו לשיח המתירני. מובטחים לכם חיי מין מסעירים לצד בדידות, אכזבה וכפי שמיד נראה, גם שנאה עצמית.

* חז"ל הכירו את התופעה שאנו מכנים כאן "קדושה" מול "קדשה", ומתחו עליה ביקורת. הם מספרים לנו על אחד החכמים שלקה בפיצול הזה, ומה עלה בגורלו המר. את מוזמנת להיכנס לעמוד ההרחבה על הפרק הזה באתר אפרכסת.

רגשות אשמה ושנאה עצמית

> היי לכולם, תמיד אחרי שאני מקיים יחסים אני מרגיש שבא לי להיעלם מהעולם. פשוט מתבייש בעצמי ומתחרט שקיימתי יחסים. אני באמת לא יודע למה אני מרגיש ככה וזה גורם למצב שאני מעדיף לא לקיים יחסים בכלל ומתרחק מקשרים בגלל זה... מה אפשר לעשות? (שאלה שנשאלה באתר AskPeople).

שאלה זו, שכתב בחור בן 21, מציפה תופעת לוואי נוספת שמאפיינת את המשתייכים לשיח הפוריטני או לשיח המתירני. אנשים מוסריים האוחזים בשיח המתירני שונאים את עצמם לאחר המעשה המיני וחשים ריקנות ואשמה. וכיצד לא יחושו אשמה, אם לתחושתם הם "עוללו" משהו משפיל לאדם אחר? כיצד לא יחושו אשמה, אם הם בחרו מרצונם החופשי בכך שמישהו "יעולל" להם

דבר שלילי, ואף נהנו מכך? גם אם הם לא מתפצלים בין ה"קדושה" ל"קדשה", ומצליחים לחוש אהבה ומשיכה כלפי אותו אדם, הם עדיין עלולים לחוש אשמה ותיעוב עצמי לאחר קיום יחסים. לפעמים הם גם עלולים לכעוס על בת הזוג או בן הזוג ש"גורמים" להם להרגיש כך, ואולי אפילו לחוש דחייה מסוימת כלפיהם, מיד בתום ההתרחשות המינית.

אין לי ספק שהבחור שכתב את השאלה הזו מייצג את תחושותיהם של לא מעט נערים ונערות. מספיק שנערה תצפה בפורנו כמה פעמים, ותחווה שם חוויה מינית מהנה, לצד חוויית סלידה מהשפל הנמוך שמרצד על המסך, בכדי להצמיד את החוויה המינית המהנה לתחושת אשמה. כך גם אצל אנשים שחיים חיי "שחרור מיני": מצד אחד, נדמה להם שמיניות מרובת פרטנרים מזדמנים היא דבר רצוי וכיפי. מצד שני, האישיות המוסרית שלהם גורמת להם לחוש אשמה. ויש סיבה טובה לאשמה הזו. חיים של מין מזדמן, שבהם המפגשים המיניים אפופים ניכור ונטולי רגש, אף פעם לא יכולים להתחמק מהמשמעות השלילית של המיניות המתירנית. פעמים רבות אנשים שחיים אורח חיים כזה מתארים את יחסי המין שלהם כ"ניצול מיני בהסכמה הדדית". אני לא רוצה לחשוב מה יקרה להם כשהם יחפשו אהבה אמיתית: ה"קדושה" תחכה להם בבית, וה"קדשה" מעבר לפינה.

[בקטע הבא נעסוק בהשלכות של השיח המתירני על מקרים מסוימים של פגיעה מינית. קוראות שהנושא הזה רגיש עבורן, מוזמנות לדלג על הקטע ולעבור ישר לפרק הבא].

תרבות האונס (אזהרת טריגר)

המונח "תרבות האונס" נולד כתוצאה מוויכוח בין פמיניסטיות לבין מתנגדיהן. פמיניסטיות טענו שהתרבות מעודדת גברים להיות אלימים מבחינה מינית, וכך יוצא שמי שמותקף מינית הם גם נשים וגם גברים, אבל התוקף הוא ברוב המקרים גבר. מתנגדיהן טענו שהסיבה לכך שהגברים תוקפים מינית יותר מנשים לא מבוססת על תרבות, אלא על הבדלים ביולוגיים: הגבר מסוגל לכפות על אישה יחסי מין, גם מפאת כוחו הפיזי וגם מפאת ההבדל בין איברי המין הגבריים

והנשיים בכל הקשור למעשה החדירה. לטענתם, אילו נשים היו בעלות איבר מין גברי, גם הן היו תוקפות מינית באותה המידה.

כדי להפריך את הטענה הזו פיתחו הפמיניסטיות את המושג "תרבות האונס". תרבות האונס כוללת בתוכה את אותם מעשים של ניצול ופגיעה מינית שאינם כוללים חדירה או הפעלת כוח פיזי. מעשים אלו לא מוגדרים כאונס, אך מוגדרים כתקיפה או הטרדה מינית. הם כוללים למשל שימוש במילים פוגעניות בעלות אופן מיני, שידול אישה לקיים יחסים "בהסכמה" תוך ניצול יחסי מרות, מגע באישה ללא רצונה, צילום תמונות חשופות שלה ללא הסכמתה, והפצת סרטונים מיניים ללא הסכמתה.

לא מעט מקרים של ניצול מיני בארץ שזכו להד תקשורתי שייכים ל"תרבות האונס": הערות סקסיסטיות שנאמרות לאישה מסוימת בנוכחות אנשים אחרים, בדומה למקרה של ינון מגל; צביטות בישבן, מגע וליטופים, התזת מים למחשוף, בדומה לחלק מהעבירות שמיוחסות למשה קצב, כמו גם פרשת הנשיקה של חיים רמון; שליחת מייל פוגעני בתפוצה רחבה, כדוגמת המייל ששלח יורם זק לצוות העובדים והעובדות שלו בחברת הטלוויזיה "קשת"; הפצת תמונות עירום של מישהי בתפוצת וואטסאפ, כפי שקורה בתיכונים רבים בארץ, כפי שקרה למשל למגישת הספורט שרון פרי, לאחר שהסמארטפון שלה נגנב, לדוגמנית נטע אלחמיסטר, לאחר שמישהו צילם אותה בתא הלבשה והפיץ ברשת, לצעירה הישראלית ים קטאל, שרק לאחר שני ניסיונות התאבדות ותהליך שיקום שלקח שבע שנים, הסכימה להיחשף בשמה המלא, בתור מי ש"מככבת" בסרטון מיני שהחבר שלה הפיץ בוואטסאפ והגיע למיליוני צפיות ברשת.

הפמיניסטיות מבקשות מאיתנו לשים לב למשהו עצוב: גם כשמדובר בתרבות האונס, התוקפים הם בעיקר גברים, וזאת למרות שהפגיעה לא מבוססת על ההבדלים הפיזיולוגיים בין גברים לנשים (כוח פיזי, חדירה). מדוע הפצת תמונות עירום נעשית בעיקר על ידי גברים? האם נשים לא יכולות להפיץ תמונות עירום של גברים? מדוע הטרדה מינית נעשית בעיקר על ידי גברים? האם נשים לא יכולות "לזרוק מילה" או לגעת בלי רשות, ואז לחייך חיוך מיתמם כאילו דבר לא קרה? מסתבר, כך טוענות הפמיניסטיות, שהסיבה לפרופיל הגברי דווקא של

התוקף לא יכולה להיות ביולוגית. כנראה שהיא נובעת מתרבות. תרבות שמחנכת את הגבר שאישה היא אובייקט מיני, ושמותר לפגוע בה.

אני מסכימה עם הפמיניסטיות הללו, ורוצה להוסיף על דבריהן עוד נקודה למחשבה: לאורך ההיסטוריה של העולם המערבי, נשים נתפסו בדרך כלל כאובייקט מיני. זה לא חדש. נשים תמיד הותקפו מינית. זה לא חדש. מה שחדש הוא תרבות האונס, ותרבות זו נפוצה אך ורק בשנים האחרונות, בחברה מערבית מתירנית. נשים לב לנתון מעניין: מבחינה סטטיסטית, שיעורי ה"אונס" אינם שונים בקרב דתיים וחילונים. אך בכל הנוגע למעשים של "תרבות האונס", שיעורי הפגיעה המינית נמוכים בהרבה בקרב החברה הדתית־לאומית, בהשוואה לחברה החילונית. מדוע זה כך? התשובה היא: התרבות. או ליתר דיוק, השיח המתירני.

השיח המתירני מחבר בין שלושה רכיבים, שכאשר שמים אותם יחד במבחנה אחת, הם גורמים לפיצוץ ופוגעים בכל מי שמסביבם: האחד - מיניות "חופשית", השני - תפיסת האישה כ"מין ותו לא", והשלישי - תפיסת המיניות כדבר שלילי ונמוך. כאשר נשים מזוהות עם מין, ומין מזוהה עם דבר נמוך, נוצר חוסר סימטריה תרבותית: האישה נושאת על כתפיה (בעצם, על גופה) את המשמעות השלילית של המיניות, ונעשית אובייקט מיני בזוי מעצם היותה אישה. כפי שראינו, במצב כזה עומדות בפני הגברים שתי אפשרויות. או להיות זאבים טובים, או להיות זאבים רעים. בתרבות המתירנית, במקום להיות "זאב טוב" מהסוג הפוריטני, שלא מביט כלל בנשים ודורש מהן להתכסות בלבוש חבית, הגבר הופך להיות "זאב רע", ש"מותר" לו ליהנות ממיניות שלילית. חברה שבה הנשים נתפסות כבנות שטן מפתות עם קרניים וקלשון, והגברים הם זאבים רעים שחווים את הנוכחות הנשית כדבר בזוי, משפיל, אך מפתה, היא חברה של גברים פוגעים מינית. כששתי הברירות שעומדות בפני גברים הן או להיות זאב טוב (שיח פוריטני), או זאב רע (שיח מתירני), אנחנו לא צריכים להתפלא שכשמשחררים את הרסן, הזאב מתחיל לטרוף בלי הבחנה.

פרק 68

מפגש בין שתי נשמות? נו, באמת
ביקורת על שיח ההשגבה

> אני מעוניין להציע את הרעיון של מין בטוח, פיזית ורגשית: "מין בטוח רגשית". זה לא אומר לחזור להיות שמרנים או בלתי משוחררים מבחינה מינית. אני לגמרי בעד חופש מיני. זה רק אומר שאנחנו צריכים לשים בצד את ההיררכיות המגדריות, ולהזמין אלינו שוב, בואו נאמר... את הצחוק, כאמצעי קריטי לאינטימיות. שתי נשמות, שני בני אדם, שתי נשמות לבד בפרטיות, האם הם יכולים בבקשה לצחוק קצת יחד? לא אכפת לי אם הם מכירים זה את זה עשור או שעה, אם שתי נשמות לבד בתוך חדר, לא יכולות לצחוק ביחד, איזה דבר טוב יכול לצאת מזה, מבחינה מינית ומבחינה לא מינית?... זהו "מין בטוח רגשית" (וזה כל מה שאני מבקש מאתנו).

אלו משפטי הסיום של הרצאת טד מפורסמת שזכתה ליותר מ־19 מיליון צפיות ביוטיוב. כותרתה בתרגום לעברית היא "מדוע הפסקתי לצפות בפורנו". המרצה, ישראלי בשם רן גבריאלי, קורא לאנשים להפסיק לצפות בפורנו, ולעבור לקיום יחסי מין שמנותקים ממה שמתרחש בסרטי פורנו. לטענתו, סרטי הפורנו הופכים את המיניות לטכנית, לאגואיסטית, לנטולת רגש, ולפעמים אפילו לאלימה. לדבריו, הפורנו מנמיך את המשמעות של המיניות, ומנמיך את דמות האישה שהגבר מחפש לממש איתה את תשוקתו המינית.

מיד אסביר מדוע השיח של רן גבריאלי בעייתי ואולי אף מגוחך. לכן נזכיר שמושא הביקורת שלנו הוא אך ורק השיח של רן גבריאלי, ולא רן גבריאלי עצמו כאדם פרטי. כאדם פרטי אני מאמינה שרן גבריאלי הוא אדם טוב שמחפש לעשות טוב. הוא ככל הנראה ניחן בתכונות אישיות גבוהות שמובילות אותו לחפש תיקון עולם בכל הנוגע להשפעת הפורנו על חייהם של אנשים. אני מאמינה לו בכנות

שהמניעים שלו מוסריים. הבעיה היא לא באדם הפרטי רן גבריאלי, אלא בשיח החלופי שרן גבריאלי מאמץ, לאחר הפרידה שלו מהפורנו. בספר הזה אנחנו מפרידות בין ביקורת על האדם לבין ביקורת על השיח. אנו לא מבקרות את האדם הפרטי, אלא רק את השיח שהוא שותף לו. כך גם לגבי כל דמות אחרת שאנחנו מנתחות את דבריה. הביקורת היא אך ורק על השיח שהדמויות מצטטות, ולא על הדמויות עצמן.

ראינו שמנקודת מבט פמיניסטית, השיח המתירני הוא הגרוע ביותר. לכן פמיניסטים מסוימים מצאו לכך פתרון, בדמותו של שיח ההשגבה. שיח ההשגבה מוציא מתוך המבחנה את הרכיב של "מיניות היא דבר נמוך ומשפיל", ובכך מקווה למנוע את הפיצוץ, לפתור את הבעיה שמעורר הרכיב של המיניות ה"חופשית". כעת המיניות נתפסת כבעלת ערך גבוה ונשגב, גם כאשר היא מתרחשת בהקשר סתמי שאין בו אהבה ומחויבות, או כדברי רן גבריאלי, בקרב "שתי נשמות שהכירו לפני שעה".

כזכור לך, השיח המתירני ושיח ההשגבה נוצרו שניהם כתוצאה מתופעת האסתטיזציה. השיח המתירני, "נמוך אבל כיף", מתאים לאנשים נהנתניים, שהמוסריות והעומק פחות מעניינים אותם, ולכן ההנאה הפיזית שלהם באה על חשבון הרבדים הללו. לעומת זאת שיח ההשגבה, "עומק בגרוש", מתאים לאנשים שמעוניינים לחשוב על עצמם כעמוקים ומוסריים, אפילו כאשר הם עוסקים בפעולות נהנתניות שאין להן כל ערך מוסף, פעולות שלפעמים הן לא רק רדודות אלא אפילו פוגעניות. בהקשר המיני, אנשים אלו מבצעים פעמים רבות את המעבר מהשיח המתירני לשיח ההשגבה. המעבר הזה מאפשר להם להמשיך עם מיניות מזדמנת נטולת עומק, אבל להשתחרר מתחושת האשמה והנמיכות שאפיינו את האווירה המתירנית הזולה שבה לקחו חלק בעבר.

גם רן גבריאלי מבצע מעבר כזה: מאדם שצפה בפורנו ולמד ממנו שיחסי מין מהנים הם יחסים משפילים ונטולי אנושיות, הוא הופך לאדם רגיש יותר, שקודם כול צוחק קצת עם האישה שהכיר לפני שעה, ועמה הוא עומד כעת לקיים יחסים, כשלאחר מכן ייפרדו שניהם כל אחד לדרכו. יחסים אלו, כך הוא טוען בהרצאתו, כבר לא יהיו טכניים, אלא מלאים ארוטיקה, ליטוף ורגש. הוא אומנם

לא אומר זאת במילים האלו, אבל נדמה שהוא סבור שכעת יהיו אלו "יחסי מין ברמה גבוהה", "מין עם ערך מוסף".

פעמים רבות, ההבדל בין דבר סתמי או אפילו נמוך לדבר שנתפס אצלנו כ"גבוה" ו"עמוק" הוא בסך הכול תוצאה של שימוש במילים נמוכות או גבוהות, לתיאור של אותו דבר עצמו. כשדיברנו בפרק 16 על האסתטיזציה מסוג "עומק בגרוש", הבאנו כדוגמה את השף הנודע אייל שני, שבמקום "פשוט ליהנות מהאוכל", הוא קודם כול עוטף אותו במשמעות עמוקה על ידי מילים גבוהות. למשל, במקום להגיד: "אהבתי את השילוב בין חמוץ למתוק", הוא אומר: "בחרת בנקודת מפגש מאוד דרמטית בין החמיצות של העגבנייה לבין הרחם המתוק של השמנת" (ציטוט מתוך דבריו באחד הפרקים של "מאסטר שף"). המילים של אייל שני צובעות את האוכל בתחושה פואטית, ציורית, אמנותית. אנחנו מרגישים שאנחנו טיפוסים עמוקים כשאנחנו אוכלים אוכל שלפתע הוא לא סתם אוכל "טעים", "כיפי" או "משמח", אלא אוכל "עמוק" שמעורר בנו אסוציאציה של ערב הקראת שירים.

אבל אם נחשוב על כך, נגיע כנראה למסקנה שהעומק שאייל שני מוצא בעגבנייה לא באמת נמצא בעגבנייה עצמה, אלא נובע מהמילים הגבוהות שבהן הוא בוחר לתאר אותה. במילים אחרות: אייל שני "מלביש" עומק על משהו חסר עומק מצד עצמו. זהו בדיוק אותו "עומק בגרוש", כלומר, עומק זול, עומק שכל מה שצריך בשביל לייצר אותו הוא לבחור מילה שנשמעת טוב. כשמדובר באוכל, התופעה הזו אולי חביבה ובלתי מזיקה. אבל מה תגידי על התופעה הזו בכל הקשור למיניות מזדמנת? קחי לדוגמה את הציטוט הזה מתוך ריאיון שנעשה עם קרן פלס. הריאיון הופיע ב־ynet תחת הכותרת "לפעמים יש כמיהה לאינטימיות עם מישהו אחר":

היית סולחת על בגידה?

> אני חושבת שאם בן זוגך יהיה עם עוד אישה, את לא צריכה לעזוב אותו. עם הזמן נלמד לרווח את המבנה הישן הזה. זה מה שמעסיק אותי, האם אני צריכה לצפות מהפרטנר שלי לגעת רק בעור שלי כל החיים. עזבי את הרובד הפיזי – זה הכי שטחי, כל

> אחד יכול גם לבד עם עצמו לספק את כל צרכיו - אני מדברת על הרובד הרגשי. לפעמים יש לך כמיהה לאינטימיות עם מישהו אחר. אני רוצה להיות אישה שחיה בנוח עם זה שיהיה לבן הזוג שלה גם מפגש אינטימי אחר. זו עבודה עצמית מול מי שהייתי ומי שאני רוצה להיות. אני לא אוהבת עובש ולא להתנוון.

קרן פלס מבצעת כאן "טריק" השגבה קלאסי: היא מודעת להבדל בין שטחי לעמוק, אז היא מבדלת את עצמה מגישה שטחית, ואומרת: "אני לא שטחית! אני לא מדברת רק על הגוף! אני מדברת גם על הרגש!" אבל על איזה רגש מדובר? אנחנו לא מדברים פה על הכמיהה של קרן פלס לשיחת נפש עם זר גבוה ומיסתורי, אלא על יחסי מין מזדמנים איתו. אני מאמינה לקרן פלס שהיא אכן חושבת בכנות שרגש ה"הידלקות" על גבר זר ומושך הוא רגש עמוק. אבל למעשה, תחושת העומק שנלווית לפנטזיה הזו היא די רדודה.

לאחרונה פורסם באינטרנט ריאיון עם נער ליווי (גבר העוסק בזנות) המתגורר באוסטרליה. הוא מספר שנשים המשלמות לו עבור קיום יחסי מין איתן כמעט אף פעם לא ניגשות ישר לחדר המיטות. הן בדרך כלל מבקשות ממנו את "כל החוויה", ומשלמות לו מראש על ערב רומנטי שלם, הכולל מסעדה, צעידה רומנטית על החוף, צפייה בסרט ורק לאחר מכן מיניות. וגם גברים נוהגים כך. בכתבת וידאו בכאן חדשות רואיינו גברים הצורכים שירותי נערות ליווי שנחשבים ליקרים יותר, משום שהם כוללים בילוי רומנטי לפני המיניות.

אני בטוחה שהנשים והגברים הללו מבקשים ערב רומנטי שלם, משום שהם רוצים לחוות רגש מעט יותר עמוק מאשר רק משיכה גופנית. הנשים מעוניינות שהגבר יסקרן אותן ברמת האישיות שלו, יצחיק אותן, ויעורר בהן תחושה של אישה שכיף להיות בחברתה. אין ספק שלאחר שיחה וצעידה רומנטית מתעורר גם קצת רגש. אבל האם ה"רגש" הזה שמתווסף כעת למפגש המיני אכן עמוק? או שאולי מדובר ברגש שטחי, רגש שמתפקד בסך הכול כ"תבלין" אסתטי, שמטרתו להעצים את החוויה של המיניות המזדמנת?

לפעמים כל מה שצריך כדי לפוצץ את הבועה מלאת החשיבות העצמית של שיח ההשגבה הוא ילד שצועק "המלך עירום". במקרה שלנו, אני מדמיינת אישה

חצופה ועממית, שלא מתרשמת במיוחד מהמילים הגבוהות של שיח ההשגבה, ניגשת לקרן פלס, טופחת לה בחיבה על השכם, ולוחשת על אוזנה: "יאללה יאללה, 'כמיהה לאינטימיות עם מישהו אחר'... פשוט תגידי שלפעמים בא לך לשכב עם מישהו שהוא לא בעלך...".

כדי שהמפגש המיני המזדמן ייתפס כעמוק, שיח ההשגבה מדבר עליו במילים גבוהות. אבל למעשה אפשר בקלות לתרגם אותו למילים רגילות ובכך לפוגג את הרושם האצילי והמרשים שהוא מדביק לפעולות חסרות עומק. אני ממליצה לך "לנסות את זה בבית": בכל פעם ששיח מסוים משתמש במילים גבוהות שנדמה לך שאולי הן מנסות להסוות משהו רדוד, תעשי את "תרגיל התרגום". בואי נתרגל פעולת תרגום כזאת, על השיח של קרן פלס:

> **"עם הזמן נלמד לרווח את המבנה הישן הזה"** [זוגיות מונוגמית היא דבר מאתגר, כי השגרה שוחקת את החוויה המינית. בא לי מיניות חופשית, אבל אני לא רוצה לתאר את זה כחולשה שלי, אז אני אתאר את זה כך: אני הרבה יותר חתרנית מכולם! כולם הולכים כמו עדר אחרי מבנה מיושן, עבש ומנוון של זוגיות מונוגמית, אבל אני מעזה ללכת רחוק יותר מכולם ומקווה שיום אחד כולם ילמדו ממני]
>
> **"לגעת רק בעור שלי כל החיים"** [הסיפור פה זה לא באמת "מגע בעור", בעלי נוגע פעמים רבות בעור של נשים אחרות וזה לא נחשב בגידה. הסיפור פה זה יחסי מין, אבל "לגעת בעור" נשמע לירי כזה, כי יש כאן שימוש באמצעי ספרותי שקוראים לו מטונימיה]
>
> **"עזבי את הרובד הפיזי – זה הכי שטחי"** [אני לא רוצה שיחשבו שיחסי מין מזדמנים, כמו שאני רוצה, הם שטחיים, אז אני פשוט אומרת שזה לא שטחי, כי זה לא רק פיזי. מקווה שזה יספיק]
>
> **"אני מדברת על הרובד הרגשי"** [כי ברור שיחסי מין מזדמנים עם גבר שהכרתי לפני שעה מבטאים רגש עמוק. אפילו צחקנו קצת לפני כן ביחד, רק שנינו!]
>
> **"לפעמים יש לך כמיהה לאינטימיות עם מישהו אחר"** [לפעמים בא לך לשכב עם גבר שהוא לא בעלך]

"שיהיה לבן הזוג שלה גם מפגש אינטימי אחר" [שבן הזוג שלי ישכב עם נשים אחרות]

גם רן גבריאלי משתמש בשיח ההשגבה, אפילו בלי להתאמץ יותר מדי. רוצה לדבר על מין מזדמן באופן עמוק? אל תגידי "שני זרים מקיימים יחסי מין", אמרי מעתה "מפגש בין שתי נשמות".

נקודה נוספת בשיח של רן גבריאלי שמעוררת אצלי תמיהה היא המחשבה שמפגש כזה הוא "מין בטוח רגשית". בהרצאתו קורא רן גבריאלי לאנשים להפגין יחס מכבד ואנושי כלפי הפרטנרים המיניים שלהם, ולדאוג שהמיניות תהיה ארוטית, מלטפת, ומבוססת על נתינה, ולא רק טכנית ואגואיסטית. הוא סבור שהפגנת הכבוד וההתחשבות ההדדית ימגנו את הרגש שלנו מפני פגיעה.

למרות שאני כמובן בעד כבוד ונתינה, אני מוכרחה לציין שהרעיון שלו מוזר. לדעתי, די פשוט שמיניות שכזו מסוכנת עוד יותר ללב שלנו. מיניות מזדמנת שיש בה מופע שלם של קירבה, אינטימיות, כבוד, נתינה והדדיות (וכמובן קצת צחוק משותף לפני כן), עלולה לגרום להיקשרות רגשית ולשיברון לב הרבה יותר מאשר מיניות מתירנית נמוכה, שנתפסת כניצול הדדי בהסכמה. איזו אישה תבכה ש"היינו ביחד בלילה ומאז הוא לא התקשר אליי": אישה שתופסת את עצמה כמנצלת את גופו של גבר אקראי ומעניקה לו בתמורה את הזכות לנצל את גופה, או אישה שתופסת את מה שהיה ביניהם בחדר המיטות כ"מפגש בין שתי נשמות"?

מצחיק עד כמה אפשר לשנות לנו את החשיבה על נושא מסוים פשוט באמצעות שימוש ב"מכבסת מילים": אם אשאל אותך מהי המילה החזקה ביותר לתיאור הדרגה הגבוהה ביותר שמשהו יכול להגיע אליה, מהי המילה שמבטאת את הערך הכי גבוה שאפשר ליחס למיניות, על איזו מילה היית חושבת? סביר להניח שהיית עונה את המילה "קדושה". ואת צודקת. השיח היהודי הבריא מתאר את המיניות המתקיימת במסגרת ברית הנישואין כ"קדושה". אישה ההופכת מאסורה למותרת היא אישה ה"מקודשת" לבעלה. ארון העדות, שראינו שבאמצעותו חז"ל מלמדים אותנו על היחס הבריא למיניות, גם הוא כמובן "קדוש", וממוקם ב"בית המקדש",

בתוך "קודש הקודשים". גם על מגילת שיר השירים, שכל כולה ארוטיקה ותשוקה, נאמר במשנה: "כל הכתובים קודש, ושיר השירים קודש קודשים".

אבל מסתבר שאם נשאל את השיח המערבי, אין שום בעיה להשתמש במונח "קדושה" כדי לתאר מין מזדמן, שאין לו שום קשר לאהבה, להיכרות אמיתית, לאכפתיות, למחויבות, להבטחה לסבול את האחר ולחבק אותו גם כשהוא בלתי נסבל, לראייה שלו מבעד לאש ומבעד למים, ובוודאי שלא לברית נישואין. אם תכתבי בגוגל את צמד המילים "מיניות מקודשת", תגיעי לאין־ספור פרסומים וכתבות על סדנאות טנטרה. טנטרה, המכונה גם "מיניות מקודשת", היא שיטה שהגיעה אל העולם המערבי מהמזרח הרחוק. השיטה הזו מלמדת איך להעלות את המיניות בדרגה, גם מבחינת העונג הפיזי, וגם מבחינת העומק הרוחני שלה.

הבעיה שלי היא לא עם הטנטרה עצמה: הטנטרה יכולה להעניק כלים מופלאים למיניות מדויקת וקשובה יותר לעצמך ולאיש שלך. הבעיה שלי היא עם האופן שבו ניתן ליישם אותה בכל הקשר: סדנאות הטנטרה כוללות לפעמים מגע ארוטי, בהסכמה, בין אנשים זרים, ועל פי גורו טנטרה ישראלי אחד לפחות (לא צפיתי ביותר מאחד), שיטת "המיניות המקודשת" מומלצת גם כשמדובר בסטוץ או במפגש בין פרטנרים שאין ביניהם שום קשר מלבד מפגשים למטרת מין.

אני מנסה לחשוב איך המילים "עמוק", "רוחני" וכמובן "מקודש" מתלבשות כל כך בקלות על מין מזדמן, והדבר נשגב מבינתי. כנראה שהמילה "קדושה" נשמעת ממש טוב כיום: יש בה שילוב של רוחניות עם עוצמה מיסטית. כמו שאפשר לומר על עגבנייה שהיא "אלוהית", כך ניתן לומר על מיניות מזדמנת שהיא "מקודשת". בפרפראזה על המשפט "אם אתה יכול לדמיין את זה, אתה יכול לעשות את זה", על פי החוקים של שיח ההשגבה, "אם אתה יכול לומר את זה, אז זה נכון". ואכן, כתבה שפורסמה ב־ynet מתארת את חיי ההוללות המינית של גבר ישראלי, גרוש טרי בן ארבעים, שמאז גירושיו משתמש באפליקציית היכרויות המיועדת באופן מוצהר לצורך סטוצים:

> פתאום הכול הפך לנגיש. הכול מהכול בהישג ידך. נשים שמחפשות זוגיות מסורתית ומוכנות להתמסד מחר בבוקר,

> נשים שמחפשות מיניות חסרת מחויבות, נשים שמחוברות לעולם המיניות המקודשת, נשים חזקות, נשים רגישות, נשים שנפגעו מגברים חסרי מודעות ונשים שמחפשות משמעות. כל אלה מופיעות לי על הצג (מתוך "עולם חדש מופלא: בגיל 40 חזרתי לשוק", ynet).

שמת לב באיזו נונשלנטיות מופיע צמד המילים "מיניות מקודשת" בתוך שלל סוגי האנשים המחפשים באמצעות האפליקציה פרטנרים חד־פעמיים למטרת סטוץ? אם מיניות מקודשת ואפליקציית סטוצים הולכים ביחד, שיח ההשגבה מצליח כנראה להחליק לנו בגרון בקלות מדי.

יש פתגם חז"לי שאומר: "לא רצו ישראל לעבוד עבודה זרה, אלא כדי שיותר להם עריות" (סנהדרין סד ע"א). כלומר, עם ישראל לא באמת התעניינו כל כך בעבודה זרה, כמו שהם התעניינו במעשים המיניים שהעבודה הזרה הזו מאפשרת להם. בכל פעם שמישהו מדבר דיבורים גבוהים ותיאולוגיים על רוחניות, ומשום מה הרוחניות הזו כרוכה במין מזדמן, על כך נאמר: "פה חשדתי".

פרק 69
שיח ההשגבה: מסתבר שצריך שניים לטנגו

דניאל גל: "רציתי לזרוק את התפאורה על הקהל"

> מול קהל של תיכוניסטים, השחקנית דניאל גל עצרה את ההצגה "שייקספיר מאוהב" בתיאטרון הלאומי "הבימה", לאחר שהנערים שלפו ניידים ותיעדו את הסצנה בה היא מופיעה בעירום (מאקו).

כפי שאולי את זוכרת, שיח ההשגבה משמש פעמים רבות הצדקה לעירום בהקשר אמנותי. שחקני תיאטרון המופיעים בעירום על הבמה עושים זאת בדרך כלל כחלק מתודעה של "רגע אמנותי טהור", "חירות היצירה", "חשיפת הגוף ככלי

לביטוי" וכו' וכו'. שיח ההשגבה סבור שמיניות היא נשגבת תמיד ובכל הקשר, ולכן השחקנים העירומים חושבים שהמשמעות הנשגבת של המיניות או של העירום שלהם איננה תלויה באף אחד מסביב. מספיק שאפשר להגיד שזה "נשגב" כדי שזה יהיה "באמת" נשגב.

רגע אחד של שליפת סמארטפונים באמצע הצגה הספיק כדי לנפץ את האשליה הזאת. השחקנית שהבחינה בתיכוניסטים המתעדים את חזה החשוף, סיפרה לאחר מכן: "התחלתי לבכות בלי שליטה והרגשתי שלוקחים לי את השליטה על העירום שלי. באתי לעשות את מה שכל שחקנית עושה על הבמה והרגשתי בגידה".

אני חושבת שההתנהגות של התיכוניסטים הייתה כמובן מזעזעת, וגם מזעזעת אותי ההחלטה המתמיהה של המוסד החינוכי להציג בפני תיכוניסטים הצגה הכוללת עירום. אני חושבת שזה פוגעני משום שיש בכך סוג של הטרדה מינית כלפי התלמידים. אבל אני מזועזעת לא פחות מההיגיון הלקוי של שיח ההשגבה: "לוקחים לי את השליטה על העירום שלי"? השחקנית הרי חשפה את גופה מרצון, כפי שעשתה בעבר במספר סרטים שבהם שיחקה. האם מישהו הכריח אותה להתפשט?

אני משערת שהשחקנית התכוונה לאיבוד שליטה על **המשמעות** של העירום שלה. לדעתי, גם אם התיכוניסטים לא היו מצלמים אותה, אלא שורקים ומעירים בקול הערות סקסיסטיות על הגוף שלה, השחקנית הייתה נפגעת. העובדה שהיא התפשטה מתוך בחירה, במסגרת של "אמנות", גרמה לה לחשוב, משום מה, שהמשמעות של המיניות שלה תלויה אך ורק בה: מספיק שהיא מאמינה שזו משמעות "נשגבת" כדי שהיא באמת תהיה נשגבת. ההיגיון של המחשבה הזו דומה להיגיון של ילד בן שנתיים שבטוח שאם הוא עוצם את עיניו, אף אחד לא יכול לראות אותו. כשאת ילדה בת שנתיים זה חמוד, אבל כשאת אישה, זו כבר בעיה.

הסיפור של השחקנית שמגלה לפתע שהמשמעות של המיניות שלה איננה בשליטתה הבלעדית מזכיר לי סצנה מתוך סרט רומנטי ידוע ועטור פרסים, "לפני הזריחה", שיצא בשנת 1995.

בחור ובחורה נפגשים במקרה ברכבת. ג'סי, הבחור האמריקאי, נוסע לווינה במטרה להגיע משם לאחר מכן לביתו בארצות הברית. סלין, הבחורה הצרפתייה,

נוסעת לביתה שבפריז. הם מתחילים לשוחח ברכבת ומגלים שהם רוצים להמשיך את הערב ביחד, בידיעה שיהיה זה ערב חד־פעמי שלאחריו לא ייפגשו לעולם. שניהם יורדים מהרכבת בווינה ומבלים ערב רומנטי וקסום, תוך שהם מדי פעם חוזרים על הנדר שלא לראות זה את זו יותר לעולם. בהדרגה הם נפתחים זה לזו והקשר ביניהם מתחיל להתהדק. בשלב מסוים אל תוך הלילה, הם מגיעים לפארק חשוך ונשכבים זה לצד זו על הדשא, משוחחים. כעת אני מצטטת מתוך התסריט המקורי הכולל גם את הדיאלוג וגם את הוראות התסריטאי. הדיאלוג שמופיע כאן שונה רק במעט מהמילים שהשחקנים בחרו להשתמש בהן בסרט עצמו, אך הוא מדויק יותר לענייננו:

(סלין מבקשת מג׳סי שינשק אותה, והם מתנשקים בלהט. ג׳סי מנסה לקחת את הנשיקה צעד נוסף קדימה. סלין עוצרת אותו).

- חכה, אני צריכה להגיד לך משהו מטופש.

- אין בעיה.

- זה מאוד מטופש.

- אוקיי.

- אני לא חושבת שאנחנו צריכים לשכב... (sleep together) כלומר, אני רוצה, אבל היות שאנחנו לא הולכים לראות אחד את השני יותר, זה יגרום לי להרגיש רע. אני אתהה עם מי עוד אתה נפגש. אני אתגעגע אליך... אני יודעת שזה לא מאוד בוגר מצדי... אולי זה קטע של בנות, אני לא יכולה לשלוט בזה...

- אוקיי, אז בואי ניפגש שוב.

- (צוחקת) לא. אני לא רוצה שתפר את הנדר שלנו רק כדי שתוכל להשיג מין (Just so you can get laid).

- (צוחק) אני לא רוצה סתם ״להשיג מין״ (get laid), אני רוצה לשכב איתך (have sex with you). כלומר, אנחנו הולכים ״למות״ בבוקר, נכון? אז אני חושב שכדאי לנו...

*- (צוחקת אך מדברת ברצינות) לא, אבל אז זה כמו איזו פנטזיה גברית - תכיר צעירה צרפתייה ברכבת, **** אותה, (her ****), אל תראה אותה יותר לעולם, ויהיה לך סיפור נהדר לספר. אני לא רוצה להיות "סיפור נהדר". אני לא רוצה שהערב המדהים הזה יהיה בסוף כאילו רק בשביל זה.*

- (מבין אותה) אוקיי, אוקיי, בסדר. בואי לא נשכב (Let's not have sex). (שניהם מחייכים).

למען האמת, הסצנה הזו מופיעה בסרטים רבים. היא די גנרית. הגיבור והגיבורה שהכירו לפני מספר שעות מבלים יחד ערב קסום ורומנטי. הדינמיקה ביניהם מתאימה לאווירה הגבוהה שאותה מחפש שיח ההשגבה: הם משוחחים על אמנות, הולכים להופעה של מוזיקת ג'אז ומתפעלים יחד ממראה עירוני כלשהו שמעורר בהם תחושות קיומיות. הערב מתקדם, הם מתקרבים זה לזו, והנה הם עומדים לקיים יחסים. לפתע הגיבורה (תמיד משום מה זה מגיע מהצד הנשי) נסוגה. היא עוצרת הכול ומתעקשת לברר האם הפרטנר שלה באמת מתייחס למעשה המיני שלהם באופן הגבוה והאצילי שבו היא מתייחסת אליו. מגוון של משפטים שנונים, רכים, נשיים ומקסימים, עומדים לרשות גיבורות שונות בסרטים שונים, כדי לוודא שהפרטנר שלהן למעשה לא נמצא כאן רק כדי לנצל את גופן מתוך חוסר כבוד והיעדר אכפתיות כלפי האישה שנושאת את הגוף הזה.

אם תעברי שוב על הדיאלוג של ג'סי וסלין, תראי איך סלין לפתע מבינה משהו. היא מבינה שלמרות שהיא רואה את היחסים הפיזיים ביניהם כפסגה אצילית של ערב שירי משוררים, זה לא מה שקובע את המשמעות של המיניות שלהם. לפתע עולה במוחה המחשבה, שייתכן שהפרטנר שלה, שאותו היא לא באמת מכירה, חווה זאת אחרת. ג'סי וסלין משתעשעים עם ארבעה ביטויים שונים שעומדים לרשותם כדי לתאר את אותו מעשה מיני. פתאום סלין מבינה שהשאלה "באיזו מילה אני בוחרת לתאר את המיניות" לא מספיקה. זו לא השאלה הנכונה. השאלה הנכונה היא על איזו מילה חושב **הצד השני**.

ואני רוצה לשאול אותה: רגע, לא הבנתי. מה זה משנה? אם המיניות היא נשגבת מצד עצמה, אם המיניות היא "חגיגה של נשיות", גבוהה ונאצלת באופן עקרוני, מדוע יש צורך בתיאום הגרסאות הזה?

מסתבר שמי שקובע את המשמעות של המיניות הוא לא רק צד אחד במשוואה. אם נחזור לשחקנית דניאל גל, נראה שהאחראית על המשמעות של העירום אינה הסיטואציה האמנותית, וגם לא השחקנית עצמה. מי שקובע את המשמעות של העירום הוא תמיד גם "הצד השני", הצופה בעירום הזה.

כעת שימי לב להבחנה חשובה: בפרקים העוסקים בשיח הטריוויאליזציה־הכחשה אמרנו שהתרבות היא זו שקובעת אם איבר מסוים הוא מיני או לא מיני. לעומת זאת, שלושת השיחים האחרים, "מתירני", "השגבה" ו"טריוויאליזציה־אדישות" לא שואלים **האם** יש משמעות מינית לאיבר גוף כזה או אחר, אלא **מהי** המשמעות של המיניות. מהו הערך שלה: האם הוא גבוה, נמוך, או לא ביג דיל.

כשאני משתמשת במילה "משמעות" בנוגע לשיח ההכחשה, אני מדברת על השאלה **האם** יש משמעות מינית. אבל כאשר אני משתמשת במילה "משמעות" כשמדובר בשלושת השיחים האחרים, אני מדברת על השאלה **איזו** משמעות יש למיניות. השאלה **האם** יש משמעות מינית לאיבר מסוים לא תלויה באף אחד באופן אישי, אלא אך ורק בתרבות. לעומת זאת, השאלה **מהי** המשמעות של התרחשות מינית תלויה בשותפים הספציפיים להתרחשות הזו. במקרה של חשיפת הגוף בפומבי, השותפים הם כל מי שרואה אותי. במקרה של מגע מיני, השותף הוא הפרטנר.

ברגע שאישה בוחרת לחשוף את העירום שלה לעיני אדם שהיא לא מכירה, המשמעות של העירום שלה נמסרת לו, והוא יכול להתייחס לעירום שלה כרצונו.

כך גם לגבי בגדים שאנו לובשות, החושפים את חלקי הגוף שהתרבות שלנו מייחסת להם משמעות ארוטית. נשים רבות מחליטות כיום להתלבש באופן חשוף בהשפעת שיח ההשגבה: הן סבורות שמיניות היא דבר נפלא שצריך לחגוג אותו. אני משערת שאת חלקי גופן החשופים של מרבית הנשים המשתייכות לשיח הזה, אף אחד עדיין לא צילם בסמארטפון, אבל זה לא אומר שכל מי שרואה את

הלבוש המינימלי שהן בוחרות בו מרגיש בהכרח כאילו הוא צופה בסרט צרפתי מעודן, או במחזה שייקספירי אנין טעם.

אבל גם בלי לחשוש מ"זאבים טורפים", כלומר משימוש מחפיץ ולא ראוי בגוף הנשי החשוף, שיח ההשגבה פוגע בנו. אני חושבת שנשים דתיות (וכנראה גם גברים דתיים), שאינן מתחברות לשיח הצניעות ושמירת הנגיעה שהן גדלו עליו, בוחרות בשיח ההשגבה המערבי, כאפשרות שמשאירה אותן בתחום של ה"תרבות הגבוהה". הן רואות במיניות "חגיגה של נשיות" שאין סיבה להסתיר אותה או לשמור אותה עד להקשר של ברית נישואין. גם בלי לחוות חלילה שימוש לרעה במיניות שלהן, הנשים הללו מפסידות. והן לא יודעות מה הן מפסידות. על כך בפרקים הבאים.

פרק 70

ריקנות מצילת חיים

כאן הדברים עומדים
כאן כל החברים שלי דמיוניים
וכל החלומות שלי מתים יפים
אל תיתן לי סטרואידים וסמי גדילה
אל תיתן לי טלוויזיה וקבוצות תמיכה
אל תיתן לי אושר של חצי דקה
ואל תיתן לי סיפוקים זולים
או רגשות במיליון צבעים
כי זה לא ימלא לי את החלל הריק
זה לא ימלא לי את החלל הריק.
(מתוך "החלל הריק", אביב גדג')

יש שירי מחאה ויש שירי התפכחות. השיר של אביב גדג' הוא שיר התפכחות. הוא פתאום פוקח עיניים ומחליט לסרב להצעה המפתה ל"סיפוקים זולים". לא רק בבית הראשון שציטטתי כאן, אלא לאורך כל השיר, הדברים שמוצעים לו הם קשקושים שעשויים מחומריות זולה. אבל הזמר־משורר מתפכח מהאשליה של האושר החולף. הוא מבין שריקנות לא יכולה להתמלא על ידי דבר ריק. זה כמו לשפוך אוויר לתוך בור. הבור נותר ריק, והזמר מרגיש שחסר לו. והוא צועק את זה. השיר הזה זועק תחושת ריקנות, ובכך לדעתי הוא זועק משהו מאוד עמוק.

אני חושבת שתחושת ריקנות מעידה על האדם שחש אותה שהוא אדם עמוק. למרות שהוא מוקף בחומריות שמעניקה לו לפעמים תחושת "היי", הוא לא מאושר באמת. הוא חש ריקנות. זה אומר שהנפש שלו רוצה יותר. זה אומר שהנפש שלו עמוקה. האם חשבת פעם למה אנחנו משתמשות במטאפורה של "עומק" כדי לתאר אדם רוחני עם נשמה גבוהה? כי ככל שהבור, החלל הרוחני שלך, עמוק יותר, כך תחושת החסר גדולה יותר, מה שמצריך אותך להתאמץ יותר כדי למלא אותו.

אבל בואי נחשוב מה היה קורה אם במקום "סיפוקים זולים" היו מציעים לנו את אותם הדברים בדיוק, אבל הפעם מדברים עליהם במילים כמו "פתיחות לסקרנות מינית ורגשית", "לתת לעוד ממד שבי ביטוי", "עומק מרפא ומשחרר"... האם המילים הללו היו מספיקות כדי למלא את החלל הריק? ואם כן, מה זה אומר עלינו? מה זה אומר עלינו אם כל מה שסותם לנו את החלל הריק ומרגיע לנו את תחושת החסר, אלו מילים יפות שמודבקות על אותה סחורה שאנשים אחרים צורכים אותה כחוויה ריקנית?

לסיום הדיון בשיח ההשגבה ניזכר במתן (שם בדוי), הרווק הדתי בן ה־34. כזכור, מתן גדל על שיח דתי פוריטני, וכדי להבריא ממנו הוא עבר לשיח השחרור המיני. בהדרגה הוא השיל מעצמו מגבלות בהקשר המיני, חווה סטוצים וקשרים מיניים חולפים. המילים שבהן הוא בוחר לתאר את המיניות המזדמנת משייכות אותו לשיח ההשגבה: הוא מתאר את ההימנעות ממיניות לפני הנישואין בחברה הדתית כהימנעות מרובד עמוק ואמיתי בתוכך, שנובעת מ"חוסר פתיחות לסקרנות

מינית ורגשית". המונח "סקרנות מינית" ולקיחה בחשבון של רגש הם רעיונות גבוהים, ולכן הם מתאימים לשיח ההשגבה.

אם מתן היה שייך לשיח המתירני, הוא היה מתאר זאת כהימנעות מ"יצרים", מ"חוויות ריקניות אבל משובחות", ומ"מחשבות מלוכלכות שיש לכולנו, אבל הדתיים לא מודים בקיומן". אם הוא היה שייך לשיח האדישות, הוא היה מתאר זאת כהימנעות מ"צרכים בסיסיים וטבעיים שיש לכל בעלי החיים כולל בני האדם". אבל מתן, כמו שיח ההשגבה, סבור שמיניות היא דבר חיובי (תמיד, ובכל הקשר), משהו שיש לו ערך נפשי ורוחני. לכן, כשהוא עובר לאורח חיים של מיניות נטולת מגבלות, הוא מתאר זאת במילים גבוהות:

> הרגשתי משוחרר וחופשי ופורח כי נתתי לעוד ממד שבי ביטוי [...] משהו בזמינות ובעומק שאליו זה יכול להגיע קוסם וקורץ, מרפא ומשחרר.

אני בוחנת את השיח של מתן ושואלת את עצמי מה יותר גרוע: השיח המתירני או שיח ההשגבה. מצד אחד, השיח המתירני הוא רדוד יותר, צובע את המיניות בצבעים נמוכים, והופך אותנו ליצורים תת־אנושיים. בנוסף, השיח המתירני אחראי לתפיסת המיניות כמשפילה וגם לתרבות האונס, כמו שהגדרנו אותה בפרק 67. לכאורה, אם כבר מישהו בוחר בחיים נטולי מגבלות מבחינה מינית, עדיף לחשוב על מיניות מזדמנת כגבוהה, מאשר לתפוס אותה כמלוכלכת. אבל מצד שני, לשיח ההשגבה יש חיסרון גדול. הוא תקוע ב"עומק בגרוש", ויהיה לו הרבה יותר קשה להתעורר ולחפש עומק אמיתי.

אדם המשתייך לשיח המתירני עשוי לחוש חוויית ריקנות, היות שהוא מודה בכך שמיניות מזדמנת היא ריקנית. לעומת זאת, אדם המשתייך לשיח ההשגבה, עוטף את חוויות המיניות שלו, שאין בה דבר מלבד רובד אסתטי, באשליה של עומק ורוחניות. אדם כזה עלול שלא לחוות בכלל את תחושת הריקנות, ואם כן, אז הוא יחווה אותה הרבה יותר מאוחר, ובאופן הרבה פחות מודע והרבה יותר מעורפל ופתוח לפרשנויות שונות, שרק ירחיקו אותו מההבנה של מה שחסר לו.

אני חושבת שחוויה של ריקנות היא אחת החוויות החשובות ביותר שהמין האנושי זכה בהן. חוויה של ריקנות מאותתת לנו שהנפש שלנו, הנשמה שלנו, הרוח שלנו, איך שלא תקראי לרובד ה"לא־רק־פיזי" של הקיום שלנו, זה שמבדיל אותנו מבעלי חיים חמודים, רוצה יותר. חוויה של ריקנות היא הסימפטום הבסיסי ביותר של חיי פשרה. החוויה של הריקנות חיונית לנו כדי לזהות שהנפש שלנו מתפשרת על הרבה פחות ממה שמגיע לה. אדם שחי חיים של פשרה בהקשר הרוחני, הרגשי והנפשי, יחווה ריקנות, והריקנות הזו פשוט תכריח אותו לחפש. לפעמים הוא יחפש עוד מאותו דבר, ולפעמים הוא יתחיל לחפש משהו אחר.

מתוך מעקב מתמשך אחרי מדורי ה"סלבס" במדיה הפופולרית, אני שמה לב שחייהם של ידוענים רבים, זמרות, זמרים, שחקנים, דוגמניות, בארץ ומעבר לים, נקלעים פעמים רבות למשבר נפשי. התמוטטות עצבים איננה התרחשות נדירה כשמדובר בחייהם של סלבס. לאחרונה פורסמה כתבה על עשרים ידוענים ששיתפו את העולם במשבר הנפשי שהם חוו. עברתי על הרשימה אחד־אחד ואחת־אחת, וגיליתי שרובם ככל הנראה משתייכים לשיח המתירני, בהופעה שלהם, בסגנון המוזיקה שלהם, ובשפה הוויזואלית שבה הם מצטלמים. מדובר באנשים שבוחרים בחיים שהם עצמם מגדירים אותם "ריקניים אבל משובחים" (זוכרת את וודי אלן?). מבלי להתיימר לשער מהן הסיבות האישיות למשבר הנפשי של כל אחד מהם, אני חושבת שייתכן שהשיח המתירני מייצר משברים נפשיים רבים יותר בקרב המשתייכים אליו. ובמובן מסוים, טוב שכך. אין כמו משבר נפשי כדי לפגוש סוף־סוף את הנפש שלך ולשאול אותה אחת ולתמיד: "מה **את** מבקשת מהחיים האלה?".

לעומת זאת, ידוענים אחרים שחיי המיניות המזדמנת שלהם מוקפים ב"עומק בגרוש", גם לאחר גירושין מספר ארבע עדיין מדברים על איך השלום הפנימי שלהם תלוי רק בהם ולא בשום בן או בת זוג. הם מספרים את זה לנו, הקוראים, וגם למיצי שלהם שמתפקדת כקשר היציב היחיד בחייהם, וגם למקרר בארבע בבוקר, לאחר ששוב, משום מה, הם לא הצליחו להירדם. כל יום אחר הצוהריים הם מוצאים את עצמם "מרוסקים על הספה" ולא יודעים לשים את האצבע על מה הבעיה. הרי המיניות החד־פעמית של אתמול בלילה הייתה מפגש בין שתי

נשמות (אפילו שאלתי אותה אחר כך: "**נשמה**, להזמין לך מונית"?), לא יכול להיות שהנשמה שלי מרגישה שחסר לה משהו. אולי אני אלך מחר לסדנת טנטרה, כנראה המיניות אתמול לא הייתה מספיק רוחנית...

אומנם, לא כל מי שחווה "ריקנות משובחת" או "עומק בגרוש" זוכה לחוות ריקנות. לא בטוח שמתן יחוש אי־פעם ריקנות, לא בשנות רווקותו ההוללת, ולא לאחר שיתחתן עם בחירת ליבו. יש אנשים שחיים חיים מלאים בתחומים אחרים, ולכן המיניות המזדמנת לא מפריעה להם לחוש מלאות באופן כללי. אבל גם יש אנשים שהסיבה לכך שהם לעולם לא יחוו חוויה של ריקנות היא שהנפש שלהם לא רחבה מספיק, לא עמוקה מספיק, כדי להרגיש חסר. אדם שבמבה מספיקה לו כדי לשבוע לא יודע תחושת רעב, לא יודע מה הוא מפסיד, ולכן אין סיבה שיחוש כמיהה למשהו אחר. ובכל זאת, אני רוצה בפרקים הבאים לספר לו מה הוא מפסיד. כי אני חושבת שמגיע לו יותר מבמבה (ולא שיש לי משהו נגד במבה. אבל יש לי משהו נגד ניתוק הקשר בין מיניות לבין ברית).

אבל לפני כן, עלינו לטפל בשיח האחרון שנותר לנו מתוך ארבע הגרסאות של שיח השחרור המיני, שיש לי תחושה שהוא הנפוץ ביותר כיום בעולם המערבי: שיח הטריוויאליזציה־אדישות.

פרק 71

אחי, אתה חייב לצפות בדבר ה"לא ביג דיל" הזה...

ביקורת על שיח הטריוויאליזציה־אדישות

רוצים סקס? חכו עד אחרי הדייט החמישי

"חוק הדייט השלישי" קובע שצריך להמתין לפחות שלושה דייטים עד שנכנסים למיטה. כעת, סקר חדש מבקש שתחכו חמישה דייטים בשביל סקס, ולפחות חודשיים עד שתוכלו להצהיר בפני החברים שלכם שאתם בזוגיות.

זוהי כותרת מתוך כתבה שפורסמה ב־ynet, הפורסת בפנינו את תוצאותיו של סקר שנערך בשנת 2016 על אלפיים צעירים באמריקה. הצעירים נשאלו מהו לדעתם התזמון הנכון ביותר עבור התנהגויות שונות במהלך הקשר. מתוך הממוצע של אלפיים התשובות שהתקבלו, עולה הרשימה הבאה, שקיבלה את הכותרת: "חוקי הדייטים החדשים":

5 דייטים: אפשר לעבור למיטה

5 שבועות: אפשר כבר לדבר על דת ופוליטיקה

6 שבועות ו־5 ימים : אפשר לדבר על הפלות - בעד או נגד

8 שבועות: מזל טוב! אתם יכולים להכריז שאתם רשמיים

2 חודשים: אפשר לדבר על עבר פלילי

2 חודשים ו־3 ימים: אפשר להזכיר את האקסית

2 חודשים ועשרה ימים: אפשר לבקר את הסטייל, ההופעה והשיער של הפרטנר/ית

2 חודשים ו־17 יום: אפשר להעביר ביקורת על המשפחה של החבר/ה

2 חודשים ו־19 יום: אפשר להציג את הרכש החדש בפני החברים

3 וחצי חודשים: אפשר לדבר על ילדים עתידיים

4 חודשים: אפשר להכיר לו או לה את המשפחה

4 חודשים: אפשר להתגלח לידה

5 חודשים: אפשר להתחיל לשאול כמה הפרטנר/ית מרוויח/ה

23 חודשים: אפשר להתחיל לשקול אירוסין

האם שמת לב למשהו מוזר? מצד אחד, המיניות נמצאת ב"תחתית שרשרת המזון", כלומה, הדבר הכי זול, השלב הכי לא משמעותי בקשר, שהכי לא צריך לעשות ממנו עניין, הוא המיניות. לפי הרשימה הזו, שמבוססת על סקר ענק, ולכן ייתכן שהיא מייצגת את אורח החיים הנפוץ בארצות הברית בשנים האחרונות, הרבה יותר "ביג דיל" להתגלח ליד בת הזוג, לשוחח על פוליטיקה, או לפגוש את החברים

של בן הזוג, מאשר לקיים יחסים. מצד שני, "משום מה", הכותרת של הכתבה התמקדה בנושא הכי "לא ביג דיל". אם יחסי מין הם כל כך סתמיים עד שאפשר (ולכאורה רצוי) להתחיל לקיימם כבר לאחר חמישה דייטים בלבד, מדוע הכותרת לא בחרה להתמקד במשהו יותר משמעותי, יותר טעון? מדוע לא לכתוב בכותרת: "רוצים לדבר על דת ופוליטיקה? חכו חמישה שבועות", או "רוצים לדעת כמה היא מרוויחה? חכו חמישה חודשים".

התשובה ברורה. כותרת שעוסקת במיניות מושכת הרבה יותר קוראים, הרבה יותר מסקרנת והרבה יותר טעונה מאשר כותרת שעוסקת בשיחות על דת ופוליטיקה. מוזר, לא? מצד אחד המיניות היא לכאורה כל כך סתמית, כל כך לא ביג דיל, ומצד שני, היא עדיין נבחרת לככב בכותרות, על פני כל האפשרויות האחרות.

הסתירה המגוחכת הזו מאפיינת את שיח הטריוויאליזציה־אדישות באופן תמידי. שיח האדישות מנסה לטעון שוב ושוב שמיניות היא לא משהו שצריך לייחס לו ערך מיוחד, בדיוק כמו אכילה במסעדה טובה או בילוי. לפעמים, תוך כדי הטענה הזו עצמה, שיח האדישות סותר את עצמו ומראה עד כמה המיניות היא מאוד ביג דיל. בואי נראה עוד כמה דוגמאות לכך.

זוכרת את הדוגמנית מפרק 20 שפלג גופה העליון נחשף בזמן תצוגת אופנה, והיא זכתה לתשבחות על כך שהגיבה באופן "קול", בלי להפגין בושה, כי "מה בסך הכול קרה"? מעניין מאוד שסרטון הפאשלה שלה הפך לוויראלי. הכתבה ב־ynet מסבירה באופן מטופש ביותר את הפופולריות של הסרטון, בכך שאנשים רבים העריכו את הדוגמנית על כך שלא עשתה ביג דיל מגופה החשוף. לא מותק. לא נראה לי שהסרטון הופץ בוואטסאפים שונים ברחבי העולם תחת המשפט: "אחי, אתה חייב לצפות בסרטון ה'לא ביג דיל' הזה!".

בעולם המערבי, מיניות היא גורם מספר אחת להעלאת רייטינג. "הבאת צופים חדשים לענף!" התלהבו הגולשים ממחליקת קרח שהחליטה במהלך המופע שלה להישאר בהלבשה תחתונה בלבד, מה שגרר גל של חקייניות שמיהרו גם הן להתפשט בזמן מופע הקרח האמנותי ("וואלה", מדור ספורט).

קבלי עוד פרט טריוויה חשוב מאין כמוהו: הידעת שחנות האפליקציות של אפל, שבה רוכשים מיליוני אנשים אפליקציות מדי יום ברחבי העולם, קרסה רק פעם אחת? זה קרה כשקים קרדשיאן, ידוענית ריאליטי אמריקאית הידועה בעיקר בזכות בגדיה החושפניים ותמונות העירום שלה, השיקה אפליקציה חדשה: אימוג׳יז של איברי מין, שניתן להוסיף לכל סמארטפון ולשלב בכל הודעה או סטטוס. ״בנקודה מסוימת, נרשם כי 9000 איש מורידים את האפליקציה בכל מאית שניה״, מספרת לנו הכתבה הנלהבת ב־ynet. כמעט מיליון הורדות בשנייה. בקטנה, ממש לא ביג דיל. כשמרקס, המהפכן היהודי־גרמני הנודע, כתב במאה התשע־עשרה את המשפט החתרני ״פועלי כל העולם התאחדו״, הוא כנראה לא ידע שיש דרך הרבה יותר פשוטה לגרום להמונים להתאחד למען מטרה משותפת: אפליקציה של אימוג׳יז־איברי־מין וכולם מתייצבים. ועוד דוגמה:

> אנה (שם בדוי), מפגינה נוספת שבחרה לחשוף את גופה בהפגנה, סיפרה מה עומד מבחינתה מאחורי הצעד הזה:
>
> בתחילת שבוע שעבר הייתה מפגינה חשופת חזה, והיא זו שהכי זוכרים מכל המפגינים. מכל מי שהיה שם, זכרו את החזה שלה. כנראה שלמסרים שאנחנו מעבירים לא מקשיבים, אם בסופו של דבר מסתכלים על החזה. אז החלטנו להגיע חשופות חזה עם המסרים שהכי בוערים בעינינו. אנשים ממש הביאו לנו את השלטים שלהם כי הם הבינו שאותנו מצלמים. כלומר, אם נחזיק שלט עם מסר, יצלמו אותו.

הקטע הזה לקוח מתוך כתבה ב ynet שסיקרה את ההפגנות בתקופת הקורונה. מפגינה אחת יצרה הד תקשורתי אדיר כאשר צולמה יושבת חשופת חזה על פסל סמל המדינה, מול מעון ראש הממשלה. בעקבותיה החלו נשים נוספות לחשוף את גופן בהפגנות. אנה, המרואיינת, היא אחת מהן.

את המחאה העירומה ליווה דיון סוער במדיה. חלק קראו לזה אמנות מכובדת (כמו בשיח ההשגבה) חלק נקטו בסלאט שיימינג ובִיישו את הנשים החשופות (כמו בשיח המתירני), חלק הסבירו שהחזה הנשי הוא איבר טבעי בדיוק כמו הפנים (כמו בשיח ההכחשה), וחלק טענו שהחזה הנשי הוא מיני, אבל אז מה?

(כמו בשיח האדישות). אני כבר מדמיינת את הצלמים משאירים את החבורה הזו להתווכח על המשמעות של העירום הנשי, בזמן שהם מחפשים עוד מפגינה חשופת חזה לאייטם הבא שלהם.

ועוד דוגמה: בפרק 20 קראנו קטע מתוך ריאיון עם הבמאית אווה הוסון, שביימה סרט שרובו עירום ומיניות של נערים ונערות. הבמאית צוטטה בראיון כך:

> **שאלה:** סקס זה אוברייטד?
>
> **תשובה:** בהחלט, וזה מגוחך ועצוב. מדהים שסקס עדיין יוצר כל כך הרבה בעיות, ונושא עמו מטען פוליטי כזה, שיכול לטלטל מדינה שלמה. חכה ותראה מה יקרה לפני השידור הטלוויזיוני הראשון של הסרט. יש פה ארגון קתולי מטורף שכבר עשה את המוות לסרטים אחרים, והוא לבטח גם ינסה לצנזר אותנו. הם הרי משוגעים לגמרי, וחבל. אני מציעה לכולם לעשות ניסוי - תלכו ערומים כמה ימים ותבינו שזה לא ביג דיל.

הבמאית נוקטת בגישת הטריוויאליזציה־אדישות באופן ברור: לא צריך לעשות עניין ממיניות, לא צריך לצנזר, תלכו עירומים, זה לא ביג דיל. שימי לב לציטוט נוסף שלה בהמשך הריאיון:

> **שאלה:** בסרט יש הרבה אקטים מיניים, ארוכים ומפורטים, ולכן בזמן הצפייה קשה שלא לחשוב על הסיפורים מאחורי הקלעים של סרט עירום ידוע שהכוכבת שלו התלוננה לאחרונה על יחס הבמאי ואנשי הצוות אליה בעת צילומי הסצנות המיניות. איך דאגת שזה לא יקרה גם לך?
>
> **תשובה:** הייתי שחקנית בעצמי, אז אני רגישה לנושא. אמרתי לחבר'ה שעבדו איתי "אם באיזשהו שלב לא נוח לכם עם משהו, תגידו לי ונפסיק מיד". אמרתי להם גם שיחשבו על הגוף שלהם כאמצעי ותו לא. שיבינו כי הם לא שמים את עצמם או את האינטימיות שלהם מול המצלמה, אלא את הגוף שלהם כאובייקט. אני חושבת שכל זה שם אותם באזור נוחות. חוץ מזה, גם אם בתחילה כולם התרגשו מזה שהם צריכים להיות

> עירומים כל הזמן, בשלב די מוקדם זה כבר עבר להם, והם הבינו שלהיות לבוש או להיות עירום זה אותו דבר.
>
> **שאלה:** ובאמת לא נשמעו נגדך כל תלונות, וזאת בניגוד למה שקרה עם במאים אחרים של סרטי עירום. אולי קולנועניות פשוט יודעות טוב יותר איך להתייחס לגוף ולנשמה של מי שעובד איתן?
>
> **תשובה:** אני בהחלט מכירה קולנוענים סוטים שמענגים את עצמם מול המוניטור בזמן הצילומים או מול חומרי הגלם בחדרי העריכה. אצלנו, חוץ ממני, חלק ניכר מן הצוות היה נשים ואני חושבת שזה בהחלט תרם רבות, והרגיע לא רק את מי שמול המצלמה אלא גם אותי. תאמין לי, העירום הקולקטיבי כאן לא שעשע אותי אלא הפחיד אותי, כי הדאיג אותי איך השחקנים והשחקניות יתמודדו אתו. ממש לא ששתי לקראת סצנות העירום הקבוצתי. מבחינתי, זה לא היה כיף אלא האתגר הגדול של חיי.

רגע, וואו, ממש לא הבנתי. אם המיניות היא לא ביג דיל, כמו אכילה במסעדה, איך זה בדיוק מסתדר עם המטען הכל כך מורכב שצילומי העירום נושאים איתם? "אם באיזשהו שלב לא נוח לכם, המרק מלוח מדי, הכפית של המוס גדולה מדי, תגידו לי ונפסיק מיד". "תחשבו על הסושי כאמצעי ותו לא. בזמן אכילת הסושי, אתם לא שמים את עצמכם או את האינטימיות שלכם מול המצלמה, אלא את הסושי כאובייקט". "אני בהחלט מכירה קולנוענים מפוקפקים שמסתגרים בחדר העריכה ובשלב של אכילת הפטוצ'יני המוקרם הם...". "לכן אצלנו הצוות היה מורכב בעיקר מאנשים רגישים לנושא של פטוצ'יני". "תאמין לי, הסעודה המשותפת כאן לא שיעשעה אותי, אלא הפחידה אותי. הדאיג אותי איך השחקנים והשחקניות יתמודדו איתה. ממש לא ששתי לקראת הסצנות שבהן כולם לוקחים מהצלחת המרכזית. מבחינתי זה לא היה כיף אלא האתגר הגדול של חיי".

שיח האדישות קורס לחלוטין ברגע שהוא נאלץ להתמודד עם המציאות. אותם אנשים שטוענים שמיניות היא לא ביג דיל, פעמים רבות מוכיחים, בכלל בלי לשים לב, שמיניות היא ורי ביג דיל. בנוסף, שיח האדישות לא

מסתדר עם העובדה שלפיה פגיעה מינית נחשבת כיום (ובצדק) לפגיעה שהיא כמעט החמורה ביותר. אין לשיח האדישות שום דרך להסביר מדוע אישה שנפגעה מינית לוקחת את זה יותר קשה מאישה שגנבו לה את הסנדוויץ' מהתיק. האם, לפי במאית הסרט, אישה שנפגעה מינית אמורה לא לעשות מזה ביג דיל? להתייחס לזה כמו גניבת סנדוויץ'? כמובן שלא. אם הבמאית הייתה חושבת כך, היא לא הייתה טורחת למגן את השחקנים שלה בשכפ"צ של אדישות.

בנוסף, שימי לב למחיר שמשלמים השחקנים על מנגנון ההגנה שהם עטו על עצמם: "בהתחלה כולם התרגשו... אבל בשלב די מוקדם הם הבינו שלהיות לבוש או ערום זה אותו דבר". זהו. שיח הטריוויאליזציה־אדישות אכן הצליח ליטול מהאנשים המשתייכים אליו את המתח, הסוד, המיסתורין וההתרגשות שכרוכה בחשיפת הגוף, אבל הוא כנראה לא באמת הצליח ליטול מהמיניות את המטען הגדול שהיא נושאת בחובה.

אנשים רבים בעולם המערבי עושים עניין גדול מאוד ממיניות, מפרקים קשרים על מיניות "לא בשמיים", וזקוקים לאמצעים חיצוניים כדי לרענן את החוויה המינית. כלומר, המיניות עדיין חשובה להם מאוד, אבל הטריוויאליזציה שלה הפכה אותה ללא־מרגשת מבחינה פיזית ורגשית. כשגוף חשוף הוא בדיוק כמו גוף לבוש, זה משעמם. ובאמת, נראה שכתוצאה משיח האדישות, ההנאה הפיזית נפגעת, כלומר, הרובד האסתטי של המיניות נפגע, אבל הרובד שהוא מעבר לאסתטי, הרובד של המשמעות, של "מה זה אומר לקיים יחסים", לא מצליח לעבור טריוויאליזציה, חרף כל המאמצים של השיח המערבי להפוך את המיניות ללא ביג דיל. קחי למשל את הדוגמה הבאה:

שוב עשיתי את הטעות הזו ושכבתי איתו

> "נמאס לי!" אומרת מיטל. כשהיא אומרת את זה, קולה רועד וזווית הפה מתעקמת ומבשרת על הדמעות שהיא כל כך רוצה להחניק. "שוב עשיתי את הטעות הזאת ושכבתי איתו!", היא פותחת לבסוף. "קמתי בבוקר עם תחושת בחילה נוראית וידיעה

ברורה ששוב הרסתי ושכעת אין מצב שהוא יתקשר. לא ברור לי איך אני עושה את זה לעצמי כל הזמן!".

מיטל כבר יודעת שמרוב רצון שזה יצליח היא מתקדמת מהר מידי עם הגברים שהיא פוגשת לעבר הסדינים. שם, במיטה, היא משחקת תפקיד של מישהי שבטוחה בעצמה, ואפילו לרגעים היא אכן מרגישה רצויה ושווה, אך כשזה נגמר והשחר עולה, מתחיל להיפער החור הגדול של הריקנות שמביא את המחשבות שמצליפות בביקורת עצמית נוקבת: "איך שוב הגעת למצב הזה" ו"שוב הרסתי ובטח הוא חושב שאני סתם עוד אחת" (מתוך מדור ynet יחסים).

כל מי שנחשפה אפילו מעט למדיה המערבית מכירה את המיתוס על "הטעות" (שמשום מה רק נשים חשות עליה אשמה) של להגיע מהר מדי לשלב קיום היחסים. המיתוס הזה כל כך ידוע, שהוא כבר סוג של קלישאה. הקלישאה הזו לא הייתה משגשגת כל כך אילו קיום יחסים היה באמת "סתם עוד סוג של בילוי". אף פעם לא נתקלתי בטקסט או בסצנה קולנועית שמתארת זוג שיצא לדייט ולאחר מכן האישה ממלמלת בתסכול: "שוב עשיתי את הטעות הזו ואכלתי איתו פרוזן יוגורט". מעולם גם לא שמעתי על אישה או גבר שחשים תחושת ריקנות לאחר אכילת פרוזן יוגורט משותפת, ורוב הסיכויים שאם אישה תיענה להזמנה של גבר לאכול איתו פרוזן יוגורט, היא לא תסמס אחר כך לחברה שלה: "שוב אכלתי איתו פרוזן בדייט הראשון, הוא בטח הוא חושב שאני סתם עוד אחת".

אין לי ספק שמה שעבר בראשה של מיטל באותן פעמים שבהן היא קיימה יחסים עוד לפני שהקשר התחיל, זו מחשבה כמו: "למה לעשות מזה ביג דיל, אם שנינו רוצים אז למה לא?". שיח האדישות דחף את מיטל למיטה, והסתלק משם מיד אחר כך, מבלי שיוכל לתת שום הסבר להרגשת הריקנות, לתחושת ההוזלה העצמית של מיטל בעיני הפרטנר, ולחשש שלה ש"הוא לא יתקשר".

והנה עוד דוגמה (שאני נאלצת לצטט אותה מהזיכרון כי נתקלתי בה לפני שנים וכיום לא הצלחתי למצוא אותה בגוגל):

> לפני שנתיים בעלי ביקש לנסוע לתאילנד עם חברים שלו. הסכמתי. כשהוא חזר אחרי שבועיים, הבנתי ממנו שהוא היה שם עם נשים. לא עשיתי מזה עניין. מבחינתי מה ההבדל בין זה לבין ללכת למסעדה טובה? אז הוא הלך למסעדה טובה בלעדיי, מה הביג דיל?
>
> עכשיו הוא מבקש ממני שוב לנסוע לחו"ל עם אותם חברים. אני מרגישה שאני לא עומדת בזה. נכנסת לחרדה. מרגישה שאני עומדת להתפרק.
> מה לעשות?
>
> (מתוך פורום "חיי נישואין").

כשקראתי את הטקסט הזה בזמנו, אני זוכרת שמעבר לתחושת הזעזוע והחמלה על אותה אישה, לא הבנתי איך הטקסט שלה מסתדר עם עצמו. איך היא לא שמה לב לקפיצה המטורפת שהיא עושה מהחלק הראשון של דבריה לחלק השני. בחלק הראשון היא אומרת שזה לא ביג דיל, ובחלק השני היא מרגישה שהיא עומדת להתפרק, ואין שום ניסיון לגשר על הפער הזה ולהסביר מה נשתנה. זה נראה כאילו היא לא מודעת לסתירה שבין המחשבה ש"זו רק מסעדה טובה", לבין התחושה שהיא לא עומדת בזה.

אני חושבת שדבריה של האישה הזו מעלים על פני השטח את הסתירה הפנימית של שיח הטריוויאליזציה־אדישות בכל מה שנוגע למושג הנאמנות הזוגית והבגידה. לא הבנתי איך הדבר הלא־משמעותי הזה שעושים כבר בדייט חמישי הופך להיות הקריטריון היחיד כמעט למה שהופך מישהו מאדם ש"סתם יצא לבילוי", לאדם שבגד באשתו. אני לא אזוז מכאן עד ששיח האדישות יענה לי: אם קיום יחסים זה לא ביג דיל, מדוע, אצל הרוב המכריע של הזוגות כיום בעולם המערבי, ההגדרה הבלעדית של בגידה היא מגע מיני?

אני מחכה לשמוע מה יש לשיח האדישות לומר להגנתו, ונראה שהוא לא ממש מצליח למצוא תשובה. לבסוף אני שומעת אותו ממלמל כמה דברים על נישואין פתוחים. בסדר, אני אומרת לו, בוא נראה אם כל אלפיים הצעירים שענו על הסקר, הממקמים את המיניות במקום הראשון ברשימת הדברים שלא צריך

לעשות מהם עניין, דוהרים בחדווה אל עבר האפשרות של נישואין פתוחים. בוא נראה אם מיטל וכל הנשים שמזדהות איתה קופצות על הרעיון של נישואין פתוחים, והאם כל אותם גברים שלא התקשרו אליהן אחרי הדייט הראשון שהסתיים במיטה מעוניינים שנשותיהם יקיימו יחסים עם גברים אחרים.

אתה יודע מה, אני אומרת לשיח האדישות, בוא נזרום איתך לרגע. נניח שהגישה שלך משתלטת על העולם, וזה באמת מצליח לה. נניח שאנשים מפסיקים **באמת** לעשות עניין ממיניות. האם זה מה שאנחנו רוצים?

> איכשהו, החברה שגדלתי בה חינכה אותי להאמין שזה אסור. אבל כשבדקתי את זה גיליתי שהאיסור מגוחך. זה כולה יחסי מין, חברים. כל עוד הם נעשים בהסכמה, לחלוק אותם עם הרבה אנשים זה טבעי בדיוק כמו לחלוק מזון עם הרבה אנשים. כמו שעשו אבותינו לפני שנייה ורבע של אבולוציה (מתוך כתבה שפורסמה במאקו, ששמה "אז שכבתי עם מישהי בזמן שארוסתי שכבה עם מישהו מול העיניים שלי, אז מה קרה").

ארוסתי?!?! אני חוטפת בחילה מהשימוש במונח הזה במסגרת המשפט הקודם. אני אפילו לא יכולה להעלות בפנייך כרגע את האסוציאציות היהודיות של המילה "אירוסין", "ארוסתי", "וארשתיך" וכו', כי ההדהוד של המשפט הקודם גורם לי לתחושה של חילול. כנ"ל לגבי המילה "אבותינו". אלו ה"אבות" שלך? האבות הקדומים שאליהם אתה נושא את עיניך? לא צריך לטעון שדרווין טעה כדי לחפש מודל אחר של "אבותינו". "ארוסתי", הוא אומר. זה מושג האירוסין שלך? האם אתה בכלל יודע מה זו אהבה? מה זו ברית? מה זו דעת? מה זה לדעת אישה?

אם את שותפה לבחילה הזו, אז אני מברכת אותך. זו תחושה חשובה מאין כמוה, כי היא תעזור לך לשלול את האופציה הזו כשרוב האנשים סביבך לא יבינו "מה הביג דיל". שיח הטריוויאליזציה־אדישות הוא מבחיל, הוא מדרדר את הקשר האנושי לדרגה נמוכה יותר מזו של קופים־מדברים, ולדעתי הוא מסוכן יותר מהשיח המתירני. השיח המתירני מצהיר על עצמו כ"מלוכלך", הוא משדר רדידות ולכן דוחה מתוכו אנשים שלא מתחברים למיניות נמוכה.

לעומת זאת, שיח האדישות משתמש במילים שהיום מאוד נעים לנו להזדהות איתן, כמו "טבעי".

"מיניות זה דבר טבעי" הוא משפט שאפשר כיום בקלות לשמוע בקרב הורים ואנשי חינוך שמנסים להבריא מהפוריטניות ולחנך למיניות בריאה יותר. אבל "מיניות זה דבר טבעי" הוא גם המשפט מספר אחת שנאמר על ידי נערים ונערות דתיים שמחליטים להפסיק לשמור את המגע המיני לברית הנישואין. אני רוצה לשאול את ההורים והמורים הללו האם הם יודעים לאיזה שיח הם משתייכים בעל כורחם, כאשר הם מצטטים את הסיסמה הזאת. ואת אותם נערים ונערות אני רוצה לשאול האם הם מודעים להשלכות של הניסיונות שלהם להפוך את המגע המיני ל"לא ביג דיל". אני לא חושבת שיש הרבה אנשים בעולם שמסוגלים להגיע לבריאות נפשית, לאהבה עמוקה, לתחושות של סיפוק, מלאות ומשמעות, תחת חיים זוגיים שהמודל המכונן שלהם הוא יחסים בין קופים. בהצלחה לכם עם זה.

משיכה מינית היא דבר טבעי, להיות "סובייקט מיני" זה טבעי. לרצות לגעת באדם שמושך אותנו מבחינה פיזית, כמו גם לגעת באדם שאנחנו אוהבים, זה דבר טבעי. אבל **לממש** את המיניות באופן "משוחרר" זה ממש לא טבעי, לפחות לא במובן שבו שיח האדישות משתמש במילה טבעי, כמילה נרדפת ל"לא ביג דיל". אני רוצה לשאול את המשתייכים לשיח האדישות, שהם ככל הנראה קבוצת הרוב כיום בעולם המערבי: האומנם אין במעשה המיני **האנושי** שום דבר אובייקטיבי שהופך אותו לבעל משמעות? האם אין פה שום דבר אישי או טעון, עוד לפני שהתרבות העמיסה על המעשה הזה משמעויות?

גם מבלי שיהיו רגשות מעורבים כאן, המעשה המיני כרוך בחשיפה כל כך טוטאלית: כל חמשת החושים מתערבבים בחמשת החושים של האחר, אנו רואים, שומעים, מריחים, טועמים ונוגעים ברבדים הגופניים הכי כמוסים של האחר, ועל הדרך גם מקווים לחוות עונג שכרוך באובדן שליטה על התגובות שלנו. איך זה בדיוק "לא ביג דיל"? קשה לי להאמין שהאנשים באמת מצליחים להיפטר מהמשמעויות הטעונות של המיניות, מבלי להכחיש את עצמם.

ואכן, אני חושבת ששיח הטריוויאליזציה־אדישות איננו השיח המאתגר במיוחד אנשים דתיים. אנשים דתיים בדרך כלל לא מתחברים לרעיון שמיניות היא "לא ביג דיל". לכן לדעתי, דתיים שמחליטים להפסיק לשמור נגיעה במובן המיני בדרך כלל לא פונים לשיח האדישות, אלא לשיח אחר. אנשים בעלי זהות דתית שבוחרים שלא לשמור נגיעה, בדרך כלל לא פונים לאפיקים של מיניות מזדמנת, אלא מממשים את המיניות שלהם (גם אם באופן חלקי), רק כשמדובר בקשר זוגי מחייב, כמו חבר וחברה.

זהו השיח השמרני החילוני, שמחפש מיניות בעלת ערך גבוה, אבל סבור שהערך הגבוה של המיניות מושג אך ורק בהקשר של אהבה ומחויבות. השיח השמרני החילוני נתפס בטעות כדומה לשיח היהודי הבריא. בחלק הרביעי של הספר, שאליו אנחנו מגיעות מיד, נתמודד איתו ונסביר מדוע הוא הרסני. אך לפני כן, כמה מילים על הציווי החשוב ביותר שכל המאמינים באלוהי השחרור המיני חייבים לקיימו: "השתחרר מינית תכף ומיד!".

פרק 72

השתחרר מינית תכף ומיד!

ביקורת על שיח השחרור המיני

הרשימה שראינו בפרק הקודם ממקמת את המיניות בתחתית שרשרת המשמעויות. המיניות צריכה להתרחש כבר בדייט החמישי, הרבה לפני התרחשויות אינטימיות אחרות שלא קשורות למיניות. למעשה, הטבלה הזו לא מייצגת אך ורק את שיח האדישות, אלא יכולה להתאים גם למי שמשתייך לשאר הגרסאות של שיח השחרור המיני. גם כשהמיניות היא "נמוכה אבל מהנה", וגם כשהיא נתפסת כ"נשגבת", אין סיבה להמתין איתה יותר מחמישה דייטים. נכון?

שיח השחרור המיני (על כל גרסאותיו) מצפה מאיתנו לעבור למיטה בדייט החמישי. אומנם, טבלת "חוקי הדייטים החדשים" מתנסחת כך: "חמישה דייטים -

אפשר לעבור למיטה". שיח השחרור המיני בוחר במילה "אפשר", כאילו זה עניין שנתון לבחירה של בני הזוג. אבל זו טעות. האמת היא שלפי שיח השחרור המיני, זה לא "אפשר", אלא "רצוי", ואפילו "חובה".

איך אני יודעת?

קודם כול, כי אני לא זו שהשתמשה במילה "חוק" כדי לתאר את הרשימה הזו. "חוקי הדייטים החדשים" הוא הניסוח שהשיח עצמו בחר להשתמש בו. וזה בדיוק כמו שזה נשמע: חוק. מי שעוברת על החוק הזה היא מוזרה ויוצאת דופן, ואפילו לא נורמלית.

לפני כמה שנים קראתי כתבה באתר ישראלי פופולרי. זה היה עוד לפני שהתחלתי לשמור כתבות. לצערי לא הצלחתי למצוא אותה כיום, ואם היה לי תקציב הייתי מכריזה על פרס של מיליון דולר למי שימצא אותה. אני בטוחה שחלק מהקוראים פשוט לא יאמינו לי שהכתבה הזו אכן אמיתית.

כותרת הכתבה הייתה משהו כמו "אף אחד לא יקבע בשבילך מתי את מוכנה". הכותבת יצאה נגד ה"חוקים" המקובלים בזמנו, שלפיהם אמורים להיכנס למיטה בדייט **השלישי** (הידעת שהלכות השחרור המיני היו פעם מחמירות יותר? כיום, לשמחתנו, יש גישות יותר מקילות שנותנות לך ולבן זוגך זמן עד הדייט החמישי).

לאורך כל הכתבה הופיעה ביקורת נוקבת על העובדה שנשים כיום נדרשות להתמסר מבחינה מינית לאדם שהן מכירות בסך הכול שלושה דייטים. הכותבת טענה שהנורמה הזו פוגעת ברומנטיקה, שהיא לא מתחשבת בקצב הטבעי והאנושי של פיתוח האינטימיות בין בני זוג ושהיא גורמת לנשים להיפגע. היא חזרה שוב ושוב על האמירה: הקשיבי לעצמך. רק את יודעת מתי את מוכנה (להיכנס למיטה). אל תתני לאף אחד, ולאף נורמה, להכתיב לך את הקצב.

מאוד שמחתי לראות כתבה כזו באתר שבדרך כלל מעודד מיניות מזדמנת. שמחתי לגלות שיש קולות בתוך השיח המערבי שמוכנים להכיר בכך ששיח השחרור המיני לא בדיוק "משחרר", אלא מכפיף את הנתינים שלו לחוקים נוקשים. שמחתי לראות שגם בעולם המערבי כבר מבינים שצריך כתבה שלמה כדי "לשחרר" אנשים משיח השחרור המיני. שצריך להמציא סוג של "שיח

שחרור משיח השחרור המיני". ואז הגעתי לפיסקה האחרונה (כאמור, אני מצטטת מהזיכרון):

> אנשים רבים שואלים אותי, נו, אז מתי את כן ממליצה להיכנס למיטה? אם לא אחרי שלושה דייטים, אז מתי כן? ועל כך אני עונה שהשאלה הזו לא רלוונטית. זו שאלה שכל אישה צריכה לשאול את עצמה ולענות עליה בעצמה לפי מה שמתאים לה. אבל אם אתם בכל זאת מתעקשים, אגיד לכם את דעתי. לדעתי בדייט החמישי זה כבר מתאים. הדייט החמישי הוא כבר די והותר כדי שתוכלו להרגיש מספיק בטוחים כדי לקיים יחסים. זה לא לעניין לדחות את היחסים לאחר הדייט החמישי. אם יש מישהי שרוצה לדחות את היחסים אפילו לאחר הדייט החמישי, על אישה כזו נאמר (וכאן הכותבת הכניסה תיאור מבזה של אישה שכל מה שהיא רוצה זה "לייבש" את הגבר שלה. או משהו כזה).

הסתכלתי מיד טוב־טוב כדי לראות באיזה מדור מדובר. אולי נקלעתי בטעות למדור "סאטירה" בלי ששמתי לב. אולי זו כתבה צינית, אולי לא הבנתי נכון. אולי הפיסקה האחרונה היא איזשהו סוג של "פאנץ' ליין" שאמור לגרום לי לצחוק.

לא. זו הייתה כתבה רצינית לגמרי. ואם תגידי לי, "אוקיי, זה מקרה חריג, אבל בדרך כלל הכתבות מהסוג הזה לא מסתיימות בצורה כל כך מוזרה. כיום זה שיח מאוד מקובל בעולם המערבי, לומר לאישה שרק היא תחליט מתי להיכנס למיטה, מתי לאבד את הבתולין, וכדומה", אז אני אסכים איתך שזה שיח מקובל, אבל הוא כנראה לא ממש מצליח.

רוב הנשים מכירות היטב את שיח "דימוי הגוף החיובי", שאומר שלהיות מלאה זה לא דבר שלילי, ושאידיאל הרזון מדכא אותנו. זה לא מצליח לו. כמו שרוב הנשים בימינו לא מתחילות להשמין בכיף כי אומרים להן ש"מותר לך להיות מלאה", כך רוב הנשים בימינו לא מחכות עם קיום יחסים רק כי אומרים להן ש"מותר לך להקשיב לעצמך". יש כוחות יותר חזקים שמופעלים עלינו. לכוחות הללו קוראים בטעות "שיח השחרור המיני". בעצם היו צריכים לקרוא להם "שיח החיוב המיני", או "שיח המשטור המיני".

איבוד הבתולין בחברה המערבית הפך להיות משימה שצריך לצלוח אותה עד סוף התיכון. בחורות בנות 20 כותבות בגילוי לב שהן "מודות" בכך שהן עדיין בתולות. אם את צריכה "להודות" בזה, סימן שזה פאדיחה. סימן שאת לא נורמלית.

"כן, אני בתולה. בתולה בת 23". מילות הפתיחה הללו, של כתבה העוסקת ב"וידוי של בתולה", הן מובנות לנו. הן לא נראות לנו מוזרות. וזה עצוב. מעולם לא ראיתי באתרים המערביים כתבה שפותחת במילים "כן, אני לא־בתולה. לא־בתולה בת 23". הנורמה היא חד־משמעית: לא־בתולה בגיל 23 זה נורמלי. בתולה בגיל 23 זה משהו מוזר, חריג, שצריך אומץ כדי להעז להודות בו.

תלמידתי סיפרה לי שכשהיא הייתה בצבא, חברותיה (שאינן דתיות) צחקו עליה שהיא "הבתולה היחידה בבסיס". נראה לי ש"שיח השחרור משיח השחרור" לא ממש הצליח לשכנע מאה חיילות בנות 18. תלמידה אחרת סיפרה לי שבאחת משיחות הבנות בבסיס הצבאי ששהתה בו, התוודתה חיילת אחת בפני חברתה: "אוף אני לחוצה. בא לי להקיא". "למה?", שואלת אותה חברתה. "כי הערב זה הדייט השלישי". "אהה...", עונה חברתה בהבנה וברוך, ומוסיפה, "תשמעי, אם זה לא מתאים לך אתם לא חייבים לשכב הערב". "נראה לך?!" משיבה לה החיילת.

אולי החברה שלה הייתה צריכה להראות לה את הכתבה שמתירה לה לחכות עד הדייט החמישי. שהרי, אחרי עוד שבועיים שבהם גם צפינו בסרט (דייט רביעי) וגם הלכנו יחד לבאולינג (דייט חמישי), ברור שנרגיש הרבה יותר מעוניינות, לא?

עצם העובדה ששיח השחרור המיני משתמש במונחים כמו "לחכות" עד הדייט החמישי מוכיחה לנו שיש כאן הנחת יסוד מאוד ברורה: "אתם **רוצים** לעשות את זה קודם, אבל אתם **צריכים** לחכות". אז תנו לי לגלות לכם סוד. הרבה אנשים (לא רק דתיים) לא באמת רוצים לעשות את זה בדייט החמישי. הם לא צריכים להחזיק את עצמם ו"לחכות" כאילו שיש כאן מאמצים עילאיים של המתנה. הם פשוט לא שם עדיין. וזה בסדר גמור.

המחשבה שהדייט החמישי הוא השלב שבו אמורים לממש משיכה מינית לא מכירה בעובדה הבסיסית שלפיה לפעמים בדייט החמישי אין משיכה מינית. או

שאין משיכה מינית כי בני הזוג לא מתאימים, או שתהיה שם משיכה מינית. בהמשך. פשוט לא עכשיו. פעמים רבות המשיכה המינית היא עניין של זמן. של היכרות. של קשר. של אינטימיות רגשית שהתפתחה בהדרגה ולפתע הפכה להיות משיכה פיזית, משיכה שלא הייתה שם מהתחלה.

אם את זוכרת, בפרק 36 דיברנו על שני סוגים של משיכה פיזית. הסוג הראשון - משיכה שמתעוררת בעקבות תכונות חיצוניות, והיא יכולה להתרחש גם בלי היכרות עם האישיות של האדם. הסוג השני - משיכה שלא מופיעה בהתחלה, אלא מתעוררת רק לאחר היכרות עם האישיות של האדם. זו משיכה פיזית, והיא מתבטאת בכל התחושות הפיזיות והרגשיות שמאפיינות את המשיכה מהסוג הראשון. אבל למשיכה מסוג זה בדרך כלל אין סיכוי להפוך ל"תשוקה לקפוץ למיטה" אחרי חמישה דייטים. זו משיכה שמתפתחת בקצב הרבה יותר עדין. צריך לתת לה את הזמן שלה. כמו שאת לא מכירה מישהו באופן טוטאלי תוך חמישה דייטים, כך המשיכה הזו לא הופכת לטוטאלית אחרי חמישה דייטים. זה עניין של זמן.

אבל לשיח השחרור המיני אין זמן. מבחינתו, אם תוך חמישה דייטים אין משיכה טוטאלית, אין עתיד לקשר. אני שואלת את עצמי האם האנשים המשתייכים לשיח השחרור המיני מודעים לעובדה שיכול להיות שהם הפסידו את אהבת חייהם לא פעם ולא פעמיים. אהבת חייהם זו מישהי או מישהו שלא נראים כמו דוגמנים, אבל אם רק היה "מותר" להכיר אותם יותר לעומק במסגרת של הרבה יותר מחמישה דייטים רומנטיים, המשיכה הייתה מתעוררת, ובגדול.

בעצם, שיח השחרור המיני לא רק גוזל מאנשים את האפשרות להתאהב באנשים שלא נראים כמו דוגמנים. הוא גם גוזל מהם את האפשרות לחוות משיכה מינית מהסוג השני. חוויה של משיכה מינית מהסוג השני יכולה להיות כל כך ייחודית, עמוקה ונפלאה, דווקא משום שברור שהיא מבוססת על אופי. אבל שיח השחרור המיני לא מסכים שתחכו עד שהאופי יתגלה. הוא רוצה שהמיניות תהיה מידית, אין לו זמן לשטויות כמו אופי.

היות שאנשים השייכים לשיח השחרור המיני לעולם לא יזכו לחוות במסגרת עולם הדייטים משיכה מהסוג השני, אני חושבת שזה לא יהיה מוגזם לומר ששיח השחרור המיני מדכא את המיניות. לא "שיח השחרור המיני", וגם לא "שיח החיוב המיני". אמרו מעתה: "שיח הדיכוי המיני".

<<< שמירת נגיעה:
למצוא אהבה או
למצוא את האחד?

הקדמה

אני יודעת שזה מוזר, ואולי מה שאגיד עכשיו נשמע לך מוגזם, אבל לפעמים האמת היא פשוטה: הסיכוי של מישהו לממש בחייו אהבה גדולה מהחיים, כזו שלא דועכת, כזו שהילדים היפהפיים והעצובים לא נותרים השריד האחרון ממנה, מתחיל כבר בגיל 16.

אפילו אם את צינית, ואפילו אם לא מעניין אותך לחשוב על נישואין כי את "כולה" בתיכון, זה בסדר. אפשר להיות צינית, ולא להתעניין בנישואין בכלל, ואפילו לא להתעניין בינתיים בבנים, ועדיין לאחל לעצמך, מתישהו, כשיגיע הזמן המתאים, אהבה גדולה מהחיים, לכל החיים.

בחלק הזה של הספר אנסה להראות לך למה האהבה שלך מתחילה כבר בגיל 16, אפילו עוד לפני שהכרת את "האחד" שלך. אבל לפני כן, כמה מילים.

במהלך החלק הזה אני מציגה את השיח השמרני החילוני, ומעבירה עליו ביקורת. להשתייך לשיח השמרני החילוני פירושו לשמור את ההתרחשות המינית אך ורק לקשר של אהבה ומחויבות, כלומר - זוגיות, אך לא בהכרח נישואין. תוך כדי הביקורת על השיח השמרני החילוני, אני מציגה כאלטרנטיבה את "השיח היהודי הבריא", שמעמיד את שמירת הנגיעה לנישואין כאידיאל קריטי, שאליו יש לשאוף.

שיטת הביקורת שתופיע כאן על השיח השמרני החילוני, שונה מהאופן שבו ביקרנו את השיחים הקודמים שעסקנו בהם. את כל השיחים הקודמים הכרנו באמצעות ציטוטים נפוצים, בעיקר מתוך המדיה, והראינו מהם הכשלים שמתעוררים בהם. לעומת זאת, השיח השמרני החילוני לא נפוץ כיום במדיה. בעוד שבחברה המערבית כיום, השיח הזה לא מאוד נפוץ, אני חושבת שאנשים דתיים שאינם שומרים נגיעה מתוך בחירה וללא רגשות חרטה, בדרך כלל מוצאים את עצמם מזדהים עם השיח הזה.

הספר הזה נכתב מתוך אכפתיות עמוקה לכל נערה ואישה. הוא נכתב גם מתוך אכפתיות עמוקה לבני זוגן (הנוכחיים או העתידיים), ואפילו מתוך

אהבה לילדים, ילדים שזקוקים לבית שבו אבא ואימא נשואים באהבה עד מאה ועשרים. היות שאני מאמינה ששמירת נגיעה לפני הנישואין היא קריטית לחיי הנישואין שלנו, אני מאחלת אותה לכל אדם. לכן, אם יש בין קוראי הספר הזה זוג שמתלבט האם לעבור לשיח השמרני החילוני ולהפסיק לשמור נגיעה, אני רוצה להראות להם מה הם מפסידים. משום כך, אני לא חוסכת במילים, ומציגה באופן חד־משמעי ונחרץ, את המחירים שאני חושבת שהם עלולים לשלם אם הם יבחרו להצטרף לשיח הזה.

זו גם הסיבה לכך שבחלק הזה לא נפגוש רק את היופי שקיים לדעתי בשיח היהודי הבריא, אלא גם את הסכנה שקיימת לדעתי בשיח השמרני החילוני. למרות ש"סכנה" זה דבר מאיים ואולי גם מפחיד, לא אוכל לחסוך ממך את ההצגה של הסכנה הזאת, כפי שאני מבינה אותה.

הביקורת שלי על השיח השמרני החילוני מבוססת על שיחות רבות שערכתי עם נשים ונערות שומרות נגיעה ושאינן שומרות נגיעה. העמדות שלהן יופיעו בפרק הזה בתור דמויות אמיתיות שמוצגות כאן בשמות בדויים (כמו שירה וכנרת), או בתור דמויות בדויות לגמרי (כמו גלית ויערה). באמצעות הדמויות הללו וסיפוריהן, וגם באמצעים נוספים, אני מנסה לתת הסבר לתופעה של אהבה גדולה שרק מתעצמת עם השנים. אני מנסה להסביר מה יכול להגביר את הסיכוי לנישואין טובים ומאושרים, ולחלופין, מה עלול חלילה להגביר את הסיכוי לקריסת האהבה.

ההסברים הללו הם תיאורטיים, כלומר, הם לא מתיימרים להיות הוכחה מדעית. בדרך כלל תאוריה שקשורה לעניינים של הנפש או של הרוח, לא ניתנת להוכחה מדעית. כוחה של התאוריה בתחומים הללו, נעוץ בשאלה אחת ויחידה: עד כמה היא מתקבלת על הדעת.

לכן, אם קורה לך במהלך הקריאה שאת שואלת את עצמך "מי אמר שזה נכון?", זכרי: אין כאן אמירה שזה בוודאות נכון. בכל שלב בספר שבו דיברנו על המחירים שמשלמים אנשים המשתייכים לשיח כזה או אחר, זו הייתה השערה תיאורטית, ולא מדע מדויק. כך גם כעת. אני פורסת בפנייך השערה שאני מעלה באמצעות שימוש בשכל הישר (מה שמכונה בשפת לימוד התורה: "סברה"). אני

פונה אל השכל הישר שלך, ורק הוא יקבע אם מה שכתבתי כאן נשמע לך מסתבר והגיוני, או לא. אם הדברים נשמעים לך לא הגיוניים או מוגזמים, את מוזמנת לדחות אותם. אבל אם הם נשמעים לך דווקא הגיוניים, אבל יחד עם זאת קשים, כואבים, מאיימים, מפחידים, ניתן לרכך את החוויה הזו.

למשל, במקרה שלא שמרת נגיעה וכבר חווית התרגשות מינית ממגע עם מישהו שאיננו בעלך, או במקרה שנפלת לצפייה בתכנים פורנוגרפיים, את עלולה למצוא את החלק הזה של הספר קשה במיוחד לקריאה. ייתכן שתרגישי שהרעיונות המופיעים כאן מדברים אלייך, שאת מוצאת בהם היגיון ואמת, וכתוצאה מכך את תחושי כעס על עצמך, אולי אפילו ייאוש: "לעולם לא אוכל לחוות את מה שחווה מי ששמר נגיעה. האם פגמתי באפשרות הזו אחת ולתמיד?".

התשובה שלי היא חד־משמעית: לא. לא פגמת באפשרות הזו אחת ולתמיד. עומדת בפנייך האפשרות להחזיר את הגלגל לאחור. זאת לא רק באמצעות קבלת החלטה מעשית, לשמור נגיעה מעתה והלאה, אלא בעיקר בעקבות שינוי תודעתי. כפי שתראי, האופן שבו את חושבת על המגע המיני, על המשמעות שלו, על מה שהוא מסמל ומבטא, הוא זה שקובע האם את משתייכת לשיח היהודי הבריא או לא. אפילו אם בעברך לא השתייכת אל השיח הזה, אף פעם לא מאוחר לעשות את השינוי התודעתי והמעשי ולהפוך עצמך לשייכת אליו. אם תצליחי לעשות את השינוי הזה, השיח היהודי הבריא הוא שלך, ואת יכולה להרוויח ממנו.

אחרי כל ההקדמה הזאת, אולי את כבר מסוקרנת לקרוא על מה כל המהומה! מוכנה? מתחילים...

פרק 73
ארבעה סוגים של אי־שמירת נגיעה

קודם כול, בואי נעשה סדר: כשאנשים דתיים לא שומרים נגיעה, לאיזה שיח הם משתייכים?

דבר ראשון, נחלק בין נגיעות סתמיות לנגיעות של חיבה. נגיעות סתמיות הן נגיעות שאין בהן רגש או הנאה כלשהי עבור אף אחד מהצדדים. לעומת זאת, נגיעות של חיבה הן נגיעות שיש בהן רגש כלשהו או הנאה (אפילו לא בהכרח מינית). כשהתורה אוסרת על מגע בין המינים,* היא אוסרת על נגיעות של חיבה. ברוב המצבים, הנגיעות הסתמיות אסורות גם הן, אבל זה מתוך סייג, כלומר, מתוך רצון ליצור גדר ברורה שתמנע מצב של נגיעות חיבה.

* חובת שמירת נגיעה נלמדת מספר ויקרא יח, יט.

כשאני מדברת על אנשים שלא שומרים נגיעה, אני מדברת רק על נגיעות של חיבה. לדעתי, יש ארבעה סוגים של אנשים דתיים שלא שומרים לנישואין את המגע שיש בו חיבה והוא גם ארוטי:

עם הסוג הראשון נמנים אנשים שהמיניות שלהם נפרדת מהזהות הדתית שלהם, ולכן הם מממשים מגע מיני עם פרטנרים שונים ומזדמנים, בלי שום קשר לרגשות, לאהבה או למחויבות. האנשים הללו משתייכים לשיח השחרור המיני על כל ארבע גרסאותיו: מתירני, השגבה, אדישות או הכחשה. לפעמים הם מזדהים רק עם שיח אחד מתוך הארבעה, ולפעמים הם מצטטים את כל השיחים הללו ביחד, בסמטוחה אחת גדולה, שהמכנה המשותף שלה הוא כל מה שיכול להצדיק מיניות נטולת מגבלות.

עם הסוג השני נמנים בני זוג דתיים שמאוד מעוניינים לשמור נגיעה אבל פשוט לא מצליחים. כשהם נוגעים זה בזו הם חווים תחושה של "נפילה" ואשמה. האנשים הללו משתייכים לשיח היהודי. אם הם חשים אשמה מהסוג של "פויה, אני לא מאמינה שיש לי יצר מיני", אז הם משתייכים לצערנו לשיח יהודי פוריטני. אבל אם הם חשים אשמה מהסוג של "אני לא מאמינה שניתקתי בין מיניות לבין נישואין, זה לא אמור להיות ככה. המגע שלי אמור להיות רק עם בעלי", אז הם משתייכים לשיח היהודי הבריא. כל עוד רגעי המגע ביניהם מעוררים בהם חרטה וצער, משום שהם נחווים אצלם בכנות כפגם בברית הנישואין, הם עדיין משתייכים לשיח היהודי הבריא, ועדיין יכולים להרוויח ממנו.

הסוג השלישי כולל בתוכו בני זוג דתיים שמפסיקים לשמור נגיעה זה עם זו מתוך הכרעה ובחירה. הם עומדים מאחורי הבחירה שלהם לגעת זה בזו מגע

ארוטי, ולא חשים "נפילה". מבחינתם, קשר בין חבר וחברה הוא גבוה מספיק כדי להאציל על המיניות שלהם משמעות חיובית וגבוהה. הם לא מתנסים במיניות נטולת מגבלות. יש להם מגבלות ברורות: המיניות אמורה להתממש רק בתוך זוגיות. אומנם, לא בהכרח נישואין. האנשים הללו, על אף שהם דתיים באורח החיים שלהם, משתייכים לשיח השמרני החילוני בכל הקשור למיניות. לפעמים הם חשים שהשיח השמרני החילוני בנוגע למיניות דומה בסך הכול לערכים הדתיים שהם גדלו עליהם, אבל בשינוי "קל": לא רק נישואין מכשירים את המיניות, אלא כל זוגיות.

השיח השמרני החילוני שומר את המיניות לאהבה ומחויבות, אך לא בהכרח לנישואין. אנשים המשתייכים לשיח הזה לא "יזרמו" בסיטואציה מינית עם אדם שהם לא נמצאים איתו בזוגיות. הם מאמינים שמיניות צריכה לבטא אך ורק אהבה, מחויבות וקשר עמוק. לדעתי, "לא־שומרי נגיעה" מהסוג השלישי מוצאים בשיח השמרני החילוני אופציה לגיטימית ששומרת את המיניות שלהם בתחום הערכי, המוסרי והרגשי.

זה הזמן להציג "אזהרת מסע" לסוג מסוים של קוראים, הסוג הרביעי של אנשים שאינם שומרים נגיעה, שייתכן שגם עבורם החלק הזה של הספר לא מתאים. מדובר בקוראים דתיים שמתקיימים בהם שלושה תנאים:

א. נמצאים כבר מספר שנים עמוק בתוך זוגיות למטרת נישואין בעתיד.
ב. לא שומרים נגיעה.
ג. לא חווים תחושת "נפילה" או תחושת "זה לא שייך לפני הנישואין".

אני מכנה את הקוראים הללו "זוגות שמשתייכים לשיח החילוני מחוסר ברירה". אני מתארת לעצמי שזוגות דתיים שכבר נמצאים בקשר רומנטי מספר שנים מתקשים מאוד בשמירת נגיעה. לפעמים הם מחליטים ביחד להפסיק לשמור נגיעה. הם חשים שאין בעיה במגע ארוטי כל עוד הקשר אמור בעתיד להבשיל לנישואין. רוב הזוגות הללו יודעים שמבחינה הלכתית אין מקום למגע בין בני זוג, גם אם הם בזוגיות כבר תקופה ארוכה, גם אם הם מתכננים להתחתן ואפילו

אם הם כבר מאורסים. ולמרות זאת, הם נאלצים להפר את איסור הנגיעה, מתוך תחושה שההלכה הזו לא רלוונטית להם. לדעתי שמירת נגיעה רלוונטית גם להם, אבל אני לא בטוחה שקריאת החלק הזה של הספר תיטיב איתם.

החלק הזה של הספר מציב רף מאוד גבוה של שמירת נגיעה, ומסביר מדוע היא קריטית עבור אהבת אמת במסגרת נישואין. אומנם, החלק הזה מיועד בין השאר לחזק קוראים שנמצאים בזוגיות. החלק הזה נועד לתת לזוגות "דרייב" להתמיד בשמירת הנגיעה, ולנסות להסביר מדוע זה "משתלם" לנו. אבל הוא לא נותן מענה למצב שבו מדובר בקשר ארוך ביותר, שמסיבות שונות לא הגיע עדיין לנישואין. **אני חושבת שמצב כזה של קשר ארוך ללא נישואין הוא לא אידיאלי, ומאוד רצוי לנסות להימנע ממנו.** אבל לעיתים אין לנו בחירה בכך. לפעמים אנחנו פוגשים את בחיר ליבנו בגיל צעיר ונסיבות חיינו לא מאפשרות לנו להינשא בהקדם.

לקוראים אלו מהסוג הרביעי, "המשתייכים לשיח השמרני החילוני מחוסר ברירה", אני ממליצה לקרוא את הפרק מתוך זהירות, מתוך ריחוק רגשי ומתוך הבנה שהוא לא לוקח בחשבון את מצבם. ייתכן שאפילו עדיף להם להימנע לחלוטין מקריאת החלק הזה.

לעומת זאת, אם את צעירה ויש לך חבר, ואת משערת שלא תתחתנו בשנים הקרובות, **אתם עדיין לא משתייכים לשיח השמרני החילוני מחוסר ברירה.** החלק הזה בהחלט מיועד לך.

פרק 74
נשיקה, חשיפה ומבט

מעניין אותי מה את חושבת על השיח השמרני החילוני. האם את חושבת שהגישה שלו דומה לגישה היהודית הבריאה? אני מכנה את השיח הזה "שמרני חילוני" משתי סיבות. האחת, כי אם הייתי מכנה אותו סתם "שמרני", היו עלולים להתבלבל

בינו לבין השיח היהודי הבריא, שגם הוא שמרני. בנוסף, אני מכנה אותו "חילוני", כדי להדגיש שהוא לא דתי ולא דומה לשיח הדתי בכלל. ואת זה אני אומרת דווקא לדתיים שמשתייכים אליו.

אין ספק שאנשים המשתייכים לשיח השמרני החילוני הם אנשים ערכיים, ובהחלט ייתכן ששוררת ביניהם אהבה גדולה, אמיתית ובוגרת. אני גם לא חושבת שהמיניות של חבר וחברה שאוהבים ומחויבים זה לזו היא מיניות שמגיעה ממקום נמוך או נצלני. ובכל זאת, בפרקים הבאים אנסה להסביר לך מדוע אני חושבת שהם טועים, ובגדול. אנחנו נראה מדוע הם פוגעים בעצמם, בלי להיות מודעים לכך בכלל. מסתבר שיש הבדלים עצומים בין הגישה השמרנית החילונית בכל הנוגע לאהבה ומיניות לבין הגישה היהודית הבריאה, ובפרקים הבאים נעמוד על ההבדלים הללו.

אבל לפני שנתחיל את הדיון שלנו, שימי לב למשהו מעניין:

למרות שהשיח השמרני החילוני סבור שהתרחשות מינית זקוקה להקשר מסוים מאוד על מנת להיחשב לגבוהה ונשגבת, השיח הזה עדיין בדרך כלל לא מכיר בחשיבות של לבוש צנוע. השיח השמרני החילוני בדרך כלל לא מטיל מגבלות משמעותיות על עצם חשיפת הגוף לעיני הזרים ברחוב, או על התבוננות בגוף חשוף. בכך הוא למעשה מכריז שהמיניות הייחודית שעל ערכה הוא מנסה לשמור באמצעות קשר זוגי אוהב ומחייב היא לא סיפור של מראה עיניים, אלא רק של מגע. השיח הזה בעצם תופס את המיניות רק כמגע, ולא כחוויה שיכולה להתרחש במראה בלבד, בחשיפה או בהתבוננות.

וכך, השיח השמרני החילוני מחלק בין התרחשות מינית הכוללת מגע, ששם לשיטתו צריך הקשר של אהבה ומחויבות, לבין חשיפה של גופנו הפרטי או התבוננות בגוף פרטי של אדם אחר, ששם, לשיטתו, אין צורך בהקשר של אהבה ומחויבות. בנוסף, פעמים רבות המגע עצמו מחולק אצלו לשני סוגים: מגע ארוטי "קל", כמו נשיקה, שאותו "אין צורך לשמור לקשר מחייב", לעומת מגע מיני "רציני", כמו קיום יחסים, שאותו "יש לשמור רק לזוגיות אמיתית".

בעצם יוצא שהשיח השמרני החילוני מציע מדרג של חוויות מיניות מה"זול" ביותר ל"יקר" ביותר: ה"זול" ביותר הוא מראה עיניים, כך שאין צורך להימנע

מחשיפת הגוף שלי בפני העולם, או להימנע מהתבוננות בגוף חשוף. לאחר מכן ישנו מגע ארוטי "קל", שהוא קצת פחות זול אבל גם לא ממש יקר, כך שניתן למשל להתנשק עם כל מי שחווים כלפיו משיכה. לבסוף, החוויה המינית ה"יקרה", שאותה יש לממש רק בזוגיות אמיתית שמצדיקה אותה, היא קיום יחסים.

קודם כול, זה מוזר. אני באופן אישי לא מצליחה להבין את ההיגיון של המדרג הזה. אם באמת טוענים שהמיניות צריכה להיות יקרת ערך, איך מוותרים כל כך בקלות על המיניות שנלוות לחוש הראייה? כבר אמרנו שאם נשאל את הנשים או את הגברים בעולמנו, כולם (למעט אנשים האוחזים בגישת ההכחשה) יסכימו שהתבוננות בגוף חשוף יכולה להיות קשורה למיניות. בנוסף, איך הפכה הנשיקה, אחת ההתרחשויות המיניות המשמעותיות, שנשים רבות חוות אותה כמסעירה וחשובה אפילו יותר מ"יחסים מלאים", לכזו שלא אמורה בהכרח להתרחש מתוך אהבה ומחויבות? אז רק ה"חדירה" היא מלאת רגש, אהבה ומחויבות? לא הבנתי.

ואכן, מנקודת המבט הזו אפשר להכריז בקלות על השיח השמרני החילוני כמטופש. זאת משום שהוא סותר את עצמו: הוא רוצה לייצר מיניות יקרת ערך, אבל בכל הנוגע לצניעות, לשמירת המבט, או למגע ארוטי כמו נשיקה, הוא לא רואה במיניות משהו יקר ערך, אלא שייך לשיחי הטריוויאליזציה.

אבל למרות הסתירה המוזרה הזו, ננסה בפרקים הבאים "לזרום במחשבה" עם השיח השמרני החילוני, ולראות להיכן הוא מוביל.

פרק 75

גלית ויערה

כמה פעמים ערכתי סקר בקרב תלמידותיי. לאחר שלמדנו את חמשת השיחים המערביים - מתירני, השגבה, טריוויאליזציה־אדישות, טריוויאליזציה־הכחשה, והשיח השמרני החילוני - חילקתי להן פתקים צהובים ופתקים ירוקים. המשימה

הייתה: על הפתק הצהוב, כתבי את שם השיח שלדעתך הוא הגרוע והפוגעני ביותר במי שמשתייך אליו. על הפתק הירוק, כתבי את שם השיח שלדעתך הוא הכי פחות גרוע ופוגעני.

התוצאות מראות שתלמידותיי אף פעם לא ציינו את השיח השמרני החילוני כשיח הגרוע והפוגע ביותר. וגם, כמעט כולן ציינו את השיח השמרני החילוני כשיח הכי פחות גרוע ופוגע. כלומר, לשיח השמרני החילוני יש, כך מסתבר, תדמית לא רעה בכלל!

זה הפתיע אותי, משום שאני באופן אישי חושבת שהשיח הזה הוא במובנים רבים ההרסני מכולם. ניסיתי לחשוב מה גורם לשיח השמרני החילוני להיראות "טוב" יחסית בעיניי תלמידותיי. מדוע יש לו תדמית פחות שלילית, או לפעמים אפילו חיובית. כששאלתי אותן על כך, הן ענו לי שהשיח השמרני החילוני בסך הכול די דומה לשיח היהודי הבריא, אבל קצת פחות קיצוני: בעוד שאצלנו המיניות נתפסת כגבוהה אך ורק במסגרת ברית נישואין, השיח השמרני החילוני מוריד קצת את רף המחויבות, ומחיל את הערך הגבוה גם על מיניות שמתרחשת במסגרת זוגיות מחייבת, לאו דווקא נישואין. חלקן לא לגמרי הבינו מדוע יש להציב רף כל כך גבוה של מחויבות כדי שהמיניות תיחשב לגבוהה.

ובאמת, אם נתבונן בסרטים רומנטיים שלא שייכים לז'אנר השטחי והנמוך אלא הם רגישים ועמוקים יותר, נגלה שהמיניות מוצגת שם באופן אצילי, פואטי, אוהב ומעצים מבחינה זוגית, גם מבלי שבני הזוג יהיו בהכרח נשואים. האם אנחנו לא יכולות להזדהות עם מיניות כזו? שני גיבורי הסרט עברו ביחד כל כך הרבה, התגברו על כל המכשולים, ופיתחו בהדרגה קשר רומנטי־חברי־אינטימי וייחודי, רק שלהם. וכעת הם מממשים את אהבתם בגוף, וזה נראה כמו הדבר הקסום, המתאים והנכון ביותר. "מה כל כך נורא בזה?", אנו שואלות את עצמנו. אז בואי נחשוב על זה.

לצורך הדיון בשיח השמרני החילוני, נדמיין שתי דמויות. האחת, גלית, דמות דמיונית של בחורה לא־דתית השייכת לשיח השמרני החילוני; השנייה, יערה, דמות דמיונית של בחורה דתית, השייכת לשיח היהודי הבריא. זה אומר, בין השאר, שהיא שומרת נגיעה.

נניח שכל אחת מהדמויות שלנו, גלית ויערה, התחתנה עם בחיר ליבה בגיל 28. נתאר עכשיו את המסלול שעבר עליהן, בהקשר של זוגיות ומיניות, עד החתונה. אני מתארת את זה כאן בכוונה בצורה יחסית יבשה, בלי יותר מדי רגשות וניתוחים. אם היה דבר כזה "קורות חיים זוגיים", עם דגש על דילמת המיניות, הם היו נראים בערך כך.

גלית

גיל 18: גלית מתגייסת לצבא. רוב חברותיה כבר לא בתולות, ומדי פעם הן מחליפות ביניהן סודות וחוויות מסעירות מחיי המין שלהן. למרות שגלית חיה בחברה מערבית, שבה שמירה על בתולין איננה מנהג נפוץ, היא לא מתביישת בכך שהיא "עדיין" בתולה. "אני מחכה לאחד", היא נוהגת לומר לכל מי ששואל אותה. "מה, את מחכה עם המיניות עד אחרי הנישואין?!" מתפלאים חבריה. היא משיבה שנישואין ממש לא מעניינים אותה בשלב זה של חייה, אבל היא מחכה לאחד שאיתו תהיה לה אהבת אמת. "זה לא קשור לנישואין", היא אומרת, "זה קשור לאהבה. למחויבות. לזוגיות טובה". וזה לא שלא מתחילים איתה. מדי פעם היא מחוזרת, אבל ברור לה שאם זו לא אהבת אמת, לא יקרה שם שום דבר מבחינה מינית.

בצבא היא פוגשת לראשונה בחור שמעניין אותה. קוראים לו עידו. היא מתאהבת בו, והוא "הנשיקה הראשונה" שלה. עידו וגלית בקשר רומנטי־חברי לא מוגדר במשך כמה שבועות. לבסוף גלית מבינה שהוא לא מה שהיא מחפשת. היא אומרת לו שהיא כבר לא בעניין, והקשר ביניהם נפסק.

גיל 22: טיול אחרי צבא לדרום אמריקה. גלית פוגשת את יוסי, בחור ישראלי מקסים בן 24. לאחר שבועיים של טיול יחד, ברור להם שזה הולך לכיוון רציני. יוסי יודע שהיא שומרת את עצמה "לאחד", ולכן לא לוחץ עליה בכלל. "רק" נשיקות וחיבוקים, לא מעבר לכך. לאחר חודש יוסי אמור לשוב לארץ. הוא לא רוצה להיפרד מגלית, ולכן מוותר על כרטיס הטיסה ומאריך את שהותו איתה. לאחר חודש נוסף גלית מבינה שיוסי הוא אהבת חייה. בהחלטה משותפת, הם שוכבים.

גיל 24: לאחר שנתיים ביחד ומגורים משותפים, יוסי מקבל הצעת עבודה בקליפורניה. הוא מציע לגלית לעבור איתו לשם, אבל גלית לא רוצה להפסיק את לימודי התואר הראשון. גלית מבקשת מיוסי להישאר בארץ עוד שנתיים עד לסיום התואר שלה. יוסי שוקל זאת אבל מבין שזה אומר להפסיד את עבודת חלומותיו. בהחלטה משותפת, הם מגיעים למסקנה שהקשר שלהם צריך להסתיים. הם נפרדים.

גיל 25: שנה לאחר הפרידה מיוסי, גלית פוגשת את זיו. זיו הוא סטודנט לתואר שני באמנות, עם עיניים יפות ומבט עצוב. הקשר הרגשי ביניהם מסעיר מאוד וכך גם המגע. אבל גלית לא בטוחה שזיו באמת מרגיש כלפיה את מה שהיא חשה כלפיו. היא לא מעוניינת לשכב איתו מבלי להיות בטוחה באהבתו ובמחויבות שלו אליה. זיו מבין לליבה אבל מסביר לה שמבחינתו הקשר לא יכול להתקדם ללא מימוש טוטאלי של התשוקה המינית שיש ביניהם. בהחלטה הדדית, הם נפרדים.

גיל 26: גלית פוגשת את דודו, בן 30, הייטקיסט חנון ומוכשר. דודו הוא אחד האנשים המצחיקים שפגשה. הוא כובש את ליבה ברגישות ובעדינות. כאשר היא סוף־סוף מסכימה לצאת איתו, הוא מבהיר לה שהוא נמצא בשלב בחיים שבו הוא מחפש רק קשר רציני. הוא לא אומר את המילה "חתונה", אבל היא מתארת לעצמה שזה הכיוון. ולמען האמת, גם היא כבר מעוניינת להתמסד. הם מתחילים לצאת באופן רשמי. ככל שעובר הזמן, גלית מבינה שזה הקשר הרציני, העמוק והבוגר ביותר שהיה לה. לאחר שלושה חודשים היא יודעת בוודאות שזה זה, והם שוכבים. לאחר חודשיים נוספים הם עוברים לגור יחד. אבל דווקא שם מתחילים האתגרים. המריבות גוברות, השגרה שוחקת, המתחים נצברים. גלית ודודו מנסים בכל כוח אהבתם להתגבר על המשבר. לבסוף, הם מבינים שהם לא נועדו זה לזו, ומחליטים להפריד כוחות.

גיל 27: בעת ביקור שגרתי בבית המרקחת בשכונתה, גלית מגלה שהרוקח החדש הוא בחור צעיר וחמוד. לפי התגית שצמודה לחולצתו, שמו אופיר. על הקבלה שהוא מושיט לה בעקבות התרופה שקנתה היא חותמת את שמה וכותבת את מספר הטלפון שלה. ליד מספר הטלפון שלה היא מציירת חץ וכותבת –

"אופיר, אתה מסקרן אותי. מוזמן להתקשר אליי כשתסיים את העבודה". אופיר מביט בקבלה שהושיטה לו, ומחייך אליה בעיניים טובות. אופיר וגלית נועדו זה לזו. כך הם מרגישים כעבור שבועיים מאז הדייט הראשון שלהם. גלית היא מאז ומתמיד אישה רציונלית, ולכן היא לא נותנת לתחושת הבטן להנחות אותה בכל מה שקשור להחלטה מתי להיכנס למיטה. הם מחכים עוד חודש, ואז מממשים את אהבתם, הפעם גם בגוף. לאחר חצי שנה, גלית ואופיר יודעים שאהבה כמו שלהם יש פעם בחיים. בהחלטה משותפת, הם מתארסים. כעבור כמה חודשים, בדיוק ביום הולדת ה־28 של גלית, הם מתחתנים.

לפני שנדבר על קורות החיים של גלית, נכיר את קורות החיים של יערה. כאמור, המוקד שלנו הוא היחס בין זוגיות למיניות, ולכן, כמו אצל גלית, קורות החיים של יערה יתמקדו גם הם רק בהיבט הזה.

יערה

גיל 18: יערה בשירות לאומי. רוב חברותיה לא ממש מעוניינות עדיין לצאת עם בנים, אבל יערה היא נערה רומנטית, ומתה כבר לפגוש את "האחד". יש לה חברים לא דתיים, והם מסוקרנים מכך שהיא מעולם לא התנשקה. "אני מחכה לאחד", היא נוהגת לומר לכל מי ששואל אותה. "מה, את מחכה עם המיניות רק לאחרי הנישואין?!" היא משיבה בפשטות שכן. וזה לא שלא מתחילים איתה. מדי פעם היא מחוזרת, ולפעמים היא גם יוצאת לדייט או שניים, אבל ברור לה שאם הם לא נשואים, לא יקרה שם שום דבר מבחינה מינית. בסיום שנת השירות הראשונה היא פוגשת לראשונה בחור שמעניין אותה. קוראים לו עידו. היא מתאהבת בו. הם נפגשים בכל הזדמנות שיש להם, שומרים נגיעה. עידו ויערה בקשר רומנטי־חברי לא מוגדר, במשך כמה שבועות. לבסוף יערה מבינה שהוא לא מה שהיא מחפשת. היא אומרת לו שהיא כבר לא בעניין והקשר ביניהם נפסק.

גיל 22: טיול אחרי שירות לדרום אמריקה. יערה פוגשת שם את יוסי, בחור דתי, מקסים, בן 24. לאחר שבועיים של טיול יחד, ברור להם שזה הולך לכיוון רציני. יוסי ויערה שומרים נגיעה, ולכן אין להם שום אפשרות להביע את רגשותיהם באופן גופני. הם משתמשים בהרבה מילים, ומגלים כמה עולם המילים מצומצם

כשמדובר באהבה ובתשוקה. לאחר חודש יוסי אמור לשוב לארץ. הוא לא רוצה להיפרד מיערה, ולכן מוותר על כרטיס הטיסה ומאריך את שהותו איתה. לאחר חודש נוסף יערה מבינה שיוסי הוא אהבת חייה. הם מדברים על אירוסין, אבל משהו שם לא מתיישב להם על הלב, והם יורדים מהרעיון.

גיל 24: יוסי ויערה בקשר רומנטי כבר שנתיים, לסירוגין. כל כמה חודשים הם נפרדים וחוזרים. לפעמים נדמה להם שאם הם לא היו שומרים נגיעה, כל המתחים ביניהם היו נפתרים. אבל שניהם מרגישים שהם לא במקום של להתחתן, ולפני החתונה, הם יודעים שזה לא אמור לקרות. יום אחד יוסי מקבל הצעת עבודה בקליפורניה. הוא מציע ליערה שיתחתנו ויעברו יחד לשם, אבל יערה לא רוצה להפסיק את לימודי התואר הראשון. ולמען האמת, היא גם לא מאושרת מהמחשבה להתחתן עכשיו עם יוסי. יערה מבקשת מיוסי להישאר בארץ עוד שנתיים עד לסיום התואר שלה. יוסי שוקל זאת אבל מבין שזה אומר להפסיד את עבודת חלומותיו. בהחלטה משותפת, הם מגיעים למסקנה שהקשר שלהם צריך להסתיים, וכנראה אמור היה להסתיים כבר מזמן. הם נפרדים, והפעם לתמיד.

גיל 25: שנה לאחר הפרידה מיוסי, יערה פוגשת את זיו. זיו הוא סטודנט לתואר שני באמנות, עם עיניים יפות ומבט עצוב. הקשר הרגשי ביניהם מסעיר מאוד. זיו מגיע מבית דתי, אבל הוא כבר שנים לא שומר נגיעה. הוא מכבד את יערה על העקשנות שלה, אבל לפעמים הוא היה רוצה שהיא קצת "תיפול", תיכנע לתשוקה שלה ותפרוץ יחד איתו את הגבולות שהציבה לעצמה. הוא גם מנסה לגרום לזה להתרחש. מדי פעם זיו מייצר סיטואציות שבהן הנשיקה תהיה מתבקשת. אבל אז הוא תופס את עצמו, ומפסיק. יערה נמשכת אליו מאוד, אבל היא לא בטוחה שזיו באמת מרגיש כלפיה את מה שהיא חשה כלפיו. היא לא מעוניינת במגע עם מישהו שאיננו בעלה. זיו מבין לליבה, אבל מסביר לה שמבחינתו הקשר לא יכול להתקדם ללא מימוש טוטאלי של התשוקה המינית שיש ביניהם. בהחלטה הדדית, הם נפרדים.

גיל 26: יערה פוגשת את דודו, בחור דתי בן 30, הייטקיסט חנון ומוכשר. דודו הוא אחד האנשים המצחיקים שפגשה. הוא כובש את ליבה ברגישות ובעדינות. כאשר היא סוף־סוף מסכימה לצאת איתו, הוא מבהיר לה שהוא מחפש רק קשר

למטרת נישואין. הם מתחילים לצאת באופן רשמי. ככל שעובר הזמן, יערה מבינה שזה הקשר הרציני, העמוק והבוגר ביותר שהיה לה. לאחר שלושה חודשים היא יודעת בוודאות שזה זה. היא מחכה שנושא הנישואין יעלה ממנו, אבל זה לא קורה. כאשר היא מעלה זאת, הוא מבקש ממנה זמן. היא מתאזרת בסבלנות. לאחר חודשיים נוספים, משהו בקשר שלהם מתחיל להיסדק. המריבות גוברות והם מתרחקים. בהתחלה הם מנסים בכל כוח אהבתם להתגבר על המשבר. לבסוף הם מבינים שהם לא נועדו זה לזו, ומחליטים להפריד כוחות.

גיל 27: בעת ביקור שגרתי בבית המרקחת בשכונתה, יערה מגלה שהרוקח החדש הוא בחור דתי, צעיר וחמוד. לפי התגית שצמודה לחולצתו, שמו אופיר. על הקבלה שהוא מושיט לה בעקבות התרופה שקנתה היא חותמת את שמה, וכותבת את מספר הטלפון שלה. ליד מספר הטלפון היא מציירת חץ וכותבת: "אופיר, אתה מסקרן אותי. מוזמן להתקשר אליי כשתסיים את העבודה". אופיר מביט בקבלה שהושיטה לו, ומחייך אליה בעיניים טובות. אופיר ויערה נועדו זה לזו. כך הם מרגישים כעבור שבועיים מאז הדייט הראשון שלהם. יערה היא מאז ומתמיד אישה רציונלית, ולכן היא לא נותנת לתחושת הבטן להנחות אותה בכל מה שקשור להחלטה מתי להתארס. הם מחכים עוד חמישה חודשים. וכך, בתום חמישה חודשים של קשר אינטנסיבי, "ללא מגע יד אדם", יערה ואופיר יודעים שאהבה כמו שלהם יש פעם בחיים. בהחלטה משותפת, הם מתארסים. כעבור כמה חודשים, בדיוק ביום הולדת ה־28 של יערה, הם מתחתנים.

פרק 76

מוות ידוע מראש

בכוונה לא הכנסתי לסיפורים של גלית ויערה את "תופעות הלוואי" של אורח החיים שלהן. למשל, יכול להיות ששמת לב שכל הקשרים של גלית מסתיימים באופן הדדי. אף אחד מבני הזוג שלה לא זורק אותה, ואף אחד גם לא שובר

לה את הלב באופן דרמטי ומותיר אותה פגועה או כבולה לרגשות של אהבה נכזבת. בנוסף, אף אחד גם לא מבטיח לה הבטחות, נכנס איתה למיטה ואז נעלם או מתחרט על הבטחותיו. בשום שלב גם לא קרה לה שהיא התאהבה במישהו וחשה אליו קירבה מזויפת בגלל נשיקה, שאחר כך הובילה למערכת יחסים מיותרת (שלא לומר נישואי טעות), זוגיות שקשה לנתק אותה כי האינטימיות הפיזית מטשטשת את האמת. למרות שלדעתי זו דווקא תופעה לא נדירה, אני חושבת שזו תופעת לוואי, כלומר, לא בטוח שהיא תתרחש. אני לא חושבת שנכון לשפוט אם אורח חיים מסוים הוא נכון או לא נכון רק על פי תופעות הלוואי שלו. בכוונה השארתי את הסיפור של גלית רק עם המאפיינים ההכרחיים שלו, שבהם אני רוצה לדון.

מאותה סיבה, גם בסיפור של יערה נמנעתי מתופעות לוואי. לא יצרתי מצב שבו היא נשברת בשמירת הנגיעה ומרגישה אשמה קיצונית עד כדי כך שזה הורס לה את הקשר הזוגי ואת האמון בעצמה. גם לא נתתי לה להתחתן בטעות עם יוסי, רק בגלל שהם מעוניינים כבר לממש את אהבתם בגוף. נישואי בוסר אכן יכולים להתרחש בגלל שמירת נגיעה, אבל נדמה לי שזו תופעת לוואי לא נפוצה. קשה לי להאמין שזוגות רבים יתבלבלו עד כדי כך מהמשיכה המינית שלהם ויתחתנו רק כדי לממש אותה ולגלות שהם לא באמת היו אמורים להתחתן. בנוסף, גם לא אפשרתי ליערה להתחתן בטעות עם גבר שלא מתאים לה, רק בגלל שבחברה הדתית הרווקות היא עול בלתי נסבל שלפעמים עלולים להזדרז לסיים אותו עם האדם הלא נכון. גם אם זה עלול לקרות, זו בוודאי לא תוצאה של שמירת נגיעה.

נשארנו אם כן, רק עם העובדות המתבקשות יותר. לגלית וליערה מספר זהה של קשרים שלא צלחו, עד שלבסוף שתיהן נישאו לאהוב ליבן. הקשרים של גלית שלא צלחו כללו בתוכם גם מיניות, ואילו אצל יערה, הקשרים שלא צלחו לא כללו מיניות. במקרה שלה המיניות מתממשת רק עם האדם שאיתו היא בחרה להתחתן.

אבל למען האמת, קורות החיים הללו לא מספיקים כי הם מתייחסים אך ורק לשלב החיפוש. למעשה, השלב הלא פחות חשוב והקריטי הרבה יותר מתחיל היכן שקורות החיים הסתיימו: שלב חיי הנישואין. לפני שננתח את הסיפורים

שלהן ונשאל איך הם משפיעים על חיי הנישואין שלהן, אני רוצה שתשאלי את עצמך משהו באופן אינטואיטיבי, מתוך התבוננות רק בפרטים היבשים. לפי תחושת הבטן שלך, עוד לפני ההסברים והניתוחים: איזה קשר, לדעתך, סביר יותר שיחזיק מעמד באהבה גדולה, לתמיד? הנישואין של גלית ואופיר, או הנישואין של יערה ואופיר?

אין ספק שגם גלית ואופיר יכולים להתמיד באהבה גדולה לנצח נצחים, ואין ספק שגם יערה ואופיר יכולים להיקלע לנישואין פושרים ולא מצמיחים, או אפילו לנישואין כושלים ולגירושין. אבל אם אני לא מתייחסת ליערה, לגלית ולשני האופירים שלהן כאנשים ספציפיים, אלא בוחנת את אורח החיים שלהם במנותק מהשאלה מהו האופי של כל אחד ואחת מהם, תהיה לנו תשובה עקרונית.

כשאני אומרת "תשובה עקרונית", אני מתכוונת לדבר הבא:

נניח שאשאל את חברתי: "איזה אדם סביר שיחיה חיים ארוכים יותר, אדם מעשן, או אדם שלא מעשן?", אני חושבת שיהיה זה לא נכון מצידה לענות לי תשובה כמו: "אי אפשר לדעת. עובדה, דודה שלי עישנה עד גיל 120, אבל חבר של אח שלי נפטר בגיל 30 ולא עישן אף פעם". זו תשובה לא נכונה כי היא מתבססת על שני סיפורים של אנשים ספציפיים, שלכל אחד מהם היו גורמים שונים שהשפיעו על אורך החיים שלו, מלבד עישון. אבל אם נחשוב על השאלה הזו באופן כללי, ונשתמש בדמויות דמיוניות: "גלית", שמעשנת, ו"יערה", שלא מעשנת, נוכל לקבוע שסביר יותר שיערה תחיה חיים ארוכים יותר. היות שברור לנו שעישון פוגע באיכות החיים ובאורכם, נוכל לקבוע תשובה עקרונית: סביר שיערה, שאיננה מעשנת, תזכה בחיים ארוכים יותר.

כך גם לגבי חיי הנישואין, איכותם ואורכם. אני חושבת ששמירת הנגיעה של יערה לאורך תקופת הרווקות שלה, ושמירת הנגיעה של אופיר לאורך תקופת הרווקות שלו, מייצרות עבורם בסיס מדהים לחיי נישואין טובים, חזקים ועוצמתיים יותר מהבסיס שיש לחיי הנישואין של גלית. ויותר מזה. כפי שמיד אסביר, דווקא גלית, ששמרה את המיניות רק לאהבה ומחויבות, במנותק מנישואין, פגעה בעצמה במובן מסוים אולי אפילו יותר מחברות שלה, ששייכות לשיח השחרור המיני ולכן לא אכפת להן לממש את המיניות גם בלי אהבה ומחויבות.

מבחינתי, כמו שאדם שמעשן פוגע בסיכוי שלו לחיים ארוכים ובריאים, כך אדם שמשתייך לשיח השמרני החילוני פוגע בסיכוי שלו לחיי נישואין ארוכים וטובים. אני לא סתם חוששת שאופיר הוא "עוד אחד" מהקשרים הממש ממש מיוחדים של גלית, שסיכוייו להסתיים לא נמוכים בהרבה מקודמיו. יש לי סיבה טובה לחשש הזה, כי אני חושבת שסופו של הקשר שלה עם אופיר מובנה באורח החיים של גלית. יש ספר קלאסי שכתב גבריאל גרסיה מארקס בשם **כרוניקה של מוות ידוע מראש**. בהשראת הכותרת הזו, אני רוצה לקרוא לאורח החיים השמרני החילוני: "כרוניקה של מות האהבה הידוע מראש".

למה מות האהבה של גלית ואופיר הוא סביר יותר וצפוי יותר? בואי נמשיך לברר את זה.

פרק 77

בין הנאה לשמחה

היכולת להטעין משהו במשמעות היא תכונה אנושית. רק יצורים אנושיים מסוגלים להלביש על חפץ, אובייקט כלשהו, משמעות. התכונה הזו מתגלה כבר בגיל ינקות: מכירה את ה"שמיכי", אותה שמיכה מרוטה ודהויה שאחיך הקטן, אחיינית שלך, אולי גם את באופן אישי, לקחתם איתכם לכל מקום כשהייתם בני שנתיים? אנחנו מסתכלים על השמיכי הזאת ולא מבינים מה הפעוט החמוד הזה מוצא בה. יש שמיכות הרבה יותר רכות, יפות, נעימות. אנחנו מציעים לו שמיכה חדשה ונקייה, אבל דווקא על השמיכי המצ'וקמקת שלו הוא לא מוכן לוותר. ל"שמיכי" הספציפית הזאת, יש משמעות סופר־חשובה עבור הפעוט. היא מעניקה לו ביטחון, רוגע ושלווה.

וכאן אנחנו צריכות להבדיל בין המונחים "אובייקטיבי" - מוסכם על כולם, ו"סובייקטיבי" - אישי, פרטי, לא בהכרח מתאים לכולם. המשמעות של ה"שמיכי" היא לא אובייקטיבית, כלומר, היא לא מקובלת ומובנת על ידי כולם. המשמעות של השמיכי היא סובייקטיבית, אישית ופרטית. הפעוט למעשה הטעין את החפץ,

את האובייקט, שבמקרה הזה הוא שמיכה, במשמעות סובייקטיבית, אישית, שרק הוא מרגיש אותה.

גם לאנשים מבוגרים יש לפעמים חפצים שטעונים עבורם במשמעות אישית, סובייקטיבית. יכול להיות שאפילו לך יש חפץ כזה. למשל, כשאת אמורה לנקות את המגירה בחדר שלך לפני פסח, לפעמים יש שם דברים שאת פשוט לא מסוגלת לזרוק. אימא שלך לא מבינה למה את שומרת את הכרטיס להופעה של להקת "החסילונים המתבגרים". ההופעה התקיימה מזמן והכרטיס משומש וקרוע. לכי תסבירי לה שההופעה הזו הייתה אחד הערבים המדהימים ביותר בחיים שלך, ושפיסת הנייר הקרועה הזו בעצם אוצרת, מחזיקה ושומרת בתוכה את כל הרגשות הללו שהרגשת באותו ערב. אין סיכוי שתסכימי לזרוק אותה לפח.

גם סיכת הבגד ששמורה אצלך בקופסת התכשיטים היא לא הסיכה הכי יפה בעולם. מבחינה אובייקטיבית, זו סתם אליפסה חומה עם ציור של פרח כחול, שמאחוריה מודבקת סיכת ביטחון חלודה. למרות שאת אף פעם לא עונדת אותה, אין שום סיכוי שתסכימי לזרוק אותה. זו סיכה שהייתה שייכת לסבתא רבא שלך ששרדה את השואה, ובכל פעם שעוברת עלייך תקופה קצת קשה או עצובה, את ניגשת אל קופסת התכשיטים ומחבקת את הסיכה הזו בכף ידך, לשאוב ממנה כוח.

את כבר מכירה את המונח "חוויה אסתטית", שפירושה "נעים, יפה, מהנה". לכן אפשר בשלב הזה לומר שאת לא חווה את הסיכה הזו במישור האסתטי בלבד. במישור האסתטי בלבד הסיכה הזו לא כל כך יפה, יש תכשיטים הרבה יותר יפים ויקרים. הסיבה שאת רוצה דווקא את הסיכה הזו היא כי היא טעונה עבורך בערך, במשמעות שהיא מעבר לחוויה האסתטית. כך לגבי הכרטיס המשומש או השמיכי של הפעוט. במישור האסתטי השמיכה הזו די מכוערת, אם נודה על האמת. יש שמיכות יותר רכות ומפנקות ממנה. אבל מה שחשוב לפעוט נמצא הרבה מעבר למישור האסתטי. הוא מוצא בה משמעות.

הפעוט מלמד אותנו שהמשמעות של הדבר לא חייבת להיות מודעת. אם נשאל אותו מה הוא מוצא בשמיכה, הוא לא תמיד יודע בכלל להסביר (ואם הוא בן שנה, ההסבר שלו מסתכם ב"בו"...). בהמשך נראה למה המצב האנושי הזה, שבו יש למשהו **"משמעות לא מודעת"**, חשוב לנו ביותר בהקשר המיני.

זוכרת את הקלישאה הנפוצה שראינו בפרק 71, על נשים שנכנסות למיטה מהר מדי, ואז למחרת מצטערות שהן עשו את ה"טעות" הזו? הקלישאה הזו עזרה לנו להפריך את שיח האדישות. הנשים הללו נכנסו למיטה עם בחורים שאין להן איתם לא אהבה ולא מחויבות. הן עשו זאת מתוך השתייכות לשיח האדישות, מתוך מחשבה ש"זה לא ביג דיל", "שנינו רוצים אז למה לא?". כלומר, הן חשבו באותו רגע שחוץ מחוויה אסתטית של כיף מסעיר וריגוש, אין למעשה המיני משמעות. אז מה קרה פתאום יום אחר כך?

הכלבה שלי, למשל, אף פעם לא בכתה באוזניי: "שוב עשיתי את הטעות הזאת ושכבתי איתו" אחרי בילוי עם הכלבלב של השכנים. זה כנראה קטע של בני אדם, לנסות להידמות לחיות (אני מזכירה לך את ההוא מפרק 71 שבכל הקשור למיניות, אבותיו הם קופים), ואז לקום בבוקר למחרת ולגלות שהם עדיין בני אדם. בניגוד לבעלי חיים חמודים, בני אדם ניחנו ביכולת להטעין את המיניות במשמעות, ולפעמים זה קורה להם אפילו מבלי שהם בוחרים בכך. הם לא יודעים שלמיניות יש משמעות מבחינתם, הם מגלים זאת רק לאחר מעשה.

כך מתאר הרב שג"ר את ההבדל בין חוויה אסתטית בלבד לבין חוויה אסתטית שיש בה גם משמעות:

> יש להבחין בין **תענוג, הנאה** וכיוצא בהם לבין **שמחה, סיפוק, אושר, שביעות רצון** וכדומה. יכול אני ליהנות מדבר מה, אך הדבר לא יהפוך אותי בהכרח לשמח, ולא זו בלבד, הוא לעיתים אף יגרום לי הרגשת אומללות. השמחה קיימת בזמן שאני מעריך את אותה הנאה, אני רואה אותה כממשות קיימת ובעלת ערך. רק אז אני אשמח בזה שאני נהנה (הרב שג"ר, "באספיך את מעשיך", מתוך **בצל האמונה**, עמ' 149).

הרב שג"ר מצביע על העובדה הידועה: לפעמים אנחנו נהנים ממשהו, אבל לא שמחים בו. זה מאוד פשוט. נניח שמישהו עושה דיאטה, ובמהלך הדיאטה הוא אוכל עוגת שכבות עם קצפת וגלידה. במהלך האכילה שלו הוא חווה "הנאה", או "עונג", אבל הוא לא חווה שמחה. בשלב מסוים, אולי אפילו תוך כדי האכילה, הוא

ירגיש אומלל, כי האוכל הזה, שמסב לו **הנאה אסתטית**, טעון עבורו **במשמעות** שלילית של "משמין ולא בריא".

אתן לך דוגמה נוספת שבה אפילו ההנאה נפגמת בעקבות המשמעות השלילית שהאדם מייחס לה. האדם הזה היה אני. זה שנים רבות אני מעבירה סדנאות תיפוף. בשלב מסוים, לפני כמה שנים, שמתי לב שאני כבר לא נהנית בסדנאות כמו פעם. הייתי יוצאת מהבית בתחושת חוסר חשק, וחוזרת מותשת. שוחחתי על כך עם בעלי: "בכל פעם שאני מגיעה להעביר סדנה, אני מרגישה כמו ליצן. התפקיד שלי זה לשעשע, וחוץ מקצת 'פאן', הסדנה לא תורמת שום דבר לאף אחד".

בעלי השתומם. "האם 'כיף' לא יכול להיות דבר משמעותי?", הוא שאל אותי, "האם קירוב בין אנשים, חיוך, צחוק, שמחה מתפרצת, לא יכולים לעשות משהו טוב למישהו?". פתאום חשבתי על כך מחדש. הצלחתי לראות את היופי שבסדנאות התיפוף, את הערך שלהן. והפלא ופלא, ברגע שהתפיסה שלי השתנתה, חזרתי ליהנות מהסדנאות יותר מאי־פעם. זה מדהים לחוות בעצמך שינוי כזה, שמבהיר לך עד כמה הנאה יכולה להיות תלוית משמעות. ההנאה שלי מהתיפוף הקבוצתי לא נבעה מהמעשה הפיזי של התיפוף, האנרגיות והמוזיקה המקפיצה, אלא הושפעה מהמשמעות שאני מייחסת להתרחשות הזאת. כשהמשמעות הייתה שלילית, לא נהניתי. כשהמשמעות נעשתה חיובית, נהניתי בטירוף.

נחזור לאדם שאוכל עוגה. לצורך הדוגמה, כעת מדובר באדם שלא עושה דיאטה, והעוגה הזו היא עוגת יום הולדת שהילדים שלו הכינו לו. אכילת העוגה עבורו היא לא רק הנאה אסתטית, אלא גם "שמחה", משום שהעוגה הזו מבטאת את הקירבה בינו לבין ילדיו. סביר להניח שהוא שמח יותר בעוגה הזאת מאשר חבר שלו שקפץ אליו לביקור וקיבל פרוסה מהעוגה. החבר חווה רק הנאה, בעוד שהאבא חווה גם שמחה. "שמחה" היא המילה שבה בוחר הרב שג"ר לתאר את החוויה של המשמעות שהיא מעבר רק להנאה הפיזית. מדובר במשמעות אישית שאנחנו מוצאים בדבר.

כך גם לגבי מיניות. הסיבה שהכלבה שלי אף פעם לא מתעוררת בבוקר בתחושת ריקנות לאחר בילוי עם הכלבלב שפגשה אתמול בגינה הציבורית היא שלבעלי חיים אין רובד של משמעות שהם מעניקים להנאה פיזית. יש גם בני

אדם שמצליחים אולי להסיר לחלוטין את הרובד הזה מהמיניות, ולחוות אותה רק ברובד האסתטי. אנשים אלו לא יחושו ריקנות בעקבות מיניות מזדמנת, כמו שאת לא חשה ריקנות כשאת שותה כוס מים.

לעומת זאת, אחרים ינסו לטאטא את המשמעות הצידה, ולא יצליחו. אנחנו יודעות שאדם יכול לחוש הנאה פיזית בעת מפגש מיני מזדמן, אבל ביום שלאחר מכן, או אולי אפילו תוך כדי ההתרחשות, לחוש אומלל וריקני כתוצאה מאותה מיניות עצמה. אדם שחש ריקנות לאחר מפגש מיני מזדמן כנראה לא הצליח להעלים את הרובד של ה"שמחה", של המשמעות של המיניות, ולהישאר רק ברובד של ההנאה הפיזית. בשונה מאדם שהצליח להפנים לחלוטין את שיח האדישות, ולכן חווה את המשמעות כ"לא קיימת", אותם אנשים חווים את המשמעות כקיימת, ולכן כשמדובר בסטוץ, היא הופכת פעמים רבות להיות שלילית, ריקה.

וכאן צריך לדייק: אנשים שלוקחים חלק במיניות מזדמנת מדי פעם לא תמיד חווים מיניות אך ורק כריקה או כנטולת משמעות. לפעמים הם יכולים לחוש איך המיניות שלהם מבטאת אהבה וקירבה. זה יקרה באותן פעמים שבהן המיניות שלהם אכן מתרחשת מתוך רגשות אמיתיים כאלה. לחלופין, זה יכול לקרות גם במקרה שהמיניות יוצרת אצלם אשליה של רגשות כאלה. אבל מה שחשוב הוא לא השאלה אם המיניות מבטאת רגש אמיתי או כוזב. מה שחשוב הוא השאלה איך הם תופסים את המיניות באופן **עקרוני**. מבחינתם, המיניות לא תמיד **אמורה** לבטא משמעות, אבל בסיטואציות מסוימות היא **יכולה** לעשות זאת. כמו למשל עוגה, שביום־יום אנחנו אוכלות אותה בלי שום משמעות, אבל כשמדובר בעוגת יום הולדת שהמשפחה שלנו הכינה לנו, תהיה לעוגה הזו גם משמעות, מעבר להיותה טעימה.

כמו שאמרתי בפרק 67 שעסק בקדושה ובקדשה, אני לא חושבת שבאמת ניתן להשתחרר מהמטענים השליליים והריקניים שמופיעים על גבי המיניות המזדמנת. עבור מי שחווה מיניות מזדמנת, נמוכה, ריקנית או סתמית ונטולת עומק, המטענים הללו נותרים דבוקים למיניות שלו (גם אם הם מופיעים במודע אך ורק לאחר מכן), ועלולים לחלחל גם לניסיונות לממש מיניות רגשית ומשמעותית עם אדם אהוב, ולהחריב אותה. במובן הזה מיניות שונה באופן דרמטי מאכילת עוגה, כי

בשונה מעוגה טעימה, למיניות יש קולטנים שרגישים מאוד למשמעויות שמוטענות עליה. הקולטנים הללו לא משחררים בקלות את המשמעויות השליליות ומפנים מקום למשמעויות אחרות, טובות יותר.

אבל לא באנו לדבר כאן על אנשים ששייכים לשיח השחרור המיני. את זה עשינו בחלקים הקודמים של הספר. בחלק הנוכחי אנחנו מדברות באופן ספציפי על השיח השמרני החילוני, ומנסות להסביר מדוע אין לו סיכוי גבוה במיוחד לשמר אהבה לאורך זמן.

פרק 78

להתפיס את האהבה בגוף

שימור אהבה לאורך זמן מעסיק את כל מי שנכנס אי־פעם לזוגיות. בהקשר הזה אני רוצה לצטט בפנייך קטע מתוך הספר **לחם אבירים**, שעוסק בדרשות לפרשת שבוע. את הספר כתב ר' אלימלך פישמן הי"ד, שנרצח בשואה. מחבר ה**לחם אבירים** הוא סבא רבא של בעלי, ולכן בכל סעודת שבת אנחנו קוראים קטע ממנו. כשהגענו לפרשת תרומה, הופיע הקטע הבא:

> "מה תעירו ומה תעוררו את האהבה עד שתחפץ" (שיר השירים ח, ד). וכתב הרמב"ן שכשיגיע לאדם איזו התעוררות אהבה ויראה להשם יתברך, אזי תיכף ירצה לעשות לה כלי [...] כי התעוררות הבאה על האדם בפתע פתאום היא אור הנשפך עליו מלמעלה, ונקרא בחינת נשמה. על כן צריך להלבישה תיכף בגוף, כדי שיהיה להתעוררות חיזוק ובסיס, שלא יהיה מוטה [=חולף] חס וחלילה, "התעיף עיניך בו ואיננו".
>
> וזה שנאמר "מה תעירו ומה תעוררו את האהבה עד **שתחפץ**". רוצה לומר, באיזה אופן יהיה התעוררות וחיזוק לאהבה שנתעורר עליך? והתשובה, "עד שתחפץ": רק באופן שתעשה להתעוררות האהבה "חפץ", כי "חפץ" הוא לשון כלי.

הלחם אבירים מצטט את דברי הרמב"ן הללו, על טבע האהבה החולפת הזקוקה לחפץ מוחשי כדי להיתפס בו. הרגש הוא מופשט מדי, ולכן עלול להתפוגג. כדי שיתקיים לאורך זמן, הוא זקוק לכלי גשמי שיחזיק אותו. מכאן הוא מסביר מדוע מיד לאחר מעמד הר סיני, ציווה הקב"ה לבנות לו משכן, מתוך תרומה של נדיבות הלב:

> והנה תוקף אהבת ישראל לקב"ה עד כלות הנפש, נודע אז כשאמרו ישראל "נעשה ונשמע". וכדי לעשות כלי חפץ ובסיס לאהבה הזאת למען יעמוד ימים רבים, פקד ה' יתברך לבנות לו משכן, שיהיה כלי וחפץ לאהבה הנפלאה ולקדושה הגדולה הזאת. ובזה יהיה השראת שכינה, גם לאחר שיכבה ויעבור מעט ההתלהבות הראשונה.

במילים אחרות: בניגוד לגישות פוריטניות שרואות ב"רוח" את הדבר האמיתי וב"חומר" את הדבר החולף והמנוגד לרוח, **הלחם אבירים** מבהיר את היתרון של החומר ביחס לרוח.* **הרוח, הרגש וההתלהבות חולפים. לעומת זאת, הבניין המוחשי נותר על תילו גם לאחר שהרגש חולף. לכן, ההצמדה של הרגש החולף לבניין המוחשי למעשה מעניקה לרגש האהבה ממד של נצח, למרות שהוא מתפוגג לפעמים.** את כבר יכולה לחשוב על הקשר של זה לנישואין?

* שימוש ביתרון שיש לחומר ביחס לרוח, הוא מאפיין מאוד חשוב של היהדות, ומופיע לא רק בהקשר המיני. אם את רוצה להעמיק בו את מוזמנת להיכנס לאתר אפרכסת לעמוד ההרחבה על הפרק הזה.

כעת מסביר **הלחם אבירים** מדוע הרעיון הזה קשור לנישואין. הוא ממשיך להשתמש ביחס בין הקב"ה לעם ישראל כדי להמשיג את הרעיון של ברית הנישואין ועל הדרך לדבר גם על עבודת ה'. כל הקונפליקטים של הזוגיות נכנסים לתיאור שלו את הקשר בין עם ישראל והקב"ה. תראי מה הוא אומר:

הלחם אבירים מסביר שבית המקדש נבנה מתוך התלהבות ואהבת ה'. הרגש הזה בא לידי ביטוי בהתמסרות להתחייב ולכרות ברית, כפי שמבטאות המילים "נעשה ונשמע". מיד לאחר מכן עם ישראל החל בבניית המשכן מתוך התלהבות והתמסרות של תרומה נדיבה לבניין המשכן. לכן הרגש שהותפס בבניין המוחשי הזה, הוא אותו רגש של התלהבות ואהבה שהיה בהתחלה. לאחר מכן, גם כאשר הרגש מהצד שלנו, חלף, ועם ישראל חטא, הקב"ה "לא עזבנו, ולא בחר לו אומה

אחרת שיהיו לו לעם, ושיבנו לו מקדש שישרה שכינתו בתוכו, הגם שידם משגת לבנות בית גדול ומפואר כפל כפליים מבית המקדש".

כלומר, למרות שלאומות העולם יש אפשרות להציע לקב"ה אסתטיקה מפוארת יותר, הקב"ה לא עוזב אותנו ובוחר בהן. ולמה? הנה ההסבר של **הלחם אבירים**:

> וזה שנאמר "מים רבים לא יוכלו לכבות את האהבה" (שיר השירים ח, ז). כי אם היה הקב"ה תולה [את אהבתו אלינו] רק בכסף וזהב ואבני חפץ, היו יכולים אומות העולם לבנות לו בנין גדול ומפואר הרבה יותר. אבל מחמת שיסוד בנין המשכן היה האהבה, ואותה אהבה צמחה ממה שאמרו ישראל "נעשה ונשמע", לכן לא יוכלו לכבות את האהבה ועדיין תשכון האהבה במשכן יריעות. וזה גרם שתעמוד האהבה לדורות, כי קיבלה בסיס ו"חפץ" להיתפס בו.

בום! סגרתי את הספר בהתרגשות ובמשך כל השבת חיכיתי למוצ"ש כדי לכתוב את הפרק הזה. לא ייאמן עד כמה בתוך הטקסט הקצר הזה מופיעה כל התורה על רגל אחת. כל הדרמות של הזוגיות, כל החששות, הפחדים מפני אהבה שתחלוף, מפני אובדן הנאמנות והליכה אחר בן זוג אחר, שיש לו לכאורה גוף, "חפץ" הרבה יותר יפה ומפואר, מתנקזים כאן להבנה הכי בסיסית בעולם, של איך מתפקד הגוף שלנו במערכת היחסים הזוגית.

אם את עדיין לא מבינה מה בדיוק יש כאן, מה בדיוק הרעיון הזה שאני מתלהבת ממנו, אני בטוחה שתביני בהמשך. בינתיים רק אגיד לך את הדבר הבא:

רוב הנשים לא אוהבות להיות אובייקט מיני. ובצדק. מי מאיתנו רוצה שיתייחסו אליה רק על בסיס הגוף המיני שלה? אבל התורה מלמדת אותנו שהגוף המיני הוא אובייקט. "חפץ". המילה חפץ בעברית היא דו־משמעית, ורק עכשיו אני פתאום מבינה את העומק שלה: "חפץ", כמו אובייקט, ו"חפץ" כמו רצון ותשוקה (לחפוץ במשהו). הגוף שלנו הוא גם חפץ. בהקשר הזוגי הגוף מעניק את הרובד האסתטי של ההנאה הפיזית (כמו שכותב **הלחם אבירים** על הרובד האסתטי של בית המקדש, "כסף זהב ואבני חפץ"). אבל הוא יכול לחרוג גם מעבר לרובד

הזה, ולהעניק לנו רגש והתלהבות מסוג אחר. יכולות להיות מוטענות עליו משמעויות אדירות.

עכשיו אנחנו צריכות לשאול את עצמנו שתי שאלות. הראשונה, בהקשר הזוגי: האם אנחנו רוצות להתפיס על הגוף שלנו משמעויות נוספות, או שמא אנחנו רוצות להותיר אותו רק בהיבט של החוויה הפיזית הבסיסית? השנייה: אם אנו מעוניינות במשמעויות נוספות, אילו משמעויות אנחנו רוצות שיותפסו בו?

אולי נדמה לך שגלית עונה על השאלה הזו כמו שיערה מהשיח היהודי הבריא עונה עליה. כפי שתראי בהמשך, זה ממש לא כך. אבל בואי לא נקדים את המאוחר. תחזיקי את שתי השאלות הללו בראש, ונמשיך.

פרק 79

מוסד הנישואין מתפרק? מה אתם אומרים!

מכירה את זה ש"מוסד הנישואין מתפרק"? אם את חשופה אפילו קצת למדיה, אני מניחה ששמעת את המשפט הזה לא פעם. המשפט הזה מתייחס בדרך כלל לתופעה ההולכת וגוברת של גירושין. ובאמת, אחוז הגירושין בארץ עומד כיום על למעלה מ־30 אחוז, ובארצות הברית על 50 אחוז. כלומר, אחד מכל שניים או שלושה זוגות שמתחתנים, מתגרש. אז כן, אנשים מתגרשים הרבה יותר מבעבר, ובכל זאת אני לא מסכימה עם המשפט הזה. המשפט "מוסד הנישואין מתפרק" שייך לשיח מערבי. אם היו שואלים את התורה, את העולם היהודי, הם היו מגדירים את זה אחרת. הם היו אומרים "מוסד האהבה מתפרק". ואז הם היו מוסיפים, "במילים אחרות, האהבה מתפרקת".

אל תתפתי למילים מכובסות. כשאנשים רבים כל כך לא יכולים להתמיד ביחד זה עם זו לאורך 60 שנה, כשאנשים רבים כל כך לא זוכים בחייהם לאהבה שרק

גדלה עם השנים יותר ויותר, באש, במים, בשחור בוורוד ובאפור, כשאנשים רבים כל כך מוצאים את עצמם בזוגיות ראשונה של חתונה וילדים, ואז נפרדים, ואז זוגיות שנייה, עם משפחה שעשויה טלאים טלאים, הילדים של ההוא מהנישואין הקודמים של ההיא, כשאנשים רבים כל כך מוצאים את עצמם אחר כך שוב לבד, לאחר שמשפחת הטלאים התפרקה גם היא, וכעת הם נתמכים על ידי ילדיהם הבוגרים שכואבים לראות אותם בודדים בזקנותם ומתאמצים לשדך להם מישהי מהדיור המוגן, זה לא רק מצב של משפחה מתפרקת או נישואין מתפרקים, זה מצב שבו מה שהתפרק הוא קודם כול האהבה: היכולת לאהוב ולהיות נאהב, באמת ולתמיד.

אז כמובן שלא כל גירושין נובעים מכך שבני הזוג לא ידעו לאהוב. אבל כשמדובר בתופעה של עשרות אחוזים מכלל הזוגות, אני מרשה לעצמי לתאר אותה, כתופעה חברתית ולא כקביעה לגבי זוג ספציפי, במילים מדויקות יותר: לא מוסד הנישואין מתפרק. אמרו מעתה: "האהבה מתפרקת".

אנשים מערביים ליברלים מדברים מגבוה על מוסד הנישואין ומתארים אותו כמוסד ישנוני ומעופש שעבר זמנו. הם מתפייטים על הצורך בחופש ובשינוי ובלא לכבול את עצמי לסיפור חיים של מישהו אחד בלבד, וכו' וכו', אבל למען האמת, לדעתי הם פשוט מיואשים. אבדה להם האמונה, שאני בטוחה שבצעירותם עוד הייתה שם, שאהבה יכולה לגדול ולצמוח יחד עם השינויים של החיים וללוות אותך עד גיל זקנה, כמו הזוגות הקשישים האלה שיושבים על הספסל במרפסת ביתם ומחזיקים ידיים ומאוהבים אפילו יותר מאי־פעם. אנשים מערביים ליברלים כבר לא מרשים לעצמם להאמין בזה, הם התייאשו. אז במקום להגיד: "אין דבר כזה אהבה אמיתית לנצח, לכן ניאלץ להסתפק בפשרה, בזוגיות שתמיד בסוף דועכת ואז מוחלפת באחרת", הם אומרים: "מוסד הנישואין הוא כלא", או: "להקים משפחה? השתגעתם?! אתם לא רואים שמוסד המשפחה מתפרק?!". לאנשים הללו אני מתייחסת בחמלה אמיתית. אני באמת לא יודעת אם יש להם תקווה, ובהמשך אסביר למה.

אבל בכל אופן, את עדיין לא שם. אני מאמינה ומקווה שהקוראות הצעירות של הספר הזה עדיין חולמות על אהבה גדולה, ולא כזו שמתישהו דועכת ומתפרקת.

אז למה אני אומרת שפחות סביר שגלית תזכה לאהבה כזו? למה הנישואין שלה ושל אופיר עשויים להיפגע כתוצאה מהשתייכות לשיח השמרני החילוני? גלית הרי קידשה את המיניות, לא הוזילה אותה בכל מיני סטוצים ושטויות, ושמרה אותה רק לקשרים אמיתיים. נניח שגם אופיר, בעלה, עשה בדיוק אותו דבר. שניהם משתייכים לשיח השמרני החילוני, שלא מחפש ריגושים חולפים, אלא אהבה אמיתית. מימוש המיניות רק כשמדובר באהבה אמיתית, מה יכולה להיות הבעיה בזה? במה זה כל כך שונה מהשיח היהודי הבריא?

אכן, שני השיחים, גם השיח היהודי הבריא וגם השיח השמרני החילוני, מטעינים את המיניות במשמעות שהיא מעבר לחוויה האסתטית בלבד. גם יערה וגם גלית לא מוכנות לשלם את המחיר של ריגוש חולף. הן גם לא מתפתות ל"עומק בגרוש" שטוען שריגוש מיני חולף הוא דבר עמוק בעל ערך נשגב. הן מוותרות על הריגוש החולף ומבקשות שלמיניות שלהן יהיה ערך אמיתי. שתהיה לה משמעות. המשמעות הגבוהה של המיניות נובעת מהמשמעות הגבוהה של הקשר הזוגי. זה נשמע לנו מאוד יפה, אבל זה לא רק יפה, זה גם נורא עוצמתי, וככל שזה עוצמתי, כך זה גם מסוכן. מיד נראה מדוע הדבר הזה שהן עושות, הטענת המיניות במשמעות של הקשר הזוגי, הוא אחד הדברים הכי עוצמתיים ומסוכנים שאדם יכול לעולל לעצמו.

לצורך כך אספר לך על מנהג משונה שהונהג בביתה של חברת ילדות שלי.

פרק 80

שמירת קולה

כשהייתי ילדה, היה נהוג בביתה של חברתי מנהג מחייב, שכיום אני מכנה אותו "שמירת קולה לשבת", או בקיצור "שמירת קולה". הכלל הזה קבע שקוקה קולה שותים רק בשבת. אף פעם לא היו מוצאים אצלם במקרר בקבוק קולה בימות השבוע, אבל בשבת זה היה פריט חובה בכל סעודה. באופן מוזר ודי חריג, הכלל

הזה גרם לחברתי להימנע משתיית קולה בימי חול, גם כשהיא התארחה בבתים של אחרים. בהתחלה, כשהיינו קטנות, היא עשתה זאת פשוט מפני שכך התרגלה: "קולה זה לשבת". אבל כשגדלנו, היא המשיכה בכך מתוך רצונה החופשי. לא שתתה קולה במסיבות הכיתה, לא בפעולות ימי שלישי בבני עקיבא, ולא כשיצאנו לפיצה (פיצה בלי קולה?! אני מסכימה איתך שזה לא להבין כלום בפיצה). הפעמים היחידות שבהן היא הסכימה לשתות אצלי קולה היו בשבת. יום אחד הייתי חייבת לברר איתה מה עומד מאחורי זה.

"ההורים שלי היו ילדים בזמן תקופת הצנע", היא סיפרה לי, "בשנים הראשונות לקום המדינה, אנשים היו חייבים להסתפק באוכל בסיסי ביותר. אפילו עגבנייה הייתה נחשבת לפינוק. מי שקיבל עגבנייה לבית ספר לארוחת עשר היה נחשב לילד עשיר. תקופת הצנע והמחסור הסתיימה מזמן, וכיום אנחנו חיים בתקופה הפוכה: תרבות השפע. כיום יש המון סוגים של אוכל, ממתקים, שתייה וחטיפים. הכול זמין ובהישג יד, וכמעט כל אחד יכול לאכול הכול, מתי ואיך שירצה. בגלל שההורים שלי הכירו מציאות של מחסור, הם אף פעם לא מתייחסים לאוכל טעים כמובן מאליו. כשהם אוכלים עוגה טעימה, פרי או חטיף, הם חווים את זה באופן הרבה יותר חזק ממישהו שלא הכיר מציאות של מחסור.

"ההורים שלי הרגישו שתרבות השפע גורמת לנו, הדור הצעיר, לאבד את ההערכה שצריכה להיות לנו כלפי אוכל. כבר אין הבדל בין אוכל רגיל לאוכל מפנק ומיוחד. הכול שווה ערך, הכול רגיל, חסר ייחודיות. ההורים שלי חיפשו להעניק לנו את החוויה שהייתה להם, ולכן הם הנהיגו בבית שלנו כלל: את הקולה אנחנו מייחדים רק לשבת. כך הפכה החוויה של שתיית קולה מחוויה סתמית לחוויה חגיגית ולא שגרתית. בזכות הכלל הזה אנחנו מכירים, אפילו קצת, איך זה מרגיש כשהנאה מסוימת מאוכל היא מיוחדת עבורך".

לאחר ההסבר של חברה שלי הבנתי סוף־סוף איך זה שהיא וכל האחים שלה קיבלו את הכלל הזה באהבה, ואף פעם לא התרעמו עליו. כנראה שהם אהבו את התחושה של הייחודיות שנלווית לקולה. זה היה שווה להם את המחיר של "שמירת קולה" במשך ימות החול.

אבל דבר אחד לא הבנתי. למה היא שמרה באדיקות על הכלל הזה גם כשהייתה מחוץ לבית? "אוקיי, אז הקולה הפכה אצלך להיות מיוחדת", שאלתי אותה, "אבל מה היה קורה אם מדי פעם היית מצטרפת לקולה ששתינו כשיצאנו לפיצה? האם הקולה הייתה פחות מיוחדת בגלל זה?".

"קודם כול, כמובן שהקולה הייתה פחות מיוחדת", היא הסבירה לי, "מה שהופך את הקולה למיוחדת הוא העובדה שאנחנו שותים אותה בסיטואציה חגיגית של סעודת שבת. אם אני אתחיל לשתות קולה בסיטואציות שגרתיות וסתמיות, זה יוריד מהמשמעות החגיגית שלה. אבל האמת היא שזה לא רק בגלל הקולה, אלא בגלל השבת".

"השבת?" שאלתי.

"ברור", היא ענתה. "אם הייתי שותה קולה כשהייתי מתארחת אצלך, או בפעולה, או בפיצה, או בכל זמן אחר, השבת שלי כבר לא הייתה אותה שבת".

ההורים של חברתי רצו לייחד עבור הילדים את החוויה של שתיית קולה, אבל על הדרך, כנראה בלי שהם בכלל חשבו על כך, הם ייחדו גם את החוויה של השבת עצמה. השבת הפכה להיות "היום הזה שרק בו מותר לשתות קולה", וזה העצים את החגיגיות שלה.

מה שקרה לחברה שלי הוא משהו שהשיח השמרני החילוני לא לוקח בחשבון. אם הוא היה לוקח את זה בחשבון, הוא היה כנראה שולח לכל המשתייכים אליו הודעת ביטול, או לפחות הודעת אזהרה שמבינה שאורח החיים שלו הוא טעות מסוכנת. מה שהשיח השמרני החילוני לא לקח בחשבון הוא העובדה שכשאנחנו מייחדים משהו רק להקשר מסוים, אנחנו מייחדים לא רק את **המשהו** הזה, אלא גם את **ההקשר** שבו הוא מתרחש.

ארון העדות הופך להיות מיוחד כשאנחנו יודעים שכל השנה הוא מוסתר ורק בשלושת הרגלים ניתן לחזות בו. אבל ברור שגם שלושת הרגלים הופכים להיות מיוחדים בזכותו. בזכות הייחוד של ארון העדות רק להקשר מסוים, שלושת הרגלים הופכים להיות החגים המיוחדים האלה, שבהם, ורק בהם, ניתן לחזות בארון העדות.

השיח השמרני החילוני והשיח היהודי הבריא נתפסים בטעות כדומים זה לזה משום שהם חולקים מכנה משותף: שניהם מטעינים את המיניות במשמעות גבוהה, שנובעת מההקשר הגבוה שבו היא מתרחשת. שניהם מסכימים לכך שהקשר הזוגי הגבוה הוא מה שהופך את המיניות לגבוהה. נשרטט את זה כך:

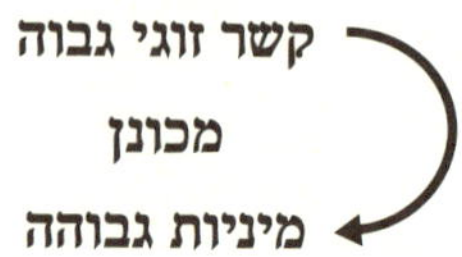

אבל מה שהשיח השמרני החילוני לא לוקח בחשבון הוא העובדה שזה עובד גם בכיוון ההפוך. ברגע ששומרים את המיניות רק לקשר זוגי גבוה, המיניות המיוחדת מטעינה את הקשר הזוגי במשמעות גבוהה.

השיח השמרני לא מבין שהתהליך הוא מעגלי, וצריך בעצם להיראות כך:

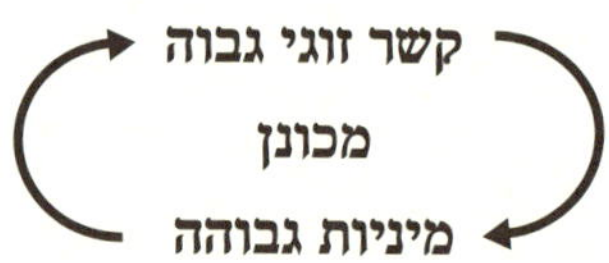

אצל חברתי, שמירת הקולה לשבת הטעינה את הקולה במשמעויות של השבת, וכך הקולה הפכה להיות חגיגית, מיוחדת ולא שגרתית. אבל פתאום גילתה חברתי שזה פועל גם בכיוון ההפוך: לא רק הקולה הופכת לחגיגית, אלא הקולה הופכת את השבת לעוד יותר חגיגית, וכך הקולה והשבת ממשיכות להעצים זו את זו, במעין מעגל שמתחדש שוב ושוב ולא מסתיים אף פעם. באותו אופן, כששומרים את המיניות רק לקשר של אהבה ומחויבות, הקשר הגבוה מטעין את המיניות במשמעות גבוהה, והמיניות הגבוהה מטעינה את הקשר במשמעות עוד יותר גבוהה, במעין מעגל אין־סופי שלא מסתיים אף פ... אה, סליחה, מה אמרתי? "לא מסתיים אף פעם"?

בשונה מחברותיה של גלית, שלפעמים מיניות קשורה אצלן לאהבה ולפעמים לא, כשגלית מתמסרת ליוסי, היא נותנת לו את הדבר הזה שהיא אף פעם לא נתנה לאף אחד אחר, מה שהופך את יוסי, **ולא רק את המיניות**, לכל כך מיוחד. העובדה שגלית שמרה את המיניות רק לקשר עמוק של אהבה ומחויבות, וכעת עם יוסי היא מממשת את המיניות הזאת, הופכת גם את יוסי וגם את הקשר שלהם למיוחד מאוד. אה, ואז הם נפרדו. והיה גם דודו. וגם הוא היה ממש, אבל ממש מיוחד. ואז גם הם נפרדו. והנה עכשיו זה אופיר, שהוא ממש, אבל ממש ממש מיוחד.

פרק 81
ספוג עם מים מקולקלים

כשגלית מטעינה את המיניות שלה במשמעות של ההקשר הגבוה שבתוכו היא מתרחשת, היא עושה דבר מאוד מאוד עוצמתי, ולכן גם מאוד מסוכן. היא בעצם מתייחסת למעשה המיני באופן **סמלי**. עבורה, המעשה המיני הוא לא רק חוויה פיזית־אסתטית־נעימה, אלא סמל לאהבה הגדולה שיש בינה לבין יוסי.

תלמידה בוגרת שלי, שכיום היא כבר נשואה ואם לילדים, סיפרה לי על קשר שהיה לה בכל שנות התיכון עם חברתה הטובה ביותר. זו לא הייתה סתם חברה טובה; זה היה קשר מאוד מאוד אינטנסיבי. שררה ביניהן אהבה מאוד גדולה. לא רק האהבה הייתה גדולה, אלא גם הקשר עצמו. הן לקחו את קשר החברות שלהן בתור מושג שצריך לטפח אותו, לשמור עליו, להגן עליו ולהעצים אותו יותר ויותר. למעשה, כך היא אמרה לי, הקשר הזה היה דומה מאוד לזוגיות, רק ללא מיניות.

בשלב מסוים בקשר הן החליטו להעניק זו לזו צמידים. מדובר היה בצמידים מאוד מסוימים העשויים מכסף ושזורים בחרוזים סגולים. הצמידים הללו לא רק תפקדו בתור משהו יפה שהן ענדו על היד, אלא בעיקר תפקדו בתור **סמל** לאהבה ולקשר ההדדי והמיוחד שיש להן. הן התבוננו בצמיד בכל פעם שהתגעגעו זו לזו, ונשבעו אחת לשנייה שהן לא יורידו את הצמידים לעולם.

לקראת סיום התיכון הקשר ביניהן התפוצץ. לאחר שהוא התפוצץ, תלמידתי הבינה עד כמה מההתחלה הקשר הזה היה חולה. זו הייתה אהבה, אבל אהבה חולה. תלמידתי עברה תהליך ארוך מאוד של התגברות והחלמה מהתחושות הקשות שלה בעקבות הקשר הזה ובעקבות ההבנה המאוחרת מדי, שהוא היה חולני כבר מההתחלה. רק על דבר אחד היא מעולם לא הצליחה להתגבר. עד היום, אם מישהו יעניק לה אי־פעם צמיד במתנה, זה יעורר בה בחילה.

הצמיד של תלמידתי תפקד בתור סמל. סמל לאהבה גדולה ולקשר ייחודי ועוצמתי. כמו הסיכה של סבתא שלך, הכרטיס המשומש מההופעה, או השמיכי של אחיך הקטן, גם הצמיד של תלמידתי הוא חפץ שיש בו הרבה מעבר לממד האסתטי שלו. כשהיא זרקה לבסוף את הצמיד לפח, היא קיוותה לזרוק בכך את כל המשמעויות שהוצמדו אליו, לזרוק את ה"אהבה" הזו, את "הקשר הזה", או בחילופי אותיות - את ה"שקר הזה", לפח, ולהמשיך הלאה.

היא המשיכה הלאה. אבל הצמיד לא. היא לא הצליחה לשחרר את הרעיון של "צמיד" מהמשמעויות השליליות שדבקו בו. אז היא לא לובשת יותר צמידים, לא מעניקה אותם במתנה, ופעם, כשהיא קיבלה צמיד במתנה מבעלה, היא נאלצה ללכת לחנות ולהחליף אותו בשרשרת (באמת! והיא גם צעקה עליו: "מה אתה חושב לעצמך שאתה נותן לי במתנה צמיד?!").

אוקיי, אז מה הביג דיל? את שואלת.

אני אגיד לך מה הביג דיל, ואני מקווה שגם גלית שומעת. לשמחתה של תלמידתי, הסמל שהיא וחברתה בחרו בו הוא בסך הכול צמיד, לא משהו שאמור ללוות אותן הלאה בחיים. אבל תארי לעצמך מה היה קורה, אם תלמידתי הייתה חיה בחברה שבה יש שיח מסוים, נקרא לו "השיח הצמידי השמרני".

לפי השיח הצמידי השמרני, צמיד הוא דבר נורא מרגש. לכולנו יש יצר לקנות צמיד למישהו או לקבל צמיד ממישהו. אבל אנחנו מתגברים על היצר הזה ומקריבים את עצמנו למען האהבה. לפי השיח הצמידי השמרני, אנחנו לא אמורים להעניק צמיד אף פעם לאף אחד, ולא אמורים לקבל במתנה צמיד מאף אחד, אלא רק כשמדובר באיש אחד נדיר ומיוחד, שאיתו הצלחנו לבנות קשר של אהבה ומחויבות. הצמיד הוא הכלי שאותו אנחנו מטעינים במשמעות

של אהבה ומחויבות, ולכן הוא תמיד מלווה אותנו, בכל קשר זוגי שנימצא בו (ולשאלתך, גלית, התשובה היא לא. אי אפשר להחליף את הצמיד בסמל אחר, ובכל מקרה, את תרצי לקבל צמיד ולהעניק צמיד לאהובך מדי פעם, כי זה מה שאנשים אוהבים עושים). בקיצור, צמיד הוא הדבר שמסמל את הקשר. הצמיד הוא הדבר הגבוה ביותר שאת יכולה להעניק לאהבת חייך, ושהוא יכול להעניק לך. אין תחליף לצמיד. רק צמיד. צמיד צמיד וצמיד.

האם יש כאן עדיין מישהו שחושב שהבעיה של תלמידתי, שלא מסוגלת יותר להעניק או לקבל צמיד מאף אחד, היא בעיה קטנה?

אז גלית לקחה את הדבר הזה, שהפעם לא קוראים לו צמיד אלא מיניות, והפכה אותו לסמל של "האחד", לסמל של "אהבה ומחויבות", לסמל של "הפעם זה זה". ואז היא פגשה ביוסי, ואחרי שהיא הייתה לגמרי בטוחה שזה זה, שהוא האחד, שזאת ה־אהבה, ושיש כאן מחויבות, היא העניקה לו, וגם הוא העניק לה, את ה"צמיד", או ליתר דיוק, את יחסי המין.

עכשיו בואי נחשוב מה קורה לאחר שגלית ויוסי נפרדו. אז נכון, לא הייתה שם בגידה או כל שברון לב דרמטי שהותיר אותה מרוסקת. אבל בזרמים התת־קרקעיים שהיא לא תמיד מודעת אליהם, הרעיון של "האחד", כמו גם הרעיון של אהבת אמת, נפגע באופן שאולי הוא אפילו בלתי הפיך.

"משל הצמיד", כמו גם "משל הקולה" (למרות ששניהם סיפורים אמיתיים ולא רק משלים), שונים ממשל העגבנייה והיהלום. במשל העגבנייה והיהלום את אמורה "לקדש" את עצמך, "לקדש" את גופך, ולא "לחלל" אותו במגע עם איש זר שאינו בעלך. המשלים הללו לא לוקחים בחשבון את העובדה המעניינת, לפיה מיניות לפני הנישואין איננה בהכרח חוויה נמוכה או רדודה. רוב זוגות החברים החילונים שאני מכירה באופן אישי, לא שייכים לשיח המתירני, ולכן הם לא מתייחסים לבת הזוג שלהם כמו עגבנייה שערכה יורד ככל שיותר אנשים מיששו אותה.

לעומת זאת, ב"משל הקולה" הסיפור הוא בכלל קידוש ההקשר. קידוש הסטטוס הזוגי שלך. הרעיון של משל הקולה הוא ששמירת משהו וייחודו אך ורק להקשר מסוים מקדשים או מייחדים את ההקשר הזה. בין אם תרצי בכך

ובין אם לא. "משל הצמיד" מוסיף עוד נדבך: כשאת מטעינה משהו במשמעות עמוקה וקריטית, המשמעות הזו נותרת מוצמדת אליו. זאת גם לאחר שתרצי לשחרר אותו ממנה. במקרה כזה, הגוף שלך, הגוף שלו, המיניות של שניכם, היא לא רק "מיוחדת", אלא היא גם סמל. היא סופחת אליה רעיונות, אמונות והשקפות עולם, ואז... מנפצת אותם.

נחזור לגלית. המיניות הייתה עד עכשיו סמל לקשר הגבוה שיש בינה לבין יוסי, אבל אז גלית מגלה שיוסי לא כזה חשוב לה כדי לעזוב באמצע את התואר הראשון שלה, וגם היא לא כזאת חשובה ליוסי כדי לוותר על העבודה שלו ועל המעבר לקליפורניה. הם נפרדים בהחלטה משותפת ומכבדת, והכול בסדר, והגיוני, וטבעי, ו"אלו החיים", ו"הקשר הזה לימד אותי על עצמי והכין אותי לזוגיות הבאה", וכל הקלישאות נכונות ואני מאמינה לה כשהיא אומרת אותן.

אבל כל הדברים הגבוהים הללו שהמיניות סימלה עבורה, אפילו עוד **לפני** שפגשה את יוסי - "אהבה גדולה מהחיים, מחויבות באש ובמים, אנחנו זה של זו לנצח, אני הכי חשובה לו בעולם" - כל הרעיונות הללו הצמיחו פתאום חתיכת סימן שאלה ענק שמתנדנד בקצה שלהם.

בגלל שגלית הטעינה את המיניות שלה במשמעות, היא הפכה את המיניות שלה למשהו שסופג וסופח לתוכו את המשמעות של הקשר הזוגי. המיניות של גלית היא הספוג שספג לתוכו את כל הערכים הללו עוד כשהם היו כביכול נכונים, בזמן שהאהבה שלה ושל יוסי פרחה, ועכשיו, בתוך הספוג הזה, המים הפכו להיות מקולקלים.

את המים המקולקלים הללו גלית סוחבת איתה הלאה, אל הקשר הבא, שבו היא שוב תתייחס למיניות באותו אופן. כסמל. גלית ממשיכה להתייחס למיניות באופן סמלי, כדבר הזה שמבטא את האהבה הכי גדולה שיש, ואת המחויבות הכי אמיתית (אה, חוץ מנישואין). אבל בלי שהיא מודעת לכך, המיניות שלה כבר אמביוולנטית, כלומר, לא לגמרי בטוחה ברעיונות הגבוהים האלה. המיניות של גלית כבר ספוגה במים פצועים, ובקשר הבא שלה היא תשתמש באותו גוף פצוע כדי לבטא את אותם רעיונות מוטלים בספק. או אם את רוצה עוד מטאפורה,

המיניות שלה הופכת להיות צלחת הפֶּטרי שעליה מתפתחים, בשקט בשקט, מושבות החיידקים של הספק, האכזבה וחוסר האמון.

בהקשר הזה ראוי להאזין בתשומת לב רבה לדבריה השגרתיים כל־כך, הכמעט בנאליים, של הזמרת הצעירה אגם בוחבוט, בריאיון עמה שפורסם באתר מאקו:

> לאחרונה עברה אגם פרידה מאליאור, שהיה בן זוגה לזמן קצר. ״הכול בסדר גמור״, היא אומרת על הפרידה מבן הזוג. ״אני רווקה עכשיו ולגמרי סבבה עם זה. אני רק בת 16, כולי ילדה עדיין. אני אחווה עוד מלא אהבות ואכזבות. אני עובדת והכל ממש בסדר״.

אני מחבקת אותך, אגם יקרה, אותך ואת כל הנערות שמזדהות עם דברייך וחושבות כמה את ״קולית״, לא עושה עניין ולוקחת את החיים בסבבה. הלוואי שהיית יודעת שאת לא חייבת. לא חייבת לעבור מלא אהבות ואכזבות. לא חייבת לעבור במיטה של בחורים שונים מתוך אהבה שסופה אכזבה. שום דבר לא ״סבבה״ בלקבל מראש את העובדה שאת הולכת להתאהב ולהתאכזב מלא פעמים.

נכון לכתיבת שורות אלו, אגם בוחבוט ידועה בגישה השמרנית שלה כלפי מיניות, ואכן אין סתירה בין דבריה כאן לבין השיח השמרני החילוני. בחורה שמשתייכת לשיח השמרני החילוני, לא תקיים יחסים עם בחורים רנדומליים. היא תיכנס למיטה רק מתוך אהבה גדולה. אבל באופן מובנה, ידוע מראש ואפילו מוצהר, האהבה הגדולה תוביל לאכזבה גדולה, וכך שוב ושוב, פעם אחר פעם, עד שיגיע הזמן ״להתמסד״. ואז יום אחד היא תתחתן, באהבה גדולה כמובן. ומה אז?

גלית, אגם, וכל מי שמשתייכת לשיח השמרני החילוני, שימי לב: כשאת מטעינה את המיניות שלך במשמעות של הקשר הזוגי, אל תתפלאי שאחר כך, כשהקשר הזוגי מסתיים, המיניות תהפוך להיות מוטענת גם במשמעות של קשר זוגי שהסתיים.

יכול להיות שעכשיו את שואלת אותי: ״באמת נראה לך שהמשמעות של המיניות משחקת תפקיד כל כך חשוב בשמירה על זוגיות טובה? מה עם תכונות אופי, התאמה, וכל שאר הדברים?״.

על כך אני עונה שכמובן שתכונות אופי והתאמה משפיעות על הזוגיות. אבל השימוש במיניות כ"כלי", כסמל שמקבל משמעות מתוך הזוגיות ומאציל אותה בחזרה על הזוגיות, מכניס את הקשר הזוגי לתוך רובד סמלי שהוא חשוב ומשפיע על החיים שלנו הרבה יותר ממה שנדמה לנו. הרובד הזה קשור למושג נוסף שאני רוצה שנכיר אותו: "ארכיטיפ".

פרק 82
ארכיטיפ

מדי פעם אנשים שואלים אותי, "תגידי, מה זה 'האחד' הזה שאת כל הזמן מדברת עליו, זה לא נשמע לך קצת הזוי? את באמת מאמינה שיש רק אדם אחד שהיית יכולה להתחתן איתו, ו'במקרה' פגשת את האחד הזה ואכן התחתנתם? יותר הגיוני שניתן לבנות מערכת יחסים של נישואין עם כל מיני פרטנרים, כשבפועל רק אחד מהפרטנרים הללו הופך להיות בעלך".

אני מסכימה שתיאורטית כל אדם יכול לקשור קשר יפה ומוצלח של ברית עם כל מיני פרטנרים אפשריים. אבל זה לא סותר את הרעיון שבעלי הוא "האחד" עבורי, לא רק אחרי שהתחתנתי איתו, אלא גם אפילו לפני שהכרתי אותו.

למה הכוונה? כדי להבין את זה אנחנו צריכות להשתמש במושג "ארכיטיפ" (אם את במקרה מכירה את המושג ארכיטיפ מתחום הפסיכולוגיה, שימי לב שאני משתמשת בו בצורה קצת שונה). כשאני אומרת "ארכיטיפ" אני מתכוונת לסוג של דגם, תבנית מוכנה מראש של רעיון מסוים. התבנית הזו קיימת אצל האדם בתודעה, ומחכה להתמלא בתוכן ספציפי.

למשל, להרבה ילדים יש בראש את הארכיטיפ של המפלצת, למרות שהם אף פעם לא פגשו מפלצת אמיתית בחיים שלהם. כשאחותך הקטנה אומרת שהיא מפחדת שיש לה מפלצת בחדר, זה לא יעזור אם נגיד לה: "איך את יודעת מה זה מפלצת? פגשת פעם אחת כזו?", וזה גם לא יעזור אם נגיד לה: "אין דבר כזה

מפלצות באמת". כי מבחינתה, יש דבר כזה מפלצת, בתור **רעיון**. הרעיון הזה קיים במוח שלה, בתודעה שלה, ובגלל שזה רעיון מפחיד, לפעמים היא מפחדת ממנו. מאחר שהיא לא יכולה לפחד מסתם רעיון לא מוחשי שנמצא בתודעה שלה, היא מלבישה את הרעיון הזה באופן מוחשי על המציאות, על גוש שחור שנמצא בתוך החדר בחושך.

אחותך צועקת: "תדליקו את האור! יש לי מפלצת בחדר!", ואז, כשמדליקים את האור, היא מגלה שהגוש השחור הזה הוא סתם כרית שזרוקה על הרצפה. האם היא הפסיקה באותו רגע לפחד ממפלצות? לא. היא תמשיך להחזיק ברעיון של "מפלצת" בתוך הראש שלה, עד הפעם הבאה שבה היא תראה את המעיל שלה תלוי על המתלה שבחדר, ובחושך הוא ייראה לה כמו "מפלצת!!!". היא שוב העירה אותך, וזה כנראה לא יפסיק עד שאחותך לא תשתחרר מהמפלצת שיש לה בתוך הראש, כלומר, מהארכיטיפ של המפלצת.

הילדה הקטנה בעצם לא מפחדת ממפלצת מסוימת שיש לה בחדר, אלא היא מפחדת מהארכיטיפ של המפלצת, מהרעיון של מפלצת, שמתקיים אצלה בתודעה כמו תבנית ריקה שמחכה להתמלא בתוכן אמיתי. פעם התוכן הזה יהיה כרית, ופעם הוא יהיה מעיל, וכן הלאה.

כשהילדה הקטנה סוף־סוף גדלה, היא מפסיקה להאמין במפלצות. הארכיטיפ של מפלצת הופך להיות אצלה "ארכיטיפ של משהו שלא קיים במציאות". ברגע שהיא כבר לא מאמינה שהארכיטיפ יכול להתגלם במציאות, היא מפסיקה לחשוש מפניו, למרות שהוא עדיין קיים איפשהו בתוך הראש שלה. מדי פעם הוא מתעורר בתור פחדים בלתי מוסברים אחרים. אבל ממפלצות היא כבר בוודאות לא מפחדת יותר. וזה נפלא. כי באמת, בואי נודה בכך, אין דבר כזה מפלצות במציאות.

אבל על הדרך היא גם מפסיקה להאמין בפיות. וזה דווקא משהו שמסתבר שמטריד הרבה מאוד סופרים ותסריטאים ויוצרים של סרטים וסדרות לילדים. יש לא מעט יוצרים כאלו, שלדעתם, העובדה שילדים מפסיקים להאמין בפיות היא דבר נורא ואיום שקרה להם. לכן המאמץ המרכזי של הסיפור שכתבו, של הסרט או של הסדרה, הוא להראות איך האמונה בפיות, ביצורים דמיוניים או

בעולם קסום, בעצם גורמת לדברים האלו להיות אמיתיים. מכירה את המוטיב החוזר בסרטים, "רק מי שמאמין בפיות באמת רואה אותן?" אז זה.

אנשים רציונלים מדי (גם אני רציונלית, אבל לא מדי) עלולים לחשוב שהסרטים הללו גרועים, כי הם ממשיכים לטפח רעיונות שווא אצל ילדים. "יש דבר כזה פיות?! בשביל מה לגרום לילדים לחשוב שהאמונה בפיות היא זו שגורמת להן להיות קיימות? בשביל מה לגרום לילדים לחשוב שההתפכחות מהאמונה בפיות היא דבר לא טוב?".

התשובה שלי לאותם אנשים היא שהסרטים הללו כנראה גילו את הכוח והחשיבות של הארכיטיפ. האמונה בארכיטיפ יכולה באמת ליצור אותו עבורך במציאות, אם רק תאמיני שהוא אכן יכול להתקיים במציאות. להתפכח מפיות זה בעצם משל להתפכחות מאמונה בקסם, במשהו פלאי שאתה יכול לפגוש בו. מי שמתפכח מהארכיטיפ הזה, יחווה חיים נטולי ציפייה לקסם, וגם יתקשה לחוות קסם בתוך הדברים היפים והקסומים של החיים.

כך לגבי "האחד". "האחד" הוא לא מישהו ספציפי, שקוראים לו מוישה יופיץ, שרק איתו אני יכולה אי־פעם להתחתן, אלא הוא ארכיטיפ. הוא רעיון שיש אצלי בראש, של "האדם הזה, שאני והוא, רק אני והוא". גברים יכולים לפעמים לתאר תחושה של געגוע רומנטי למישהי שהם מעולם לא פגשו, מישהי שתראה אותם מבפנים, תבין אותם, תאהב אותם באמת ובלי תנאי, מישהי שהיא ה"אחת". גם נשים יכולות להאמין בכך שאי שם יש מישהו שמחכה להן, ואיתו הן יחיו יחד באושר, בקשיים ובאתגרים ובהתגברות עליהם, עד עצם היום הזה.

מי שמכתיר את האמונה הזו כילדותית או כנאיבית, ככזו שלקוחה מעולם האגדות, אשלח אותו לצפות בסרט על הפיות. הוא לא מבין שהאמונה הזו היא לגמרי מציאותית, כי היא מבוססת על קיומו של ארכיטיפ. כשיש לך בראש ארכיטיפ **בריא** של אהבת אמת, יש לך הרבה יותר סיכוי להצליח לממש אותו במציאות, כשאת מלבישה אותו על מישהו ספציפי ועל זוגיות ספציפית.

פרק 83
המשקפיים של אורן

לא המצאתי כאן שום דבר. החשיבות של הארכיטיפ ידועה ומובנת לנו באופן הכי אינטואיטיבי. מכירה את המשפט: "לילדים של הורים גרושים יש סיכוי גבוה יותר להתגרש בעצמם"? על המשפט הזה אפשר לשאול את אותה שאלה ששאלנו קודם על המשמעות של המיניות: "מה זה משנה אם ההורים גרושים או לא? למה לא לדבר על תכונות אופי והתאמה בין בני הזוג, שהן אלו שמשפיעות על הסיכוי של הקשר?".

השאלה הזו לא נכונה, כי היא מתעלמת מהחשיבות של ארכיטיפ שמופנם לתוכך ואחר כך מושלך מתוכך ומולבש על המציאות. בכל פעם שאת שומעת את הרעיון "לילדים של הורים גרושים יש סיכוי גבוה יותר להתגרש", את בעצם שומעת את הרעיון "ילדים של הורים גרושים מחזיקים בראש ארכיטיפ לא בריא של זוגיות, ולכן הם עלולים לממש אותו ולהלביש אותו בפועל על הזוגיות העתידית שלהם".

ואם את עדיין לא מאמינה לי שזה אכן עובד כך, את יכולה להסתכל סביבך על זוגות שאת חשה שיש ביניהם אהבה גדולה. ניקח לדוגמה זוג שהמצאתי לצורך הדוגמה: אורן ואורנה. אורן ואורנה נשואים באהבה כבר 30 שנה. כשאורן מסתכל על אורנה, הוא רואה בה דברים שהם הרבה מעבר למי שהיא "באמת". מבחינה אובייקטיבית, כלומר מבחינת העובדות היבשות על הנייר, אורנה היא לא אישה כזו מיוחדת או מדהימה. סתם עוד אישה כמו כל אחת אחרת. אבל משום מה, אורן רואה בה את המלכה שלו, את הנסיכה שלו, את האישה של חייו.

כשאנשים רציונלים מדי יראו איך אורן מתפעל מאורנה, הם יחשבו שהוא לא מציאותי. הם יחשבו שהוא חובש משקפיים שמטשטשים לו את המציאות. הם יחשבו שהוא חי בסרט. אבל האם את מסכימה איתי שהאנשים הללו הם

אלו שחיים בסרט? שהם כנראה לא מבינים איך עובדת אהבה? לאורן אכן יש משקפיים, אבל לא כאלו שמטשטשים לו את המציאות, אלא כאלו **שיוצרים** אותה.

לאורן יש ארכיטיפ של האישה המדהימה ביותר בעולם עבורו. בתוך ליבו יש תבנית ריקה של "האחת", כזו שהוא אומר עליה: "וואו, איתה אני רוצה להיות כל החיים". כשהוא פגש את אורנה, הכיר אותה, התפעל מהתכונות המיוחדות שלה ובנה איתה קשר, אורנה הפכה להיות האישה הספציפית שמאיישת את התבנית הזאת.

זוגות נשואים רבים, גם זוגות עם הזוגיות הבריאה ביותר שיש, חווים לפחות פעם אחת בחייהם חוויה קשה של מחשבות על גירושין. אם הם לא מתעוררים בזמן ומטפלים בזוגיות שלהם, לא רק הזוגיות עלולה להידרדר, אלא עצם המחשבות הללו עלולות להיות מסוכנות. כי ברגעי המחשבות הללו, הארכיטיפ של "האחד" מפסיק להיות מאויש על ידי בן הזוג. כמו שמפרידים מדבקת נייר, הארכיטיפ והדמות הספציפית שמאיישת אותו פתאום נפרדים זה מזה. ופתאום את רואה את בעלך כמו סתם מישהו, לא מדהים במיוחד. כמו שאורן היה רואה את אורנה אם הוא היה מסיר את המשקפיים.

כעת שימי לב: אם את רוצה שהארכיטיפ שלך עוד לפני שהכרת את בעלך יהיה בריא, תיזהרי שהארכיטיפ שלך לא יתאר אותו מראש עם תכונות ספציפיות מדי. הארכיטיפ הבריא צריך להיות מופשט ו"פתוח" בכל מה שקשור **לתכונות** של האחד, אבל יותר מפורט בכל מה שנוגע למאפיינים של **הקשר** שיש לך איתו. את לא אמורה לדעת מראש מהן התכונות של אותו אחד שאת מתגעגעת אליו עוד לפני שפגשת אותו. לדמיין אותו מראש כ"מצחיק", "עיניים כחולות" או "קצין בצבא" יהיה מטופש, ויגרום לטעויות. אחת הטעויות הללו מודגמת בסיפור של כנרת, שאליו נגיע בהמשך. הדבר היחיד שכדאי שיהיה מוגדר ומונח אצלך מראש הוא האופי הכללי של הקשר שלכם, היחס שלך אליו והיחס שלו אלייך, האהבה שיש ביניכם, המחויבות העמוקה שלכם זה לזו, הזיקה ביניכם. הארכיטיפ של "האחד" הוא בעצם הארכיטיפ של "אהבת אמת".

אולי לא תופתעי שאני אומרת את זה, אבל אחד הכלים החשובים ביותר שעוזרים לנו לייצר ארכיטיפ כזה הוא שמירת נגיעה. חשבת פעם על משמעות

המונח "שמירת נגיעה"? מה הכוונה במילה "שמירה"? דתיים ודתיות המשתייכים לשיח היהודי הבריא לא סתם "שומרים נגיעה", אלא "שומרים נגיעה לנישואין", "שומרת נגיעה לבעלי" או "שומר נגיעה לאשתי". כלומר, בכל פעם שהם עושים את הדבר הזה של לא לגעת במישהו שאיננו כרוך איתם בברית נישואין, הם בעצם מחזקים את הארכיטיפ של האחד, ועל הדרך, בלי שהם שמים לב, הם מחזקים גם את הארכיטיפ של נישואין. זה פשוט. כל חוויה של שמירת נגיעה מייצרת לצידה תודעה, אפילו לא מודעת, של "האחד", שהוא בעצם "בעלי", כלומר - "נישואין".

פרק 84
הטעות של גלית

אז מה יוצא לנו מזה? יוצא לנו ששמירת נגיעה וגם צניעות הופכות את הגוף שלנו ואת המגע בו **לסמל**. סמל שמחזיק בתוכו את כל המשמעויות, ומעצים את כל הארכיטיפים החזקים האלמותיים הללו: "האחד", "האחת", "ברית הנישואין", "אהבת אמת". שמירת נגיעה הופכת להיות החוט המקשר בין הרעיונות הללו: האחד, אהבת אמת, נישואין.

אנשים ציניים לא מרשים לעצמם להאמין בארכיטיפים האלה, אולי כי הם אף פעם לא חוו מה זה לשמור נגיעה כל חיי הרווקות, ואז לגעת רק באישה שיש לך עמה ברית. או שהם פשוט היו שייכים לשיח השמרני החילוני, וגילו ששמירת נגיעה ל"אהבה ומחויבות" בעצם מנפצת את הארכיטיפ של אהבה ומחויבות.

תראי את האבסורד: הרי גם גלית, במובן מסוים, שומרת נגיעה. לגלית יש גם כן ארכיטיפ של "האחד" ו"אהבת אמת". זוכרת את עידו הבחור מהצבא, או את זיו הסטודנט לאמנות? גלית לא מימשה איתם מגע מיני, לפחות לא באופן מלא, משום שהיא שמרה את המיניות לאותה אהבת אמת, לאותו אחד שרק לו

היא מחכה. בלי שהיא הייתה מודעת לכך, בכל פעם שהיא לא המשיכה הלאה עם המגע בעידו או בזיו, היא חיזקה את הארכיטיפ של האחד. היא עשתה את הדבר הסופר־עוצמתי וסופר־מסוכן הזה של לייצר זיקה בין מיניות לבין הארכיטיפ של אהבת אמת. אבל גלית המקסימה והערכית, שמאמינה באהבת אמת ולא מחפשת ריגושים חולפים, לא הבינה שלא משחקים באש. לא משחקים בארכיטיפים ובמיניות במסגרת ההמצאה המערבית הזו שקוראים לה "חברות".

לפי השיח היהודי הבריא, חברות רומנטית בין איש לאישה היא אף פעם לא מטרה בפני עצמה. היא תמיד רק שלב בדרך אל המטרה, והמטרה היא או להינשא ולכרות ברית, או לגלות שהוא לא "האחד", ואז להמשיך הלאה. אני זוכרת שכשהייתי בתיכון שנאתי את האמירה "חבר זה רק למטרת נישואין". נישואין ממש לא עניינו אותי, וממש היה בא לי חבר. אבל עוד כשהייתי בתיכון, "האחד" כן עניין אותי, ולא הייתי מוכנה להתפשר על מישהו שהוא פחות מבעלי. כן, לפי השיח היהודי הבריא אין דבר כזה "האחד" שהוא לא בעלך. ה"אחד" שהוא לא בעלך - זו פריצות.

"למה פריצות? הייתה שם אהבת אמת!", אומרת גלית.

את צודקת, גלית. הייתה שם אהבת אמת, ואני אגלה לך עוד משהו, אני גם חושבת שמיניות שמתרחשת בהקשר של חברות בוגרת בין איש ואישה היא באמת גבוהה מבחינה מוסרית. מי שטוען שמיניות בין חבר וחברה שיש ביניהם אהבה ומחויבות היא בהכרח משהו נמוך ויצרי הוא בעיניי אדם לא כן ולא מחובר למציאות.

אבל זו בדיוק הבעיה. הבעיה היא שיש שם אהבת אמת. אהבת אמת שאין לה כיסוי. "צ׳ק בלי כיסוי" הוא צ׳ק שמישהו רושם לך מבלי שיש לו בחשבון את הסכום הזה. אז את מקבלת צ׳ק שנראה ממש מהמם, צ׳ק של מיליון דולר, ומתלהבת ממנו: "וואו אני עשירה!". אבל אז את מפקידה אותו בבנק ומגלה שלצ׳ק הזה אין כיסוי, לאדם הזה בכלל אין מיליון דולר בחשבון. אפילו לא 500.

גלית ובני הזוג שלה שמרו את המיניות שלהם רק ל"אחד" ול"אחת". המיניות שהם מחליטים לממש זה עם זו היא חתיכת צ׳ק רציני. חתיכת "ביג דיל". אז גלית מקבלת צ׳קים של מיליון דולר מיוסי ומדודו, וגם היא מעניקה להם צ׳קים

של מיליון דולר, אבל זה בלי שום כיסוי. הם לא יודעים כמובן שזו המשמעות של מה שהם עושים. הם אנשים טובים וערכיים. הם לא יודעים שה"חברות", **שאותה הם מקדשים באמצעות המיניות שלהם**, היא צ'ק בלי כיסוי, ושלא כדאי לבנות יותר מדי על הצ'ק הזה. אבל אחרי שאנשים מגלים שכל הצ'קים היפים שהם קיבלו היו בלי כיסוי, לכו תאמינו שוב באהבה.

"חבר" בתור המטרה הסופית, זה בדיוק הקונספט המערבי שגרם לאנשים לאבד כיום אמון באהבה. ברגע ש"חבר = האחד" אז אין כאן אהבה לנצח, והוא גם בוודאי לא האחד, כי אנחנו יודעות ש"חבר זה לא קיר" - חברות מסתיימת. ואם תגידי לי: "אבל גלית היא שמרנית, המטרה הסופית של גלית תמיד הייתה חתונה", אז אני אגיד לך שתשימי לב שעד גיל 25 בערך, חתונה לא עניינה אותה, רק "האחד", שמבחינתה זה כמו להגיד "חבר". ובכלל, אם המטרה הסופית היא חתונה, איך זה בדיוק בא לידי ביטוי ברמת הארכיטיפ? למה היא לא שומרת את המיניות למטרה האמיתית, ומאפשרת למיניות שלה לספוג בדרך את השקר של מושג ה"חברות"?

המיניות של גלית ויוסי, כמו גם של גלית ודודו, היא פריצות, לא משום שהיא מיניות יצרית ונמוכה בלי ערך, כי היא לא, אך היא פריצות במובן העמוק של הביטוי. פריצות היא מצב שבו הגבולות של הברית נפרצים. ובמילים שלנו, מצב שבו התבנית של הארכיטיפ נפרצת ומתנפצת על הרצפה. גלית מבקשת לקדש את המיניות, אבל מה שהיא לא מבינה הוא שיש הבדל בין **קידוש המיניות** (השיח השמרני החילוני) לבין **קידוש ברית הנישואין באמצעות המיניות** (השיח היהודי הבריא).

הרעיון של שמירת המיניות לנישואין מקדש בראש ובראשונה לא רק את המיניות, אלא בעיקר את הנישואין. את הברית. כשגלית משתמשת ברעיון של שמירת נגיעה "בשינוי קל" ומיישמת אותו על החברים הרומנטיים שלה, היא בעצם, מבחינה סמלית, כורתת איתם סוג של ברית. ברית ללא כיסוי.

לפני שגלית נישאה לבחיר ליבה, אופיר, היא בעצם עשתה באופן לא מודע מהלך די דומה לנישואין, מבחינה פיזית ורגשית. והיא עשתה את זה פעמיים: עם יוסי ואחר כך עם דודו. גלית לא סתם מרגישה כאב לב אחרי הפרידה מיוסי

ומדודו. בגלל שהיא קידשה באמצעות המיניות את החברות כסוג של כריתת ברית, היא מרגישה, אפילו אם היא לא לגמרי מודעת לכך, כאילו היא התגרשה.

לא רק ילדים של הורים גרושים סובלים מארכיטיפ פגוע ומצולק של זוגיות. גם "המתגרשים השקופים", אותם אנשים שהיו עמוק־עמוק בזוגיות של ברית בלי כיסוי, סובלים מכך. לדעתי, האנשים שפגיעים במיוחד להפוך להיות "מתגרשים שקופים" הם האנשים שמשתייכים לשיח השמרני החילוני. במקום לשים טבעת, הם שמים מיניות. ואז זה מתפרק. כמעט כמו גירושין.

אם נפגעת מברית שהתפרקה והתגלתה ככוזבת, בין אם זו הייתה ברית בין ההורים שלך, בין אם זו הייתה ברית בינך לבין בעלך, ובין אם זו הייתה ברית בינך לבין "החבר" (ברית שכאמור נכרתה בטעות, באמצעות קידוש המיניות רק ל"חברות"), הסיכויים שלך לשקם את הארכיטיפ של אהבת האמת ולהצליח לממש אותה, נפגעו. זו הסיבה שאני מאמינה שליערה ולאופיר יש סיכוי טוב יותר לנישואין טובים וארוכים מאשר לגלית ולאופיר.

לגלית ולאופיר יש ארכיטיפ מצולק, שעלול להפוך להיות נבואה שמגשימה את עצמה. לעומת זאת, ליערה ולאופיר יש ארכיטיפ בריא, שרק מתעצם ומאשש את עצמו בכל פעם שהם נוגעים זה בזו באהבה, אפילו אם הם לא מודעים לכך. כשהארכיטיפ שיש אצלך בראש מתממש במציאות, ומאויש על ידי מישהו אהוב ספציפי שאיתו כרתת ברית, הארכיטיפ ממשיך להתעצם בכל פעם שאתם נוגעים. כי הנגיעה היא לא סתם נגיעה, אלא היא הדבר הזה שאותו שמרת, רק לו. הדבר הזה שאותו הוא שמר רק לך.

פרק 85

כל הרגעים הללו שבהם לא נגענו

חוויה של שמירת נגיעה יכולה להיות מתסכלת מאוד. בחור ובחורה שיש ביניהם איזושהי משיכה רגשית, אפילו לא מאה אחוז אהבה, וגם אם אין שם עדיין שום

כיוון של מחויבות, רוצים לגעת זה בזו. בכל פעם שהם **לא** נוגעים, הם בעצם מחדשים ומעצימים את הארכיטיפ של "האחת" ו"האחד". כשמעלים למודעות את העובדה הזו, שמירת הנגיעה הופכת להיות חוויה מתסכלת ועוצמתית כאחת. מתסכלת, כי **"בא לנו"** לגעת. עוצמתית, כי אנחנו **רוצים** לגעת רק ב"אחד".

וכך, גם אם לפעמים, בלי שהתכוונו שזה יקרה לנו, השמירה מתרופפת ואנחנו נוגעים, עדיין ברור לנו שזה לא חלק מהברית שאנחנו שואפים אליה. שמירת הנגיעה אולי נפגמה בפועל, אבל התודעה של רגשות החרטה היא זו שמחזירה אותנו אל הארכיטיפ. תודעת החרטה והרצון להמשיך ולנסות לשמור נגיעה הם קריטיים כדי לשמור על הארכיטיפ ששמירת הנגיעה מייצרת. שמירת הנגיעה בוראת עבורנו את הארכיטיפ, ותודעת החרטה שומרת לנו עליו אם קרה שאנחנו בעצמנו לא הצלחנו לשמור עליו.

כל הרגעים הללו שבהם יערה לא נגעה באף אחת מהאהבות הקודמות שלה, עידו, יוסי, זיו, דודו, הם רגעים שנישלו את עידו, יוסי, זיו ודודו מתוך הארכיטיפ של האחד, ובאותו זמן חיזקו את הדמות של אופיר כדמותו של האחד. וכל זה עוד לפני שהיא פגשה אותו.

וכך, שמירת הנגיעה מעניקה לנו את האפשרות החשובה כל כך: **שיהיה לי "חבר", מבלי שהוא יהיה "האחד"**. נישואים טובים ומהממים לא יכולים להתרחש אלמלא קשר החברות שקדם להם, והוביל את בני הזוג להכרעה לכרות ברית. אי אפשר בלי שלב החברות. זה היה יכול להיות נפלא אם ביום שבו נולדנו, האימהות שלנו היו מקבלות דוח ובו תמלול של מה שאמרה בת הקול ארבעים יום קודם. כל אחת הייתה מגיעה לעולם מראש עם שמו של בחיר ליבה, וחוסכת לעצמה כל כך הרבה חיפושים, בדידויות ואכזבות. אבל מה לעשות, לשמחתנו או לצערנו, בת הקול שומרת את המידע הזה לעצמה ומטילה עלינו את משימת החיפוש.

במהלך המסע הזה חלק מאיתנו פוגשות כמה וכמה בני זוג שהחברות איתם לא מבשילה לנישואין. זה אומר שחלק מאיתנו מעניקות את הלב שלנו לכמה אנשים, לפני שאנחנו נישאות לבחיר ליבנו. אין לנו ברירה אחרת. קשר זוגי קרוב שמקווה להבשיל יום אחד לנישואין מחייב אותנו בשלב מסוים לקפוץ למים ולהיפתח רגשית. ההתמסרות הזו לא תלויה בברית נישואין, אלא להפך:

ההחלטה לכרות ברית ולהתחתן תלויה בכך שגילינו שאנחנו מסוגלים להתמסר רגשית זה לזו.

משום כך, כל מי שחוותה פרידה מחבר שעמו היא תקשרה בפתיחות רגשית, עלולה לחוות כאב וגעגוע. בנוסף, היא עלולה לחוות חוויה של "בזבוז": "למה הייתי צריכה לבזבז עליו את כל הרגשות האלה, ולומר לו דברים אישיים שמעולם לא אמרתי לאף אחד אחר?!". התחושה הזו היא בלתי נמנעת, והיא חלק מהמרורים שאנחנו נאלצים לאכול בדרך אל מציאת ה"אחד" וה"אחת". אבל שמירת הנגיעה מצליחה לארגן את המרורים הללו באופן מעניין: כל עוד את והחבר שלך שומרים נגיעה, אתם מייצרים הפרדה ברורה ומוחשית בין ה"חבר" לבין "האחד", בינך, "החברה שלו", לבין "האחת", בין החברות שלכם לבין "ברית נישואין", ובין החברות שלכם לבין "אהבת־אמת־לנצח־נצחים". במובן הזה, **זה לא משנה כמה שיתוף רגשי היה ביניכם וכמה נתתם את הלב אחד לשנייה.** כשמה שהופך אותו ל"אחד" זה המגע, אז ההפרדה הזו בין "חבר" לבין "האחד" מתעצמת ומתבססת בכל רגע שבו אתם משתוקקים לגעת זה בזו, אבל שומרים על עצמכם.

לאחר שהקשר שלכם הסתיים והמשכתם כל אחד לדרכו, יכול להיות שאתם חשים פגועים, אבל הארכיטיפ לא התנפץ ואולי אפילו לא נפגע בכלל. אתם ממשיכים במסע כשאתם אולי פצועים רגשית, אך הפצעים ישתקמו. היות שהתייחסתם אל המיניות כאל סמל, ושמרתם על הסמל הזה מכל משמר, אתם לא מאבדים אמון באהבה, בנישואין, ב"אחד", ובכל מה שהמיניות מסמלת עבורכם. וזהו, יקירתי, ההבדל בין גלית ליערה.

אבל למען האמת, יערה לא רק מרוויחה בגלל המשמעות האישית, הסובייקטיבית, שהיא מטעינה בה את המיניות. בפרק הבא אני רוצה להראות לך עוד רובד של משמעות שהמיניות של יערה ואופיר טעונה בו. זה רובד שמייצר הבדל קריטי בין יערה לבין גלית, ובין השיח היהודי הבריא לכל אדם אחר שלא משתייך לשיח היהודי הבריא. לרובד הזה של המשמעות קוראים "מיתוס".

פרק 86

אז מה הופך אותנו למאושרים? על מיתוס ואושר

דיברנו קודם על שני סוגים של תחושות: האחד - הנאה, השני - שמחה. הנאה היא עונג פיזי, והשמחה היא הרובד של המשמעות האישית, הסובייקטיבית, שמישהו מעניק לאותה הנאה שהוא חווה. ראינו שלפעמים יכולה להתקיים הנאה ללא שמחה. למשל, אם האדם חווה את העונג המיני כשלילי, כריקני, הוא עלול לחוש אומללות. כדי שאדם יחווה את ההנאה הזו באופן חיובי, הוא צריך לחוות את העונג המיני כמשהו שיש לו משמעות חיובית, ואז הוא זכה ברובד של ה"שמחה".

בעצם, אם נרצה לדרג את מידת האושר שמישהו חש, אפשר לחשוב על ההנאה והשמחה כמדרגות. המדרגה הראשונה היא המדרגה של ההנאה, והמדרגה הגבוהה יותר היא המדרגה של השמחה, שבה הוא כבר מעריך את ההנאה הזו באופן אישי ומרגיש שיש לה משמעות חיובית מבחינתו.

עכשיו אני רוצה לדבר איתך על רובד נוסף של אושר, על המדרגה השלישית, שהיא אפילו גבוהה יותר משמחה. זה רובד שמתקיים בתוך החיים שלנו באופן הרבה יותר סמוי. אנחנו הרבה פחות מודעים אליו מאשר לרובד של ההנאה והשמחה. הרב שג"ר מתאר את הרובד הזה בהזדמנויות שונות, ומשתמש לשם כך במילים שונות. אנחנו נקרא לרובד הזה "מיתוס",* או במילים יהודיות יותר - "ברכה". מעכשיו אשתמש במילים "מיתוס" ו"ברכה" כמילים כמעט נרדפות.

* מיתוס = המשמעויות התרבותיות שחברה מסוימת מעניקה לדברים מסוימים. אדם שמזדהה עם המשמעויות שהחברה שלו מייחסת לחפץ כלשהו או לפעולה כלשהי, יחווה את המשמעויות הללו במפגש עם החפץ או בזמן עשיית הפעולה הזו. לעיתים הוא יחווה את המשמעויות הללו באופן לא לגמרי מודע.

מיתוס הוא האופן שבו החברה מעניקה משמעות לדברים מסוימים. למשל, בחברה שאני משתייכת אליה, נטיעת עץ בט"ו בשבט זה לא סתם "לטעת עץ

ולשמוח בכך שהוא יגדל ויהיה יפה", אלא בנוסף למשמעות הזו, יש כאן עוד משמעות של "נטיעת עץ בארץ ישראל". זו לא משמעות שמישהו מסוים הלביש על העץ. זה לא כמו סיכה שהייתה שייכת לסבתא שלך. המשמעות מהסוג של "מיתוס" היא תולדה של החברה שאליה אנחנו משתייכים. מי שמתחבר למיתוס הזה, אפילו קצת, ירגיש אחרת כשהוא נוטע עץ מאשר מי שלא מתחבר למיתוס הזה.

עוד דוגמה: אני מכירה משפחה עם שישה ילדים שגרה בקרוואן צפוף. הקירות מתקלפים, לא תמיד יש מים חמים למקלחת וגם החשמל מתנתק כל כמה ימים. הם חיים בתנאים־לא־תנאים. סוג של עוני. סתם כך, רוב האנשים לא ירגישו הנאה מרמת חיים נמוכה כזאת, ובטח שלא שמחה. אבל המשפחה הזו גרה בהתיישבות מבודדת באחת הגבעות החשופות שליד התנחלות כלשהי. חיי היום־יום שלה מלאים בתחושת שליחות של יישוב הארץ, ולכן, לא רק שבני המשפחה נהנים לגור שם, הם גם חשים שמחה, וגם ברכה.

הברכה היא תחושה טובה, נעימה, לעיתים מרוממת ונעלה, שנובעת ממיתוס שאופף את מה שקורה לך. המשפחה הזו משתייכת למיתוס המתנחלי של הקרבה ומסירות נפש למען ארץ ישראל, ולכן היא חשה לא רק שמחה, אלא גם ברכה.

לעומת זאת, אם היה מדובר במשפחה שמחוסר ברירה נאלצת לגור בקרוואן מתפורר במקום כזה, מבלי שהיא מחוברת למיתוס של יישוב הארץ, אני מניחה שהיא הייתה פחות מאושרת. ואם היה מדובר במשפחה שמשתייכת למיתוס הפוך, שרואה בהתנחלויות דבר שלילי, אז לא רק שבני המשפחה יהיו פחות מאושרים, אלא הם אולי אפילו יהיו אומללים אם ייאלצו לגור במקום כזה. זאת משום שהמיתוס שהם משתייכים אליו אופף את הבית שלהם במשמעות שלילית. למצב אומלל כזה אפשר לקרוא "קללה", שהיא בדיוק ההפך מ"ברכה".

אם כן, שמחה היא הטענת החפץ או ההנאה במשמעות אישית, סובייקטיבית (כמו למשל הכרטיס של ההופעה או הסיכה של סבתא). לעומת זאת, "ברכה" היא כשאנחנו מטעינים את הדבר הזה לא רק במשמעות אישית, רק שלנו, אלא במיתוס, כלומר - במשמעות שהחברה מעניקה לו. לא כל מיתוס הופך להיות

תחושה אישית של ברכה. רק כשמדובר במיתוס חיובי שאני אישית מאמינה בו ומשתייכת אליו, הוא מתורגם אצלי לתחושה של ברכה. לעומת זאת, אם מדובר במיתוס שלילי שאני מאמינה בו, תהיה כאן תחושה של קללה.

כאמור, לא תמיד אנחנו מודעים למיתוס. ליתר דיוק, בדרך כלל אנחנו לא מודעים אליו. הוא פשוט נוכח בתוכנו וסביבנו, בלי שאנחנו בהכרח מזהים אותו. פעמים רבות הברכה אופפת אותנו אפילו בלי שאנחנו מזהים שיש כאן מיתוס שמחיה ומעשיר עבורנו את הסיטואציה.

למשל, לפני זמן מה צעדתי ברחוב ולפתע החל לרדת גשם. לא התכוננתי לגשם הזה ולא היה לי מעיל או מטרייה. הלכתי ככה כמה דקות, ופתאום שמתי לב לכך שבמקום רק לחוות את הבאסה שנלווית להליכה בגשם בלי מעיל, אני חווה גם חוויה אחרת, נעימה. ניסיתי להבין מה בדיוק נעים לי פה, וכשניתחתי את כל האפשרויות הגעתי למסקנה שאני חווה את הגשם כ"גשם של ברכה". בלי שבכלל שמתי לב, חוויתי את הגשם כאילו עכשיו יצאתי מגן חובה אחרי שהגננת לימדה אותנו את השיר "בואו עננים הבו גשם לגנים". מסתבר שמגיל צעיר אני חווה את הגשם כמשהו מרגש, שמרווה את האדמה הצמאה של ארצנו היבשה. ואני בטוחה שלא רק אני.

לעומת זאת, אם הייתי קולומביאנית שגרה בעיר קוויבדו, שבה יותר מ־300 ימים בשנה הם גשומים, אני בספק אם ההליכה ברחוב הרטוב ללא מעיל הייתה נעימה לי באיזשהו אופן. אדם קולומביאני לא גדל על המיתוס הישראלי של אדמה צמאה לגשם וחקלאים שמסתכלים על השמיים ומצפים. הוא לא רגיל לשמוע דיווחים על מפלס הכינרת מיד לאחר יממה גשומה. הוא גם לא גדל על המיתוס היהודי־דתי שקושר בין הרעיון של גשם לבין רעיונות של אמונה, תפילה ושמיעה בקול ה׳. הוא לא מתפלל כל בוקר וערב את המילים "ונתתי מטר ארצכם בעתו, יורה ומלקוש", ושורה לאחר מכן, "לא יהיה מטר, והאדמה לא תתן את יבולה". הוא לא מכיר את תפילת הגשם, ובני עמו לא כתבו לפני 2000 שנה מסכת שלמה שעוסקת בתענית בזמן עצירת גשמים. הוא לא למד בגן את הסיפור על חוני המעגל, וספק אם תרגום השיר "בואו עננים" לספרדית היה זוכה להצלחה גדולה.

אבל זה לא שבאותו רגע של צעידה בגשם חשבתי על כל זה. המיתוס נמצא בתת־מודע. כשהלכתי אז בגשם, החוויה המודעת שלי הייתה בסך הכול די שגרתית. חשבתי מחשבות, הסתכלתי על חתולה שהתחבאה מתחת למכונית. ואז, רק במקרה, בשלב מסוים של ההליכה, שמתי לב לכך ש"בעצם" נעים לי, למרות שלכאורה הייתי אמורה להתבאס. ורק במקרה, החלטתי משום מה לנתח את זה ולנסות לגלות למה, והגעתי למסקנה שזה קשור למיתוס שאופף את הגשם. אבל גם אז לא ידעתי בדיוק מה הוא. רק ברגעים אלו, כשכתבתי את הפסקאות הקודמות, הכרחתי את עצמי לחשוב על זה ופתאום התחלתי לשים לב לכל מיני נקודות ציון שיש לנו, כחברה, בחיי היום־יום, נקודות שגרתיות שמתחברות ביחד למיתוס ומטעינות את המושג "גשם" במשמעות גדולה ומרגשת.

כשהיה לי נעים בגשם, זו לא הייתה רק הנאה, וגם לא רק שמחה. זו הייתה ברכה, כי המשמעות שהופיעה ביחד עם הגשם לא הייתה סובייקטיבית, לא אני המצאתי אותה והלבשתי אותה על הגשם, אלא החברה שאני משתייכת אליה הטמיעה בגשם את המשמעויות הללו, ומשם זה חלחל אליי. זה, אגב, הכוח של מושג ה"שיח" שעליו אנחנו מדברות כל הזמן בספר הזה. היכולת שלו לחלחל אלינו ולהשתקע בדברים, בחפצים, במעשים ובבחירות שאנחנו עושים, בלי שבכלל נשים לב. לטוב ולרע.

פרק 87

הסבתא לא בהכרח משוגעת

אחת הדרכים שבהן נוצר מיתוס היא הרעיון של הקרבה. כשאדם צריך להקריב את ההנאה החומרית שלו עבור ערך גדול יותר, לפעמים הוא נעשה אך ורק מתוסכל, אבל לפעמים הוא זוכה לתחושת "ברכה". אני חושבת שהיהדות וההלכה מלאות בדוגמאות כאלה. אתן כאן רק דוגמה אחת, שבאופן מעניין קשורה למושג ה"עונג",

שנוכח גם בהקשר המיני. העונג שאני מדברת עליו בדוגמה אינו עונג מיני, אלא עונג מסוג אחר לחלוטין: "עונג שבת".

מכירה את האנשים המצחיקים האלה, שאם בטעות נכבה להם המזגן בשבת בצוהריים הם רוצים להדליק אותו, כי אחרת "זה לא עונג שבת"? האנשים הללו מפרשים בטעות את המושג עונג שבת, כאילו מדובר בעונג פיזי, "שלא יהיה לי חם מדי" וכדומה. אבל אם נשאל את הרמב"ם מהו עונג שבת, נגלה שזה הרבה מעבר לפיזי. הרמב"ם כותב בהלכות שבת כלל מאוד משונה ואולי אפילו מקומם, אבל אני חושבת שהוא כלל מדהים.

> הדלקת נר בשבת אינה רשות [...] אלא חובה. אחד אנשים ואחד נשים חייבין להיות בבתיהן נר דלוק בשבת. אפילו אין לו מה יאכל, שואל על הפתחים, ולוקח שמן ומדליק את הנר שזה בכלל עונג שבת (רמב"ם, הלכות שבת ה, א).

במילים פשוטות: אין לך כסף לאוכל? תלך לקבץ נדבות כדי להשיג שמן להדלקת נרות. ולמה? כי הדלקת נרות היא "עונג שבת".

עוד דוגמה לכך נמצאת בסיפור קצרצר בגמרא במסכת מגילה (כ"ז ע"ב). הגמרא מספרת לנו על ר' זכאי שהיה חי בעוני גדול עם סבתו הקשישה. למרות העוני הם היו מקפידים באופן קבוע על יין לקידוש, עד כדי כך שלפעמים היו נמנעים מאכילה בשבת רק כדי שיהיה להם כסף ליין. יום אחד נגמר כל הכסף בבית, וכבר לא נותר מה למכור. לבסוף החליטה סבתו של ר' זכאי למכור את הדבר האחרון והיחיד שנשאר לה: המטפחת הלבנה שלה, שאותה היא הייתה לובשת תמיד לכבוד שבת. בכסף הזה היא קנתה יין לקידוש.

אנשים שלא מכירים את החשיבות של ה"ברכה", אנשים שלא מבינים את הרובד של המיתוס, לא יבינו לעולם את הסבתא הקשישה. הם יחשבו שהיא משוגעת ואולי יגידו שהיא חיה בתודעה כוזבת, שהחינוך הדתי שטף לה את המוח וגרם לה לוותר על הדברים החשובים באמת בשביל "שטות" חולפת ולא חשובה כמו יין לקידוש. האנשים הללו לא מבינים את העוצמה של המיתוס ואת הדבר הגדול שהוא מעניק לבני אדם. הם חיים חיים מצומצמים,

כי האושר שלהם תמיד נשען או על הנאה פיזית, או על ערך סובייקטיבי שהם מעניקים לדברים. הם סגורים בתוך עצמם, ואף פעם לא ידעו מה זה ליפול לאחור ולגלות שיש מסביבך מיתוס שתופס אותך.

כשהרמב"ם מדבר על עונג שבת, הוא לא שואל אותנו באופן אישי מה גורם לנו להנאה פיזית. כי אם הרעיון היה פיזי בלבד, הוא היה אומר לנו שכשאין לנו כסף לאוכל, חובה עלינו לקבץ נדבות ולקנות אוכל עבור עונג שבת. הוא גם לא שואל אותנו באופן אישי מה גורם לנו ל"שמחה". אם הוא היה שואל מה גורם לשמחה, הוא היה אומר: "יודעים מה? אל תקנו דווקא אוכל, תקנו מה שמשמח אתכם באופן אישי. אולי אוכל לא כזה משמעותי לכם, אבל דווקא משמח אתכם בגד חדש? אולי ספר טוב? אז לפני שבת תקבצו נדבות ותקנו בזה מה שעושה לכם טוב".

אומנם כבר אצל חז"ל נקשר המושג עונג שבת לעונג של אכילה, וגם הרמב"ם כותב במקומות אחרים על חשיבות האכילה המשובחת בשבת. אבל כאן הרמב"ם שואל את עצמו מה יותר חשוב. הוא לוקח את המקרה של האיש העני כדי לברר: "אם יש לך רק 20 שקל, על מה יותר חשוב להוציא אותם למטרת עונג שבת?". והתשובה שלו, "נרות שבת", ממש לא מתחשבת בשאלת ההנאה הפיזית או בשאלת השמחה הסובייקטיבית. רק בעונג של המיתוס.

כשהרמב"ם קובע שנרות שבת חשובים יותר מאכילת סעודת שבת, הוא בעצם מכניס את נרות השבת לתוך המרחב של המיתוס. הוא מטעין את נרות השבת במשמעות שהיא הרבה יותר גדולה מהשאלה "מה משמח אותי באופן אישי", אלא מחזק סביב נרות השבת את הערך התרבותי והדתי שכל היהודים שותפים לו מאות ואלפי שנים. הוא מטעין את הנרות, החפץ החומרי הזה, בכל המשמעות של מה זה אומר "שבת". פתאום, לאורם של הנרות בשבת יש משמעות דחוסה מאוד. האור שלהם חשוב עד כדי כך שאנשים עניים נדרשים להקריב בשבילו את הרבדים האחרים של הנאה פיזית ושמחה סובייקטיבית.

גם סבתו הקשישה של ר' זכאי בוחרת במיתוס, ב"ברכה", על פני ה"שמחה" הסובייקטיבית. המטפחת הלבנה שלה הייתה הדרך האישית שלה לכבד את

השבת, ולחוות באמצעותה עונג שבת. אבל זה משהו סובייקטיבי, שלה בלבד. אין על המטפחת הלבנה מטען מיתי (מלשון מיתוס) של עם שלם שמקדש את השבת באמצעות מטפחת. אין עליה מטען של חובה הלכתית, של "קדושה", "קידוש". על היין יש מטען כזה. והיא בוחרת ביין.

את יכולה להיזכר בסיפורים ששמעת אולי בהקשר של השואה או של רדיפות אנטישמיות בהיסטוריה של העם היהודי, סיפורים שבהם אנשים הקריבו את כל מה שהיה להם בשביל הדלקת נרות שבת. האנוסים בספרד, למשל, היו מדליקים נרות שבת בתוך סיר הפוך עם חור. אם מישהו מהאינקוויזיציה היה תופס את הסיר המוזר הזה, הם כולם היו נשלחים לחדר העינויים.

אם אנחנו חיים רק ברובד של הנאה או שמחה, אנחנו נחשוב שהאנשים הללו משוגעים. אבל אם יש לנו רגישות לרובד של ה"ברכה" של המיתוס, נבין שעבור אותם אנשים, זו זכות הרבה יותר גדולה להקריב כל הנאה אחרת עבור נרות שבת. זה לא אומר שאנחנו צריכים לשאוף לחיים של סבל וסכנה מתמדת. אבל זה כן יכול לעורר אצלנו פליאה. פליאה על כך שיש אנשים שבוחרים בכך. מהיכן מגיעה היכולת למסור את הנפש על משהו?

(או אם נחזור לרגע לדבר על אהבה: מהיכן מגיעה היכולת להגביל את עצמך, לכרות ברית עם סיפור חיים של אדם אחר, במסגרת זוגית שלפעמים מרגישה לנו כל כך קשה, מורכבת ומסובכת? מה גורם לנו להרגיש מאושרים באופן עמוק, למרות הקשיים והאתגרים שמציבה ברית הנישואין, ולמרות שאנחנו יכולים להשיג הנאה פיזית מרגשת יותר במרחבים אחרים?).

אני לא חושבת שאני מגזימה אם אטען שהאנוסים הללו זכו למשהו שאני ואת כנראה בחיים לא נזכה לו. במובן מסוים, האנשים הללו שהקריבו עצמם, בתוך כל החושך, בשביל הערך המיתי של נרות שבת, זכו באושר הכי גבוה שאדם יכול להגיע אליו.

אם נשאל את סבתו של ר' זכאי כשהיא על ערש דווי, רגע לפני שהיא מוסרת את נשמתה לבורא, מה היו הרגעים החזקים, המרוממים והחשובים ביותר בחייה, אין לי ספק שאחד מהם היה הרגע שבו היא החליטה לוותר על המטפחת הלבנה לטובת יין לקידוש.

למיתוס יש תפקיד קריטי בחוויית היום־יום שלנו, וגם בתחושת האושר, הסיפוק, ואפילו העונג שאנחנו חווים. המילים "עונג" ו"סיפוק" מהדהדות כמובן גם את ההיבט המיני. לפני שנראה איך המיתוס מתפקד בחיים שלנו בכל הנוגע למיניות, לאהבה ולנישואין, בואי תשמעי סיפור.

פרק 88

שירה, אביב, תומר

הסיפור של שירה (שם בדוי) הוא סיפור קטן אבל משמעותי שסופר במסגרת שיחת נשים שנכחתי בה. ביקשתי את רשותה של שירה לעבד יחד איתה את הסיפור ולהכניס אותו לספר, תוך שינוי הפרטים המזהים של הדמויות.

זה היה בשנת 2007. עשיתי שירות לאומי בתל אביב. במהלך השירות תמיד חיפשתי הרפתקאות. תל אביב יכולה להציע כל מיני הרפתקאות, חלקן מפוקפקות יותר, חלקן מפוקפקות פחות. בשביל דתייה שכמוני, ההרפתקאות המפוקפקות היו מחוץ לתחום, אז בחרתי בתרבות גבוהה.

מאז ומתמיד הייתי חובבת נלהבת של שירה, בעיקר שירה ישראלית. עד היום יש לי בבית עשרות ספרי שירה שצברתי במשך השנים. קראתי את כולם. גם בדירת השירות שלי היו ספרי שירה, והייתי גם כותבת מדי פעם שירים למגירה. בתור מישהי שמחשיבה את עצמה מבינה בתחום, אני יודעת שכישרון גדול בכתיבה אין לי. אבל יש לי כישרון לזהות שירה טובה.

וזה מה שקרה באותו ערב שבו פקדתי בר תל־אביבי שהתקיים בו ערב הקראת שירים אלטרנטיבי. אני לא יודעת בדיוק מה הפך את השירים שהוקראו שם לאלטרנטיביים. אני כן יודעת שאביב,

הבחור שעלה אחרון לבמה להקריא שלושה משיריו, הוא אחד המשוררים הטובים ביותר שקראתי אי־פעם (עד היום).

עכשיו תביני, מבחינתי, אם אדם כותב שיר טוב, זו סיבה מספיק טובה להתאהב בו. אני באופן אישי הייתי די מאוהבת בכל המשוררים שהספרים שלהם נחו אצלי על המדף בדירת השירות. אז אביב הקריא שלושה שירים, ואני התעלפתי. התעלפתי עליו, אני מתכוונת. הייתי מוקסמת מהכישרון המטורף שלו, ומהעדינות שבה הוא "ביצע" את השירים שלו. הוא הקריא אותם ברוך ובריכוז, כאילו שהוא מתפלל. הוא לא היה דתי, כמובן, אבל הייתה לו נפש עדינה והיה בא לי לחבק אותו.

אחרי מחיאות הכפיים מבערך 15 האנשים שהיו בקהל, ניגשתי אליו ושאלתי אותו משהו על אחד השירים שהקריא, או כמו שחברות שלי אהבו בזמנו להגדיר את זה: "עזרתי לו להתחיל איתי". בסיום השיחה שלנו הוא אמר לי "אני פשוט חייב את הטלפון שלך". "בכיף", עניתי והתחלתי לדקלם לו את המספר. "לא", הוא קטע אותי, "אני פשוט חייב את הטלפון, את הטלפון עצמו", ואז הוא לקח לי את המכשיר מהיד ועשה כאילו הוא מתקשר למישהו, ותוך כדי אמר לי, "ממש תודה, פשוט נגמרה לי הסוללה, אני חייב להתקשר לאימא שלי". הוא אמר את זה עם מבט כזה שהוא שילוב של פרצוף רציני ושובב. אני נקרעתי מצחוק.

זו הייתה תחילתה של ידידות מופלאה, כמו שאומרים. מאז אותו ערב היינו נפגשים כמעט כל יום. הוא בדיוק השתחרר מהצבא והיה לו המון זמן פנוי. הייתי מסיימת את השירות הלאומי ונפגשת איתו. היה לו חבר ממש טוב, תומר. תומר ואביב היו צמד בלתי נפרד. להסתובב עם אביב זה אומר להסתובב גם עם תומר. גם את תומר חיבבתי. הוא היה נחמד ומצחיק ושנון. אומנם לא רגיש כמו אביב, אבל בהחלט בסדר. אני כבר לא ממש זוכרת מה היינו עושים כל הזמן, ועל מה היה לנו לדבר כל כך הרבה, אבל היינו

נפגשים המון. תמיד הייתי מבקשת מאביב להראות לי שירים שלו. לפעמים הוא הסכים.

אני אומרת לך, פשוטו כמשמעו, שנמסתי בכל פעם שקראתי שיר שלו. חיפשתי את שמו בגוגל וראיתי שהוא משורר צעיר ומבטיח, מוכר בקרב קהילת חובבי ומבקרי השירה. השירים שלו פורסמו מדי פעם בכתב עת עצמאי מחתרתי כזה שהופץ בזמנו בתל אביב. אפילו כשהיינו הולכים ברחוב, אנשים היו ניגשים אליו מדי פעם בהקשר הזה. למשל אני זוכרת שפעם כשהלכנו שלושתנו ברחוב, ראתה אותו מישהי ועשתה כלפיו מחווה של השתחוות, כאילו היא משתחווה לו. הוא שאל אותה אם הם מכירים והיא ענתה לו שלא, אבל היא עוקבת באדיקות אחרי הכתיבה ה"אלוהית" שלו, כדבריה. הם החליפו טלפונים.

אביב ותומר היו מצד אחד בחורים סופר־אינטליגנטיים (אחד השירים של אביב היה תרגום אירוני לשפה עכשווית של פואמה ידועה מהמאה ה־14), אבל מצד שני, הם התייחסו לבנות בצורה הרדודה ביותר שאפשר להעלות על הדעת. הם היו משוחחים ביניהם על הכיבושים המיניים שלהם, ומשתמשים בשפה, בואי נגיד שזו שפה לא גבוהה, לא פיוטית ולא מכבדת, כדי לתאר מה בדיוק כל אחד מהם עשה עם מישהי כזאת או אחרת.

אני זוכרת שהשיחות הללו ביניהם, על הכיבושים המיניים, היו מלאות ב"צחוקים". אני הייתי יושבת בצד ונבוכה. תמיד בשלב מסוים הם היו שמים לב למבוכה שלי, ואומרים בחיוך משהו על זה שאני דוסית ושאני שומרת נגיעה, ושצריך לכבד אותי, ואז עוברים לנושא אחר. הם ידעו שאני "שומרת את עצמי לחתונה", והיו צוחקים על כך שאצלם לעולם לא תהיה חתונה, כי אף אדם לא נכנס מרצונו לכלא. ידעתי שחתונה באמת לא מעניינת אותם, רק מיניות מזדמנת. למרות הפערים בינינו בהקשר הזה, מאוד אהבתי אותם, נהניתי "להסתובב" איתם, וחשבתי שהיחס שלהם

לנשים לא אמור להטריד אותי. ידעתי שאותי הם מכבדים, וזה מה שהיה לי חשוב.

ערב אחד אביב התקשר אליי ואמר שהוא ותומר אצלו בדירה, ושאל אם בא לי לבוא. אף פעם לא הייתי בדירה של אביב וחשבתי שזה יהיה כיף ומעניין, ובטח נקרא יחד שירים. כיום, בעקבות עידן METOO, השילוב של המילים "לבוא אליי לדירה" ו"בערב" ישר מדליק נורה אדומה אצל נערות. הן יודעות שיש לזה קונוטציות מיניות ולשמחתי הן נזהרות מכך. אבל מבחינתי לא הייתה כאן שום קונוטציה מינית, ובאמת, אל דאגה, ברוך ה׳ לא קרתה שם שום הטרדה מינית וגם לא מעבר לזה. אבל כן הייתה התרחשות מסוימת שאני זוכרת עד היום.

הגעתי לדירה של אביב, הוא ותומר ישבו ואכלו חטיפים. זו הייתה דירת סטודיו: חלל גדול יחסית, עם מזרן זוגי באמצע החדר, ספה נמוכה בצד, ושולחן. אני זוכרת שהדירה הייתה חשוכה כזאת, ואני לא זוכרת למה. אולי הייתה כביכול איזו בעיה עם החשמל. דיברנו שלושתנו, ובשלב מסוים, כהרגלי, ביקשתי מאביב שנקרא שירים שלו. הוא הביא דף, והדליק כמה נרות כדי שנוכל לקרוא את השיר למרות החושך. תומר אמר שהוא עייף ונשכב לישון על המיטה הזוגית. אביב ואני ישבנו זה לצד זו על הספה הנמוכה (אולי בעצם גם זה היה סוג של מזרן צבעוני כזה בלי סדין).

בניגוד לפעמים הקודמות שבהן קראתי לבד את השירים בשקט לעצמי, או שאביב הקריא בקול לשנינו, הפעם הוא ביקש ממני להקריא. הקראתי את השיר והייתה לי צמרמורת. זה היה שיר שהוא כתב למישהי שהוא אוהב, אבל שהוא אף פעם לא יוכל לאהוב אותה באמת. לאחר שסיימתי להקריא הוא הביט בי במבט נוגה, ואמר שזה השיר היפה ביותר שהוא שמע אי־פעם. "פרגנת לעצמך, האא?!" צחקתי והרבצתי לו על האף עם הדף. הוא המשיך

עם המבט הנוגה ואז התחיל כאילו לנגב דמעות דמיוניות. נקרעתי מצחוק. אף פעם לא היה אפשר לדעת עליו מתי הוא רציני ומתי הוא צוחק. התכונה הזו, יש לציין, הקסימה אותי.

פתאום אמרתי שכואב לי הגב. באמת כאב לי הגב באותו ערב, והאמירה שלי הייתה ללא שום כוונה מיוחדת מאחוריה. אביב הציע לעשות לי מסאז' בגב. "אני יודע שאת שומרת נגיעה והכול, אבל זה כולה מסאז'...". במשך שבריר שנייה עברו לי בראש כל הדיונים הפנימיים האם זה בסדר שאביב יעשה לי מסאז' או לא, האם זה "מיני" או לא.

"זה כולה מסאז'", הוא חזר על הצעתו, "מסכימה?". הסכמתי. המסאז' התחיל. אני מאוד אוהבת מסאז'ים, אבל המסאז' הספציפי הזה היה לי לא נעים. הרגשתי שזה לא שייך ש"בן" עושה לי מסאז'. למרות שהייתי שרופה על האביב הזה, לא הייתה שם באותם רגעים שום התרגשות מינית מצידי. רק מתח. נדמה לי שהמסאז' הזה תפס לי את השרירים אפילו יותר ממה שהם היו תפוסים קודם...

אביב שואל אם זה נעים לי, ואני עונה "כן". שקרנית, אני אומרת לעצמי. המסאז' ממשיך. פתאום אביב לוחש לי באוזן את שמי. "שירה...". "כן?" עניתי. "רוצה שנתנשק?", הוא שואל ומוסיף: "אל תדאגי, תומר ישן, הוא לא שומע כלום". הסתובבתי אליו בחדות, הסתכלתי לו ישר בעיניים ובחיוך (אמיתי, מהלב) אמרתי: "מה פתאום, דיברנו על זה! אמרתי לך כבר שהיחיד שאני הולכת להתנשק איתו זה בעלי!".

אביב השפיל את מבטו, ובפעם הראשונה אי־פעם ראיתי עליו משהו שדומה לבושה. גם אני התביישתי. קמתי מהספה. נדמה לי שאמרתי לו משהו כמו: "זה בסדר, ממילא מאוחר ואני צריכה ללכת". יצאתי מהדירה של אביב, ומאז ועד היום, לא ראיתי אותו ואת תומר ולא שמעתי מהם.

חוץ מפעם אחת. זה היה בערך שנתיים לאחר אותו ערב. אני הייתי נשואה טרייה, ובמקרה יצא שהייתי בתל אביב. במהלך נסיעה באוטובוס, פתאום אני קולטת שתומר עולה לאוטובוס. הוא מיד זיהה אותי. הייתי עם כיסוי ראש והוא הגיב לכך בחיוך הכי רחב שיכול להיות: "מזל טוב! אני מבין שהתחתנת?". עניתי לו שכן, שזה ממש טרי. ואז הוא חייך חיוך עוד יותר רחב אפילו מקודם, ואמר לי: "תקשיבי, גם אני מתחתן".

כמעט נשמטה לי הלסת. הוא הבחין בתדהמה שלי ואמר: "כן, כן, תומר מתחתן, מי היה מאמין... אני מתחתן עוד חודשיים. קוראים לה יובל, והיא אהבת חיי, ואני לא מאמין שאני רואה אותך עכשיו. שתדעי שהסיבה שאני מתחתן זה בזכותך".

"בזכותי"?

"כן, בזכותך. את בנאדם ממש מיוחד, שתדעי לך. ממש ממש מיוחד".

האוטובוס עצר, תומר ירד בתחנה, וזו הפעם האחרונה ששמעתי ממנו. אין לי שום ספק שתומר, הבחור הציני והחמוד והרדוד והמחפיץ נשים הזה, לא באמת נרדם על המיטה באותו ערב בדירה החשוכה של אביב. הוא שמע הכול.

פרק 89

מיתוס שהוא ברכה ומיתוס שהוא קללה

שמעתי את הסיפור הזה ושאלתי את עצמי - מה שירה בדיוק עשתה ש"בזכותה" תומר התחתן? אני חושבת שליתר דיוק, מדובר במשהו ששירה לא עשתה. היא לא התנשקה עם אביב. אבל זה כמובן לא רק זה. שירה לא רק אמרה לאביב:

"אני לא רוצה שנתנשק". היא הטעינה את הנשיקה הזו, זו שהיא לא מוכנה לתת לה לקרות עם אביב, במשמעות. אבל על איזו משמעות מדובר? שירה לא אמרה לו: "אני שומרת את הנשיקה רק ל'אחד' או 'רק לאהבת אמת', כמו שקורה בשיח השמרני החילוני, שיח שתומר בוודאי הכיר וכנראה לא דיבר אליו במיוחד. היא גם לא אמרה משהו אחר, כמו: "אוקיי בוא נתנשק עכשיו, אבל סתם שתדע, בלי קשר לזה, שנישואין זה דבר מדהים".

הדבר הספציפי שקרה שם שהפך לתומר את החיים הוא המילים "אני הולכת להתנשק רק עם בעלי". בפעם הראשונה בחייו תומר לא רק שומע על המושג המוזר הזה של שמירת נגיעה, הוא פתאום מבין את הקטע. הוא זוכה לראות בלייב, לנגד עיניו (או יותר נכון אוזניו), משהו אחר לגמרי ממה שציפה לו כאשר הלך כאילו "לישון" (אם אכן נקבל את ההשערה של שירה, שתומר ואביב בעצם תכננו את זה, ותומר לא באמת נרדם, אלא רק עשה עצמו כנרדם, כמו בפעמים אחרות שבהן הם בילו עם בנות אחרות בדירה הזו).

ופתאום, במקום לקבל עוד פעם חוויה מתירנית של מיניות, תומר חוטף לפרצוף את המיתוס היהודי של נישואין, חי ובועט ופועם, ומאמין ובטוח בעצמו, בפשטות ובכנות ובענווה. למיטב הבנתי, תומר לא הפך לבעל תשובה, ואני משערת שהוא גם לא בהכרח החליט באותו רגע לשמור את המיניות רק לאשתו העתידית. אבל משום מה, שמירת הנגיעה של שירה יצרה אצלו אמונה בנישואין. באותו רגע ששירה אמרה את המילה "בעלי" כהסבר לכך שהיא לא הולכת להתנשק עם אביב, תומר חווה פתאום את הדבר הזה שהשיח השמרני החילוני לא מבין: את העובדה ששמירת המיניות לנישואין מקדשת את הנישואין. לא רק את המיניות, את הנישואין.

בפרק הבא אני רוצה לנסות יחד איתך לפענח, באופן אומנם חיצוני ולא מעמיק, את המיתוס היהודי סביב נישואין, ואת הקשר של זה למיניות. אבל לפני כן, כמה מילים על מיתוסים טובים* ומיתוסים רעים.** חשוב שתדעי שלפעמים מיתוס עלול להיות

* מיתוס שהוא ברכה = מיתוס שיש לו השפעה חיובית על החיים שלנו.

** מיתוס שהוא קללה = מיתוס שיש לו השפעה שלילית על החיים שלנו.

דבר שלילי. לפעמים מיתוס מתפקד בחיים שלנו כאשליה שעוזרת לנו לעצום את העיניים ולא להכיר באמת המרה.

למשל, נשים שיצאו מתוך נישואין גרועים, אולי אפילו סבלו מבעלים מתעללים, מספרות לפעמים שמה שמנע מהן להכיר בעוול שנעשה להן הוא המיתוס של "איזוהי אישה טובה? שעושה רצון בעלה". הן חשבו שמהות הנישואין היא לספק את רצון הבעל, וככל שאת לא עושה זאת, את לא "אישה טובה". את יכולה לדמיין לעצמך אילו דברים גרועים יכולים להיגרם מתוך חיבור אישי למיתוס מעוות כזה.

זו דוגמה למיתוס נישואין לא בריא, שמתפקד בתור דלק למדורה של סבל. לכן חשוב לפעמים לנפץ מיתוסים. כשמדובר במיתוס הרסני, חשוב לנפץ אותו. ובאמת, בעידן של ימינו, שיש המכנים אותו "העידן הפוסט־מודרני", נדמה שכל מה שהעולם המערבי חושב שצריך לעשות עם מיתוסים הוא לנפץ אותם. מכירה את הביטוי "זה סתם מיתוס"? לפעמים נדמה לנו שהמילה "מיתוס" היא מילה נרדפת לקללה או לשקר. כאילו עצם זה שהתרבות מטעינה משהו במשמעות, כבר הופך את המשהו הזה לשקר.

אבל הספר הזה מבוסס על ההנחה (שגם היא פוסט־מודרנית, אבל מסוג אחר) שעצם העובדה שהתרבות מייצרת לנו משמעויות ומצמידה אותן לנקודות ציון בחיים שלנו לא הופכת אותן אוטומטית לשקר. להפך, כמעט כל דבר בחיים שלנו ספוג במשמעות שהתרבות מלבישה עליו. אז מה? זה אומר שצריך להפסיק להתרגש מגשם, ורק להתבאס מזה שאין לי מעיל? כל התרגשות מגשם היא שקרית?

יש סוגים של מיתוסים שלא מטשטשים את המציאות, אלא **יוצרים** אותה. כשמדובר במיתוס כזה, הוא יכול ליצור בחיים שלנו קללה או ברכה. מיתוס שיוצר ברכה הוא למשל המיתוס הישראלי־יהודי בנוגע לגשם, המיתוס בנוגע לנרות שבת ויין לקידוש, וגם המיתוס היהודי הבריא בנוגע לנישואין ומיניות. בפרק הבא ננסה לפענח קצת את המיתוס הזה ולראות ממה הוא מורכב.

פרק 90

רומנטיקה יהודית

כמו שעשינו בפרק 86 לגבי החוויה של הגשם, בפרק הזה נפרוס שורה של רעיונות, פתגמים, מדרשים, שאת חלקם את בטח מכירה. מדובר בנקודות של משמעות שמחלחלות אלינו, אנשים יהודיים־דתיים, מגיל אפס, לפעמים אפילו בלי שנשים לב, וכך מצמיחות אצלנו את המיתוס היהודי הבריא סביב הנישואין.

דרך סקירת המקורות הבאים, אני רוצה שתראי עד כמה הרעיונות של נישואין, ובמיוחד של אהבת איש ואישה במסגרת הנישואין, מעוגנים חזק במסרים הכי יום־יומיים ושגרתיים שהאדם היהודי פוגש בימי חייו. לאחר מכן גם נראה איך המיתוס היהודי של הנישואין והאהבה קשור למיניות. המיניות, כאשר היא נשמרת רק לנישואין, היא הכלי הבסיסי שמגדיר את קדושת הנישואין. כמובן שלא כללתי כאן את כל המקורות, ובטח תוכלי לחשוב על עוד כמה שלא נכנסו לרשימה.

מוכנה להפגזה? קדימה:

- כבר ביום לידתם, התינוק והתינוקת היהודיים מזכים את הוריהם בברכה **"שתזכו לגדלם לתורה, לחופה ולמעשים טובים"**. החופה, כלומר, הנישואין, היא אחד משלושת הדברים החשובים ביותר שאנחנו מאחלים לאדם מיום היוולדו.
- **"זכו, שכינה ביניהם"**. הביטוי השחוק והמוכר הזה נושא בתוכו רעיון שהוא בכלל לא מובן מאליו: כאשר איש ואשתו זכו לזוגיות טובה, הקב"ה שוכן בתוך הקשר שלהם.
- **"שתזכו להקים בית נאמן בישראל"**. אני מודה שהייתה לי אלרגיה רצינית למשפט הזה בגיל התיכון. קשה לשמוע את זה כשאת בת 16 והדבר האחרון שמעניין אותך הוא לבנות בית. אבל אי אפשר להתעלם מהנוכחות הבסיסית של המשפט הזה בחיים שלנו, כאיחול הכי נפוץ בעולם הדתי.

- **"קדושה"**. המושג הדתי הטעון והעוצמתי ביותר, חל באופן בולט על מעשה הנישואין. כל ילד וילדה יודעים שכדי להתחתן צריך להגיד **"הרי את מקודשת לי"**. כשהם גדלים וזוכים להיות נוכחים בחתונה של בת הדודה, הם גם שומעים את זה בחופה: **"מקדש עמו ישראל על ידי חופה וקידושין"**.
- המושג "ברית" מופיע גם בברית מילה וגם בברית הנישואין. הקשר בינינו לבין הקב"ה הוא קשר של ברית, וברית הנישואין עשויה מאותם חומרים. הדבר הזה צרוב בדנ"א של כל אדם שומר שבת: בכל קידוש של שבת בבוקר אנו חוזרים על הפסוק **"וְשמרו בני ישראל את השבת לעשות את השבת לדֹרֹתם ברית עולם, ביני ובין בני ישראל אות היא לעולם"** (שמות לא, טז), וחלק מהקהילות שרות אותו גם בתפילת ערבית של שבת.
- הקשר בין ברית נישואין לברית של עם ישראל ואלוקיו מופיע בפירוט גם אצל הנביאים. הנה כמה דוגמאות לכך:
- **"כי זאת הברית אשר אכרֹת את בית ישראל אחרי הימים ההם נְאֻם ה', נתתי את תורתי בקרבם ועל לבם אכתבנה, והייתי להם לא־להים, והמה יהיו לי לעם"** (ירמיהו לא, לב).
- **"כה אמר ה', זכרתי לך חסד נעוּרַיִךְ אהבת כלולֹתיך לכתך אחֲרַי במדבר בארץ לא זרועה"** (ירמיהו ב, ב). הפסוק הזה, שבוודאי מוכר לך, מושם בפיו של הנביא ירמיהו כדי לתאר בנוסטלגיה עמוקה את התקופה שבה הקב"ה ועם ישראל היו "זוג צעיר". כל ילד בן 9 שלומד את השיר הזה לומד בעצם לחשוב על הקשר בין אהבת הקב"ה לעם ישראל בתחילת דרכו, כקשר של אהבת כלולות, כלומר, אירוסין ונישואין.
- הנביא הושע מתאר את האהבה בין עם ישראל לקב"ה בפסוק שימיס גם את ליבה של הבחורה הקשה ביותר להשגה: **"וארשתיך לי לעולם"** (הושע ב, כא). גברים רבים מגיל 13 ועד גיל 120 נוהגים לומר את הפסוק הזה יום־יום, בשעה שהם מניחים תפילין.
- מתן תורה מתואר פעמים רבות כחתונה בין עם ישראל לקב"ה: **"'צאינה וראינה בנות ציון במלך שלמה בעטרה שעטרה לו אמו ביום חתונתו וביום שמחת לבו'. ביום חתונתו – זו מתן תורה, וביום שמחת לבו – זה בנין בית המקדש"** (משנה תענית ד, ח).

- ואכן, הקשר שלנו עם התורה גם הוא חלק ממיתוס הנישואין היהודי: **"תורה צִוָּה לנו משה מורשה קהִלת יעקב"** (דברים לג, ד). הגמרא במסכת פסחים (מט ע"ב) דורשת את הפסוק כך: **"אל תקרי מורשה, אלא מאורסה"**.
- הברכה התנ"כית האולטימטיבית: **"אשתך כגפן פֹּרִיה בירכתי ביתך, בניך כשתִלי זיתים סביב לשֻלחנך"** (תהילים קכח, ג). כשהקב"ה והתורה מברכים את האיש בברכה של שפע וכל טוב, זה הולך ביחד עם אישה וילדים.

גם לחז"ל יש מה להגיד על הקשר בין איש לאישה, והם אומרים את זה בצורה ברורה:

- **"כל אדם שאין לו אשה אינו אדם, שנאמר: 'זכר ונקבה בראם ויקרא את שמם אדם'"** (יבמות סג ע"א).
- **"אדם שאין לו אישה שרוי בלא שמחה, בלא ברכה, בלא טובה, בלא שמחה"** (יבמות סב ע"ב).
- **"ביתו זאת אשתו"** (משנה, יומא א, א). הבית העיקרי של האדם היהודי הוא ביתו של אדם נשוי.
- חשיבות הנישואין איננה רק לצורך קיום מצוות פרו ורבו: **"אף על פי שיש לו לאדם כמה בנים, אסור לו לעמוד בלא אישה, שנאמר: 'לא טוב היות האדם לבדו'"** (יבמות סא ע"ב). לפי חז"ל, הפסוק האלמותי הזה שמדבר על קללת הבדידות ופתרונה, לא מדבר על "חבר לחורף הקרוב" וגם לא על חברה לחיים, אלא על נישואין.
- **"תנו רבנן: האוהב את אשתו כגופו, והמכבדה יותר מגופו, והמדריך בניו ובנותיו בדרך ישרה והמשיאן סמוך לפירקן - עליו הכתוב אומר: 'וידעת כי שלום אהלך'"** (יבמות סב ע"ב).

ומה לגבי המושגים "חתן" ו"כלה"?

- **"בואי כלה"**. בכל פעם שהאדם היהודי מתפלל "לכה דודי" בתפילת קבלת שבת, ננעץ בליבו הקשר העדין והעוצמתי בין "כלה" לבין "שבת". יש לך

מושג מה החיבור הזה בין "כלה" ל"שבת" יכול לעולל אפילו לאנשים הציניים ביותר?

- **"ישיש עליך א־להיך כמשוש חתן על כלה"** (ישעיהו סב, ה). לא, המשפט הזה לא מוכר לך רק מהשיר הזה שאנחנו שרות למישהי שהתארסה. גם זה פסוק מספר ישעיהו שאנחנו שרים כל ערב שבת ב"לכה דודי".
- **"והוא כחתן יֹצא מחֻפתו ישיש כגִבור לרוץ אֹרח..."**. אולי את מגרדת עכשיו בראשך: "נו, מאיפה זה מוכר לי...?". הביטוי היפה הזה לקוח מתהילים (יט, ו), ומתאר איך השמש יוצאת בכל בוקר להאיר על העולם בשמחה ובאנרגיות מתחדשות (טוב, אולי זה לא בדיוק איך שדוד המלך בחר לבטא את זה). אנחנו אומרים את המזמור הזה בכל תפילת שחרית של שבת, ועל הדרך מחלחל לתוך ליבנו הרעיון שהחוויה של חתן היא חוויה מלהיבה. כפי שתראי בהמשך, זה לא מובן מאליו כיום בעולם המערבי.

אחד המעשים הנעלים ביותר ביהדות הוא מעשה השידוכין:

- ייתכן שאת מכירה את הסיפור על הגבירה העשירה (מטרונה) שניסתה ליצור שידוכין בין העבדים והשפחות שלה, גילתה שזה לא כל כך פשוט, עד שהגיעה למסקנה שאכן, "קשה זיווגן כקריעת ים סוף". כך מתחיל המדרש הזה: **"מטרונה אחת שאלה את ר' יוסי לכמה ימים ברא הקדוש ברוך הוא את עולמו? אמר לה: לששת ימים. [אמרה לו] מאותה שעה מהו עסוק? אמר לה: יושב ומזווג זיווגים, איש לאישה ואישה לאיש"** (ויקרא רבה ח, א). המדרש מתאר את הזיווג בין איש לאישה כהשגחה פרטית מדויקת כל כך, שהקב"ה עסוק בה מרגע שסיים לברוא את העולם ועד לרגע זה ממש.
- **"לא היו ימים טובים לעם ישראל כט"ו באב ויום הכיפורים"** (משנה, תענית ד, ח). מדובר כאן על שני תאריכים בשנה שבהן היו יוצאות בנות ירושלים לחולל בכרמים בבגדים לבנים, למצוא להן חתן שהוא בחיר ליבן ולאו דווקא בחיר ליבם של ההורים שלהן...
- חשיבות הנישואין דוחה ערכים אחרים ביהדות: ההלכה מתירה למכור ספר תורה רק בכדי להשיא בני זוג, או כדי ללמוד תורה. כך גם ירידה מהארץ,

שמותרת רק לצורך שני העניינים הללו. בנוסף, מותר להתארס אפילו בתשעה באב, וגם לעסוק בשידוכים בשבת, למרות שהדבר עלול להפוך לתכנון מקודש לחול.

לחז"ל מאוד ברור שיש "אחת", ושכל אחת אחרת כבר לא תהיה כמו "האחת":

- **"לכל יש תמורה [=תחליף] חוץ מלאשת נעורים"** (סנהדרין כב ע"א).
- **"אמר רבי אליעזר: כל המגרש את אשתו ראשונה - אפילו מזבח מוריד עליו דמעות"** (סנהדרין כב ע"א).
- **"אמר רבי יוחנן: כל אדם שמתה אשתו ראשונה, כאילו חרב בית המקדש בימיו"** (שם).
- **"אמר ר' אלכסנדרי: כל אדם שמתה אשתו בימיו - עולם חשך בעדו". רבי יוסי בר חנינא אמר: [כל אדם שמתה אשתו בימיו] פסיעותיו מתקצרות. רבי אבהו אמר: [כל אדם שמתה אשתו בימיו] עצתו נופלת"** (שם).
- **"תנא: אין איש מת אלא לאשתו, ואין אשה מתה אלא לבעלה. אין איש מת אלא לאשתו - שנאמר 'וימת אלימלך איש נעמי', ואין אשה מתה אלא לבעלה - שנאמר 'ואני בבאי מפדן מתה עלי רחל'"** (סנהדרין כב ע"ב). הכוונה באמירה "אין איש מת אלא לאשתו" היא לתחושת העצב והחיסרון הגדול שמותיר מותה של האישה בקרב בן זוגה. החיסרון של בן זוג הוא ייחודי על פני כל חיסרון אחר. אבל חבל להרוס את זה במילים שלי. אני חייבת לתת לך לשמוע איך המהר"ל מתאר את זה במילים המדויקות שלו:
- המהר"ל מפראג, המאה ה־16 :**"אין איש מת אלא לאשתו: פירוש כי האיש והאשה נחשבים כאחד והם זוג אחד, ולכך אין איש מת אלא לאשתו כי תחסר לה הזיווג. אין אשה מתה אלא לבעלה, והיא חסרה. אבל השאר לא נחשבים חסרים כלל, [אלא] רק האיש והאשה. כי האיש בלא אשה, [הוא] חצי אדם, וכן אשה בלא איש. ולכך אין איש מת אלא לאשתו ואין אשתו של אדם מתה אלא לבעלה"** (חידושי אגדות למהר"ל, מסכת סנהדרין כב ע"ב).

לאור כל הרשימה הזאת, נראה לי שתסכימי איתי שכל אדם יהודי דתי שרוי ואפוף במיתוס נישואין די רציני... ואחרי כל זה מתפלאים שאנחנו גדלות להיות בל"חיות (בל"חית = בחורה לחוצת חתונה)?! לדעתי, בל"חית זה אחלה קונספט. אפשר לקרוא לזה "בחורה לחוצת חתונה", אבל אפשר גם לקרוא לזה "מישהי שחושבת שאדם לא צריך לבזבז שנייה נוספת מהחיים שלו כשהוא לבד".

כשקוראים לזה "בחורה לחוצת חתונה", צובעים את הרצון להינשא ולפגוש כבר את ה"אחד" בצבעים ציניים ומגוחכים. אבל למה? איזו סיבה יש לנו לגחך על הרצון הרומנטי, המתבקש והמאוד מחובר לעצמו הזה? אז נכון, כל אחת צריכה להתחיל לחפש בפועל את ה"אחד" רק כשהיא מרגישה בשלה לכך, ולא כולן בשלות לזה בשלב מוקדם בחיים. אבל לגדול על הנישואין כשאיפה נעלה, כמטרה, כאהבה היחידה שאנו לא מתפשרות על שום פירורים של אהבה מלבדה, בעיניי זו זכות.

בהמשך, כשנדבר על מיתוס הנישואין המערבי, אני מקווה שתביני למה אני חושבת שהבל"חיות היא אופציה של התנגדות לשיח המערבי הליברלי (מילה נרדפת לשיח השחרור המיני), שרואה בנישואין "בית כלא" ושאר מחמאות. אבל בינתיים, אנחנו צריכות להוסיף לרשימה עוד כמה מקורות. ייתכן ששמת לב שהמקורות שהבאתי כאן לא מציינים את הקשר הבלעדי שבין מיניות לבין נישואין. הם לא מתייחסים למיניות בכלל. כעת אני רוצה לפרוס בפנייך כמה מקורות כאלה, בנפרד.

עוד לפני שאני עושה זאת, אני מנחשת שתסכימי איתי שכל מי שגדל על מיתוס הנישואין היהודי, יודע באופן ברור ומובן מאליו שאין דבר כזה מימוש של מיניות שלא במסגרת נישואין. ביהדות המימוש של המיניות הוא אך ורק בנישואין, וזה מעוגן כבר ברמת המיתוס. לא באמת צריך אותי כדי לשכנע אותך שהמיתוס הזה קיים, ובכל זאת, הנה כמה דוגמאות לכך:

- **"על כן יעזב איש את אביו ואת אמו ודבק באשתו והיו לבשר אחד"** (בראשית ב, כג). מיד אחרי בריאת האישה, מתוארים הנישואין. ומהי הדבקות בין בני הזוג? הדבקות בין איש לאישה מתבטאת באופן הכי בסיסי, בגוף. לא

כתוב בפסוק הזה "**ודבק באשתו והולידו צאצאים**" (זו יכולה להיות לפעמים התוצאה היפהפייה של הדבקות, אבל זה לא הביטוי של הדבקות עצמה). וגם לא כתוב "**ודבק באשתו והכול, אז נכון שהוא היה לבשר אחד עם נשים אחרות לפניה, אבל רק בה הוא דבק, משמע - התחתן**". יש כאן פסוק מיתולוגי, שבכל פעם שהוא מופיע במהלך החיים שלנו, הוא מצמיד את הנישואין למימושם בגוף.

- נערים שפרשת בר המצווה שלהם היא "אחרי מות" או "קדושים" יכולים לספר לנו כמה חד־משמעית ובלתי מתנצלת התורה יכולה להיות כשהיא מדברת על איסורי עריות לכל גווניהם וסוגיהם השונים.
- התורה מתנגדת מכול וכול גם למציאות של זנות. למשל: "**אל תחלל את בִּתך להזנותה ולא תזנה הארץ ומלאה הארץ זִמה**" (ויקרא יט, כט). וגם "**לא תהיה קְדֵשה מבנות ישראל ולא יהיה קָדֵש מבני ישראל. לא תביא אתנן זונה ומחיר כלב בית ה' א־להיך לכל נדר, כי תועבת ה' א־להיך גם שניהם**" (דברים כג, יח־יט). הרמב"ם בספר המצוות (לאו שנ"ה) מסביר שהאיסור המופיע בפסוק האחרון הוא האיסור לקיים יחסים בלא כתובה וקידושין.
- "**'קדושים תהיו' - הוו פרושים מן העריות ומן העבירה**" (רש"י ומדרשים על פרשת קדושים). מושג הקדושה האנושית קשור בראש ובראשונה להימנעות מיחסי אישות שאינם במסגרת נישואין.
- הנוסח המלא של ברכת האירוסין הנאמרת בתחילת החופה, הולך כך: "**ברוך אתה ה' א־להינו מלך העולם, אשר קידשנו במצוותיו, וציוונו על העריות, ואסר לנו את הארוסות, והתיר לנו את הנשואות לנו על ידי חופה וקידושין. ברוך אתה ה' מקדש עמו ישראל על ידי חופה וקידושין**". מי שמשתייך לשיח הפוריטני, המתירני או הטריוויאליזציה־אדישות, לא יבין מדוע בברכת האירוסין צריך לדבר על יחסי מין. לשיטתם, או שיחסי מין זה "לא ביג דיל", או שמיניות היא דבר מביך ושלילי ומשפיל ולא קשור לחופה. בא טקס החופה היהודי ומבהיר שלא תהיה כאן שום טעות: נישואין זה קדוש. מיניות בין איש לאשתו זה קדוש. קדושת הנישואין כרוכה במיניות,

ומייצרת מעבר ממצב של איסור על מיניות, למצב של היתר על מיניות אך ורק בין איש לאשתו. לא בין איש לארוסתו ולא בין איש לחברתו ולא בין איש לנשמה שפגש לפני שעה. גם לשיח ההשגבה ולשיח השמרני החילוני יש לטקס הזה מה לומר. **"התיר לנו את הנשואות לנו על ידי חופה וקידושין"**. שמעתם? רק. חופה. וקידושין. זה ה"אחד" שלך ואתם גרים יחד כבר שנתיים? אהבה זה יפה, אומרת החופה, אבל מה שיש בינכם נחשב פריצות. מה שיש ביניכם אולי נעים ומשמח, אבל זה לא קשור למיתוס הנישואין היהודי בשום צורה. אה, וזה גם לא קשור לקדושה. אפילו אם אתם הולכים מדי פעם לסדנאות טנטרה.

למיתוס היהודי סביב המיניות יש עוד רובה. בחלק ב׳ של הספר ראינו איך לפי השיח היהודי הבריא, המיניות בין בני זוג מקבילה לקשר שלנו עם הקב"ה. הנה דוגמאות שראינו שם, ועוד כמה נוספות:

- הכרובים המעורים זה בזה מייצגים יחסי אישות, ועליהם אומר הקב"ה לעם ישראל: **"ראו חיבתכם לפני המקום כחיבת זכר ונקבה"**.
- מגילת שיר השירים: החיזור הפיזי־רגשי ההדדי הזה הופך אצל חז"ל למשל שעל פיו ניתן להבין את עוצמת הקשר בין הקב"ה לעם ישראל. מגיל אפס אנחנו לומדות שהקב"ה אוהב את עם ישראל כמו שאיש אוהב אישה ואישה אוהבת איש, באופן מיני.
- בפשטות, יחסי האישות הם מצווה: מצוות עונה. מצוות עונה היא החובה של הבעל שלא להימנע מקיום יחסים עם אשתו, כל עוד היא מעוניינת בכך. החובה הזו קיימת גם כשאין סיכוי שהיחסים יובילו להיריון. הבעל מתחייב על חובתו זו בכתובה.
- עבור נשים שמחוברות למצוות טבילה, המיניות קשורה באופן מרגש ונעים למצווה הזו. עבורן מדובר בחוויה של טהרה והתחדשות, מחזוריות של געגוע ומימושו.
- תורת הסוד והקבלה עמוסות תיאורים מיניים, מיניים בדווקא, שמטרתם להמשיג את הקשר בין האדם לאלוקיו.

אם כן, המיניות על פי הרומנטיקה היהודית היא לגמרי "ביג דיל", היא הדבר הזה שבו אנחנו משתמשים כדי לתאר דברים עצומים, שנגמרו לנו המילים הרגילות כדי לתאר אותם, והיא הולכת אך ורק עם ברית. עוד לא סיימנו, אבל אני רוצה להכין אותך לכך שהסקירה שלנו הולכת לקבל תפנית דרמטית. אם שטף המקורות שעברנו עליו עד עכשיו הותיר אותך עם הרעלת סוכר מרוב מתיקות ורומנטיקה, עכשיו נגלה את הצד הקשוח והקריטי כל כך של הרומנטיקה היהודית.

פרק 91

המיתוס היהודי של "האחד"

אף אחד מהשיחים המערביים לא מייצר משוואה שלפיה "האחד = בעלי". גם לא השיח השמרני החילוני. השיח השמרני החילוני מדביק על המיניות את כל הדברים היפים שניתן להדביק עליה, אבל אז מפזר אותה בין כמה "אחדים", שכולם זוכים להיות "האחד", לפרק זמן המוגבל לתאריך התפוגה הידוע מראש של קשר חברות שאין בו ברית. התופעה הזו כבר זכתה לשם "מונוגמיה סדרתית".

לאנשים שלוקים במונוגמיה סדרתית יש בכל פעם קשר מונוגמי, כלומר קשר עם "האחד", פשוט בכל פעם זה עם "אחד" אחר. לעומת זאת, שיחים מערביים אחרים, פחות שמרניים, לא תמיד מסתפקים במונוגמיה. לאחרונה החלו לפרוח בעולם המערבי תופעות שפעם נחשבו לשוליות ולבלתי אטרקטיביות, של נישואין פתוחים. נישואין פתוחים הם נישואין שבהם כל אחד מבני הזוג מקיים מערכות יחסים רומנטיות ומיניות עם פרטנרים אחרים, בידיעת בן הזוג החוקי ובהסכמתו.

(חובבי מכבסות מילים, או כאלו שנוטים אחר "עומק בגרוש", מעוניינים כיום לנטוש את הביטוי "נישואין פתוחים" ולהחליפו בביטוי המרשים יותר "פוליאמוריה" שפירושו בלטינית ריבוי [=פולי] אהבה [=אמוריה]. כאילו שאם הקשר הרומנטי מחוץ לנישואין הוא לא "רק" מיני, אלא כולל בתוכו גם זוגיות, זה

איכשהו אמור להצטייר יותר טוב. כאילו שאם בן הזוג שלך יצביע על חברתך ויגיד לך "אל תדאגי, זה לא שאני והיא 'רק' קיימנו יחסים, אנחנו גם ממש מאוהבים", זה הופך את זה למשהו שאת אמורה להתלהב ממנו. אבל בכל מקרה, הפוליאמוריה לא באמת יכולה להתחבא מאחורי ה"אמוריה", ה"אהבה". המעניין הוא שריבוי האהבה הפוליאמורי כולל בתוכו מיניות כרכיב מרכזי, ובדרך כלל מוצג במדיה כאופציה מלהיבה לזוגות שהמיניות שלהם נשחקה. לא האהבה שלהם, המיניות שלהם. היות שפוליאמוריה היא פתרון קודם כול למצוקת המיניות המונוגמית ולא למצוקת האהבה המונוגמית אני מציעה שבמקום לקרוא לזה פוליאמוריה, לקרוא לזה פולי... טוב לא חשוב, הבנת את כוונתי).

מיותר לציין שמבחינת ההלכה היהודית, כשם שאין מקום לקיום יחסים בין חבר וחברה, כך אין כל אפשרות כיום לחיות בקשר מרובה בני או בנות זוג. לא פוליאמוריה ולא פוליגמיה (פוליגמיה - ריבוי נשים). אנשים שטוענים שהתנ"ך תומך בפוליגמיה (עובדה שלאברהם ויעקב הייתה יותר מאישה אחת) כנראה קראו רק את סיפורי האבות, ושכחו לקרוא את דברי הנביאים.

אני מתנצלת מראש על הטקסט החריף שאני עומדת להטיח בפרצופנו כעת, אבל אם ירמיהו הנביא לא התנצל מראש, אולי גם אני לא צריכה:

> [ירושלים] אֵי לָזֹאת אֶסְלַח לָךְ, בָּנַיִךְ עֲזָבוּנִי וַיִּשָּׁבְעוּ בְּלֹא אֱ-לֹהִים, וָאַשְׂבִּעַ אוֹתָם וַיִּנְאָפוּ וּבֵית זוֹנָה יִתְגּוֹדָדוּ. סוּסִים מְיֻזָּנִים [רש"י: סוסים מיוחמים שמוכנים להזדווג] מַשְׁכִּימִים הָיוּ אִישׁ אֶל אֵשֶׁת רֵעֵהוּ יִצְהָלוּ... כִּי בָגוֹד בָּגְדוּ בִּי בֵּית יִשְׂרָאֵל וּבֵית יְהוּדָה נְאֻם ה' (ירמיהו ה, ז–יא).

ירמיהו משווה בין עבודת אלילים לבין מעשה זנות, ניאוף ובגידה מינית. הוא לא חוסך בתיאורים, לא הכי מחמיאים בעולם, שמתארים את העבודה הזרה כמקבילה לתאווה החייתית שגורמת לזכרים לבגוד בנשותיהם. המשוואה של "אל אחד = בת זוג אחת" עולה כאן באופן ברור. וזו לא הפעם היחידה. זוכרת את הפסוק: "זכרתי לך חסד נעוריך, אהבת כלולותיך"? רצוי שכל זוג שמתרגש מהפסוק הזה, ידע שמיד לאחר מכן, באותו פרק, הקב"ה שם בפיו של ירמיהו את הדברים הבאים:

> כִּי עַל כָּל גִּבְעָה גְּבֹהָה וְתַחַת כָּל עֵץ רַעֲנָן אַתְּ צֹעָה זֹנָה. וְאָנֹכִי נְטַעְתִּיךְ שׂוֹרֵק כֻּלֹּה זֶרַע אֱמֶת, וְאֵיךְ נֶהְפַּכְתְּ לִי סוּרֵי הַגֶּפֶן נָכְרִיָּה. כִּי אִם תְּכַבְּסִי בַּנֶּתֶר וְתַרְבִּי לָךְ בֹּרִית נִכְתָּם עֲוֹנֵךְ לְפָנַי, נְאֻם ה' אֱ־לֹקִים. אֵיךְ תֹּאמְרִי, לֹא נִטְמֵאתִי אַחֲרֵי הַבְּעָלִים לֹא הָלַכְתִּי, רְאִי דַרְכֵּךְ בַּגַּיְא דְּעִי מֶה עָשִׂית בִּכְרָה קַלָּה מְשָׂרֶכֶת דְּרָכֶיהָ (ירמיהו ב, כ–כג).

הקב"ה ועם ישראל נמצאים כאן בעיצומה של מריבת אוהבים כואבת. האיש (הקב"ה) מטיח באשתו (עם ישראל) האשמות. הוא מאשים אותה בזנות, שמתרחשת מתחת לאפו בעוד שהוא עצמו נאמן לה. "איך התהפכת עליי", הוא מטיח בה, לא מאמין שהיא אותה אחת שעמה הוא כרת ברית. מיד אחר כך הוא מוסיף: "שום דבר לא ימחק את הכתם שלך! גם אם תכבסי אותו מהיום עד מחר!". האישה מיתממת: "מה אתה רוצה, לא נטמאתי, אחרי הבעלים לא הלכתי". האיש כועס עוד יותר: "אני יודע בדיוק מה עשית אי שם בגיא!". בשיא הכעס הוא מכנה אותה "ביכרה קלה משרכת דרכיה". במילים אחרות: נקבת גמל צעירה שהליכתה המפותלת והמגוחכת מעידה עליה שהיא רוצה רק דבר אחד: להזדווג עם הזכר הראשון שייקרה בדרכה. ואם זה לא מספיק, הנה נבואה נוספת של ירמיהו:

> וְאַתְּ זָנִית רֵעִים רַבִּים וְשׁוֹב אֵלַי נְאֻם ה'... תַּחֲנִיפִי אֶרֶץ בִּזְנוּתַיִךְ וּבְרָעָתֵךְ. וַיִּמָּנְעוּ רְבִבִים וּמַלְקוֹשׁ לוֹא הָיָה [=לא ירד גשם] וּמֵצַח אִשָּׁה זוֹנָה הָיָה לָךְ, מֵאַנְתְּ הִכָּלֵם [=פנייך הם פני אישה זונה, שאיננה מתביישת במעשיה] הֲלוֹא מֵעַתָּה קָרָאת לִי, אָבִי, אַלּוּף נְעֻרַי אָתָּה, הֲיִנְטֹר לְעוֹלָם, אִם יִשְׁמֹר לָנֶצַח [=האם יכעס עליי לנצח?] הִנֵּה דִבַּרְתְּ וַתַּעֲשִׂי הָרָעוֹת... (ירמיהו ג, א–ד).

במילים יום־יומיות יותר, המונולוג של הקב"ה עם עם ישראל רודף האלילים נשמע בערך כך:

"תגידי, זה נשמע לך הגיוני שאת זנית עם אחרים, ועדיין הסכמתי שתחזרי אליי?! הארץ כבר נטמאה מרוב מעשי הזנות שלך! וגם כשאני עושה את מה שתמיד אמרתי שאעשה אם תלכי אחרי אחרים, ועוצר את הגשמים, את ממשיכה להתנהג כמו יצאנית שאפילו לא מתביישת במעשיה. ופתאום את חוזרת אליי

וקוראת לי במילים האלה שפעם הייתי מתרגש מהן. 'אלוף נעוּרַי אתה', את אומרת לעצמך, 'אין מצב שהוא יכעס עליי לתמיד. לא יכול להיות. הוא בטוח יתרצה עוד פעם ויסכים להוריד לי גשם'. אבל מה אני אגיד לך, את כולך דיבורים. מדברת ומדברת אבל בפועל ממשיכה במעשים הרעים שלך".

המשוואה כאן ממשיכה להיות ברורה: "כל קשר זוגי־דתי שיש בו יותר מאחד = זנות". ירמיהו הוא לא הנביא היחיד שמשתמש בדימוי של זנות כדי לתאר עבודה זרה. גם ישעיהו, עמוס, יחזקאל והושע מתארים כך את עם ישראל שהולך אחרי אלוהים אחרים.

האנרגיות העוצמתיות, המביכות, המזעזעות, המפעימות והבלתי נתפסות הללו, שגורמות לי ולך לנוע באי־נוחות בכיסא, הן אנרגיות של מונוגמיה, מונואמוריה, מונותאיזם, איך שלא תקראי לזה.

אז מה זה "האחד"?

גלית יקרה, את מדברת איתי על האחד. בואי אספר לך למה **אנחנו** קוראים "אחד".

אצלנו "אחד" זה "שמע ישראל ה' אלוקינו ה' אחד". ומיד אחרי שאנחנו אומרים את הפסוק הזה כל בוקר וכל ערב, אנחנו גם יודעים לומר מה זה אומר: "הישמרו לכם, פן יפתה לבבכם; וסרתם, ועבדתם אלוהים אחרים, והשתחוויתם להם", וכמה שורות לאחר מכן: "לא תתורו אחרי לבבכם ואחרי עיניכם אשר אתם זונים אחריהם". אצלנו זנות היא הדבר הזה שאין בו ברית. לא רק קשר בלי אהבה ומחויבות, אלא קשר שאין בו ברית.

הדת היהודית היא דת של אל אחד ושל עם אחד. "אין עוד מלבדו". בין שני הצדדים כרותה ברית שמחייבת כל אחד מהצדדים לדבוק ב"אחד": הקב"ה לעולם לא יעזוב את עם ישראל ויחליף אותם בעם אחר או יצרף אליהם עם נבחר נוסף. הגמרא במסכת ברכות (ו ע"א) אומרת זאת באופן מפורש. לפי המדרש שמופיע שם, גם הקב"ה מניח תפילין. על התפילין של עם ישראל כתוב: "שמע ישראל, ה' א־להינו ה' **אחד**" (דברים ו, ד), ועל התפילין שהקב"ה מניח כתוב: "ומי כעמך ישראל גוי **אחד** בארץ" (שמואל ב' ז, כג). ואם זה עדיין לא ברור לנו, הגמרא טורחת להסביר. לדבריה, בכך הקב"ה כאילו אומר לישראל: אני "האחד" בשבילכם, ואתם "האחת" בשבילי.

מונוגמיה סדרתית מאפיינת את הנצרות, שמאמינה שיש דבר כזה "ברית חדשה". אצלנו יש רק ברית אחת. הקשר בין עם ישראל לקב"ה, המודל הבסיסי ביותר לקשר בין איש לאשתו, ובפרט לבלעדיות המינית שלהם, הוא מונוגמי להחריד, ולא מהסוג של מונוגמיה סדרתית. לפי הברית היהודית, לא רק שהקב"ה לא יחליף את עמו בעם אחר, אלא גם עם ישראל לעולם לא יעזוב את הקב"ה ויתקדם לעבר הקשר המונוגמי הסדרתי הבא עם האליל התורן. גם חובבי הפוליאמוריה, שרוצים למצוא צידוק לאורח החיים שלהם בנורמות הפוליגמיות של אבותינו, יצטרכו לעבוד קשה כדי להוכיח ששני הכרובים שמייצגים את האהבה היהודית הם בעצם שלושה.

נו, אז איך זה שלאברהם היו כמה נשים?

אפשר לחשוב על כמה תשובות לשאלה זו. אפשר לדבר על היום, ולהצביע על העובדה הבסיסית שלפיה יהודים לא לומדים הלכה מהתנ"ך. כמו כל מיני תופעות שהיו שייכות אך ורק לתקופה קדומה, פוליגמיה הפכה להיות אסורה הלכתית באופן גורף. האיסור הזה מצביע על התקדמות טבעית ממצב תנ"כי של חוסר ברירה, למצב היסטורי שבו ניתן ליישם את העיקרון הבסיסי של מונוגמיה.

אפשר גם לדבר על למה בכלל זה היה מותר פעם, ולומר שבתקופת אבותינו הטלת איסור על גבר להתחתן עם יותר מאישה אחת פירושה פעמים רבות לדון את המשפחה לכיליון. גם ביטול מוסד העבדים והשפחות היה דן את האנושות התנ"כית לכיליון, משום שבתקופה ההיא לא היה ניתן לכלכל משק בית כאשר יש בו רק אישה אחת וגבר אחד שכל העבודות ההישרדותיות מוטלות עליהם בלבד. ברוך ה' שיש חז"ל ופוסקים שמאפשרים לנו להתקדם ולגלות את רצון ה' במקביל להתפתחויות הטכנולוגיות המאפשרות, כבר שנים רבות, לכל משק בית להתנהל ללא ריבוי נשים וללא עבדים ושפחות.

להגיד שהתורה תומכת בפוליגמיה, "עובדה שאברהם", זה כמו להגיד שהתורה תומכת ברכיבה על חמור ולא בנסיעה במכוניות, "עובדה שאברהם השכים בבוקר וחבש את חמורו" (זו, אגב, שיטת פרשנות שמאפיינת זרמים מסוימים באסלאם, הסוברים שצריך לרכוב על חמורים משום שהקוראן מדבר על רכיבה על חמור. היהדות לא עובדת ככה).

אבל התשובה המדויקת ביותר לדעתי היא ההבנה שהמיתוס היהודי אודות "האחד" הוא לא שאלה ספרותית על מספר הנשים במשפחותיהם של אבותינו, אלא שאלה תיאולוגית,* כלומר, שאלה שהולכת יד ביד עם היחס שלנו לאלוהים. המיתוס היהודי בנוגע לברית ולנישואין לא אמור להילמד (וגם לא נלמד בפועל) מהדמויות האנושיות התנ"כיות, אלא מהקשר בין עם ישראל לקב"ה.

נסכם ונאמר שהמיתוס הרעיוני והרוחני של ברית הנישואין, גם זה שמופיע בתורה ובתנ"ך (ולא רק בחז"ל), הוא מיתוס **מונוגמי־מונותיאיסטי**. בשני הביטויים הללו, המונח "מונו" מתפקד באותו אופן: מערכת יחסים של אהבה ומחויבות, המכוונת כלפי ישות אחת בלבד.** הקב"ה ועם ישראל מתוארים כנתונים בברית נישואין, וכאשר בני ישראל פונים לאופק "פוליאמורי" או ל"מונוגמיה סדרתית", כלומר כאשר הם פונים לעבודה זרה או לריבוי אלוהות, הם נחשבים ל"זונים". לפי המיתוס הזה, המונותאיזם הוא הדדי: גם הקב"ה לא יכול להחליף את עם ישראל בעם אחר או להוסיף "עם נבחר" נוסף למערכת היחסים.

כשבת הקול מכריזה ארבעים יום קודם יצירת הוולד "בת פלוני לבן פלוני" (סוטה ב ע"א), היא לא מצרפת את יוסי ואת דודו לרשימה. לפי השיח היהודי הבריא, גלית ואופיר הם "האחד" ו"האחת" זה של זו. לעומת זאת, השיח של גלית, השיח השמרני החילוני, מטשטש כמעט לחלוטין את ההבדל בין ברית הנישואין ששוררת ביניהם לבין מה שהיה לה עם יוסי ודודו. ואת כולם נשא הרוח.

יכול להיות שזה מה שקרה לתומר באותו ערב חשוך ומוזר בדירה של אביב. תומר פתאום נחשף לעוצמה של המיתוס היהודי, על כל הזרמים התת־קרקעיים שרוחשים בו, כשהכול התנקז, ובצדק, לפעולה אחת: שמירת נגיעה. שמירת המיניות לנישואין.

* תיאולוגיה = פילוסופיה של הדת.

** ייתכן שהדגש הרב שמושם על ה"אחד", מעורר אצלך שאלות בנוגע לסיפורי חיים מצערים שבהם יש נישואין שניים, בין אם מתוך גירושין, ובין אם כתוצאה מהתאלמנות. אולי את שואלת את עצמך: "האם אדם שנשוי בשנית יכול להשתייך לשיח היהודי המדגיש כל כך את 'האחד'', ולהזדהות לעומק עם מושגי הרומנטיקה היהודיים הללו? התשובה היא : כן. את מוזמנת לקרוא על כך באתר אפרכסת, בעמוד ההרחבה על הפרק הזה.

אבל היתרון של השיח של יערה על פני השיח של גלית הוא לא רק "אחד" לעומת "ריבוי אחדים". לשיח של יערה יש יתרון נוסף, עוצמתי מאוד, על פני השיח של גלית. על כך בפרק הבא.

פרק 92

יחסי אישות יותר כיפיים מיחסי מין

כשהייתי בכיתה י"ב, המורה שלי לנושא אישות ומשפחה הייתה מגניבה למדי. אני זוכרת שבאחד השיעורים רציתי לשאול שאלה וניסחתי אותה כך: "אז אם חבר וחברה מקיימים יחסי אישות..." - "יחסי מין", תיקנה אותי המורה. אני רציתי להשתמש בביטוי שנחשב מעודן יותר, לא רציתי להגיד את המילה "מין", אז אמרתי "יחסי אישות". חשבתי שהמורה לא שמעה אותי טוב. התחלתי שוב את המשפט "אז אם וחבר וחברה מקיימים יחסי אישות..." - "יחסי מין, לא יחסי אישות", אמרה המורה, ולמראה המבוכה שעל פניי הסבירה: "יחסי אישות בהגדרתם הם יחסים בין איש לאשתו. יחסי מין הם יחסים שמתקיימים עם כל השאר".

"יחי ההבדל", אמרה אחת הבנות וכולן צחקקו. "אתן צוחקות", חייכה המורה, "אבל תדעו לכן שיחסי אישות ויחסי מין זה בכלל לא אותו דבר. יחסי אישות הרבה יותר כיפיים מיחסי מין...".

המורה לא הסבירה יותר מכך, ואני הלכתי עם המשפט הזה הרבה אחר כך. שאלתי את עצמי איך המורה יכולה להגיד דבר כזה, הרי ידוע שזוגות נשואים חווים שחיקה במיניות שלהם, וזקוקים לריענון מתמיד כדי שלא להיות מתוסכלים מינית. אפילו בתיכון ידעתי את זה, כי זה רעיון שמופיע בסדרות, בסרטים, ואיפה לא.

למען האמת, אפילו חז"ל הכירו את המצב הזה. למשל, בסוגיית ארון העדות שלמדנו בפרק 41 מסבירים חז"ל שזוג נשוי חווה שחיקה בתשוקה, שחיקה שנובעת, לא פחות ולא יותר, מהעובדה שלא שוררת ביניהם צניעות בלבוש.

בנוסף, חז"ל מספרים לנו ש"מיום שחרב בית המקדש ניטלה טעם ביאה וניתנה לעוברי עבירה שנאמר (משלי, ט, יז), 'מים גנובים ימתקו'" (סנהדרין עה ע"א). במילים אחרות, לדברי חז"ל, אנשים שמחפשים **ריגוש** מבחינה מינית לא ימצאו את הריגוש הזה ("טעם ביאה") ביחסי אישות המותרים להם, אלא רק ביחסים שנעשים באיסור, כלומר, לפני הנישואין או מחוץ לנישואין.

אז איך את אומרת לי שיחסי אישות יותר כיפיים מיחסי מין?! שאלתי את המורה בליבי.

והנה התשובה.

חברה שלי אמרה לי פעם משהו כל כך פשוט, כל כך בסיסי, שאני לא אשכח. היא בעצם נתנה לי מילים לתחושה שתמיד הרגשתי מאז נישואיי ועד היום. אני אומרת את המשפט שהיא אמרה לי בכל מיני הזדמנויות בשיחות עם נשים דתיות, ותמיד אני רואה בקהל נשים נשואות שמגיבות בהנהון ובחיוך של אור בעיניים, כאילו הן אומרות: "וואו, סוף־סוף מישהי מבינה מה אני מרגישה, זה כל כך מדויק".

לחברה שלי, דוסית יפהפייה שמחוברת מאוד לשיח היהודי הבריא, יש חמישה ילדים בלי עין הרע. בעלה עובד במקצוע תובעני וחוזר מאוחר מהעבודה.

"לפעמים", כך היא אמרה לי, "אין לנו כמעט זמן ביחד, שלא נדבר על זמן ליחסי אישות. לפעמים יש לנו כולה 20 דקות בשבוע להיות יחד באינטימיות. כל השאר זה סידורים ותכנונים, מי לוקח את הילדים לחוג, מי שוטף כלים ומי עושה קניות בסופר. ואז, ה־20 דקות האלה של החיבור האינטימי הן המרחב הזה ביום שבו אנחנו מרגישים את מה שהקשר שלנו הוא בעצם.

"כשאנחנו ביחד, בגוף, המיניות שלנו מבטאת את כל המשמעויות ששמירת הנגיעה הטעינה עליה: אנחנו נשואים. נשואים! יש בינינו ברית. הנישואים הם הדבר הגדול הזה שמעניק לנו את הזכות לממש בגופנו את האהבה שלנו. ובאמת, כל נגיעה ונגיעה בינינו בעצם אומרת: הגוף שלי הוא רק בשבילך, והגוף שלך רק בשבילי. החוויה הזו היא רק של שנינו, סוד שהוא רק שלנו בחדרי חדרים, אף אחד אחר לא היה ולא יהיה שותף לסוד הזה. לעולם".

חברתי הוסיפה עוד משהו מעניין:

"אם לא היינו שומרים נגיעה, אם הנגיעה לא הייתה הופכת אצלנו לסמל עם **משמעות** שהיא מעבר לחוויה הפיזית, כל מה שהיה לנו באותן 20 דקות זה הנאה גופנית. וכולנו יודעים שאחרי חמש, עשר, עשרים שנות נישואין, הריגוש הפיזי מיחסי האישות הוא לא כמו בהתחלה. אבל דווקא בגלל ששמרנו נגיעה, המשמעות שהענקנו למיניות מעבר להנאה הגופנית בלבד הופכת את החוויה הזו לעוצמתית מאוד, גם מבחינה רגשית וגם מבחינה פיזית".

חברתי ובעלה (ולפי מיטב השערתי, זוגות דתיים רבים נוספים) חווים את המיניות ביניהם באופן עוצמתי, פיזית ורגשית, "למרות" שהם נשואים כבר שנים רבות. זה לא שהם לא חווים שחיקה ברמת הריגוש, הם חווים שחיקה בריגוש, כמו כולם. אבל ה**משמעות** של יחסי האישות עבורם מטעינה את מה שקורה ביניהם בעונג מסוג אחר.

ואיך זה קרה? בגלל שמירת נגיעה, מסתבר. שמירת הנגיעה הטעינה את המיניות שלהם במיתוס, לא רק ב"אהבה ומחויבות" ולא רק בארכיטיפ של "האחד". מעבר למשמעויות הסובייקטיביות הללו, המיניות של בני הזוג מוטענת במיתוס הנישואין היהודי.

בני זוג שהמיניות שלהם לא התממשה לפני הנישואין חווים "ברכה", ולא רק שמחה או הנאה. ומסתבר ש"ברכה" בהקשר המיני זה משהו ממש נעים. אגב, כך גם לגבי צניעות. נשים המתלבשות בצניעות, נשים שבאמת לא חוות בחייהן שום חוויה של חשיפת הגוף המיני לאף מבט של שום אדם זר, חוות עוד יותר את המשמעות הזו בגוף שלהן. הגוף המיני שלהן הוא באמת סוד שמור לאהבה של ברית, ובכל פעם שהגוף נחשף במסגרת של יחסי אישות, המשמעות הזו נמצאת שם. מסתבר שמבחינה פיזית ורגשית גם יחד, מיתוס שנלווה ליחסי אישות הוא דבר עוצמתי מאוד.

* כיום עומדות בפני זוגות דתיים אפשרויות נפלאות לשכלול הקשר הזוגי והגופני שלהם, ברוח התורה וההלכה. אני ממליצה לזוגות שזקוקים לכך לבדוק את הנושא באינטרנט תוך שימוש במילות חיפוש שמבהירות שמדובר באפשרויות דתיות והלכתיות, ולבחור באפשרות המתאימה להם.

כל מי שנשואה באהבה וחשה שהתיאור של חברתי לא דומה למה שהיא חשה מבחינה רגשית ופיזית ברגעי האינטימיות שלה עם בעלה, מוזמנת לבדוק

מה ניתן לעשות כדי לשפר את המצב.* אבל לפעמים, כל מה שצריך זה להעלות את המיתוס לרמה מודעת יותר. להבדיל, כמו שאני פתאום התחלתי לחשוב על משמעות הגשם, והדבר גרם לי להתרגש אפילו יותר, כך גם בני זוג המשתייכים לשיח היהודי הבריא יכולים לגלות את המטענים המיתיים של המיניות שלהם.

אם אתם משתייכים לשיח היהודי הבריא, ושמרתם את המיניות לנישואין, המיתוס נמצא שם. אל דאגה, זה לא כמו "שמחה", משמעות סובייקטיבית שתלויה בכם ובמה שאתם מרגישים באותו רגע. המיתוס הרבה יותר עצמאי. הוא נמצא שם גם בלעדיכם. כל מה שצריך זה לגלות אותו. ואם חלילה אתם משתייכים לשיח היהודי הפוריטני, או למיתוס נישואין לא מומלץ מהסוג של "אישה כשרה עושה רצון בעלה", אתם מוזמנים לתקן את המיתוס ולהבריא אותו.

לעומת זאת, אם אתם משתייכים לשיח השמרני החילוני, המיתוס לא לגמרי עובד בשבילכם. גלית חווה מיתוס אחר, הרבה פחות עוצמתי, שנלווה למיניות שלה. עם יוסי, עם דודו ועם אופיר היא חווה את המיתוס המערבי השמרני של אהבה ומחויבות. לאחר מכן, כשהיא נישאת לאופיר, היא חווה את המיתוס השמרני המערבי הנוגע לנישואין (היא לא חווה אותו בהכרח כקשור למיניות שלהם, כי כאמור, השיח המערבי, גם השמרני, מנתק בין נישואין לבין מיניות).

ומהו המיתוס השמרני המערבי בנוגע לנישואין? פשוט מאוד. קחי את כל מה שיש במיתוס הנישואין היהודי, תעבירי אותו במסננת שמורידה ממנו את הבלעדיות של המיניות רק לנישואין, ומה שיצא לך בסוף זה המיתוס השמרני המערבי (החילוני):

נישואין זו אהבה אמת, הפעם באמת והפעם לנצח. נישואין זה מימוש של אהבה. נישואין זה יציב. נישואין זה חברות. נישואין זה רומנטי. נישואין זה משפחה וילדים. נישואין זה נאמנות.

זה יפה מאוד, הערכים הללו. אני לא מזלזלת בהם חלילה. אני רק רוצה לציין שכל מה שיש במיתוס השמרני המערבי לא קשור למיניות. בנוסף, המיתוס השמרני המערבי הוא העתק דהוי וחיוור של מיתוס הנישואין היהודי, אבל בלי העוצמות התיאולוגיות (כלומר, הזיקה בין אהבת איש ואישה לאהבת האל ועמו), בלי מושג הברית היהודי (כי אצלנו מונוגמיה סדרתית היא לא ברית אלא פגם

בברית), בלי מצווה, בלי קדושה, בלי שבת שדומה לכלה, בלי פסוקים רומנטיים שנערי בר מצווה מדקלמים כל בוקר בעת הנחת תפילין, בלי אלפיים שנה של טקסטים עתיקים שצובעים את האיש ואישה הנשואים כשני חצאים המתגעגעים זה לזו, עוד בטרם הכירו, ואם נשאל את בת הקול, עוד בטרם נולדו.

וזה עוד במקרה הטוב, שבו גלית ואופיר מודעים להבדל בין השיח השמרני שלהם, לבין השיח המערבי הליברלי שחבריהם משתייכים אליו. כי בשיח המערבי הליברלי, כלומר, בכל הגרסאות של שיח השחרור המיני, אכן יש קשר הדוק בין נישואין למיניות. אבל הוא עובד בכיוון ההפוך:

מכירה את המיתוס על בני הזוג הנשואים שתדירות היחסים ביניהם שואפת לאפס? לא הטוקבקים הגסים המציאו את המיתוס הזה. הם בסך הכול מצטטים אותו. מדובר במיתוס מערבי ליברלי, פופולרי מאוד כיום, שרואה את הנישואין כגיליוטינה שיורדת באבחה אחת ומרסקת את המיניות.

עוד דוגמה: בני זוג מעניקים זה לזו טבעות במעמד החופה. במבט מקרוב אנו מגלים שלא מדובר בטבעות אלא באזיקים הכבולים זה לזה בשלשלת (קריקטורה מתוך אחד העיתונים. ולא מדובר בכתבה בעיתון מגזרי שדיברה על נשים עגונות, אלא בכתבה בעיתון לא דתי שעסקה בנישואין. כל נישואין באשר הם).

עוד דוגמה: הדפס על חולצה בחנות חולצות מציג איור בשחור לבן של חתן שובר כוס ומתחתיו כתובית אזהרה באדום: "שברת, שילמת!". פחחח.

עוד דוגמה: תלמידתי הלכה לקנות טבעות נישואין עם בעלה לעתיד. המוכר בחנות אמר לבעלה: "רק שים לב לבחור טבעת שיהיה לך קל להוריד בכל פעם שתרצה לצאת בערב לבלות". פחחחח.

עוד דוגמה: אח של תלמידה שלי ביקש מהמפקד שלו שישחרר אותו לצורך חתונה של קרוב משפחה. המפקד גיחך: "בסדר, אני רושם כאן שאני משחרר אותך על סעיף אֵבל". פחחחחחח.

ועוד אחת: ב־ynet מתפרסמת ידיעה שגלעד שליט, החייל הישראלי שנלקח בשבי ושהה שם חמש וחצי שנים עד לשחרורו, מתחתן. הטוקבקים לא מפספסים את ההזדמנות: "נכנס לכלא חדש", "מהנישואין גם ביבי לא יחלץ אותך", "חזר לשבי, הפעם לכל החיים". פחחחחחחחחחחחחח.

ואחת אחרונה: מעט אחרי התפרצות מגפת הקורונה הופץ הסטטוס הבא: "אתם מבינים שאשכרה אנשים מבטלים חתונות בגלל הקורונה? וואלה המחלה הזו מצילה חיים!!!" פחחח. פחחח. פחחחח.

אם לא הבנת את הבדיחות שרצות כאן, אז ברכותיי, אני שמחה בשבילך, כי זה אומר שאת לא חלק מהשיח המערבי הליברלי (שיח השחרור המיני). אני למשל, צחקתי קצת. ואני מנחשת שגם את וגם גלית. זה צחוק שטומן בחובו טרגדיה, אבל לא כולם חשופים לטרגדיה הזו באותה המידה. דרגת ההשתייכות שלנו לטרגדיה הזו תלויה בשאלה לאיזה שיח אנחנו משתייכים. אז נכון, גם אנשים דתיים נאלצים להיות מושפעים מהשיח המערבי הליברלי הנוגע לנישואין, ואפילו לצחוק קצת מכמה בדיחות כאלו. אבל לא בקלות רבה הם ימצאו את עצמם משתייכים אליו, מפנימים אותו ולבסוף מזדהים איתו. ההבדל בין "הדתיים" לבין גלית הוא שלאנשים דתיים יש אלפיים שנה של מיתוס כבד ולא מתנצל, שמציב חומה אדירה, שמורכבת מאין־ספור נקודות שגרתיות בחיי היום־יום, ומוצבת כחוצץ בינם לבין השטות הזאת.

המיתוס המערבי הליברלי לגבי נישואין רואה אותם כ"כלא". הגבר נתפס כמי שנפל במלכודת שטמנה לו בת הזוג ההיסטרית והבל"חית שלו, והאישה נתפסת כמי שהצליחה "להשיג" טבעת מהגבר שלה. אל תתבלבלי. העובדה שהגבר מציע נישואין והאישה אמורה להסכים לא משנה אחר כך לחברות שלה בנות השלושים ששואלות אותה בעיניים נוצצות ומלאות קנאה: "איך הצלחת להשיג ממנו טבעת? איך גרמת לו **להסכים** להציע לך?".

החברים של החבר ירימו איתו כוס בירה לציון המאורע ואז יתחילו הדאחקות. כולן יסבבו סביב שני רעיונות פחות או יותר: האחד, החבר המאורס שלהם צריך כבר מעכשיו להתחיל להיפרד מכל חוויה מרגשת של מיניות. השני, עליו להתכונן לכך שהוא יתעורר עוד כמה שנים כשלצידו העתק מבעית של חמותו לעתיד, עם גלגלי פלסטיק בשיער, חלוק בית וקול צורמני שפוקד עליו לא לשכוח לקנות נייר טואלט וגבינה.

גלית ואופיר אולי לא חווים את המיתוס הזה בזמן שהם נשואים, אבל חבריהם השמרנים פחות, כבר לא ממש יכולים להימלט מפניו. זוכרת את מתן, הרווק

הדתי מפרק 48? ההזדהות שלו עם שיח השחרור המיני הפכה עבורו את הנישואין בחברה הדתית ל"עסקת שטן: מתמחרים חופש מיני בהסכם משפטי".

כשאדם סוחב על הגב שלו מיתוס כל כך כבד של כלא, אין סיבה שהוא באמת יצליח להתנער ממנו ברגעי האמת. מתן מרגיש שהוא יודע את ה"אמת" על הנישואין בחברה הדתית. ואכן, מיתוס "הנישואין ככלא" רואה את עצמו כניפוץ המיתוס של הנישואין המאושרים. כחשיפת ה"אמת". אבל מיתוס הנישואין ככלא לא חושף את המציאות, אלא **מייצר** אותה. זה מיתוס שבהגדרתו מייצר קללה בחייהם של המשתייכים אליו. אני חושבת שזוגות נשואים המשתייכים לשיח השחרור המיני כן חווים מיתוס שמקשר בין מיניות לבין נישואין, באופן הבא: "מיניות בין בני זוג נשואים מבטאת את הכלא שהכנסתם את עצמכם אליו". כמה מהנה ומספקת יכולה מיניות כזו, אני לא יודעת. שיח השחרור המיני, בהצלחה לך עם מציאת אהבת אמת וד"ש לחתולים.

פרק 93

סלין וג'סי אחרי תשע שנות נישואין

וזה מזכיר לי סצנה מתוך סרט.

אם את מרשה לי לעשות לך ספוילר לטרילוגיית הסרטים "לפני הזריחה", שהזכרתי בפרק 69, אז אני רוצה לספר לך על סצנה שראיתי שם וטלטלה את ליבי. זוכרת את ג'סי וסלין שנפגשו ברכבת? בסרט הראשון בטרילוגיה הם מבלים ערב ביחד ובבוקר נפרדים כל אחד לדרכו. בסרט השני הם מוצאים זה את זו אחרי תשע שנים של געגועים. הבעיה: ג'סי נשוי עם ילד, בנישואים לא מאושרים. בסרט השלישי אנחנו מגלים שג'סי וסלין נשואים כבר תשע שנים, באהבה גדולה, וחובקים תאומות מתוקות. לכבוד יום הנישואין התשיעי, חברים שלהם מארגנים להם הפתעה: הם שומרים עבורם על התאומות, ושולחים אותם לערב רומנטי בצימר.

ג׳סי וסלין נכנסים לצימר ומיד מגיעים למיטה. תוך כדי הסצנה הזו (ומפאת היעדר צניעות אני ממליצה לא לצפות בה ללא צנזורה משמעותית), הנייד של מישהו מהם מצלצל. מסיבה כלשהי הם מבינים שאין ברירה אלא לענות. סלין עונה, מסיימת את השיחה, ומספרת לג׳סי שזה היה הבן שלו מנישואיו הקודמים. הם מתחילים לדבר על הבן שלו, ומפה לשם, השיחה הופכת להיות מריבה.

וואו, איזו מריבה. השחקנים כל כך משכנעים, והמריבה הזו נראית לי כמו הדבר האותנטי ביותר שכמעט כל זוג נשוי יוכל להזדהות איתו: מריבה עד לב השמיים, שבה כל המרירות והטינה והכעס יוצאים החוצה ומתפוצצים כמו מוגלה. כל מיני תסכולים לא קשורים זה לזה חוברים יחד לשרשרת בלתי פוסקת של האשמות ודמעות שמתחלפות בצחוק מריר.

אבל אז, ברגע השיא של המריבה, פתאום קורה משהו שמזעזע אותי ומעלים באחת את כל תחושות ההזדהות שחשתי: סלין מתחילה לרדת על ג׳סי, על האופן שבו הוא מקיים איתה יחסים. היא אומרת לו בלגלוג שהוא בטח חושב שהוא מאהב כל כך טוב, אבל למען האמת במיטה הוא פשוט משעמם. ואז היא עושה דבר שבחיים לא חשבתי שמישהו יכול לעשות לאדם שהוא אוהב, אפילו ברגעי הכעס הכי גדולים: היא מגחיכה את ההתנהגות המינית שלו איתה, תוך כדי שהיא מחקה בזלזול את האופן שבו הוא עושה איתה אהבה.

ובאמת, מסתבר שהשחיקה במיניות הייתה אישיו מאוד רציני ביניהם. לאחר מכן כשסלין יוצאת בזעם מהחדר, ג׳סי מנסה להשיב אותה אליו בהבטחה שהערב, כן הערב, הוא יפצה על כל התסכול המיני שהיא חווה, ויעניק לה את החוויה המינית הכי מדהימה שחוותה אי־פעם.

חשבתי על כך ששלישיית הסרטים הזו מנסה להציג באופן ריאליסטי את חייהם של בני זוג, ששוררת ביניהם האהבה הכי גדולה שיכולה להיות. איזו אהבה יכולה להיות גדולה יותר מאהבתם של ג׳סי וסלין? הם ממש כמו רומיאו ויוליה, רק בלי הקטע של הרעל בסוף. אבל הנה, בסוף כן הגיע הרעל, במילותיה המזלזלות והדוחות של סלין, ואני מבינה משהו.

עבור אנשים דתיים ששמרו את המיניות לנישואין, המיניות היא הכלי הזה, המשהו הזה, שעליו הם התפיסו את כל מה שזה אומר להיות ״נשואים״. כמו

שראינו, המיתוס היהודי של הנישואין מותפס באופן קריטי על המיניות, תוך הדגשה ברורה שהמיניות מתרחשת אך ורק בנישואין. לעומת זאת, לג'סי וסלין, שאולי מייצגים אנשים רבים שמשתייכים לשיחים המערביים, אין במה להתפיס את האהבה שלהם. אין להם במה להתפיס את הנישואין שלהם. אין להם תחליף למיניות, בתור אותו כלי, אותו חפץ או מעשה שבו הם מטעינים את המשמעות של מה זה אומר להיות נשואים. הם נותרו בלי מיתוס מוחשי שאפשר לגעת בו. הגוף המיני שלהם לא נושא איתו מיתוס, ואם כן, זה המיתוס המערבי: שמרני, ליברלי, ווטאבר.

וכך, המיניות שלהם שייכת אך ורק למישור הפיזי, של ההנאה. וגם אם לפעמים הם חשים בה "שמחה", כלומר משמעות של אהבה ומחויבות, ברגעי האמת מסתבר שגם ה"שמחה" לא מספיקה. או במילים אחרות ומדויקות יותר - לא מספקת.

מסתבר שהמושג הזה שכולם בעולם המערבי רודפים אחריו, "סיפוק מיני", לא מורכב אך ורק מהנאה פיזית. מסתבר שאנשים שרוצים להתרגש מבחינה מינית צריכים יותר מהנאה פיזית. זה קטע כזה שמיוחד רק לבני אדם. אני בטוחה שאם אני אגביל את הכלבה שלי רק לפרטנר אחד לאורך עשר שנים, אני לעולם לא אשמע אותה מתלוננת על חוסר סיפוק, על פנטזיות של "חטא" עם כלב גבוה ומיסתורי, או על הצורך שלה לרענן את המיניות שלהם בכל מיני טריקים מסעירים. מסתבר שתחושת חוסר סיפוק שנלווית דווקא למימוש של מיניות (ולא להימנעות ממנה), היא תחושה אנושית בלעדית. מסתבר שבהקשר המיני אנשים לא מסתפקים רק בהנאה פיזית, אלא ההנאה שלהם תלויה ב"משמעות" נוספת שנלווית לכך.

אחת ה'משמעויות' שמטעינות את המיניות בריגוש פיזי מסעיר היא האופציה של החטא. כל אדם, בין אם הוא מערבי, שמרני, ליברלי, או יהודי דתי, עשוי למצוא את עצמו מתרגש מהאפשרות של מימוש המיניות בעבירה: מים גנובים ימתקו.

הדבר היחיד שיכול "לתת פייט" למיניות המסעירה של החטא הוא המיתוס. זוגות נשואים שיש ביניהם זוגיות טובה, ובנוסף הם גם משתייכים למיתוס הנישואין היהודי, חווים חוויה מינית שאין לה תחליף. שום ריגוש חולף לא יכול להשתוות לעומק הרגשי והפיזי שהם חווים. זו לא חוויה של "ריגוש". מי שמחפש "ריגוש"

מיני לאורך כל חייו חייב לעזוב מיד כל ציפייה למערכת יחסים ארוכת טווח, שבה בהכרח הריגוש יישחק. לאחר תקופת הנישואין הטריים, יערה ואופיר כנראה לא חווים יותר ריגוש במיניות שלהם, אבל הם חווים את העונג של המיתוס. זו חוויה שהיא מעולמות עליונים, מעולמות של תיקון. אנשים שלא שמרו נגיעה, ועשו זאת שלא מתוך תודעת נפילה אלא מלכתחילה, מתוך הזדהות עם השיח השמרני החילוני, לעולם לא יחוו את זה בחיי הנישואין שלהם.

ומותר גם ללכת רחוק. המיתוס היהודי (וגם ההלכה היהודית) לא עומד בסתירה למיניות פרועה וחסרת מעצורים, כל עוד היא בין איש לאשתו. אני זוכרת את חברה שלי, בחודש שלפני נישואיה, לוחשת באוזניי, "כל פעם שמדריכת הכלות אומרת את המילה 'קדושה' בהקשר של מיניות, אני מתכווצת. היא לא יודעת מה עובר לי בראש כשאני חושבת על מיניות עם בעלי...".

אז זהו, שלא. אין שום סתירה בין מושג הקדושה לבין (כמעט) כל מה שאת מעלה בדעתך שיכול להתרחש בין איש לאשתו, באהבה, בתשוקה ובאינטימיות. בניגוד לתדמית הסטרילית והלבנה שלה, ה"קדושה", בוודאי בהקשר המיני, לא אמורה להצטייר בעינייך בהכרח כמו תפילה בכותל המערבי. נסי יותר בכיוון של ארון העדות ששורף את מי שמביט בו שלא בהיתר. קדושה לא מנוגדת לאש בוערת, היא יוצרת אותה.

אבל קדושת המיניות, כמו כל המיתוס שנלווה לה, לא רק חשובה בשביל תחושת "סיפוק". היא חשובה כי היא הדבר הזה שמחזיק עבורנו את השלם שגדול מסך חלקיו. כשאין גוף, כלי, חפץ, אובייקט, שאפשר להתפיס בו את האהבה של הנישואין, האהבה הזו עשויה להתפורר, כמו שכל רגש רומנטי מתפורר אחרי כמה ימים ללא שינה עם תינוק צורח.

כשאין מיתוס שמתחזק את הארכיטיפים של "האחד" ו"האחת", פתאום המשקפיים של אורן נשחקו, והוא כבר לא יכול להתבונן באורנה ולראות בה את האישה המדהימה ביותר עלי אדמות. פתאום הוא רואה בה סתם אישה, ובכל פעם שהיא מבקשת ממנו בעצבים שיזכור כבר לקנות גבינה, הארכיטיפ של ה"אחת" מתרוקן עוד יותר ועוד יותר מדמותה ומותיר אותה ואותו מחוץ לארכיטיפ של האחת והאחד, סתם אנשים רגילים, לא מדהימים במיוחד, ובודדים.

פרק 94
כנרת ואבידן

כנרת (שם בדוי) שמעה בהזדמנויות שונות את הדיבורים שלי על החשיבות של שמירת נגיעה. אני דיברתי גבוהה־גבוהה על כך שהעיצוב של האהבה היפה והעוצמתית שאת חולקת עם בעלך מתחיל עוד לפני שהכרת אותו. דיברתי על החשיבות של ייחוד החוויה המינית רק לשניכם, ורק לברית הנישואין. דיברתי באופן תיאורטי, אבל כנרת חוותה את זה בפועל ממש, על בשרה. יום אחד כנרת סיפרה לי סיפור שקרה לה, שגרם לה להגיע למסקנות מאוד דומות לשלי בקשר לשמירת נגיעה. היא אומנם לא השתמשה במושגים "ארכיטיפ" ו"קידוש הנישואין על ידי המיניות", אבל זה בדיוק מה שעולה מהסיפור שלה. כנרת חשבה (ועדיין חושבת, למען האמת) שזה סיפור קטן, לא כזה ששווה להיכנס לספר. אני חושבת אחרת. הבטחתי לה שהפרטים האישיים ישונו, ושנעבוד ביחד על ניסוח הסיפור שלה, כך שהוא יהיה מדויק גם ברמת הפרטים כפי שהם קרו באמת, וגם ברמת המסר שהיא ואני רוצות להעביר באמצעותו. הרי הוא לפניכן.

זה היה בחופש הגדול אחרי שסיימתי י"ב. גרתי באחד מיישובי הגולן, ולמדתי באולפנה בצפון. השנה היא שנת 1999: סוף שנות התשעים, לפני הסמארטפונים, האינטרנט בחיתוליו. היה לי פלאפון מהדור הראשון, מכשיר שחור, עבה ומגושם. ההודעות היחידות שיכולתי לשלוח היו באותיות באנגלית, וגם אז, כל הודעה עלתה לי המון כסף.

אני זוכרת את ההודעה שקיבלתי מאבידן בעיצומו של החופש: "כנרת, מה המצב? ההורים שלי נסעו לשבוע אז יש לי בית ריק. רוצה לבוא לכמה ימים להקליט?". האותיות האפורות מרצדות על המסך הירקרק. הלב שלי החסיר פעימה. "Barur". סימסתי

לו. ארזתי תיק. אני זוכרת שהכנסתי לתיק את המכנסיים הסגולים שמעולם לא לבשתי באולפנה, וידעתי שאני נראית בהם מעולה, וידעתי שגם אבידן חושב ככה, למרות שהוא אף פעם לא אמר לי את זה. נסעתי אליו לחיפה.

את אבידן הכרתי במחנה בני עקיבא כלשהו, כנראה בכיתה ט' או י'. אבידן ניגן בגיטרה, ונדמה לי שהוא היה גם נחמד באיזשהו אופן. לא משנה. מה שהיה לי חשוב באותו הזמן זה רק דבר אחד: העובדה שאבידן היה חתיך ויפיוף ברמות קיצוניות. תמיד סיפרתי לעצמי שאני מחפשת את "האחד", ושהאחד הזה יהיה אדם עם אופי, בחור איכותי עם נפש אצילית. אבל בפועל, כל מה שמשך אותי בבחורים זה יופי. כל מי שהתאהבתי בו אז (ותאמיני לי, התאהבתי בלא־מעט), היה נראה טוב. ואבידן היה מהמם ביופיו. כנראה שאני לא היחידה שהתרשמה מיופי חיצוני. בנות נפלו לרגליו והיה ברור שהוא לגמרי מודע למעמדו.

באחד מהערבים זרוחי הירח במחנה, ישבנו בקבוצה של כמה חבר'ה, ואבידן ניגן שיר מסוים. אני חושבת שזה היה שיר של להקת "איפה הילד". כולם הצטרפו אליו ושרו איתו (או יותר נכון "כולן"... אבידן אף פעם לא היה מוקף בבנים, אני חושבת שהוא היה הבן היחיד בקבוצה הזו). גם אני הצטרפתי ושרתי. לאחר כמה משפטים, אבידן הפסיק לשיר וסימן לכולנו להיות בשקט. השתתקנו. "לא, לא את, את תמשיכי לשיר. רק את".

הוא הסתכל עליי והמשיך לנגן. הייתי בהלם. כולם (או, ככל הנראה, "כולן") הסתכלו עליי בשתיקה. המשכתי לשיר ואבידן המשיך לנגן. זה הביך אותי נורא אבל גם שימח אותי. עצמתי עיניים ושרתי. לאחר שהשיר הסתיים כולם מחאו כפיים ושרקו, כאילו הרגע סיימנו הופעה. הבנות מחאו כפיים לאבידן, ואבידן מחא כפיים לי. הוא הסתכל עליי בעיניי הדבש המפעימות שלו, וחייך.

אני זוכרת איך בשלב הזה כולן התפזרו ורק אני נשארתי עם אבידן. נשארנו יחד איזה שלוש שעות ושרנו אל תוך הלילה. יותר נכון, הוא ניגן ואני שרתי. הוציאו אז חוברות כאלה שקיבצו בתוכן את כל השירים הכי עדכניים, עם אקורדים לגיטרה. היו לנו אולי חמש חוברות כאלה, ורק כשסיימנו את כולן אמרנו לילה טוב והלכנו כל אחד לדרכו.

ביום למחרת אני ואבידן כבר היינו החברים הכי טובים. כולם כבר התחילו להתלחש על הזוג החדש "אבידן וכנרת", אבל לא היה בינינו שום דבר רומנטי, לפחות לא באופן מוצהר. ביקשתי ממנו ללמד אותי קצת אקורדים בגיטרה, ואני זוכרת שזה היה מסובך ומסעיר לנסות ללמוד אקורדים מאבידן, כשאני והוא שומרים נגיעה. גם ללא מגע, המתח המיני בינינו היה מאוד מוחשי.

אבידן ואני המשכנו לשמור על קשר אחרי המחנה ההוא. הוא גר בחיפה ואני גרה בגולן, כך שאין הרבה הזדמנויות להיפגש. ובכל זאת, בכל טיול עם חברים לצפון, אבידן היה מוצא את ההזדמנות להיפגש איתי קצת. גם אני הייתי מגיעה מדי פעם לחיפה, ואבידן היה בדיוק יוצא לעיר עם חברים וחברות, והייתי מצטרפת אליהם.

באחת הפעמים שמתי לב שאבידן בלי כיפה. הוא סיפר לי מאוחר יותר שזהו, כבר לא מעניין אותו להיות דתי. במבט לאחור, חשבתי שהניסוח שלו כשהסביר לי למה נמאס לו מהדת היה ממש ילדותי. למען האמת, אבידן מעולם לא היה אדם עמוק או חכם במיוחד. אבידן היה בחור מאוד ילדותי, וגם מניפולטיבי. אבל באותו הזמן לא חשבתי עליו ככה. המראה שלו סנוור אותי לחלוטין, ואיכשהו, בגלל ההתאהבות, ייחסתי לו תכונות שלא באמת קשורות אליו, כמו חכם, רגיש, עמוק וקשוב. הוא ממש לא היה כזה. מצטערת אם זה נשמע נורא, אבל אני חייבת להגיד את האמת, שכיום אני לא מצליחה לחשוב אפילו על תכונת אופי אחת שהייתה לו שאני יכולה להעריך.

אני זוכרת שבתקופה ההיא, אחרי שאבידן חזר בשאלה, התחלתי לשמוע עליו שמועות שהוא "שוכב עם בנות". שיערתי שלא מדובר רק בשמועות. שילוב של "חתיך" ו"דתל"ש" לא היה נראה לי כמו משהו שאמור להוביל לתוצאות אחרות. בשונה מאבידן, אני גדלתי בחברה דתית מאוד שמרנית. שמירת נגיעה הייתה טאבו, משהו שכולם שומרים. אבל הטאבו של שמירת הנגיעה היה כזה שגם מדברים עליו. המגע בין המינים היה לא רק אסור, אלא גם נושא תדיר לשיחה. כולם דיברו על כך שאסור לגעת. פעולות רבות בבני עקיבא עסקו בזה. חפרנו בזה המון. תמיד המסקנה המתבקשת, מסקנה שהונחה מראש עוד לפני הדיון, היא ששמירת נגיעה זה מאסט. אין מצב שמישהו או מישהי מחבריי יפרצו את הגבול. אף אחד לא חשב לערער על הקביעה ששמירת נגיעה היא חשובה. זה היה מובן מאליו שזה מחוץ לאופציות, שלא משנה כמה זה קשה, פשוט לא עושים את זה.

הדיבור סביב שמירת נגיעה היה על "לשמור את עצמי לבעלי". מאוד מאוד התחברתי לרעיון הזה. נדמה לי שכבר מגיל 12, כשהתחלתי לחשוב על אהבה, כבר אהבתי את בעלי. ידעתי שלאהוב את בעלי זה אומר שאני המיוחדת שלו והוא המיוחד שלי. היה לי ברור ששמירת המיניות לנישואין היא לגמרי חלק מהאהבה הזו.

מתישהו במהלך כיתה י"ב, התחילה אצלנו אופנה חדשה של "שמירת נגיעה חלקית". זה בעצם מצב שבו את מפסיקה לשמור נגיעה באופן מוחלט, אלא נמנעת רק מנגיעות בעלות משמעות מינית. "נגיעה מינית - לא. נגיעה לא מינית - כן". זה אומר שפתאום אפשר לתת חיבוק לחברים הטובים, ועוד כל מיני נגיעות יותר סתמיות שעד עכשיו היו לא לגיטימיות. זה היה נראה לי מאוד הגיוני. אם אני נוגעת בבנים, אבל זה רק מגע לא מיני, אז מה הבעיה? אני הרי ממשיכה לשמור את המיניות לבעלי.

כשנפגשתי במהלך אותה שנה עם אבידן, כבר הרשיתי לעצמי לתת לו חיבוק. זה היה חיבוק כזה של "שלום-שלום". חיבקתי כך את כל החברים המשותפים שלנו, בכל פעם שנפגשנו. אבל החיבוק עם אבידן זכור לי עד היום. הרגשתי את הזיפים שלו על הלחי שלי, וחשבתי שאני מתה מהתרגשות. במהלך הערב אני זוכרת שפתאום שמתי לב לכך שאני מתכננת ביני לבין עצמי ללכת לאיזו חצי שעה מהחבורה, רק כדי לחזור ושיהיה לי תירוץ שוב פעם לתת לאבידן חיבוק. כשגיליתי את זה על עצמי, זה הצחיק אותי. הייתי מאוד מודעת לכך שאני נמשכת אליו.

באותו ערב אבידן אמר לי שהוא עובד על פרויקט של הקלטת שירים שחברה טובה שלו כתבה והלחינה. באמת הייתה לו ידידה מאוד מוכשרת שחיברה שירים והלחינה אותם. לאבידן היה אולפן הקלטות ביתי, והוא הציע לידידה שלו להקליט את השירים שלה בליווי גיטרה. הדיבור היה על כך שהוא ישיר אותם, אבל במחשבה שנייה, ולאחר התייעצות עם הידידה, הוא חשב שהכי מתאים זה שאני אשיר אותם.

כמובן שהסכמתי. איסור שירה בפני גברים מעולם לא הפריע לי, ובגלל שבאמת יש לי קול לא רע בכלל, כבר יצא לי לשיר בכמה פרויקטים בעבר. אמרנו שננסה למצוא זמן להיפגש אצלו בבית באולפן שלו, לצורך ההקלטות (בואי נגיד שבזמנו גם הנושא של איסור ייחוד לא הפריע לי). אבל השנה חלפה, כיתה י"ב הסתיימה, וזה לא קרה. והנה, פתאום אותיות אפורות על מסך ירוק קוראות לי לבוא.

נסעתי לחיפה. זו הפעם הראשונה שבאתי לאבידן הביתה. אבידן גר בבית חיפאי עתיק, גדול ומפואר, בן יחיד להורים עשירים. לאבידן אין אחים, אבל חוץ מזה יש לו הכול. ידעתי שאבידן גר בבית גדול, דיברנו על זה בעבר, אבל שום דבר לא הכין אותי לפאר הזה. אבידן הראה לי את החדר שלי שהיה ממוקם קומה

מתחת לחדר שלו. אחרי שהתארגנתי, התקלחתי, שמתי בושם, התאפרתי קצת, וכמובן לבשתי את המכנס הסגול ההוא, יצאתי מהחדר וירדתי למטבח. אבידן חיכה לי שם. אני זוכרת שאכלנו גלידה עם מזלג. לא יודעת למה, אבל זה הצחיק אותנו.

אחר כך אבידן לקח אותי לאולפן ההקלטות הביתי שלו. במשך כמה שעות עשינו חזרות וגם קצת הקלטנו את מה שהיה נשמע כבר מספיק טוב. בשלב מסוים אבידן הציע שנעלה לגג, כי רק שם מותר לו לעשן. כבר היה ערב. התיישבנו זה מול זו על כריות פוף קטנות כאלה שנשענו על המעקה. בניגוד לבית המפואר, המרפסת הייתה פשוטה. אבידן עישן את הסיגריה שלו. הסתכלתי מבעד למעקה, כל חיפה מנוקדת באורות מתחתינו. אמרתי לאבידן שזו עיר יפהפייה. "את יפהפייה", הוא אמר והשליך את הסיגריה הבוערת מבעד למעקה.

זו הייתה הפעם הראשונה שאבידן בעצם התחיל איתי באופן ברור. הוא חייך אליי. אני חייכתי ושתקתי, ואבידן החל שוקע בהרהורים (בדיעבד כשאני חושבת על כך אני באמת לא יודעת אם אלו היו הרהורים אמיתיים או פוזה של הרהורים). שתקנו יחד. אבידן צמצם את עיניו והסתכל לאיזושהי נקודה רחוקה בקצה האופק. הוא ישב כך במשך אולי שתי דקות, ואני מתבוננת בו. אני זוכרת את עצמי נפעמת מהפרופיל המושלם שלו. באותו רגע הרגשתי שאני לא מסוגלת יותר להחזיק את עצמי. כל מה שאני רוצה זה פשוט לקפוץ עליו ולנשק אותו.

אני ממש זוכרת איך זה הרגיש באותם רגעים ארוכים, כשהלב והגוף אומרים משהו אחד, והשכל אומר משהו אחר. השכל אומר: "את לא באמת רוצה להתנשק עם אבידן. את רוצה שהיחיד שלך יהיה בעלך". השכל אומר את זה, ובאותו הזמן הלב והגוף רוצים לסתום לו את הפה ושיפסיק כבר לחפור. הגוף והלב פשוט רוצים להתמסר לכאן ועכשיו. הקול הזה שבתוכי (אולי לזה מתכוונים

כשאומרים "היצר הרע") בעצם ניסה להפחית מהחשיבות של שמירת נגיעה. הקול הזה אמר לי באותם רגעים: "מה את נאמנה לבעלך עוד לפני שפגשת אותו?! יאללה תזרמי, תרגישי, תחווי".

זה לא דיבר אליי. אני לא טיפוס שטחי שמוכר את העקרונות שלו בשביל הנאה חולפת של הרגע. אבל ממש רציתי לנשק את אבידן. ולכן הטיעון הבא של היצר שלי היה: "אנשים ששומרים נגיעה לא יודעים מה הם מפסידים". אני זוכרת איך ברגע הזה כמעט קפצתי למים. רציתי להפסיק לחשוב ופשוט לצלול, לטבוע, להתערבב יחד עם אבידן. אבל משום מה, הצלחתי ברגע האחרון לא לעשות זאת. הטאבו היה חזק ממני. "לא עושים את זה". נקודה.

קטעתי את הסחרור הפנימי שהייתי בו באמצעות מילים. אמרתי לאבידן משהו שרציתי לומר לו כבר הרבה זמן. משהו שהתעצם בתוכי והתברר לי בעיקר בזמן ששרתי והוא ניגן. אמרתי לו שאני מרגישה שלשיר זה לתת לנשמה לדבר. אמרתי לו שלפעמים אני מרגישה שרק כשאני שרה יש לי מקום. שהקול שלי אף פעם לא שופט אותי. שהקול שלי הוא הדבר היחיד שמקבל אותי כמו שאני. היום במבט לאחור אני חושבת שאבידן לא באמת הבין, ולא באמת ניסה להבין את התחושות שתיארתי. זה לא עניין אותו. אפילו שעמם אותו. "פששש... חזק", הוא אמר כשסיימתי לדבר, וחייך אליי חיוך כזה, שרק חודשים אחר כך הבנתי שהיה מאחוריו סוג של גיחוך. בזמנו פירשתי את זה כשותפות והערכה. לפתע אבידן שינה נושא.

"את שומרת נגיעה, אבל רק כשמדובר במגע שיש לו משמעות מינית. נכון?" הנהנתי. "אז מותר לך לתת לי יד?". חשבתי על כך ביני לבין עצמי. אין שום דבר מיני בנתינת יד. זה בדיוק כמו לתת "כיף" למישהו. מצד שני, כל כך רציתי לתת לו יד. אז מה זה אומר? "אני לא בטוחה", עניתי. "אני לא חושב שנתינת יד זה מיני", הוא

אמר, והושיט בעדינות את שתי הידיים שלו, הניח אותן על ברכיו, פרוסות כדי לקלוט את כפות ידיי. ישבנו זה מול זו והסתכלנו אחד לשנייה בעיניים. הנחתי את הידיים שלי בכפות ידיו.

הלב שלי פעם על מאתיים. אני לא יכולה לתאר איזו התרגשות זו הייתה עבורי, נערה מתבגרת שעד אותו יום מעולם לא נתנה יד לשום בן, בטח לא למישהו שהיא כל כך נמשכת אליו. חשתי זרמים מחשמלים נעימים כאלה בכל הגוף, כאילו אני נמסה. התחושה הכי מדהימה בעולם. אני לא יודעת כמה זמן החזקנו ככה ידיים. אני רק זוכרת שבשלב מסוים שאלתי אותו בשקט, כמעט בלי קול, "אתה מרגיש את הזרמים?" - "ברור", הוא ענה בלחש וחייך את החיוך הכובש שלו (ברור שלא. אין שום סיבה שאבידן יתרגש כך מנתינת ידיים, לאחר שהניסיון המיני שלו עם בנות כבר כלל כל כך הרבה מעבר לזה).

כיום אני יכולה להגיד בוודאות, ובמידה גדולה של עצב, שהחוויה הזו שחוויתי עם אבידן, שהסתכמה לשמחתי אך ורק בנתינת ידיים, היא החוויה הארוטית המסעירה ביותר שחוויתי אי־פעם. למרות שהמיניות שלי ושל בעלי האהוב טובה לנו מאוד, ולמרות שלאחר המקרה הזה עם אבידן חזרתי לשמור נגיעה לחלוטין, ובעלי היה היחיד שנגעתי בו מגע ארוטי, מעולם לא הצלחתי לשחזר עם בעלי (שאיתו התחתנתי בגיל 23) את החוויה הראשונית המסעירה והמיוחדת שחוויתי בגיל 18 עם אבידן, הבחור הסתמי והמיותר הזה, שחוץ ממראה חיצוני לא היה בו כלום.

אבידן היה בחור לא חכם, לא רגיש, לא עמוק ולא טוב לב. בדיוק ההפך הגמור מבעלי. מה לעשות, יש גם בחורים כאלה. סיפרתי לבעלי את הסיפור על אבידן. לא המעטתי בחשיבות ובמשמעות של מה שהיה שם מבחינתי, והוא הסכים איתי שזה אירוע משמעותי. הוא מבין ומזדהה עם כל התחושות שלי כלפי הסיפור הזה. אנחנו לא בקטע של "לא ביג דיל".

הנשיקה הראשונה שלי הייתה עם בעלי. גם עבורו זו הייתה הנשיקה הראשונה. היא הייתה מרגשת, נעימה ובעיקר אמיתית. כמובן שכיום, אחרי הרבה שנים של נישואין, לא כל נשיקה בינינו ממיסה אותנו וגורמת לנו לדפיקות לב. אבל בכל פעם שבעלי ואני ביחד באינטימיות, אפילו "רק" מתנשקים, אני חשה איפשהו, מאחורי התודעה, את הדבר הזה שנקרא ברית.

הנשיקה שלנו טעונה בהמון עומק. היא לא רק מבטאת משיכה, והיא לא רק מבטאת אהבה. היא מבטאת את העובדה שאני האחת שלו, והוא האחד שלי. היא מבטאת משהו שהוא רק שלנו, ולא של אף אחד אחר. היא גם אומרת חתיכת דבר גדול על נישואין. נישואין זה הדבר הזה שרק בו ראוי להתנשק. כנראה שנישואין זה משהו. וכשאנחנו מתנשקים, אנחנו לא רק שני אנשים שאוהבים זה את זה, אלא אנחנו שני אנשים נשואים, שכרתו ביניהם ברית, שמתנשקים.

לצערי, אני לא יכולה לומר את אותו דבר על נתינת ידיים. החוויה המיותרת ההיא עם אבידן הפכה את נתינת הידיים עבורי לסוג של התרחשות מינית שנעשתה במנותק מנישואין, עם אדם זר, אדם שהעניק לי תחושות אינטימיות שרק בעלי היה אמור להעניק לי אותן. אני מרגישה שבכך שבחרתי והתמסרתי לנתינת הידיים עם אבידן, גזלתי מנתינת הידיים שלי ושל בעלי את המשמעות המיוחדת שלהן. ניתקתי את הקשר בין נתינת הידיים, בין התרגשות מינית, ובין ברית.

אז כיום, כשאני ובעלי נותנים ידיים, זה נחמד. זה נעים, זה משמח. אבל אין לזה, ולעולם לא יהיה לזה, את העומק שיש בנשיקה שלנו. אין בזה עומק של ברית, אותו עומק ששנינו חשים כשאנחנו מתנשקים, או בכל מגע ארוטי אחר שיש בינינו, מגע שספג לתוכו את כל הרגעים שבהם חיכינו ושמרנו את עצמנו זה לזו, אפילו לפני שהכרנו.

פרק 95
עיגולים של בדידות

אני מסתכלת סביבי על העולם המערבי שבו נערים ונערות נוגעים זה בזו מגיל כל כך צעיר, ומאזינה שוב לסיפור של כנרת, ואני חשה כאילו יש כאן שני כוכבי לכת שונים. העולם המערבי יכתיר את התובנות של כנרת כהגזמה פראית ולא יבין את החשיבות הגדולה שהיא מייחסת לאקט כל כך "סתמי" כמו נתינת ידיים, או התרגשות ממגע ארוטי. השיח היהודי הבריא, לעומת זאת, יתבונן באותם נערים ונערות מערביים ויחוש עבורם תחושת פספוס והחמצה נוראית. כל מגע פיזי שהם מוסיפים למדורת ה"לא ביג דיל" שלהם, מרחיק אותם קילומטרים על גבי קילומטרים מהחוויה של ברית. נכנסתי לנעליים של הטיפוס המערבי, ושאלתי את כנרת מה היה כל כך נורא אם היא הייתה מתנשקת עם אבידן באותו ערב. האם היא לא חושבת שהיא מייחסת לזה חשיבות רבה מדי?

אני לא רוצה לחשוב מה היה קורה אם באותו ערב הייתי מקשיבה לקול הפנימי שלי ונכנעת לגוף וללב שהפצירו בי להתנשק עם אבידן. כזכור, אחד מהטיעונים ששמעתי בתוכי בזמן שנאבקתי עם עצמי היה "אנשים ששומרים נגיעה לא יודעים מה הם מפסידים". אבל האמת היא, ואת זה אני אומרת מניסיון: אנשים ***שלא*** *שומרים נגיעה לעולם לא יבינו מה הם מפסידים.*

אני כן יודעת מה הפסדתי כתוצאה מהמגע עם אבידן. כי כיום, מצד אחד החוויה שלי ושל בעלי היא של שני אנשים שמעולם לא נגעו באף אחד קודם, אבל מצד שני, חוויתי את ההשלכות של השבירה של שמירת הנגיעה, אפילו בדבר שנחשב (בטעות) למשהו פשוט וסתמי כמו נתינת ידיים.

נתינת הידיים, כמו גם החוויה הארוטית הראשונה והמרגשת ביותר שחוויתי אי־פעם, נלקחו ממני ומהאחד שלי לתמיד. מזעזע אותי לחשוב שאולי, אם הייתי נכנעת לעצמי באותו ערב, גם הנשיקות שלי ושל בעלי לא היו מבטאות את העומק שהן מבטאות היום. לחשוב שהן היו רק "עוד נשיקה" מתוך שלל "התנשקויות" קודמות שכל אחד מאיתנו חווה עם אנשים אחרים, לפני שהכרנו, זה עצוב כל כך. ברוך ה' שהטאבו שמר עליי מלאבד גם את זה.

כשהמגע שלך ושל בעלך הוא סמל לאהבה ולברית שיש ביניכם, אין דבר כזה "לייחס למגע חשיבות רבה מדי". האם יש דבר כזה "אהבה גדולה מדי?", "ברית נישואין אמיתית מדי?", "אושר גדול מדי?", יש כאן משוואה מאוד פשוטה: כל הפחתה במשמעות של המיניות לפני הנישואין, תתורגם אחר כך להפחתה במשמעות שלה אחרי הנישואין. התרגשת מינית מנתינת ידיים למישהו שהוא לא בעלך, והכתרת את זה כ"לא ביג דיל"? בזאת הפחתת במשמעות של נתינת הידיים בינך לבין בעלך. גם היא תהיה לא ביג דיל. את מאמינה שהחוויה הארוטית הראשונה שלך עם בחור זר לפני נישואייך הייתה "לא ביג דיל?" - אין שום סיבה שהחוויה הארוטית עדינה הזו, הפעם עם בעלך, תהיה פתאום כן "ביג דיל".

אנשים מסוימים יחשבו אולי שכיף לי שחוויתי חוויה מסעירה עם בחור חתיך שנמשכתי אליו. נכון שזו הייתה חוויה מסעירה, ואם לא הייתי חווה אותה, כלומר, אם הייתי משיבה בשלילה להצעה של אבידן לתת לו יד, הייתי מפסידה את החוויה המסעירה הזאת. אבל זה כל מה שהייתי מפסידה: חוויה מסעירה. ריגוש. בחרתי לתת לו יד, וכך, אולי לא הפסדתי את החוויה המסעירה, אבל כן הפסדתי את הדבר הזה שהוא קריטי הרבה יותר, את הערך, את המשמעות, את העומק של מה זה אומר שאני ובעלי נותנים ידיים. ואת הדבר הזה הפסדתי, הפסדנו, לתמיד.

יש משהו מאוד בודד בחוויה של להתרגש ממגע עם בחור שאת נמשכת אליו, וחושבת שאת מאוהבת בו, ולאחר מכן לגלות שזה היה עבורך ריק לחלוטין, רק פיזי. באותם רגעים שבהם המגע מתרחש, התחושה היא של "היי", גם מבחינה פיזית, אבל גם מבחינה רגשית. מבחינה רגשית זו תחושה מהממת של חיבור מאוד גדול בין איש לאישה שכביכול שוררת ביניהם קירבה עמוקה. אבל חודש או חודשיים אחר כך, עברתי מעין תהליך כזה של התבגרות או התפכחות די מהירה, ואז כבר ידעתי שאבידן הוא לא אדם שאני מעריכה בשום צורה. הפסקתי לחלוטין לחוש אליו אהבה או משיכה כלשהי.

ואז כשנזכרתי בהתרחשות שלנו שם במרפסת, באיך התרגשתי, בעובדה שבתור חוויה ארוטית זה היה ה"ראשון" שלי, ושהראשון שלי לעולם לא יהיה בעלי, זה היה כואב. מעבר לצער על כך שסדקתי את הברית שלי ושל בעלי, שהייתה אמורה להיות שלמה וכעת היא לעולם לא תהיה, נוספה לכך פתאום גם תחושה של בדידות.

לאחר החוויה הקטנה אבל הכל כך גדולה הזו עם אבידן, הבנתי הרבה דברים. למשל, אני נורא מבינה איך אנשים מערביים עלולים לחוש בודדים גם בתוך הנישואין שלהם. אני לא מדברת רק על זוגות שאין ביניהם התאמה, אלא גם על הזוגות הכי אוהבים. כי כשיש לך עבר מיני עם גברים שהם לא הוא, זה בדיוק מה שיקרה. כל חוויה ארוטית שחווית פעם עם מישהו שהוא לא בעלך בעצם ציירה סביבך וסביב המישהו הזה עיגול בלתי חדיר, עיגול של לבד, רק שלכם.

אני לא מכירה הרבה נשים נשואות, שכשהן מתגעגעות פתאום לנשיקה עם האקס הן חוות את הבעל שלהן כשותף אמיתי שנמצא איתן בחוויה הזו. אני כן מכירה, לעומת זאת, נשים נשואות (ובתוכן אני עצמי), שכשהן חוות געגוע רגשי וחולף לאקס, הן יכולות

להרגיש שהבעל שלהן מחבק את הגעגוע הזה ואותן ביחד. כי רגש חולף כלפי מישהו שפעם הייתה לי אינטימיות רגשית איתו הוא דבר שהנישואין שלנו יכולים, ולדעתי אמורים להכיל. הרי גם בגידה לא מוגדרת על ידי רגש חולף, אלא על ידי מגע מיני חולף. לכן בעלי מחבק אותי מרחוק, גם כשאני חשה פתאום געגוע לצחוקים עם האקס שלי. אבל כשאישה חשה געגוע להתרגשות מינית עם אדם מהעבר שלה, זה משהו שבכל פעם שהוא מתרחש, הוא יוצר בינה לבין בעלה עוד חומה של בדידות.

אני יודעת מה זה להיות ביחד עם בעלי לאחר ששנינו שמרנו נגיעה. זו חוויה של 'ביחד' שאנשים שלא שמרו נגיעה לעולם לא יחוו אותה. אבל אני גם יודעת מה זה כשיש חומת בדידות, שבמקרה שלנו לשמחתי היא קטנה, שנבנתה ברגע שבו קרה מה שקרה עם אבידן. לחשוב מה היה קורה אם אבידן היה גם אהבת חיי, ואז הייתי מתגעגעת לארוטיקה הזו תוך כדי הנישואין לבעלי כיום. זה היה הרבה, אבל הרבה יותר גרוע. במקרה כזה, חומת הבדידות לא הייתה מקיפה התרחשות מינית שקרית שקל לי להסתייג ממנה במישור הרגשי, אלא היא הייתה מקיפה אותי ואת ההתרחשות המינית, ה"אמיתית", ה"עמוקה", ה"אינטימית", שחלקתי עם גבר אחר. כשאת שרויה בתוך חומת בדידות שיש בה "אמת", את "באמת" בודדה...

עוד דבר שאני מבינה הוא איך נוצר מצב שאנשים מסוימים בחברה המתירנית מגיעים לפעמים לתחושה של זלזול במי שלפני רגע העניק או העניקה להם הנאה מינית. כי זה בלתי נמנע. אדם מכניס את עצמו, במודע או שלא במודע, לחוויה הכי אישית ואינטימית, של קירבה והתרגשות מנוכחותו וממגעו של אדם זר. גם אם לא לגמרי זר, פעמים רבות זה סתם מישהו שהמשיכה אליו מתפרשת בטעות כרגש. החוויה האינטימית הזו היא "ביי דפנישן", בהגדרתה, מנותקת מהמציאות. אם אתה אדם מוסרי, אתה תרגיש אחר כך ריקנות. ואם אתה אדם פחות מוסרי אתה

פשוט תשליך את הריקנות הזו על הפרטנר ותזלזל בו, כאילו מי שריק זה הוא ולא אתה.

וזה נכון שגם הפרטנר הוא בעצם "ריק", כי כל אדם זר שאני לא מכירה באמת, ואין בינינו קירבה של אמת, הוא באמת "ריק" עבורי, במובן של גוף ריק מתוכן. יכול להיות שגם אני נפלתי למקום של הזלזול. אם אבידן ואני לא היינו נוגעים, יכול להיות שהזלזול שחשתי כלפיו לאחר שלמדתי להכיר מי הוא באמת, היה קטן יותר. בזמנו אני חושבת שאבידן היה כאילו הולוגרמה ריקה של "הבחור החתיך", הולוגרמה שאני מילאתי אותה בכל מה שעושה לי טוב, ואז התרגשתי ממנה, פיזית. את מבינה איזה פאתטי זה? איזה שקר זה? ברגע שחווים את הרובד של השקר הזה של המיניות, קשה לשקם את האמון בעצמך, בתשוקה המינית שלך, בתחושה שאת באמת יכולה לאהוב מישהו ולא רק לאהוב את עצמך, באמצעות הולוגרמה שיצרת בדמיונך כדי להתרגש ממנה.

אני חושבת שגם מי שמעולם לא חוותה מגע ארוטי מרגש עם אף בחור יכולה לדמיין את זה. אני מאמינה שגם מישהי ששומרת נגיעה מכירה את התחושה של התרגשות פיזית, אפילו "בקטנה", כתוצאה מעצם המחשבה על מגע עם בחור. אבל אני לא בטוחה שהיא מכירה את התחושה הרגשית. לאותה בת אני אומרת: כשאת מדמיינת את תחושת ה"היי" וההנאה הגדולה של המגע, תדמייני אחר כך גם את הבדידות (אולי ריקנות היא מילה יותר מדויקת) שתרגישי אם תגלי שאת בעצם לא מעריכה את הבחור הזה בכלל. אם את בן אדם שאפילו קצת מחובר לעצמו, את תרגישי אחר כך כאילו מה שהיה שם קרה לך עם עצמך בלבד. סליחה על הביטוי, אבל את כאילו מגלה ש"התמזמזת" עם עצמך, כי זה לחלוטין לא היה קשור לאדם שמולך או למציאות.

אם את רוצה לדמיין איך זה מרגיש מבחינה רגשית, תדמייני למשל מסיבת יום הולדת מדהימה שחברות שלך ערכו לך בהפתעה.

במהלך המסיבה הזו הן נתנו לך מתנות והקריאו לך ברכות שהן כתבו במיוחד בשבילך ואמרו כמה הן מרגישות קירבה אלייך וכמה את מיוחדת ומהממת. והמתנות היו כל כך מדויקות לך, והמילים שלהן היו כל כך מלאות רוך וטוב. את מרגישה שהחברות שלך הן הדבר המופלא ביותר שזכית בו. את מלאה אהבה כלפיהן, וגם כלפי עצמך, כשאת רואה איזו מדהימה את בעיניהן, כשאת רואה איך הן רואות אותך במדויק. את מגיעה לפסגות של אושר בעקבות המסיבה הזו.

*ועכשיו תדמייני שאחרי חודש, באיזה ערב אחד את ניגשת למחשב, ורואה את המייל של אימא שלך שנשאר פתוח, ואת לא יכולה שלא לקרוא בטעות כותרת של מייל בשחור בולט: "**בבקשה תגיעו ליום ההולדת, אני מתחננת**". העיניים שלך רצות הלוך ושוב על המילים, פותחת מייל ועוד מייל, ואת מגלה שאימא שלך ביקשה מהחברות להגיע למסיבה, ולהקריא לך ברכות שהיא כתבה לך בשמן, ולתת לך מתנות שהיא קנתה לך בשמן. החברות סירבו, כי את לא מעניינת אותן ויש להן דברים יותר חשובים לעשות, אבל לבסוף היא הציעה לכל אחת מהן תשלום, והן הסכימו.*

אותה תחושת בום בלב שאת מרגישה עכשיו, אותה השפלה ובדידות, זו התחושה שתרגישי אחרי שכל הריגוש הזה שחווית עם בחור כלשהו יתברר לך כאשליה לא קשורה למציאות, כשתביני שזה בחור שאת בכלל לא מעריכה, ושכנראה גם הוא לא לגמרי סופר אותך. אני חושבת שאנשים שלא מרגישים את ה"בום" הזה אחרי גילוי כזה על הפרטנר שלהם, אפילו אם הייתה להם איתו "רק" התרחשות ארוטית קטנה וחד־פעמית, הם אנשים שמכחישים את עצמם. יש בתוכם ילד קטן שכואב לו, והם אוטמים את האוזניים, אומרים לו שהוא עושה עניין משטויות, משכנעים אותו שהעיקר שהיה כיף, ומה הבעיה, וזה "לא ביג דיל", עד שאחרי הפרטנר

החמישי הם כבר לא מרגישים כלום. הילד הזה כבר לא מרגיש כלום, כי הוא מת.

אי אפשר להתחתן, אי אפשר לאהוב, אי אפשר להתמסר, אי אפשר לבטוח באדם אהוב, אם הילד שבך מת.

פרק 96 ואחרון

מלאך ושמו טאבו

יכול להיות שהסיפור של כנרת גרם לך לתחושת זעזוע. אולי חשת בהלה, ואולי אפילו חוסר אמון שדבר כל כך קטן כמו נתינת ידיים מרגשת, יכול לחלחל לעומק הנישואין העתידיים. קודם כול, חשוב לי לספר לך שהסיפור של כנרת לא נגמר כאן. כנרת לא נותרה לנצח רק בתחושות של חרטה ופגם מוחשי בתחושת הברית עם בעלה. לסיפור שלה יש המשך, "סוף טוב", שאותו כתבתי לך באחרית דבר שמופיעה מיד לאחר הפרק הזה. אבל אני רוצה לרגע שנישאר עם תחושת הזעזוע או הפחד.

לא הבאתי את הסיפור של כנרת מתוך רצון להפחיד אותך. הבאתי אותו מתוך דאגה כנה ומתוך אמון עמוק בכך שהסיפור של כינרת משקף את המציאות. במהלך חיי היום־יום, אין לנו יכולת לדעת מה ההבדל בין מי ששמרו נגיעה למי שלא שמרו נגיעה. זאת משום שאנשים ששמרו נגיעה לעולם לא ידעו איך זה מרגיש כשלא שומרים נגיעה, ואנשים שלא שמרו נגיעה, לעולם לא ידעו איך זה מרגיש כשכן שומרים נגיעה. אנשים שלא שמרו נגיעה יכולים לומר לנו "יש לנו נישואין מדהימים, אפילו שלא שמרנו נגיעה". בתגובה אנחנו נשאל אותם "איך אתם יודעים? אולי שמירת הנגיעה הייתה מכניסה לחיי הנישואין שלכן ממד עוצמתי שהפסדתם, ואין לכם מושג איך הוא מרגיש?". בהתאמה, אנשים שכן שמרו נגיעה יכולים לומר לנו, "יש לנו נישואין מדהימים, בגלל ששמרנו

נגיעה". גם להם אנו יכולים להפנות את השאלה הזאת: "איך אתם יודעים שזה בזכות שמירת הנגיעה? מעולם לא חוויתם את האפשרות ההפוכה".

המקרה של כנרת הוא ייחודי במובן הזה. כנרת חווה בחיי הנישואין שלה את ההשלכות החיוביות של שמירת הנגיעה כמעט לחלוטין, אבל היא יודעת גם לספר לנו אילו השלכות יש לאפשרות השנייה. אין הרבה אנשים שיכולים לתאר מניסיונם את שתי האפשרויות הללו. לדעתי, אם התיאור של כנרת נשמע לנו קשה, ואולי מפחיד, זה משום שזו המציאות.

לפעמים אנשים לא מאמינים שפעולה קטנה, למשל - להתעסק בנייד תוך כדי נהיגה, יכולה להוביל לתוצאות גרועות שישפיעו על כל החיים שלנו. אם הבת שלי הייתה נוטה להתעסק בנייד בנהיגה, זה היה מאוד מטריד אותי. הייתי דואגת לה מאוד, ולכן הייתי בוחרת לדבר איתה בהיגיון. הייתי מספרת לה שתאונות דרכים לפעמים נובעות מרגע אחד סתמי של מבט לעבר המסך. יכול להיות שהייתי אפילו מראה לה ריאיון עם אישה שנעשה לה נזק כתוצאה משטות חולפת אחת של התעסקות בנייד שלה. הבת שלי הייתה עלולה לחשוד בי שאני נוקטת כלפיה ב"הפחדה", אבל למען האמת, אין כאן הפחדה מצידי. זו המציאות שמפחידה. בתחומים מסוימים, הבחירות שלנו הן קריטיות וכבדות משקל, עובדה שמנוגדת לחלוטין לחוויה הסתמית שמלווה את הבחירות הללו. לפעמים טעות קטנה אחת יכולה לפגום במשהו גדול מאוד.

הסיפור של כנרת, דווקא בגלל הממד המפחיד שבו, יכול לעזור לך. אם תרשי לעצמך להקשיב לו, ולהיזכר בו ברגעים שקשה לך לשמור נגיעה, אני חושבת שהוא יכול להגן עלייך, כמו חגורת בטיחות. במילים אחרות, הוא יכול לעזור לך לבנות בתוכך את שמירת הנגיעה כ"טאבו" שאת לא מוכנה להפר בשום אופן.

במהלך הסיפור של כנרת, השתמשנו כמה פעמים במילה "טאבו". בהקשר של שמירת נגיעה ומיניות זה מושג חשוב, ולכן נתעכב עליו קצת. טאבו הוא גבול חברתי, גבול שהתרבות מציבה, ותוך כדי שהיא מציבה את הגבול הזה היא גם מייצרת מצב שבו כולם מאמינים ש"אצלנו אף אחד לא עובר את הגבול הזה". לכל חברה יש את הטאבואים שלה. למשל, בחברה מסוימת אכילת בשר

היא לגיטימית, אבל בקרב קהילת הצמחונים, כל הצמחונים יודעים ש"אצלנו בקהילת הצמחונים לא אוכלים בשר. פשוט לא עושים דבר כזה".

לפעמים טאבו יכול לגרום לבעיות חמורות. למשל, דמייני מה היה קורה אם הנושא של פגיעה מינית היה טאבו. אם כולנו היינו חושבים ש"אצלנו אף אחד לא עובר את הגבול הזה, אצלנו אנשים לא פוגעים מינית", זו הייתה בעצם לא יותר מאשר עצימת עיניים מפני בעיה שמתרחשת מתחת לאף שלנו. במקום לטפל בה, היינו מכחישים שהיא בכלל קיימת.

עוד דוגמה: ניקח את הנושא של בגידות. אם הנושא של בגידה היה טאבו, אם כולנו היינו חושבים ש"אצלנו אף אחד לא בוגד באשתו, אצלנו אף אישה לא בוגדת בבעלה", זה היה עלול לגרום לכך שהבגידות היו מתרחשות, אבל היינו חיים באשליה שהן לא קיימות. במקום לטפל בהן, היינו מכחישים אותן.

לעומת זאת, במקרים מסוימים הטאבו יכול לגרום לדברים טובים, והוא אפילו ממש חשוב. למשל, אם בחברה מסוימת באמת היה טאבו חזק, כזה שאנשים רבים היו מאמינים בו: "אצלנו אף אחד לא בוגד באשתו, פשוט לא עושים דבר כזה", זה בוודאות היה גם מפחית את כמות הבגידות. יש הרבה אנשים שעוברים גבול רק כשהם יודעים ש"כולם עושים את זה", אבל הם לא יעשו זאת אם זה ייחשב למשהו שאף אחד בסביבתם לא עושה. חברה שבה רוב האנשים מאמינים שבגידה היא "פשוט דבר שלא עושים" היא חברה שבה פחות אנשים חושבים על בגידה כאופציה ממשית. למשל, לדעתי אחת הסיבות לכך שיש פחות מקרים של בגידות בחברה הדתית נובעת מהטאבו. בחברה הדתית בגידה היא טאבו הרבה יותר גדול מאשר בחברה המערבית.

אז לטאבו יש יתרון וחיסרון. החיסרון שלו הוא בכך שבמקרים מסוימים הוא גורם לנו לחיות באשליה כאילו בעיות מסוימות לא קיימות. במקרה הזה הטאבו מטשטש את המציאות הקיימת. היתרון שלו הוא שבמקרים מסוימים, טאבו גם יכול למנוע מאנשים לעבור עליו ולפרוץ את הגבולות שלו. כשמדובר בגבולות חיוביים וחשובים, למשל כמו "לא תנאף", אז הוא יכול לייצר חברה שבה פחות נואפים. בכך הוא לא מטשטש את המציאות הקיימת, אלא יוצר אותה.

כך אני גם מבינה את הביטוי "כל ישראל ערבים זה לזה". הביטוי הזה מדגיש לדעתי את חשיבות הטאבו לעיצוב חברה מתוקנת. המעשים שלי משפיעים על מי ששייך לקבוצת ההתייחסות שלי. לדוגמה: נניח שחברתי הצמחונית מחליטה לחזור לאכול בשר. עליי זה לא משפיע, כי אני לא צמחונית. אבל זה בהחלט עלול להשפיע על חבריה לקהילה הצמחונית שיגלו שחברתם הצמחונית האדוקה "חזרה בשאלה" מהצמחונות והצטרפה אל קבוצת אוכלי החיות. זה עלול להחליש אותם.

זו גם הסיבה ש"מראית עין" היא מונח כל כך מרכזי בהלכה היהודית. "מראית העין" בעצם אומרת: גם אם את יודעת שלא הפרת את האיסור, תיזהרי שלא להיראות כאילו את מפרה אותו, כי עבור כל מי שרואה אותך זה מחליש את הטאבו: "אני לא מאמין שצדוק הצדיק פתח מטרייה בשבת!". אז מה אם צדוק באמת פתח אותה לפני שבת, וכעת הוא רק צועד איתה בגשם לבית כנסת. עכשיו האנשים ברחוב חושבים שלפתוח מטרייה בשבת זה לא כזה ביג דיל. עבורם, הטאבו של "לא פותחים מטרייה בשבת" נסדק.

פעם הייתי יחד עם תלמידותיי בשבת מטעם המוסד שבו לימדתי אותן. אחרי התפילה בשבת בבוקר עשינו קידוש שלפני הסעודה, ישבנו במעגל על השטיח, אכלנו מיני נשנושים, קיגל וחמוצים, ותוך כדי העברתי שיעור. דיברתי איתן על "כל ישראל ערבים זה לזה", והסברתי להן על היתרונות והחסרונות של הטאבו. כשהן ביקשו דוגמה, הדבר הראשון שעלה לי לראש הוא שמירת נגיעה, אבל חשתי שזה נושא טעון מדי, ולא רציתי לפתוח אותו. לכן נתתי כדוגמה אחרת את הנושא של שליחת סמסים בשבת.

אמרתי להן כך: "אם אתן רואות את חברה שלכן, שהיא לא דתייה, שולחת סמסים בשבת, זה לא מפר עבורכן שום טאבו. היא לא שומרת שבת, אז הכי הגיוני בעולם שהיא תנהג כך. אבל אם תגלו שחברה טובה שלכן, דתייה, שרואה את עצמה כדתייה ומשתייכת לחברה הדתית שאתן משתייכות אליה, שולחת סמסים בשישי בערב ואחר כך מגיעה לתפילה בשבת בבוקר, זה יחליש אצלכן משהו. פתאום תרגישו ששמירת שבת היא לא כזה טאבו, היא לא כזה משהו חזק שניתן להגיד עליו 'אצלנו אף אחד לא שולח סמסים בשבת'".

באותו לילה חלמתי חלום. ובחלומי אני יושבת עם תלמידותיי במעגל, בדיוק על אותו שטיח, בשבת בבוקר. במרכז השטיח נשנושים, קיגל וחמוצים, ולידם גביע הקידוש ובקבוק היין, ואני מעבירה שיעור תורה בנושא שאני לא זוכרת מה הוא. לפתע, באמצע השיעור, תלמידה אחת מוציאה סמארטפון ומתחילה להקליד בו. אני בהלם שתלמידה דתייה, שומרת שבת, משתמשת בסמארטפון בשבת. לפני שאני מספיקה להגיב, היא מראה את המסך לחברה שיושבת לידה. נראה שהחברה בכלל לא מופתעת מהסמארטפון באמצע הקידוש. שתיהן מתבוננות יחד במסך ונקרעות מצחוק. חברה שלישית גם היא לא נראית מופתעת, ושואלת: "מה קרה? תראו לי גם", והנה החברה הרביעית מוציאה גם היא סמארטפון, פותחת קישור, ומגיבה גם היא בצחוק משותף. לא עוברת שנייה וחצי, והחברה החמישית מוציאה גם היא סמארטפון, וכך גם השישית, והנה עוד אחת, ועוד אחת. השיעור יוצא מכלל שליטה, כל הבנות ללא יוצא מן הכלל גולשות כעת בסמארטפונים.

אני מתבוננת במעגל הבנות הדתיות שגולשות בסמארטפונים בשבת, ואני קולטת לתדהמתי שלאף אחת מהן זה לא נראה הזוי, חוץ ממני. אני לא מצליחה להוציא שום מילה מהפה. הדבר היחיד שאני חשה באותו רגע הוא בדידות נוראה, נתק עצום שנפער לפתע ביני לבין התלמידות. מסתבר שהן לא מבינות כלום. הן לא מבינות מה זו שבת, מה זו שמירת שבת, ואת הקשר שבין שמירת שבת לבין קדושה. בליבי אני צורחת עליהן, מתוך כאב גדול ואהבה גדולה, ואכפתיות: "אתן לא מבינות מה אתן עושות לעצמכן!!! שבת עם סמארטפון?! יש לכן מושג כמה הדבר הזה פוגע בכן? פוגע בשבת שלכן? במחויבות שלכן? ביכולת שלכן לחוות באמת את קדושת השבת?!". חשתי שאני כועסת ומרחמת וחומלת בכל ליבי על הבנות הללו, שאין להן שום טאבו סביב סמארטפון בשבת, שמתייחסות לסמארטפון בשבת כדבר טריוויאלי, מבלי שהן בכלל מבינות עד כמה זה מעוות ועד כמה זה פוגע בהן.

התעוררתי מהחלום הזה והבנתי בדיוק על מה הוא דיבר. אנחנו יודעים שחלומות לפעמים מציגים דבר אחד שמסמל ומחביא בתוכו דבר אחר. לאור מה שקרה לי באותו בוקר בשיעור שעסק בטאבו, לא היה קשה לזהות מה סימלו

הסמארטפונים בשבת. החלום הזה בעצם נתן ביטוי לתחושות הכי כמוסות שלי, בכל פעם שאני מגלה, שוב, שחלק מהתלמידות שלי לא שומרות נגיעה.

כמה שבועות לאחר מכן סיפרתי לתלמידות על החלום. החלטתי לומר להן את האמת שעומדת מאחוריו. והאמת היא שאני חושבת שהן מתנהגות בטיפשות. שהן פוגעות בעצמן בלי בכלל לשים לב. אמרתי להן, בבקשה, תרשו לי פעם אחת לצעוק עליכן ובבקשה אל תיפגעו, זה מתוך אהבה ואכפתיות, אבל אני חייבת שמישהו יגיד לכן את זה, אני חייבת שתדעו, ש -

"אתן אהבלות!!!".

אחרי ששחררתי את זה, וכולנו צחקנו (ואני בתוך הלב שלי גם בכיתי), ישבנו ופתחנו את הנושא של שמירת נגיעה, נושא שליווה אותנו במשך חודשים ארוכים בתהליך מעמיק של בירור. חלקים נכבדים מהספר הזה הם תוצר של התהליך הזה.

כנרת מספרת שבסופו של דבר, מה שמנע ממנה לנשק את אבידן לא היה הרצון הגדול שלה "לשמור את המיניות לבעלה". הרצון הזה הלך איתה כל החיים, אבל בזמן אמת, הוא כמעט לא הצליח להחזיק מעמד באותם רגעים של תשוקה, סערת רגשות וקולות פנימיים שמפצירים בה שהיא לא יודעת מה היא מפסידה. בסופו של דבר מה ששמר עליה היה הטאבו. היא הרגישה שלנשק את אבידן זה כמו להדליק את האור בשבת, או להבדיל, לאכול חזיר. "פשוט לא עושים את זה". כזה חזק היה הטאבו על שמירת נגיעה, בחברה שבה גדלה כנרת.

גם אני גדלתי בחברה שבה היה טאבו כזה על שמירת נגיעה. אני מכירה את החוויה הזו של משהו שברור שלא עושים. אני מסתכלת על תלמידותיי, מכירה את החברה הדתית הליברלית והפתוחה שמתוכה הן מגיעות, ויודעת שבהקשר של שמירת נגיעה, אין להן טאבו שישמור עליהן. אני שומעת את הסיפור של כנרת, עד כמה התרחשות ארוטית כביכול לא רצינית, "כולה נתינת ידיים", השפיעה על החוויה שלה עם האחד האמיתי של חייה, בעלה. אני שומעת עד כמה היא הייתה רוצה לחזור אחורה, עד כמה היא הייתה רוצה לתפור מחדש את החוט של שמירת הנגיעה, שתפקידו לקשר בין המיניות, לבין ברית

הנישואין, לבין "האחד". אני רואה עד כמה היא מצטערת שהחוויה הארוטית הראשונה שלה, ולדבריה, המסעירה ביותר שחוותה אי־פעם, התרחשה מחוץ לחוט המשולש הזה של "מיניות־ברית־האחד", ואני מבינה מה תלמידותיי, וגם חבריהן, מעוללים לעצמם.

בשונה מכנרת, שעליה שמר מלאך הטאבו, ולכן הסדק שנפער בברית הוא לא מאוד גדול, אצל חלק מתלמידותיי הסדק הוא כבר שבר של ממש. חלקן לא גזלו מאהבת חייהן העתידית רק את נתינת הידיים, אלא גם את הליטוף, הנשיקה וההתרגשות הארוטית ממגע של גבר. הנשיקות שלהן עם האחד האמיתי של חייהן לעולם לא יהיו כמו הדבר הזה שקורה בין כנרת לבין בעלה כשהם מתנשקים. גם הנישואין שלהן לעולם לא יהיו הדבר הזה שרק בו מתנשקים. הגוף שלהן לעולם לא יהיה סמל לסוד ששמור אך ורק לברית עם האחד. בגלל שלא היה להן טאבו שישמור עליהן, הן נאלצו להתפכח ולהפסיק להאמין בפיות.

אבל אני מאמינה שאפשר לחזור ולהאמין בפיות, בדבר המופלא הזה שנקרא אהבת אמת, שתלוי באמונה שלנו בו כדי להתקיים. אני מאמינה שאפשר לחזור ולהתחבר מחדש לארכיטיפ היהודי הרומנטי, הארכיטיפ של "האחד", שהוא בעצם "בעלי", ארכיטיפ שמה שמקיים אותו הוא שמירת נגיעה, ביחד עם כל אותם רגעים שבהם רצינו להפר את שמירת הנגיעה ולא עשינו זאת. אני מאמינה שיש דרך לתקן את החוט המשולש. אפילו אם בהתחלה זה יהיה תפר כזה שלא מצליח לגמרי להעלים את העובדה שפעם החוט הזה היה קרוע, אני חושבת שאפשר לחבר מחדש את החלקים של "האחד"־"מיניות"־"נישואין", ולהפוך אותם שוב לבלתי נפרדים, לתלויים זה בזה.

כמו שביהדות יש דבר כזה "לחזור בתשובה", כך אני מאמינה שבנוגע לשמירת נגיעה יש לכל אדם יכולת לחזור בו, לא רק מהמעשה של הנגיעה המנותקת מנישואין, אלא מהקונספט הרעיוני כולו. אני לא מדברת כאן על תודעה של "חטאתי, עוויתי, פשעתי", אלא על תודעה אחרת: "בלי כוונה, הרסתי לעצמי". ברגע שאדם מבין שתקופת הנגיעה במנותק מנישואין שליוותה את חיי הרווקות שלו הייתה שגויה לחלוטין, ומבוססת על קונספט שגוי שהוא לא מתחבר אליו יותר, ברגע שהוא חווה זעזוע עמוק, בראותו את עצמו יושב על השטיח במעגל

ביחד עם חבורה של אנשים דתיים שלא שומרים נגיעה או לא שומרים מבט, ברגע שהוא מבין את מלוא המשמעות של הדבר הזה, ובא לו לצרוח על עצמו:

- "אני אהבל!!!!"

זה אומר שהחוט כבר התחיל להתחבר מחדש. גם מישהי שלא שמרה נגיעה בעברה יכולה לשקם את הארכיטיפ שלה. היא יכולה לברוא מחדש מציאות שבה "האחד" זה "בעלי", "הנישואין עם בעלי הם הברית היחידה", המיניות היא הכלי ששומר בתוכו את הארכיטיפ הזה, ומחדש אותו בכל פעם שהיא ובעלה העתידי יהיו ביחד באינטימיות. מדובר פה לא רק על שינוי במעשים, אלא גם על שינוי בתודעה. זה בעצם אומר לעבור משיח אחד לשיח אחר. זה אפשרי. גם אם היית שייכת בעבר לשיח הפוריטני, לשיח המתירני, לשיח ההשגבה, לשיח הטריוויאליזציה־הכחשה, לשיח הטריוויאליזציה־אדישות, לשיח השמרני החילוני, או לכל השיחים הללו ביחד בסמטוחה אחת גדולה, את תמיד יכולה לבחור להפסיק להשתייך אליהם ולעבור לשיח אחר.

השיח היהודי הבריא מונח בקרן זווית, אותה קרן זווית שבה פגשו חז"ל את הנשים היפות ובירכו עליהן, וכל מי שרוצה מוזמן לבוא וליטול אותו, להפנים אותו, לנשום אותו ולחיות אותו. בגוף.

<<< אחרית דבר:
אז מה עכשיו?

אחרית דבר: אז מה עכשיו?

הגענו לסיומו של המסע שבו פגשנו את השיחים השונים, התווכחנו איתם, וניסינו להבין איפה אנחנו בתוך כל זה.* המסע האינטלקטואלי נגמר, ועכשיו מתחיל המסע האמיתי...

אם הגעת עד לכאן, סימן שצלחת את כל הספר הארוך הזה. אני רוצה להודות לך על ההקשבה והאמון. אני משערת שהקריאה בספר יכולה לעורר תחושות כאלה ואחרות, לא בהכרח פשוטות או נעימות. אני מודה לך שהסכמת להיכנס לזה ולעבור עם עצמך בתוך התחושות הללו, גם אם זה היה לא קל עבורך.

* אם את מרגישה שההבדלים בין השיחים השונים שמופיעים כאן בספר, עדיין לא "יושבים אצלך בראש", את מוזמנת להיכנס לאתר אפרכסת ולמצוא שם "בחן את עצמך", כיפי וקליל, שמבוסס על דוגמאות מהמדיה שלא נכנסו לספר, ויכול לעשות לך סדר בדברים.

אחרית הדבר הזו לא מיועדת לכל הקוראות, אלא רק לשלושה סוגים של קוראות (כבר שמת לב שאני אוהבת במיוחד לחלק את הדברים בעולם לסוגים שונים...):

א. קוראת שרוצה להשתייך לשיח היהודי הבריא, אבל לא יודעת איך מתקדמים מכאן הלאה, איך הופכים את הרצון הזה לעובדה קיימת בתוך החיים הפרטיים שלה.

ב. קוראת שלא שמרה נגיעה, מעוניינת להתחיל לעשות זאת, אבל חוששת שהמגע הארוטי שהיא כבר חוותה אולי "פגם" עבורה ברעיון ובחוויה של שמירת המיניות לנישואין.

ג. קוראת שרוצה גם להוביל שינוי, להפיץ בשורה, "להעביר את זה הלאה", לאפשר לעוד אנשים להכיר את השיח היהודי הבריא.

נתחיל בקוראת מהסוג הראשון.

קודם כול, אני רוצה לחזק אותך ולחבק אותך ולצרוח איתך משמחה. עצם זה שהגעת למקום שאת מבקשת שינוי, זה כל כך מרשים וכל כך לא מובן מאליו!

אני חושבת שיצירת שינוי בחיים שלנו היא אחת המשימות המאתגרות ביותר שיש. הבעיה שמתעוררת היא איך לשמר את הניצוץ של הרצון, של ההתלהבות, של ההחלטה הברורה והוודאית: אני רוצה בזה! לפעמים ההתלהבות הראשונית דועכת, הבהירות מפנה את מקומה לספקות, והנוחות של החיים הקודמים שלנו משתלטת עלינו.

לכן, כשאנחנו מנסים ליצור שינוי בחיים שלנו, לשנות הרגלים או דרך חיים, אפשר לנקוט בשתי גישות כדי להתגבר על המעבר משלב ההחלטה לשלב הביצוע בפועל. את יכולה לבחור באחת מהן או בשתיהן גם יחד.

גישה ראשונה - להתחבר לכאב שלנו. לכאוב על המקום הפגום שאנחנו נמצאים בו, להתחבר אליו, להאזין לנשמה שלנו שצועקת. לא לתת לרעש של שגרת היום־יום להסוות את הבכי של הנפש שלנו והגוף שלנו, שמבקשים יותר. כשכואב לנו אנחנו יודעים הרבה יותר טוב להבחין בין תירוצים שאנחנו מתרצים לעצמנו כדי לא להתאמץ, לבין האמת.

גישה שנייה - להתחבר לתחושת השמחה של מציאת הדרך שנכונה לנו. להתחבר ליכולות שלנו, לעוצמות שלנו, לאמת שלנו. להבין שאם אנחנו רוצים לאמץ לעצמנו דרך חיים שכוללת כל כך הרבה מגבלות, זה אומר משהו מאוד גבוה על האישיות שלנו. היכולת להקריב, להשקיע, להתאמץ למען מטרה מסוימת שאנחנו מאמינים בה, היא יכולת אדירה. היא יכולה להביא אותנו רחוק, לא רק בנושא אהבה וזוגיות, אלא בכל התחומים. וגם, בכל פעם שקשה, להזכיר לעצמנו כמה אנחנו מרוויחים מהדרך שבחרנו בה, כמה זה "ישתלם" לנו, למרות הקושי.

בנוסף לעבודה כללית על היכולת להשתנות, כדאי לך להתכונן כבר מעכשיו לאתגרים שאת עשויה להיתקל בהם בדרך החדשה שבחרת לעצמך. אני מזמינה אותך להיכנס לאתר של מכון אפרכסת, לעמודי ההרחבה על הפרק הזה, כדי לראות באילו אתגרים את עשויה להיתקל בכל הנוגע לשינוי בלבוש או בשמירת נגיעה. תוכלי לקבל שם עצות, "טיפים" ורעיונות איך להתמודד איתם. ואם יש לך גם טיפ משלך, את מוזמנת להוסיף אותו לטובת הקוראות האחרות!

נעבור לקוראת מהסוג השני.

יכול להיות שהקריאה בספר, ובעיקר בחלק הרביעי שלו, עוררה בך צער. היא גרמה לך לחשוב שאולי "הפסדת לתמיד", אולי כבר אין דרך חזרה. פעמים רבות נשים ונערות מספרות על תחושה כזו לאחר שהן נפרדו מבן זוג שעמו הן לא שמרו נגיעה. דווקא אחרי הפרידה פתאום מתעוררת תחושת ההחמצה: "בעלי לעולם לא יהיה הראשון והיחיד שאיתו אחלוק את המיניות של הגוף שלי ואת החוויה המינית המרגשת שחוויתי".

תחושת ההחמצה הזו היא נכונה, וצריך לעמוד מולה ביושר ובאומץ. נכון, בעלך לעולם לא יהיה הראשון והיחיד. את הדבר הזה הפסדת. אבל אין טעם לבכות על העבר. את עם הפנים קדימה, ולמען האמת, דווקא הכאב שאת מרגישה עכשיו (ואני מקווה שבקרוב כבר לא תרגישי) הוא ההוכחה לכך שאת יכולה ליצור שינוי בחוויה שלך ושל בעלך (הנוכחי או העתידי).

שימי לב: הספר שלנו דיבר כל הזמן על "שיח". שיח הוא משהו שמופנם אצלך ומתקיים אצלך בתודעה, ומשם משפיע על החיים שלך. דיברנו בספר הזה על האהבה כמשהו שקיים אצלנו בתודעה, וכך מייצר אצלנו מציאות. כך גם לגבי המטענים של המשמעות שאנחנו מוצאים במיניות שלנו, בנישואין שלנו, ב"אחד" שלנו. המטענים הללו קיימים אצלנו בתודעה והופכים למשקפיים שדרכם אנחנו חווים את הזוגיות.

הספר הזה בעצם נותן המון "קרדיט" לתודעה שלך. לכן, את עדיין יכולה, בכוח התודעה שלך, להפוך את המיניות שלך ושל בעלך לכזו שמבטאת את **כל** מה שהשיח היהודי הבריא מדבר עליו. ברגע שאת בוחרת בשיח הזה, את שייכת אליו **בדיוק** כמו אישה ששמרה נגיעה עד הנישואין. כמו שכתבתי בפרק האחרון של הספר: ברגע שאת מבינה שהדרך הקודמת שלך הייתה טעות, בכך בעצם עזבת את השיח הקודם. שלום ולא להתראות. עכשיו את יכולה להצטרף לשיח החדש שאת בוחרת לעצמך, לחוות אותו בגוף וברגש, ולהרוויח ממנו, להתעצם ולצמוח ממנו.

אנשים שחזרו בתשובה יכולים לספר לך שאי אפשר למחוק את העבר, אבל אפשר להכריז עליו כעל טעות, ובכך לרפא הרבה מהפגמים שהטעות הזו גרמה להם. הפגמים הם בראש ובראשונה בתודעה, וכשהתודעה חוזרת בתשובה, היא נעשית חדשה, רעננה ומתוקנת.

בהקשר הזה, אני יכולה לספר לך כאן פרט מעניין: בפרק 92 סיפרתי לך על משהו שחברתי אמרה לי, שחידד אצלי את ההבנה של העונג המיוחד ששמור לזוגות נשואים ששמרו נגיעה. היא סיפרה זאת מתוך ניסיונה האישי עם בעלה. כעת אני מוסיפה לך עוד פרט על חייה: בעברה, הייתה לה תקופה בחיים שהיא כמעט עזבה את אורח החיים הדתי, ובתקופה הזו היא הייתה בזוגיות שכללה שלבים מאוד מתקדמים של מיניות. לאחר מכן היא נפרדה מהחבר ההוא ועברה סוג של "חזרה בתשובה". כשהכירה את בעלה, היא הייתה כבר מחוברת באופן עמוק לרעיון של שמירת נגיעה, ולמעשה הייתה שייכת לשיח היהודי הבריא. כיום היא חווה עם בעלה את המיניות המיוחדת של השיח היהודי הבריא, משום שהשינוי שעשתה בחייה ביחס לשמירת נגיעה, החזיר אותה חזרה אל תוך ה"מיתוס". בזכות העבודה שהיא עשתה "סוויץ'" בתודעה שלה, והכתירה את שמירת הנגיעה בתור הדרך שאליה היא מתחברת באופן עמוק, היא הצליחה "להרוויח" משמירת הנגיעה, למרות שכבר חוותה בעברה מיניות במנותק מברית נישואין.

למעשה, גם כינרת תיארה בפניי תהליך דומה. בסיפור של כנרת הבאתי את התחושות שאפפו אותה בשנים הראשונות לנישואיה, כאשר הביטה לאחור והבינה עד כמה החוויה ההיא עם אבידן השפיעה על החוויה שלה עם בעלה. אבל חשוב לי שתדעי שהסיפור של כנרת ממשיך ומקבל תפנית בעלילה. בשלב מסוים היא הבינה את הכוח של השינוי התודעתי. בתחילת נישואיה היא התמקדה אך ורק בהיבט הבלתי הפיך של הסיפור שלה. היא התמקדה בעובדה שאת המגע עם אבידן אי אפשר להחזיר לאחור. אבל בשלב כלשהו היא החלה להבין מהי המשמעות של רגשות ההחמצה והחרטה שהיא חווה. היא הבינה שההתרחשות עם אבידן יכולה לפגום במשולש "מיניות־האחד־ברית נישואין" רק כל עוד היא נחשבת בעיניה ל"לא ביג דיל". אבל כנרת הרי מעולם לא הפחיתה במשמעות

של ההתרחשות הזו, ולכן, עצם החוויה של החרטה העמוקה, יצרה אצלה מצב של תיקון המיתוס ואפילו חיזוק שלו!

כאשר רגשות חרטה פועלים באופן לא בריא הם יכולים להיות הרסניים, אבל בשורשם הם כלי בריא מאוד. חרטה היא כלי שמחבר אותנו לעצמנו, לערכים שלנו, למי שאנחנו רוצים להיות. כך גם פעלה החרטה של כינרת. העובדה שכנרת הבינה בדיעבד את חשיבות שמירת הנגיעה, מתוך ניסיונה האישי הכאוב, בסופו של דבר יצרה אצלה חיבור עמוק למיתוס ששמירת הנגיעה מציירת. וכך, באורח פלא מעניין, ברגע שהיא הבינה זאת היא חשה שהמגע שלה עם בעלה התחדש. נתינת הידיים חזרה להיות רק שלהם, והמיניות שלהם נתפרה מחדש לרכיבים הנוספים שלה: "האחד/האחת" ו"ברית הנישואין". רק בעקבות התהליך התודעתי שעברה כנרת בינה לבין עצמה, ההתרחשות הארוטית שהיא חוותה בעבר עם אבידן, קיבלה את המקום המתאים לה: נקודה קטנה אך משמעותית בביוגרפיה שלה, שלימדה אותה, אומנם בדרך הקשה, את הערך של המגע השמור לברית.

לכן, אם גם את חווית כבר התרחשות ארוטית עם אדם שאיננו בעלך, אל תיכנסי למעגל אין־סופי של רגשות אשמה. מדובר בטעות שכנראה לא היית מודעת בזמנו להשלכות שלה, ולכן אין כאן כל מקום לאשמה. במקום אשמה, תתחברי בתוך תוכך לאנרגיות החזקות של ה"אמת" שאת דבקה בה מעתה והלאה. אני מאמינה ואפילו בטוחה שברגע שאת יודעת להבחין בין השיח שעזבת לבין השיח שאת מאמצת לעצמך, האנרגיות של השיח החדש יוטמעו מעצמן בחוויה הזוגית והמינית שלך ושל בעלך (הנוכחי או העתידי), ויחדשו אותה.

לעומת זאת, אנשים שלא חשים שדרך החיים הקודמת שלהם הייתה טעות עבורם, אנשים שמעדיפים לחשוב על אי־שמירת־נגיעה כ"עוד אמת לגיטימית", "לא כזאת בעייתית", "לא ביג דיל", לא יכולים להרוויח הרבה מהשיח היהודי הבריא. לצערנו או לשמחתנו, השיח היהודי הבריא הוא לא פלורליסטי, ולא יכול להתקיים לצד "אמיתויות" אחרות שמצדיקות מיניות שאיננה במסגרת של ברית נישואין. השיח היהודי הבריא הוא טוטאלי ודורש בלעדיות. ככה זה. כמו אהבה, כמו תשוקה, כמו "האחת" ו"האחד".

אנשים כאלו, שעדיין מחזיקים גם בשיח הקודם ומסרבים לעזוב אותו, אומנם יכולים להרוויח **קצת** מהשיח היהודי הבריא, אבל זה יהיה מעט, כמו סוג של פשרה. זאת משום שהם לא באמת עזבו ברמת התודעה את השיח הקודם, שמנוגד לחלוטין לשיח היהודי הבריא. כך יוצא שהם למעשה מתפשרים על האמת של השיח היהודי הבריא.

כתבתי זאת כדי שתביני עד כמה העובדה שכואב לך עכשיו מעידה על כך שאת לא מתפשרת, שאת מתבוננת ביושר על החיים שלך ועל ההשלכות של הבחירות שלך, ויודעת בדיוק מה את מבקשת מהחיים האלה. אני מחזקת אותך ומעריצה אותך על היכולת הזו.

ולבסוף, אזהרה: כשאנחנו לפתע מבינות את החשיבות הקריטית של הצמדת ה"מיניות" אך ורק ל"אחד", אנחנו עלולות לרצות בכך "בכל מחיר". מה הכוונה "בכל מחיר"? הכוונה היא למצב שבו את נמצאת בקשר זוגי, זה החבר הראשון שלך, כבר חוויתם מגע ארוטי, ועכשיו את לא מעזה להעלות בדעתך את האפשרות שאולי הוא לא "האחד". ייתכן שהקריאה בספר הזה הבהילה אותך וגרמה לך לפחד מהאפשרות שאולי האחד שלך הוא מישהו אחר, מישהו שתפגשי בעתיד, משהו שכבר לא יהיה היחיד שחווית איתו את מיניותך. את עלולה לפחד להיפרד מהקשר הנוכחי שלך, בבחינת "אם כבר נגענו, אז כבר עדיף שנתחתן". תיזהרי מזה. השאלה האם את ובן זוגך הנוכחי צריכים להתחתן או לא, צריכה להישאל באומץ, גם תוך נכונות לשלם את המחיר: המחיר של ההבנה המצערת, שהמגע שלכם לא היה מגע ב"אחד" וב"אחת"...

ונעבור לקוראת מהסוג השלישי.

כתבתי את הספר הזה מתוך מקום של בערה פנימית, ובעיקר מתוך אכפתיות גדולה לאנשים. יש לי רצון אמיתי שאנשים יזכו באהבת אמת, ואני מאמינה שיש קשר עצום בין הסיכוי או חוסר הסיכוי להגיע לשם, לבין תפיסות של מיניות. אני מרגישה שהרצון שלך להפיץ את הבשורה הופך אותנו לשותפות. זו תחושה מופלאה, לדעת שאי שם יש מישהי שאני אפילו לא מכירה, ששותפה לתחושה הזו. מישהי שיש לה רצון לא רק לקבל באופן אישי מהשיח היהודי הבריא, אלא

גם להעניק אותו כמתנה לאחרים. אז קודם כול, אני רוצה להגיד לך תודה על השותפות.

יש לא מעט דרכים להפיץ את הבשורה. כל אחת לפי הפנאי, היכולות והכישרונות שלה.

הדרך החשובה ביותר לדעתי, היא להתחיל לדבר על זה. לספר לאנשים מדוע את בוחרת באורח חיים מסוים ולא באורח חיים אחר, להשמיע את קולך, לקחת חלק בשיח. כמעט כל יום מתרחשים מסביבנו דברים שיכולים להוות "תירוץ" או טריגר להעלאת הנושא הזה בפני אנשים שסובבים אותך. אפילו אם תכתבי את עמדתך בטוקבק קצר, כתגובה לכתבות כאלה ואחרות שאת נתקלת בהן, את יכולה בכך לגרום למישהו לעצור לרגע ולחשוב.

אם את לא מוצאת "טריגר" אקטואלי מתוך המדיה, שמזמן אותך להביע את עמדתך בנושא, את תמיד יכולה להעתיק מתוך הספר קטע שדיבר אלייך במיוחד ולשתף אותו ברשתות החברתיות. ככה מעוררים דיון או מעוררים עניין. אם את עושה זאת, אל תשכחי לתייג את מכון אפרכסת.

בנוסף, אני מזמינה אותך להדביק את המדבקה של "מה את מבקשת" על התיק שלך, על הרכב שלך (ואם הוא של ההורים, כמובן לשאול רשות), על לוח מודעות. הנוכחות של המדבקה הזו במרחב יכולה לגרום לאנשים להתעניין. כמו שמפיצים סטיקרים של עמדות פוליטיות, למה שלא נפיץ גם סטיקרים של אמת שאת מאמינה שיכולה להרבות טוב בעולם?

אפשרות נוספת היא לצלם עמודים מתוך הספר ולשלב אותם בשיעור או פעולה שאת מעבירה (באתר אפרכסת בעמוד ההרחבה על הפרק הזה, תמצאי מערכי פעולה).

ויש גם אפשרויות נוספות. אני מזמינה אותך להיכנס לאתר אפרכסת ולראות שם מה האפשרויות שעומדות לפנייך כדי להפיץ את הבשורה. בואי!

נספח א': היחס לפורנו

גם את היחס לצפייה בפורנו צריך לדייק לפי השיח היהודי הבריא. העולם המערבי הנאור מציע שלל סיבות מדוע פורנו הוא שלילי: ניצול של נשים שלא באמת מעוניינות בכך, הצגת מיניות באופן משפיל ונטול רגש, הצגת מיניות באופן שלא תואם את המציאות, וגם - הפורנו עלול להוביל ל"ציפיות מוגזמות" מהמפגש המיני, ובנוסף גם עלול להעלות את סף הריגוש ולכן להוביל לחוסר יכולת לחוות הנאה ממיניות.

פעם עשיתי ניסוי והחלטתי לשאול כל אדם מערבי נאור שפגשתי, מה הוא חושב על הרעיון של "פורנו מוסרי": פורנו שמככבים בו אך ורק זוגות נשואים, לא מנצל נשים, מציג מיניות נאורה, אצילית ומלאת אכפתיות, וגם דואג שהמיניות המיוצגת בו תהיה תואמת את המציאות. האם לדעתך, כך שאלתי, יש בעיה בפורנו מסוג זה?

לפי תוצאות ה"ניסוי" הלא־רשמי הזה, גליתי שאנשים מערביים נאורים וליברלים נחלקים לשניים: אלו שסוברים שאין שום בעיה בפורנו "מוסרי", ואלו שסוברים שעדיין יש בו בעיה, אבל מגמגמים ומתקשים להסביר לי, ולעצמם, מהי בדיוק.

לאנשים מהסוג השני, המתקשים להסביר, אני מציעה את המילה "צניעות". "אולי הבעיה היא שזה לא צנוע?", אני שואלת אותם. ובאמת, אנשים דתיים שעדיין לא נכבשו לחלוטין במשקפיים של שיח השחרור המיני, שלא איבדו את היכולת לראות בצניעות משהו עמוק, בדרך כלל עונים אחרת לגמרי על השאלה "מה הבעיה בפורנו". "מה זאת אומרת?!", הם מזדעקים. "זו תועבה!!!".

התשובה של הדתיים לשאלה מה הבעיה בפורנו היא תשובה שליברלים פעמים רבות חושבים עליה שהיא חשוכה כזאת, פרימיטיבית כזאת, פוריטנית כזאת... אבל למען האמת, התשובה הזו עשויה להעיד על חיבור למדרגה אנושית גבוהה, של מגע עם הסוד. גישת הסוד מעוניינת שדברים מסוימים יתרחשו אך ורק בין איש לאשת בריתו, ולא בשום סיטואציה אחרת. חילול הקודש,

חילול הסוד, חילול הברית, נתפס על ידי גישה זו כתועבה. חילול הקודש הוא דבר מתועב. במובן הזה, זה ממש לא משנה אם הפורנו הוא "מוסרי" כביכול, או שמא נצלני ולא מחובר למציאות. פורנו הוא הדרך הקיצונית ביותר לפגוע באהבה, בברית ובקדושת המיניות שאנשים דתיים מאחלים שתשרור בינם לבין איש או אשת בריתם, בהווה או בעתיד.

אני חושבת שנערים דתיים שנופלים לצפייה בפורנו מבינים היטב שמדובר בהרהורי עבירה. נערות דתיות שנופלות לצפייה בפורנו מבינות היטב שמדובר ב"עבירה", בתכנים שאין שום היתר הלכתי לצפות בהם, גם לא לנשים. כשאנו עונים על השאלה "מה הבעיה בפורנו?", בתשובה "הרהורי עבירה", אנחנו עלולים למסמר באופן סופי את החוויה המינית לתחושה של גועל נפש.

אבל אני לא בטוחה עד כמה הם מבינים את הקשר של צפייה בפורנו, להתפוגגות של הסוד, לריסוק היכולת להטעין את המיניות במיתוס של "האחד" ו"האחת", ולאובדן האפשרות לחוות אי־פעם מיניות שיש בה "וואו" של ברכה, ולא רק של הנאה או שמחה. אני לא חושבת שהם מבינים לעומק את הבגידה שהם בוגדים בעצמם, בחלומות שלהם על אהבת אמת בלתי מתפשרת, ברומנטיקה שפעם הם עוד האמינו בה, לפני שפיתחו ציניות ושנאה עצמית.

מיתוסים כמו "את האחת והיחידה", "אתה האחד והיחיד", "לא היה אף אחד לפניך, ולא יהיה אף אחד חוץ ממך", שהופכים בעקבות הפורנו ל"היו לי הרבה לפניך", "ראיתי כל כך הרבה", "אתה לא היחיד שלי", "את לא המיוחדת שלי". הפגם שאותם צופי פורנו פוגמים באהבה ובמסירות שלהם לאישה או לבעל העתידי שלהם, איבוד החוויה הקריטית, המופלאה, של **ברית** - כל אלו הרבה יותר חמורים והרסניים מהרהורי עבירה או הוצאת זרע לבטלה. השיח היהודי הבריא חייב להפסיק להדגיש את הרהורי העבירה, ולחזור לדבר על ברית, על אהבה, על סוד.

***

לאור מה שכתבתי כאן, אני חושבת שפורנו זו אולי המכה הקשה ביותר שהדור שלנו צריך להתמודד איתה. זו מכה שבתהליך איטי והדרגתי עוד עלולה חס ושלום לרסק דור שלם. אם קראת את הספר עד כאן, אני מקווה שאת מבינה מדוע המשפט הזה הוא לא הגזמה, אלא תיאור ריאלי של המציאות.

אני בכוונה כותבת "מכה" ולא "חטא". אנשים שנאלצים לחפש תכנים פורנוגרפיים ולצפות בהם, אינם "חוטאים" במובן המקובל של הביטוי, אלא הם בראש ובראשונה קורבנות. הם נתונים למתקפה אלימה מצד התרבות המערבית שמכה בהם בלי רחמים. החוטאים האמיתיים הם מייצרי ומפיצי התכנים הללו, כמו גם התרבות המערבית שמעודדת אותם. חשוב לי להדגיש זאת לכל הקוראים של הספר הזה: **כאשר אדם פרטי צופה בפורנו (ובמיוחד אם מדובר באדם ערכי, שרואה בפורנו דבר שלילי), הוא לא החוטא. הוא הקורבן.**

לכן, אם חלילה נפלת לצפייה בפורנו, התהליך שלך מול הנושא הזה צריך לדעתי להיות מנוסח, להבדיל, כמו תהליך של אישה מוכה שמבקשת לגלות בתוכה את הכוחות איך להפסיק להיות קורבן. זה לא אומר שאין כאן מקום לתחושת אחריות מצידך ואפילו אשמה חיובית ובונה. אבל זו לא אשמה מהסוג של "אני פושעת", בדיוק כמו שהפושע הוא תמיד הבעל המכה ולא האישה המוכה. לכן, אם את חשה אשמה, חשוב לדאוג שהאשמה שלך תהיה אשמה לא מהסוג של "אני פושעת מלוכלכת ומגעילה", אלא מסוג אחר: "איך נתתי לעצמי שוב להיות קורבן של המכה ההרסנית הזאת שפוגעת בי כל כך".

אשמה בריאה ובונה היא אשמה שבאה מתוך אהבה, חמלה ואמונה. רגש אשמה בריא הוא רגש שמתעורר על רקע של אהבה שלנו לעצמנו, חמלה שלנו כלפי עצמנו, ואמונה אמיתית שלנו בעצמנו וביכולת שלנו לאגור כוחות ולצאת מתוך הבור.

זה לא תמיד פשוט להגיע למדרגה של אשמה בריאה. לכן, אם רגש האשמה שלך לא כל כך בריא בינתיים (למשל, אם הוא מלווה בשנאה עצמית חס וחלילה), לפחות תנסי לזכור שיש גם אשמה מסוג אחר, בריא יותר. זה יעזור לך לא להאמין יותר מדי לתחושות השנאה העצמית. זה יעזור לך לשים אותן בצד ולסווג אותן כ"לא נכונות".

הספר הזה לא עוסק באופן מפורט בנושא הפורנו, אבל קיימים כיום חומרים כתובים רבים בנושא, וגם אנשי טיפול שמסוגלים לסייע לאנשים שנפלו לשם ומתקשים לצאת משם לבד. אם את מרגישה שהנושא כבד ומעיק עלייך באופן מיוחד, אם את מרגישה שאת מעוניינת להפסיק, אבל בכל פעם מחדש לא מצליחה בכך, אני מעודדת אותך לעשות את הצעד הראשון בדרך המדהימה, המאתגרת והמרתקת של יציאה מהבור של הפורנו, ולחפש לעצמך אפיק שיסייע לך. את יכולה לפנות לאימא, אחות גדולה, מורה, יועצת, או כל אישה שאת סומכת עליה, שתעזור לך למצוא אפיק כזה. לחלופין, את יכולה לחפש בעצמך באינטרנט כתובת שאליה אפשר לפנות כדי לקבל עזרה. את יכולה גם להיכנס לאתר אפרכסת לעמוד ההרחבה על הפרק הזה, ולמצוא שם חומרים נוספים שאולי יעזרו לך בתהליך שלך. אני מחזקת אותך מאוד מאוד.

נספח ב': נפגעות תקיפה מינית

פגיעה מינית עלולה להטמיע אצל הנפגעות והנפגעים חוויה של מיניות פגועה ומצולקת. מעבר להיבט הנפשי שזקוק לשיקום, חלקם יצטרכו לעבור תהליך ארוך של טיפול על מנת להצליח לשקם את המיניות שלהם, עד שהם יחושו שהיא הבריאה.

הספר הזה מבקש לתת לקוראות ולקוראים כלים למיניות בריאה, ואני שואלת את עצמי האם הכלים שהצענו כאן מתאימים גם לנפגעות ולנפגעי תקיפה מינית. האם יש בספר הזה אור מסוים שאותם נפגעות ונפגעים יכולים לחבק ולאמץ לליבם הדואב. אני חושבת שכן, ואנסה להסביר מדוע. מתפללת שהקב"ה ישלח לי את המילים הנכונות.

מעתה אני מתנסחת בלשון נקבה, כמו צורת ההתנסחות שליוותה אותנו במהלך הספר, אך הדברים פונים גם לנפגעים.

מצד אחד, נפגעות תקיפה מינית עלולות אולי לחוש שהספר מעצים את הכאב שלהן. שהרי, הרעיון המרכזי של הספר סובב סביב חשיבות השמירה של המיניות לנישואין, ל"אחד". נפגעות תקיפה מינית עלולות חס וחלילה לחוות את הטענה הזו כסיבוב הסכין הנעוצה בפצע הכואב ביותר שלהן: התוקף לא שאל אותן ולא התחשב בשום רצון שלהן לשמור על גופן עבור אדם שהן בוחרות בו ועבור הקשר שהן בוחרות בו.

אם נפגעות מסוימות אכן חשות שהספר העצים את הכאב שלהן, אני בוכה יחד איתן ואני מבקשת מהן לזרוק את הספר הזה לפח. הבעיה היא לא בכן, הבעיה היא בספר, שלא מותאם להתמודד עם הפצע שלכן.

אבל אני חושבת שיש בספר גם חשיבות מיוחדת עבור נפגעות פגיעה מינית. מדוע? משום שהספר לא עוסק בפסיכולוגיה. פסיכולוגיה היא התחום שמבקש להבין את הנפש הפרטית של כל אדם ואדם, על הייחודיות שלה, על הסיפור האישי המסוים שלה, על הכאבים הפרטיים רק לה. לעומת זאת, נקודת המבט של הספר הזה היא אחרת, כמעט הפוכה: הספר עוסק בביקורת תרבות. לכן, נקודת המוצא שלו היא שרבים מהתהליכים הכי משמעותיים בחיים שלנו מושפעים לאו דווקא מהסיפור האישי שקרה לנו, לאו דווקא מהמרחבים הפסיכולוגיים של הנפש, אלא דווקא מהתרבות שאנחנו לוקחים בה חלק.

הטענה של הספר הזה מבוססת על ההנחה שאנשים שחיים בתוך שיח בריא ייטו להיות בריאים יותר נפשית מאנשים שחיים בתוך שיח חולה ומעוות. זה לא קשור לשאלה מי היו ההורים שלהם, ואילו חוויות או טראומות עברו עליהם, אלא בעיקר לשאלה באיזו חברה הם גדלו ואילו מסרים חלחלו אליהם.

לדעתי, הגורם התרבותי יכול פעמים רבות לגבור על הגורם הפסיכולוגי, ולפעמים אפילו לנצח אותו. במילים אחרות: גם אם הכאבים הפרטיים שלך לא נובעים משיח מקולקל, אלא מסיפור חיים אישי ופרטי, רק שלך, ייתכן שדווקא חיבור והשתייכות לשיח מתוקן יכול להקל על הכאב. ייתכן שהספר יכול להציע תרופה כלשהי, ששמה "שיח בריא", גם לפגיעות שמקורן בטראומה אישית ולא בשיח כלשהו.

בספר הזה הראיתי שהמסרים שאנו מוקפות בהם עלולים להיות חולים, פוגעניים והרסניים עבורנו, והצעתי אלטרנטיבה, שאותה אני מכנה ״השיח היהודי הבריא״. אנסה להסביר מהן שתי הנקודות הייחודיות שנפגעות תקיפה מינית יכולות לקחת מתוך הספר הזה.

ראשית, הספר מנסה להוכיח שהמיניות היא דרמטית, אולי הרבה יותר ממה שהשיחים המערביים מוכנים להודות. המיניות שלנו אחראית על אין־ספור הצטלבויות בחיים שלנו, בעיקר הקשורות לזוגיות ולאהבה. המטען הדרמטי שאני טוענת שהמיניות נושאת בתוכה יכול להסביר לנו למה פגיעה מינית היא חמורה הרבה יותר מאלימות שהיא לא מינית.

נפגעות תקיפה מינית עשויות לפעמים להתקשות להסביר, לסביבתן וגם לעצמן, ״מדוע הן לוקחות את זה כל כך קשה״. ״מה בסך הכול קרה?״ - זו שאלה נפוצה שאנשים עלולים להפנות כלפי נפגעות, בין אם באופן ישיר ובין אם מאחורי גבן. דווקא נקודת המבט המוצגת בספר יכולה לעזור להן להסביר, לעצמן או לכל מי שהן מעוניינות להסביר לו, ״מה הביג דיל״.

שנית, הספר מדבר על המון דברים שהחוויה שלנו אותם תלויה בתודעה שלנו. שינוי בתודעה, או במילים אחרות, שינוי שיח, יכול ליצור שינוי בחוויה. כאמור, לא מדובר כאן על שינוי פסיכולוגי. שינוי פסיכולוגי הוא תהליך שיכול לקחת שנים. מדובר על שינוי תודעתי שמבין לעומק את התרבות שאנחנו חלק ממנה, ומבקש להשתייך לשיח ולתרבות שהוא בוחר בה מתוך הכרעה ומודעות. במובן הזה, אני חושבת שגם מי שנפגעה מינית יכולה בהחלט לקחת חלק במיתוס ובחוויה של ״האחד״, כמו גם ״שמירת המיניות לבעלי״.

אומנם, דיברנו בספר על כך שחוויה מינית שאיננה מתרחשת במסגרת נישואין עם ״האחד״ עלולה לפגוע בדמות של ״האחד״ ובמיתוס הנישואין. אבל אם נחשוב על כך, הפגיעה המינית בדרך לא כוללת בתוכה את האלמנט הכי בסיסי כדי לייצר ״חוויה מינית״: בחירה ורצון.

נדמה לי שמדויק יותר לראות את מה שקרה לנפגעת בתור אלימות מינית או ניצול מיני, ולא בתור ״חוויה מינית״ או ״התרחשות מינית״. אף אישה לא

שומרת לבעלה את "האלימות המינית" או את ה"ניצול המיני", חס וחלילה. אנחנו שומרות ל"אחד" את ההתרחשות המינית. אנו שומרות את המגע שמגיע מתוך רצון, את העונג שמגיע מתוך רצון, את המבט שמגיע מתוך רצון, ואת החשיפה שנובעת מרצון. כל אלו בדרך כלל לא קיימים עבור הנפגעת בזמן הסיטואציה של הפגיעה המינית. לכן, לדעתי הפגיעה המינית בכלל לא קרובה לדבר הזה שאותו האישה אמורה לחוות רק עם "האחד".

אני יודעת שהמשפט הבא שאכתוב כאן עשוי אולי להיות מנוגד לתחושתן של נפגעות רבות, אבל היחיד שמיניותו חוללה (במובן של חילול, המנוגד לקדושה) הוא התוקף. לא הקורבן.

אני מאמינה בכל ליבי שמיניותה של אישה שנפגעה מינית, כמו גם מיניותו של גבר שנפגע מינית, יכולות להיות קדושות, טהורות, נעימות, מרגשות ושייכות לחלוטין למיתוס היהודי הבריא שעליו דיברנו בספר. השיח היהודי הבריא שייך לכל מי שמעוניין בו, ויכול לעטוף את כולם, גם את נפגעות ונפגעי התקיפה המינית.

תודות

זכיתי שעבורי הודיה היא חוויה דתית. יש אנשים שדווקא בזמני מצוקה ומחסור הם מתקרבים לה' יתברך ומשיחים בפניו את דאגותיהם. לעומת זאת, יש אנשים (כמוני, למשל) שדווקא ההודיה על הטוב מקרבת אותם לה' יתברך, והיא חוויית התפילה הבסיסית ביותר שלהם. יהי רצון שפרק התודות הזה ייכתב וייקרא כמו תפילת הודיה.

התודה הראשונה היא לשלושה אנשים שבזכותם אני יודעת מהי אהבת אמת: ההורים שלי, ויטלא ואריה ארזי, ובעלי היקר, ישי.

כילדה וכנערה זכיתי לגדול בבית שבו האהבה הרומנטית, החזקה מכול, הנעימה, המקיפה ברוך ובצחוק מתגלגל את כל שגרת היום־יום הזוגית, היא

המובן מאליו. ילד שגדל בבית ששני הוריו אוהבים, מאוהבים ונאהבים, נושם את האהבה הזו לתוך עצמותיו והיא הופכת לאור פנימי. ילדה כזו אינה צריכה "להאמין" באהבת אמת, כמו שלא צריך "להאמין" שבמנורה דולקת יש אור. מי שראה במו עיניו את אור האהבה של הוריו, יודע שזו עובדה. לא פיקציה, לא אשליה נאיבית, לא מזימה של חוגים שמרניים שמבקשים לשמר בכל מחיר את מוסד המשפחה. אין כל דרך להכיר טובה עד הסוף על המתנה הזו שקיבלתי מהוריי, ועל מתנות נפלאות נוספות ויקרות מפז שזכיתי לקבל מהם. אבא ואימא, אתם הלפיד שמאיר את דרכי.

ישי, בעלי זה 16 שנה, אבי ילדיי, מורי ורבי. לולא תורתך הייתי חצי בן אדם, ולולא פגשתיך כחבר אהוב וכבן־בריתי, היה נמוג גם החצי השני. החיים לצידך הם הפרגון הגדול ביותר שהקב"ה יכול היה לפרגן לי.

תודתי השנייה נתונה לקבוצת "המאירים והמאירות": קבוצה מובחרת של קוראות וקוראים, שהתנדבו לקרוא את הספר בשלב כתב היד ולסייע לי לשפר אותו (שמותיהם מופיעים כאן בשולי העמוד). למרבה הפתעתי הספר התגבש באופן שונה לחלוטין ממה שהיה צפוי לו אילולא זכיתי לסיוע של חברי הקבוצה הזאת. לא אגזים אם אומר שלולא חבורת המאירים והמאירות, הייתם אוחזים כעת בידכם ספר בינוני למדי. פער עצום קיים בין הגרסה הראשונה שהם קיבלו ממני לבין הספר שקראתם זה עתה. פרקים שלמים נכתבו כשִכתוב של דיאלוגים שהתנהלו ביני לבינם. המאירים והמאירות, נוכחותכם בספר הזה היא כל כך משמעותית, הלוואי שהקב"ה ישלם שכרכם באמונה.

תודה גם לתלמידותיי המופלאות ממדרשת לינדנבאום (ברוריה) ירושלים, מבית מדרש אתר"ג של

אבישי יעקבי
אודלי'ה דון
אורי אוחיון
אורי פריד
אוריה אלבוגן
אוריה שח"ק
אחיה ארביב
אחיה שוק
איילת כהן
אליחי שוגרמן
אלישבע פרנק
אסתי שטרן
אפרת לופס
אפרת צ'רקה
אריאלה גרין
בניה סבתו
דביר שלם
דניאלה שקרון
הדס אליצור
הדס חרדים
הדסה רובינס
הדר קרמר
הודיה בן־אליהו
הילה נידאם
הלל בן־מנחם
חיה מושקא גוטמן
טוהר אמויאל

טליה צור
טליה שרף כהן
ידידיה גזבר
יפעת ון לואן
ישראלה פישמן
לי־אל מזרחי
מיכאל כהן
מילאת הלפרין יניב
מרים־שרה שטיבל
נגה אילון
נעה חטב
נחשון ורד
עדי פרנקפורטר
עדי קנדלר
עידו בוסק
עידן רקובסקי
פריאל תורג׳מן
צוריאל הורוביץ
צח חורי
ציון ונגרובר
ראשית קלמן
רבקה זילברמן
רות חסין
רני כהן
רננה בן דור
רננה שמרלר
שחף קעטבי
שירה בן שחר
שירה כוכבא
שירה קרה
שירן סנקר
תהילה ציגלר
תומר שפירא

אולפנת נווה חנה ומהחוג למחשבת ישראל במכללת הרצוג. המפגש המתמשך עמכן מפעים אותי בכל פעם בעוצמות החוכמה, הכנות ודרישת האמת שבו. עליכן ניסיתי לראשונה את הרעיונות של הספר, והוא נכתב במקביל לדיאלוג אתכן. הספר לא היה יכול להיכתב בלעדיכן. אין גבול ללימוד שאתן מלמדות אותי. אוהבת אתכן בכל ליבי.

תודה לאנשים שהתנדבו לקרוא את הטיוטה והדיאלוג איתם היה קריטי במיוחד: יועצת ההלכה שיינע גולדברג היקרה, איזו השגחה פרטית הייתה לי לזכות ברגע האחרון בחוכמתך, בנדיבותך, ברגישותך, בעדינות המדויקת שבה ביקרת את הספר ואפשרת לי לשפר אותו. אחיה שוק, הדיאלוג איתך מחלחל לעומק. אני לומדת ממך הקשבה רגישה לחיים, מחשבה ישרה, כנות. אפילו סגנון הכתיבה שלי מושפע משלך. הרב אברהם סתיו, תודה על פרספקטיבה הלכתית וחינוכית טהורה, אני לומדת ממך המון. אברהם ברוך ענתבי סקה, זכות גדולה נפלה בחלקי לקורא כמוך. פריאל תורג׳מן (רקובסקי), עידן רקובסקי, לי־אל מזרחי, הספר הזה מוטבע בחותם האכפתיות שלכם והרגישות המחשבתית שלכם. תבורכו מפי עליון.

תודה לדמות שעיצבה את עולמי, נגעה בליבי ובנשמתי, ומאז המפגש איתה, לפני 13 שנה, החיים שלי נחלקים ל״לפני״ ו״אחרי״: אשת ההלכה, מלכה פיוטרקובסקי, חשיבותך ונוכחותך בספר הזה היא מעבר למילים. ממך אני לומדת שאסור אף פעם

להתפשר ולהשלים עם הפער בין תורה לרגישות, בין תורה למוסר, ובין תורת־בית־מדרש לתורת־חיים.

תודה למדרשת לינדנבאום (ברוריה) ירושלים, הבית הרוחני שלי זה 15 שנה. תוכנית ההלכה לנשים הטמיעה בי מבט הלכתי ויראת הוראה, לצד שאלה מתמדת אודות רצון ה׳ מאיתנו. נכנסתי בשערי המדרשה לראשונה בגיל 22, ומאז אני בבית. תודתי מסורה לכל צוות המדרשה המופלא, ובפרט לרב אוהד טהרלב, על האמון המלא, התמיכה והקרקע המעצימה שאתם מעניקים לי מתחילת הדרך.

תניה הלוי (אייזנשטוק), איתך אני נפגשת מאחורי הקלעים של הנשמה. את מלמדת אותי עומקי עומקים, שמחה, טוהר מידות, חוכמה וגעגוע. התורה שלך, הקול שלך והמבט החומל והשנון שלך שהפנמתי לתוכי, שוררים בכל דף מדפי הספר הזה.

תודה לשרה (כהן) שפי, שצעדת איתי בשנות הסערה של גיל ההתבגרות. כתיבת הספר החזירה אותי לתקופה ההיא, ולנצח אהיה אסירת תודה לך על שהיית שם.

אראלה ושלמה שוק, ד״ר אביעזר כהן, יעל ויהונתן ליפשיץ, קבוצת ה׳מלומדות׳, הרב חן שריג, תודה על שיחה מתמשכת לאורך שנים. נחמה פורת, תודה על החברותא הכי משמעותית שהייתה לי. תודה למורה אילה גורן, שלימדה אותי באולפנה והציתה בי את האמון בהוראה ואת האהבה למקצוע הזה. תודה לתוכנית לזכויות האדם והיהדות במכון הישראלי לדמוקרטיה, שהצמיחה ושיכללה אותי, וגם לתוכנית ללימודי מגדר באוניברסיטת בר־אילן, שהייתה עבורי תחנה מעצבת חשובה מאוד.

משפוחה. תודה לאחים שלי היקרים, החכמים, המצחיקים... אתם הספה שאפשר לנוח עליה, הסוכריה ששמורה אצלי תמיד במגירת הלב. תודה גם למשפחה המורחבת, גיסים וגיסות, אחיינים ואחייניות, שהרחבתם לי את תחושת הביתיות מעבר לגבולות ביתי שלי. אתם מתנה אמיתית. תודה לחמותי האהובה ברברה, חמות נפלאה, אוהבת, תומכת, בעלת לב רחב ונתינה אין־סופית. תודה לג׳ואל לובר, בעלה היקר של חמותי. תודה לחמי, ר׳ מאיר מבורך ז״ל, שלא זכיתי להכירו, אבל מעניק לי המון בעקיפין באמצעות האישיות של בנו.

תודה גם לכלות שנתנו בי את אמונן, ומינו אותי להדריך אותן לקראת נישואיהן. הספר הזה מוקדש לכן באהבה ממני.

תודה לצוות ההוצאה לאור שהדביקו אותי באנרגיות ההתלהבות והחזון שמנחה אותם: הרב ראובן ציגלר, לא יכולתי לבקש ליווי מקצועי ואישי טוב יותר. תלמידותיי ניסחו זאת כך: "משמח ומעודד לדעת שהעורך הראשי של הוצאה חשובה בישראל הוא איש נעים וטוב לב". עורך הלשון אריאל הורוביץ, אני שמחה כל כך שזכיתי בעבודתך המצוינת. רחל קולומבוס, איירת באופן מדהים את הכריכה ואת האיורים בתוך הספר. אליהו משגב, תודה על שילוב של נחמדות ומקצועיות בדרגה הגבוהה ביותר. תמר וידר, תודה על עבודת עימוד הכי מקצועית שיש. אפרת גרוס, תודה על מסירותך הרבה שהניבה אינספור הגהות חשובות. חיה פרידמן, פשוט זכות לעבוד לצידך, את מופלאה, יצירתית וכשרונית.

תודה לתורמים היקרים, שרי ונתן לינדנבאום, שלולא נדיבותם הספר לא היה רואה אור. לנצח אכיר טובה על החסד שעשיתם עימדי.

ואחרונים חביבים, ילדיי, יהודה־שמעון ורימון־אורה - כל מה שאני עושה הוא בזכותכם ועבורכם. חולה עליכם ומשוגעת עליכם עד בלי די.

שלכם,

אוריה

רשימת מקורות של ציטוטים מהמדיה*
(חלק מהכותרות צונזרו מעט)

* כתובות הקישורים מופיעות בעמוד ההרחבה לפרק זה, באתר אפרכסת.

- פרק 5. "כשהרב הסביר איך להימנע מקרי לילה - חזרתי בשאלה", אחיה אדלשטיין, אתר וואלה ומגזין דברים
- פרק 6. "מריה קארי מספרת על הנישואים לטומי מוטולה", מערכת mako, אתר mako
- פרק 10. "שיער פזור לבנות מותר או אסור ???", הרב רביד נגר, אתר רבנים.נט
- פרק 10. "הרב אבינר: לא לצרף למניין אדם שלא חובש מסיכה: שו"ת קורונה יומי עם הרב שלמה אבינר", הרב שלמה אבינר, אתר 24/6
- פרק 10. "הסתכלות במשודכתו", פרקי אהבה, הרב שלמה אבינר
- פרק 10. "מידת הפרישות בתקנות חסידי גור", הרב שלמה אבינר, אתר כיפה
- פרק 14. "שחקניות הפורנו הן הפמיניסטיות החדשות", חגית ברונסקי, אתר גלובס
- פרק 14. "אנחנו לא הזונות שלכם", רוחמה וייס, אתר ynet
- פרק 15. "פרסומת מפעל הפיס: כריתת יערות" (סרטון פרסומת), אדל חומסקי וברשבסקי, אתר יוטיוב
- פרק 15. "ילד שלי, אל תהיה ילד טוב, תהיה ילד שטוב לו", אבישי מתיה, אתר ynet
- פרק 15. "הערכים שלנו", אתר ללין Laline
- פרק 15. "תנובה: חלב משק" (סרטון פרסומת), סטודיו מקאן McCann, אתר יוטיוב
- פרק 15. "הרומן, סיפור צדדי עם חוקים משלו", גבריאל בוקובזה, אתר הארץ
- פרק 15. "לא בוגדת. נאמנה לעצמי: כך פירקתי שתי משפחות" (ראיון עם נילי, שם בדוי), ענת לב אדלר, מגזין Xnet לאישה, אתר ynet
- פרק 16. "אייל שני", אתר ויקיציטוט
- פרק 17. "יולו Origins: ארצות המקור" (סרטון פרסומת) סטודיו מקאן McCann, אתר יוטיוב ערוץ תנובה

- פרק 17. "האסיר החתיך בעולם" יככב לצד בר רפאלי בקמפיין לקרולינה למקה", אורנה יפת, אתר כלכליסט
- פרק 17. "רעה, רעה, רעה: האם יש סיכוי בישראל לזמרת פרובוקטיבית?", ליאור ניב, אתר גלובס
- פרק 18. "חיי מדף 79: שייקספיר בפארק ובעירום מלא", ירין כץ, אתר וואלה
- פרק 18. "מבוגרים, ערומים, גאים - ומצטלמים", מעין זיגדון, אתר מוטק'ה
- פרק 19. "האמת העירומה", עומר ברק, אתר ידיעות אחרונות
- פרק 19. "עדי ביטי: "אף פעם לא התנשקתי", נבו זיו ועמי פרידמן, אתר ynet
- פרק 19. "בעקבות הקורונה: אתר פורנו מציע גישה בחינם לאנשים שנמצאים בהסגר בלב ים", מערכת NEXTER, אתר mako
- פרק 20. "יעל בר זוהר חוגגת 15 שנות זוגיות עם גיא זו־ארץ: אוהבת את כולו", יפעת מנהרדט, מגזין Xnet לאישה, אתר ynet
- פרק 20. "זבאנג וגמרנו: ריאיון עם אווה הוסון", אבנר שביט, אתר וואלה
- פרק 20. "כל מי שמביט בי מאחור, זהו את המפורסם", נעם קסל, פנאי פלוס, אתר ynet
- פרק 20. "הדוגמנית חשפה יותר ממה שהתכוונה", מערכת ערוץ הגברים, אתר mako
- פרק 20. "לוחצים עליי לשכב איתו... עזרה?" פורום פורגירלס
- פרק 21. "הסיבה שאתם טועים כשאתם יורדים על צילומי עירום", נטלי עטיה, אתר וואלה
- פרק 21. "מתפשטים... גם למודיעין!", גיל ח' עמית, אתר מודיעין ניוז
- פרק 21. "עדי ביטי: אף פעם לא התנשקתי", נבו זיו ועמי פרידמן, אתר ynet
- פרק 21. "להיות יותר מרק גוף", ליה אלבשן, mynet ירושלים, אתר ynet
- פרק 48. "חליפה של זהירות", תמר מור סלע, ידיעות אחרונות
- פרק 50. פרקי אהבה בין איש לאשתו, הרב שלמה אבינר, עמ' 55
- פרק 51. "הרב אבינר: קיצור הלכות צניעות לרווקות מחמירות ומקילות" (הצד הימני בטבלה שמופיעה בספר), הרב שלמה אבינר, אתר סרוגים
- פרק 58. "הסבר על צניעות בגיל צעיר", עדה, חברים מקשיבים, אתר כיפה
- פרק 58. "חינוך לצניעות הלבוש", טל רחמני, אתר לב אבות

- פרק 63. [תמונת מחאת המכנסונים באתר אפרכסת]
- פרק 63. "להיות יותר מרק גוף", ליה אלבשן, mynet ירושלים, אתר ynet
- פרק 64. "קסניה טרנטול חושפת רגל סקסית במיוחד", מערכת וואלה סלבס, אתר וואלה
- פרק 64. "הסקיפרית הכי שווה בים: קייט מידלטון חושפת רגליים בתחרות שייט", אלינור דביר, וואלה אופנה, אתר וואלה
- פרק 64. "מירי נבו: "לא רציתי להתאהב באף אחד ושאף אחד לא יתאהב בי", קרן נתנזון ויץ, יפעת מנדהרט, Xnet לאשה, אתר ynet
- פרק 64. "כתבת התחקיר על היחסים האסורים בתיכון שבו לימד בועז ארד", יאנה פבזנר, אתר mako
- פרק 64. נועה קירל: "מעצבן אותי שאנשים מתייחסים למיניות שלי, אני בת 17", מלי זיידמן, מגזין GOstyle, Xnet, אתר ynet
- פרק 65. "אתה מבין שאין לך יותר מה להסתיר: קבוצת היוגה שמתרגלת בעירום מלא", זיו רייף, ערוץ כאן חדשות - תאגיד השידור הישראלי, יוטיוב
- פרק 65. "ניצחון לתנועת הטופלס בארה"ב", מערכת ynet, אתר ynet
- פרק 65. "שיגעון הניקיון בעירום כובש את בריטניה", מערכת היקס, אתר mako
- פרק 66. "מה שתראו בתמונות האלה יוכיח שאתם סוטי מין. או שלא", אתר וואלה
- פרק 67. "למה הפסקתי לשכב סתם ככה עם בחורים", גפן גיל, אתר ynet
- פרק 67. "למה אני מרגיש רגשות אשם אחרי שאני מקיים יחסי מין?", אור בן 21, אתר AskPeople
- פרק 68. "Why I stopped watching porn | Ran Gavrieli | TEDxJaffa", סרטון של רן גבריאלי, ערוץ היוטיוב של TEDx
- פרק 68. "קרן פלס: לפעמים יש כמיהה לאינטימיות עם מישהו אחר", אורית מרלין־רוזנצוויג, יפעת מנדהרט, מגזין לאישה Xnet, אתר ynet
- פרק 68. "עולם חדש מופלא: בגיל 40 חזרתי לשוק הרווקים", גרוש במלכוד, אתר ynet
- פרק 69. "דניאל גל: רציתי לזרוק את התפאורה על הקהל", מערכת ערב טוב עם גיא פינס, אתר mako

- פרק 69. "לפני הזריחה" (סרט), בימוי: ריצ'רד לינקלייטר, כתיבה: ריצ'רד לינקלייטר וקים קאריזן
- פרק 70. "רוצים...? חכו עד אחרי הדייט החמישי", לורי שטטמאור, אתר ynet
- פרק 71. "תמונת המפגינה העירומה - אמנות לכל דבר", אטילה שומפלבי, אתר ynet
- פרק 71. "זבאנג וגמרנו: ריאיון עם אווה הוסון", אבנר שביט, אתר וואלה
- פרק 71. "שוב עשיתי את הטעות הזאת ושכבתי איתו", חמוטל לוי לשם, אתר ynet
- פרק 71. "אז שכבתי עם מישהי בזמן שארוסתי שכבה עם מישהו... אז מה קרה?", אלון פדות, אתר mako
- פרק 81. "כולי ילדה, אני אחווה עוד מלא אהבות ואכזבות", זוהר צלח (ריאיון עם אגם בוחבוט), אתר mako

לקסיקון מונחים

המונחים כתובים כאן בצורה תמציתית ובלתי ממצה, עם הפניות למקומות בספר שבהם הם מופיעים בהרחבה.

אידיאולוגיה סמויה

רעיונות שנוכחים ברובד הלא־מוצהר של טקסט או תמונה או כל מסר מסוג אחר. פעמים רבות, הנחות היסוד של השיח הן האידיאולוגיה הסמויה שלו. זאת משום שמי שמוסר לנו מסר כמעט אף פעם לא מצהיר ומצביע על הנחות היסוד של עצמו. לעיתים הדובר של השיח כלל לא מודע להנחות היסוד שלו. ראו פרקים 6, 7. ראו גם ערך "הנחות יסוד".

אסתטיזציה

תהליך שמאפיין את העידן הנוכחי בעולם המערבי (המכונה העידן הפוסט־מודרני), לפיו החיפוש אחר אסתטיקה (הנאה פרטית) בא על חשבון החיפוש אחר אתיקה (עשייה למען הזולת). ראו עוד פרקים 15–17. ראו גם ערכים "אסתטיקה", "אתיקה".

אסתטיקה

תחום המתייחס להנאה הפרטית של האדם. כל אותם רגעים שבהם האדם שם את עצמו במרכז נחשבים לרגעים אסתטיים. הספר משתמש במושג הזה בעיקר כדי לתאר הנאה פיזית. ראו עוד בפרק 15. ראו גם ערך "אתיקה".

ארוטיקה

מילה נרדפת למיניות. בעברית בדרך כלל הכוונה למיניות מעודנת.

ארכיטיפ

מושג המתקיים אצל האדם בתודעה, שמתפקד כמו תבנית ריקה שמחכה להתמלא בתוכן מסוים מתוך החיים הממשיים של האדם. האדם יכול להלביש את הארכיטיפ שיש לו בראש, על דברים או אנשים ספציפיים שהוא פוגש במהלך חייו. ראו עוד בפרקים 82, 83 ובכל חלק ד' של הספר.

אתיקה

תחום המתייחס לעשייה מוסרית למען הזולת. כל אותם רגעים שבהם האדם מעמיד את טובת האחר במרכז הם רגעים אתיים. ראו עוד בפרק 15. ראו גם ערך "אסתטיקה".

ברכה

ברכה היא תחושה טובה ועמוקה, שנובעת מהרובד המיתי (מלשון מיתוס) שמעשיר את החוויה, המעשה או החפץ. כשאנחנו נהנים ממשהו, אנחנו יכולים לחוות רק את רובד ההנאה הפיזית (הנאה). לעיתים נוכל לחוות גם את הרובד של המשמעות הסובייקטיבית (שמחה), ולפעמים, במקרים מיוחדים, הדבר הזה שאנו נהנים ממנו אפוף במיתוס חיובי (ברכה). ראו פרקים 86–92. ראו גם ערכים "שמחה", "הנאה", "מיתוס".

הנאה

הרובד האסתטי של החוויה, תחושת העונג הפיזי. אדם יכול ליהנות מבחינה פיזית, אבל מבחינה נפשית להיות אומלל בהנאה שלו, משום שהוא לא חש שלהנאה שלו יש ערך. זה מצב שבו יש רק הנאה אבל לא שמחה. ראו פרק 77. ראו גם ערכים "שמחה", "ברכה".

הנחות יסוד

הרעיונות הבסיסיים שעליהם מבוססת טענה מסוימת. כל טענה חייבת הנחות יסוד כדי להתקיים. את הנחות היסוד שלה הטענה לא צריכה להוכיח. למשל, הטענה "ילדים טובים הם ילדים שמקשיבים לאימא שלהם" מבוססת על הנחת יסוד שלכל ילד יש אימא שנוכחת בחייו. הטענה הזו לא מבקשת להוכיח את קיומה של האם בחיי הילד, משום שהיא לא מתייחסת לאפשרות של הטלת ספק בכך. הנחות היסוד הן מה שנחשב "מובן מאליו", בכל שיח. הספר עוסק בין השאר בחשיפת הנחות היסוד של שיחים המקיפים אותנו. ראו עוד בפרק 6. ראו גם ערך "שיח".

טאבו

איסור חברתי. גבול שהתרבות מציבה, ותוך כדי שהיא מציבה את הגבול הזה היא גם מייצרת מצב שבו כולם מאמינים ש"אצלנו אף אחד לא עובר את הגבול הזה". לטאבו יש יתרונות וחסרונות. ראו פרק 96.

להיות מושפע משיח

להיות מושפעים מהנחות היסוד של שיח כלשהו שמקיף אותנו, למרות שבאופן מודע אנחנו לא תמיד מסכימים איתו. ראו פרק 7.

להשתייך לשיח

להסכים עם שיח מסוים ולבצע (או לרצות לבצע) את המעשים שהוא טוען שהם נכונים וטובים. ראו פרק 7.

להתנגד לשיח

להכיר את השקפת העולם של שיח מסוים, להצליח לזהות אותה גם כשהיא סמויה ולא בהכרח מודעת למי שדובר אותה, ולא להסכים עם השיח הזה, לא ברעיונות ולא במעשים. ראו פרק 7.

מיתוס

כשחברה מסוימת מטעינה חפץ או מעשה מסוים במשמעויות שרוב מי שמשתייך לחברה הזו מזדהה איתן, המשמעויות הללו מכונות "מיתוס". הנוכחות של המיתוס בחיים שלנו היא בדרך כלל לא מודעת. ראו פרקים 86-92.

מערבי

הביטוי "מערבי" שייך להלך רוח מסוים שנוכח באופן בולט במיוחד בארצות הברית, במערב אירופה, בצפון אירופה, באוסטרליה, בדרום אפריקה. גם החברה היהודית בישראל היא מערבית במאפיינים רבים שלה.

סובייקט – אובייקט

"סובייקט" היא מילה נרדפת ל"אדם", או ל"עולם פנימי של אדם". "אובייקט" היא מילה נרדפת ל"חפץ".

סובייקטיבי – אובייקטיבי

נקודת מבט סובייקטיבית נשענת על העולם הפנימי האישי של מישהו, ולא בהכרח תתאים למישהו אחר. לעומת זאת, נקודת מבט אובייקטיבית היא כזו שמשותפת לכולם, כזו שאנו משערים שרוב האנשים יסכימו לגביה ויחוו אותה באופן דומה. למשל, מבחינה "סובייקטיבית" מישהו יכול לאהוב שיר מסוים כי הוא מזכיר לו חוויית ילדות אישית שלו, למרות שהוא יודע שמבחינה "אובייקטיבית" השיר הזה הוא לא שיר טוב במיוחד.

עקרונית (תשובה עקרונית, אמירה עקרונית)

הספר משתמש פעמים רבות בביטוי "תשובה עקרונית", "אמירה עקרונית" או "קביעה עקרונית" כדי לתאר משהו שהוא נכון תמיד, ועובדה זו לא תלויה בשום פרטים נוספים שיכולים להשתנות. למשל, השיח היהודי הבריא לא יכול לענות תשובה עקרונית על השאלה "האם מיניות זה טוב או רע", כי כדי להחליט אם התרחשות מינית מסוימת היא טובה או רעה, הוא חייב עוד פרטים על הסיטואציה.

שמחה

הרובד הסובייקטיבי, האישי, שמישהו מעניק לחוויה מסוימת, לחפץ או למעשה. ה"שמחה" היא המשמעות החיובית שאדם מוצא בדבר כלשהו, כמו גם בהנאה פיזית מסוימת. ראו פרק 77. ראו גם ערכים "הנאה", "ברכה", "סובייקטיבי".

שיח

אידיאולוגיה והשקפת עולם העוסקות בתחום מסוים, למשל "מיניות". כל שיח מורכב ממעשים שצריך לדעתו לעשות או לא לעשות, ומרעיונות שתומכים בכך. האדם הפרטי לא יכול להמציא את השיח, אלא רק להיות שופר שלו, כלומר, לצטט אותו ולהפיץ אותו הלאה. הביקורת בספר הזה היא אך ורק על שיחים מסוימים, ולא על האנשים הספציפיים שמפיצים אותם. ראו עוד בפרקים 6-8.

השיח הפוריטני

שיח שסבור שמיניות היא דבר נמוך, תמיד ובכל הקשר. לשיח הפוריטני יש עשרה עקרונות. ראו עוד בפרקים 10-12.

שיח השחרור המיני

שיח הסבור שצריך לנתק את המיניות מהנישואין, וגם להסיר ממנה כמעט את כל המגבלות, למעט מגבלת ההסכמה ההדדית. לשיח השחרור המיני יש ארבע גרסאות: השיח המתירני, שיח ההשגבה, שיח הטריוויאליזציה־הכחשה, שיח הטריוויאליזציה־אדישות. אדם יכול להשתייך רק לגרסה אחת, או להשתייך לכמה גרסאות, מבלי לשים לב לסתירות ביניהן. זאת משום שהמכנה המשותף של כולן הוא אותם מעשים: מיניות "משוחררת".

השיח השמרני החילוני

שיח שסבור שצריך לנתק את המיניות מהנישואין, אך בשונה משיח השחרור המיני, לשיטתו יש להגביל אותה במגבלות מסוימות: רק קשר זוגי של אהבה ומחויבות (אך לא בהכרח נישואין), הוא ההקשר שבו ראוי לממש מיניות. מיניות שמתרחשת

מחוץ להקשר כזה, היא נמוכה ולא רצויה. השיח השמרני מכונה כאן "חילוני", למרות שיש גם אנשים דתיים המשתייכים אליו. ראו עוד בחלק ד' של הספר.

שיח ההשגבה
אחת הגרסאות של "שיח השחרור המיני", הסוברת שמיניות היא גבוהה תמיד ובכל הקשר שבו היא מתרחשת (כל עוד אין כאן עבירה פלילית). ראו גם פרקים 19, 68, 69.

שיח הטריוויאליזציה-אדישות (מכונה גם "שיח האדישות")
אחת הגרסאות של "שיח השחרור המיני", הסוברת שמיניות היא "לא ביג דיל". לפי גישה זו, אין צורך להטעין את המיניות במשמעות. המיניות דומה לכל בילוי או הנאה אחרת בחיים. ראו גם פרקים 20, 71.

שיח הטריוויאליזציה-הכחשה (מכונה גם "שיח ההכחשה")
אחת הגרסאות של "שיח השחרור המיני", הסוברת שהגוף החשוף לא צריך להיתפס כמיני. גישה זו שואפת להסיר מהגוף את המשמעות המינית שלו בכל הקשור למראה. רק מגע מיני הוא מיני. ראו פרקים 21, 63-65.

השיח המתירני
אחת הגרסאות של "שיח השחרור המיני", הסוברת שהמיניות היא נמוכה תמיד ובכל הקשר, אבל "זה כיף, אז למה לא?". ראו פרקים 18, 66, 67.

השיח היהודי הבריא
שיח המבוסס על מקורות יהודיים ועל ההלכה היהודית, שמסביר את חשיבות הצניעות ושמירת הנגיעה באופן מסוים, שהוא שונה והפוך מהשיח הפוריטני. ראו כל חלק ב' של הספר וכל חלק ד' של הספר. ראו גם ערך "שיח פוריטני".

השיח המערבי הליברלי

מילה נרדפת ל"שיח השחרור המיני" על כל גרסאותיו. המושג מופיע רק בפרק ד' של הספר, כדי להבדיל אותו מהשיח השמרני החילוני. "שמרני" ו"ליברלי" נחשבים להפכים. ראו פרקים 90, 92.

תשוקה (לעומת "גירוי")

בהקשר המיני, "תשוקה" היא חוויה נפשית ופיזית של מתח ארוטי שמופנית כלפי "אדם שיש לו גוף". לעומת זאת, גירוי מיני הוא חוויה גופנית בעיקר, שמתעוררת כלפי גוף, או איבר גוף, במנותק מהמכלול של ה"אדם" שנושא את הגוף הזה. ראו פרק 46.

אוריה מבורך, ילידת 1983, גדלה ביישוב אלקנה ומתגוררת כיום בגוש עציון. נשואה לישי ואימא של יהודה ורימון. מלמדת יהדות (גמרא, חסידות ופילוסופיה) במסגרות שונות, ביניהן מדרשת לינדנבאום ירושלים, מכללת הרצוג ובית מדרש אתר"ג באולפנת נווה חנה. יועצת הלכה לדיני טהרת המשפחה, מטעם תוכנית הלכה לנשים במדרשת לינדנבאום ירושלים. מקימת מכון "אפרכסת" להתמודדות החברה הדתית עם התרבות המערבית.

מכון אפרכסת הוקם בשנת 2014 על ידי אוריה וישי מבורך. מטרתו להעניק לציבור הרחב כלים להתמודדות עם התרבות המערבית והעידן הפוסט־מודרני. האידיאולוגיה של מכון אפרכסת נשענת על גישה ציונית־דתית, אודות מעורבות לכתחילית בחברה הישראלית על כל רבדיה. על פי גישה זו, על מנת לחיות ולפעול בעולם, בד בבד עם שמירה על זהות דתית־תורנית־ערכית חזקה ומבוררת, עלינו להתמצא באוקיינוס הפוסט־מודרני השוטף כיום את העולם המערבי. פעמים רבות עלינו גם "להיכנס למים" ולא להסתגר מפניהם באופן גורף. יחד עם זאת, מוטלת עלינו המשימה ללמוד לשחות, כך שבמקרים הנדרשים (ויש לא מעט כאלו), נדע לשחות נגד הזרם, ולאו דווקא להיסחף אחריו.

מכון אפרכסת קיבל על עצמו את המשימה ללמוד לעומק את מה שמכונה "ביקורת תרבות היום־יום", כמו גם לחקור את ההיבטים של המצב הפוסט־מודרני והשפעתו על החברה הדתית. לאחר שלב הלימוד וגיבוש הידע, אנו מעבדים אותו באופן נגיש וקל להבנה עבור כל מי שאיננו מצוי בתיאוריות ובשיטות החשיבה העוסקות בפוסט־מודרניזם.

מכון אפרכסת מספק הרצאות, סדנאות, ימי עיון וקורסים. ניתן למצוא חומרים נוספים באתר www.afarkeset.org.il, בערוץ היוטיוב של המכון ובדף הפייסבוק של אפרכסת.

ניתן לפנות אל המכון או אל אוריה במייל org.afarkeset@gmail.com, או דרך טופס יצירת הקשר באתר.